Verhandlungen

des

Einunddreißigsten Deutschen Juristentages.

Herausgegeben

von

dem Schriftführer-Amt der ständigen Deputation.

Erster Band.

(Gutachten.)

Berlin 1912.

Kommissions-Verlag von J. Guttentag, Verlagsbuchhandlung,

G. m. b. H.

Inhaltsverzeichnis.

Gutachten.

(Erster Band.)

I.

Gutachten des Herrn Rechtsanwalt und Notar a. D. Dr. Eugen Josef in Freiburg i. Breisgau

über die Frage:

Unter welchen Voraussetzungen kann die rechtliche Gleichstellung der in Österreich oder in dem Deutschen Reich errichteten Notariatsurkunden in beiden Reichen erzielt werden?

---

1. Die formell gültige Urkunde eines Beamten liefert den Beweis, daß er oder eine andere Person vor ihm zu einer bestimmten Zeit eine bestimmte Handlung vorgenommen oder eine bestimmte Erklärung abgegeben habe, nicht bloß in dem Staat, in dem der Beamte die Urkundstätigkeit entfaltet hat, sondern auch außerhalb dieses Staates. Dieser allgemein gültige öffentliche Glaube der von den Beamten eines Staates innerhalb der Grenzen ihrer Zuständigkeit vorgenommenen Beurkundungshandlungen beruht auf einem allgemeinen Gewohnheitsrecht, ohne das ein geordneter Verkehr unter den Bewohnern verschiedener Staaten kaum möglich sein würde. Freilich hat ein Staat, der für gewisse Geschäfte die notarielle oder gerichtliche Form vorschreibt, zunächst nur seine eigenen[1])

[1]) Die von den berufenen Beamten in den deutschen Schutzgebieten aufgenommenen Urkunden haben durchaus die Geltung inländischer Urkunden; denn die Schutzgebiete sind deutsches Machtgebiet, in denen deutsche Gesetze gelten und deutsche Beamte walten. Vgl. Josef „Die deutschen Schutzgebiete als Inland und als Ausland in der freiwilligen Gerichtsbarkeit" im Recht 08, 563—573.

Urkundspersonen im Auge; die strenge Folgerung aus gewissen Vorschriften fast aller Gesetzbücher (wonach z. B. Schenkungsversprechen und Erbverträge gerichtlicher oder notarieller Beurkundung, Anmeldungen und Anträge zu öffentlichen Büchern und Registern gerichtlicher oder notarieller Beglaubigung bedürfen, Wechselproteste von Gerichtsbeamten oder Notaren aufgenommen werden müssen) wäre dann die, daß Rechtshandlungen dieser Art im Ausland überhaupt nicht vorgenommen werden können. Diese Folgerung wäre aber mit den Bedürfnissen des zwischenstaatlichen Verkehrs unvereinbar. Wie dieser die Staaten nötigt, gegenseitig durch ihre Behörden Beweise, die für die Entscheidung von vor den Gerichten des anderen anhängigen Rechtsstreitigkeiten erforderlich sind, erheben zu lassen und ebenso solchen von fremden Behörden vorgenommenen Feststellungen rechtliche Wirkung beizumessen, so sind sie auch genötigt, den in anderen Staaten errichteten „präkonstituierten" Beweisurkunden öffentlichen Glauben beizumessen. Der zwischenstaatliche Verkehr drängt also zu der Annahme, jeder zivilisierte Staat sorge dafür, daß seine Beamten die vor ihnen oder von ihnen aufgenommenen Akte richtig bezeugen; und jener Verkehr beruht auf dem Bewußtsein der Gemeinsamkeit vieler Rechtseinrichtungen, ganz besonders des Notariats. Der zwischenstaatliche Verkehr bringt es mit sich, daß — wenigstens grundsätzlich — jeder Staat sich damit benügt, wenn die Beurkundung im Auslande vor einer der bezüglichen inländischen gleichen Stelle, sofern es eine solche gibt, errichtet wird. So sind nach der Rechtsprechung die von einer ausländischen Behörde vorgenommenen Beglaubigungen auch Beglaubigungen im Sinne des § 29 der Grundbuchordnung und des § 129 Bürgerlichen Gesetzbuchs[2]). Mit Recht weist v. Bar darauf hin, daß gerade aus diesem über den Errichtungsstaat hinausreichenden öffentlichen Glauben der öffentlichen Urkunde sich der Grundsatz „locus regit actum" entwickelt hat, also nicht etwa umgekehrt auf den Grundsatz „locus regit actum" die Anerkennung der publica fides der öffentlichen Urkunde zurückzuführen ist[3]).

2. Anderseits bedarf es, wenn ausländische Urkunden außerhalb des Staates, in dem sie errichtet sind, gebraucht werden, gewisser Nach-

[2]) Jahrbuch für Entscheidungen des Kammergerichts Bd. 27 S. 250; Entscheidungen aus dem Reichsjustizamt Bd. 4 S. 122; Recht 04 S. 294; OLG. Stuttgart, Württembergische Zeitschr. 08 S. 297.

[3]) v. Bar, „Das internationale Privat- und Strafrecht" S. 420 ff.; Jastrow, Formularbuch und Notariatsrecht (15. Aufl.) S. 330; Lamasch in v. Holzendorffs Handbuch des Völkerrechts Bd. 3, S. 395.

weise hinsichtlich ihrer äußeren Beweiskraft wie hinsichtlich ihrer inneren Wirkung; es ist nachzuweisen, daß die Urkunde, auf der sich die Unterschrift des ausländischen Notars befindet, wirklich von ihm unterschrieben ist (Echtheit der Urkunde) und daß der Unterzeichner tatsächlich Notar ist (Eigenschaft als Urkundsperson), daß er ferner zu der vorliegenden Beurkundung zuständig ist und die für diese nach dem Recht des Ausstellungsorts vorgeschriebene Form beobachtet hat. Diese Nachweispflicht hat zur Folge den sogenannten Legalisierungszwang: die Echtheit der Unterschrift und die Amtseigenschaft des ausländischen Beamten sind nach zwischenstaatlichem Brauch[4]) zu erweisen durch eine diplomatische oder konsularische Legalisation der Unterschrift des Beamten. Die nähere Regelung sowohl hinsichtlich der Notwendigkeit einer Legalisation und ihres Inhaltes sowie hinsichtlich des dabei zu beobachtenden Verfahrens unterliegt zurzeit noch dem Landesrecht und ist in den von den einzelnen deutschen Bundesstaaten mit den ausländischen Staaten geschlossenen Verträgen[5]) und den dazu ergangenen landesrechtlichen Vorschriften enthalten.

Sieht man zunächst von dem Geschäftsverkehr der deutschen Staaten untereinander und von dem Geschäftsverkehr zwischen dem Deutschen Reich und Österreich-Ungarn (worüber unten besonders zu sprechen ist) ab, so wird also im zwischenstaatlichen Verkehr die Legalisation[6]) der Unterschrift des Notars verlangt. Das Verfahren ist in Preußen und den meisten deutschen Staaten im wesentlichen folgendes: Der Notar kann einen doppelten Weg einschlagen; er kann den im Deutschen Reich angestellten Konsul desjenigen fremden Staates, in dem die Urkunde verwendet werden soll, um die Legalisation seiner Unterschrift ersuchen. Diesem Konsul wird aber der Notar nicht immer zuverlässig bekannt sein[7]); auch ist der ausländische Konsul zu derartigen Legalisationen nicht

---

[4]) Die griechische Prozeßordnung kennt nach den Mitteilungen Oberneck's (Zeitschr. des D. Notarvereins Bd. 7 S. 607) den Unterschied zwischen inländischen und ausländischen Urkunden überhaupt nicht.

[5]) Diese sind nach Art. 56 des Einführungsgesetzes zum BGB. aufrecht erhalten.

[6]) Diese beweist nur die Echtheit der Unterschrift und die Amtseigenschaft des Notars, nicht auch dessen Zuständigkeit zur Beurkundung und die erfolgte Beobachtung der Vorschriften des eigenen Landes; s. die in Anm. 2 mitgeteilte Entscheidung des Kammergerichts.

[7]) Ein Verzeichnis der inländischen Konsuln mit Angabe ihres Amtsbezirks wird alljährlich im Auswärtigen Amt herausgegeben.

verpflichtet, zuweilen übrigens die Legalisation durch den Konsul für sich allein nicht genügend[8]). Daher wird der Notar die Legalisation der Unterschrift zumeist auf diplomatischem Wege erwirken. Zu diesem Behuf hat er in Preußen die Urkunde dem Landgerichtspräsidenten einzureichen, der die Unterschrift des Notars beglaubigt; hiermit sind indes die Förmlichkeiten nicht erledigt. Vielmehr ist die Urkunde sodann dem Preußischen Justizministerium einzureichen, das die Urkunde der zuständigen ausländischen Amtsstelle (Gesandtschaft, Ministerium des Auswärtigen) zwecks weiterer Beglaubigungen übermittelt. Soll von der Urkunde des Preußischen Notars in Rußland Gebrauch gemacht werden, so hat der Notar die ihm vom Landgerichtspräsidenten zurückgegebene Urkunde zunächst an dasjenige russische Konsulat, in dessen Bezirk der Landgerichtspräsident seinen Amtssitz hat, behufs Legalisation der Unterschrift des Landgerichtspräsidenten einzureichen und es schließen sich hieran noch eine Reihe weiterer Förmlichkeiten an. Des näheren muß hierüber auf die sehr eingehenden zusammenhängenden Ausführungen von Jastrow a. a. O. S. 325 ff. verwiesen werden; sie ergeben, daß die vorerwähnten Staatsverträge in den Einzelheiten große Verschiedenheiten aufweisen: einzelne Staaten verlangen noch eine Bescheinigung hinsichtlich der Zuständigkeit des Notars; wieder andere Staaten (so Rußland) verlangen gar noch eine Bescheinigung darüber, daß bei Aufnahme der Urkunde die inländischen Gesetze beobachtet sind usw. Übrigens verursachen alle diese Zeugnisse und Zwischenzeugnisse erhebiche Kosten.

3. Das Vorgetragene galt zu Zeiten des Deutschen Bundes sogar im Verhältnis der einzelnen Bundesstaaten zu einander. Doch waren von einigen Bundesstaaten in den Jahren 1863 und 1865 mit Österreich Vereinbarungen über die Beglaubigung derjenigen von öffentlichen Behörden des eines Landes ausgestellten oder beglaubigten Urkunden getroffen worden, welche in dem anderen Lande als Beweismittel benutzt werden sollen. Solche Abkommen sind geschlossen von

---

[8]) Vgl. die merkwürdige Mitteilung in DNotV. 8 S. 645: Eine Verordnung der portugiesischen Regierung hebt für Urkunden, die zum Gebrauch für Portugiesisch-Ostafrika bestimmt sind, einen Teil der Zwischenbeglaubigungen auf; es soll ferner genügen die Legalisierung durch einen portugiesischen Konsul in Europa, wenn seine Unterschrift durch den portugiesischen Generalkonsul in Kapstadt und dessen Unterschrift durch das portugiesische Generalgouvernement beglaubigt wird. Also immernoch drei Beglaubigungen!

Preußen durch Vertrag vom 4. September 1865 (GesSamml. S. 1036),

Bayern durch Vertrag vom 13. Februar 1863 (RegBl. S. 558),

Königreich Sachsen durch Vertrag vom 6. Dezember 1865 (GesBl. 1866 S. 35),

Mecklenburg-Schwerin durch Ministerial-Erklärung vom 15./24 Oktober 1865 (RegBl. S. 272),

Großherzogtum Sachsen durch Ministerial-Erklärung vom $\frac{\text{10. Juli}}{\text{9. August}}$ 1865 (RegBl. S. 373),

Sachsen-Meiningen durch Übereinkunft vom $\frac{\text{23. Juni 1865}}{\text{15. Juli}}$ (Samml. d. Verordn. S. 207),

Anhalt durch Ministerial-Erklärung vom $\frac{\text{2. Juli 1865}}{\text{7. August}}$ (Ges.-Samm. S. 473),

Schwarzburg-Sondershausen durch Ministerial-Erklärung vom 15./18. Oktober 1865 (GesSamml. S. 347),

Schwarzburg-Rudolstadt durch Übereinkunft vom 7./30. Juni 1865 (GesSamml. S. 232),

Reuß jüngerer Linie durch Übereinkunft vom 6. Juni 1865 (Ges.-Samml. S. 497).

Diese Verträge waren im wesentlichen gleichlautend; die Erleichterungen, die ihre Bestimmungen im Verkehr zwischen den beteiligten Staaten gewährten, zeigten sich insbesondere in Art. 1 Abs. 1 und in Art. 2 Abs. 1 des Preußisch-Österreichischen Vertrages, die lauteten:

Art. 1 Abs. 1: „Diejenigen Urkunden, welche von Zivil- oder Militärgerichten in und außer Streitsachen und in Strafsachen als amtliche Urkunden ausgestellt werden, bedürfen, wenn sie mit dem Amtssiegel versehen sind, einer Legalisation nicht."

Art. 2 Abs. 1: „Die von Notaren ausgefertigten Urkunden müssen mit der Legalisierung eines Gerichtes erster Instanz ihres Wohnorts versehen sein."

Somit fiel eine Mitwirkung der obersten Justizverwaltungsbehörden, wie sie nach dem oben Vorgetragenen im Verkehr mit ausländischen Staaten noch heute besteht, und ebenso jede konsularische Legalisation, im Verkehr zwischen Österreich und den oben erwähnten deutschen Staaten für notarielle Urkunden weg, während Urkunden der Gerichte in beiden Staaten einander überhaupt gänzlich gleichgestellt wurden.

4. Nach Art. 4 Nr. 12 der Reichsverfassung unterliegen der Beaufsichtigung seitens des Reichs und dessen Gesetzgebung die Bestimmungen über die Beglaubigung von öffentlichen Urkunden. Durch Beschluß vom 5. Oktober 1874 — anläßlich der Vorverhandlungen zu dem unten zu besprechenden deutsch-österreichischen Vertrage — ersuchte der Bundesrat den Reichskanzler um Schritte zur Beseitigung des zwischen den einzelnen Bundesstaaten noch bestehenden Legalisierungszwanges. Das infolge dessen ergangene Reichsgesetz vom 1. Mai 1878 (RGBl. 89) bestimmt in § 1, daß Urkunden, die von einer inländischen öffentlichen Behörde oder von einer mit öffentlichem Glauben versehenen Person des Inlandes aufgenommen oder ausgestellt sind, zum Gebrauch innerhalb des Deutschen Reichs einer Beglaubigung (Legalisation) nicht bedürfen. Der § 2 bestimmt sodann weiter, daß zur Annahme der Echtheit einer Urkunde, die als von einer ausländischen öffentlichen Behörde oder von einer mit öffentlichem Glauben versehenen Person des Auslandes ausgestellt oder aufgenommen sich darstellt, die Legalisation durch einen Konsul oder Gesandten des Reichs genügt. Zur Rechtfertigung dieser Vorschriften bemerkt die amtliche Begründung des Regierungsentwurfs[9]): wo der Legalisationszwang für inländische Urkunden noch bestehe, werde er überall als eine Belästigung empfunden, die in keinem Verhältnis zu den Vorteilen der Legalisation — Erschwerung der Fälschung und vermehrte Sicherheit des Gebrauchs öffentlicher Urkunden — stehe. Dagegen müsse für ausländische öffentliche Urkunden das betreffende Landesrecht hinsichtlich der Notwendigkeit einer Legalisation aufrecht erhalten und es müsse der letzteren ferner allgemein die Kraft beigelegt werden, die Echtheit der Urkunde selbst festzustellen.

5. Der Bundesrat erklärte sich durch den oben erwähnten Beschluß vom 5. Oktober 1874 ferner damit einverstanden, daß auf der Grundlage des oben erwähnten preußisch-österreichischen Vertrages vom Jahre 1865 zwischen dem Deutschen Reich und Österreich-Ungarn ein Vertrag über die Legalisierung der von öffentlichen Behörden ausgestellten oder

---

[9]) Stenographische Berichte über die Reichstagsverhandlungen, dritte Legislaturperiode, II. Session 1878, Bd. 3 S. 747. Die Annahme des Gesetzes erfolgte im Reichstag ohne Kommissionsberatung und ohne Eingehen auf den Inhalt des Entwurfs, so daß die sonstigen Vorarbeiten keinen Erläuterungsstoff bieten. Bd. 1 S. 664, S. 774.

beglaubigten Urkunden abgeschlossen werde. Infolge dieser Anregung kam ein Vertrag des Deutschen Reiches mit Österreich-Ungarn vom 25. Februar 1880 (RGBl. 1881 S. 4) — ausgedehnt durch Vertrag vom 13. Juni 1881 (eb. S. 253) auf Bosnien und die Herzegowina — zustande; der Art. 2 dieses Vertrages lautet:[10])

„Die von Notaren, Gerichtsvollziehern und anderen gerichtlichen Hilfsbeamten, ferner die im Deutschen Reich von Standesbeamten sowie die von den Hypothekenbewahrern — soweit diese nicht zu den im Art. 1 genannten Behörden gehören — ausgefertigten Urkunden bedürfen der gerichtlichen Beglaubigung.

Diese ist als erfolgt anzusehen, wenn sie die Unterschrift und das Amtssiegel eines Gerichts des Staates trägt, in welchem der Aussteller seinen amtlichen Wohnsitz hat.

Wechselproteste, welche von Notaren, Gerichtsvollziehern oder Gerichtsschreibern ausgestellt und mit deren Amtssiegel versehen sind, bedürfen keiner weiteren Beglaubigung. Das gleiche gilt von den mit einem Amtssiegel versehenen Ausfertigungen der in Ungarn mit der Aufbewahrung von Privaturkunden gesetzlich betrauten Kapitel und Ordenskonvente."

Der Zustand ist sonach hinsichtlich der notariellen Wechselproteste hier derselbe wie innerhalb des Deutschen Reichs. Betreffs der übrigen Notariatsakte erfüllt die gerichtliche Beglaubigung den Zweck, die Echtheit der Unterschrift und zugleich die Amtseigenschaft des Ausstellers zu verbürgen. Sie ist sonach nicht eine bloße Unterschriftsbeglaubigung im Sinne des § 183 FGG., sondern rechtlich ebenso zu behandeln wie eine Unterschriftsbeglaubigung im „diplomatischen Wege" (§ 43 Preuß. AGGVG.) und erfolgt, wie die oben unter 2 besprochene Beglaubigung zum Zweck der Legalisation, in Preußen durch den Landgerichtspräsidenten[11]).

---

[10]) Dem Entwurf ist eine kurze Begründung beigefügt; Reichstagsverhdlgen. 4. Legislaturperiode, III. Session, 1880, Drucks. Nr. 95. Die Annahme im Reichstag erfolgte ohne Kommissionsberatung und ohne daß von irgend einer Seite auf den Entwurf eingegangen wurde.

[11]) Dagegen bestimmt § 73 der badischen Allgemeinen Ausführungsverordnung vom 11. November 1899: „Soweit inländische öffentliche Urkunden zum Zweck des Gebrauchs im Ausland einer gerichtlichen Beglaubigung bedürfen, ist hierfür bezüglich der von Behörden und Beamten des Großherzogtums ausgestellten Urkunden das Amtsgericht ihres Amtssitzes zuständig." — Dies gilt also nur für den Verkehr mit Österreich-Ungarn. Zum Zweck des

Dagegen bestimmt Art. 1 des bezeichneten Vertrages:

„Urkunden, welche von Zivil- oder Militärgerichten in streitigen oder nicht streitigen bürgerlichen Angelegenheiten und in Strafsachen ausgestellt werden, bedürfen, wenn sie mit dem Amtssiegel versehen sind, keiner Beglaubigung.

Ausfertigungen deutscher kriegs-, stand- oder spruchgerichtlicher Erkenntnisse müssen durch das zuständige Militärgericht beglaubigt werden.

Den gerichtlichen Urkunden stehen diejenigen gleich, welche von einer der folgenden Behörden ausgestellt sind:

Im Deutschen Reich:

a) vom Disziplinarhofe und den Disziplinarkammern des Deutschen Reichs;
b) vom Bundesamt für das Heimatwesen;
c) vom Patentamte;
d) vom Ober-Seeamte und den Seeämtern;
e) von den Seemannsämtern;
f) von den mit der Regulierung gutsherrlicher und bäuerlicher Verhältnisse, dem Verfahren in Auseinandersetzungen und Zusammenlegungen beauftragten General- und Spezial-Kommissionen, Ablösungsbehörden und Regierungsabteilungen, mit Inbegriff des Revisionskollegiums für Landeskultursachen in Berlin;
g) von den Universitätsgerichten, Gewerbegerichten und Verwaltungsgerichten;
h) vom Königlich preußischen Disziplinarhof für nicht richterliche Beamte und
i) von der Vormundschaftsbehörde in Hamburg.

In Österreich:

a) vom Reichsgerichte;
b) vom Verwaltungsgerichtshofe;
c) vom Staatsgerichtshofe;
d) von den bei den politischen Landesbehörden und bei dem Ministerium des Innern zur Durchführung der Grundentlastung, der Grund-

---

Gebrauchs in anderen außerdeutschen Staaten bedarf die Urkunde des badischen Notars einer Beglaubigung durch das Ministerium des Auswärtigen oder einer durch dessen Vermittlung einzuholenden diplomatischen oder konsularischen Beglaubigung, d. i. der Legalisation; und der Notar hat zu diesem Zweck die Urkunde dem gedachten Ministerium vorzulegen. § 17 RPO. v. 23. Nov. 1899.

lasten-Ablösung und Regulierung; dann zur Aufhebung des Propinations- und des Lehenverhältnisses bestellten Kommissionen;

e) von den Gefällsgerichten;

f) von den Gewerbegerichten;

g) von den Landtafel- und Grundbuchsämtern, den Depositenämtern, den als Depositenämter verwendeten Steuerämtern und anderen gerichtlichen Hilfsämtern;

h) von den selbständigen Hypothekenämtern in Dalmatien.

In Ungarn:

a) von den geistlichen Ehegerichten;

b) von den Waisenbehörden (Waisenstühlen);

c) von den Grundbuchämtern und den als Depositenämtern verwendeten Steuerämtern."

Es sind also die von den Gerichten (und den ihnen gleichgestellten Behörden) ausgestellten Urkunden in beiden Staaten einander rechtlich gleichgestellt [12]).

6. So erhebt sich die Frage:

unter welchen Voraussetzungen auch für **Notariatsurkunden** in beiden Reichen die rechtliche Gleichstellung erzielt werden kann?

Diese Frage ist auf dem Kongreß der Notare Deutschlands und Österreichs in Wien am 7. September 1907 erörtert, und es ist dort nach der eingehenden Begründung des Justizrats Dr. Oberneck (Berlin) und des k. k. Notars Dr. Max Reich in Knittelfeld (Steiermark) ein Beschluß dahin gefaßt:

I. bei den zuständigen Behörden dahin vorstellig zu werden:

A. daß die zwischen Österreich-Ungarn, Bosnien, Herzegowina einerseits und Deutschland anderseits geschlossenen Verträge

---

[12]) Der gleiche Rechtszustand besteht zwischen Deutschland und der Schweiz. Der Art. 1 des Staatsvertrages vom 14. Februar 1907 (RGBl. S. 411) lautet: „Die von Gerichten des einen Teils, mit Einschluß der Konsulargerichte, aufgenommenen, ausgestellten oder beglaubigten Urkunden bedürfen, wenn sie mit dem Siegel oder Stempel des Gerichts versehen sind, zum Gebrauch im Gebiet des anderen Teils keiner Beglaubigung (Legalisation). Zu den bezeichneten Urkunden gehören auch die von dem Gerichtsschreiber unterschriebenen Urkunden, sofern diese Unterschrift nach den Gesetzen des Teils genügt, dem das Gericht angehört." — Die notarielle Urkunde ist hier nicht berücksichtigt.

vom 24. Februar 1880 und vom 13. Juni 1881 dahin geändert werden:

Art. 2 enthält folgenden Absatz 1:

Die von den Notaren eines der Vertragsstaaten errichteten Urkunden bedürfen zum Gebrauche und ihrer Beweiskraft im Inlande einer weiteren Beglaubigung nicht.

Die weiteren Bestimmungen des Art. 2 werden entsprechend geändert.

B. daß zwischen Deutschland und Österreich folgendes Abkommen getroffen werde:

Die im § 3 österr. NO. und in den §§ 794 Nr. 5, 800 deutsche ZPO. bezeichneten Notariatsurkunden und Akte werden in beiden Staaten ohne weitere Beglaubigung und ohne Vollstreckungsurteil zur unmittelbaren Vollstreckung zugelassen.

Es genügt für Österreich die Vorlegung einer vollstreckbaren Ausfertigung der deutschen Notariatsurkunde bei dem zuständigen Gerichte, um den Antrag auf Exekutionsbewilligung zu begründen. Es genügt für Deutschland, daß an Stelle der nach deutschem Rechte notwendigen Vollstreckungsklausel die Ausfertigung des Beschlusses des zuständigen österreichischen Gerichtes über die Exekutionsbewilligung dem Vollstreckungsorgan vorgelegt wird. (DNotV. 7, 609, 615.)

II. Es empfiehlt sich, der Notariatsurkunde im zwischenstaatlichen Verkehre die gleiche Beweiskraft und Vollstreckbarkeit zu sichern, wenn

1. das Notariat in bezug auf die Persönlichkeit der Notare wie auch in bezug auf die Form der notariellen Urkunde beiderseits gleichmäßig eingerichtet ist, und
2. wenn jene Fragen des materiellen Rechtes, welche im zwischenstaatlichen Verkehre in Betracht kommen, nach gleichen Grundsätzen geregelt sind.

Insolange jedoch eine vollkommene Gleichartigkeit des Notariats und der formellen und materiellrechtlichen Bestimmungen nicht erreicht ist, empfiehlt es sich, diejenigen notariellen Urkunden, welchen zwischenstaatlich die volle Beweiskraft und Vollstreckbarkeit eingeräumt werden soll, in Staatsverträgen vorzusehen.“ (Eb. S. 625, 626.)

Desgleichen hat der ständige Ausschuß des internationalen Notar-Kongresses in Verfolg seiner am 19. Mai 1908 zu Nürnberg gefaßten

Beschlüsse an das auswärtige Amt des Deutschen Reichs, an das Österreichische Ministerium des Auswärtigen und an den Bundesrat der Schweizerischen Eidgenossenschaft eine Denkschrift gerichtet, in der u. a. verlangt wird, daß die notarielle Urkunde zum Gebrauch im Ausland keiner Legalisation bedürfen solle (DNotV. 8, 585). Weiter ist zu erwähnen, daß auch die Niederösterreichische Handels- und Gewerbekammer auf Grund eines von Universitätsprofessor Dr. Hans Sperl (Wien) erstatteten Berichts verlangt hat, daß in Deutschland wie in Österreich als „Exekutionstitel" anerkennt werden sollen u. a.:

> „Vollstreckbare und formgerechte Notariatsurkunden, die von einem österreichischen oder deutschen Notar aufgenommen worden sind, aber nicht in weiterem Umfange, als sie nach dem Recht des Ursprungsstaats vollstreckbar sind." (Eb. 9, 454.)

und daß auch der Landesverein der ungarischen Notare in seiner in Budapest am 20. Februar 1910 abgehaltenen Generalversammlung den oben erwähnten Bestrebungen, die die „Freizügigkeit der notariellen Urkunde" zum Gegenstand haben, voll und ganz beigetreten ist. (Eb. 10, 491.)

7. Bei Beantwortung der gestellten Frage ist von folgenden Erwägungen auszugehen:

Der Staat verleiht den Urkunden der von ihm angestellten Beamten öffentlichen Glauben, weil er diese seine Beamten als glaubwürdig kennt. Und nur unter dieser selben Voraussetzung kann er den von den Beamten eines anderen Staats aufgenommenen Urkunden öffentlichen Glauben verleihen. Nicht dagegen ist eine Voraussetzung für die Verleihung der Glaubwürdigkeit, daß die Rechtszustände beider Staaten in betreff des Bürgerlichen Rechts und des Verfahrensrechts die gleichen seien. Die Richtigkeit dieser Behauptung ergibt sich sofort, wenn man die Rechtszustände der deutschen Staaten beim Inkrafttreten des oben unter 4 erwähnten Reichsgesetzes vom 1. Mai 1878 betrachtet. Es gab damals kein einheitliches bürgerliches Recht, sondern drei große Rechtsgebiete, nämlich das gemeine, das preußische und das französische Recht, daneben aber — und zwar ganz besonders auf dem Gebiet des Familien- und des Grundbuchrechts — noch etwa ein halbes Hundert Partikularrechte von minderem Geltungsgebiet, an die sich ungefähr ebensoviele Grundbuchordnungen anschlossen. Und diese Rechtsnormen beruhten zum Teil auf bloßen Gewohnheitsrechten, zum Teil stammten sie aus verflossenen Jahrhunderten. Der gleiche Rechtszustand herrschte auf dem Gebiet der Notariatsverfassung und des Beurkundungswesens. In Altpreußen und den meisten norddeutschen Staaten war das Notariat als bloßes

Nebenamt mit der Rechtsanwaltschaft verbunden; die Notare mußten hier die Befähigung zum Richteramt haben und ihre Tätigkeit war auf bloße Beurkundungen beschränkt, für die aber die Gerichte gleichfalls zuständig waren. In anderen Staaten, namentlich im Gebiet des französischen Rechts, bestand dagegen das Notariat als selbständiges Amt; die Vorbildung der Notare war hier vielfach eine geringere als die der Richter, zuweilen nur die von mittleren Beamten, und die Notare hatten hier wieder vielfach neben der beurkundenden Tätigkeit noch allerlei andere Tätigkeitszweige, ganz besonders Vermittelungen von Darlehen, freiwillige Versteigerungen und Vollstreckungen. Und während die Notare grundsätzlich Einzelbeamte waren, war ihnen in Württemberg (teilweise auch in Baden) zugleich die Tätigkeit des Nachlaß- und Vormundschafts- sowie des Vollstreckungsgerichts übertragen, so daß hier das Notariat behördlich eingerichtet war oder wenigstens der Notar etwas ausgeprägt Behördliches an sich hatte. Ebenso bunt und mannigfaltig war das von den Notaren bei Beurkundungen zu beobachtende Verfahren: reichlich dreißig verschiedene, zum Teil ganz veraltete Gesetze gab es hierüber, die über die Fragen: wie der Notar sich der Nämlichkeit der Beteiligten zu versichern, welche Vorschriften er bei der Unterschriftsbeglaubigung, bei Verhandlungen mit Gebrechlichen und Sprachfremden zu beobachten, wie er die Beteiligten zu belehren und zu beraten habe, wie er mit Geschäftsbeschränkten zu verhandeln habe, ja selbst darüber, ob er die Beurkundung in Form eines Protokolls oder in irgendwie abgekürzter Weise zu bewirken habe, endlich auch über die gesetzliche Ausschließung des Notars, die denkbar verschiedensten, zum Teil auch gar keine Bestimmungen enthielten. Anlangend insbesondere das preußische Staatsgebiet, so gab es bis zum Gesetz vom 8. März 1880 in dem Gebiet des vormaligen Großherzogtums Nassau, in den vormaligen großherzoglich hessischen Gebietsteilen und in den hohenzollernschen Landen überhaupt keine Notare. Für die altrechtlichen Landesteile galt eine Notariatsordnung vom 11. Juli 1845, für die französisch-rechtliche Rheinprovinz eine Rheinische Notariatsordnung vom 25. April 1822, für Hannover eine Notariatsordnung vom 18. September 1853; in den sonstigen preußischen Landesteilen des gemeinen Rechts, so besonders in Schleswig-Holstein, Kurhessen, Frankfurt a. M. galten wieder andere, zum Teil ganz veraltete Bestimmungen, an deren Stelle durch das oben erwähnte Gesetz vom 8. März 1880 die preußische Notariatsordnung vom 11. Juli 1845 eingeführt wurde. Der Rechtszustand war um so verworrener, als die Zivilprozeßordnung die Einrichtung der vollstreckbaren notariellen Urkunden eingeführt hatte, deren Gültigkeit stets nach Maßgabe der Gesetze des Errichtungsorts zu prüfen war, und diese Gesetze waren, wie oben erwähnt, selbst in einem und demselben Oberlandesgerichtsbezirk nicht die gleichen. So erklärt es sich, daß z. B. in Bayern jede Urkunde des bayerischen Notars, sofern von ihr außerhalb des Bezirks des betreffenden Appellationsgerichtsbezirks Gebrauch gemacht werden sollte, der Beglaubigung durch das Gericht des Sprengels, in dem der Notar seinen Wohnsitz hatte, bedurfte.

Und trotz dieses wirren und verwickelten Zustandes schaffte das oben erwähnte Reichsgesetz vom 1. Mai 1878 den Legalisierungszwang für die innerhalb des Deutschen Reichs ausgestellten Urkunden ab und es haben sich hieraus keinerlei Mißstände ergeben; es ist nicht bekannt geworden, daß die Aufhebung dieses Zwanges Fälschungen erleichtert oder den Gebrauch von Urkunden außerhalb des Ursprungsstaats in erheblichem Maße erschwert hat*). Und es muß hierbei noch ausdrücklich hervorgehoben werden, daß auch heute noch im Deutschen Reich die Zuständigkeit der Notare nur zur Beurkundung von Rechtsgeschäften sowie von einigen rechtsgeschäftlichen Urkunden, (besonders von Beglaubigungen, Wechselprotesten, Generalversammlungsbeschlüssen), ferner für die Aufnahme vollstreckbarer Urkunden und die Antragstellung in Grundbuchsachen, weiter auch das hierbei zu beobachtende Verfahren reichsgesetzlich festgelegt ist. Dagegen ist die Form der Ausfertigung von rechtsgeschäftlichen Urkunden sowie das gesamte nichtrechtsgeschäftliche Beurkundungswesen (mit Ausnahme der eben erwähnten Fälle) in vollem Umfange der Landesgesetzgebung unterstellt, ebenso aber auch das gesamte Dienstrecht der Notare, also die Vorbildung, Ernennung, Amtszucht, die Verfassung als Einzelbeamte und als Behörde, die Verbindung mit der Rechtsanwaltschaft und endlich auch das gesamte Gebührenwesen. Auf die Verschiedenheiten, die hiernach in den einzelnen deutschen Staaten bestehen, soll hier nicht genauer eingegangen werden; es sei nur kurz auf folgendes hingewiesen:

Abgesehen von einigen wenigen Staaten, in denen auch zurzeit noch das Notariat überhaupt nicht besteht (dahin zählen: Oldenburg, Sachsen-Weimar, Schwarzburg-Rudolstadt, Waldeck und die beiden Lippe), sind innerhalb des Deutschen Reichs hinsichtlich der Gestaltung des Notariatswesens drei verschiedene Gruppen von Landesrechten zu unterscheiden.

---

*) Vgl. aber auch das unten bei 11 gesagte (S. 24).

a) Länder des reinen Notariats im Sinne des französischen (rheinischen) Rechts; dahin gehören: Elsaß-Lothringen, Bayern und Hamburg. Die wesentliche Besonderheit des bezüglichen Rechtszustandes liegt, wie bereits oben bemerkt, einerseits in der fast ausschließlichen Beurkundungsbefugnis der Notare, anderseits in der Unabhängigkeit des Notariats von der Rechtsanwaltschaft.

b) Länder des Anwalts-Notariats; dahin gehören: Preußen (einschließlich Rheinpreußen), Hessen, das Königreich Sachsen, die beiden Mecklenburg, Bremen, Braunschweig, Koburg-Gotha, Sachsen-Meiningen, Sachsen-Altenburg. In diesen Ländern teilt das Notariat die Urkundbefugnis mit den Gerichten; anderseits ist das Notariat mit der Rechtsanwaltschaft, wenn auch zum Teil nur fakultativ, vereinigt.

c) Länder des behördlichen Notariats; hier sind dem Notariat, außer der Beurkundungsbefugnis, anderweite behördliche Verrichtungen, so Verrichtungen des Nachlaßgerichts, des Vormundschaftsgerichts, der Immobiliarzwangsversteigerung und Zwangsverwaltung, der Grundbuchämter übertragen; dahin gehören Württemberg und Baden.

8. Weiter bedarf es zur Beantwortung der gestellten Frage eines kurzen Eingehens auf die Notariatsverfassung und das Beurkundungswesen in Österreich[13]).

Die österreichisch-ungarische Monarchie besteht aus zwei Teilen, die im Verhältnis zueinander als selbständige Staaten anzusehen sind, nach außen aber eine einzige Monarchie vorstellen, die nicht nur einen Herrscher, sondern auch sonstige gemeinsame Angelegenheiten (besonders das Heer- und Geldwesen, die Vertretung gegenüber dem Ausland) hat. Die westliche — größere Hälfte — dieses Doppelstaats — und von ihr allein ist im folgenden die Rede — heißt Österreich; die östliche — Ungarn — hat ihre eigene und selbständige Gesetzgebung, die hier nicht in Betracht kommt. Nach der österreichischen Notariatsordnung vom 25. Juli 1871 nimmt das österreichische Notariat eine Mittelstellung zwischen dem System des reinen Notariats und des Anwaltsnotariats ein. Die Notare sind keine Beamten, führen aber den Titel: k. k. (kaiserlicher königlicher) Notar; ihr Amt gilt als Staatsamt. Sie können auch im Auftrag des Gerichts in Nachlaß-, Vormundschafts- und Zwangsvollstreckungssachen eine gewisse Beamtentätigkeit entfalten. In solchen Fällen hat sich der

---

[13]) Vgl. Rietsch im „Urkundwesen der deutschen Staaten" S. 619. Mehrfache Mitteilungen hat mir in dankenswerter Weise der Herr Mitberichterstatter Dr. Reich-Knittelfeld gemacht.

Notar „k. k. Notar als Gerichtskommissär (Gerichtsabgeordneter)“ zu nennen, muß aber seine Protokolle dem Gerichte zur Genehmigung vorlegen und bekommt die ihm zugesprochenen Gebühren. Sonst ist der Notar bei Aufnahme öffentlicher Urkunden Urkundsperson. Da ihm aber auch die Abfassung von Privaturkunden, die Abfassung von Eingaben in der freiwilligen Gerichtsbarkeit und mit Einschränkungen sogar eine Parteienvertretung in Streitsachen gestattet ist, so muß man auch von einer rechtsanwältlichen Tätigkeit des Notars sprechen.

Aus dem Vorgetragenen ergibt sich: Die österreichische Notariatsverfassung weist, verglichen mit den reichsdeutschen keine größere Verschiedenheit auf, als die reichsdeutschen Notariatsverfassungen unter einander aufweisen.

Anlangend das bei Beurkundungen der österreichischen Notare anzuwendende Verfahren, so sei kurz darauf hingewiesen, daß sowohl bei Beurkundung letztwilliger Verfügungen („notarielle Protokolle“) als auch bei der Beurkundung sonstiger Rechtsgeschäfte („Notariatsakte“) wie auch bei nichtrechtsgeschäftlichen Beurkundungen („notarielle Beurkundungen“) die vom Notar zu wahrenden Formvorschriften im wesentlichen den im Deutschen Reich geltenden gleich sind, mit der weiter unten zu besprechenden sehr erheblichen Abweichung, daß es in Österreich keine einheitliche „Staatssprache“ gibt.

Befähigt zum Notariat ist in Österreich zurzeit noch, „wer die Notariats-, Advokaten- oder Richteramtsprüfung mit Erfolg bestanden hat“. Ein bereits vorliegender Entwurf zu einer neuen Notariatsordnung verlangt aber für die Notare die Befähigung zum Richteramt (DNotV. 11 S. 396). Die Dienstaufsicht und das Amtszuchtverfahren sind schließlich in Österreich für die Notare in ganz ähnlicher Weise geregelt, wie in den Staaten des Deutschen Reichs.

Erwägt man hierzu, daß Deutschland und Österreich ein gemeinsames Handels- und Wechselrecht haben, daß ihr bürgerliches Recht auf einem gemeinsamen Ursprung, nämlich dem gemeinen Recht, beruht, und daß die Zivilprozeßordnungen beider Staaten in ähnlicher Weise auf einer gemeinschaftlichen Grundlage beruhen, daß auch sonst beide Staaten zahlreiche gemeinschaftliche Berührungspunkte haben, so muß man dem oben mitgeteilten Beschluß des Notarkongresses zustimmen, der dahin geht:

im Verkehr der beiden Reiche für notarielle Urkunden jeden Legalisierungszwang, insbesondere auch den bestehenden Beglaubigungszwang zu beseitigen.

Man kann von dieser zwischen Deutschland und Österreich bestehenden Rechtseinrichtung dasselbe sagen, was die Begründung u dem oben erwähnten Reichsgesetz vom 1. Mai 1878 über den Legalisierungszwang zwischen den einzelnen deutschen Staaten sagt: er werde überall als eine Belästigung empfunden, die in keinem Verhältnis zu den Vorteilen — Erschwerung der Fälschung und vermehrte Sicherheit beim Gebrauch öffentlicher Urkunden — steht.

9. Auch führt der jetzige Rechtszustand zu sonderbaren Folgen. So sind in Baden für die dem Nachlaßgericht obliegenden Verrichtungen die Notare zuständig, und in Amtsgerichtsbezirken, in denen mehr als ein Notar angestellt ist, werden die Geschäfte, soweit nicht die Wahl des Notars den Beteiligten überlassen ist, von dem Justizministerium auf die einzelnen Notarsstellen verteilt (§§ 45, 47 des Rechtspolizeigesetzes vom 17. Juni 1899). Ferner ist nach § 1 des Badischen Ausführungsgesetzes zum Zwangsversteigerungsgesetz vom 18. Juni 1899 die Versteigerung und die Erlösverteilung von den Notaren, von einem Jeden für die ihm nach der Geschäftsverteilung zugewiesenen Gemeinden wahrzunehmen. Die badischen „Notariate" sind fest eingerichtete Behörden, ganz wie die Amtsgerichte; ihre amt iche Bezeichnung für jene Verrichtungen ist „Großherzogliches Notariat als Nachlaßgericht", „Großherzogliches Notariat als Vollstreckungsgericht". Nimmt man nun an, daß die badischen Notariate, insoweit ihnen die Nachlaßsachen und die bezeichneten Versteigerungshandlungen obliegen, das „Nachlaßgericht" und das „Vollstreckungsgericht" sind[14]), so fallen die von ihnen in dieser Eigenschaft[15]) ausgestellten Urkunden (also insbesondere die Teilungsverhandlung [§§ 91, 93 FGG.]) unter den oben unter 5 angezogenen Art. 1 des Deutsch-Österreichischen Vertrages, wonach Urkunden, die von Gerichten in streitigen oder nichtstreitigen bürgerlichen Angelegenheiten ausgestellt

[14]) Nach den Motiven zum Entwurf des ZVG. von 1888 S. 374 ist in diesem Falle das badische Notariat „Delegierter" des Vollstreckungsgerichts.

[15]) Über rechtsgeschäftliche Erklärungen, die das Vollstreckungsgericht im Verteilungstermin aufnimmt, s. Du Chesne im ZblFG. Bd. 11 S. 3, anderseits auch Predari, GBO. S. 55.

sind, keiner Beglaubigung bedürfen. Nun sind aber die badischen Notariate zugleich die Urkundsämter, und wenn derselbe Notar dann in seiner Eigenschaft als Vertreter des Urkundsamts eine Urkunde aufnimmt oder beglaubigt, dann fällt diese seine Urkundshandlung unter Art. 2 des Vertrags, d. h. sie bedarf der gerichtlichen Beglaubigung (oben Anm. 11). Nimmt man aber an, daß die badischen Notariate nicht „Nachlaßgericht" und „Vollstreckungsgericht", also nicht Gerichte im Sinne des Art. 1 des Vertrages sind, dann ergibt sich die wiederum höchst sonderbare Folge, daß dieselbe dem Nachlaßgericht und dem Vollstreckungsgericht als solchem obliegende Beurkundungshandlung bald der Beglaubigung bedarf, bald ohne sie rechtswirksam ist, obwohl es in allen Fällen eine eingerichtete Staatsbehörde ist, die diese Handlungen tätigt.

Ferner: Die Begründung zu dem oben unter 5 mitgeteilten Art. 2 Abs. 2 bemerkt: um den in Wechselsachen besonders empfindlichen bei Einholung einer jeden Beglaubigung unvermeidlichen Zeitverlust auszuschließen, empfehle es sich, auszusprechen, daß Wechselproteste einer Beglaubigung nicht bedürfen. Nun ist aber der Protest nicht eine bloße Beweisurkunde, sondern zugleich eine (fristmäßig zu beschaffende) Bedingung des Bestehens von Wechselverbindlichkeiten, eine Ergänzung der Wechselurkunde; und man sollte meinen, daß, wenn eine so wichtige Urkunde des Notars (und sogar des Gerichtsschreibers und des Gerichtsvollziehers) einer Beglaubigung nicht bedarf, notarielle Urkunden anderen, bloß beweisenden, also minderwichtigen Inhalts erst recht ohne Beglaubigung voll wirksam sein müßten. — Ein anderes Beispiel: nach Art. 21 Preuß. FGG. kann das Amtsgericht eine bei ihm beantragte Auseinandersetzung einem Notar überweisen, auf den dann — mit Ausnahme der Fällung gewisser Entscheidungen — alle Obliegenheiten des Nachlaßgerichts übergehen: er kann gegen ausgebliebene Beteiligte im Versäumnisverfahren vorgehen, Zeugen und Sachverständige eidlich vernehmen, Rechtshilfe von Behörden beanspruchen und es findet gegen die Verfügungen des Notars die Beschwerde statt, ganz wie gegen die des Nachlaßgerichts[16]). Insbesondere aber geht auf den Notar die in §§ 91, 93 FGG. bezeichnete Verpflichtung über, wonach „das Gericht" die Auseinandersetzung zu beurkunden hat. Sonach ist der Schluß naheliegend, daß die so vom Notar im überwiesenen Auseinandersetzungsverfahren aufgenommene Teilungsurkunde im Sinne des Art. 1 des Staatsvertrages eine vom G e r i c h t aufgenommene Urkunde ist, also

[16]) Vgl. J o s e f in KGBl. 11 S. 86.

keiner Beglaubigung bedarf. Wenn dagegen die Beteiligten den Notar von vornherein aufsuchen, um die von ihnen vereinbarte Auseinandersetzung beurkunden zu lassen, dann liegt lediglich eine notarielle Urkunde vor, die nach Art. 2 des Staatsvertrages der gerichtlichen Beglaubigung bedarf. Diese verschiedene Behandlung derselben Urkunde desselben Beamten, je nachdem sie in einem dem Notar überwiesenen Verfahren oder ohne solche Überweisung von ihm beurkundet ist, entbehrt jeden inneren Grundes. Nimmt man aber an, die vom Notar aufgenommene Urkunde sei auch im überwiesenen Verfahren keine gerichtliche, sondern eine notarielle, so wäre der Rechtszustand der, daß eine dem Nachlaßgericht als solchem obliegende Handlung — nämlich die Beurkundung der Auseinandersetzung — nicht als eine gerichtliche angesehen wird. — Man nehme hier ferner die Verhältnisse in Württemberg: hier sind auf Grund des Art. 147 EGBGB. die Geschäfte des Vormundschaftsgerichts Kollegien von vier nicht rechtskundigen Waisenrichtern unter dem Vorsitz eines Bezirksnotars übertragen. Diese Behörde ist nicht eine Verwaltungsbehörde, sondern berufen zur Handhabung der Rechtspflege; denn indem das Bürgerliche Gesetzbuch überall vom Vormundschaftsgericht spricht, erklärt es die Führung der Obervormundschaft als eine Angelegenheit der Rechtspflege, danach als Sache der Gerichte[17]). Sonach dürften die von dieser württembergischen Gerichtsbehörde, die von einem Notar geleitet wird, aufgenommenen Urkunden unter den Art. 1 des Staatsvertrages fallen, also keiner Beglaubigung bedürfen. Wenn aber dieser selbe Notar in seiner Eigenschaft als „öffentlicher Notar", also als Urkundsbeamter, eine Urkunde des gleichen Inhalts aufnimmt, dann fällt sie unter Art. 2 des Staatsvertrages, bedarf also der Beglaubigung. Allein ob das Württembergische Vormundschaftsgericht als Gericht im Sinne des Art. 1 anzusehen ist, erscheint zweifelhaft, da die dem Art. 1 beigefügte, oben wiedergegebene Aufzählung wohl die „Vormundschaftsbehörde in Hamburg"[18]) den Gerichten gleichstellt, nicht aber die württembergischen Vormundschaftsbehörden. Erachtet man diese letzteren danach nicht als Gerichte im Sinne des Staatsvertrages, so wäre die Folge auch hier, daß Verrichtungen,

---

[17]) Vgl. Josef im „Recht" 10 S. 128 und Josef in ZZP. 40 S. 289.

[18]) Beim Inkrafttreten des Staatsvertrages (1880) bestand in Hamburg eine Vormundschaftsbehörde, die zusammengesetzt war aus Richtern und rechtsunkundigen Beisitzern. Motive z. BGB. Bd. 4 S. 1012.

die dem von einem Notar geleiteten Vormundschafts gericht als solchem obliegen, nicht als gerichtliche angesehen werden.

So ruft die im Staatsvertrag gemachte Unterscheidung, wonach die Beglaubigung nicht erforderlich ist bei Urkunden der Gerichte, wohl aber bei solchen der Notare, eine Reihe von Zweifelsfragen hervor und von Unterscheidungen, die innerlich ganz unbegründet sind.

10. Unter den sog. „prozeßrechtlichen Verträgen“ [19]) ist von besonderer Wichtigkeit der Vertrag, durch den die Zulässigkeit der Zwangsvollstreckung erleichtert wird; sowohl das deutsche (§ 794 Z. 5 ZPO.) wie auch das österreichische Prozeßrecht (§ 3 des Notariatsgesetzes vom 25. Juli 1871) kennen einen auf sofortige Zwangsvollstreckung gerichteten Vertrag, die sog. vollstreckbare Urkunde, und die Voraussetzungen ihrer Zulässigkeit sind in beiden Staaten fast dieselben. Während nun bei der Frage nach der Bedeutung anderer Urkunden im zwischenstaatlichen Verkehr nur ihre Beweiskraft in Betracht kommt, kommt bei den vollstreckbaren Urkunden in Frage, ob der Staat in seinem Gebiet aus ausländischen Urkunden eine Zwangsvollstreckung dulden kann; denn grundsätzlich erwächst der Rechtsschutzanspruch auf Zwangsvollstreckung nur aus inländischen Vollstreckungstiteln und nur auf diese sind die Vorschriften der deutschen Zivilprozeßordnung zugeschnitten. Nach dieser ist der einzige ausländische Schuldtitel, aus dem eine Zwangsvollstreckung in Deutschland in Betracht kommt, das Urteil eines ausländischen Gerichts; und auch hier muß aber ihre Zulässigkeit durch ein Vollstreckungsurteil ausgesprochen sein, das insbesondere abzulehnen ist, wenn das ausländische Urteil in unbilliger Weise die Rücksichtnahme auf die Interessen des Schuldners verletzt (§§ 722, 723, 328 ZPO). Das deutsche Gericht kann also (bei verbürgter Gegenseitigkeit) den Erlaß des Vollstreckungsurteils kaum je ablehnen, wenn der Schuldner sich dem ausländischen Gericht gestellt und vor diesem gemäß seinem Anerkenntnis verurteilt ist. Einem solchen Verhalten des Schuldners kommt es aber ziemlich gleich, wenn dieser dieselbe Absicht, die er durch ein vor dem ausländischen Gericht abgegebenes Anerkenntnis und durch das daraufhin ergangene Urteil verwirklicht, durch Abgabe einer vollstreckbaren Erklärung vor dem ausländischen Notar betätigt [20]). Mit Recht bemerkt v. Bar (Theorie und

---

[19]) Vgl. Kohler in Gruchots Beitr. 31 S. 314.

[20]) Vgl. v. Amelunxen im ZblFG. 7 S. 547 „Freiwillige Gerichtsbarkeit und freiwillige Urteile“.

Praxis des internationalen Privatrechts, zweite Auflage, Bd. 2 S. 542)[21]:

„Die wenigsten Bedenken hat jedenfalls die Zulassung der Zwangsvollstreckung auf Grund von ausländischen Urkunden der freiwilligen Gerichtsbarkeit. Mag man auch einem auswärtigen Richterspruche mißtrauen, so ist doch nicht ohne Weiteres Fälschung oder grobes Mißverständnis zuzuschreiben den in einem zivilisierten Staate aufgenommenen Urkunden der freiwilligen Gerichtsbarkeit, zumal die Parteien sich meist selbst die geeigneten Organe aussuchen können, Fälschungen aber, bei denen in Wahrheit nicht erschienene Personen als handelnd aufgeführt werden, glücklicherweise doch selten sind."

Auch wird die Zulässigkeit der Zwangsvollstreckung aus ausländischen Urkunden erfordert durch die stetige Steigerung des Verkehrs mit dem Ausland und die Erweiterung der Verkehrsmittel, die es dem Schuldner gestatten, seine Habe durch Übersiedelung nach dem Ausland dem Gläubiger zu entziehen. So erklärt sich der schon oben unter 6 wiedergegebene Beschluß des Notarkongresses, die vollstreckbaren Urkunden beider Staaten ohne weitere Beglaubigung und ohne Vollstreckungsurteil zur unmittelbaren Vollstreckung zuzulassen, und zwar soll es für Deutschland genügen, daß an Stelle der hier erforderlichen Vollstreckungsklausel die Ausfertigung des Beschlusses des österreichischen Gerichts über die Exekutionsbewilligung dem Vollstreckungsorgan vorgelegt wird.

Aber es stehen der Durchführbarkeit dieses Beschlusses doch erhebliche Bedenken entgegen, die auf dem Kongreß nicht erörtert sind.

Man setze den Fall: Ein deutscher Staatsangehöriger hat bei seinem Aufenthalt in Wien sich vor dem österreichischen Notar der Zwangsvollstreckung unterworfen und der Gläubiger hat diese in Berlin vorgenommen. Nun wendet der Schuldner ein, die Zwangsvollstreckung sei unzulässig, weil die Urkunde bei richtiger Auslegung gar nicht die Unterwerfungsklausel enthalte, oder weil diese sich auf eine andere als die beizutreibende Schuld beziehe, oder weil bei richtiger Auslegung der Urkunde die Vollstreckung noch gar nicht zulässig sei, oder weil er —

---

[21]) Nicht zu verwechseln mit dem in Anm. 2 angezogenen Werk desselben Verfassers. — Das Zitat in DNotV. 7 S. 610 enthält hier Druckfehler betr. des Namens und der Seitenzahl.

der Schuldner — zu Unrecht als der Rechtsnachfolger des in der vollstreckbaren Urkunde aufgetretenen Schuldners angesehen werde, oder weil der Antragsteller zu Unrecht als Rechtsnachfolger des in der Urkunde bezeichneten Gläubigers auftrete. Wäre diese Urkunde von einem deutschen Notar aufgenommen, so würde es sich hier um Einwendungen handeln, die die Zulässigkeit der Vollstreckungsklausel betreffen und es hätte über sie das Amtsgericht des Wohnsitzes des Notars zu entscheiden (§ 797 Abs. 3 ZPO). Da die Urkunde aber von einem österreichischen Notar aufgenommen ist, fehlt es an einem zur Entscheidung zuständigen deutschen Gericht. Die Entscheidung hierüber etwa durch Ergänzung des § 797 dem deutschen Vollstreckungsgericht zu übertragen, wäre ganz unangemessen, da über jene Einwendungen nach der Natur der Sache das Gericht des Errichtungsstaats unter Anwendung des dortigen Gesetzes zu entscheiden hat; es würde staatsrechtlichen Grundsätzen widersprechen, wenn das deutsche Gericht die in der Exekutionsbewilligung bereits vorliegende Entscheidung des österreichischen Gerichts änderte. Wollte man sonach die Entscheidung über solche Einwendungen dem österreichischen Gericht übertragen, so ergäbe sich die Folge, daß das deutsche Vollstreckungsorgan — sei dies nun ein Gerichtsvollzieher oder (wie bei der Forderungspfändung und der Vollziehung in Grundstücke) ein Gericht — bei dieser seiner Amtstätigkeit von den Entscheidungen einer ausländischen Behörde abhängig sein soll, was wieder mit feststehenden staatsrechtlichen Grundsätzen unvereinbar sein dürfte. Man nehme auch den Fall: der Schuldner wendet gegen die erfolgte Vollstreckung ein, er sei zur Abgabe der von ihm vor dem österreichischen Notar erklärten vollstreckbaren Urkunde durch Irrtum, Täuschung oder Drohung veranlaßt, so wäre das in § 797 Abs. 5 ZPO. bezeichnete deutsche Gericht, also grundsätzlich das Gericht des Wohnsitzes des Schuldners, zur Entscheidung hierüber zuständig. Diese Entscheidung müßte wohl nach österreichischem Recht erfolgen und daß ein deutsches Gericht über die Rechtswirksamkeit der Amtshandlungen einer ausländischen Urkundsperson unter Anwendung des ausländischen Rechts entscheidet, ist zwar sehr wohl denkbar, aber sehr unerwünscht. Ob nicht auch die Anwendung noch anderer Vorschriften des deutschen Zwangsvollstreckungsrechts auf die vollstreckbaren Urkunden des ausländischen Staats Schwierigkeiten bereiten würde, soll hier nicht untersucht werden; es sei aber nochmals darauf hingewiesen, daß die Vorschriften der deutschen Zivilprozeßordnung durchweg zugeschnitten sind auf die Vollstreckung deutscher Schuldtitel, wie dies der § 722 und der § 794 Z. 5 zum

Ausdruck bringt. Wollte man aber, wie dies Oberneck in einem Eventualantrag zu dem oben erwähnten Beschluß des Notarkongresses vorschlägt, die Zwangsvollstreckung aus österreichischen Urkunden abhängig machen von der zuvorigen Erwirkung eines deutschen Vollstreckungsurteils, so wäre die österreichische vollstreckbare Urkunde fast wertlos. Jedenfalls passen, wie Oberneck anerkennt, die Vorschriften der §§ 722 ff. ZPO. auf ein solches Verfahren für notarielle Urkunden gar nicht, da bei jenen Voraussetzungen geprüft werden, die für notarielle Urkunden gar nicht in Betracht kommen. — Welche Einwendungen vom Standpunkte des österreichischen Zwangsvollstreckungsrechts gegen die Durchführung des vom Notarkongreß gefaßten Beschlusses bestehen, gleibe dahin gestellt; die Annahme Obernecks (DNotV. 7, 611—614): daß in Österreich auch ausländische vollstreckbare notarielle Urkunden Exekutionstitel seien, ist nicht zutreffend. So bemerkt auch Rietsch (Urkundenwesen der deutschen Staaten S. 639), daß auf Grund einer vollstreckbaren ausländischen Notariatsurkunde in Österreich eine Zwangsvollstreckung nicht stattfinde.

11. Wird der Staatsvertrag dahin abgeändert, daß die von den Notaren eines der Vertragsstaaten errichteten Urkunde zum Gebrauch im anderen Vertragsstaat einer Beglaubigung nicht bedürfen, so hätte das — wie ausdrücklich hervorzuheben, weil dieser Gesichtspunkt auf dem Kongreß gar nicht berührt ist — durchaus nicht den Erfolg, daß dann Urkunden österreichischer Notare in Deutschland unter allen Umständen als echt anzusehen wären. Die Aufhebung des Legalisierungszwanges hatte eine solche Folge nicht einmal für die in Deutschland aufgenommenen Urkunden und würde sie daher für die in Österreich aufgenommenen Urkunden um so weniger haben. Vielmehr würde man in Deutschland Urkunden österreichischer Notare doch nur behandeln, wie inländische i. S. des § 1 des Reichsgesetzes vom 1. Mai 1878 (oben unter 4) und das könnte Belästigungen für den Rechtsverkehr zur Folge haben. Denn wie die Begründung des eben erwähnten Gesetzes ausdrücklich hervorhebt, bestimmt dies durchaus nicht, inwieweit und unter welchen Voraussetzungen inländische öffentliche Urkunden als echt anzusehen seien; hierüber soll vielmehr, so hebt die Begründung hervor, für den Zivilprozeß der § 437 (ä. F. 402) ZPO. (wonach inländische öffentliche Urkunden zwar die Vermutung der Echtheit für sich haben, das Gericht aber bei Zweifeln an der Echtheit die Ausstellungsbehörde zu einer Erklärung über die

Echtheit veranlassen kann) maßgebend sein. Die Begründung bemerkt dann weiter, das Gesetz wolle auch darüber nicht bestimmen:

„unter welchen Umständen außerhalb des Prozeßgebiets, z. B. beim Grundbuchverkehr, vor dem Vormundschaftsgericht, bei Verwaltungsbehörden, im Verwaltungsstreitverfahren usw. die betreffende Behörde die Echtheit der ihr vorgelegten Urkunde anzuerkennen habe, indem hierüber dem bestehenden Recht nach wie vor die Entscheidung anheimgegeben bleibt. Demzufolge schließt der Entwurf auch die Befugnis der Behörde nicht aus, wenn sie im Einzelfall an der Echtheit einer ihr vorgelegten Urkunde zweifelt, eine Legalisation zu fordern, falls die Behörde nicht, was ihr ebenfalls offen steht, etwa der eigenen Feststellung: ob die Urkunde für echt gelten könne, den Vorzug gibt."

Also selbst wenn die Urkunde von einem im Gebiet des Deutschen Reichs wohnhaften Notar aufgenommen ist, kann das deutsche Gericht, wenn es an ihrer Echtheit Zweifel hegt, von dem die Urkunde vorlegenden Beteiligten die Beschaffung einer Legalisation fordern oder auch zur Beseitigung seiner Zweifel selbständige Feststellungen treffen. Steht dies Recht aber den deutschen Gerichten gegenüber den von inländischen Notaren aufgenommenen Urkunden zu, so steht es ihm gegenüber den Urkunden österreichischer Notare umsomehr zu; und es ist die Befürchtung naheliegend, daß die deutschen Gerichte gegenüber den Urkunden österreichischer, also ausländischer Notare, in der Ausübung des Rechts zur Echtheitsprüfung recht weit gehen könnten. Daß die deutschen Gerichte gegenüber den Urkunden deutscher Notare von diesem Recht keinen übermäßigen Gebrauch gemacht haben, erklärt sich daraus, daß man vom Standpunkt der Reichseinheit sämtliche zum Deutschen Reich gehörigen Staaten als Inland ansah. Aber dennoch hat das Preußische Kammergericht (KGJ. 6,85) entschieden, daß ein Preußisches Gericht das Siegel eines sächsischen Notars als ihm unbekannt beanstanden dürfe, und daß die Beteiligten verpflichtet sind, dem Gericht darüber Nachweisungen zu führen, ob der Notar das gebrauchte Siegel mit Recht führe. Es ist auch zu erwähnen, daß man bei der Beratung des EGBGB. (Prot. 6 S. 461) und besonders des FGG. — also etwa zwanzig Jahre seit der Geltung des Reichsgesetzes vom 1. Mai 1878 — noch Beschwerde führte, daß die Behörden des einen deutschen Bundesstaats notarielle Urkunden als ungenügend zurückgewiesen haben lediglich deshalb, weil der Notar, der sie aufgenommen hatte, nicht demselben Bundesstaat, sondern einem anderen Bundesstaat angehöre. Es wurde daher bei der Beratung des FGG. in der Kommission (KommB. 64) eine gesetzliche Bestimmung dahin beantragt:

„Die von einem Gericht oder Notar innerhalb seiner Zuständigkeit aufgenommene Urkunde ist im Geschäftsverkehr aller öffentlichen Behörden als eine öffentliche Urkunde zu behandeln, ohne Rücksicht darauf, ob von ihr in dem Bundesstaate, welchem das Gericht oder der Notar angehört, oder in einem anderen Bundesstaate Gebrauch gemacht wird."

Der Antrag wurde abgelehnt, nachdem der Bundesratsvertreter eine solche Handhabung als unrichtig bezeichnet und sie zurückgeführt hatte auf die damals bestehende Verschiedenheit der bürgerlichen Rechts. Und da diese Verschiedenheit zwischen Deutschland und Österreich erst recht besteht, so ist die Gefahr nicht von der Hand zu weisen, daß auch wenn entsprechend der hier vertretenen Ansicht, eine Änderung des Staatsvertrages erfolgt, die deutschen Behörden die Rechtswirksamkeit österreichischer Urkunden grundlos anzweifeln möchten, hierdurch aber den Beteiligten Schwierigkeiten entstehen, die auf dem Kongreß nicht genügend gewürdigt sind. Zur Beseitigung dieser Schwierigkeiten hat schon Oberneck auf dem Kongreß sachgemäß vorgeschlagen, daß alljährlich die Namen der Notare beider Länder und ihre Amtsbezirke sowie das Amtssiegel amtlich veröffentlicht werden sollen (a.a.O. S. 608). Empfehlenswert wäre es, hiermit jedesmal zugleich einen kurzen Grundriß über die wesentlichen Abweichungen der in beiden Staaten bestehenden Beurkundungsvorschriften zu verbinden. Wird die Echtheit der Urkunde so als feststehend verbürgt, so werden sich — darauf kann man vertrauen — die Gerichte beider Staaten allmählich von der Erwägung leiten lassen, daß der Urkunde auch die „Vermutung der Legalität" zur Seite stehe, d. h. die Vermutung, daß bei Aufnahme der Urkunde die am Ort der Aufnahme geltenden Gesetze beobachtet sind und der Notar innerhalb seiner Zuständigkeit gehandelt hat[22]).

---

[22]) v. Bar, Theorie und Praxis des internat. Privatrechts (2) I S. 137 Anm. 18; Borchardt, Wechselordnung, Zusatz 846 zu Art. 86; Dorner, Komm. zur badischen Rechtspolizeigesetzgebung S. 288 Anm. 4; KGJ. 5 S. 99.

12. Schließlich sei hier hervorgehoben ein Gesichtspunkt, der auffallenderweise auf dem Kongreß gar nicht berührt ist. In Deutschland können notarielle Urkunden jeder Art nur in deutscher Sprache errichtet werden; die deutsche Sprache ist hier die alleinge Amtssprache. Dagegen kennt Österreich keine einheitliche Staatssprache; dort können auch Notariatsurkunden in tschechischer, polnischer, slovenischer, italienischer, ruthenischer, rumänischer, kroatischer Sprache aufgenommen werden. Die Notare in diesen Ländern erhalten vom Oberlandesgericht die Bestätigung, daß sie zur Beurkundung in der bestimmten nichtdeutschen Sprache befähigt sind; der Notar muß sogar bei seiner Anstellung nachweisen, daß er die für die Stelle, für die er ernannt werden soll, erforderliche Kenntnis der Landessprachen besitze. In Verfolg der hier vertretenen Ansicht (oben 7, 8) muß der Wegfall des Beglaubigungszwanges auch für die in einer nichtdeutschen Sprache aufgenommenen Urkunden der österreichischen Notare verlangt werden, wie ja doch auch Urteile österreichischer Gerichte, die in nichtdeutscher Sprache abgefaßt sind, keinem Beglaubigungszwang unterliegen; der Art. 1 des Staatsvertrages enthält in dieser Beziehung keinen Unterschied und auch die Begründung des Gesetzes erwähnt ihn nicht.

Aus den Vorschriften der deutschen Gesetze über die Gerichtssprache (§ 186 GVG., § 8 FGG.) ist nicht zu folgern, daß eine Beweisführung durch Urkunden in fremder Sprache unzulässig sei; das Gegenteil ergibt sich aus § 142 Abs. 3 ZPO., wonach das Gericht anordnen kann, daß von fremdsprachlichen Urkunden eine von einem vereidigten Dolmetscher gefertigte Übersetzung beizubringen ist (RG. Bd. 9 S. 436; KGJ. Bd. 2 S. 157). Es liegt aber auf der Hand, daß die Brauchbarkeit der von österreichischen Notaren in einer nichtdeutschen Sprache aufgenommenen Urkunden hiernach in Deutschland sehr erschwert wird und in diesem Sinne eine Gleichstellung solcher Urkunden mit den in Deutschland aufgenommenen natürlich ausgeschlossen ist. Es muß auffallen, daß diese Erwägung auf dem Kongreß gar keine Erörterung gefunden hat.

Danach empfehlen sich nachstehende Beschlüsse:

1. Im Verkehr zwischen dem Deutschen Reich und Österreich ist, wie dies bereits für gerichtliche Urkunden geschehen, so auch für notarielle Urkunden der bestehende Beglaubigungszwang zu beseitigen. Denn die Notariatsverfassung und das Beurkundungswesen beruhen in beiden

Staaten auf wesentlich gleichen Grundlagen; hervortretenden Schwierigkeiten kann durch sachgemäße Anordnungen der Justizverwaltung vorgebeugt werden.

2. Dagegen ist es nicht zu empfehlen, daß aus den in dem einen Staat aufgenommenen Urkunden eine Zwangsvollstreckung im Gebiete des anderen Staats stattfinden darf. Denn die Vorschriften des deutschen Zwangsvollstreckungsrechts sind lediglich auf inländische Schuldtitel zugeschnitten und eine Änderung dieser Vorschriften nach der gedachten Richtung wäre ohne Durchbrechung feststehender staats- und prozeßrechtlicher Grundsätze undurchführbar.

II.

Gutachten des Herrn Justizrats M. Salinger in Berlin

über die Frage:

Sind die Grundsätze der Mündlichkeit der Verhandlung und der Unmittelbarkeit der Beweisaufnahme in dem jetzt geltenden deutschen Zivilprozeß zweckmäßig durchgeführt, oder welche Änderungen empfehlen sich für den Fall einer durchgreifenden Neugestaltung des bürgerlichen Rechtsstreits?

I.

Bei der vorstehenden mir zur Begutachtung vorgelegten Frage wird von der Voraussetzung ausgegangen, daß die Grundsätze der Mündlichkeit und Unmittelbarkeit auch den künftigen deutschen Zivilprozeß zu beherrschen haben. Das ist in der Tat ein zwingendes Postulat unserer ganzen Rechtsentwicklung; das mündliche Verfahren ist nicht nur der eines freien und großen Volkes allein würdige Rechtszustand, es ist auch die geeignetste Form zur Erreichung des Zweckes des Zivilprozesses [1]). In der öffentlichen Diskussion herrscht darüber jetzt auch kaum noch ernstliche Meinungsverschiedenheit, wenn man auch hier und da von einer Überspannung des Mündlichkeitsprinzips spricht und für besonders geartete Fälle eine Entscheidung auf Grund der Akten empfiehlt [2]). Um

---

[1]) Vgl. Wach, Vorträge über die Reichs-ZPO., 2. Aufl. 1896 S. 2, 4.

[2]) Unannehmbar erscheint mir der Vorschlag Hellwigs (Justizreform S. 24), die mündliche Verhandlung dann wegfallen zu lassen, wenn die Parteien

so zahlreicher sind dagegen die geheimen Feinde der Mündlichkeit, und zwar sowohl unter den Richtern als auch unter den Anwälten; und wahre Freunde hat sie auch nicht bei den Justizverwaltungen der deutschen Bundesstaaten. Für wenige von den Gegnern des Unmittelbarkeitsprinzips im Zivilprozeß würde die Frage diskutabel sein, ob im Strafverfahren die Grundsätze der Mündlichkeit und Unmittelbarkeit aufzugeben seien; und doch ist die geistige Tätigkeit des Gerichts, die Feststellung eines Tatbestandes und seine rechtliche Beurteilung, in beiden Arten des Verfahrens genau dieselbe.

Leonhardt und seine Mitarbeiter an der deutschen ZPO. waren von der Notwendigkeit und Zweckmäßigkeit der Grundsätze der Mündlichkeit und Unmittelbarkeit durchdrungen. Sie wollten, wie es in der Begründung des Kommissionsentwurfes heißt, volle Mündlichkeit, kein halb schriftliches, halb mündliches Verfahren; sie wollten den Grundsatz zur Geltung bringen, daß der Richter nur die in der Verhandlung vorgetragenen Tatsachen zu berücksichtigen habe, um zu verhindern, daß die Verhandlung nach und nach wieder zur Bedeutungslosigkeit einer Scheinverhandlung herabsinke [3]). Sie haben geglaubt, diese Grundsätze in den nachfolgenden Bestimmungen zu einem zweifelsfreien Ausdruck zu bringen:

Die Verhandlung der Parteien über den Rechtsstreit ist gemäß § 128 ZPO. eine mündliche, und zwar vor dem erkennenden Gericht. Das Urteil kann nur von denjenigen Richtern gefällt werden, welche der dem Urteil zugrunde liegenden Verhandlung beigewohnt haben. § 309. Hat also eine frühere Verhandlung, z. B. infolge einer beschlossenen Beweisaufnahme, nicht zum Urteil geführt, so muß die Sache in dem späteren Termine, soweit sie den Richtern nicht mehr erinnerlich ist, von neuem verhandelt werden; dies muß stets geschehen, wenn das erkennende Gericht anders als früher besetzt ist.

Die Beweisaufnahme erfolgt nach § 355 vor dem Prozeßgericht und kann nur in einigen ganz bestimmten Ausnahmsfällen (§§ 372, 375, 382, 402, 434 und 479) einem Mitgliede des Gerichts oder einem anderen Gerichte übertragen werden.

Da eine mündliche Verhandlung — von ganz einfachen Streitsachen abgesehen [4]) — ihren Zweck nur erreichen kann, wenn sie gehörig

---

anzeigen, daß sie ihren schriftlichen Erklärungen nichts hinzuzusetzen haben. Wir würden in dem größten Teile Deutschlands in einem Jahrzehnt ein rein schriftliches Verfahren haben, wenn wir ein solches Gesetz bekämen!

[3]) Hahn, Materialien II S. 508.

[4]) Im Amtsgerichtsprozeß verlangt § 129 keinen Schriftsatzwechsel und § 500 läßt eine Verhandlung des Rechtsstreits sogar ohne Klageschrift zu.

vorbereitet ist, so ordnen §§ 129, 130 an, daß die Anwälte die Anträge, Tatsachen und Beweismittel, welche sie in der mündlichen Verhandlung vorzubringen beabsichtigen, einander vorher in zuzustellenden Schriftsätzen mitzuteilen haben. Die Schriftsätze sollen u. a. „die Angabe der zur Begründung der Anträge dienenden tatsächlichen Verhältnisse" und „die Erklärung über die tatsächlichen Behauptungen des Gegners" enthalten. Der Nachdruck liegt auf dem Worte „tatsächlichen"; die Motive [5]) zu dem entsprechenden § 117 des Kommissionsentwurfes heben denn auch hervor, daß die Absicht des Gesetzgebers völlig verkannt werden würde, wenn man die Schriftsätze mit rechtlichen Erörterungen belasten wollte. § 129 bestimmt ausdrücklich, daß die Unterlassung der schriftlichen Vorbereitung der Verhandlung Nachteile in der Sache selbst nicht zur Folge hat. Um eine sachgemäße Leitung der Verhandlung zu ermöglichen, ordnet § 133 an, daß die Parteien eine für das Gericht bestimmte Abschrift ihrer vorbereitenden Schriftsätze nach der Zustellung auf der Gerichtsschreiberei niederzulegen haben.

II.

Diese sorgfältig überlegten Bestimmungen haben nicht verhindern können, daß unser Prozeßverfahren im großen und ganzen ein schriftliches geblieben ist und, soweit ein solches vor der Einführung der ZPO. in Deutschland nicht bestand, an Schriftlichkeit zugenommen hat. Bei den Landgerichten in Berlin findet eine wirkliche Verhandlung nur ausnahmsweise statt. Die Regel ist, daß in dem Verhandlungstermin ausdrücklich oder stillschweigend auf die Schriftsätze Bezug genommen, und daß nur ab und zu von seiten des Gerichts auf eine Ergänzung des schriftlichen Materials in tatsächlicher oder rechtlicher Beziehung hingewirkt wird. Guttmann [6]) bestätigt, daß auch anderwärts bloße Bezugnahme auf die Schriftsätze und einzelne Zusätze dazu als mündlicher Vortrag gelten. Schmale teilt in der JW. 1907, 537 für Dortmund und andere Industriestädte bezüglich des amtsgerichtlichen Prozesses, für den die ZPO. sogar eine gesteigerte Mündlichkeit vorsieht, die Tatsache mit, daß ein rein schriftliches Verfahren das mündliche ersetzt habe. Bei v. Sommerlatte [7]) finden wir das interessante und zugleich naive Bekenntnis, wie ein großes

[5]) Hahn, a. a. O. S. 212.
[6]) Unmittelbarkeit und freie Beweiswürdigung S. 56.
[7]) Enquete über das Berufungsverfahren, 1897 S. 10.

deutsches Oberlandesgericht und seine Rechtsanwälte die mündliche Verhandlung verstehen. Der Bericht lautet wörtlich: „Beim Oberlandesgericht in Dresden findet vor der mündlichen Verhandlung eine nicht öffentliche Beratung statt, welche grundsätzlich nur den Zweck hat, daß das Kollegium einstweilen über den Sachstand informiert wird. Das schließt nicht aus (!), daß der Senat sich in einfachen Sachen bei Gelegenheit der Vorbesprechung für den Fall, daß der Sachstand unverändert bleibt, über den Erfolg der Berufung oder über einzelne Streitfragen schlüssig macht." Dasselbe Oberlandesgericht beklagt[8]), daß die Anwälte in der Verhandlung ihr tatsächliches Vorbringen aus den Schriftsätzen ablesen, und daß es dem Gericht nicht gelingt, sie zu einem freien Vortrage zu bestimmen.

Ebensowenig wie die gesetzlichen Bestimmungen über die unmittelbare Sachverhandlung sind diejenigen über die Unmittelbarkeit der Beweisaufnahme zur Geltung gekommen. Der Gesetzgeber war sich vollständig darüber klar und hat es in den Motiven zu dem § 311 des Entwurfs ausgesprochen, daß die Beweisaufnahme vor dem Prozeßgericht eine Konsequenz der Unmittelbarkeit der Verhandlung und zugleich der freien Beweiswürdigung ist. Die gerichtliche Praxis hat von Anfang an bis auf den heutigen Tag die gesetzliche Regel zur Ausnahme, bei den Oberlandesgerichten zu einer seltenen Ausnahme gemacht.

III.

Wenn hiernach das Ideal, welches den Verfassern der ZPO. vorgeschwebt hat, nicht zur Wirklichkeit geworden ist, so liegt die Schuld zum geringsten Teile an dem Gesetze selbst. Die ZPO. ist nach Form und Inhalt eines unserer vollendetsten Gesetze; sie stammt noch aus der großen Zeit des neuen Deutschen Reichs, kein geeigneterer als Leonhardt konnte für die Ausarbeitung des ersten Entwurfes gefunden werden. Unter seinem Vorsitz hat sodann eine Kommission der ausgezeichnetsten Juristen, von denen ich nur Falk, Dipenbroik-Grüter, Planck, Dorn und v. Wilmowski nenne, den vom Bundesrate dem Reichstage vorgelegten Entwurf verfaßt. In der Reichstagskommission, welche diesen Entwurf beraten hat, saßen u. a. Miquel, Struckmann, Baehr, Gneist, Lasker und Wolffson. Man wird heute eine solche Zahl von gleich qualifizierten Männern nicht

---

[8]) a. a. O. S. 24.

zusammenbringen können. Wir haben daher alle Veranlassung, an diesem Werke nur mit der größten Vorsicht zu reformieren.

Ob eine Änderung der ZPO. erforderlich ist, und wie sie zu bewirken ist, kann nur dann richtig beurteilt werden, wenn wir die Gründe untersuchen, die dahin geführt haben, daß wir, vielleicht vom Rheinland abgesehen, zu einer lebensvollen Mündlichkeit des Verfahrens bisher nicht gelangt sind.

Zunächst bedeutete die Einführung des mündlichen Verfahrens für den größten Teil Deutschlands einen vollständigen Bruch mit der seit Jahrhunderten gewohnten Schriftlichkeit. Man kann damit den Rechtszustand in Frankreich bei der Einführung des code de procedure civile überhaupt nicht vergleichen, der nichts neues geschaffen, sondern im wesentlichen nur die ordonnance Ludwigs XIV. vom Jahre 1667 wiederholt hat. Wie man sich in Frankreich seit Jahrhunderten eine andere Ordnung des Verfahrens nicht vorstellen kann, so ist für uns Deutsche die Schriftlichkeit des Zivilprozesses noch bis auf den heutigen Tag eine fest eingewurzelte Gewohnheit. Es kommt hinzu, daß, wie mit Recht in den Motiven zu der österreichischen Zivilprozeßordnung gesagt wird, das Urteilen auf Grund sorgfältig ausgearbeiteter schriftlicher Akten für den Richter zweifellos leichter ist, als das Urteilen unmittelbar auf Grund mündlicher Verhandlung. Auch für die Mehrzahl der Anwälte, insbesondere bei der Verbindung des Notariats mit der Anwaltschaft, ist der Prozeßbetrieb von ihrer Schreibstube aus bequemer als in dem Gerichtssaal. Es erklärt sich daher vor allem aus der vis inertiae, daß sowohl Richter wie Anwälte sehr bald das Loch in der ZPO. erkannten, durch welches sie die alte Schriftlichkeit in das neue Verfahren hinüberretteten. Die gutgemeinte Vorschrift der Niederlegung einer Abschrift der Schriftsätze auf der Gerichtsschreiberei wurde für die praktische Gestaltung des deutschen Zivilprozesses verhängnisvoll. Schon bei der ersten Beratung des Entwurfs im Plenum des Reichstages hatte der Abgeordnete Kloeppel[9]) die Gefahr mit voller Klarheit erkannt und mit Lebhaftigkeit gegen die Beibehaltung der Gerichtsakten gekämpft. Er erklärte mit Recht für die wesentlichste Voraussetzung des Prinzips der Unmittelbarkeit der Verhandlung, daß der Richter wirklich ganz uneingenommen nach jeder Seite in die Verhandlung hineinkommt, und bezeugte zugleich aus seiner eigenen Er-

---

[9]) Hahn, a. a. O. S. 517.

fahrung in dem Gebiete des französisch-rheinischen Rechts, daß dort niemals das Bedürfnis für den Gerichtsvorsitzenden hervorgetreten sei, behufs sachgemäßer Leitung der Verhandlung auch nur vorübergehend von den Akten Einsicht zu nehmen. Bei den Beratungen der Reichstagskommission beantragte auch der Abgeordnete Klotz [10]) die Streichung der fraglichen Bestimmung mit der Begründung, der bezügliche § 120 werde der Tod der mündlichen Verhandlung sein, die durch die Schriftsätze informierten Richter würden weder den tatsächlichen noch den rechtlichen Ausführungen der Advokaten mit Aufmerksamkeit folgen. Im gleichen Sinne sprachen sich die Abgeordneten Hertz und Reichensperger aus; der letztere wies auch bereits auf das Übergewicht hin, welches der aus den Akten informierte Richter über die anderen ausüben werde, und betonte, daß im Rheinlande das mündliche Verfahren ohne eine derartige Hinterlegung von Schriftsätzen gedeihe. Hertz bezog sich auf den Vorgang Bayerns, welches im Verfahren vor dem Einzelrichter und vor den Handelsgerichten Schriftsätze nicht kenne und damit durchaus günstige Resultate erzielt habe.

Die Befürchtungen dieser hervorragenden Praktiker sind leider vollständig eingetroffen. Die Rechtsanwälte fuhren auch nach Einführung der ZPO. fort, die Schriftsätze ebenso abzufassen wie ihre früheren Prozeßschriften, obgleich Zweck und Bedeutung der Schriftsätze sich vollständig verändert hatten. Der deutsche Rechtsanwalt spricht noch heute in seinen Schriftsätzen zum Gericht und nicht zum Gegner. Gegen die Vorschrift des § 130 nimmt er in die Schriftsätze Rechtsausführungen auf; manche Schriftsätze bestehen ausschließlich aus solchen. Aber auch in tatsächlicher Beziehung überschreiten die Schriftsätze weit die durch ihren Zweck einer bloßen Vorbereitung der mündlichen Verhandlung von selbst gezogenen Grenzen. Die Motive zu § 117 des Entwurfs (Hahn a. a. O. S. 212) sagen ausdrücklich: „Die Schriftsätze sollen nur eine Skizze des mündlichen Vortrags enthalten; ihre Bedeutung, wie sie vom Gesetzgeber gedacht ist, würde völlig verkannt werden, wenn in dieselben alles, was in tatsächlicher Beziehung vorgebracht werden kann, ohne Unterscheidung zwischen wesentlichen und unwesentlichen Tatsachen aufgenommen werden und der Sachverhalt nicht in gedrängter Kürze, sondern in ausführlicher Breite dargestellt würde." Diese gesetzwidrige Bearbeitung der Schriftsätze hat sich im Laufe der Zeit nach Einführung der Schreibmaschine in den Anwaltsbureaus fortgesetzt ver-

---

[10]) Hahn, a. a. O. S. 518, 1110.

schlimmert. Die Rechtsanwälte diktieren ihren Stenographen nicht selten vollständige Plaidoyers, wobei es dann nicht ausbleiben kann, daß solche oft nicht ausreichend durchgesehenen Schriftsätze ein buntes Durcheinander von erheblichen und unerheblichen Anführungen enthalten und von Wiederholungen strotzen. Wieviel kostbare Zeit wird in Deutschland täglich und stündlich mit der Lektüre derartiger, geradezu ästhetischen Widerwillen erregender Schriftsätze vergeudet!

Diese mißbräuchliche Behandlung der Schriftsätze würde nun aber noch nicht zum Ruin der Mündlichkeit geführt haben, ja sie würde überhaupt nicht haben Platz greifen können, wenn die Gerichte das vom Gesetz gewollte Verhältnis zwischen den Schriftsätzen und der mündlichen Verhandlung beachtet und gewahrt hätten, wenn also die Vorsitzenden sich damit begnügt hätten, die Akten nur insoweit einzusehen, als ihnen dies zur besseren Leitung der Verhandlung zweckmäßig erschien. Statt dessen haben gerade die gewissenhaftesten Vorsitzenden ihre Kraft in dem Aktenstudium erschöpft und, da es von vornherein klar war, daß dem Vorsitzenden zu einer vollständigen Beherrschung des Aktenmaterials die Zeit fehlen würde, so hat man ganz allgemein aus dem früheren Verfahren den Referenten übernommen, welchen die ZPO. nur in einem einzigen Falle (in dem Zwischenstreite über die Rechtmäßigkeit einer Zeugnisverweigerung) kennt. Wenn auch nicht die Unzulässigkeit der Ernennung eines Referenten behauptet werden kann, da § 199 GVG. die Möglichkeit einer solchen voraussetzt, so hat doch die Übung bei den Kollegialgerichten, daß fast bei jeder Sache, und zwar alsbald nach ihrem Eingange ein Referent ernannt wird, am meisten dazu beigetragen, daß die gesunden Prinzipien der ZPO. nicht in die Praxis übergegangen sind. Das Referentenunwesen hat erst zu dem Schriftsatzunwesen geführt. Die Rechtsanwälte sind doch im allgemeinen Männer des praktischen Lebens, die nicht zwecklos oder zu ihrem Privatvergnügen einen großen Teil ihrer Zeit auf die Herstellung weitläufiger Schriftsätze verwenden! Dem ernannten Referenten erscheint es als eine erhebliche Erleichterung seiner Tätigkeit, schon vor der Verhandlung in den Akten eine vollständige tatsächliche und rechtliche Bearbeitung der Streitsache zu finden. Je eifriger er ist, um so besser beherrscht er bereits vor der Verhandlung den gesamten Prozeßstoff und er erlangt damit für die ihm zugeteilte Sache in dem Kollegium erklärlicherweise ein derartiges Übergewicht, daß er es in der Regel ist, welcher den Prozeß entscheidet. Kommt dann etwa noch hinzu, daß der Vorsitzende, welcher gleichfalls wenn auch weniger genau wie der Berichterstatter die Akten kennen mag, ebenso votiert, so ist damit, auch bei den Oberlandesgerichten, die Entscheidung in der großen Mehrzahl der Fälle gegeben. Unter diesen Umständen kann es nicht Wunder nehmen, daß die Rechtsanwälte, auch diejenigen, welche wohl wissen, wie wenig dieses Verfahren dem Gesetze entspricht, im Interesse ihrer Parteien vor allem den Referenten des Gerichts durch eine möglichst ausführliche Behandlung der Tatsachen und Rechtsfragen auf ihre Seite zu bringen suchen, daß sie sich selbst nicht scheuen, auf vielen Bogen über das Ergebnis einer stattgehabten Beweisaufnahme zu plaidieren, was ausländischen Juristen völlig unbegreiflich erscheint. So haben wir denn jetzt ein Verfahren, das sich von dem früheren noch durch eine Vermehrung des Schriftwerks auszeichnet, da die Zahl der Schriftsätze durch keine Eventualmaxime beschränkt wird.

Bleibt hiernach für die mündliche Verhandlung wenig oder gar nichts neues zu sagen übrig, so konnte es nicht ausbleiben, daß sie für alle Beteiligten mit Ausnahme vielleicht von einigen Rechtsanwälten, deren Optimismus nicht zu töten ist, völlig uninteressant werden mußte. Dem Vorsitzenden, welcher die Akten kennt, dem Referenten, der sie noch genauer kennt, ist zumeist jedes Wort zu viel, das die Anwälte sprechen. Die übrigen Mitglieder des Kollegiums, gewöhnt sich auf den Referenten und Vorsitzenden zu verlassen, schenken der Regel nach den Anwaltsvorträgen nur geringe Aufmerksamkeit. Es ist ein offenes ehrliches Wort, wenn der Amtsrichter S ch m a l e a. a. O. sich mit dem oben konstatierten schriftlichen Verfahren bei den größeren Amtsgerichten völlig einverstanden erklärt; es ermögliche die Erledigung einer großen Zahl von Prozessen, seine Bekämpfung sei auch zwecklos, da das Gericht doch nur dasselbe noch einmal mündlich hören würde, was es bereits gelesen und in sich verarbeitet habe!

Selbst bei den Gerichten, welche wie das Kammergericht die Geduld üben, die Anwälte anzuhören, ist eine volle Aufmerksamkeit der sämtlichen Mitglieder des Senats nicht zu erreichen, wie sich auch abgesehen von dem Vorstehenden leicht durch die Art der Plaidoirie erklärt. Ich bin beim Kammergerichte seit der Einführung der Zivilprozeßordnung tätig und kann bezeugen, daß hier von den Anwälten mit Ernst und Eifer plaidiert wird. Es ist indessen klar, daß die Aktenkenntnis des Referenten und Vorsitzenden die Vorträge der Anwälte nach Form und Inhalt beeinflussen mußte. Man kann einem Kollegium, von dem zwei Mitglieder die Akten kennen, die Sache unmöglich so vortragen, als ob sie dem Gericht völlig unbekannt wäre. Ein solches Plaidoyer würde gerade die einflußreichsten Mitglieder des Kollegiums in einer unerträglichen Weise langweilen. Auf der anderen Seite müßte man die Sache so vortragen, wenn auch die anderen Mitglieder in den Stand gesetzt werden sollen, sie selbstständig zu beurteilen. In diesem Dilemma entscheidet man sich für einen Sachvortrag, der mehr oder weniger die Aktenkenntnis voraussetzt. Bei solchen Plaidoyers, die sich im wesentlichen nur an den Referenten und Vorsitzenden wenden, muß insbesondere bei verwickelteren Sachen die Aufmerksamkeit der übrigen Mitglieder des Kollegiums mit Notwendigkeit erlahmen. Bei der häufigen Schwierigkeit und der übergroßen Zahl der Sachen, welche im Kammergericht an einem Sitzungstage verhandelt werden, würde eine angespannte Teilnahme aller Mitglieder des Senats an sämtlichen Verhandlungen auch das Können eines normalen Menschen übersteigen. Eine im Kammergericht neue Übung, welche in auffälliger Kurzsichtigkeit auch von den Rechtsanwälten gefördert worden ist, hat die Verhandlung vollends zu einer Scheinverhandlung gemacht. Die Senate lassen jetzt, um möglichst Pausen im Verhandeln zu vermeiden, die Anwälte, welche sich gerade zusammenfinden, ihre Sachen hintereinander verhandeln und beraten sie erst nach der letzten Verhandlung. Damit verflüchtigt sich die Wirkung der Plaidoyers, wie mir von Mitgliedern des Kammergerichts wiederholt erklärt worden und ja auch selbstverständlich ist, bei den meisten nicht einfachen Berufungssachen noch bis auf ein Minimum, und die Ansicht des Referenten wird zu einer völlig ausschlaggebenden, da diejenigen anderen Mitglieder des Senats, welche der Verhandlung wirklich Aufmerksamkeit geschenkt haben, bei der großen Zahl der verhandelten Sachen (8—10) nur noch eine blasse Erinnerung von der Verhandlung zurückbehalten. An mich ist geradezu von einem Mitgliede des Kammergerichts die Frage gerichtet worden, wozu die Anwälte sich bei dieser Situation noch die Mühe des Plaidoyers gäben, der Referent kenne ja die Sache und die übrigen wüßten bei der Beratung von den Plaidoyers doch nichts mehr.

So haben denn trotz des redlichsten Bemühens der beteiligten Richter und Anwälte die gesetzwidrige Behandlung der Schriftsätze und das damit zusammenhängende Referentenunwesen zum Ruin nicht bloß der Mündlichkeit des Verfahrens, sondern auch der kollegialen Rechtsprechung geführt. Nebenbei bemerkt sind es nicht einmal zwei für die Entscheidung gleich bedeutsame Mitglieder, welche bei uns, und zwar auch bei den Oberlandesgerichten, Recht sprechen. Nach der Art, wie das Referentenwesen tatsächlich gehandhabt wird, ist es in der großen Mehrzahl der Fälle der Referent allein, welcher bei den Kollegien sämtlicher Instanzen den Ausschlag gibt. Da nämlich ganz allgemein das Referentenvotum mit den Akten dem Vorsitzenden vorgelegt und von ihm gelesen wird, so tritt dieser zumeist nicht einmal in eine unbefangene Prüfung des Materials ein, und er kommt daher erklärlicherweise, wenn das Votum nicht zu offensichtlichen Bedenken Anlaß gibt, nur zu leicht dazu, sich ihm einfach anzuschließen. Nur so ist die auffällige Tatsache zu verstehen, daß in der großen Mehrzahl der Prozesse und selbst der schwierigsten und zweifelhaftesten eine so schöne Harmonie zwischen dem Referenten und Vorsitzenden besteht. Und wenn trotz alledem die Rechtsprechung der Oberlandesgerichte, insbesondere des Kammergerichts befriedigt, so wird damit nur die gute Auslese dieses Richterpersonals und der Wert bewiesen, den selbst noch der Schein einer Kollegialität besitzt [11]).

Auch in der Anwendung der Vorschriften über die Beweisaufnahme waren die Macht der Gewohnheit, mangelndes Verständnis für den Wert dieser Vorschriften und der übel angebrachte Eifer, möglichst viele Prozesse in möglichst kurzer Zeit zu erledigen, stärker als der Wille des Gesetzes. Die Handhabe für die mittelbare Beweiserhebung bot der § 375 Z. 2, welcher die Zeugenvernehmung durch ein Mitglied des Prozeßgerichts oder durch ein anderes Gericht dann zuläßt, wenn die Beweisaufnahme vor dem Prozeßgericht erheblichen Schwierigkeiten unterliegen würde. Schon bei den Beratungen der Reichstagskommission wurde von den Abgeordneten Hertz, Lasker und Reichensperger auf die Dehnbarkeit dieser Bestimmung und auf die Gefahr hingewiesen, daß die Gerichte den Fall ihrer Belastung mit anderen Geschäften zu den erheblichen Schwierigkeiten rechnen könnten. Obgleich der Regierungsvertreter wiederholt erklärt hat [12]), unter den Schwierigkeiten seien solche

---

[11]) Ich würde es für unzulässig erachten, aus diesen Tatsachen etwa die Überflüssigkeit der Kollegialgerichte herzuleiten, da schon die Notwendigkeit das Votum vor dem Kollegium zu begründen, einen Ansporn für den Referenten zu gründlicherem Arbeiten bildet. Immerhin sind sie in dem Streit, ob Einzelrichtertum oder Kollegialgerichtsbarkeit, von nicht zu unterschätzender Bedeutung. Dieses Problem hat verschiedene Seiten. Es ist nicht abstrakt, sondern nur unter sorgfältiger Berücksichtigung der historischen Tradition, des Volksempfindens und der Qualität des Richterpersonals zu lösen. In Deutschland sprechen Geschichte und das größere Vertrauen des Volkes zur kollegialischen Rechtsprechung für die Aufrechterhaltung der allgemeinen Grundzüge unserer Gerichtsverfassung. Im einzelnen sind indessen die Abgrenzung des Einzelrichtertums und der Kollegien sowie die Stärke der Besetzung der letzteren sehr wichtige Fragen der Prozeßreform, die ich unten noch berühren werde.

[12]) Hahn, a. a. O. S. 624, 1114, 1116 ff.

gemeint, welche in der Sache selbst und in der Art der Beweisaufnahme, nicht solche, welche in den Geschäftsverhältnissen des Gerichts liegen, der Entwurf stehe unzweifelhaft auf dem Standpunkt, daß die Beweisaufnahme vor dem Prozeßgericht die allgemeine Regel bilden solle, darüber werde sich jeder Richter klar sein, und er werde auch so gewissenhaft sein, dem Willen des Gesetzgebers zu gehorchen, obgleich auch in der Litteratur über diese Auslegung des Gesetzes nirgends eine Meinungsverschiedenheit besteht, wird überall die Geschäftslast des Prozeßgerichts als eine ausreichende Begründung für die kommissarische Beweisaufnahme angesehen. Die im § 355 festgesetzte Unanfechtbarkeit des bezüglichen Gerichtsbeschlusses macht auch für die revisiblen Sachen den Versuch unmöglich, durch das Reichsgericht dieser gesetzwidrigen Praxis entgegenzutreten.

Die erörterten Gründe würden indessen allein die Nichtbeachtung der grundlegenden Prinzipien der ZPO. bei einem so loyalen Stande wie dem deutschen Richtertum nicht erklären können. *Der Notstand der Überlastung der Richter und das Verhalten der Justizverwaltungen* haben zum erheblichen Teile diese Zustände mitschaffen helfen. Die Belastung der deutschen Richter, wenigstens in den größeren Städten, ist eine übermäßige. Ich kenne zahlreiche Richter, welche bei der Bewältigung der ihnen zugemuteten Arbeitslast geradezu ihre Gesundheit opfern und ihr Leben in Gefahr bringen. Es bleibt ihnen keine Muße zu einer wissenschaftlichen Vertiefung, zu der für einen Richter so notwendigen freien Beschäftigung mit nicht juristischen Dingen und zur Erholung. Nur bei wenigen Herren von besonderer Elastizität und Lebensklugheit habe ich eine Ausnahme wahrnehmen können. Die Tüchtigkeit des Richters wird von den Justizverwaltungen in erster Linie nach der Zahl der Prozesse beurteilt, die er erledigt. Da soll denn viel Arbeit in wenig Zeit getan werden. Hier wie überall in der Welt gilt aber der Satz: „Gut Ding will Weile haben". *Der deutsche Richter*, wenigstens in den größeren Städten, *hat keine Zeit für eine wahre mündliche Verhandlung, er hat auch keine Zeit für eine Beweisaufnahme vor dem Prozeßgericht.* Als ob die Rechtsprechung ein Geschäft mit fungiblen Waren wäre, ist mir in meinen häufigen Gesprächen über dieses Thema mit Richtern der Land- und Oberlandesgerichte immer eine gewisse Mindestzahl von Prozessen entgegengehalten worden, die von dem Kollegium nach der Geschäftslage im Jahre erledigt werden müßte. Wenn trotzdem, wenigstens nach meinen Erfahrungen, unsere Rechtsprechung hinter derjenigen keines anderen Staates zurücksteht, so ist dies ein Beweis für die Tüchtigkeit unseres Richterstandes, dessen Gewissenhaftigkeit, Gesetzeskunde und juristische Bildung ich nirgends erreicht gefunden habe. Indessen liegt die Schattenseite unserer Rechtsprechung; die unzulängliche Beurteilung des Faktums und die nur zu oft mit aller Erfahrung im Widerspruch stehende Würdigung der Beweise für jeden, der das Leben kennt, klar zu Tage [13]). Es würde ja auch geradezu ein Wunder sein, wenn überbürdete Richter in einem schriftlichen Verfahren und auf Grund papierner Zeugenaussagen die Wahrheit sollten finden können. Wie soll das Leben in seiner Wirklichkeit von dem Gericht erfaßt werden, wenn alles geschieht, um ihm den Eingang in den Gerichtssaal zu versperren. So erklärt sich die beständige Klage über die Weltfremdheit unserer Richter und über die Unvolkstümlichkeit unserer ganzen Rechtsprechung. Die Rechtszustände sind auch in anderen Ländern keine idealen. Frankreich und England leiden schwer unter Institutionen, die sich völlig überlebt haben, und unter einer an Rechtsverweigerung grenzenden Kostspieligkeit der Rechtsverfolgung, Frankreich außerdem noch unter der grenzenlosen Prozeßverschleppung der Advokaten. Aber in diesen Ländern beklagt man sich nicht über den Mangel der Richter an Lebensklugheit; die dortigen Richter sind vielmehr anerkanntermaßen welterfahrene Männer [14]). Ich würde eine rechtlich schwierige Sache ungern vor ein französisches oder englisches Gericht bringen, ich würde von ihm aber eine zutreffendere Würdigung einer komplizierten Beweisaufnahme erwarten.

Der schon oben erwähnte Ausspruch der Motive [15]), daß die Unmittelbarkeit der Beweisaufnahme zugleich eine Konsequenz der freien Beweiswürdigung sei, ist eine nicht zu bezweifelnde Wahrheit. Man kann dem Gericht das Recht der freien Beweiswürdigung nur geben, wenn es den Beweis selbst erhebt und bei der Entscheidung unter dem lebendigen Eindruck der unmittelbaren Beweisaufnahme steht. Die freie Würdigung, welche an Beweisprotokollen geübt wird, entbehrt all und jeder Garantie für ihre Richtigkeit. Zum schriftlichen Prozeß gehören die formellen Beweisregeln, wenn die Beurteilung nicht zur Willkür werden soll. Jene

---

[13]) Übereinstimmend Guttmann a. a. O. S. 54, 88.

[14]) Vgl. Haeger, Der französische Zivilprozeß und die deutsche Zivilprozeßreform S. 55 ff., der manche beachtenswerte Reformvorschläge auf Grund des französischen Prozesses macht.

[15]) Vgl. auch Hahn, a. a. O. S. 275.

Regeln haben wenigstens das für sich, daß sie den Niederschlag Jahrhunderte langer Erfahrung bilden. Was insbesondere die kommissarische Zeugenvernehmung anlangt, so enthalten die darüber aufgenommenen Protokolle üblicherweise nur das Resultat der Vernehmung und zwar nicht in der Ausdrucksweise des Zeugen, sondern in der des terminierenden Richters. So enthalten 10 Zeilen oft genug das Ergebnis eines stundenlangen schwierigen Verhandelns. Die während der Verhandlung seitens des Richters und der Parteien oder ihrer Vertreter an den Zeugen gerichteten Fragen werden in den seltensten Fällen in dem Protokoll wiedergegeben, obgleich sie oft von der größten Wichtigkeit für die Beurteilung ihrer Beantwortung sind. Selbst die Fragen des Richterkommissars, der sich als Referent der Regel nach schon eine bestimmte Ansicht gebildet hat, sind oft, ohne daß er sich dessen auch nur bewußt ist, suggestiver Natur. Läge selbst dem erkennenden Gericht ein genaues Stenogramm der ganzen Beweisverhandlung vor, so würde ihm immer noch der Eindruck der Persönlichkeit des Zeugen, der Ton seiner Aussage und seine Gebärdensprache fehlen. Wie soll also eine freie Überzeugung von der Wahrheit oder Unwahrheit einer Tatsache aus unseren Beweisprotokollen gewonnen werden können. Die mittelbare Beweisaufnahme als Regel ist um so gefährlicher, als der deutsche Richter durchweg den Wert des Zeugenbeweises überschätzt. Daß auch heute noch, nachdem William Stern, dessen Schrift „Zur Psychologie der Aussage" in der Bibliothek keines Richters fehlen sollte, seine experimentellen Untersuchungen über die Erinnerungstreue bereits 1902 veröffentlicht, und andere diese Untersuchungen weiter gefördert haben, die richterliche Leichtgläubigkeit Zeugenaussagen gegenüber keine Verminderung erfahren hat, ist kaum noch verzeihlich.

Die Würdigung der Beweisaufnahme ist nun aber eine geistige Operation, welche auch der Laie, ganz besonders der erfahrene Geschäftsmann, sehr wohl imstande ist, nachzuprüfen. Auf diesem Gebiete erfährt daher unsere Rechtsprechung eine fortgesetzte und wohlbegründete Kritik. Hier klafft ganz besonders der von Börngen zugegebene Riß zwischen Volksempfinden und Justiz. Während ich dies niederschreibe, liegt vor mir ein „Justizreform und Hausbesitzer" überschriebener Leitartikel der „Allgemeinen Haus- und Grundbesitzer-Zeitung" vom 23. September 1911, der sich gegen die Vorschläge einer noch freieren Ausgestaltung des materiellen und prozessualen Rechts wendet und den bemerkenswerten Ausspruch enthält: „Nein! Was wir brauchen, ist nicht mehr Richterfreiheit, sondern mehr Rechtssicherheit, beruhend auf größerer Gleichmäßigkeit der Rechtsprechung und vor allem der Beweiswürdigung." Es wird hier mit Recht zugleich noch ein weiterer wunder Punkt unseres Beweisrechts berührt. Die dreißigjährige Praxis der ZPO. hat es bisher noch nicht einmal zu einem Ansatz von gleichmäßig beobachteten Beweisregeln gebracht, und damit fehlt unserer freien Beweiswürdigung überhaupt die solide Basis. Mit Recht haben schon die Motive zur ZPO.[16]) bemerkt: „Übrigens darf bei Anwendung des § 249 (jetzt § 286) nicht übersehen werden, daß mit der Verwerfung einer gesetzlichen Beweisregel die Regel selbst noch nicht beseitigt, sondern nur in ihrer rechtlichen Bedeutung verändert wird, indem die gesetzlichen Vorschriften den Charakter goldener Erfahrungssätze annehmen" und sie machen sich den Ausspruch Plancks zu eigen: „Die Regeln über Zulässigkeit und Wert des Beweises sollen aus dem Gesetzbuche verschwinden und der Rechtsschule wie dem Gerichtsgebrauch überlassen bleiben, damit sie die klassische Gestalt bewahren, die für ihren heilsamen Gebrauch unentbehrlich ist."

Weiter ist nicht zum wenigsten darauf, daß regelmäßig die Beweisaufnahme nicht in der mündlichen Verhandlung stattfindet, auch die Tatsache zurückzuführen, daß im Gegensatz zum Strafverfahren in unserem Zivilprozeß eine Kunst der Zeugenvernehmung noch nicht in den Anfängen existiert und zwar sowohl bei den Richtern als auch bei den Anwälten. Die Wahrheitsermittlung durch Ausfragung interessierter Zeugen — und die große Mehrzahl der Zeugen im Zivilprozeß ist mehr oder weniger für die eine oder die andere Partei interessiert — ist ein Geschäft, dessen Schwierigkeit bei uns durchweg unterschätzt wird. In welchem Maße dies geschieht, zeigt die von Sermond im „Recht" Bd. 14 S. 173 berichtete Tatsache, daß sich nicht selten in den Geschäftsverteilungsbeschlüssen der Landgerichte die aus mehr als einem Grunde gesetzwidrige Bestimmung findet, nach welcher ein dem Landgerichte als Hilfsrichter überwiesener Assessor an drei Vormittagen für die Zivilkammern Beweisaufnahmen als beauftragter Richter zu erledigen hat. Ich habe zumeist einen großen Mangel an Geschicklichkeit und vor allem an Vorsicht bei der Vernehmung von Zeugen beobachten können. Schon bei der Ladung des Zeugen wird die veränderte Vorschrift des § 377 Abs. 2 Z. 2 nicht beachtet, nach welcher dem Zeugen nur summarisch der Gegenstand seiner Vernehmung und nicht, wie es noch jetzt allgemein

---

[16]) Hahn, a. a. O. S. 276.

geschieht, eine wörtliche Abschrift des bezüglichen Beweissatzes mitgeteilt werden soll. Was die anwaltliche Zeugenvernehmung anlangt, so gilt in England und in den Vereinigten Staaten von Amerika die cross examination als der Hort des Beweisverfahrens. Die Möglichkeit, welche § 397 Abs. 2 für die Entwicklung einer gleichen Einrichtung bei uns bot, ist nicht benutzt worden. Von dem vernehmenden Richter wird bei uns im allgemeinen — Ausnahmen gibt es selbstverständlich — einerseits die Stellung von Fragen seitens der Anwälte als störend empfunden und deshalb nach Möglichkeit beschränkt, was um so unangebrachter ist, als die Anwälte sicherlich über den Zeugen besser Bescheid wissen als das Gericht; andererseits werden oft sehr bedenkliche suggestive Fragen zugelassen, deren Stellung ein englischer Anwalt nicht einmal versuchen würde. So steht bei uns weder das Beweisverfahren noch die Beweiswürdigung auf der Höhe, und auf diesem Gebiete könnten wir noch sehr viel von England lernen.

Seitens der Justizverwaltungen, insbesondere der preußischen ist nicht nur nichts geschehen, um die Grundprinzipien der ZPO. zur Geltung zu bringen, sondern noch manches zu ihrem Schaden geschehen. Daß bei den drei Berliner Landgerichten zur Zeit noch mehr als früher das Verfahren ein rein schriftliches geworden ist, ist eine Folge des im Jahre 1906 in Kraft getretenen Gesetzes betr. die Organisation der Berliner Gerichte, welches leider weder die Berliner Anwaltschaft, noch die Berliner Kaufmannschaft zu verhindern vermocht haben. Die räumliche Trennung der Gerichte hat in Verbindung mit der simultanen Zulassung der meisten Berliner Rechtsanwälte das ohnedies schwierige Zusammenbringen der Anwälte zu den Verhandlungen bis zur Unmöglichkeit steigert. Diese Neuordnung mußte, wenn nicht ein völliges justitium eintreten sollte, zu dem jetzt bestehenden Kartellwesen führen, bei welchem die die Verhandlungstermine wahrnehmenden Vertreter der Prozeßbevollmächtigten gar nicht die Aufgabe haben, die Sache zu plädieren, wozu sie bei ihrer unzulänglichen Informierung auch nicht imstande wären, sondern lediglich formell die Vereitelung der Termine verhindern. Für diejenigen Anwälte, welche ihre Sachen selbst wahrnehmen, hat dieses unglückliche Gesetz zu unerträglichen Zeitverlusten geführt, und das Vertagungsunwesen ist ganz außerordentlich gefördert worden. Diese schwere Schädigung des gesamten Berliner Rechtslebens findet so wenig Beachtung bei der preußischen Justizverwaltung, daß der Vorschlag einer gemeinsamen Kommission des Berliner Richtervereins und des Berliner Anwaltvereins, wenigstens die Vereinigung der Zivilkammern und der Kammern für Handelssachen der drei Berliner Landgerichte in einem der vorhandenen Gerichtsgebäude herbeizuführen, abgelehnt worden ist.

Dieses laisser aller der deutschen Justizverwaltungen wird nur dadurch verständlich, daß ihre Beamten, welche teils selbst Richter sind, teils aus dem Richterstande hervorgegangen sind, die dargestellte Prozeßpraxis gar nicht als mangelhaft und den Gesetzen widersprechend erkennen. Es fehlt bei uns in den Justizverwaltungen, insbesondere bei den Zentralstellen, durchweg an einer überzeugten Anhängerschaft für die Grundsätze der Mündlichkeit und Unmittelbarkeit und daher an dem ernsten Willen, sie zur Geltung zu bringen. In einem wohltuenden Gegensatz zu diesem passiven Verhalten steht die straffe Energie, mit der man es in Österreich verstanden hat, in unglaublich kurzer Zeit mit einem sicherlich nicht besser qualifizierten Richterpersonal die gleichen Prinzipien der dortigen neuen Prozeßordnung in die Praxis einzuführen. Schon im Jahre 1900 konnte in den „Juristischen Blättern" Nr. 40 festgestellt werden, daß eine mittelbare Beweisaufnahme zu den Ausnahmen gehöre, und in Nr. 16 von 1902 desselben Organs konnte ein österreichischer Jurist rühmen: „In keinem Punkt steht unser Prozeß höher über dem deutschen wie darin, daß mit verschwindenden Ausnahmen das Beweisverfahren sich vor dem versammelten Gericht abspielt, während dies in Berlin und in den meisten größeren Städten Deutschlands zu den Seltenheiten gehört". Die stetige Überwachung der Gerichte im Aufsichtswege wird auch nicht nach dem Geschmack der österreichischen Richter sein; sie ist indessen, solange es sich darum handelt, eine neue Ordnung gegen die Macht alter eingewurzelter Gewohnheiten und gegen den passiven Widerstand widerwilliger Richter und Anwälte ins Leben zu rufen, eine Notwendigkeit. Wie sorgsam bis auf den heutigen Tag das österreichische Justizministerium darauf bedacht ist, einen Rückfall in das schriftliche Verfahren zu verhindern, zeigt sein Erlaß vom 20. August 1911, in dem gerügt wird, daß die Schriftsätze entgegen dem Gesetz einen übermäßigen Umfang annehmen und Rechtsausführungen und kritische Darlegungen über die Ausführungen des Gegners und über Beweise enthalten; es wird den Gerichten aufgegeben, solchen Gesetzwidrigkeiten durch Handhabung der Bestimmungen über die Kostenzusprechung und durch Kostenstrafen entgegenzutreten und verspätet eingebrachte vorbereitende Schriftsätze, welche häufig nur zu Anträgen auf Erstreckung der Verhandlung Anlaß geben, der Partei zurückzustellen. Der Minister macht in diesem Erlaß den Gerichten zur Pflicht, die Vorzüge des österreichischen Prozesses durch tatkräftige Prozeßleitung, strenge Konzentration der Verhandlung und sorgfältige Hütung der

Unmittelbarkeit zu erhalten; und er verlangt von den Rechtsmittelinstanzen und den Organen der Justizverwaltung, daß sie in Ausübung ihres Aufsichtsrechtes einer fehlerhaften Praxis mit Nachdruck entgegentreten. Im übrigen weiß ich, daß ein österreichischer Anwalt, der auf sein Ansehen hält, Rechts- und Beweisausführungen von seinen Schriftsätzen fernhält; und mir ist nicht minder bekannt, daß schon vor dem erwähnten Erlaß die Gerichte vielfach die Zusprechung von Gebühren für nicht dem Gesetze entsprechende Schriftsätze abgelehnt haben.

Vielleicht erkennen die deutschen Justizverwaltungen auch, daß die Grundsätze der ZPO. sich nicht ohne sehr erhebliche Vermehrung des richterlichen Personals verwirklichen lassen, und man scheut die Kosten.

IV.

Nach den vorstehenden Darlegungen ist die erste und wichtigste Frage für unseren künftigen Zivilprozeß, ob man ein unverwässertes mündliches Verfahren vor dem erkennenden Gericht will oder nicht. Man wird es wollen müssen, wenn man die Wahrheit in unserer Rechtspflege [17]) will, wenn man will, daß das Gericht das streitige Faktum nacherleben soll, wenn man will, daß die Gesetzesauslegung sich nicht in spitzfindige Begriffskonstruktionen verlieren soll, wenn die Rechtsprechung die Bedürfnisse unseres wirtschaftlichen und sozialen Lebens befriedigen soll. Dann ergibt sich schon aus dem Gesagten, daß verschiedene Bestimmungen der ZPO. der Abänderung bedürfen, wenn ihre Grundsätze der Mündlichkeit und Unmittelbarkeit zur Durchführung gelangen sollen. Dies gilt vor allem von den Vorschriften über die Schriftsätze und über die mittelbare Beweisaufnahme.

a) Was zunächst das wichtige Verhältnis der Schriftsätze zur Verhandlung betrifft, so trete ich vollständig Hamm (Verhandlungen des 26. Deutschen Juristentages Bd. 3 S. 496) bei, daß „in ein Verfahren, das mündlich ist, Richter gehören, die das Faktum erst in der Verhandlung kennen lernen und sich nicht vorher hingesetzt und sich in die Sache einstudiert haben". Die bei uns oft gehörte Behauptung, daß nur einfache Sachen von nicht informierten Richtern verstanden werden können, wird durch die Erfahrung in Frankreich und in zahlreichen Ländern widerlegt, in denen der Zivilprozeß nach fran-

---

[17]) Vgl. Wach, Vorträge, S. 4, 215, Guttmann a. a. O. Seite 101 ff., 111.

zösischem Muster eingerichtet ist. Ich habe, abgesehen von Frankreich, u. a. in Rußland und Rumänien geführte Prozesse sehr verwickelter Art instruiert und dort wohlbegründete Entscheidungen erlangt. Daß es auch in Deutschland geht, bezeugt kein geringerer als Hamm[18]), welcher das Verfahren bei dem Oberlandesgericht in Köln, wie es jedenfalls noch im Jahre 1902 geübt worden ist, wie folgt schildert: Die Berufungsschrift enthält regelmäßig keine Begründung des Rechtsmittels, auch späterhin werden häufig gar keine oder nur sehr kurze Schriftsätze gewechselt, so daß ein Informieren des Gerichts über das, was in zweiter Instanz vorgebracht werden soll, im voraus meist gar nicht möglich ist. Der Präsident hat die Akten vielleicht gelesen und ist dadurch höchstens über das Vorbringen erster Instanz informiert. Keiner der beisitzenden Richter weiß, wem demnächst der Vorsitzende die Abfassung des Urteils übertragen wird. Hamm rühmt als den Segen dieses Verfahrens das ungemeine Interesse, mit welchem sämtliche Richter die Vorträge der Anwälte anhören. Die mündliche Verhandlung sei fast immer eine Freude für das Gericht. Da werden die Rechtsfragen erschöpfend behandelt, da werde vor allem auch das Faktum bis in die feinsten Nuancen dargestellt. Durch die lichtvolle Darstellung des Sachverhalts von zwei verschiedenen Standpunkten werde das Bild in der Zusammenfassung für den Richter zu einem stereoskopischen voll körperlichen Lebens. In ähnlicher Weise spricht sich Mosler über die mündliche Verhandlung im Rheinland aus[19]).

Es gibt kaum eine Streitsache, die sich nicht für die mündliche Verhandlung eignet. Zumeist verwechselt man diese Frage mit der davon verschiedenen, ob jede Sache für die kollegialgerichtliche Verhandlung und Entscheidung paßt. Punktensachen eignen sich selbstverständlich nur für eine einzelrichterliche Behandlung. § 348 sieht daher für solche Prozesse auch ein Verfahren vor einem Richterkommissar vor. Daß aber auch solche Sachen ebensogut und besser mündlich vor dem Richter als in Schriftsätzen behandelt werden, bedarf kaum einer Ausführung. Im übrigen finden wir für die seltenen Fälle, in welchen der Umfang und die Art des Tatsachenmaterials seine Erfassung in der mündlichen Verhandlung erheblich erschwert, sowohl im code de procedure als auch in der österreichischen ZPO. praktikable und nachahmenswerte Einrichtungen

---

[18]) a. a. O. S. 495 ff.

[19]) Deutsche Juristen-Zeitung Bd. 13 S. 289 f.

zur Vereinfachung der mündlichen Verhandlung und zur Erleichterung der Sachbeherrschung durch das Gericht, im code die délibérés und die instructions par ecrit, im österreichischen Prozeß ein erweitertes vorbereitendes Verfahren. Nach Art. 93 ff. c. d. p. kann das Gericht anordnen, daß die Anwälte ihre dossiers überreichen, und daß auf den Bericht eines ernannten Richters über die Sache beraten wird; das Gericht kann auch schriftliche Instruktion der Sache vor einem Richter anordnen; in beiden Fällen wird der Bericht in einer Audienz erstattet, in welcher die Anwälte schriftliche Bemerkungen zur Vervollständigung und Berichtigung des Berichts übergeben können. Die österreichische ZPO. hat in den §§ 245 ff. das aus der unsrigen übernommene vorbereitende Verfahren auf solche Fälle und auch auf schwierige Beweisaufnahmen ausgedehnt, und zwar so, daß dieses Verfahren schon vor der mündlichen Verhandlung beschlossen werden kann.

Aus dem Gesagten ergibt sich als die erste und wichtigste Forderung die Abschaffung des Berichterstatters bzw. seine Beschränkung auf die Fälle der zuletzt erwähnten Art. Dieses sowohl wie die Beschränkung des Umfanges und der Zahl der Schriftsätze auf ein die Mündlichkeit nicht gefährdendes Maß würde sich von selbst ergeben, wenn man den § 133 und damit die Gerichtsakten beseitigen wollte. Diese Maßnahme würde zugleich den vielbeklagten Mißstand beseitigen, daß die Richter infolge von Terminsvertagungen so außerordentlich viel Zeit durch eine vergebliche Vorbereitung zur Verhandlung verlieren. Hiernach würde die Klageschrift nur dem Vorsitzenden des Gerichts zur Terminsbestimmung vorzulegen und eine Abschrift derselben bei Gericht niederzulegen sein. Lernt auf diese Weise weder ein Referent noch auch nur der Vorsitzende die Schriftsätze kennen, so fällt für die Anwälte jedes Interesse weg, einander in weitläufiger Weise tatsächliche oder gar Rechtsausführungen mitzuteilen. Sie würden alsbald die Zwecklosigkeit und taktische Unklugheit eines solchen Verfahrens erkennen, während sie jetzt dem Gegner restlos auch das entlegenste offenbaren, was sie für ihre Partei etwa vorbringen könnten. Wollten wir in dieser Art das französische Muster ohne seine historischen Eigentümlichkeiten nachahmen, so würden wir freilich immer noch nicht seine einfache Struktur erreichen, die es ihm gestattet, der Regel nach in einem Verhandlungstermine die Sache in einer Instanz zu erledigen. Das liegt daran, daß wir die Beschränkung des Zeugenbeweises aus dem französischen Prozeß nicht übernommen haben und nicht übernehmen können. Es ist einleuchtend, daß dadurch für uns die Verwirklichung des Unmittelbarkeitsprinzips erheblich erschwert wird. Da unser Beweis in der Hauptsache Zeugenbeweis ist, so ergibt sich bei dieser Ordnung des Verfahrens, von besonderen Prozeßarten abgesehen, für die Regel die Unmöglichkeit einer Beweisaufnahme in dem ersten Verhandlungstermin und damit die Notwendigkeit einer mehrfachen Sachverhandlung, was für uns ja nichts neues, immer aber zumal bei einem wirklich mündlichen Verfahren eine sehr unerwünschte Belastung des Gerichts und der Anwälte bedeutet. Diese Belastung, welche man wie die aus anderen Gründen sich als notwendig erweisenden Wiederholungen der mündlichen Verhandlung eben in den Kauf nehmen muß, wird jedoch bei einer verständigen Behandlung der Dinge sehr vermindert; man wird eine Sache, in der eine Beweisaufnahme unvermeidlich erscheint, im ersten Termine sehr kurz verhandeln können.

Diejenigen, welche nach Analogie des Strafprozesses als ein wesentliches Ziel der Zivilprozeßreform die Konzentration der Sachverhandlung und Beweisaufnahme in einen Termin betrachten, können allerdings die Gerichtsakten nicht entbehren. Nur bei ihrer vollen Kenntnis kann das Gericht bzw. der Gerichtsvorsitzende für die Heranschaffung des Beweismaterials zum Verhandlungstermine sorgen. Diesen Weg ist die Prozeßreform in Österreich gegangen. Wie indessen der oben mitgeteilte Erlaß des dortigen Justizministers erkennen läßt, ist dort auch bereits ein Rückfall in das Schriftsatzunwesen wahrnehmbar.

b) Da ich unseren Juristen, welche schließlich die Justizgesetze machen, den kühnen Entschluß nicht zutraue, auf die Gerichtsakten zu verzichten, so will ich nicht unterlassen, für den Fall der Aufrechterhaltung des § 133 Vorschläge für eine praktische Durchführung des Mündlichkeitsprinzips zu machen.

1. Zunächst müßte durch ausdrückliche Gesetzesbestimmung die Bestellung eines Berichterstatters vor Schluß der mündlichen Verhandlung verboten werden. Die Schriftsätze würde hiernach nur der Vorsitzende lesen, was allerdings die Mündlichkeit der Verhandlung nicht annähernd so gefährdet wie die Aktenkenntnis des Referenten, da der Vorsitzende der Regel nach das Urteil nicht verfaßt. In Österreich werden Referenten nur in verschwindenden Ausnahmefällen ernannt. Durch die genaue Akteneinsicht erlangt der Vorsitzende dort allerdings ein großes Übergewicht über die anderen Mitglieder des Kollegiums; immerhin verschafft die eingehende mündliche Verhandlung und die sorgfältige Beweis-

aufnahme den sämtlichen Mitgliedern die volle Kenntnis des Streitstoffs. Die Urteile werden nicht vom Vorsitzenden, sondern in wichtigen Fällen von einem Beisitzer, der Regel nach von dem das Verhandlungsprotokoll führenden Gerichtsschreiber (Schriftführer) verfaßt.

2. Sodann handelt es sich darum, die Schriftsätze auf eine knappe Skizze der vorzutragenden Tatsachen zu beschränken. Die Kürze der Schriftsätze würde übrigens bei uns selbst dann noch eine Vorbedingung für die Erhaltung der reinen Mündlichkeit sein, wenn sie vor der Verhandlung dem Gericht nicht zu Gesicht kommen, da unsere Gerichte ausführliche, insbesondere den Rechtspunkt erörternde Schriftsätze wahrscheinlich nicht, wie die französischen die sogenannten conclusions grossoyés ungelesen lassen[20]), sondern einfach nach der Verhandlung zur Grundlage der Entscheidung machen würden! Die österreichische Prozeßordnung hat in offenbarer Anlehnung an die unsrige deren Grundsätze etwas schärfer zum Ausdruck gebracht. Sie bestimmt in §§ 78, 76, daß in dem vorbereitenden Schriftsätzen die tatsächlichen Verhältnisse, auf welche sich die Partei zur Begründung ihrer Anträge oder zur Bekämpfung gegnerischer Anträge berufen will, in knapper, übersichtlicher Fassung gedrängt darzustellen und Rechtsausführungen sowie Darlegungen über die Wahrscheinlichkeit oder Glaubwürdigkeit einzelner tatsächlicher Behauptungen oder über die vermutliche Beweiskraft angebotener Beweise nicht aufzunehmen sind. Es empfiehlt sich, die bezüglichen Bestimmungen unserer ZPO. ähnlich zu fassen und die strikte Vorschrift hinzuzufügen, daß der Vorsitzende des Gerichts Schriftsätze mit einem diesen Bestimmungen zuwiderlaufenden Inhalt zurückzuweisen hat. Schon jetzt ist das Gericht durch keine Vorschrift der ZPO. gezwungen, solche Schriftsätze bei den Akten zu behalten.

3. Die Zahl der vorbereitenden Schriftsätze ist zwar auch nach dem code de procedure (Art. 81) und der österreichischen Prozeßordnung (§ 258) unbegrenzt. Während sich aber die deutschen Anwälte auch in dieser Beziehung keinerlei Schranken auferlegen, erreicht sowohl in Frankreich wie in Österreich der Schriftenwechsel regelmäßig mit der Erwiderung auf die Klagebeantwortung sein Ende, wenn der Kläger es überhaupt

---

[20]) Vgl. Haeger, a. a. O. S. 111.

noch für nötig hält, eine solche Erwiderung zuzustellen. Diese im Interesse der Erhaltung der Reinheit des mündlichen Verfahrens unerläßliche Einschränkung der Schriftsätze ist mit auf die schärferen Fristbestimmungen des ausländischen Rechtes zurückzuführen. Nach dem code hat der Beklagte binnen acht Tagen nach der Zustellung der assignation, die unserer Klageschrift entspricht, durch einen dem avoué des Klägers zuzustellenden Akt einen Anwalt zu bestellen. Dieser hat innerhalb weiterer 14 Tage seine défenses, und der Kläger in den nächsten 8 Tagen seine reponse zuzustellen. Nach Art. 81 c. d. p. dürfen keine weiteren Schriftsätze in die Kostenrechnung gebracht werden. Nach § 243 der österreichischen Prozeßordnung hat der Vorsitzende bzw. der mit der Abhaltung des Vortermins betraute Richter in diesem Termin dem Beklagten eine den Umständen des einzelnen Falles angemessene, vier Wochen nicht überschreitende Frist zur Klagebeantwortung zu bestimmen. Nicht rechtzeitige Überreichung der Klagebeantwortung gibt dem Kläger das Recht, in einem auf seinen Antrag anzusetzenden Verhandlungstermin Versäumnisurteil in der Hauptsache zu beantragen (§ 398), wobei zu beachten ist, daß auch das Versäumnisurteil nur durch das sehr eingeschränkte Rechtsmittel der Berufung angefochten werden kann. Nach rechtzeitigem Eingange der Klagebeantwortung setzt der Vorsitzende des Gerichts den Termin zur mündlichen Streitverhandlung (§ 244) der Regel nach mit so kurzer Frist an, daß bis zum Termine auch nur höchstens für eine Replik Raum bleibt. Auch in Österreich werden die Gebühren der Anwälte nach den einzelnen Akten ihrer Tätigkeit berechnet. Wie schon oben erwähnt, kann und soll das Gericht den Kostenzuspruch für unnötige Schriftsätze ablehnen. Es scheint fast, als ob das in diesen beiden Ländern geltende Gebührensystem mit dazu beigetragen hat, daß die Anwälte durchweg größere Sorgfalt auf die Bearbeitung der Schriftsätze verwenden, als dies bei uns geschieht. Wie bei Briefen ist es schwerer und zeitraubender, einen kurzen Schriftsatz zu verfassen als einen langen. In beiden Ländern befleißigen sich die Anwälte einer anerkennenswerten Konzentration bei der Darstellung der Tatsachen, ganz besonders in Frankreich läßt man alles minder wesentliche fort, während bei uns der Anwalt vielfach das von ihm selbst für unerheblich erachtete deshalb in den Schriftsatz aufnimmt, weil — möglicherweise das Gericht die bezüglichen Tatsachen für erheblich halten könnte.

Die Verfasser unserer ZPO. gingen, wie es in den Motiven zu den §§ 244 und 245 (§§ 235, 236 des Entwurfs)[21]) wörtlich heißt, „von der

[21]) Hahn, a. a. O. S. 263.

Annahme aus, daß regelmäßig zwei Schriftsätze — die Klageschrift und die Klagebeantwortung — genügen, um die mündliche Verhandlung ausreichend vorzubereiten. Diese Annahme stützt sich auf die umfassenden Erfahrungen, welche in den deutschen und außerdeutschen Geltungsgebieten des mündlichen Verfahrens gemacht worden sind; insbesondere haben diese Erfahrungen ergeben, daß die Beschränkung der Vorbereitung auf zwei Schriftsätze die Gründlichkeit der Rechtspflege nicht gefährdet und Vertagungen, welche eine rasche energische Rechtspflege beeinträchtigen könnten, nicht veranlaßt." Ich habe persönlich die gleichen Erfahrungen gemacht; in den zahlreichen Prozessen, die ich in den Ländern des französischen Prozesses geführt habe, sind die häufigen Vertagungen niemals auf eine unvollständige Vorbereitung der Verhandlung durch die gewechselten Schriftsätze, sondern ausschließlich auf persönliche Hinderungsgründe der Advokaten (politische Wahlen, Reisen, Unpäßlichkeit und dergl.) zurückzuführen gewesen. Die ZPO. setzte ursprünglich in dem § 244 eine Frist für die Klagebeantwortung in der Art, daß sie innerhalb der ersten zwei Drittel der Zeit, welche zwischen der Zustellung der Klageschrift und dem Verhandlungstermine liegt, zugestellt werden sollte. Für den Fall, daß Klageschrift und Klagebeantwortung zur Vorbereitung der mündlichen Verhandlung nicht genügen, sollte nach § 245 (jetzt 272) jede Partei dem Gegner neue Tatsachen, Beweismittel und Anträge so zeitig vor der mündlichen Verhandlung mitteilen, daß die etwa erforderliche Erkundigung noch eingezogen werden kann. Die Novelle von 1898 hat mit dem § 244 die vorerwähnte Frist für die Zustellung der Klagebeantwortung beseitigt, so daß jetzt der § 245 (272) auch für diesen Schriftsatz gilt. Tritt eine Vertagung der Verhandlung ein, insbesondere dann, wenn die gewechselten Schriftsätze zur Vorbereitung nicht ausgereicht haben, so ist in dem zweiten Absatze des § 245 (272) im Interesse der Beschleunigung des Verfahrens dem Gericht die wichtige Befugnis gegeben, die Fristen zu bestimmen, in welchen die noch erforderlichen vorbereitenden Schriftsätze vor dem neuen Verhandlungstermine zuzustellen sind. Nach § 226 darf endlich die Einlassungsfrist derartig abgekürzt werden, daß die mündliche Verhandlung durch Schriftsätze nicht vorbereitet werden kann. Die Nichtbeachtung der Fristbestimmungen seitens des Klägers hat die Folge, daß er in dem Verhandlungstermine kein Versäumnisurteil beantragen kann; im übrigen treffen den Säumigen nur die Kosten der etwa notwendigen Verlegung oder Vertagung des Termins. Sowohl die Strafbestimmung des § 48 GKG. als auch die Befugnis des Gerichts nach § 279 ZPO. zur Zurückweisung von Verteidigungsmitteln haben andere Voraussetzungen als die bloße Versäumung der Schriftsatzfristen.

Die Praxis hat bei der Anwendung der vorgedachten Fristbestimmungen gänzlich versagt, sie hat jedes Verständnis für die Intentionen des Gesetzes vermissen lassen. Die Anwälte haben weder die Bestimmung des früheren § 244 noch die jetzt allgemeine Vorschrift des § 272 Abs. 1 beachtet. Die Gerichte haben sich die Bestimmung des 2. Absatzes dieses Paragraphen fast gänzlich entgehen lassen; sie haben damit die zahlreichen Terminsverlegungen und Vertagungen, welche auch noch nach dem ersten Verhandlungstermin infolge verspäteter Zustellung von Schriftsätzen stattgefunden haben und stattfinden, selbst mitverschuldet.

Da die ZPO. mit gutem Grunde die Eventualmaxime aufgegeben hat, so ist bei uns (anders als in Frankreich, wo das mündliche Verfahren einen unverrückbaren Bestandteil des gesamten Rechtslebens bildet) die Sicherung der Verhandlung in dem ersten Termin eine Lebensfrage für die Mündlichkeit. Je mehr Terminsvertagungen, um so mehr Raum für Schriftsätze; je mehr Schriftsätze, um so weniger echte Verhandlung. Wollte man den ersten Verhandlungstermin auf etwa 4—6 Wochen nach Einreichung der Klage ansetzen, so würde dieser Zwischenraum in der großen Mehrzahl aller Fälle für die Vorbereitung der Sachen ausreichen. Die durch die Novelle von 1898 eingeführte Bestimmung (§ 261), daß der Termin nur so weit hinausgerückt werden soll, als es zur Wahrung der zweiwöchigen Einlassungsfrist geboten erscheint, dürfte nur für ganz einfache Sachen angebracht sein; sie läßt zumeist schon dem Beklagten keine genügende Zeit für die Klagebeantwortung, und noch weniger läßt sie dem Kläger, wenn der Beklagte die Einlassungsfrist voll ausnutzt, die erforderliche Zeit zu einem Replikvorbringen; endlich würde der Kläger bei einem solchen Vorbringen wohl niemals die Frist des § 272 einhalten können. Die präzisen gesetzlichen Fristen des code für den Schriftsatzwechsel würden bei uns ebensowenig beachtet werden, wie die laxere Fristbestimmung des § 272 beachtet worden ist, zumal wenn an ihre Nichtbefolgung keine Nachteile geknüpft werden; sie erscheinen mir auch zu schematisch. Unter Berücksichtigung unserer deutschen Gewohnheiten, insbesondere des Respekts, dessen sich bei uns noch immer richterliche Anordnungen zu erfreuen haben, bin ich für die Fristsetzung durch den Vorsitzenden des Gerichts, bei der zugleich der Individualität der Streitsache Rechnung getragen werden kann. Ich halte für das

Stadium des Schriftsatzwechsels eine straffe Prozeßleitung des Gerichts für unbedingt geboten, ohne für das unnötig strenge Präjudiz eintreten zu wollen, welches die österreichische Prozeßordnung an die Versäumung der Frist zur Klagebeantwortung knüpft. Im übrigen ist auch die österreichische Prozeßordnung weit davon entfernt, etwa die Eventualmaxime einzuführen. Auch sie läßt im § 179 neue Behauptungen und Beweismittel bis zum Schlusse der mündlichen Verhandlung zu. Anders als durch eine energische Prozeßleitung läßt sich unter Beibehaltung der Gerichtsakten dem Schriftsatzunwesen, welches bei uns zugleich mit dem Vertagungsunwesen in einem circulus vitiosus steht, nicht begegnen. Ich stimme daher im Prinzip mit dem gleichartigen Vorschlage Wachs[22]) überein und trete ihm ganz besonders darin bei, daß eine solche prozeßleitende Behandlung des Schriftenwechsels dem Geiste und Inhalt der ZPO. nicht widerstreitet. Sie verhilft im Gegenteil diesem Geiste erst zu wirklichem Leben. Ich weiche nur in der Ausgestaltung der Prozeßleitung von Wach ab. Ich würde nicht schon auf die Einreichung der Klage die Offizialladung der Parteien zum Verhandlungstermine mit Fristsetzung für die Klagebeantwortung folgen lassen, sondern zunächst nur den Vorsitzenden des Gerichts die Offizial-Zustellung der miteinzureichenden beglaubigten Abschrift der Klage an den Beklagten anordnen lassen; zugleich mit der Klage müßte eine Verfügung zugestellt werden, durch die dem Beklagten aufgegeben wird, einen beim Gerichte zugelassenen Anwalt zu bestellen und durch ihn innerhalb einer bestimmten Frist, welche mindestens zwei Wochen betragen muß, die Klagebeantwortung mit einer beglaubigten Abschrift einreichen zu lassen, unter der Androhung, daß eine später eingehende Klagebeantwortung zurückgewiesen werden würde. Geht der Schriftsatz rechtzeitig ein, oder läuft die Frist ab, ohne daß die Klagebeantwortung eingereicht ist, so hat der Vorsitzende den Termin zur mündlichen Verhandlung anzusetzen und bei der Ladung des Klägers diesem die beglaubigte Abschrift der eingegangenen Klagebeantwortung zustellen zu lassen. Gleichzeitig kann der Vorsitzende, wenn er es für nötig oder zweckmäßig erachtet, dem Kläger unter demselben Präjudiz die Einreichung einer Erwiderungsschrift innerhalb einer bestimmten Frist aufgeben. Das Präjudiz einer Zurückweisung würde auch in dem Falle zu stellen sein, wenn das Gericht gemäß § 272 Abs. 2 die Fristen für noch weitere vorbereitende Schriftsätze bestimmt. Andere offizielle d. h. zu den

---

[22]) Verhandlungen des 26. Juristentages 1902 Bd. 2 S. 17.

Gerichtsakten zu nehmende Schriftsätze würde ich nicht zulassen. Für die gerichtsseitig nicht aufgegebenen Schriftsätze würde die Vorschrift des § 272 Abs. 1 über ihre rechtzeitige Zustellung vor der mündlichen Verhandlung bestehen bleiben. Ich belasse es ferner bei der Bestimmung des § 278, so daß die Parteien auch bei Versäumung der Schriftsatzfristen befugt sind, neue Tatsachen und Beweismittel bis zum Schluß der mündlichen Verhandlung vorzubringen. Ein nicht rechtzeitig vorbereitetes Vorbringen müßte aber schon in dem ersten Verhandlungstermin als ein nachträgliches angesehen werden, so daß dem Gericht die Befugnisse der §§ 278 und 279 schon in diesem Termine zustehen: es müßte ferner die Zurückweisungsermächtigung des § 279, wie bereits Wach[23] vorgeschlagen hat, auch auf Angriffsmittel ausgedehnt und von dem Antrag der Gegenpartei unabhängig gemacht werden.

Diese Änderungen, insbesondere die Zurückweisung von Schriftsätzen mit gesetzwidrigem Inhalt, von verspäteten und gerichtsseitig nicht aufgegebenen Schriftsätzen, werden meines Erachtens genügen, die Auswüchse unseres Schriftsatzwesens zu beseitigen und die Gerichtsakten zu einem übersichtlichen Depot der vorzubringenden Tatsachen zu machen. Ich bin auch überzeugt, daß die Rechtsanwälte außer den gerichtlich aufgegebenen Schriftsätzen kaum noch andere unter einander wechseln werden. Eine noch strengere Behandlung der Schriftsatzfristen und des nachträglichen Vorbringens würde das mündliche Verfahren seiner Elastizität berauben und mit größter Wahrscheinlichkeit zu einem Rückfall in den schriftlichen Prozeß führen. Man würde mit Ängstlichkeit bemüht sein, nichts mehr der mündlichen Verhandlung vorzubehalten, und die Schriftsätze würden ihren bisherigen Umfang und ihre alte Weitschweifigkeit wiedererlangen. Ich kann mich daher mit dem Vorschlage Wachs[24] die Strafbestimmung des § 48 des GKG. und die Zurückweisungsbefugnis des § 279 ZPO. von der Voraussetzung eines Verschuldens der Parteien oder ihrer Vertreter zu befreien, nicht befreunden.

c) Zur Erzielung der Unmittelbarkeit der Beweisaufnahme muß in der Ziffer 2 des § 375 zum Ausdruck gebracht werden, daß die Beweisaufnahme einem Mitglied des Prozeßgerichts oder einem anderen Gericht nur übertragen werden darf, wenn die Zeugenvernehmung vor dem Prozeßgericht mit erheblichen, in der

[23]) a. a. O. S. 28.

[24]) a. a. O. S. 28.

Beweisaufnahme selbst liegenden Schwierigkeiten verbunden sein würde. Ferner muß durch Beseitigung des 2. Absatzes des § 355 die Anfechtung des Beschlusses, durch den die mittelbare Beweisaufnahme angeordnet wird, gemäß § 512 zugelassen werden. Es steht zu viel auf dem Spiele, wenn es weiter bei der Unanfechtbarkeit dieses Beschlusses verbleibt.

d) Es liegt nahe, nach dem österreichischen Vorgange, die Aktenkenntnis des Vorsitzenden für die Herbeischaffung des Verhandlungsmaterials zum Termin und noch nach einer anderen Richtung nutzbar zu machen. Der Vorsitzende kann nach den §§ 182, 183 der österreichischen Prozeßordnung auf Grund der eingereichten Schriftsätze schon vor der mündlichen Verhandlung Anordnungen zur Aufklärung des Sachverhaltes treffen. Er kann zu diesem Zwecke die Parteien zum persönlichen Erscheinen in der mündlichen Verhandlung auffordern, die Vorlegung von Urkunden, Akten, Augenscheinsgegenständen seitens der Parteien verlangen oder ihre Heranziehung von Behörden bewirken. Er kann die Vornahme eines Augenscheins unter Zuziehung der Parteien und die Begutachtung durch Sachverständige anordnen und Personen als Zeugen laden. § 230 das. bestimmt ferner, daß der Vorsitzende, wenn er die eingereichte Klage wegen Unzuständigkeit des Gerichts oder wegen des Mangels der Prozeßfähigkeit oder der erforderlichen gesetzlichen Vertretung auf Seiten des Klägers oder des Beklagten für unzulässig hält, die Entscheidung des Senats darüber einzuholen hat, ob der Termin anzuberaumen oder im geeigneten Falle eine Verfügung zur Beseitigung des Mangels zu erlassen oder die Klage als zur Terminsbestimmung ungeeignet zurückzuweisen sei. Es kann darüber kein Zweifel bestehen, daß alle diese Bestimmungen höchst zweckmäßig und mit dem Unmittelbarkeitsprinzip durchaus vereinbar sind. Insbesondere würde die Ermöglichung einer Verbindung der Beweisaufnahme mit der mündlichen Verhandlung der Art, daß wie in Österreich auch bei uns der Prozeß regelmäßig in einem Termine zur Entscheidung gebracht werden kann, ein Ziel aufs innigste zu wünschen sein. Die erhebliche Mehrbelastung des Vorsitzenden durch diese Prozeßleitung würde reichlich aufgewogen werden durch die häufige Verhinderung einer mehrfachen mündlichen Verhandlung und durch die Entlastung der mündlichen Verhandlung von den präjudiziellen Punkten des angezogenen § 230.

Was nützen indessen die besten Vorschriften des Gesetzes, wenn sie auf dem Papier bleiben? Die Novelle von 1909 hat bereits für den amtsgerichtlichen Prozeß dem Richter vor der mündlichen Verhandlung in dem § 501 die Ermächtigungen des § 183 der österreichischen ZPO. gegeben. Diese Bestimmungen werden in der Praxis einfach nicht angewendet. Der Mißerfolg dieses wichtigen und vielleicht wertvollsten Stücks der Novelle ist wiederum hauptsächlich auf die Überlastung der Gerichte zurückzuführen. Der Richter, wenigstens in den größeren Städten, hat keine Zeit, die Klage in Ruhe zu lesen und zu dem Verhandlungstermin mit Umsicht die Vorbereitungen zu treffen!

e) Als ein Mittel zur Konzentration der Verhandlung hat die österreichische Prozeßordnung den Vortermin, die sogen. „erste Tagsatzung" eingeführt. Der Termin findet vor dem Vorsitzenden oder einem beauftragten Mitgliede des Gerichts statt. Er ist hauptsächlich zur Vornahme eines Vergleichsversuchs, zur Anmeldung prozeßhindernder Einreden, zur Verhandlung und Entscheidung über Anträge auf Zurückweisung der Klage wegen Prozeßunfähigkeit eines der Streitteile oder wegen mangelnder Berechtigung eines Parteivertreters bestimmt. In dem Vortermin kann die Sache auf Grund eines Anerkenntnisses oder Verzichts oder infolge von Versäumnis durch Urteil erledigt werden. Nach meinen Informationen empfinden die praktischen Juristen in Österreich den Vortermin lediglich als eine Unbequemlichkeit und Verzögerung des Verfahrens. Der Erfolg der richterlichen Vergleichstätigkeit soll sehr gering sein. Die Streitverhandlung wird auch nicht von dem Ballast formaler Fragen entlastet, da, abgesehen von der Inkompetenzeinrede die Geltendmachung der prozeßhindernden Einreden von ihrer Anmeldung im Vortermin unabhängig ist. Das Verfahren in einem solchen Termin soll sich ganz schematisch abspielen. Der Schriftführer bringt die angemeldeten Einreden, auf welche der Kläger gar nicht einzugehen pflegt, kurz zu Protokoll. Die Anwälte schicken in den größeren Städten nur junge Konzipienten, die nicht einmal die Vertretungsbefugnis vor dem Gerichtshofe zu besitzen brauchen, in diese Termine.

Auch bei uns ist nach meinen Erfahrungen im Gegensatz zu Frankreich, wo außerordentlich viele Prozesse durch den Richter verglichen werden, der Einfluß des Gerichts auf die Parteien zu gering, als daß sich die Einführung eines allgemeinen Sühnetermins verlohnt. Noch weniger zweckmäßig erscheint ein Vortermin als Einlassungstermin für jede Prozeßsache. Die Zulassung der Einrede der Inkompetenz könnte ebenso gut von ihrer Anmeldung in der Klagebeantwortung abhängig gemacht werden. Ob es angemessen ist, den Richter des Vortermins über die Einreden der Prozeßunfähigkeit und der mangelnden gesetzlichen Vertretung entscheiden zu lassen, erscheint mehr als zweifelhaft. Die Erledigung der in Österreich noch in den Vortermin verwiesenen Anträge auf Sicherheitsleistung für die Prozeßkosten und auf Gestattung der Klageänderung darf als wenig erheblich beiseite gelassen werden. So bleiben als einzige Vorteile des Vortermins die Möglichkeit für den Kläger, in einem nahen Termin ein Versäumnisurteil zu erlangen, und die Möglichkeit einer Unterhaltung der Anwälte mit dem Vorsitzenden des Gerichts, wenn er selbst den Termin abhält, über die geschäftliche Behandlung der Sache. Dem ersten Vorteil steht der Nachteil gegenüber, daß der ordentliche Verhandlungstermin in allen kontradiktorischen Sachen infolge des Vortermins entsprechend hinausgeschoben wird, was sich bei den sogen. Betreibungssachen in Österreich mitunter sehr unangenehm fühlbar gemacht hat, weil der Beklagte leicht die Zwischenzeit benutzen kann, um sich seines pfändbaren Vermögens zu entäußern. Nach den §§ 261 und 262 unserer Prozeßordnung ist ohnedies die Anberaumung eines sehr nahen Verhandlungstermins möglich. Auch bei meinen Vorschlägen über die Ansetzung des Verhandlungstermins nach Einreichung der Klagebeantwortung kann der Termin immer noch so nahe angesetzt werden, daß ein Bedürfnis für einen besonderen Vortermin nicht besteht. Durch die Klage und Klagebeantwortung wird der Vorsitzende zugleich aber auch ausreichend über die Besonderheiten des jeweiligen Rechtstreits und seine sachgemäße Behandlung informiert.

f) Das mündliche Verfahren leidet seiner Natur nach an einer Schwierigkeit, welche das schriftliche nicht kennt. Während bei dem letzteren der T a t b e s t a n d , über den das Gericht zu urteilen hat, in den Gerichtsakten festgelegt ist, soll im mündlichen Verfahren nur das die Grundlage des Urteils bilden, was in der Verhandlung vorgetragen worden ist. Während hiernach das Urteil im schriftlichen Prozeß an sich die Darstellung des Sach- und Streitstandes entbehren könnte und eine solche nur aus Zweckmäßigkeitsgründen enthält, ist im mündlichen Verfahren der Tatbestand im Sinne des § 313 Z. 3 ein wichtiger und zum Teil notwendiger Bestandteil des Urteils. Es ist eines der schwierigsten Probleme des mündlichen Verfahrens, wie eine zuverlässige Beurkundung des Parteivorbringens zu erreichen ist.

Es erscheint als das nächstliegende, daß die Anwälte ähnlich wie in Frankreich den Urteilstatbestand innerhalb einer kurzbemessenen Frist nach dem Schluß der mündlichen Verhandlung anzufertigen haben, da sie ja am besten wissen müssen, was sie vorgetragen haben, und da ihnen diese Abreit erheblich weniger Mühe als dem Gericht macht, dem damit eine sehr bedeutende Entlastung zuteil werden würde. Haeger[25]) erwartet von einer solchen Einrichtung noch den weiteren Erfolg, daß die Anwälte schon bei der Vorbereitung der Verhandlung auf diese ihre spätere Aufgabe Rücksicht nehmen und dementsprechend ihre Schriftsätze kürzer und so abfassen würden, daß sie sie nur abschreiben zu lassen brauchen, um einen genauen Tatbestand zu haben. Was das französische Verfahren betrifft, so reizt es in seiner gegenwärtigen Gestalt jedenfalls nicht zur Nachahmung. Der Tatbestand ist die schwache Seite der französischen Urteile. Er gibt niemals ein Bild der wirklichen mündlichen Verhandlung, oft nicht einmal einen verständlichen und zu den Entscheidungsgründen passenden Sachverhalt, da die Anführungen der unterliegenden Partei entweder gar nicht oder nur bruchstückweise mitgeteilt werden. Dieser Übelstand erklärt sich daraus, daß nicht die plädierenden avocats, sondern die avoués den Tatbestand (qualités) verfassen, daß der avoué der obsiegenden Partei ihn einfach aus seinen Schriftsätzen bzw. aus den conclusions ausschreiben läßt, und der avoué der unterliegenden Partei die Opposition, für welche eine Frist von nur 24 Stunden gegeben ist, in der Regel unterläßt. Die analoge Übernahme dieser Einrichtung in unseren Prozeß müßte nun zwar bei unserer Verbindung von Advokatur und Prokuratur und bei der Bestimmung der Frist des § 320 ZPO. für den Einspruch wegen Unrichtigkeiten und Unvollständigkeiten des von dem obsiegenden Rechtsanwalt verfaßten Tatbestandes noch nicht zu einem gleichen Mißstand führen[26]). Es scheint nun aber, daß man in Frankreich nicht bloß aus prinzipiellen Gründen und wegen der dargestellten unzweckmäßigen Gestaltung der fraglichen Einrichtung die Abfassung des Tatbestandes durch das Gericht wünscht[27]), sondern auch schlechte Erfahrungen im Falle des Einspruches gemacht hat, welcher gem. Art. 145 c. d. p. zu einer Verhandlung der Parteivertreter über die Streitpunkte vor dem Vorsitzenden oder einen Beisitzer des Gerichts und zur Entscheidung dieses Richters führt. Kann berichtet in der Zeitschrift für deutschen Zivilprozeß Bd. 41 S. 534 über Reformvorschläge eines französischen Richters Zèglicki, welcher

---

[25]) a. a. O. S. 103.

[26]) Vgl. Wengler, Der Tatbestand des Zivilurteils, S. 4 und die dort zit. Schriftsteller.

[27]) Vgl. Tissier bei Haeger a. a. O. S. 101—102.

gleichfalls die Abfassung des Urteilstatbestandes den Gerichten übertragen will, weil das gegenwärtige Verfahren im Falle des Einspruchs durch die unterliegende Partei zu neuen Streitigkeiten führe. Trotzdem glaube ich, daß Haeger[28]) Recht hat, wenn er die Anfechtung, welche die fragliche Einrichtung in der Literatur erfahren hat, nicht schwer nimmt, da die Unzulänglichkeit des Tatbestandes für die Appellation, welche zu einer neuen, vollständigen Verhandlung der Streitsache führt, ohne große Erheblichkeit ist, und die Urteile der Appellhöfe, deren Tatbestand allerdings sehr wesentlich ist, im allgemeinen selten mit dem Rechtsmittel der Kassation angefochten werden.

Einen gänzlich anderen Weg hat man in Österreich eingeschlagen, weil dort die zuverlässige Sicherstellung des mündlichen Parteivorbringens noch eine weitere Bedeutung hat. Die österreichische Prozeßordnung hat die Konsequenz des Mündlichkeitsprinzips nicht gezogen, daß, falls aus irgend einem Grunde die Verhandlung der Sache unterbrochen werden muß, in den späteren Terminen insoweit von neuem zu verhandeln ist, als sich die Richter der früheren Verhandlung nicht mehr erinnern. Sie schreibt nach dem Vorbild der Hannoverschen Prozeßordnung in eingehender Weise (§§ 209 ff.) vor, daß in jedem Verhandlungstermine dasjenige, was von den Parteien in bezug auf den Sachverhalt vorgebracht ist, in gedrängt zusammenfassender Darstellung protokolliert werden muß. Die Parteien können nach Verlesung des Protokolls auf die Punkte hinweisen, in denen es dem tatsächlichen Verlauf der Verhandlung nicht entspricht. Berücksichtigt das Gericht solche Einwendungen nicht, so kann gegen die bezügliche Angabe des Protokolls Widerspruch erhoben werden. Durch das Verhandlungsprotokoll soll einmal die Grundlage für den Tatbestand geschaffen werden, welcher einen Teil des vom Gerichte zu fertigenden Urteils bildet und dessen Berichtigung in einem aus unserer ZPO. übernommenen Verfahren beantragt werden kann. Das Verhandlungsprotokoll soll aber zugleich das, was einmal in einem Verhandlungstermin angeführt worden ist, fortan im Prozeß für das Urteil unverlierbar machen. Abgesehen von dem Falle einer Veränderung in der Besetzung des Gerichtes findet in einem weiteren Verhandlungstermin keine neue Verhandlung statt, der Vorsitzende des Gerichts führt vielmehr die wesentlichen Ergebnisse der früheren Verhandlung auf Grund des Protokolls mündlich vor, und hieran knüpft sich die Fortsetzung

---

28) a. a. O.

der abgebrochenen Verhandlung (§ 138) [29]. Wenn nun auch nach § 210 bei der Aufnahme des Verhandlungsprotokolls tunlichst auf die vorbereitenden Schriftsätze Bezug zu nehmen ist, so ist durch dieses Verfahren doch erklärlicherweise und nach den mir gewordenen Informationen der österreichische Prozeß sehr schwerfällig und umständlich geworden. Die Protokollierung hält in jedem Verhandlungstermin nicht bloß das Gericht, sondern auch die Anwälte außerordentlich auf. Die Anwälte sind zwar nach § 210 nicht genötigt, sich an dem Protokollierungsakte zu beteiligen; sie können sich dieser Teilnahme indessen nicht entziehen, weil das verlesene und von dem Vorsitzenden und Schriftführer unterschriebene Protokoll, soweit nicht ein ausdrücklicher Widerspruch einer Partei vorliegt, über den Inhalt der Verhandlung vollen Beweis liefert und daher auch für ein späteres Tatbestandsberichtigungsverfahren maßgebend bleibt. Der hierdurch für die Anwälte entstehende übermäßige Zeitverlust erklärt ihr Bemühen, die Protokollierung nach Möglichkeit abzukürzen. Sie reichen daher oft Schriftsätze ein und verfassen oft weitläufigere Schriftsätze, bloß zu dem Zweck, daß ihr Inhalt im Verhandlungstermin vom Vorsitzenden nicht diktiert, sondern inbezug genommen wird. Diese Einrichtung ist hiernach eine wenig glückliche und würde für unsere Justiz in den größeren Städten völlig unerträglich sein. Was man durch sie an mündlicher Verhandlung, und zwar in recht bedenklicher Weise erspart, wird vielleicht dreifach an Zeit und unerfreulicher Arbeit wieder aufgewendet!

Was die Ordnung des fraglichen Punktes in unserm Rechte anlangt, so ist der vom Gericht verfaßte Urteilstatbestand zumeist ein mehr oder weniger vollständiger Aktenauszug. Da unser Verfahren im großen und ganzen ein schriftliches ist, so erklärt es sich, daß Unrichtigkeiten wohl nur vorkommen, wenn in der mündlichen Verhandlung wesentliche Ergänzungen oder Abänderungen der Schriftsätze vorgebracht werden. Wenn ich nun auch davon überzeugt bin, daß die Unrichtigkeiten des Tatbestandes sich erheblich vermehren werden, sobald wir zu einem wirklich

---

[29]) Nach § 193 kann die Verhandlung sogar vor Aufnahme aller zugelassenen Beweise für geschlossen erklärt werden, wenn nur noch die durch einen ersuchten Richter zu bewirkende Aufnahme einzelner Beweise aussteht, und entweder beide Parteien auf die Verhandlung über das Ergebnis der Beweisaufnahme verzichten, oder das Gericht eine solche Verhandlung für entbehrlich erachtet. In diesem Falle ist nach Eingang der Beweisaufnahmeakten ohne neue Verhandlung vom Gericht zu entscheiden.

mündlichen Verfahren gelangen, und wenn ich auch der Ansicht Wachs[30]) durchaus nicht beizutreten vermag, daß sich unser Verfahren zur Berichtigung des Tatbestandes bewährt habe, so kann ich mich doch noch weniger entschließen, das französische Verfahren zu empfehlen. Was unser Berichtigungsverfahren anlangt, so wird von ihm wenig Gebrauch gemacht. Wenn man hieraus schließen wollte, daß die Urteile zur Berichtigung keinen Anlaß bieten, so würde dieser Schluß falsch sein. In der ersten Instanz wird von dem Verfahren deshalb sehr selten Gebrauch gemacht, weil die meisten Unrichtigkeiten des Tatbestandes noch in der zweiten Instanz berichtigt werden können. In den nichtrevisiblen Sachen der Oberlandesgerichte werden Berichtigungsanträge deshalb nicht gestellt, weil die Anfechtung des Tatbestandes zumeist keinen praktischen Zweck hat. Nur bei Unrichtigkeiten des Tatbestandes der revisiblen Urteile der Oberlandesgerichte und in den Fällen, in welchen ein Zugeständnis einer Partei unrichtig festgestellt worden ist, wird der Versuch mit einem Berichtigungsantrage gemacht, welcher indessen gewöhnlich vergeblich ist, da 95 % aller Berichtigungsanträge mit der Begründung zurückgewiesen werden, daß das Gericht sich des bezüglichen Teils der Verhandlung nicht mehr erinnere. Bei der deutschen Rechtsanwaltschaft herrscht darin völlige Übereinstimmung, daß dieses Verfahren ungenügend ist. Die nachfolgenden Vorschläge dürften dazu dienen, es wenigstens etwas praktikabler zu machen. Zunächst müßte gesetzlich bestimmt werden, daß die Berichtigung des Tatbestandes beschlossen werden muß, wenn auch nur ein Mitglied des Gerichts sich der behaupteten Unrichtigkeit erinnert. Es hat den Anschein, als ob die Gerichte mit dem Reichsgericht[31]) von der seltsamen Ansicht ausgehen, daß die Majorität des Gerichts sich erinnern müsse, als ob es nicht genügend wäre, wenn ein Mitglied die gerügte Unrichtigkeit bestätigt. Die Herstellung eines richtigen Urteilstatbestandes ist ferner eine Angelegenheit des öffentlichen Rechtes, an welcher sich die Rechtsanwälte vermöge ihrer öffentlich rechtlichen Stellung zu beteiligen haben. Die Rechtsanwälte beim Kammergerichte haben daher schon seit langer Zeit den einstimmigen Beschluß gefaßt, daß auf einen Tatbestandsberichtigungsantrag der Gegenanwalt verpflichtet ist, in dem angesetzten Termine oder vorher schriftlich eine sachliche wahrheitsgemäße Erklärung abzugeben. Bestätigt der Gegenanwalt die behauptete Unrichtigkeit, so ist die Berichtigung ohne weiteres zu beschließen.

---

[30]) Vorträge S. 50.

[31]) JW. 99 S. 92 Nr. 18.

Damit wird die Berichtigung keineswegs einer unzulässigen Parteidisposition ausgeliefert. Wenn in Frankreich die Anwälte ausschließlich den Tatbestand verfassen, so wird man wohl ohne Bedenken das von den Anwälten beider Teile übereinstimmend abgegebene Zeugnis über ein bestimmtes Parteivorbringen als richtig annehmen dürfen. Da wir wahrscheinlich auch in Zukunft Gerichtsakten haben werden, wenn auch weniger umfangreiche und solche, die sich auf das Faktum beschränken, so werden diese auch später die hauptsächlichste Grundlage des Tatbestandes bleiben. Ein nicht unerheblicher Teil der Unrichtigkeiten des Tatbestandes würde übrigens fortfallen oder vermöge der §§ 314, 160 Abs. 3 korrigiert werden können, wenn der Vorsitzende die Anwälte veranlassen würde, Abweichungen von ihren Schriftsätzen durch Protokollanlagen zu fixieren.

g) Mit Recht sagen die Motive zur österreichischen Prozeßordnung, daß für den Erfolg einer Prozeßreform die Frage, welche Wirkung dem Rechtsmittel 2. Instanz zu verleihen sei, von der allergrößten Bedeutung ist. Wenn wir ein wirklich mündliches Verfahren in der ersten Instanz haben wollen, so darf die Berufung zu keinem novum judicium führen. Hiergegen läßt sich aus mehr als einem Grunde, insbesondere schon wegen der anders gearteten Beweisaufnahme auch nicht der appel des französischen Prozesses ins Feld führen. Es ist ein Bedürfnis nur für eine volle Tatsacheninstanz anzuerkennen. Schon die bloße Existenz einer zweiten Tatsacheninstanz muß zu einer Verschlechterung der ersten führen. Jeder Praktiker erlebt es nur zu oft, daß die Parteien und ihre Anwälte das Tatsachenmaterial mit Ernst erst in der zweiten Instanz sammeln und vorbringen, daß die Gerichte 1. Instanz zur Vermeidung einer weitläufigen Beweisaufnahme eine mehr schnelle als gründliche Entscheidung fällen und die ganze tatsächliche und Beweis-Arbeit dem Oberlandesgericht überlassen. Bei v. Sommerlatte [32]) bezeugen einzelne Oberlandesgerichte, daß sie in 75 % der sämtlichen Berufungssachen Beweis erheben! Zutreffend wird in den Motiven zur österreichischen Prozeßordnung ausgeführt, daß die freie Zulassung neuen Vorbringens in der zweiten Instanz ein kompliziertes, schwieriges und kostspieliges Verfahren mit sich bringe und zugleich die Verhandlung und Entscheidung der ersten Instanz entwerte. Trotz gewissenhaftester Pflichterfüllung des ersten Richters, trotz trefflichster Beurteilung der Streitsache durch ihn mache ein neues Vorbringen in der zweiten Instanz

---

[32]) a. a. O. S. 28—30.

seine Entscheidung unwirksam; dann sei es nicht zu verwundern, wenn schließlich auch der erste Richter auf eine so labile Entscheidung viel weniger Kraft, Fleiß und Aufmerksamkeit verwende. Der Leonhardtsche Entwurf von 1871 hatte keine Berufung. Noch in dem Kommissionsentwurf von 1872 war die Berufung auf amtsgerichtliche Urteile beschränkt. Erst der Bundesrat hat die später Gesetz gewordene Änderung an dem letzteren Entwurfe vorgenommen. Guttmann[33]) sieht in der Leonhardt aufgezwungenen Berufung die Hauptursache für das Scheitern seiner Reform und für unseren Rückfall in die Schriftlichkeit und Mittelbarkeit. Auf der anderen Seite möchte ich das Rechtsmittel gegen die erstinstanzlichen Urteile nicht zu einer Rechtsrevision machen. Ich halte eine Kontrolle der Landgerichte bezüglich ihrer Behandlung des Faktums durch eine Mittelinstanz für geboten und würde daher nach dem österreichischen Vorgange dem Berufungsgericht eine Nachprüfung der erstrichterlichen Entscheidung in tatsächlicher und rechtlicher Beziehung zuweisen. Während das österreichische Recht aber in der Berufungsinstanz im wesentlichen nova nur zuläßt, soweit sie zur Darlegung oder Widerlegung gerügter prozessualer Verstöße dienen[34]), würde ich neue tatsächliche Behauptungen und Beweismittel auch zulassen: 1. wenn die Partei außerstande gewesen ist, sie in der ersten Instanz vorzubringen, und 2. wenn sie durch tatsächliche oder rechtliche Ausführungen des ersten Richters veranlaßt sind, welche einen neuen, in der ersten Instanz nicht zur Sprache gebrachten Gesichtspunkt enthalten. Mit Recht hat schon v. Mittelstaedt[35]) darauf hingewiesen, daß der Anwalt durch das Urteil oft vollständig überrascht wird. Das Gericht hat den Fall von einem rechtlichen Standpunkt aus entschieden, an den niemand in der Verhandlung gedacht hat; oder es hat sein Urteil auf einen Tatumstand gegründet, welcher seitens beider Parteien als unerheblich behandelt worden ist. Mit Recht erklärt Guttmann[36]) als den stärksten Grund für die Berufung, daß die Parteien mitunter erst durch das Urteil selbst die volle Einsicht in die Rechtslage erlangen. In diesen zahlreichen Fällen,

---

[33]) a. a. O. S. 74.

[34]) So wird in der Praxis der unglücklich gefaßte und daher sehr bald kontrovers gewordene 2. Absatz des § 482 der österr. Prozeßordnung verstanden. Vgl. Neumann, Kommentar zu den Zivilprozeßgesetzen vom 1. August 1895. 2. Aufl. Bd. 2. S. 1228.

[35]) Gutachten über den preußischen Prozeßordnungsentwurf, Berlin, Moeser, 1871 S. 69 ff.

[36]) a. a. O. S. 119—120.

in welchen der erste Richter schon nach § 139 verpflichtet gewesen wäre, den zu weiteren Parteierklärungen Anlaß gebenden selbständigen Gesichtspunkt zur Sprache zu bringen, ist die Zulassung neuer Anführungen ein unabweisliches Gebot der Gerechtigkeit.

Da das Rechtsmittel im wesentlichen nur zu einer Nachprüfung des ersten Urteils führen soll, halte ich eine mündliche Verhandlung nicht für unbedingt geboten. Ich würde daher, wie es § 492 der österreichischen Prozeßordnung tut, einen Verzicht der Parteien auf mündliche Verhandlung zulassen.

h) Es ist klar, daß eine wirkliche mündliche Verhandlung eine erhebliche Vermehrung des Richterpersonals zur Voraussetzung hat. Wach[37]) sagt mit Recht: „Solange die Justizverwaltung nicht überall für eine ausreichende Vermehrung der Richterstellen sorgt, kann die Rechtspflege nicht gedeihen. Die Geldfrage soll und muß auf diesem Gebiete zurückgedrängt werden". In der Tat handelt es sich zum Glück bei uns nur um eine Kostenfrage, da Kräfte hinlänglich vorhanden sind, — um eine Kostenfrage nicht bloß wegen der Gehälter der mehr anzustellenden Richter, sondern auch wegen der Notwendigkeit der Erhöhung ihrer bisherigen Gehälter. Der Bruch mit dem Assessorentum, welches auf dem diesjährigen Deutschen Richtertage mit Recht als ein Krebsschaden unserer Justiz bezeichnet worden ist, bleibt ohnehin eine der dringendsten Forderungen im Interesse unserer Rechtspflege. An geeigneten Kräften ist bei uns kein Mangel, wenn man bei der Besetzung der Richterstellen nur die berufliche und sittliche Tüchtigkeit ohne politische und religiöse Nebenrücksichten maßgebend sein läßt. Der Justiz werden ferner hervorragende Kräfte dadurch entzogen, daß man den Eintritt von Rechtsanwälten in den Richterstand nicht nur nicht fördert, sondern geradezu verhindert. Es ist ein ebenso beliebtes wie unwahres Argument, daß die tüchtigen Anwälte Richterstellen nicht begehren, und das Richteramt nicht die Zufluchtsstätte für unbrauchbare Anwälte werden dürfe. Es ist einmal nicht richtig, daß jeder tüchtige Rechtsanwalt eine erhebliche Praxis erlangt; es ist weiter ganz unzweifelhaft, daß zahlreiche Rechtsanwälte, die eine einträgliche Praxis betreiben, gern eine angemessene Richterstelle mit erheblich geringerem Einkommen annehmen würden. Im übrigen muß auch eine derartige Erhöhung der Richtergehälter eintreten, daß Anwälte nicht genötigt werden, ihre Lebenshaltung wesentlich herabzumindern, wenn sie sich um eine Richterstelle bewerben.

---

[37]) Vorträge S. 51.

Wir werden auch zahlreiche Kräfte bei den Oberlandesgerichten sparen können, sobald die Berufung zu einem beschränkten Rechtsmittel gemacht wird. Alsdann liegt die Hauptschwierigkeit bei den Gerichten erster Instanz. Die bloße Nachprüfung ihrer Urteile erscheint mir als eine erheblich leichtere Aufgabe, so daß die Besetzung der Oberlandesgerichtssenate mit drei Richtern völlig ausreicht. Ich habe bereits an anderer Stelle [38]) dargelegt, daß eine stärkere Besetzung der Kollegien nicht nur unnötig, sondern für die intensive Beteiligung an den Beratungen eher hinderlich ist [39]). Mit dieser Änderung würde zugleich noch ein weiterer Schritt zur Hebung der Stellung der erstinstanzlichen Richter getan werden können, nämlich ihre Gleichstellung im Gehalt mit den Oberlandesgerichtsräten.

Ich habe endlich schon an demselben Orte [40]) ausgeführt, daß die Entlastung der Land- und Oberlandesgerichte durch Erhöhung der Zuständigkeit der Amtsgerichte noch weit über die Novelle von 1909 hinaus vorgenommen werden könnte, wenn das jetzt bestehende Hilfsrichtertum beseitigt und die amtsgerichtliche Rechtsprechung der Kontrolle des Reichsgerichts unterworfen werden würde. Die Reform des Rechtsmittels der Revision ist ein notwendiger und nach meiner Überzeugung der dringendste Teil unserer Justizreform. Die mechanische Heraufsetzung der Revisionssumme auf 4000 Mk. ist als dauernde Einrichtung unmöglich, wenn das Reichsgericht seinen Einfluß auf unser Rechtsleben nicht gänzlich verlieren soll. Die notwendige Entlastung des Reichsgerichtes muß durch eine innere Umbildung des Rechtsmittels der Revision und nicht dadurch erreicht werden, daß man die Entscheidungen der Instanzgerichte bis auf einen geringen Prozentsatz der Nachprüfung durch das Reichsgericht einfach entzieht.

Ich habe mich im Vorstehenden auf das ordentliche Verfahren bei den Landgerichten beschränkt und auch in dieser Beschränkung nur die prinzipiellen Fragen behandelt. Eine erschöpfende Bearbeitung des

---

[38]) Die Änderung des Rechtsmittels der Revision. Veröffentlichungen des Berliner Anwaltvereins Heft 23 (Berlin 1909, Vahlen) S. 43 ff.

[39]) Die Mitwirkung von 7 hervorragenden Richtern an einer bloßen Rechtsrevision ist nicht nur eine zu kostspielige dekorative Einrichtung, sondern vor allem auch eine unverantwortliche Verschwendung von Richterkräften.

[40]) S. 46.

Themas würde ziemlich gleichbedeutend mit einer Revision unserer ganzen ZPO. sein. Was das Verfahren vor den Amtsgerichten anlangt, so wird zunächst abzuwarten sein, wie sich die Reform der Novelle von 1909 bewährt. Nach dem, was ich bis jetzt habe wahrnehmen können, ist meine Hoffnung gering, daß wir zu einer schnelleren, billigeren und besseren amtsgerichtlichen Rechtsprechung gelangen, als wir sie vorher hatten. Ich habe es auch unterlassen, auf die besonderen Verfahrensarten einzugehen, obgleich auch auf diesem Gebiete die Reformfragen zum Teil die mündliche Verhandlung berühren; so ist die Frage einer Änderung unseres Urkundenprozesses nach dem Vorbilde des früheren preußischen Mandatsprozesses und einer Ausdehnung dieses Verfahrens auf alle Ansprüche, welche eine schleunige Behandlung erfordern, und auf solche, welche sofort glaubhaft gemacht werden [41]), gewiß der Erwägung wert. Ich habe mich endlich auch mit den Rechtsmitteln nur insoweit beschäftigt, als sie die praktische Durchführung eines rein mündlichen und unmittelbaren Verfahrens bedingen. Bei einer umfassenden Revision der ZPO. wird auch hier manches vereinfacht werden können; so wird die Möglichkeit bestehen, gegen Entscheidungen über die Mehrzahl der prozeßhindernden Einreden nur das Rechtsmittel der sofortigen Beschwerde zu geben [42]) und den § 505 auf den landgerichtlichen Prozeß zu übertragen. Bezüglich der Revision konnte ich mich um so kürzer fassen, als ich bereits in meiner oben erwähnten Schrift eingehend die Reform dieses Rechtsmittels behandelt habe. Wenn mein dort ausführlich begründeter Vorschlag, für die dritte Instanz die obligatorische mündliche Verhandlung abzuschaffen, auch bei den Verhandlungen über die Novelle von 1910 keine ausreichende Beachtung gefunden hat, so befinde ich mich doch in Übereinstimmung mit vielen unserer hervorragendsten Praktiker und besten Kenner des Prozeßrechtes, von denen ich nur Drechsler, Bolze, Stein, Hellwig und Jastrow nenne. Diese Reform ist nach meiner Überzeugung völlig unvermeidlich; war schon die Revisionssumme von 2500 Mk. ein Armutszeugnis unserer Gesetzgebung, so hat ihre weitere Erhöhung einen für unser Rechtsleben völlig unhaltbaren Zustand geschaffen.

Wann wir zu einer allgemeinen Reform unseres Zivilprozesses gelangen werden, läßt sich zur Zeit nicht übersehen; noch weniger läßt sich voraussagen, wie sie ausfallen wird: dringender als sie und ganz

---

[41]) Rausnitz, JurW. 1903 S. 170.

[42]) Guttmann, a. a. O. S. 115.

unaufschiebbar ist die Entlastung der Gerichte in den größeren Städten durch Vermehrung der Richterstellen. Es ist ein tief betrübender Anblick, wenn man auf der einen Seite das reiche Kapital an Tüchtigkeit und Pflichttreue in unserem Richtertum, auf der anderen Seite aber sieht wie wenig es für unser Rechtsleben fruchtbar gemacht wird, und wie das, Vertrauen des Volkes zu der Rechtspflege je länger je mehr schwindet. Man zögere daher nicht, unseren Richtern die Arbeitsfreude und die Möglichkeit wiederzugeben, im Leben frei um sich zu blicken. Keine Ausgabe ist notwendiger und lohnender als die für diesen Zweck, und sehr viele Beschwerden über unsere Rechtsprechung werden dann schon ohne Veränderung der Gesetzgebung fortfallen.

III.

Gutachten von Herrn Dr. Heinz Potthoff

über die Frage:

Welche der für Privatangestellte außerhalb des Handelsgesetzbuches geltenden sozialen Schutzvorschriften eignen sich zur Erstreckung auf alle Privatangestellten?

Inhalt.

A. Einleitung.

I.

Der XXX. Deutsche Juristentag hat im September 1910 in Danzig die Frage behandelt: „Empfiehlt es sich, soziale Schutzvorschriften in der Art der für Handlungsgehilfen bestehenden für Privatangestellte überhaupt zu treffen?" Wenn der Wortlaut des Themas sich auch nur auf eine Prüfung der Frage beziehen sollte, ob eine Verallgemeinerung der im Handelsgesetzbuch enthaltenen Bestimmungen zugunsten der kaufmännischen Angestellten zu empfehlen sei, so mußte doch notwendig die Erörterung darüber hinausgehen und die Frage eines allgemeinen, einheitlichen Privatangestelltenrechts umfassen. Das ist auch sowohl in den schriftlichen Gutachten (von Professor Oertmann und mir) wie in den mündlichen Berichten (von Exzellenz Klein und Justizrat Junck) und in der Diskussion geschehen. Beide Seiten der Frage sind grundsätzlich bejaht worden und der Beschluß des Danziger Juristentages enthält

1. die Empfehlung der Ausdehnung der im Handelsgesetzbuch bestehenden Schutzvorschriften als zwingendes Recht auf alle Privatangestellten, die höhere Dienste zu leisten haben;
2. die Ansicht, daß künftige Verbesserungen dieser Vorschriften auch auf alle Angestellten zu erstrecken seien;
3. den Auftrag an die ständige Deputation, auf die Tagesordnung eines der nächsten Juristentage die Frage zu setzen, welche sonstigen

gesetzlichen Vorschriften gleichmäßig für alle Privatangestellten zu treffen wären.

Diesem Auftrage wird mit der obengenannten Frage nur teilweise entsprochen, indem nur nach der Zweckmäßigkeit einer Verallgemeinerung derjenigen Vorschriften gefragt wird, die gegenwärtig schon für Privatangestellte außerhalb des Handelsgesetzbuches bestehen. Das Gutachten hat sich natürlich im Rahmen dieser Frage zu halten. Es bildet daher nur einen Beitrag zu einer bescheidenen Teilarbeit an der Vorbereitung des künftigen Angestelltenrechts, und ich bemerke ausdrücklich, daß ich von den im Gutachten zum XXX. Juristentage aufgestellten Forderungen für ein allgemeines Angestelltenrecht auf der Grundlage eines sozialen Arbeitsrechts nichts zurückzunehmen habe.

II.

Von der Behandlung bleiben daher ausgeschlossen:

1. Die Bestimmungen des Handelsgesetzbuches, die in dem Gutachten von Professor Oertmann zum XXX. Juristentage ausführlich erörtert sind und deren Ausdehnung auf alle Privatangestellten von ihm empfohlen worden ist:

a) Die Schutzpflicht des § 62 bezüglich der Einrichtung der Geschäftsräume, des Geschäftsbetriebes, der Arbeitszeit, der Wohn- und Schlafräume, der Verpflegung mit Rücksicht auf die Gesundheit, die Sittlichkeit und die Religion des Handlungsgehilfen;

b) die Vorschrift des § 63 bezüglich der Fortzahlung des Gehalts in Fällen von Krankheit und sonstigem unverschuldetem Unglück;

c) die Vorschrift des § 64, wonach die Zahlung des Gehalts spätestens am Schlusse jedes Monats erfolgen muß;

d) die §§ 66—72 über Kündigungsfristen und fristlose Kündigung;

e) die Vorschriften des § 73 über das Dienstzeugnis;

f) die Beschränkungen der Gültigkeit von Konkurrenzklauseln in §§ 74 und 75;

g) die Vorschrift des § 81, wonach Personen, die nicht im Vollbesitze der bürgerlichen Ehrenrechte sind, Handlungslehrlinge weder halten noch anleiten dürfen.

2. Die Schutzbestimmungen anderer Reichsgesetze, die mit den Bestimmungen des Handelsgesetzbuches übereinstimmen oder hinter ihnen zurückbleiben, weil sie durch die Behandlung der unter 1 genannten Vorschriften erledigt sind. Dabei kann von kleinen Abweichungen im

Wortlaute oder auch Inhalte abgesehen werden. Hierher gehören besonders:

a) Die §§ 120 a—c der Gewerbeordnung und § 56 der Seemannsordnung über Einrichtung der Arbeitsräume, Betriebsvorrichtungen usw. mit Rücksicht auf Leben, Gesundheit, Sitte und Anstand der beschäftigten Arbeitnehmer;
b) § 133 c Absatz 2 der Gewerbeordnung nebst den entsprechenden Bestimmungen anderer Gesetze über Fortzahlung von Gehalt in Krankheitsfällen[1]);
c) §§ 133 a—d und 122—124 a der Gewerbeordnung nebst den entsprechenden Bestimmungen anderer Gesetze über Kündigungsfristen und fristlose Kündigung;
d) § 113 GO. nebst den entsprechenden Bestimmungen anderer Gesetze über das Dienstzeugnis;
e) § 133 f GO. über die Beschränkung von Konkurrenzklauseln.

3. Diejenigen Gesetzesvorschriften, die gegenwärtig schon für die Gesamtheit der Angestellten gelten, soweit sie nicht von Spezialgesetzen in ihrer Schutzwirkung überholt sind. Hierher gehören

a) die Bestimmungen des Bürgerlichen Gesetzbuches, namentlich die über den Dienstvertrag;
b) die Bevorrechtung von Lohnforderungen im Konkurse des Arbeitgebers oder in der Zwangsversteigerung von Grundstücken (Konkursordnung § 61, Zwangsversteigerungsgesetz § 10, HGB. § 754, Binnenschiffahrtsgesetz § 102);
c) die Beschränkung in der Beschlagnahme und Pfändung von Gehaltsforderungen nach § 2 des Lohnbeschlagnahmegesetzes und § 850 der Zivilprozeßordnung;
d) die Bestimmungen des Patentgesetzes über den Anspruch der Arbeitgeber auf Erfindungen ihrer Angestellten;
e) das Stellenvermittlergesetz von 1910.

4. Die einzelstaatlichen Gesetze, da es sich hier um Ausdehnung bestehenden Reichsrechts handelt. Auf eine Erörterung kann um so eher verzichtet werden, als sie kaum eine Ausbeute für den vorhandenen Zweck verspricht. Denn von den wichtigeren, unter Landesrecht stehenden

---

[1]) Auch die besonderen Bestimmungen für das Seeschiffahrtspersonal in Seemannsordnung §§ 59—64 und HGB. §§ 553—554 können wohl unerörtert bleiben, da ihre Abweichungen von den für Handlungsgehilfen geltenden Regeln auf der ganz besonderen Natur des Dienstverhältnisses beruhen.

Gruppen haben die Bergbeamten und Eisenbahnangestellten so besondere Arbeitsverhältnisse, daß die besonderen Vorschriften für sie schon aus diesem Grunde für eine Verallgemeinerung kaum in Frage kommen können; und die Gesindeordnungen (denen ein Teil der Angestellten in der Land- und Forstwirtschaft sowie in landwirtschaftlichen Nebenbetrieben untersteht) beruhen auf einer vom modernen Arbeitsrecht so verschiedenen Grundauffassung, daß die Forderung nur nach Beseitigung aller Besonderheiten dieser Gesetze gehen kann.

5. Die Beamtengesetze, denn ihre Bestimmungen finden grundsätzlich keine Anwendung auf solche Personen, die von öffentlichen Körperschaften auf Privatdienstvertrag, ohne Beamteneigenschaft angestellt sind; und hier handelt es sich um Ausdehnung von gesetzlichen Vorschriften, die bereits für Privatbeamte gelten.

6. Diejenigen Gesetze, welche öffentliches, nicht mit dem Dienstverhältnis in unmittelbarem Zusammenhang stehendes Recht enthalten, wie z. B.

a) die Reichsversicherungsordnung;
b) das Gewerbegerichtsgesetz und das Kaufmannsgerichtsgesetz;
c) die Bestimmungen über Gewerbeaufsicht;
d) die §§ 152/153 der Gewerbeordnung.

7. Schließlich scheiden diejenigen Bestimmungen aus, welche noch nicht Gesetzeskraft haben, sondern den Inhalt von Reformbestrebungen bilden oder bilden sollten. Denn der Gegenstand dieses Gutachtens ist nicht die Frage, was das vom vorigen Juristentage grundsätzlich empfohlene einheitliche Angestelltenrecht der Zukunft zu enthalten hat, sondern nur die vorbereitende Teilfrage, inwieweit dieses Recht durch Ausdehnung und Verallgemeinerung bereits geltender Rechtsnormen hergestellt werden könnte. Daraus ergibt sich

8. daß in erster Linie die Übertragbarkeit der Rechtsnormen so, wie sie bestehen, zu prüfen ist, während die Frage einer Ausgestaltung und Verbesserung dieser Normen nicht unter die vorliegende Aufgabe fällt und daher nur gelegentlich gestreift werden kann.

III.

Es bleibt demnach nur ein sehr beschränktes Feld für die Untersuchung übrig, da die besonderen Schutzbestimmungen für technische Angestellte in der Gewerbeordnung dem Handelsgesetzbuch und die arbeitsrechtlichen Bestimmungen des Binnenschiffahrtsgesetzes und Flößereigesetzes wieder

der Gewerbeordnung nachgebildet sind. Der Dienstvertrag des Seeschiffers (Handelsgesetzbuch §§ 511 bis 555) und der Schiffsmannschaft (Seemannsordnung §§ 24—80) aber beruht so auf der besonderen Natur der Betriebsverhältnisse, daß aus seinem Rechte sich wenige zur Verallgemeinerung geeignete Normen entnehmen lassen. Wir bleiben daher in der Hauptsache auf eine Prüfung der Gewerbeordnung beschränkt. Und zwar wird sich zeigen, daß es sich dort nicht um soziale Schutzbestimmungen für technische Angestellte handelt, sondern um soziale Schutzbestimmungen für die Gesamtheit der Arbeitnehmer in bestimmten gewerblichen Betrieben.

Daß die zu prüfenden Bestimmungen größtenteils Arbeiterschutzgesetze sind, oder wenn sie von Angestelltengruppen erstrebt und durchgesetzt worden sind (Handlungsgehilfen) auch das Arbeiterpersonal der Handelsbetriebe mit umfassen, beeinträchtigt natürlich ihre Bedeutung als Schutzvorschriften für Angestellte nicht, sondern ist nur ein neuer Beweis dafür, daß die sozialen Bedürfnisse aller Arbeitnehmer in vielen Punkten übereinstimmen und daß eine gewisse Mindestgrenze sozialen Schutzes für die Gesamtheit aller Arbeitsverhältnisse gleichmäßig gegeben sein müßte. Im Grunde stehen sämtliche Arbeiterschutzgesetze hier zur Erörterung; es gibt keinen Paragraphen, der nicht auch für Privatangestellte Geltung hätte. Denn sowohl die kaufmännischen wie die technischen Angestellten und die sonstigen Betriebsbeamten bilden einen Teil der gewerblichen Arbeiterschaft im weiteren Sinne, unterstehen den allgemeinen Regeln des Titels VII der Gewerbeordnung. Und soweit durch § 133 e und § 154 die Geltung einzelner Vorschriften für Handelsgeschäfte oder für die in § 133 a genannten Personen ausgeschlossen ist, bleibt diese Geltung bestehen für solche Werkmeister, Techniker und Betriebsbeamte, die zwar von Gewerbeunternehmern, aber nicht gegen feste Bezüge (auf Provision, im Akkord, im Stundenlohn) angestellt oder lediglich vorübergehend mit einer entsprechenden Tätigkeit beauftragt sind und deswegen nicht unter § 133 a ff. fallen.

Ferner darf natürlich nicht abschrecken, daß die hier zu behandelnden Vorschriften nicht ausschließlich dem Privatrechte sondern teilweise auch dem öffentlichen Rechte angehören. Das ist auch bei den für den vorigen Juristentag behandelten Schutzbestimmungen des Handelsgesetzbuches der Fall (die Verletzung der in § 62 vorgeschriebenen Fürsorgepflicht zieht nicht nur zivilrechtliche Haftung sondern auch öffentliche Strafe gemäß § 82 nach sich). Es ist eine notwendige Folge des Umstandes, daß der Zweck dieser Bestimmungen eben ein sozialer ist, d. h. die Wahrung von Gemeinschaftsinteressen gegenüber den einzelnen Bürgern. Nicht der Arbeitnehmer wegen, sondern der Gesamtheit wegen erfolgt der Eingriff des Gesetzes in das Arbeitsverhältnis. Deswegen kann es seine Durchführung nicht davon abhängig machen, ob der Angestellte die nötige Kraft und das nötige Verständnis dafür hat, sondern muß von Staates wegen die Durchführung sichern. Das Gesetz muß Zwangsrecht, und soweit seine Verletzung der Gesamtheit einen dauernden, nicht ohne weiteres aufzuhebenden Schaden zufügen würde, muß es durch öffentliche Strafdrohung verstärkt sein.

B. Durchführung.

Die durch andere Reichsgesetze als das Handelsgesetzbuch für einzelne Gruppen von Privatangestellten geschaffenen sozialen Schutzbestimmungen lassen sich nach folgenden Gesichtspunkten zusammenfassen:

I. Schutz des Arbeitseinkommens.
II. Arbeitszeit und Ruhezeit.
III. Schutz der Person.
IV. Arbeitsordnung.
V. Ausbildung.

I. Schutz des Arbeitseinkommens.

Positive gesetzliche Bestimmungen über die Höhe des Arbeitsentgeltes von Privatbeamten bestehen nicht. Nur aus dem § 138 BGB., der wucherische Rechtsgeschäfte als Verstoß gegen die guten Sitten für nichtig erklärt, haben Gewerbe- und Kaufmannsgerichte (und ihnen folgend auch ordentliche Gerichte) in erfreulicher Weise Waffen gegen Schundgehälter entnommen. Als in dem Gesetz über den Absatz von Kalisalzen von 1910 der Reichstag in § 13 die erste Lohnschutzbestimmung einfügte, indem er den Kaliwerken, deren Rente durch das Gesetz gesichert werden sollte, eine Kürzung ihrer Beteiligungsziffern um mindestens 10 % androhte, wenn innerhalb einer Arbeiterklasse der im Jahresdurchschnitt für eine regelmäßige Arbeitsschicht gezahlte Lohn unter den für diese Klasse im Durchschnitt der Kalenderjahre 1907—1909 gezahlten Lohn sinkt, da beschränkte er diesen Einkommenschutz auf die Arbeiter und schloß sowohl die technischen wie die kaufmännischen Angestellten der Kaliwerke davon aus. Und als in der 12. Kommission des letzten Reichstages zur Beratung eines Hausarbeitsgesetzes Anträge auf Schaffung von Lohnämtern vorlagen, lehnte die Regierung diese unbedingt ab mit der Begründung, „daß es der bisherigen konstanten Auffassung von den Aufgaben und Befugnissen des Staates zwecks Ordnung und Regelung des Wirtschaftslebens widersprechen würde, wolle man dem Staate und seinen Beamten die Verantwortung für die Festsetzung der Löhne im privaten freien Dienstvertrage überweisen."

Dagegen enthält unser Recht eine Reihe von Bestimmungen, die verhindern sollen, daß der verdiente Lohn den Angestellten vorenthalten oder gekürzt wird.

1. Gehaltszahlungszeit.

Der Grundsatz, wonach der Angestellte wie jeder Arbeiter vorzuleisten und erst nach beendeter Arbeit die Vergütung zu fordern hat, ist nirgends für Angestellte durchbrochen. Die Bestimmungen des § 24 des Binnenschiffahrtsgesetzes und § 20 des Flößereigesetzes, wonach mangels anderer Vereinbarung der Schiffsmann oder Floßmann die Auszahlung des verdienten Lohnes am Schlusse jeder zweiten Woche verlangen kann (und die nur auf einzelne Angestellte: Steuerleute oder Maschinisten auf größeren Schiffen, Anwendung finden), brauchen ebensowenig erörtert zu werden, wie die Vorschrift der Gewerbeordnung in § 119 a Absatz 2 Ziffer 1, wonach durch statutarische Bestimmung einer Gemeinde oder eines weiteren Kommunalverbandes für alle Gewerbebetriebe oder für gewisse Arten festgesetzt werden kann, daß Lohnzahlungen in festen Fristen von mindestens einer Woche und höchstens einem Monat erfolgen müssen. Denn diese Fragen sind erledigt durch die Behandlung des § 64 des Handelsgesetzbuches auf dem vorigen Juristentage und die Empfehlung einer Verallgemeinerung der zwingenden Vorschrift, daß Gehaltszahlungen spätestens am Schlusse jedes Monats erfolgen müssen.

Gewerbeordnung und Seemannsordnung enthalten aber auch Bestimmungen über Abschlagszahlungen, die dem Handelsgesetzbuch fremd sind. Nach § 45 SeemO. kann der Schiffsmann (dem grundsätzlich die Heuer erst nach Beendigung der Reise oder des Dienstverhältnisses zu zahlen ist) nach je 3 Monaten die Auszahlung der Hälfte der bis dahin verdienten Heuer verlangen. Und nach § 119 a GO. kann durch statutarische Bestimmung einer Gemeinde oder eines weiteren Kommunalverbandes für alle Gewerbebetriebe oder gewisse Arten festgesetzt werden, daß Abschlagszahlungen in festen Fristen von mindestens einer Woche und höchstens einem Monat erfolgen müssen. Die erste Bestimmung findet auf alle Angestellten der Seeschiffahrt mit Ausnahme des Schiffers

Anwendung; die letzte, deren Geltung für Handlungsgehilfen durch § 154 und für die in § 133 a genannten Personen durch § 133 e GO. ausdrücklich ausgeschlossen ist, nur auf solche Betriebsbeamte, Werkmeister und Techniker, die zwar von Gewerbeunternehmern angestellt sind, aber entweder nicht feste Bezüge haben oder nur vorübergehend mit einer entsprechenden Tätigkeit beauftragt sind.

Eine Ausdehnung des § 45 SeemO. auf alle Angestellten würde eine praktische Bedeutung nicht haben und ist daher nicht zu empfehlen, da Lohnzahlungstermine von mehr als einem Vierteljahre zwar nach § 614 BGB. wohl möglich sind für Angestellte mit Jahresgehalt, praktisch aber kaum vorkommen. Außerdem würde die Vorschrift gegenstandslos werden durch die Verwirklichung des Wunsches nach einer Verallgemeinerung des § 64 HGB. mit dem Zwange zu monatlicher Gehaltszahlung.

Eine Verallgemeinerung der Festsetzung von Abschlagszahlungen nach § 119 a GO. aber würde erhebliche Bedeutung haben. Denn bei Saisonbetrieben ist es gar nicht selten, daß das Gehalt der Betriebsbeamten (z. B. der Brennmeister) für die Saison vereinbart und erst an ihrem Schluß ausgezahlt wird, so daß der Beamte während 4 oder 6 Monaten von anderen Mitteln als dem Ertrage seiner gegenwärtigen Arbeit leben oder um „Vorschüsse" bitten muß. Auch wo monatliche Gehaltszahlung üblich ist, kommen die Angestellten sehr häufig durch die Notwendigkeit unerwarteter Aufwendungen im Laufe des Monats in Verlegenheit, und die Arbeitgeber, die eine Abschlagszahlung als Vorschuß, oft als eine Art Darlehen auffassen, sehen es häufig sehr ungern, wenn ihre Arbeitnehmer ihnen nicht den Arbeitslohn einen vollen Monat lang kreditieren wollen. Auch hier würde die Verallgemeinerung des § 64 HGB. einen großen Teil der bestehenden Mißstände beseitigen. Aber auch bei allgemeiner Gehaltszahlung spätestens am Monatsschluß würde sich empfehlen, jedem Angestellten den durch Vertrag nicht ausschließbaren Anspruch zu geben, daß er (mindestens bei wichtigem Grunde) innerhalb der Monatsfrist eine seiner bisherigen Arbeit ungefähr entsprechende Teilzahlung (Abschlagszahlung) verlangen kann. Allerdings würde eine derartige Vorschrift besser durch Gesetz allgemein geschaffen als ihre Einführung durch Ortsstatut vorgesehen werden.

2. Barzahlung des Gehalts.

Der § 115 GO. bestimmt: „Die Gewerbetreibenden sind verpflichtet, die Löhne ihrer Arbeiter in Reichswährung zu berechnen und bar auszuzahlen." Zuwiderlaufende Verträge sind ungültig (§ 117). Andere Arten der Arbeitsvergütung sind nicht nur nichtig und begründen keine Einrede gegen die Forderung auf Zahlung nach dieser Vorschrift (§ 116), sondern sie werden auch mit Geldstrafe bis zu 2000 Mk. und im Unvermögensfalle mit Gefängnisstrafe bis zu 6 Monaten bedroht (§ 146). Diese Bestimmung findet Anwendung auf alle Angestellten in gewerblichen Betrieben und Bergwerksbetrieben (ausschließlich der Gehilfen und Lehrlinge in Handelsgeschäften und Apotheken gemäß § 154), in der Binnenschiffahrt und Flößerei. Die Seemannsordnung schreibt ebenfalls zwingend vor, daß alle Zahlungen an das Personal nach Wahl des Angestellten[2]) entweder bar oder durch Sichtanweisung auf den Reder erfolgen sollen (§ 48). Alle übrigen Angestellten können jede Form des Entgeltes vereinbaren, die nicht den guten Sitten widerspricht und ebenso nachträglich Änderungen über die Leistung des verdienten Entgeltes vornehmen. Der § 115 GO. ist nach verschiedenen Richtungen hin von erheblicher Bedeutung:

a) Truckverbot.

Durch § 115 GO. ist nicht die Naturalvergütung im gewerblichen Arbeitsvertrage verboten, sondern nur die Hingabe von Naturalien an Erfüllungsstatt für einen vereinbarten Geldlohn[3]). Jede mögliche und nach allgemeinen Rechtsgrundsätzen zulässige Leistung kann als Entgelt für gewerbliche Arbeiter und Angestellte ausbedungen werden. Für den Angestellten in der Seeschiffahrt ist die Gewährung von Wohnung nach Umständen und von Kost nach dem Gesetze selbstverständliche Regel. Soweit aber als Entgelt ein Gehalt vereinbart ist, muß es bar gezahlt und es darf bei schwerer Strafe und Ungültigkeit der Leistung nicht irgend etwas anderes an Zahlungsstatt gegeben werden. Ein solcher Ersatz des Geldlohnes durch irgend eine andere Leistung ist natürlich nicht Erfüllung des Vertrages und ohne Zustimmung des Angestellten nicht möglich. Wenn sie vom Gesetz noch ausdrücklich der Zustimmung entzogen, auch bei vertragsmäßiger nachträglicher Vereinbarung für ungültig erklärt und mit Strafe bedroht wird, so liegt dem die Erwägung zugrunde, daß der Arbeitnehmer in seiner Abhängigkeit vom Arbeitgeber sich gegen eine derartige Zumutung oft nicht sträuben kann, weil er damit den Verlust der Stellung riskieren würde. Es ist leider nicht zu bestreiten,

---

[2]) Vorschußzahlungen jedoch nach Wahl des Kapitäns.

[3]) Vgl. Lotmar, Arbeitsvertrag Band I Seite 677 ff.

daß ein großer Teil der Privatbeamten in der Vertretung seiner Rechte weniger energisch und stark ist, als die straffer organisierten, im gewerkschaftlichen Kampfe geschulten Industriearbeiter. Es liegt daher kein Grund vor, einen solchen Schutz gegen nachträgliche Vertauschung eines vereinbarten Geldgehaltes mit anderen Leistungen nur auf gewerbliche Arbeiter und einen Teil der Angestellten zu beschränken, sondern dieser Schutz des Arbeitslohnes eignet sich durchaus für eine Übertragung auf sämtliche Angestelltenverhältnisse. Dieses um so mehr, als die Regel weitgehende Ausnahmen erleidet, die im Folgenden noch näher zu erörtern sind.

b) Warenkreditierung.

Durch § 115 GO. ist ferner verboten, den Arbeitern (und Angestellten) Waren zu kreditieren. Forderungen für solche Kreditierungen können vom Gläubiger weder eingeklagt, noch durch Aufrechnung oder sonstwie geltend gemacht werden (§ 118). Die Zuwiderhandlung ist mit Geldstrafe bis zu 2000 Mk. bedroht (§ 146). Von dem Verbote wird aber eine weitgehende Ausnahme gemacht, indem es gestattet ist, Lebensmittel, Wohnung, Landnutzung, Feuerung, Beleuchtung, ärztliche Hilfe, Werkzeuge und Stoffe für die übertragenen Arbeiten zum Betrage der Selbstkosten oder auch der ortsüblichen Kosten zu liefern und den Betrag bei der Lohnzahlung anzurechnen (§ 115 Absatz II). Da in dieser Aufzählung alles enthalten ist, dessen Lieferung durch den Arbeitgeber im Interesse des Arbeitnehmers liegen könnte und da ferner die Abgabe irgendwelcher Gegenstände oder Leistungen gegen Bezahlung durch den Angestellten nicht beschränkt ist, so liegt auch von dieser Seite her kein Bedenken dagegen vor, den § 115 auf alle Angestellten zu übertragen.

c) Aufrechnung.

§ 394 BGB. schließt allgemein die Aufrechnung gegen eine Forderung aus, welche der Pfändung nicht unterworfen ist. Der § 115 GO., der in seiner Gültigkeit nicht durch Erlaß des BGB. berührt worden ist, geht darüber hinaus:

1. § 115 GO. ist nicht nur zivilrechtlich zwingend, so daß eine Aufrechnungserklärung die Forderung bestehen läßt (wie § 394 BGB. auch) und unter Umständen dem Arbeitnehmer das Recht zur fristlosen Kündigung wegen nicht ordnungsmäßiger Leistung des Entgeltes gibt, sondern er ist auch strafrechtlich gesichert (§ 146 GO.).

2. Die Ungültigkeit der Aufrechnung ist nicht an die Grenze eines Arbeitseinkommens von 1500 Mk. jährlich (nach Gerichtsgebrauch: 125 Mk. monatlich) gebunden; sondern jede Aufrechnung gegen jedes Gehalt ist ungültig und strafbar.

3. Für § 115 GO. ist es im Gegensatz zu § 394 BGB. gleichgültig, ob das Arbeitsverhältnis die Erwerbstätigkeit des Angestellten vollständig oder hauptsächlich in Anspruch nimmt oder nicht.

4. Für GO. § 115 ist es gleichgültig, ob in der Lohnforderung Ersatz für Auslagen steckt, während nach allgemeinen Gesetzen die Aufrechnung für den Auslagenersatz zulässig ist.

5. Während das allgemeine Aufrechnungsverbot hinfällig wird, wenn der Angestellte nicht am Lohntage sein Gehalt eingefordert hat, bleibt das Barzahlungsgebot des § 115 GO. unbedingt und unbefristet bestehen.

6. In einem Punkt bleibt § 115 GO. hinter § 394 BGB. zurück, indem jener sich nur auf Geldlohn, dieser auf jede Art von Vergütung bezieht; doch hat das für die Aufrechnung deswegen keine große Bedeutung, weil bei anderen als Geldvergütungen in der Regel die zur Aufrechnung erforderliche Gleichartigkeit der Leistung fehlen wird.

Die hier im Anschluß an Lotmar[4]) gegebene Auslegung des § 115 GO. ist bestritten. Aber sie entspricht nicht nur dem Wortlaute des Paragraphen im Zusammenhang mit den folgenden Bestimmungen der Gewerbeordnung, sondern auch dem Zwecke sozialen Schutzrechtes. Dieser Zweck ist, dem Arbeitnehmer sein Arbeitseinkommen zu sichern, ihn davor zu schützen, daß er am Schluß einer Arbeitsperiode statt des erwarteten Bargeldes eine Abrechnung erhält und dadurch außer Stand gesetzt wird, seine bescheidene Wirtschaft planmäßig fortzusetzen. Es ist doch eine bekannte Tatsache, daß die meisten Menschen bei Kreditgeschäften leichtsinnig umgehen, daß sie Waren auf Borg leichter kaufen als gegen Bezahlung. Auf der Borgwirtschaft beruht leider ein Teil der Konkurrenzfähigkeit des kleinen Händlers und Handwerkers gegenüber dem Warenhaus und Fabrikanten, aber auch ein großer Teil der wirtschaftlichen Notlage dieser Berufsgruppen. Das Strafgesetzbuch hat den Kreditwucher mit besonders scharfer Strafe bedroht, weil gerade hier eine Übervorteilung des Leichtsinns besonders beliebt und häufig ist. Die Gewerbeordnung enthält noch einen besonderen Strafpara-

---

[4]) Arbeitsvertrag I, Seite 414 ff. Vgl. auch Sinzheimer: Lohn und Aufrechnung, Berlin 1902, der teilweise zu anderen Ergebnissen kommt.

graphen gegen die Versuchung, den empfangenen Lohn sofort in Alkohol oder Lebensmittel umzusetzen (§ 115a) und ihn dadurch einer ordnungsmäßigen Verwendung im Haushalt zu entziehen. Deswegen ist es verständlich und berechtigt, wenn der § 115 in Absatz 2 durch das Verbot der Warenkreditierung den wichtigsten Grund zur Erlangung einer Gegenforderung gegen den Arbeitslohn auszuschließen sucht. Aber dieses Verbot und die ausdrückliche Hervorhebung der Nichtanrechnung solcher Forderungen zwingt durchaus nicht zu der Folgerung, daß in den minder häufigen und minder gefährlichen übrigen Fällen einer Gegenforderung (Darlehen, Schadensersatz usw.) die Aufrechnung gestattet sei. Im Gegenteil ist der allgemeine Ausschluß der Aufrechnung um so notwendiger, je weniger § 394 BGB. den Bedürfnissen der höheren Angestellten entspricht. Eine Ausdehnung dieses Schutzes des Einkommens gegen Aufrechnung durch Erweiterung der Geltung des § 115 Absatz 1 ist durchaus zu empfehlen.

Dagegen ist es sehr fraglich, ob die unbeschränkte Aufrechnungsfähigkeit der nach § 115 Absatz 2 gestatteten Kreditierung von Lebensmitteln, Feuerung, Beleuchtung, Arzneien, Werkzeugen und Stoffen, der Mietpreise für Wohnung und Landnutzung vom sozialen Gesichtspunkte aus zu empfehlen ist. Denn hier ist dem Arbeitgeber eine Quelle offen gelassen, aus welcher er sich schwachen Arbeitnehmern gegenüber (man denke an Verkäuferinnen, Krankenpflegerinnen, Hausangestellte usw.) weitgehende Forderungen gegen den Angestellten verschaffen kann, die dessen Gehaltsanspruch in höherem Maße, als volkswirtschaftlich erwünscht sein kann, aufzehren. Bei der von mir anerkannten Auslegung des § 115 bezüglich der Aufrechnung wird man nicht gut folgern können, daß die Ausnahme in Absatz 2 Satz 2 und 3 durch § 394 BGB. beschränkt sei. Ob eine derartige Beschränkung der Aufrechnung auf das Arbeitseinkommen über 125 Mk. monatlich (eine wesentliche Erhöhung dieser Grenze oder eine Gleichstellung der Privatbeamten mit den öffentlichen Beamten, denen nur ein Drittel des Überschusses gepfändet werden kann, wird von den Angestellten erstrebt) den Interessen der Angestellten in jedem Falle entspricht und auch mit berechtigten Interessen der Arbeitgeber zu vereinigen ist, kann hier nicht untersucht werden. Jedenfalls müßte in dieser oder in anderer Weise eine Einschränkung der Aufrechnungsfähigkeit für kreditierte Lebensmittel usw. vorgesehen werden, ehe man eine Verallgemeinerung dieses Satzes auf alle Angestellte empfehlen könnte.

d) Anweisung.

Das Barzahlungsgebot des § 115 GO. schließt ein, daß der Lohn dem Arbeiter selbst oder seinem Vertreter bar zu entrichten ist. Der Arbeitgeber wird also nicht von seiner Leistungspflicht befreit durch Zahlung an irgend jemand anderen, der den Lohnanspruch erworben hat, oder einen anderen Anspruch gegen den Arbeitnehmer erhebt. Die Gewerbeordnung verbietet aber in § 115a ausdrücklich und bei Strafe (§ 148) nochmals die Auszahlung des Lohnes an Dritte auf Grund von Rechtsgeschäften oder Urkunden von Rechtsgeschäften, welche nach § 2 des Gesetzes betreffend die Beschlagnahme des Arbeits- oder Dienstlohnes rechtlich unwirksam sind. Auch dieser Paragraph will nur einen zivilrechtlich schon vorhandenen Anspruch dadurch sichern, daß er zu einem öffentlich rechtlichen gemacht und unter Strafdrohung gesetzt wird, weil die Geltendmachung des Zivilanspruchs im sozialen Interesse erwünscht aber wegen der wirtschaftlichen Abhängigkeit des Dienstverpflichteten sehr häufig nicht zu erwarten ist. Die Voraussetzungen, die für gewerbliche Arbeiter und einzelne Gruppen von Angestellten zu diesem strafrechtlichen Schutze gegen Wegnahme des Arbeitslohnes mit Hilfe des Arbeitgebers geführt haben, treffen auf alle Arbeitnehmergruppen ziemlich gleichmäßig zu. Deswegen eignet sich der Paragraph wohl zur Erweiterung auf alle Angestellten.

e) Zurückbehaltung.

Das Zurückbehaltungsrecht des § 273 BGB. erfährt keine ausdrückliche Einschränkung durch irgend eine positive Bestimmung der Gewerbeordnung oder des sonstigen Rechtes über den Dienstvertrag von Privatangestellten. Es kann also der Arbeitgeber, der aus dem Arbeitsverhältnis einen fälligen Anspruch gegen den Angestellten hat, die Gehaltszahlung verweigern, bis die ihm gebührende Leistung bewirkt wird. Nur kann aus allgemeinen Gründen diese dem Arbeitgeber gebührende Leistung nicht die künftige Arbeit des Angestellten sein. Denn dann würde bei einem dauernden Arbeitsverhältnis die Gehaltszahlung ganz in das Belieben des Arbeitgebers gestellt sein. Und auf Grund von § 115 Absatz 1 kann sie nicht in einer Geldleistung bestehen. Denn wenn der Arbeitgeber seine Geldschuld (Gehaltszahlung) zurückhalten könnte, bis ihm Zug um Zug die Geldschuld des Angestellten gezahlt wäre, so würde tatsächlich das Zurückbehaltungsrecht auf ein Aufrechnungsrecht hinauskommen. Wenn § 115 aber die Aufrechnung bei Strafe verbietet, so kann auch nicht eine Umgehung dieser Vorschrift durch Zurückbehaltung zulässig sein. Denn der Zweck dieser Vorschrift ist, dem Angestellten sein Entgelt für bereits geleistete Arbeit zu sichern und der Arbeitgeber hat die Arbeit, deren Entgelt er zurückbehalten will, bereits erhalten. Er ist schon im Vorteil durch die Vorleistungspflicht des Angestellten. Dessen Lohnanspruch würde nicht nur die Leistung der dagegen versprochenen Arbeit, sondern auch noch andere Ansprüche des Arbeitgebers sichern. Diese doppelte Belastung der zum Leben nötigen Unterhaltsmittel ist sozial unberechtigt und kann vom Gesetz nicht beabsichtigt sein. Ich halte daher die Zurückbehaltung des Arbeitslohnes gegen Geldforderungen des Arbeitgebers für unstatthaft und empfehle eine Ausdehnung auch dieser Beschränkung wirtschaftlicher Benachteiligung des Angestellten.

f) Einbehaltung.

Das Recht auf Einbehaltung [5]) eines Teiles des Arbeitslohnes kann der Arbeitgeber nur durch Vertrag mit dem Angestellten erlangen, da das Gesetz (außer mit Rücksicht auf die Versicherungsbeiträge, bei denen es sich aber um eine Art der Einziehung vom Angestellten handelt) ein solches Recht nicht gewährt. Derartige Einbehaltungsverträge und ihre Verwirklichung sind gesetzlich beschränkt (oder praktisch fast ausgeschlossen) für die kaufmännischen Angestellten durch § 64 HGB., der vorschreibt, daß das Gehalt des Handlungsgehilfen spätestens am Schluß jedes Monats bezahlt werden muß und jede Vertragsabmachung, nach der die Gehaltszahlung später erfolgen soll, nichtig ist. Jeder kaufmännische Angestellte kann am Monatsschluß sein volles Gehalt ohne Abzug fordern. Die Nichtzahlung, die Einbehaltung eines Teiles zu irgendwelchen Zwecken ist eine Verletzung der Vertragspflicht, die nach § 71 HGB. einen wichtigen Grund für den Handlungsgehilfen zur fristlosen Kündigung des Anstellungsvertrages gibt (Ziffer 2: „Wenn der Prinzipal den Gehalt nicht gewährt"). Da aber das Barzahlungsgebot des § 115 GO. für Handlungsgehilfen nicht gilt, so kann die Zahlung des Gehalts auch in anderer Weise als durch Geldleistung erfolgen, durch Leistung an Zahlungsstatt oder nach BGB. 607 auch durch Umwandlung der Lohnschuld in ein Darlehen. Vereinbarungen über solche Leistungsarten sind gültig, soweit sie nicht eine Umgehung des § 64 HGB. darstellen oder gegen die guten Sitten verstoßen. Da die Grenze zwischen erlaubtem und nicht erlaubtem Leistungs-

[5]) Wegen der Terminologie vgl. Lotmar, Arbeitsvertrag I Seite 432.

geschäft und Vertrage nicht leicht zu ziehen und hier einer Umgehung des § 64 Tür und Tor geöffnet ist, so ergibt sich auch daraus, daß eine Ausdehnung der Geltung des § 115 GO. auf die Handlungsgehilfen für diese von großer, segensreicher Bedeutung ist. Die Erstreckung des § 64 HGB. auf alle anderen Angestellten ist schon vom vorigen Juristentage empfohlen worden.

Gegenüber allen anderen Angestellten sind Abmachungen über die Einbehaltung von Gehalt oder Gehaltsteilen zulässig. Aber für gewerbliche Angestellte nur als Stundung, als Aufschub der Zahlung. Sie darf nicht zu einer dauernden Einbehaltung, zu einer Nichtleistung des Gehaltes führen, weder zu einer Umwandlung in ein Darlehen, noch zu einer Aufrechnung gegen Schadensersatzforderung oder dgl. Alles das ist durch GO. §115 bei Strafe untersagt. Es ist auch sozial durchaus unzulässig, daß der verdiente Lohn eines Angestellten, der zu seinem Lebensunterhalte dienen soll (und in den weitaus meisten Fällen auch dafür unbedingt nötig ist), ihm vorenthalten wird zur Sicherung eines vielleicht zu erwartenden Nachteiles, den der Arbeitgeber durch den Angestellten erleiden könnte. § 115 nimmt dieser Einbehaltung wenigstens den schlimmsten Stachel, die rechtliche Möglichkeit zur Verwirklichung des damit erstrebten Zweckes. Der Arbeitgeber kann die Einbehaltung vereinbaren und durchführen, kann aber nicht sich aus der einbehaltenen Lohnsumme decken, sondern stets auf Herausgabe des Einbehaltenen als Teil des Gehalts verklagt werden, auch wenn er wegen Vertragsbruches oder aus anderen Gründen eine Gegenforderung gegen den Angestellten erhalten hat. Wenn trotzdem auch gegenüber gewerblichen Angestellten die Einbehaltung zu Kautionszwecken üblich ist, so ist der damit getriebene Mißbrauch wenigstens ungesetzlich. Auch aus diesem Grunde empfiehlt sich die Erweiterung des § 115 GO. auf alle Angestellten.

Die Einbehaltung selbst ist beschränkt durch § 119 a. GO. Für den Einzelfall, daß Lohnbeträge zur Sicherung des Ersatzes eines dem Arbeitgeber aus der widerrechtlichen Auflösung des Arbeitsverhältnisses erwachsenden Schadens oder einer für diesen Fall verabredeten Strafe ausbedungen sind. Dann dürfen die Einbehaltungen bei den einzelnen Lohnzahlungen ein Viertel des fälligen Lohnes, im Gesamtbetrage den Betrag eines durchschnittlichen Wochenlohnes nicht übersteigen. Diese Bestimmung, die nicht durch Strafgesetz geschützt ist, gilt nicht für Gehilfen und Lehrlinge in Handelsgeschäften und Apotheken (gemäß § 154), aber auch nicht für die in § 133a genannten Personen (Werkmeister, Techniker, Betriebsbeamte § 133e), demnach auch nicht für den Floßführer und

Binnenschiffer. Ihre Geltung beschränkt sich auf diejenigen Betriebsbeamten, Werkmeister und Techniker in gewerblichen Betrieben, die nicht dem § 133a unterstehen, auf diejenigen Angestellten der Binnenschiffahrt, die zur Schiffsmannschaft gehören (Binnenschiffahrtsgesetz § 21) und die Angestellten im Bergbau [6]). Große Bedeutung hat die Vorschrift nicht, denn da sie nur für einen ganz engbegrenzten Zweck gilt: zur Sicherung des Schadens aus Vertragsbruch oder der für diesen Fall ausbedungenen Strafe, so kann sie leicht vermieden werden (etwa durch die Vereinbarung, daß sie zur Sicherung gegen den Vertragsbruch selbst gilt). Eine wirkliche Sicherung aber ist so wie so durch § 115 ausgeschlossen, der auch diese beschränkte Einbehaltung nur als Stundung des Lohnes zuläßt. Also auch im Falle der rechtswidrigen Auflösung des Dienstverhältnisses durch den Angestellten kann dieser die einbehaltenen Gehaltsteile fordern und der Arbeitgeber kann nicht dagegen mit Ansprüchen aus Schadensersatz oder Vertragsstrafe aufrechnen. § 119a hat nur dieselbe Bedeutung wie § 115 Absatz 2, daß er eine der gebräuchlichsten Gelegenheiten zu rechtswidrigen Handlungen vorbeugend beschränken will. Aber dafür ist er auch wenig tauglich, weil ihm die Strafandrohung fehlt. Eine Erweiterung der Geltung auf alle Angestellten hätte also nur dann Zweck, wenn eine entsprechende Ausgestaltung der Vorschrift erfolgte.

g) Wohlfahrtseinrichtungen.

Aus der Strafandrohung für Zuwiderhandlungen gegen den § 115 GO. folgt, daß Verträge, welche ihm zuwiderlaufen, nichtig sind (BGB. 134: „Ein Rechtsgeschäft, das gegen ein gesetzliches Verbot verstößt, ist nichtig"). Trotzdem enthält § 117 GO. in Absatz 1 ausdrücklich diese Feststellung. Da eine besondere Strafandrohung für derartige gesetzwidrige Verträge nicht vorgesehen ist, hat eine Verallgemeinerung dieser Bestimmung auf alle Angestellten keine Bedeutung.

Aber der Paragraph, der für die in 133a genannten Betriebsbeamten, Werkmeister und Techniker, für Binnenschiffer und Floßführer sowie für Bergbeamte gilt, enthält in Absatz 2 auch die Vorschrift der Nichtigkeit für Verabredungen über die Verwendung des Verdienstes. Auch sie hat nur deklamatorische Bedeutung, denn im Begriff der Barzahlung des Lohnes (§ 115) liegt die freie Verfügung eingeschlossen, und

[6]) Denn nach § 154 aGO. findet 119a auf die Besitzer und Arbeiter (einschließlich der Beamten) von Bergwerken Anwendung, nicht aber § 133e, der die Geltung von 119a für die höheren Angestellten ausschließt.

mit der Gestattung von bindenden Verpflichtungen zu bestimmter Verwendung des Lohnes würde alles das erreicht werden können, was gerade durch § 115 ausgeschlossen werden soll: das Trucksystem, die nachträgliche Umwandlung des versprochenen Geldlohnes in irgend eine andere Leistung usw. Auch für diesen Satz braucht daher die Frage einer Verallgemeinerung nicht geprüft zu werden.

Dagegen wird von ihm eine Ausnahme gemacht, und sie bildet den positiven Inhalt des § 117. Es sollen Verabredungen gültig sein über die Verwendung des Verdienstes „zur Beteiligung an Einrichtungen zur Verbesserung der Lage der Arbeiter oder ihrer Familien". Damit rühren wir an das große, neuerdings viel umstrittene Kapitel der Wohlfahrtseinrichtungen, das natürlich hier nicht eingehend erörtert werden kann. So sehr eine Ausdehnung der Geltung des § 115 Absatz 1 auf alle Anstellungsverträge empfohlen werden muß, so bedenklich bin ich gegen eine gleiche Ausdehnung bei der Ausnahme des § 117. Denn wenn auch gewisse Einrichtungen, die den Namen Wohlfahrtseinrichtungen durchaus verdienen, sich nur dann gut entwickeln können, wenn alle Angestellten des Betriebes sich daran beteiligen; wenn man nicht unter allen Umständen dem Arbeitgeber zumuten kann, die Kosten einer guten Einrichtung ganz allein zu tragen; und wenn es auch für die Wertschätzung der Einrichtung oder für allgemeine erzieherische Zwecke eine Bedeutung haben kann, daß die begünstigten Arbeitnehmer selbst Beiträge für die Einrichtung oder ihre Erhaltung zahlen, so darf doch nicht verkannt werden, daß mit den meisten sogenannten Wohlfahrtseinrichtungen gegenwärtig erhebliche Mißstände verbunden sind, und daß die Arbeiter und Angestellten nicht ohne Grund gegen alle derartigen Einrichtungen Mißtrauen hegen oder ihre Abschaffung wünschen. Deswegen könnte eine Verallgemeinerung des § 117 zugleich mit § 115 auf alle Angestellten nur dann empfohlen werden, wenn entweder durch richtige Gesetzesauslegung[7]) oder durch Änderung des Gesetzestextes eine Beschränkung der Zulässigkeit von Abmachungen über Verwendung des Arbeitslohnes auf wirklich wohltätige Einrichtungen erfolgte. Als Wegweiser dafür mögen folgende Andeutungen dienen:

---

[7]) Vgl. den Streit über die Pensionskassen von Krupp und anderen westfälischen Werken, die widersprechenden Urteile der Gewerbegerichte und Landgerichte, die Gutachten von Lotmar, Ehrenberg, Loewenfeldt, Kohler und die Verhandlungen darüber im Reichstage (zuletzt in der 46., 146.—148., 152., 162. Sitzung der Session 1909—1911).

1. Keine Wohlfahrtseinrichtungen sind alle diejenigen Einrichtungen, bei denen das Interesse des Arbeitgebers ebenso groß oder größer ist als das des Angestellten. Keine Wohlfahrtseinrichtung ist beispielsweise ein Sparzwang, der dem Unternehmer Kautionen oder Betriebskapital liefern soll; oder ein Bauverein, wenn die Errichtung von Häusern in der Nähe der Fabrik eine Notwendigkeit für den Betrieb ist; oder eine Kantine, ein Konsumverein oder dgl., an deren Lieferungen der Unternehmer verdient, usw.

2. Keine Wohlfahrtseinrichtungen sind alle diejenigen Einrichtungen, zu denen der Arbeitgeber nicht selbst Aufwendungen macht. Denn wenn auch selbstverständlich die Beteiligung nur der Arbeitnehmer Einrichtungen zur Verbesserung ihrer Lage schaffen kann, so fehlt doch dem Unternehmer jede Berechtigung, zu solchen Zwecken das Barzahlungsgebot des §115 zu durchbrechen. Denn von seiner Seite sind solche Einrichtungen nur vorteilhaft im engsten privatwirtschaftlichen Sinne. Der vertragsmäßige Zwang zur Verwendung von Gehaltsteilen soll aber nur zulässig sein für Einrichtungen, die auch sozial vorteilhaft sind. Nicht also für eine Sparkasse, die nur den üblichen Zinsfuß vergütet; nicht für Kranken-, Sterbe-, Pensionskassen usw., für die der Arbeitgeber keine Beiträge leistet; nicht für den Bau von Häusern, die sich aus den Mieterträgen voll verzinsen sollen usw.

3. Soweit die Wohlfahrtseinrichtungen in der Ansammlung von Kapitalien bestehen, müssen sie vom Schicksal des Betriebes losgelöst und sicher gestellt sein. Eine Sparkasse, deren Fonds im Unternehmen arbeitet, ist auch bei höherer Verzinsung der Einlagen keine Wohlfahrtseinrichtung, denn sie gewährt dem Unternehmer Vorteile (Punkt 1) und die Verzinsung nicht auf Kosten des Unternehmers, sondern aus dem mit den Einlagen verdienten Unternehmergewinn (Punkt 2); sie unterliegt einem Risiko, das dem Wesen der Spareinrichtung widerstrebt und ihre Eigenschaft als Einrichtung zur Verbesserung der Lage der Angestellten sehr zweifelhaft macht. Ähnliches gilt von Pensionsfonds u. dgl. Sie alle müßten, um der Geltung des § 117 GO. teilhaftig zu werden, durch Begründung besonderer juristischer Personen, durch mündelsichere Anlage der Fonds, durch Hinterlegung in sicheren Werten oder in anderer Weise vor Verlust geschützt werden.

4. Wenn durch den Arbeitsvertrag der Angestellte gezwungen wird, Beiträge zu Wohlfahrtseinrichtungen zu leisten, so müssen die Wohlfahrtseinrichtungen mindestens denjenigen Bedingungen entsprechen, die geschäftlichen Unternehmungen gleicher Art durch Gesetz oder Ver-

kehrssitte vorgeschrieben sind. Das trifft namentlich die Pensionskassen. Es ist doch unerhört, daß Werkskassen mit Beitrittszwang Versicherungsbedingungen haben dürfen, die allen Erwerbsgesellschaften und Versicherungsvereinen auf Gegenseitigkeit durch Reichsgesetz verboten sind[*]). Durch Reichsgesetz sind dem Versicherten für den Fall eines Aufhörens der Prämienzahlung weitgehende Rechte zwingend gesichert; Werkspensionskassen dürfen diese Rechte dem Versicherten vorenthalten, auch für den Fall, daß den Angestellten ohne wichtigen Grund das Dienstverhältnis gekündigt wird. Und die sämtlichen Landgerichte im rheinisch-westfälischen Industriebezirk erklären das weder für einen Verstoß gegen die guten Sitten, noch für einen Verstoß gegen §§ 115 und 117 der Gewerbeordnung. Solange nicht die Anschauung durchdringt, daß für Wohlfahrtseinrichtungen mindestens das durch gute Sitte geboten ist, was Erwerbseinrichtungen gleicher Art durch Gesetz vorgeschrieben ist, solange müssen die Angestellten alle gegen diese Sitte verstoßenden „Wohlfahrtseinrichtungen" bekämpfen.

5. Schließlich sollte auch zur Bedingung einer Wohlfahrtseinrichtung gemacht werden, daß die Arbeitnehmer selbst an ihrer Verwaltung bebeteiligt sind. Wenn gestattet wird, daß von ihrem verdienten Arbeitseinkommen Abzüge gemacht werden zur Hebung ihrer Lage, so müssen sie selbst Kontrolle und Mitbestimmungsrecht darüber haben, wie diese ihnen vorenthaltenen Lohnteile verwendet werden.

h) Verwirkung.

Eine Verwirkung rückständigen Arbeitslohnes ist gesetzlich nur durch SeemO. § 82 und § 105 vorgesehen, sonst vertragsmäßiger Vereinbarung freigegeben und unterliegt allgemeinen gesetzlichen Beschränkungen nur durch BGB. § 138, wonach eine Ausbeutung der Notlage des Angestellten durch die Aufnötigung von Verwirkungsklauseln, die seinen Gehaltsanspruch illusorisch machen können, als Verstoß gegen die guten Sitten nichtig ist; und durch § 343 BGB., wonach die Verwirkung als eine Art von Vertragsstrafe richterlicher Ermäßigung unterliegt.

Das Hauptmittel zur Schaffung der Voraussetzungen für die Durchführung einer Lohnverwirkung liegt in der Lohneinbehaltung. Sie ist neben § 64 HGB. durch § 119a GO. beschränkt auf ein Viertel des fälligen Lohnes und den Gesamtbetrag eines durchschnittlichen Wochenlohnes.

---

[*]) Vgl. meinen Aufsatz in Sozialer Praxis 1910, Heft 32, Spalte 850.

Hier zeigt sich eine größere Bedeutung dieses Paragraphen als bei der Einbehaltung zum Zwecke der Aufrechnung usw. Und da er gegenwärtig nur für gewerbliche Betriebsbeamte ohne feste Bezüge, für Binnenschiffsmannschaft und Bergbeamte gilt *), die Gefahren aus der Lohnverwirkung aber allen Angestellten gemeinsam sind, so verschärft sich die Empfehlung einer Verallgemeinerung auch dieser Bestimmung und ihrer Erweiterung durch strafrechtlichen Schutz.

Eine positive Beschränkung der Vereinbarungen von Lohnverwirkungen ist nur durch GO. § 134 Absatz 2 gegeben, der nur für Betriebsbeamte, Werkmeister oder Techniker ohne feste Bezüge in Fabriken mit mindestens 20 Arbeitern gilt. Er beschränkt die Höchstsumme der vertragsmäßig zu bedingenden Lohnverwirkung auf den Betrag des durchschnittlichen Wochenlohnes, aber nur für den Fall der rechtswidrigen Auflösung des Arbeitsverhältnisses durch den Arbeiter, während er für alle anderen Fälle die Vertragsfreiheit bestehen läßt. Die Vorschrift, die nicht durch Strafdrohung geschützt ist, hat also wenig Bedeutung, für Angestellte noch weniger als für Arbeiter, und sie eignet sich nicht besonders für Verallgemeinerung. Viel wichtiger wäre eine Bestimmung, welche die Gehaltsverwirkung beschränkte oder die Ausbildung von Verkehrssitten, die manche der jetzt bestehenden rigorosen Verwirkungsklauseln (namentlich in Arbeitsordnungen) unmöglich machten.

i) Zusammenfassung.

Ein Rückblick auf die Gesetzesvorschriften, welche den Bareingang des vereinbarten Lohnes sicherstellen wollen, zeigt, daß der erste Absatz des § 115 GO. eine vielseitige und erhebliche Bedeutung hat. Eine Prüfung nach den verschiedensten Richtungen hat die Möglichkeit und Zweckmäßigkeit seiner Übertragung auf den Dienstvertrag aller Angestellten ergeben, berechtigte Bedenken sind nicht aufgestoßen. Von den damit zusammenhängenden Bestimmungen sind die meisten notwendige Folgerungen des Grundsatzes und würden rechtens sein, auch wenn sie nicht ausdrücklich beständen. Ihre besondere Einführung für alle Angestelltenverträge hat also nur dann Bedeutung, wenn besondere strafrechtliche Verbote damit verbunden werden (wie jetzt schon bei GO. 115 Absatz 2). Andere Vorschriften (wie § 117 Absatz 2) können zur Verallgemeinerung nur

*) Die vielfach vertretene Ansicht, wegen Nichtgeltung des § 119 a für die in 133 a genannten Personen sei ihnen gegenüber jede Einbehaltung verboten, ist unrichtig.

dann empfohlen werden, wenn sie eine den Bedürfnissen der Angestellten entsprechende Änderung (meist eine Verschärfung) erfahren. Schließlich enthält der Abschnitt der Gewerbeordnung auch noch einige Paragraphen, die für einzelne Angestelltengruppen schon gelten, aber sehr geringe Bedeutung haben, so daß eine Verallgemeinerung nicht empfohlen zu werden braucht. Dahin gehört außer den behandelten Vorschriften auch die des § 115a Absatz 1, wonach Lohn- und Abschlagszahlungen in Gast- und Schankwirtschaften oder Verkaufsstellen nicht ohne Genehmigung der unteren Verwaltungsbehörde erfolgen dürfen.

Von einer Behandlung derjenigen Vorschriften, welche die Gehaltszahlung an die Eltern jugendlicher Angestellter u. dgl. zum Gegenstand haben (§ 119a GO. Absatz 2) kann abgesehen werden, weil es sich hier weniger um einen sozialen Schutz des Angestellten im Arbeitsverhältnis als um eine Maßregel der Erziehung und eine Familienangelegenheit handelt. Ebenso konnte von einer Erörterung des § 124b GO. (der nach § 133e auch für Betriebsbeamte usw., nach § 134 aber nicht für Fabriken mit 20 Arbeitern gilt), abgesehen werden, denn die Vorschrift, daß Arbeitgeber und Arbeitnehmer bei rechtswidriger Lösung des Arbeitsverhältnisses für jeden Tag der gesetzlichen oder vertragsmäßigen Arbeitszeit, höchstens aber bis zu einer Woche, den ortsüblichen Tagelohn als Buße fordern können, ist viel weniger im Interesse der Angestellten als in dem der Arbeiter geschaffen, trifft auch nur auf ganz wenige Angestellte zu und würde für ein künftiges Angestelltenrecht um so weniger Bedeutung haben, wenn dem Vorschlage des Deutschen Juristentages gemäß die Kündigungsfristen des Handelsgesetzbuches allgemeine Anwendung fänden.

Gegenüber den Bedenken, welche eine Erweiterung des Inhalts und eine Ausdehnung der Geltung von § 115 GO. und ähnlichen Vorschriften gegen Aufrechnung, Verwirkung, Leistung an Zahlungs Statt usw. erwecken könnten, ist darauf hinzuweisen, daß sie nur eine Konsequenz aus der wirtschaftlichen Lage des Angestellten sind. Dieser ist zur Eingehung des Arbeitsvertrages genötigt durch seine Mittellosigkeit. Diese macht ihn wirtschaftlich schwach, setzt ihn in Nachteil gegenüber dem Arbeitgeber und nötigt das Recht, ihn vor der Eingehung von Vertragsbedingungen zu schützen, die im allgemeinen Interesse nicht geduldet werden können. Diese wirtschaftliche Schwäche, die dem Arbeitgeber nützt, so lange der Angestellte in seinen Diensten arbeitet, wird ihm schädlich, sobald dieser seinen Vertragspflichten nicht nachkommt. Diesen Nachteil will der Arbeitgeber von sich abwälzen dadurch, daß er den Lohnanspruch über die Vorleistungspflicht hinaus noch zur Sicherung auch der künftigen Vertragserfüllung oder der Folgen eines außerhalb der Arbeitspflicht stehenden Verhaltens benutzt. Er will also aus der Mittellosigkeit des Arbeitnehmers doppelten Vorteil ziehen und diesen zwiefach in Nachteil setzen. Das kann das soziale Recht nicht wollen. Die Mittellosigkeit, die den Angestellten im Arbeitsvertrage in Nachteil setzt, soll ihm unter Umständen auch eine Art Schutz sein. Der Staat hat ein Interesse daran, den geringen Anteil der Angestellten an den Kulturgütern, die vom Bezuge des Lohnes abhängen, ihnen unverkürzt zu sichern. Deswegen sind wesentliche Erweiterungen des in § 115 GO. ausgesprochenen Grundsatzes und ihre Ausdehnung auf alle Arbeitsverhältnisse durchaus richtig.

3. Gehaltszulagen.

Der frühere dispositive § 41 der Seemannsordnung ist durch das Gesetz von 1902 zum zwingenden § 52 gemacht. Danach tritt in allen Fällen, in welchen ein Schiff mehr als zwei Jahre auswärts verweilt, für den seit zwei Jahren im Dienste befindlichen Schiffsmann eine Erhöhung der Heuer ein, wenn diese nach Zeit bedungen ist. Die Vorschrift gilt (nach § 3 Absatz 2) für sämtliche nautischen und technischen Angestellten (Schiffsoffiziere) mit Ausnahme des Kapitäns (Schiffer). Die Steigerung beträgt bei Beginn des dritten und des vierten Jahres je $^1/_5$ des ursprünglichen Gehaltes (der Heuer, während die Ansprüche auf Kost und Wohnung unverändert bleiben). Dieser Rechtssatz entspringt den besonderen Verhältnissen der Seeschiffahrt, die den Angestellten jahrelang von seiner Heimat fernhalten, seine Kündigung beschränken und einen Wechsel der Dienststelle, oder eine neue Vereinbarung über das Arbeitseinkommen erschweren. Eine Übertragung auf andere Angestelltengruppen würde sicher auf erheblichen Widerstand stoßen und auch ohne weiteres gewiß nicht zulässig sein. Die Tatsache aber, daß der gleiche Grundsatz für alle öffentlichen Beamten durchgeführt ist, beweist, daß ein richtiger Kern darin steckt. Nur hat er da keine oder sehr geringe praktische Bedeutung, wo freies Kündigungsrecht besteht, oder kurzfristige Dienstverträge üblich sind. Für den Handlungsgehilfen oder Werkmeister, der nicht durch die Andeutung eines beabsichtigten Stellenwechsels eine Erhöhung seines Einkommens durchzusetzen vermag, würde auch die Geltendmachung eines gesetzlichen Anspruchs auf Zulage wohl nur die Kündigung im Gefolge haben. Wo das Dienstverhältnis von beiden Teilen ohne Angabe eines Grundes mit kurzer Frist gelöst werden kann, verfehlt eine gesetzliche Ordnung des Arbeitsentgeltes ihren Zweck. Erst wenn die im öffentlichen Dienste größtenteils durchgeführte und im allgemeinen preußischen Berggesetze § 80 f. (danach auch im sächsischen Bergrechte) schüchtern in den Privatdienst eingeführte Beseitigung willkürlicher Kündigung allgemeine Regel geworden ist, kann an sinngemäße Übertragung des § 52 SeemO. ins allgemeine Angestelltenrecht gedacht werden.

II. Arbeitszeit und Ruhezeit.

Obgleich es unter allen den komplizierten Vorschriften der Gewerbeordnung, der auf ihrer Grundlage erlassenen Verfügungen von Bundesrat, Landeszentralbehörden oder örtlichen Verwaltungsorganen, der übrigen auf den Arbeitsvertrag bezüglichen Gesetze und Verordnungen kaum eine geben dürfte, die nicht für irgend eine, wenn auch noch so kleine Gruppe von Privatangestellten mit Geltung hat, so kann es natürlich nicht Aufgabe dieses Gutachtens sein, alle diese Bestimmungen eingehend zu prüfen und die Möglichkeit ihrer Übertragung auf andere Gruppen oder auf die Gesamtheit zu erörtern; sondern es kann sich nur darum handeln, kurz zusammenzufassen, in welcher Beziehung Schutzvorschriften über die zeitliche Ausnutzung der Arbeitskraft von Privatbeamten in Geltung sind und zu prüfen, ob grundsätzlich eine Anwendung solcher Schutzvorschriften auf die Gesamtheit der Angestellten möglich, zweckmäßig oder notwendig ist. Dabei werden die Einzelheiten der Vorschriften und die Frage ihrer Verbesserungsbedürftigkeit im wesentlichen unerörtert bleiben.

1. Arbeitszeit.

Eine für alle Arbeitnehmer gültige bindende Beschränkung der täglichen Arbeitszeit besteht in deutschen Gesetzen nicht. Das einzige Gesetz, das überhaupt eine derartige Vorschrift enthält, ist

a) § 35 der Seemannsordnung, der besagt, daß während des Aufenthalts des Schiffes in einem Hafen der Seemann nur in dringenden Fällen schuldig ist, länger als 10 Stunden (in den Tropen eventuell nur 8 Stunden) täglich zu arbeiten. Die Vorschrift galt bis 1903 auch für alle Schiffsangestellten (Offiziere) mit Ausnahme des Kapitäns (§ 31 der Seemannsordnung von 1872). Durch das neue Gesetz von 1902 ist ihre Geltung für Schiffsoffiziere ausdrücklich aufgehoben (und durch die Vorschrift einer achtstündigen Ruhezeit ersetzt). Das ist um so bedauerlicher, als die neue Seemannsordnung zugleich die bindende

Vorschrift brachte, daß Arbeit, welche über die Dauer von 10 oder 8 Stunden geleistet wird, von bestimmten Fällen abgesehen, als Überstundenarbeit zu vergüten ist. Auch diese Vorschrift soll nicht für Offiziere gelten, sofern nicht das Gegenteil vereinbart ist (§ 41). Es ist eine alte Klage der Angestellten in den verschiedensten Berufen, daß ihre Arbeitskraft sehr häufig, ohne dringende Gründe, manchmal fast regelmäßig über die vereinbarte Zeit hinaus in Anspruch genommen wird, während umgekehrt die Unternehmer häufig jede geringe Versäumnis von Arbeitszeit mit Gehaltsabzügen beantworten. Die Vergütung von Überstunden, die ein bestimmtes Maß überschreitet, wird allgemein gewünscht. Eine Wiederherstellung des früheren Geltungsbereiches von SeemO. 35 und eine sinngemäße Übertragung des Grundsatzes (natürlich mit Berücksichtigung der verschiedenen Bedürfnisse in den einzelnen Berufen, namentlich bei Saisonbetrieben u. dgl.) wäre wohl zu empfehlen.

b) Nach § 120e der Gewerbeordnung kann der Bundesrat für solche Gewerbe, in welchen durch übermäßige Dauer der täglichen Arbeitszeit die Gesundheit der Arbeiter gefährdet wird, Dauer, Beginn und Ende der zulässigen Arbeitszeit vorschreiben. Solche Vorschriften sind bisher erlassen: 1. für Bäckereien und Konditoreien (1896); 2. für Getreidemühlen (1899—1903); 3. für Gast- und Schankwirtschaften (1902); 4. für Bleihütten (1905); 5. für Akkumulatorenfabriken (1908); 6. für Steinbrüche und Steinhauereien (1909); 7. für Thomasschlackenanlagen (1909); 8. für Bleifarbenfabriken (1903); 9. für Anlagen der Großeisenindustrie (1908) [10]. Die Beschränkungen gelten auch für die Betriebsbeamten, Werkmeister und Techniker der betroffenen Betriebe, dagegen nicht für das kaufmännische Personal (Gehilfen und Lehrlinge in Handelsgeschäften).

c) Für den Bergbau, für den GO. 120e nicht gilt, enthalten die Landesgesetze ähnliche Ermächtigungen der Bergbehörden. (Für Steinkohlenbergwerke schreibt das preußische Berggesetz unmittelbar einen Höchstarbeitstag von 6 Stunden für Arbeit an heißen Orten vor.)

Eine Verallgemeinerung der unter b und c genannten Befugnisse ist selbstverständlich notwendig, wenn die Voraussetzungen für ihre Verwirklichung vorliegen. Diese Frage möchte ich bejahen. Es gibt auch außerhalb des der Gewerbeordnung unterstehenden Lebens Arbeitsverhältnisse, in denen eine die Gesundheit stark gefährdende Tätigkeit

---

[10]) Vgl. Elster, Lexikon des Arbeitsrechts, Jena 1911, Seite 38.

von Privatbeamten geleistet wird, und in denen das Eingreifen des Bundesrats mit dem sogenannten sanitären Maximalarbeitstage segensreich wäre. Ich erinnere nur an den Krankenpflegeberuf. Er untersteht, soweit er nicht in Sanatorien oder ähnlichen Anstalten zu Erwerbszwecken geübt wird, nicht der Gewerbeordnung; für das Arbeitsverhältnis der Krankenpfleger und Schwestern in Kommunalanstalten, gemeinnützigen Vereinen und religiösen Orden ist nur das BGB. maßgebend. Und die Arbeitsbedingungen sind teilweise derart ungünstig, die Arbeitszeiten derart lang, die Ausnützung der Arbeitskräfte derart schamlos, daß nach einer Statistik der Berufsorganisation der Krankenpflegerinnen Deutschlands, die sich auf 1050 Schwestern bezog, 95 % nach 10 Dienstjahren und mit dem 40. Lebensjahre überanstrengt, wenn nicht direkt krank waren [11]). Die Frage eines allgemeinen gesetzlichen Höchstarbeitstages steht hier nicht zur Erörterung; die Ermächtigung einer Reichsbehörde aber, in Fällen der Gesundheitsschädigung durch übermäßige Arbeitszeit eine Beschränkung bindend festsetzen und mit Strafandrohungen sichern zu können, verdient sicher allgemeine Geltung.

d) Für Frauen über 16 Jahre beschränkt § 137 GO. die tägliche Arbeitszeit auf höchstens 10 Stunden, an Sonnabenden und Vorabenden der Feiertage auf 8 Stunden. Dieses Verbot beschränkt sich auf gewerbliche Betriebe (mit Ausnahme von Handelsgeschäften, Apotheken, Heilanstalten, Theater-, Musikaufführungen und Lustbarkeiten, Gärtnereien, Verkehrsgewerbe, Gast- und Schankwirtschaften), teilweise unter der Voraussetzung, daß mindestens 10 Arbeiter dort beschäftigt werden. Eine Reihe von weitgehenden Ausnahmen durch Gesetz oder Bundesratsverfügung sind vorgesehen [12]). Da die Vorschriften weder für die kaufmännischen Angestellten gilt, noch für die in GO. 133a genannten Betriebsbeamten, Werkmeister und Techniker, so ist die Zahl der davon betroffenen weibl'chen Angestellten außerordentlich gering. Wie verkehrt die Ausnahme ist, soll im folgenden Abschnitt an einem Beispiel gezeigt werden.

e) Für jugendliche Arbeiter (zwischen 14 und 16 Jahren) in den unter d genannten Betrieben ist die Höchstdauer der täglichen Arbeitszeit auch auf 10 Stunden festgesetzt (GO. 135). Auch hier eine Fülle vor Ausnahmen [12]). Auch hier gegenwärtig keine Bedeutung für Angestellte, da kaufmännische Lehrlinge ausgenommen sind.

---

[11]) Vgl. Reichel, Der Dienstvertrag der Krankenpflegerinnen, Jena 1910, Anhang.

[12]) Vgl. Elster, Lexikon des Arbeitsrechts, Seite 56 und 106.

2. Ruhezeit.

Auch hier beschränkt sich die gesetzliche Vorschrift einer täglichen Mindestruhezeit auf einzelne Betriebsarten und einzelne Arbeitnehmergruppen.

a) Für offene Verkaufsstellen (einschließlich Handwerkerläden, ausschließlich Apotheken, Gast- und Schankwirtschaften) schreibt GO. 139 c vor, daß in den Läden wie in den dazu gehörigen Schreibstuben (Kontoren) und Lagerräumen den Gehilfen (Handlungsgehilfen), Lehrlingen und Arbeitern täglich eine ununterbrochene Ruhezeit von mindestens 10 Stunden, in Gemeinden mit mehr als 20 000 Einwohnern von mindestens 11 Stunden gewährt werden muß. Die in § 139 d genannten Ausnahmen können übergangen werden. Von 9 Uhr abends bis 5 Uhr morgens müssen die offenen Verkaufsstellen für den Verkehr geschlossen sein. Durch Beschluß von $^2/_3$ der beteiligten Ladeninhaber kann für einzelne Orte und Geschäftszweige der Abendschluß auf 8 Uhr verlegt werden (GO. 139 e—f). Die letzte Bestimmung, die sich unmittelbar auf den Geschäftsbetrieb (also auch den Arbeitgeber) bezieht und nur mittelbar eine Arbeitsruhe des Angestellten bewirkt, entspringt aus der besonderen Natur des Kleinhandels und seinem direkten Verkehr mit dem Publikum. Eine Übertragung auf alle Angestellten kann wohl nicht in Frage kommen. Wohl aber eine Übertragung auf diejenigen Beschäftigungen, die nicht unmittelbar mit einer Tag und Nacht ununterbrochen fortgehenden Fabrikation zu tun haben, namentlich also für Bureaus aller Art. Eine Regelung der Arbeitszeit in kaufmännischen Kontoren wird bekanntlich seit vielen Jahren von den Handlungsgehilfen ebenso erstrebt wie der allgemeine gesetzliche Achtuhrladenschluß. Beides ist von der Praxis, vom Beirat für Arbeiterstatistik und vom Reichstage wiederholt als möglich und richtig erklärt worden. Dafür geben die §§ 139 c—f ein Vorbild. Insbesondere ist die Bestimmung, daß jedem Angestellten eine tägliche Mindestruhe von 10—11 Stunden zu gewähren ist, so, daß ihre Übertragung auf alle Angestellten unbedingt empfohlen werden muß.

b) Noch mehr gilt das von Bestimmungen wie sie die Seemannsordnung in § 35 enthält. Diese schreibt für Schiffsoffiziere eine Ruhezeit von mindestens 8 Stunden innerhalb jeder 24 Stunden vor (an Stelle des früheren Höchstarbeitstages von 10 Stunden), beschränkt diese Ruhezeit aber auf die Tage, an denen das Schiff im Hafen oder auf der Reede liegt und schließt die Vergütung von Überstundenarbeit ausdrücklich aus, ohne die Ruhezeit strafrechtlich zu schützen.

c) Eine ähnliche Vorschrift enthält das preußische Berggesetz in § 93d, nämlich daß vor dem Beginn einer Arbeitsschicht für jeden einzelnen Arbeiter eine Ruhezeit von 8 Stunden liegen muß. Diese Bestimmung gehört zwar dem Landesrechte an, verdient aber doch Erwähnung, weil sie das bescheidenste ist, was man von einem Reichsgesetze verlangen kann. Trotzdem wird sie für die Bergbeamten nicht innegehalten. Namentlich die Steiger des Ruhrbergbaues klagen mit Recht über den Mißbrauch der Strafschichten[13]). Wenn während einer Schicht von der Belegschaft nicht das erwartete Quantum Kohle (das „Soll") gefördert ist, so wird der Steiger von dem Vorgesetzten sofort „wieder in die Grube gejagt", d. h. er muß ohne Ruhepause eine zweite Schicht durcharbeiten — oder wenigstens in der Grube bleiben, denn sehr oft ist die Abspannung so groß, daß der Steiger einfach unten einschläft.

Auch im Gewerbe bestehen, namentlich für die Werkmeister und Betriebsbeamten vielfach übermäßig lange, gesundheitsschädliche Arbeitszeiten. Die Gewerbeaufsichtsbeamten vermeiden es leider auf das peinlichste, in ihren Jahresberichten neben den Verhältnissen der Arbeiter auch die der Angestellten in den untersuchten Betrieben zu schildern. Aber die einzigen Notizen über Werkmeister, die in den letzten Jahrgängen der Berichte enthalten sind, beziehen sich darauf, daß Meister mehrere Tage und Nächte ununterbrochen durcharbeiten mußten[14]).

d) Für Frauen schreibt die Gewerbeordnung eine ununterbrochene Ruhezeit von mindestens 11 Stunden täglich vor und verbietet die Nachtarbeit zwischen 8 Uhr abends und 6 Uhr morgens. Diese Vorschrift gilt mit denselben Beschränkungen wie die unter 1d genannte und hat gegenwärtig fast keine Bedeutung für Privatangestellte. Bemerkenswert ist zur Beleuchtung der Rechtslage und ihrer sozialen Zweckmäßigkeit ein Fall, der vor einigen Jahren durch die Presse ging. Der Besitzer einer Zuckerfabrik wurde vom Gewerbeinspektor angezeigt und in erster Instanz bestraft, weil er im Widerspruch zu § 137 während der Nacht eine Arbeiterin im Betriebe beschäftigt habe. In der Berufungsinstanz aber wurde er freigesprochen, weil das Gericht seiner Behauptung

---

[13]) Näheres in den Schriften und der Zeitschrift des Deutschen Steigerverbandes, Essen, „Der technische Grubenbeamte".

[14]) Vgl. Potthoff, Handelsinspektion und Technikerinspektion, Quedlinburg 1906 (Verlag des Privatbeamten), Seite 26.

glaubte, daß die fragliche Angestellte nicht Arbeiterin, sondern „mit höheren technischen Dienstleistungen betraut" gewesen sei (§ 133 a). Daß aus diesem Grunde die Nachtarbeit weniger schädlich für ihre Gesundheit sei, wird kein Gericht behaupten wollen. Die Ausschließung der Angestellten von den Arbeiterschutzgesetzen wird dadurch als sozial widersinnig bewiesen. Es ist ja richtig, daß manche Kreise von Angestellten sich gegen eine Einbeziehung in derartige Schutzgesetze sträuben (neuerdings besonders lebhaft der Verband der Diplom-Ingenieure); aber das beruht doch auf einer Verkennung der Sozialpolitik (oder einem falschen Bildungsdünkel); und da die Sorge für die Erhaltung der Gesundheit der Angestellten ein Interesse der Allgemeinheit ist, so empfiehlt es sich dringend, die als richtig erkannten, für Arbeiterinnen und einzelne kleine Gruppen von Angestellten bereits eingeführten Beschränkungen der Nachtarbeit auf alle weiblichen Angestellten auszudehnen. Wie weit darin zu gehen ist und ob Abweichungen für die verschiedenen Gruppen zuzulassen sind, braucht hier nicht erörtert zu werden.

e) Auch für jugendliche Arbeiter ist die Arbeit zwischen 8 und 6 Uhr nachts verboten und eine mindestens 11 stündige Ruhezeit täglich vorgeschrieben. Auch hier mit den angegebenen Beschränkungen, welche dieser Vorschrift gegenwärtig jede Bedeutung für Angestellte nehmen. Eine Erstreckung derartiger Schutzvorschriften auf alle Angestellten aber wäre dringend zu empfehlen, einerseits mit Rücksicht auf Handlungslehrlinge, die vielfach nach 8 Uhr abends in Kontor und Laden beschäftigt werden, andererseits und vor allem mit Rücksicht auf die Musiker. Hier besteht ein vom deutschen Musikerverband lange und lebhaft, aber noch nicht mit dem genügenden Erfolge bekämpfter Mißbrauch (Lehrlingszüchterei in sogenannten Stadtpfeifereien), der dazu führt, daß junge Leute von 14 Jahren an die Nächte durch auf Tanzböden oder bei anderen Gelegenheiten beschäftigt werden.

3. Sonntagsruhe.

Ein allgemeines Verbot der Beschäftigung von Angestellten am Sonntag oder ein allgemeines Recht der Angestellten auf einen freien Sonntag oder einen anderen Ruhetag in der Woche besteht nicht. Nur für gewerbliche Betriebe spricht die Gewerbeordnung in §§ 105 a und 105 b den Grundsatz aus, daß Arbeiter und Angestellte zum Arbeiten an Sonn- und Festtagen nicht verpflichtet werden können, und daß die Beschäftigung an Sonn- und Festtagen strafbar ist. Das Gesetz macht aber in den folgenden Paragraphen so viele und weitgehende Ausnahmen, daß tatsächlich jeder Angestellte an jedem Sonntage und mit wenig Ausnahmen auch an jedem Festtage beschäftigt werden kann.

a) Grundsätzlich verboten ist die Beschäftigung von Arbeitern und Angestellten (mit Ausnahme der Handlungsgehilfen) im Betriebe von Bergwerken, Salinen, Aufbereitungsanstalten, Brüchen und Gruben, von Hüttenwerken, Fabriken und Werkstätten, von Zimmerplätzen und anderen Bauhöfen, von Werften und Ziegeleien, sowie bei Bauten aller Art (GO. 105 b). Der Bundesrat kann das Verbot weiter ausdehnen (GO. 105 g). Auch landesgesetzliche Beschränkungen sind zulässig (GO. 105 h). Die ununterbrochene Ruhezeit muß für den einzelnen Sonn- und Festtag mindestens 24 Stunden, für zwei aufeinanderfolgende Tage 36 Stunden und für das Weihnachts-, Oster- und Pfingstfest 48 Stunden betragen.

b) Im Handelsgewerbe (d. h. auch in den Kontoren der Fabriken usw.) dürfen Gehilfen, Lehrlinge und Arbeiter nur am ersten Weihnachts-, Oster- und Pfingsttage überhaupt nicht, an anderen Fest- und Sonntagen nicht länger als 5 Stunden beschäftigt werden (GO. 105 b). Auch hier kann durch Landesgesetze oder Ortsstatut eine weitere Beschränkung erfolgen (GO. 105 h und 105 b). Einzelne Großstädte (zuerst Frankfurt a. M.) haben die volle Sonntagsruhe für offene Verkaufsgeschäfte und Kontore durchgeführt.

c) Von diesen Regeln macht nun das Gesetz eine Reihe von weitgehenden Ausnahmen:

α) Allgemein 1. für Arbeiten in Notfällen oder im öffentlichen Interesse; 2. für einen Inventur-Sonntag; 3. für Bewachung, Reinigung und Instandhaltung der Betriebsanlagen; 4. für Arbeiten zur Verhütung des Verderbens von Rohstoffen usw.; 5. für die Beaufsichtigung des Betriebes, soweit nach Ziffer 1—4 gearbeitet wird.

β) Außerdem können durch Bundesratsbeschluß oder durch Polizeiverfügung für bestimmte Betriebsarten oder für bestimmte Zeiten dauernd oder vorübergehend weitere Ausnahmen gestattet werden, die hier nicht im einzelnen verfolgt zu werden brauchen.

d) Auch die Seemannsordnung enthält eine Einschränkung der Sonntagsarbeit. Solange das Schiff im Hafen oder auf der Reede liegt, sollen Arbeiten einschließlich des Wachdienstes nur gefordert werden, soweit sie unumgänglich oder unaufschiebbar oder durch den Personenverkehr bedingt sind. Die Arbeit des Löschens und Ladens ist (mit einigen

Ausnahmen) verboten (§ 37). Die Vorschrift einer Vergütung der Sonntagsarbeit als Überstundenarbeit gilt für Offiziere nur, wenn sie vereinbart ist (§ 41). Auch auf See soll den Angestellten Sonntags nur die dringendste Arbeit auferlegt werden (§ 38). Die Innehaltung ist nur teilweise durch Strafandrohungen gegen den Kapitän geschützt (§ 114, Ziffer 6).

In Wirklichkeit steht für die Mehrheit der Angestellten die Sonntagsruhe auf dem Papiere. Nur einzelne Gruppen haben regelmäßig einen freien Sonntag. Fast alle Handlungsgehilfen und fast alle Betriebsbeamten sind genötigt, wenigstens auf kurze Zeit ins Geschäft zu kommen, und es gibt viele alte Werkmeister, die in 20 oder 30 jähriger Dienstzeit noch keinen ganz freien Sonntag erlebt haben. Es ist daher nicht nur eine Erstreckung der vielfach durchbrochenen Regel der Gewerbeordnung auf die von ihr noch nicht betroffenen Anstellungsverhältnisse zu empfehlen, sondern zugleich auch eine Verminderung der Durchbrechungen. Dabei ist anzuerkennen, daß eine ausnahmslose Durchführung der Sonntagsruhe nicht möglich ist. Das gilt nicht nur von denjenigen Betrieben, die gerade am Sonntag ihre Hauptarbeit haben (Verkehrsgewerbe, Gastwirtschaften, Musik- und Theateraufführungen) und von solchen, die auch am Sonntag aufrecht erhalten werden müssen (Krankenpflege, Seeschiffahrt, häusliche Dienste), sondern auch von vielen anderen, die nicht ganz von jeder Aufsicht oder Tätigkeit entblößt werden können. Dem tragen die Angestellten auch durchaus Rechnung, und während die Handlungsgehilfen die allgemeine Sonntagsruhe fordern, die für sie auch durchführbar ist, geht der Antrag der technischen Angestellten darauf, daß jedem Angestellten ein wöchentlicher Ruhetag von mindestens 36 Stunden gewährt wird, der nur in der Regel ein Sonntag zu sein braucht. In dieser Fassung ist der Ruhetag allgemein durchzuführen und seine Durchführung im Interesse der Volksgesundheit und der Kultur dringend zu empfehlen.

4. Mittagspause.

Auch hier gibt es gesetzliche Vorschriften nur in demselben Maße wie bei den vorher besprochenen Fragen:

a) In offenen Verkaufsstellen und den dazu gehörenden Schreibstuben (Kontoren) und Lagerräumen muß den Gehilfen, Lehrlingen und Arbeitern innerhalb der Arbeit eine angemessene Mittagspause gewährt werden. Für Angestellte, die ihre Hauptmahlzeit außerhalb des die Verkaufsstelle enthaltenden Gebäudes einnehmen, muß diese Pause mindestens 1½ Stunden betragen (GO. 139 c).

b) Weiblichen Angestellten[15]) muß zwischen den Arbeitsstunden eine mindestens einstündige Mittagspause gewährt werden; für Angestellte, die ein Hauswesen zu besorgen haben, auf ihren Antrag eine 1½ stündige (GO. 137).

c) Für jugendliche Angestellte [15]) sind Pausen von ½, 1 und 2 Stunden vorgeschrieben, je nachdem die tägliche Arbeitszeit bis 6, bis 8 Stunden oder länger dauert (GO. 136).

Alle diese Vorschriften sind zwingend, durch Strafe geschützt. Sie können auch nicht mit Zustimmung des Angestellten abgeändert werden. Insbesondere ist es also nicht zulässig, die vorgeschriebene Pause an das Ende der Arbeitszeit zu legen, mit anderen Worten, die durchgehende (sogenannte englische) Arbeitszeit einzuführen. Deswegen eignen sich die bestehenden Vorschriften nicht ohne weiteres zur Verallgemeinerung. Richtig und zweckmäßig ist es, daß das Gesetz allen Angestellten bei längerer Dauer der Tagesarbeit eine angemessene Pause sichert. Aber diese sollte nicht in der schematischen Art des § 139c (unter a) durchgeführt werden, sondern sich den § 136 (unter c) zum Muster nehmen. Denn die Bestrebungen der Angestellten nach Verkürzung der Arbeitszeit, namentlich nach Zusammendrängung der gesamten Dienstzeit in den Großstädten sind aus den verschiedensten Gründen nützlich und unterstützungsbedürftig, damit den Angestellten ein freier Abend verbleibt.

III. Schutz der Person.

Die §§ 120a—c GO., welche alle Gewerbeunternehmer verpflichten, Arbeitsräume, Betriebsvorrichtungen usw. so einzurichten, daß möglichste Rücksicht auf Leben und Gesundheit, Sitte und Anstand der Arbeitnehmer genommen wird, bedürfen an dieser Stelle keiner Erörterung, da sie sich inhaltlich ziemlich mit dem § 62 HGB. decken, der in dem Gutachten von Professor Oertmann zum XXX. Juristentag ausführlich behandelt und zur Ausdehnung auf die Gesamtheit aller Angestellten empfohlen ist. Der Juristentag hat durch Beschluß sich diese Empfehlung zu eigen gemacht.

Dagegen bedürfen die folgenden §§ 120d—e GO., welche für alle nicht kaufmännischen Angestellten in gewerblichen Betrieben gelten und die sie ergänzenden §§ 139g—h, welche nur für Handlungsgehilfen und Lehrlinge Bedeutung haben, einer Erwähnung. Denn durch sie erhalten

---

[15]) Vgl. die unter 1d und e angegebenen Beschränkungen der Geltung.

die grundlegenden §§ 120 a—c GO. und 62 HGB. eine nähere Bestimmung und eine größere Sicherheit der Durchführung. Es wird darin bestimmt:

1. Durch Beschluß des Bundesrats können Vorschriften darüber erlassen werden, welchen Anforderungen in bestimmten Arten von Anlagen zur Durchführung der in den §§120a—c GO. und 62 HGB. enthaltenen Grundsätze zu genügen ist. Das gleiche Recht gewährt § 56 SeemO. für die Wohneinrichtungen der Seeschiffe.

2. Soweit solche Vorschriften vom Bundesrat nicht erlassen werden, können sie durch Verordnung der Landeszentralbehörde oder durch Polizeiverordnungen erlassen werden.

3. Für einzelne Betriebe können die zuständigen Polizeibehörden die Ausführung derjenigen Maßnahmen anordnen, welche zur Durchführung der genannten Grundsätze erforderlich und nach der Beschaffenheit der Betriebsanlage ausführbar erscheinen.

Abgesehen von dem Gesetz von 1903, das die Herstellung von Phosphorzündhölzern verbietet, hat der Bundesrat für 14 Arten von besonders gefährlichen oder schädlichen Betrieben eine vollständige Regelung der Gesundheitsfürsorge vorgenommen. Für offene Verkaufsstellen ist bisher nur die Vorschrift von Sitzgelegenheiten erlassen. Die Zahl der landesrechtlichen und örtlichen Polizeivorschriften ist sehr groß. Es bedarf wohl keiner weiteren Begründung, daß mit der Ausdehnung des Grundsatzes einer nicht nur zivilrechtlich, sondern auch strafrechtlich geschützten weitgehenden Pflicht zur Fürsorge für die persönlichen Lebensgüter der Angestellten auch die Möglichkeit einer Durchführung dieses Grundsatzes durch behördliche Verfügungen verallgemeinert werden sollte.

Auch die Beschränkung der Frauen- und Kinderarbeit ist unter den Gesundheitsschutz zu rechnen, aber schon oben kurz behandelt.

IV. Arbeitsordnung.

Nur für zwei Gruppen von Betrieben und Personen ist der Erlaß von Arbeitsordnungen durch die Gewerbeordnung vorgeschrieben:

1. Für Fabriken, in denen in der Regel mindestens 20 Arbeiter beschäftigt werden. Die Arbeitsordnung regelt nur das Verhältnis der Arbeiter, nicht der kaufmännischen oder der unter § 133 a fallenden Angestellten. Sie gilt also nur für solche Werkmeister, Techniker und Betriebsbeamte, die nicht gegen feste Bezüge angestellt sind (GO. 134 a).

2. Für offene Verkaufsstellen, in denen in der Regel mindestens 20 Handlungsgehilfen und Lehrlinge beschäftigt werden. Diese Arbeits-

ordnung gilt nur für die kaufmännischen Angestellten, nicht für Arbeiter oder sonstige Angestellte (GO. 139 k).

Die Vorschriften über den Inhalt sind für beide Arten von Arbeitsordnungen ziemlich gleich und brauchen hier des näheren nicht dargelegt zu werden. Es ist bekannt, daß sie nur einen kleinen Teil dessen zu enthalten brauchen, was nicht durch Gesetz und meist auch nicht durch Vertrag geregelt ist, was also dem Belieben des Arbeitgebers überlassen bleibt[16]). Das Ziel des Arbeitsrechts muß sein, das Arbeitsverhältnis in ein reines Rechtsverhältnis zu verwandeln und an Stelle des Beliebens einer Partei die rechtliche Regelung zu setzen. Solange und soweit das noch nicht durchgeführt ist, bildet die Arbeitsordnung nur insofern ein Stück Angestelltenschutz, als sie über die Ansichten und Absichten des Arbeitgebers Gewißheit verschafft und anstelle der Willkür im Einzelfalle feste (wenn auch einseitige) Regeln setzt. Deshalb ist eine Ausdehnung des Zwanges zum Erlaß von Arbeitsordnungen auf alle Betriebe, in denen eine größere Zahl von Angestellten gleicher Art beschäftigt wird, zu empfehlen. Zugleich ist eine Verbesserung der Vorschriften über die Arbeitsordnung dahin zu erstreben, daß sie alles enthalten muß, was nicht durch Gesetz und Vertrag geregelt, aber für die Angestellten von erheblicher Bedeutung ist[17]).

Von den gegenwärtigen Einzelbestimmungen über Arbeitsordnungen ist nur hervorzuheben:

a) § 134 c und 139 k schreiben vor, daß andere als die in der Arbeitsordnung oder in den §§ 123/124 GO. bzw. 71/72 HGB. vorgesehenen Gründe der Entlassung und des Austritts nicht vereinbart werden dürfen. Diese Vorschrift kann zur Verallgemeinerung nicht empfohlen werden. Denn sie übersieht (ob mit oder ohne Absicht), daß neben den in den genannten Paragraphen aufgeführten einzelnen Fällen von wichtigen Gründen zur fristlosen Kündigung auch GO. 124 a für Arbeiter und HGB. 70 für Handlungsgehilfen allgemein die Beendigung des Arbeitsverhältnisses aus einem wichtigen Grunde gestatten. Diese allgemeine Regel ist besser als die kasuistische Aufzählung von Beispielen in GO. 123/124 und HGB. 71/72. Der Zwang, alle weiteren, wichtigen Gründe in der Arbeitsordnung aufzuzählen, ist höchst unpraktisch und juristisch verfehlt. Außerdem kann er doch nie zum Ziele führen, denn es würde

---

[16]) Vgl. Sinzheimer, Arbeitsnormenverträge, Leipzig 1908, Band I, Einleitung.

[17]) Vgl. meine „Probleme des Arbeitsrechts" Jena 1912.

den guten Sitten widerstreben, wenn der Angestellte bei grober Vertragswidrigkeit des anderen Teiles nicht das Verhältnis aufgeben und Schadensersatz verlangen könnte, weil die Vertragswidrigkeit nicht ausdrücklich im Gesetz oder in der Arbeitsordnung vorgesehen ist[18]).

b) Strafbestimmungen sind nur zulässig, wenn sie nach Art, Höhe und Verwendung in der Arbeitsordnung enthalten sind. Die Höhe der zulässigen Geldstrafen ist beschränkt. Alle Strafgelder müssen zum Besten der Angestellten verwandt werden (GO. 134 b II, 139 k II). Alles das ist notwendig und zur Verallgemeinerung zu empfehlen. Daß Strafbestimmungen, welche das Ehrgefühl oder die guten Sitten verletzen, nicht in die Arbeitsordnung aufgenommen werden dürfen, versteht sich von selbst. Eine solche Bestimmung empfiehlt sich nicht zur Verallgemeinerung, denn sie könnte die Arbeitgeber zu der Anschauung bringen, daß sie gute Sitten und Arbeitnehmerehre dort nicht zu achten brauchten, wo das Gesetz es nicht ausdrücklich vorschreibt. Wichtiger wäre

c) eine genauere gesetzliche Beschränkung der Disziplinargewalt des Arbeitgebers, wie sie die Seemannsordnung enthält. Diese Vorschriften bauen sich auf den besonderen Verhältnissen des Schiffes und einer sehr weitgehenden Macht des Schiffers auf. Sie können daher nicht in ihrem Wortlaute Anwendung finden. Nur der Grundsatz einer gesetzlichen Regelung der Disziplinargewalt für alle Angestellten kann daraus entnommen werden.

d) Vorgeschrieben ist, daß die volljährigen Arbeiter und Handlungsgehilfen vor dem Erlaß einer Arbeitsordnung zu hören sind. Dort wo ein ständiger Ausschuß besteht, ist dieser zu hören. Der Grundsatz ist richtig und zur Verallgemeinerung zu empfehlen. Er bedarf aber unbedingt der Erweiterung nach zwei Richtungen hin:

In allen größeren Betrieben müssen die Ausschüsse obligatorisch sein, wie es gegenwärtig für Bergwerke mit 100 Arbeitern der Fall ist und von der Reichstagskommission für die Gewerbeordnungsnovelle von 1907 bereits für alle gewerblichen Betriebe mit 50 Arbeitern vorgesehen war. Auch alle Betriebe, die eine größere Anzahl von kaufmännischen oder technischen Beamten beschäftigen, müssen gesetzlich genötigt werden, Beamtenausschüsse einzurichten, wie es von einsichtigen

---

[18]) Außerdem enthalten HGB. 77 und GO. 127 b noch ausdrücklich einen besonderen wichtigen Grund für Kündigung von Lehrlingen. Vgl. übrigens dazu Elster im Lexikon des Arbeitsrechts, Stichwort: Kontraktbruch.

Unternehmern bereits geschieht und auf Grund der guten Erfahrungen dringend empfohlen wird[19]).

Der Angestelltenausschuß muß nicht nur vor einem Erlaß der Arbeitsordnung gehört werden, sondern er muß auch den Inhalt genehmigen. Erst dadurch wird die Arbeitsordnung zum Teil eines Arbeitsvertragsverhältnisses. Diese Vorschrift besteht gegenwärtig nur für den Einzelfall, daß in die Arbeitsordnung Vorschriften über das Verhalten der Arbeiter bei Benutzung der zu ihrem Besten getroffenen Einrichtungen oder über das Verhalten der minderjährigen Arbeiter außerhalb des Betriebes aufgenommen werden sollen (GO. 134 b III). Dieser Satz, der für offene Verkaufsgeschäfte nicht gilt, ist der Keim zu konstitutionellen Fabrikverfassungen. Er bedarf der Entwicklung. An dieser Stelle kann sie nicht verfolgt werden.

V. Ausbildung.

Mit diesem letzten Abschnitt betreten wir ein Gebiet, auf dem noch mehr als auf dem vorher behandelten öffentliches Recht an die Stelle von Privatrecht tritt. Es handelt sich hier noch weniger um den Schutz des Angestellten gegen den Arbeitgeber, sondern um die Wahrung eines staatlichen Interesses, zu dessen Durchführung beiden Teilen Pflichten auferlegt werden. Infolgedessen würde eine ausführliche Erörterung der Bildungsfragen über den Rahmen dieses Gutachtens hinausgehen. Eine kurze Erwähnung aber ist angebracht, schon weil sie in dem Gutachten Professor Oertmanns zum XXX. Juristentage gleichfalls stattgefunden hat.

1. Lehrwesen.

Das Lehrverhältnis ist reichsgesetzlich geregelt in HGB. 76—82 für Handlungslehrlinge und in GO. 126—128 für alle Lehrlinge in gewerblichen Betrieben mit Ausnahme der Handelsgeschäfte und Apotheken. Dazu kommen besondere Bestimmungen für Handwerkslehrlinge in GO. 129—132 a, die ebenso wie die vorigen auf manche späteren Werkmeister und Betriebsbeamten Anwendung finden. Eine gleiche Regelung wird erstrebt

a) von den Bureauangestellten. Ihre Wünsche haben im Reichstage stets Unterstützung gefunden und von verschiedenen Parteien sind wieder-

---

[19]) Vgl. neuerdings W. Cohn, Angestelltenausschüsse in Kaufhäusern, Berlin 1910.

holt Anträge in dieser Richtung gestellt worden, die aber leider nie zur Abstimmung gekommen sind[20]).

b) Von den Güterbeamten[21]), welche eine bestimmt geordnete Lehrzeit zur Vorbedingung des Berufes machen möchten.

c) Von den Musikern. Hier bestehen besonders erhebliche Mißstände, namentlich Lehrlingsausbeutung, so daß eine Hauptaufgabe einer Regelung des Lehrlingswesens der Schutz der jugendlichen Arbeitskraft wäre.

Von den Fragen des Lehrwesens mögen außer den in Abschnitt 2 und 3 behandelten noch folgende zwei besondere Erwähnung finden:

a) § 81 des HGB. verbietet Personen, die sich nicht im Besitz der bürgerlichen Ehrenrechte befinden, das Halten und Anleiten von Handlungslehrlingen. Die Entlassung von Lehrlingen, die diesem Verbote zuwider beschäftigt werden, kann von der Polizeibehörde erzwungen werden. Diese Vorschrift ist mit Recht von Professor Oertmann zur Verallgemeinerung empfohlen worden[22]), denn Personen ohne Bürgerrechte sind sicherlich nicht geeignet zur Anleitung von jungen Leuten und zu ihrer Einführung in den Beruf. Aber diese Bestimmung findet sich nicht nur im HGB., sondern auch in der GO. § 126. Sie ist dort noch strafrechtlich gesichert (GO. 148 Ziffer 9a) und durch den folgenden § 126a dahin erweitert, daß die Befugnis zum Halten und zur Anleitung von Lehrlingen solchen Personen ganz oder auf Zeit entzogen werden kann, welche sich wiederholt grober Pflichtverletzungen gegen die ihnen anvertrauten Lehrlinge schuldig gemacht haben, oder gegen welche Tatsachen vorliegen, die sie in sittlicher Beziehung ungeeignet erscheinen lassen, oder welche wegen geistiger oder körperlicher Gebrechen nicht geeignet sind. Eine Ergänzung finden diese Bestimmungen noch durch GO. 106, wonach Gewerbetreibende (also nicht Meister und Beamte), welchen die bürgerlichen Ehrenrechte aberkannt sind, sich nicht mit der Anleitung von Arbeitern unter 18 Jahren befassen dürfen, solange ihnen diese Rechte entzogen bleiben. Dieser Paragraph gilt nicht für Handlungsgehilfen. Für ein allgemeines Angestelltenrecht kommen aber nicht nur die Bestimmungen des HGB., sondern auch die schärferen der GO. in Frage[23]).

[20]) Vgl. mein Gutachten zum XXX. Juristentag, Seite 279.

[21]) Vgl. Trampe, Die Rechtsverhältnisse der Güterbeamten, in den Schriften der Gesellschaft für Soziale Reform, Heft 26 Seite 129.

[22]) Gutachten zum XXX. Juristentag, Band I Seite 152.

[23]) Die besonderen Vorschriften über die Anleitung von Handwerkslehrlingen (kleiner Befähigungsnachweis) eignen sich nicht zur Verallgemeinerung. Darüber unter Abschnitt 3.

b) Der sogenannten Lehrlingszüchterei, d. h. dem Halten von Lehrlingen an Stelle von bezahlten Angestellten zum Leisten billiger Arbeit statt zur Ausbildung, sollen zwei Bestimmungen der Gewerbeordnung wehren. GO. 128 verfügt:

α) Durch Beschluß des Bundesrats und auch der Landeszentralbehörde können für einzelne Gewerbezweige Vorschriften über die höchste Zahl der Lehrlinge erlassen werden, welche in Betrieben dieser Gewerbezweige gehalten werden darf.

β) Wenn der Lehrherr eine im Mißverhältnis zum Umfang und zur Art seines Gewerbebetriebes stehende Zahl von Lehrlingen hält und dadurch die Ausbildung der Lehrlinge gefährdet erscheint, so kann von der unteren Verwaltungsbehörde die Entlassung eines Teiles der Lehrlinge verfügt und die Annahme über eine bestimmte Zahl hinaus verboten werden.

Der § 128 ist durch GO. 139 l auch für das gesamte Handelsgewerbe in Geltung gesetzt, so daß von ihm nur die Apotheken und die nicht gewerblichen Betriebe ausgenommen sind. Arge Mißstände werden berichtet von Bureaus mancher Rechtsanwälte usw. und von den sogenannten Stadtpfeifereien. Auf beide Gruppen findet GO. keine Anwendung, da der Betrieb der Rechtsanwälte, Notare und ähnlicher Bureaus ganz ausgeschlossen ist und der Musikerberuf, soweit „ein höheres Interesse der Kunst dabei obwaltet". Eine Erstreckung der Vorschriften ist ebenso zu empfehlen, wie die der vorigen. Übrigens wird auch in Handlungsgehilfenkreisen viel geklagt, daß trotz der Bestimmungen die Lehrlingszüchterei im Kaufmannsstande noch weit verbreitet sei. Ihre Abstellung wird als eine wichtige Aufgabe der erstrebten und vom Reichstage wiederholt fast einstimmig empfohlenen Handelsinspektion bezeichnet.

2. Schulwesen.

Für alle gewerblichen Arbeiter und Arbeiterinnen, also auch Angestellte, einschließlich der Handlungsgehilfen und -Lehrlinge, unter 18 Jahren schreibt GO. 120 vor, daß der Arbeitgeber ihnen zum Besuche einer von Gemeinde oder Staat als Fortbildungsschule anerkannten Unterrichtsanstalt die nötige Zeit gewähren muß. Die Zeit ist erforderlichenfalls von der Behörde festzusetzen. Es sollte als selbstverständlich gelten, daß in gewissem Umfange jeder Arbeitgeber seinem Angestellten die Möglichkeit gewährt, sich fortzubilden; denn der Vorteil der besseren Ausbildung kommt ja dem Geschäfte oder Dienste des Angestellten zugute.

Auch nach Vollendung des 18. Lebensjahres kann eine Verbesserung der Arbeitsleistungen durch Fachausbildung dem Arbeitgeber nur erwünscht sein, und der kleine Zeitverlust durch Besuch der Schulstunden würde sich reichlich bezahlt machen. Aber eine Verallgemeinerung des ersten Satzes von GO. 120 auf Apotheken und nicht gewerbliche Arbeitsverhältnisse würde keine große Bedeutung haben. Denn der rein zivilrechtliche Anspruch auf freie Zeit für den freiwilligen Schulbesuch, der weder mit einer öffentlichen Strafsicherung noch mit dem zwingenden Verbot des Abzugs von Gehalt für versäumte Arbeitsstunden verbunden ist, würde (wie immer in solchen Fällen) da versagen, wo er praktisch werden müßte, nämlich gegenüber einem Arbeitgeber, der nicht verständig oder sozial genug ist, die Zweckmäßigkeit oder Notwendigkeit einer Fortbildung auch auf Kosten geringer Arbeitsversäumnisse einzusehen.

Nur gegenüber gewerblichen Lehrlingen (nicht auch Handlungslehrlingen) ist durch GO. 127 die Verpflichtung des Lehrherrn festgesetzt, den Lehrling zum Besuche der Fortbildungsschule oder Fachschule anzuhalten und den Schulbesuch zu überwachen. Die Verletzung dieser gesetzlichen Pflicht kann nach GO. 148 Ziffer 9 mit Geldstrafe bis zu 150 Mk. bestraft werden. Es besteht durchaus kein stichhaltiger Grund, warum diese Verpflichtungen des Lehrherrn nicht auch für kaufmännische Lehrlinge gilt. Sie würde zur Verallgemeinerung sehr zu empfehlen sein, wenn nicht die Gesetzgebung noch einen Schritt darüber hinausgehen will.

Viel wichtiger ist nämlich eine allgemeine Durchführung des obligatorischen Fortbildungsschulunterrichts. Nach GO. 120 (der für alle Angestellten unter 18 Jahren in gewerblichen Betrieben mit Ausnahme der Apotheken gilt) kann durch Statut einer Gemeinde oder eines weiteren Kommunalverbandes für alle männlichen Angestellten und für weibliche Handlungsgehilfen und -lehrlinge die Verpflichtung zum Besuche einer Fortbildungsschule begründet werden. Die letzte Novelle zur GO. hat die Zwangsmöglichkeit auf alle weiblichen Angestellten erstreckt. In weiterem Umfang kann die Pflicht durch Landesgesetz begründet werden, das ja auf dem Gebiete des Schulwesens zuständig und durch Reichsgesetzgebung höchstens nach unten begrenzt ist[24]). Anzustreben wäre die reichsgesetzliche Festlegung einer allgemeinen Fortbildungsschulpflicht

[24]) Vgl. das jüngste, am Religionsunterricht gescheiterte Fortbildungsschulgesetz in Preußen.

für alle Arbeitnehmer unter 18 Jahren, soweit sie nicht (wie das GO. 120 auch vorsieht) einen als Ersatz anzuerkennenden anderen Unterricht genießen oder einen Bildungsgang nachweisen, der den Besuch der Schule als überflüssig erscheinen lassen muß.

3. Befähigungsnachweis.

Es kommen nicht solche Approbationen in Frage, welche die Voraussetzung für die Ausübung eines Gewerbes (z. B. Apotheker, Patentanwälte) als Betriebsunternehmer oder für die Führung eines Titels und die Übertragung amtlicher Funktionen (z. B. Ärzte) bilden, denn in allen diesen Fällen bedürfen Angestellte als Hilfskräfte solcher Unternehmer oder Beamten nicht der Approbation. Auch die juristischen Examina können nicht herangezogen werden, denn die Anwaltskammern lehnen die Zulässigkeit eines Dienstvertrages zwischen Rechtsanwälten ab, und für die Tätigkeit angestellter Juristen in großen Wirtschaftsunternehmen ist die Richterqualifikation nicht gesetzliche Vorbedingung. Hier können nur Prüfungsvorschriften für Angestelltenkategorien in Frage kommen, welche gesetzliche Vorbedingungen der Stellung sind. Das ist der Fall

a) im Schiffahrtsgewerbe. Nach GO. 31 müssen sich Seeschiffer, Seesteuerleute, Maschinisten der Seedampfschiffe und Lotsen über den Besitz der erforderlichen Kenntnisse durch ein Befähigungszeugnis der zuständigen Verwaltungsbehörde ausweisen. § 2 der Seemannsordnung erklärt nur die zur Unterstützung des Kapitäns in der Führung des Schiffes bestimmten Angestellten, welche einer solchen Prüfungspflicht unterliegen, für Schiffsoffiziere. Nach § 132 des Binnenschiffahrtsgesetzes und § 32 des Flößereigesetzes ist der Bundesrat befugt, Bestimmungen über den Befähigungsnachweis der Schiffer und Maschinisten für Binnenschiffe, sowie der Floßführer zu treffen. Wer solchen Bestimmungen zuwider das Gewerbe ausübt, wird mit Geldstrafe bis zu 300 Mk. bestraft;

b) im Bergbau. Allerdings beruht hier die Pflicht nicht auf Reichsgesetz, sondern auf Landesgesetzen. So bestimmt das preußische Berggesetz in § 74, daß die zur Leitung und Beaufsichtigung des Betriebes angenommenen Personen wie Betriebsführer, Steiger, technische Aufseher usw. verpflichtet sind, ihre Befähigung zu den ihnen übertragenen Geschäften nachzuweisen und sich zu diesem Zwecke auf Erfordern einer Prüfung durch die Bergbehörde zu unterwerfen haben.

Diese Prüfungsvorschriften rechtfertigen sich durch die große Gefahr für Menschenleben, die aus der Tätigkeit von Berg- oder Schiffahrtsbeamten ohne genügende Kenntnisse erwachsen müßte. Eine Erweiterung dieser Vorschriften auf andere Angestelltengruppen könnte nur dann empfohlen werden, wenn noch Gruppen mit ähnlicher verantwortungsvoller Beschäftigung vorhanden wären oder sich bildeten (man denke an Luftschiffahrt; Eisenbahngesetze enthalten einzelne Vorschriften über die Befähigung von Angestellten der Privatbahnen, mehr noch die einzelnen Konzessionen). Eine Verallgemeinerung des Befähigungsnachweises ist nicht zu empfehlen. Bestrebungen in dieser Richtung bestehen

a) unter den Güterbeamten. Auf Antrag des Verbandes der Güterbeamtenvereinigungen hat das preußische Landesökonomiekollegium 1908 ein Reformprogramm für das Güterbeamtenrecht aufgestellt, das auch den Befähigungsnachweis für alle landwirtschaftlichen Beamten, Rechnungsführer, Privatförster, Molkereibeamte, Brennereibeamte usw. durch zweijährige praktische Lehre und Abschlußprüfung enthält[25]).

b) Unter den akademisch gebildeten Technikern, die teilweise (Verband deutscher Diplomingenieure, der aber nicht nur Angestellte umfaßt) einen besonderen Titelschutz und eine besondere Rechtsstellung der diplomierten Ingenieure verlangen[26]).

c) Unter den Handlungsgehilfen. Der deutschnationale Handlungsgehilfenverband in Hamburg, dessen Gründer und geistige Väter stets für den allgemeinen Befähigungsnachweis für Handwerk und Kleinhandel (also für Unternehmer) eingetreten sind, hat ähnliche Forderungen auch für Handlungsgehilfen aufgestellt. Dazu gesellt sich neuerdings der Verband deutscher Handlungsgehilfen zu Leipzig, der auf seinem Kölner Verbandstage von 1911 den allgemeinen Fortbildungsschulzwang für alle kaufmännischen Angestellten unter 18 Jahren verbinden will mit einer Aufnahmeprüfung. Dadurch würde denjenigen Personen, welche die Prüfung nicht bestehen, das Eintreten in den kaufmännischen Beruf

---

[25]) Allerdings wurde dieser Befähigungsnachweis nicht als obligatorischer, sondern nur als fakultativer gewünscht. Aber damit verbindet die Beamtenorganisation dann die Forderung eines gesetzlichen Titelschutzes. Näheres in den Schriften der Gesellschaft für soziale Reform, Heft 26, Seite 127 ff.

[26]) Vgl. meinen Aufsatz: Die organisierten Diplomingenieure, im „Freien Wort", Frankfurt 1910, Heft 15.

bis zum 18. Lebensjahre verwehrt und wahrscheinlich eine Reihe von zünftlerischen Maßregeln eingeleitet werden[27]).

Alle derartigen Bestrebungen sind mit großer Vorsicht und mit Mißtrauen aufzunehmen. Wir leiden schon außerordentlich an einem Überschätzen von Zeugnissen und formaler Bildung; an einer Unterschätzung des Bildungswertes praktischer Arbeitstätigkeit; an dem Mißbrauch der Schule zu rechtlichen und wirtschaftlichen Privilegien. Es ist geradezu fürchterlich zu denken, daß der zünftlerische Geist, der einen großen Teil unserer akademischen Berufe erfüllt und der im deutschen Handwerk einen letzten, unerfreulichen Triumph feiert, auch in das moderne Wirtschaftsleben, in Handel und Industrie einziehen könnte.

C. Schluß.

Zum Schlusse der Darlegungen, die das Thema ja mehr andeuten als erschöpfen, bedürfen einige allgemeine Gesichtspunkte einer kurzen Erwähnung:

1. An keiner Stelle habe ich für die Beibehaltung oder Neueinführung von Gehaltsgrenzen plädiert, wie sie gegenwärtig in fast allen Schutzgesetzen für Angestellte üblich sind (Kündigungsfristen, Versicherungsgesetze, Gewerbe- und Kaufmannsgerichte) und auch von einzelnen Gesetzesnovellen in Aussicht genommen waren (Konkurrenzklauseln, Gehaltszahlungstermin). Ich halte diese Grenzen in den meisten Fällen für falsch. Sie sind erwachsen aus dem Grundsatz, daß Sozialpolitik eine staatliche Fürsorge für wirtschaftlich Schwache sei. Aber dieser Grundsatz ist eben falsch. Soziales Recht wird nicht der Angestellten wegen durchgeführt, sondern des Staates, der Gesamtheit wegen. Und eine Reihe von angeblichen Fürsorgegesetzen (namentlich die Versicherung) bedeutet die Auferlegung von sozialen Pflichten (soziale Versicherung ist Zwang zur Selbstfürsorge, zur Vermeidung von Staatsfürsorge). Es ist unlogisch und ungerecht, solche Pflichten nur den schlechtbezahlten Angestellten aufzuerlegen, die besserbezahlten aber davon freizulassen; im Gegenteil, sie können um so eher den Erfordernissen des Gesamtwohls nachkommen und ihre Arbeitgeber auch. Soweit aber die Vorschriften auch einen Schutz des Angestellten, seiner Person gegen Kapitalmacht

---

[27]) Vgl. meinen Aufsatz: Befähigungsnachweis von Privatangestellten, in den Volkswirtschaftlichen Blättern 1911, Berlin, Heft 15/16.

einschließen, ist eine Ausdehnung dieses Schutzes auf hochgelohnte Angestellte unter Umständen vielleicht überflüssig, aber niemals schädlich. Deswegen sollte aus Gründen der Einheitlichkeit des Rechts auch in diesen Fällen von der Beschränkung eines Gesetzes auf bestimmte Gehaltsstufen abgesehen werden.

2. Die Übersicht über die bestehenden Schutzvorschriften hat gezeigt, daß sie entweder zugunsten der Handlungsgehilfen oder zugunsten der Arbeiter erlassen worden sind. Ihre Geltung für technische und sonstige Angestellte ist in der Regel ein Überbleibsel aus jener Rechtsperiode, in welcher der Techniker und Werkmeister einfach als Arbeiter galt, oder eine Nachahmung von Handlungsgehilfenvorschriften. Da heute jede scharfe Scheidung zwischen kaufmännischen und anderen Angestellten ebenso weggefallen ist, wie jede scharfe Scheidung zwischen kaufmännischen, technischen oder sonstigen Angestellten und Arbeitern, so erweist sich wiederum die Richtigkeit der grundsätzlichen Forderung eines allgemeinen Arbeitsrechts als Grundlage, das dann durch eine Reihe von Sondervorschriften für Angestellte zu ergänzen wäre. Es zeigt sich aber zugleich, daß eine Verallgemeinerung der für manche Angestelltengruppen gültigen Arbeiterschutzgesetze auch für die Handlungsgehilfen Vorteile und Fortschritte bringen würde; daß also die oft gehörte Meinung, bei einem allgemeinen Privatbeamtenrechte hätten die kaufmännischen Angestellten zunächst nichts zu gewinnen, durchaus falsch ist.

3. Gegenüber der Befürchtung einer unaufhörlich wachsenden Fülle von sozialen Schutzgesetzen kann darauf verwiesen werden, daß die beängstigende Paragraphenzahl zum großen Teil auf der Gelegenheitsgesetzesmacherei und der zu weit gehenden Kasuistik unserer Spezialgesetze beruht. Sobald wir uns daran gewöhnt haben, allgemein gültige Gesetze für die Gesamtheit der Arbeitnehmer oder wenigstens der Privatbeamten zu machen; sobald diese Gesetze sich auf die Festlegung von Regeln beschränken und die Anwendung auf alle Einzelfälle wieder mehr als bisher dem Richter überlassen, ist die Gefahr, die aus dem gegenwärtigen kasuistischen Wirrwarr entstanden ist, beseitigt[28]). Für die vielen besonderen Verhältnisse und Bedürfnisse der einzelnen Gewerbezweige und Berufe ist allerdings nicht das Reichsgesetz der geeignete Ort zur Regelung. Hier liegt die Aufgabe für Vereinbarungen zwischen den organisierten Parteien

---

[28]) Vgl. meinen Aufsatz: Privatangestellte und Gesetzeskasuistik im Jahrbuch für die soziale Bewegung der Industriebeamten, Berlin 1911, Heft 3.

(Tarifverträge) oder für amtliche Organisationen vor. Wir könnten unsere Gesetzgebung und unsere Verwaltung außerordentlich entlasten, wenn wir uns entschließen könnten, Arbeitskammern mit weitgehenden Befugnissen zu schaffen, so daß sie einerseits die Gewerbepolizei aus den Händen der Bureaukratie in die der Selbstverwaltung der Beteiligten brächten, andererseits den Boden abgäben, auf dem in paritätischer Verhandlung eine auf Sachkenntnis beruhende Regelung der Rechtsverhältnisse einzelner Berufe und Landesteile erfolgen könnte.

[29]) Vgl. meinen Aufsatz: Selbstverwaltung im Wirtschaftsleben in den Deutschen Nachrichten, Berlin 1911, Nr. 240/241.

IV.

Gutachten des Herrn Dr. Max Reich, k. k. Notars in Knittelfeld (Steiermark)

über:

Unter welchen Voraussetzungen kann die rechtliche Gleichstellung der in Österreich oder in dem Deutschen Reiche errichteten Notariatsurkunden in beiden Reichen erzielt werden?

Die Notariatsurkunde ist kein selbständiges Rechtsgebilde, wohl aber eine Form, um Privatrechtsbeziehungen darzustellen. Zum Entstehen oder zum Beweise eines bestimmten Rechtsverhältnisses an sich ist sie gewiß nicht notwendig. Doch haben die Verkehrsbedürfnisse der Gegenwart die Notwendigkeit besonders ausgestalteter Urkunden über Privatrechtsgeschäfte gezeitigt, und es haben daher die Gesetzgebungen aller mitteleuropäischen Staaten das Notariat als öffentliche Stelle mit ganz bestimmten Aufgaben ins Leben gerufen. Heute beherrscht die notarielle Urkunde teils tatsächlich, teils gesetzlich weite Gebiete des Rechtslebens, so daß die im Laufe des 19. Jahrhunderts viel umstrittene Frage, ob das Notariat lebensfähig und lebensberechtigt sei, jetzt überhaupt nicht mehr erörtert wird, sondern Wissenschaft und Gesetzgebung sich nur mehr mit seiner besseren Ausgestaltung und gegenwärtig auch schon mit der Aufgabe beschäftigen, die Notariatsurkunden der verschiedenen Länder miteinander in Einklang zu bringen.

Die auf die Tagesordnung des Deutschen Juristentages gestellte Frage ist ganz allgemein gehalten. Sie ist einerseits sehr eng, wenn sie nur das formelle Recht im Auge haben sollte, anderseits sehr weit gefaßt, wenn sie auch den Inhalt der Notariatsurkunden, der ja das Gebiet des gesamten Privatrechtes umfaßt, in die Antwort einbeziehen will. Eine Trennung des Inhaltes von der Form erscheint mir nicht möglich, insbesondere weil die gestellte Frage das Bestehen der Notariatsurkunde in beiden Staaten als selbstverständlich voraussetzt. Es muß daher zunächst festgestellt werden, ob die Notariatsurkunde beider Staaten gleichen Inhalt und gleichen Wert besitzt und ob sie in ihrem Heimatslande den Bedürfnissen des Verkehrs entspricht; danach sind die Ergebnisse zu vergleichen und entsprechende Folgerungen zu ziehen; hieraus ergibt sich folgender Gedankengang:

I. Begriff der Notariatsurkunde;
  a) die Urkunde:
    1. die Form; 2. der Inhalt; 3. die Rechtswirkung;
  b) der Notar:
    1. Einrichtung des Standes; 2. Wirkungskreis.
II. Vergleich der beiderseitigen Notariatseinrichtungen;
III. Voraussetzungen der Gleichstellung und Anträge.

I. Begriff der Notariatsurkunde.

Die Reichsnotariats-Ordnung vom Jahre 1512 gab den seit dem Altertume bestehenden, teils vom Kaiser, teils vom Papste ernannten öffentlichen Notaren eine Reihe von Dienstvorschriften. Wirkungskreis und Befugnis dieses gemeinrechtlichen Notariates waren wohl durch das Herkommen, nicht aber durch Gesetz bestimmt. Seine Tätigkeit war zumeist auf das kunstgerechte kritiklose Niederschreiben des dem Notar bekanntgegebenen Parteiwillens beschränkt; diese Schriftführerarbeit erforderte freilich keine besondere Befähigung, man begnügte sich mit der strengen Einhaltung der altererbten Formulare. Ein volkswirtschaftlich hochanzuschlagendes Verdienst läßt sich allerdings auch dieser bescheidenen Leistung nicht absprechen, sie erhielt das alte einheimische Volksrecht im örtlichen Verkehrskreise gegenüber dem eindringenden römischen Rechte noch jahrhundertelang lebendig. Der altgermanische Vertragsinhalt wurde durch das erstarrte Formelwesen in die Neuzeit hinübergetragen, so daß ihn der Romanismus nicht vollständig zu ertöten vermochte. Doch überwucherte der römische Prozeßformalismus das deutschrechtliche Verfahren. Die in der Reichsnotariatsordnung vom Jahre 1512 enthaltenen Ansätze wurden nicht ausgebildet, und so fand das gemeinrechtliche Notariat ein ruhmloses Ende, es verblieb ihm nur der formellste aller Formalakte, der Wechselprotest. Als die beiden deutschen Großstaaten Preußen und Österreich in den 1780er Jahren ihr Gerichtswesen und das gerichtliche Verfahren durch einheitliche Gesetze neu ordneten, wurde das Notariat zwar nicht formell aufgehoben, aber tatsächlich außer Gebrauch gesetzt, indem einfach keine neuen Notare mehr ernannt wurden. Die Schreibertätigkeit der letzten gemeinrechtlichen Notare wurde nun von den verschiedensten Persönlichkeiten, zumeist Ortsrichtern und Gemeindebeamten, besorgt, wohl auch vollständig den bei jedem Rechtsgeschäfte beteiligten Personen überlassen.

In materiellrechtlicher Beziehung hatte das römische Recht volle Vertragsfreiheit gewährt. Der Leitgedanke der großen französischen Revolution von der absoluten Gleichheit aller menschlichen Individuen beeinflußte die Abfassung der drei großen Gesetze, des code Napoleon, des preußischen Landrechtes und des österreichischen bürgerlichen Gesetzbuches. Die Bauernbefreiung der Josefinisch-Friderizianischen Zeit sowie der 1848er Bewegung löste alle persönlichen Fesseln. Nun trat auf dem formellen Gebiete im Streitverfahren der ausschließliche Parteibetrieb, in der außerstreitigen Rechtspflege die volkswirtschaftlich mit dem Namen „Laissez aller'' bezeichnete Grundsatzlosigkeit in volle Wirksamkeit.

Die von der Wissenschaft in der zweiten Hälfte des 19. Jahrhunderts vorbereitete Erkenntnis der mit der schrankenlosen Vertragsfreiheit verbundenen Mißbräuche beeinflußte schließlich die Gesetzgebungen aller Kulturländer. So sehen wir, daß die Gegenwart eine Reihe von Verträgen und Rechtsgeschäften, die zweifellos dem Privatrechte angehören, wie das Darlehen, die Miete, die persönlichen Dienstleistungen, den Kauf, das Depositum, den Gesellschaftsvertrag und das Versicherungsgeschäft zum Teil in das öffentliche Recht hinübergenommen hat. Der Staat veranlaßt die zwangsweise Regelung einer Reihe derartiger Geschäfte, sobald er wahrnimmt, daß die Interessen einer großen Anzahl von Menschen hierdurch in einer Weise berührt werden, wodurch der wirtschaftlich schwächere Teil benachteiligt werden könnte. Es sei hier nur erinnert an die Zwangsvorschriften, welche das Darlehns- und Depositengeschäft der staatlich anerkannten und überwachten Sparkassen und sonstiger Geldinstitute regeln, an die Dienstbotenordnungen und städtischen Mietordnungen, an den Ratenhandel, an die den Aktiengesellschaften und insbesondere den Versicherungsanstalten bei Zulassung zum öffentlichen Geschäftsbetriebe auferlegten Bilanzvorschriften und Versicherungsbedingungen, endlich an die Akkordverträge der Fabrikarbeiter und die zahlreichen Kartelle, die gegenwärtig in diese Behandlung hineinwachsen, so daß in allen diesen Gegenständen der Privatwillkür bei Vertragserrichtung nur mehr ein geringer Spielraum bleibt. Einige der genannten Gegenstände wie Dienstboten- und Mietordnungen haben nur örtliche Bedeutung, andere aber wurden in allen Staaten fast gleichzeitig und nach gleichen Grundsätzen, also ohne Staatsvertrag international geregelt. Als Leitgedanke für die Auswahl der Rechtsgeschäfte, die im öffentlichen Interesse einer gewissen Staatsaufsicht unterworfen und daher dem Rechte der öffentlichen Urkunde unterstellt werden, könnte man aufstellen, daß ein Eingreifen der Staatsgewalt dort berechtigt erscheint, wo aus irgend einer Ursache die Erfüllung dem Vertragsabschlusse nicht unmittelbar nachfolgt, insbesondere wenn die Wirksamkeit über die Lebensdauer der Beteiligten hinausgreift, oder wenn sie ihrer Natur nach geeignet sind, besonders wichtige und nachhaltige Folgen für die Beteiligten nach sich zu ziehen.

Neben dieser rechtspolizeilichen in materiellrechtlicher Beziehung geübten Fürsorge des Staates und parallel mit ihr sehen wir auch eine formellrechtliche Veränderung im Privatrechte erwachsen.

Das Mittelalter bezeichnete den Notar als „Notarius publicus, geschworenen offenen Notarius". Dieser Ausdruck dürfte auch die Quelle des heutigen gesetzlichen Ausdruckes „öffentliche Urkunde" sein. An den Notar wendeten sich die Parteien, wenn sie in ihre gegenseitigen Rechtsbeziehungen, die sonst der Außenwelt verschlossen blieben, Allen die ein rechtliches Interesse daran haben konnten, Einblick gewähren wollten. Diese Niederlegung des Parteiwillens an einer öffentlichen Stelle, die man in Zeiten zunehmender Schriftlichkeit als Ersatz des früher üblichen Vertragsabschlusses vor dem Königsboten und der versammelten Gemeinde betrachten darf, wollte den Schein einer heimlichen Benachteiligung Dritter vermeiden, und zugleich eine unanfechtbare Grundlage für alle künftig mit Dritten abzuschließenden Rechtsgeschäfte gewähren. Die seit dem dreißigjährigen Kriege zunehmende Ausbildung der Territorialhoheit der Landesherren war der Entwicklung des freien Notariates nicht günstig, die Abfassung der Rechtsgeschäfte wurde an die behördlichen Organe gezogen und so die freiwillige Gerichtsbarkeit ausgebildet. Die moderne Ausgestaltung des vielfältig verschlungenen Verkehrslebens hat dazu geführt, daß in beiden für uns in Betracht kommenden Rechtsgebieten der Staat eine Reihe von Rechtsverhältnissen, die als ausschließliche Privatsache sich früher der Kenntnis der Außenwelt vollständig entzogen haben, zur Aufrechthaltung der Rechtsordnung der Kontrolle der Öffentlichkeit unterstellt hat. So entstanden die sogenannten öffentlichen Bücher, die über den Bestand der darin bezeichneten Privatrechte Auskunft geben. Die Entwicklung des Systems der öffentlichen Bücher ist mit den heute bestehenden Büchern noch durchaus nicht abgeschlossen, sie ist durch die kürzlich erfolgte Errichtung des internationalen Markenregisters in Bern im Begriffe, sich auf dem Gebiete des Weltrechtes Geltung zu verschaffen. Als Vorstufe der öffentlichen Bücher können heute die Aktensammlungen der Gerichte, enthaltend die Urteile der staatlichen und der ihnen gleichstehenden Sondergerichte, die Vergleiche, die Pfändungen, Verlassenschaftsakten und ähnliches angesehen werden. Alle diese Gegenstände sind in beiden Rechtsgebieten im wesentlichen nach gleichen Grundsätzen eingerichtet, zum Teil stimmen die Einrichtungen sogar bis in Einzelheiten überein. Der Inhalt des öffentlichen Buches und der eben genannten, vom Staate ausgefertigten Urkunden wird als wahr angenommen, so daß jeder, der im Vertrauen auf die Angaben dieser Urkunden Rechtsgeschäfte abschließt, in diesem guten Glauben geschützt wird. Die von der Gesetzgebung beider Staaten in bezug auf die Richtigkeit der Buchangaben gemachten Einschränkungen sind nur durch die Unmöglichkeit, volle Wahrheit zu erlangen, begründet, die Grenze der Wahrheit dieser Angaben ist nur durch das Maß der tatsächlichen Möglichkeit, volle Wahrheit zu erlangen, gezogen, und kann je nach dem Stande der im Lande herrschenden öffentlichen Sittlichkeit enger oder weiter gezogen sein. Um diese Grenze möglichst weit hinauszuschieben, muß der Staat für verläßliche Grundlagen der Neueintragungen sorgen und hat zu diesem Zwecke die alte Notariatsurkunde auf moderner Grundlage wieder ins Leben gerufen und ihre Wirkung der seiner eigenen Urkunde gleichgestellt. Gegenstand der Notariatsurkunde sind daher alle jene Privatrechtsverhältnisse, denen im Interesse der Verkehrssicherheit volle oder beschränkte Öffentlichkeit aufgeprägt werden soll. Auch die im Notariatsarchiv vereinigten Notariatsurkunden müssen dem öffentlichen Buche an die Seite gestellt werden, die bisherige Entwicklung der Gesetzgebung zeigt auch den Weg, in der sie sich weiter entwickeln wird, er geht dahin, immer mehr Privatrechtsverhältnisse der Öffentlichkeit zur Kontrolle preiszugeben.

Dem Zwange der öffentlichen Beurkundung werden nicht zu unterstellen sein die zahlreichen Geschäfte des Alltags, insbesondere des Handelsverkehres, wobei zumeist die Erfüllung unmittelbar dem Abschlusse nachfolgt, wohl aber jene, die für die Beteiligten besonders nachhaltige Folgen nach sich ziehen, die über namhafte Vermögensteile abgeschlossen werden, und deren Wirkung erst in späterer Zeit oder erst nach dem Ableben eines Beteiligten zur Wirkung gelangen sollen. Die einschneidenden Folgen der „Veröffentlichung" der Privatrechtsbeziehungen zwingen die Gesetzgebung, die öffentliche Urkunde mit aller möglichen Gewähr für den Inhalt und für das richtige Zustandekommen auszugestalten. Diese Gewähr kann nur in der sorgfältigen Auswahl der Notare als der vom Staate beglaubigten Urkundenverfasser liegen und in der Art, wie diese ihr Amt ausüben. Wir müssen daher die beiden Elemente, aus denen sich die Notariatsurkunde zusammensetzt, das sachliche und das persönliche besprechen.

a) Die Urkunde.

1. Die Form.

α) in Österreich.

Die Form der Notariatsakte, das sind die vom Notar aufgenommenen öffentlichen Urkunden, ist in der Notariatsordnung vom 26. Juli 1871 genau vorgezeichnet. Aus dem Wortlaut der Urkunde muß die Einhaltung der Formvorschriften zu entnehmen sein; insbesondere ist zu beurkunden: Name und Amtssitz des Notars, die Anwesenheit der beteiligten Parteien sowie der allenfalls erforderlichen Zeugen, Vertrauenspersonen und Dolmetsche und die Bestätigung des Notars über die Personsidentität, dann die Beurkundung der Parteierklärungen, die Vorlesung, Genehmigung und Unterzeichnung, endlich die Unterschrift aller Anwesenden und des Notars. Die Urkunde muß äußerlich ohne Gebrechen geschrieben und von den Parteien unterfertigt sein, die Urschrift bleibt beim Notar, die Parteien erhalten Ausfertigungen und Abschriften. Das Gesetz bezeichnet genau jene Förmlichkeiten, die zur Gültigkeit der Urkunde als öffentlichen Urkunde notwendig sind und diejenigen, die nur als Dienstesvorschriften für den Notar ohne Einfluß auf die Gültigkeit einzuhalten sind. Das Gesetz überläßt es schließlich der Beurteilung des Gerichtes im Einzelfalle, ob eine mangelhaft ausgefertigte Notariatsurkunde noch als Privaturkunde rechtskräftig sei. Für Testamente schreibt das bürgerliche Recht besondere Formen vor, welche neben den durch die Notariatsordnung vorgezeichneten beobachtet werden müssen.

Die Form des Wechselprotestes ist in der Wechselordnung geregelt. Für die Gerichte als Urkundämter besteht lediglich die einzige Formvorschrift, daß das Gericht gehörig besetzt sein muß, das heißt, es muß ein Richter, gegen den keine Ausschließungsgründe obwalten, und ein beeideter Schriftführer zugegen sein.

β) im Deutschen Reiche: Das Reichsgesetz über die freiwillige Gerichtsbarkeit schreibt genau vor, welche Förmlichkeiten als für die Gültigkeit des Rechtsgeschäftes wesentlich eingehalten werden müssen. Dahin gehören: die Aufnahme in deutscher Sprache, die Bezeichnung der Urkundsperson, die Datierung, die Beurkundung der Parteierklärungen, die allfällige Beiziehung von Zeugen, Vertrauenspersonen und Dolmetschen, die Vorlesung, Genehmigung und Unterzeichnung. Die Urschrift bleibt bei Gericht oder beim Notar. Die Parteien erhalten Ausfertigungen oder Abschriften. Diese Vorschriften, ebenso wie jene über Befangenheit des Notars stimmen im wesentlichen mit denen des österreichischen Rechtes überein.

Nicht wesentlich ist die Bestätigung der Personsidentität der Partei; diese hat die Urkundperson nur dann aufzunehmen, wenn ihr die Grundlagen durch persönliche Bekanntschaft oder Zeugen und Urkundenbeweis geliefert werden. Allerdings hat, wenn die Beurkundung der Identitätsbestätigung fehlt, das Grundbuchgericht die Möglichkeit, aus diesem Grunde den Eintragungsantrag abzulehnen.

Für Testamente bestehen ebenfalls besondere Formvorschriften. Der Wechselprotest mangels Zahlung wird auf dem Wechsel selbst geschrieben, bei andern Protesten ist eine Abschrift des Wechsels in den Wortlaut der Protesturkunde aufzunehmen. In beiden Rechtsgebieten ist der Notar unter eigener Haftung zur Überwachung der mit dem Rechtsgeschäfte verbundenen Staatsgebühren und Stempeln verpflichtet.

2. Der Inhalt.

In Österreich. Als Mittelglied zwischen Form und Inhalt und zur Kennzeichnung des wesentlichen Unterschiedes zwischen Privat- und Notariatsurkunde möge hier der Wortlaut des § 52 der Notariatsordnung an die Spitze gestellt werden, welcher lautet: „Der Notar ist verpflichtet, bei Aufnahme eines Notariatsaktes die persönliche Fähigkeit und Berechtigung jeder Partei zum Abschlusse des Geschäftes nach Möglichkeit zu erforschen, die Parteien über den Sinn und die Folgen desselben zu belehren und sich von ihrem ernstlichen und wahren Willen zu überzeugen, ihre Erklärung mit voller Klarheit und Bestimmtheit schriftlich aufzunehmen und nach geschehener Vorlesung des Aktes durch persönliches

Befragen der Parteien sich zu vergewissern, daß derselbe ihrem Willen entsprechend sei."

Im Deutschen Reiche. Da noch keine Reichsnotariatsordnung besteht, gibt es auch keine einheitlichen Dienstvorschriften für die Notare. Die zahlreichen in den einzelnen Bundesstaaten bestehenden Notariatsordnungen und in noch höherem Maße der Rechtsbrauch legen dem Notare ähnliche Pflichten auf. Der Schwerpunkt wird auf die Beurkundung des tatsächlichen Vorganges gelegt, wonach der Notar durch eingehende Befragung und Belehrung von dem ernstlichen Willen der Partei und von ihrem Verständnis des Gegenstandes sich überzeugt hat.

Beiderseits erstreckt sich der sachliche Inhalt der Notariatsurkunde auf das gesamte Privatrecht, die Zuständigkeit des Notars findet ihre Grenze erst dort, wo durch positive gesetzliche Anordnung die ausschließliche Zuständigkeit einer andern Urkundsperson beginnt. Die überwiegende Mehrzahl der Notariatsurkunden, die im Tagesverkehr vorkommen, bewegt sich im Gebiete des Urkund-, Grundbuchs- und Nachlaßrechtes. Der Ausdruck „Urkundrecht" möge hier der Kürze halber gestattet sein, ich fasse darunter die Begründung aller Arten von Schuldverhältnissen und Eigentumsübertragungen zusammen. Die Heraushebung von „Grundbuchs"- und „Nachlaßrecht" als eines abgesonderten Teiles des Urkundwesens erscheint durch den Umstand gerechtfertigt, daß in diesen beiden Gebieten die Mitwirkung der Grundbuchs- und Nachlaßbehörden unerläßlich ist, und daher die Tätigkeit der Notare über die Urkundenerrichtung im engeren Sinne hinausgreift.

Zweier Besonderheiten des österreichischen Notariatsrechtes muß hier gedacht werden.

a) Nach § 79 der Notariatsordnung beurkundet der Notar, daß die Partei eine Urkunde vor ihm unterfertigt oder die auf der Urkunde befindliche Unterzeichnung als die ihrige vor ihm anerkannt habe. Er hat von dem Inhalte der Urkunde nur soweit Kenntnis zu nehmen, als dies zur Eintragung in das Protokoll notwendig ist. Für den Inhalt der Urkunde sowie für die Berechtigung des Ausstellers ist er nicht verantwortlich. Die seit dem Jahre 1897 konsequent festgehaltene Rechtsprechung des Obersten Gerichtshofes verlangt, daß der Notar auch bei Legalisierung der Unterschriften sowie bei Verfassung von Privaturkunden alle ihm bei Errichtung von Notariatsakten obliegenden Verpflichtungen einhalte, und erklärt die Außerachtlassung als ein Disziplinarvergehen. Hierdurch erhält die Beglaubigung, die doch sonst als eine nicht rechtsgeschäftliche Beurkundung bezeichnet wird, einen ganz anderen und viel weiter gehenden Inhalt, als ihrem Wortlaute entspricht. So schwerwiegend diese Zumutung ist, die die Rechtspflege hier an den Notar stellt, so begrüßen die österreichischen Notare diese Auffassung als einen Sieg der zwingenden Gewalt des Notariatsrechtes, dem selbst eine so formfeindliche Justizpflege wie unsere auf dem veralteten bürgerlichen Gesetzbuche beruhende ist, sich nicht zu entziehen vermag. Hierdurch erhalten zweifellos auch die vom österreichischen Notar verfaßten und beglaubigten Privaturkunden den innerlichen Gehalt öffentlicher Urkunden und der Forderung nach gesetzlicher Gleichstellung dieser Urkunden mit den öffentlichen muß die Gesetzgebung in absehbarer Zeit Rechnung tragen. An die von den Gerichtskanzleien, von den Tiroler Legalisatoren und von den Konsulaten beglaubigten Urkunden wird diese Forderung nicht gestellt. Diese äußere Gleichstellung der vom Notar verfaßten und rücksichtlich der Unterschriften beglaubigten Privaturkunden könnte durch einen kleinen Beisatz im Beglaubigungsvermerke, wodurch die Übereinstimmung des Willens des Ausstellers mit dem Inhalte der Urkunde zum Ausdrucke gebracht wird, leicht bewirkt werden.

b) Nach § 54 der Notariatsordnung ist der Notar verpflichtet, eine von den Parteien bereits errichtete Privaturkunde über ihr Verlangen notariell zu bekräftigen, wodurch sie die Eigenschaft einer öffentlichen Urkunde erhält. Die hierbei vorzunehmende Prüfung des Inhalts und der Berechtigung der Partei kann naturgemäß nur formellen Charakter haben und sich auf das Zustandekommen des Rechtsgeschäftes zumindest dann nicht erstrecken, wenn, wie es meist der Fall ist, die fertig mitgebrachte Urkunde von Rechtsfreunden verfaßt worden ist. Die Disziplinar-Rechtsprechung verpflichtet den Notar auch dann zur Vornahme dieser sogenannten „Sollennisierung“, wenn die Privatkunde über ein solches Rechtsgeschäft errichtet worden ist, welches zu seiner Gültigkeit der Errichtung eines Notariatsaktes bedurft hätte, die Privaturkunde nach dem Wortlaute des Gesetzes also nichtig ist. Das deutsche Recht kennt weder im Reichsrecht noch in den Notariatsordnungen der Bundesstaaten eine ähnliche Einrichtung. Es könnte wohl die Frage aufgeworfen werden, ob diese „sollennisierten Notariatsakte“ den reichsdeutschen öffentlichen Urkunden inhaltlich vollkommen an die Seite gestellt werden können.

3. Rechtswirkung der Notariatsurkunde.

Jede Rechtsurkunde bezweckt die Erleichterung der Beweisführung über rechtlich bedeutsame Tatsachen gegenüber allen andern Beweismitteln, daher räumt die Gesetzgebung beider Staaten der Urkunde je nach ihrer Beschaffenheit bestimmte Wirkungen ein. In beiden Rechtsgebieten lassen sich folgende Abstufungen unterscheiden:

a) Zur Erleichterung des Beweises über den Bestand eines Rechtsverhältnisses ist die Errichtung einer Urkunde, sei es in öffentlicher, sei es in privater Form zweckmäßig, aber nicht notwendig. Dies ist in beiden Rechtsgebieten der leitende Gedanke, der im Vertragswesen die Formfreiheit festsetzt.

b) Die Gültigkeit des Rechtsgeschäftes hängt von der Errichtung einer schriftlichen Urkunde ab, ohne daß für diese eine bestimmte Formvorschrift bestünde. In beiden Gesetzgebungen finden sich zahlreiche Beispiele dieses Satzes, der aus der Masse der Rechtsgeschäfte des Tagesverkehres einzelne wegen ihrer Wichtigkeit heraushebt.

c) Die Gültigkeit des Rechtsgeschäftes in seinem vollen Inhalte oder in einzelnen Teilen hängt von der Errichtung einer öffentlichen Urkunde ab; solange diese nicht zustande gekommen ist, ist auch das Rechtsgeschäft seinem ganzen Inhalte nach oder in den betreffenden Teilen nicht zustandegekommen. In beiden Gesetzgebungen finden sich zahlreiche gesetzliche Anordnungen, die aus der großen Masse der Rechtsgeschäfte des Tagesverkehrs abermals eine weitere Gruppe herausheben und besonderen Formvorschriften unterwerfen.

Die beiden ersteren Gruppen kommen bei Beantwortung der dem Juristentage vorgelegten Frage nur insoweit in Betracht, als durch die nicht notwendige, aber im Einverständnis der Beteiligten vorgenommene Errichtung der öffentlichen Urkunde besondere Wirkungen erzielt werden. Gegenstand des Gutachtens ist hauptsächlich die letztere Gruppe. An dieser Stelle kann wohl als bekannt vorausgesetzt werden, welche öffentlichen Bücher im Gebiete des Privatrechts beiderseits geführt werden, und welche Formvorschriften für Rechtsgeschäfte beiderseits bestehen. Folgendes muß jedoch hier hervorgehoben werden.

Nach österreichischem Gesetz hat, wenn bei Errichtung des Notariatsaktes Formfehler begangen werden, das Gericht zu entscheiden, ob die Urkunde etwa noch als Privaturkunde Geltung behalten kann. Die Rechtsprechung bewegt sich in der Richtung, daß das

Gesetz vom 25. Juli 1871, das für einzelne Rechtsgeschäfte „zur Gültigkeit die Errichtung eines Notariatsaktes“ vorschreibt, als Ausnahmsgesetz bezeichnet und in dem Sinne streng ausgelegt und gehandhabt wird, daß im Zweifel, ob ein vorliegendes Rechtsgeschäft beispielsweise unter den Begriff der Ehepakte falle, ob eine Zahlung als Heiratsgut anzusehen sei und dergleichen, womöglich die formlose Abfassung des Rechtsgeschäftes als zulässig und gültig erklärt wird. Auch wird in gerichtlichen Entscheidungen die Frage verschieden beurteilt, ob nach dem Wortlaute des Gesetzes die Notariatsaktsform nicht etwa bloß als Beweisform anzusehen sei, so daß also das Rechtsgeschäft auch durch alle andern prozessual zulässigen Beweismittel als rechtsbeständig dargetan werden könne.

Die Vollstreckbarkeit des Anspruches wird begründet, wenn in einem Notariatsakte eine Schuld an Geld oder andern vertretbaren Sachen festgestellt ist, die Person des Berechtigten, sowie jene des Verpflichteten, der Rechtstitel, der Gegenstand und die Zeit der Leistung genau bestimmt sind und der Verpflichtete in der Urkunde zugestimmt hat, daß dieselbe in Ansehung der anerkannten Schuld sofort vollstreckbar sein soll.

Ist die Verbindlichkeit von dem Eintritte einer Bedingung oder eines nicht kalendermäßig feststehenden Zeitpunktes abhängig, so ist zur Vollstreckbarkeit erforderlich, daß auch der Eintritt der Bedingung oder des Zeitpunktes durch eine öffentliche Urkunde nachgewiesen werde. Vollmachten, auf Grund welcher ein Notariatsakt errichtet werden soll, müssen, um dem Akte die Vollstreckbarkeit zu sichern, sofern sie nicht schon öffentliche Urkunden sind, gerichtlich oder notariell beglaubigt sein. Vollstreckung zur Sicherstellung noch nicht fälliger Forderungen kann auf Grund von Notariatsakten nicht erwirkt werden. Forderungen, deren Betrag ziffermäßig noch nicht feststeht, wie z. B. eine noch der richterlichen Ermäßigung unterliegende Konventionalstrafe oder eine Kredithypothek, bevor noch eine innerhalb ihres Rahmens entstandene ziffermäßig bestimmte wirkliche Forderung festgestellt ist, können nicht als vollstreckbar bezeichnet werden. Die grundbücherliche Anmerkung der in Notariatsakten begründeten Vollstreckbarkeit bei Erwirkung der vertragsmäßigen grundbücherlichen Pfandrechtseinverleibung ist zulässig.

Ich erachte es nicht für notwendig, wie dies manchmal geschieht, die Vollstreckbarkeit als besondere Rechtswirkung der Urkunde von der Beweiswirkung als allgemeiner Eigenschaft der Urkunde abzusondern und sie als Ausfluß der Staatshoheit zu bezeichnen. Das gerichtliche Urteil, welches dem Anspruch die Vollstreckbarkeit zuerkennt, beruht auf der Feststellung, daß das kunstgerecht durchgeführte Streitverfahren jene Ergebnisse gezeitigt hat, die die Vollstreckbarkeit rechtfertigen. Der gerichtliche Vergleich und die notarielle Schuldurkunde beurkunden nichts anderes als das Urteil, vorausgesetzt, daß sie mit allen vom Gesetze vorgeschriebenen Sicherheitsmaßregeln für die gehörige Feststellung des Sachverhaltes versehen sind. Als solche Sicherheitsmaßregeln sind die gehörige Bestellung des gesetzlich befähigten Notars und dessen gewissenhafte Amtsführung zu bezeichnen.

Nach reichsdeutschem Rechtsbrauche gilt im allgemeinen die Regel, daß bei formbedürftigen Rechtsgeschäften die Außerachtlassung der Form die Ungültigkeit des Rechtsgeschäftes bewirkt. Die Rechtsprechung verschärft diese Formstrenge durch Nichtigerklärung des Rechtsgeschäftes, auch wenn die Form in Nebendingen verletzt wurde.

Die Vollstreckbarkeit der notariellen Schulderklärungen ist an fast genau dieselben Voraussetzungen geknüpft, wie nach österreichischem Rechte, in formeller Beziehung besteht der wesentliche Unterschied, daß der Ausfertigung ein besonderer „Vollstreckungsvermerk" beigesetzt werden muß, der nach österreichischem Rechte nicht notwendig ist.

b) Der Notar.

Das Eindringen des römischen Rechtes in das deutsche Rechtsgebiet hatte die unmittelbare Folge, daß unsere deutschen Juristen das ganze Rechtswesen mit den Augen des Romanisten betrachteten. Das römische Recht preßte alle Verträge in die Prozeßformeln und dementsprechend legten die fachmännisch gebildeten Juristen an alle Verkehrsgeschäfte des täglichen Lebens den Maßstab der Legisaktionen. Sie konnten sich jahrhundertelang ein Rechtsverhältnis, und sei es der einfachste Kaufvertrag, nicht anders vorstellen als im Gewande des römischen Zivilprozesses mit Frage und Antwort, einem Antrag in Klagsform, Verhandlung und zum Schlusse mit einem richterlichen Erkenntnis und in demselben Sinn unterrichtet selbst jetzt noch manche Fakultät ihre Jünger, so daß ein nicht unbedeutender Teil der heutigen Männer des Rechts den dürftigen Gesetzestext als ausreichend bezeichnet, um sich durch dessen genaues Studium ein Bild des wirklichen Lebens zu gestalten.

Das Gesetz mag sich mit einer möglichst kurz gefaßten Begriffsbestimmung der Rechtsgeschäfte, welche zur Zeit seiner Entstehung häufig vorkommen, begnügen. Kommt nun ein Vertrag im Streitverfahren zur amtlichen Behandlung durch Anwalt und Richter, so tun diese ihr bestes, um durch Frage und Gegenfrage alle Elemente des wirklichen Vertragsabschlusses herauszufinden. Das ist der notwendige Vorgang, um den Streitfall für das Urteil herzurichten, mit dem die Angelegenheit für die beteiligten Juristen beendet ist und jedes weitere Interesse verliert. Eine im Organismus der Verkehrslebens erkrankte Stelle ist mit Eisen und Feuer nach Möglichkeit geheilt. Kein Rechtslehrer aber und kein Lehrbuch zeigt, wie der gesunde Organismus beschaffen sein soll, keiner zeigt, wie das lebenspendende Blut durch die Adern des einheitlichen Verkehrskörpers strömt, wie alle Muskeln und Nerven ineinandergreifen und zusammenwirken, wie ein Rechtsgeschäft das andere erzeugt, wie der einzelne Vertrag, wie jede durch einen Todfall eintretende Veränderung nur ein Glied in der großen zusammenhängenden Kette von Rechtsgeschäften ist, keiner zeigt wie der einzelne Vertrag entsteht und wie er beschaffen sein soll, damit er seinen wirtschaftlichen Zweck erfüllt. Um Einblick in dieses ununterbrochen pulsierende Leben zu gewinnen, um den wirtschaftlichen Zusammenhang der Rechtsgeschäfte zu erkennen, genügt das eifrigste Gesetzesstudium nicht. Dazu ist langjährige Tätigkeit in Anwalts- und Gerichtskanzleien und außerdem ununterbrochener Verkehr mit der arbeitenden Bevölkerung notwendig. Bloße Kanzleiarbeit gewährt nur den Einblick in einzelne aus dem Zusammenhang losgerissene Rechtsangelegenheiten, und der Bureaukratismus erklärt mit deren Erledigung seine Aufgabe als erfüllt. In dieser Weise wurde auch die außerstreitige Rechtspflege unter dem Namen der „freiwilligen Gerichtsbarkeit" durch das Zusammenwirken der Anwälte und Richter lange Zeit besorgt. Solange sich der Verkehr in räumlich engen Grenzen bewegte, mochte dies genügen. Die Tätigkeit des Richters, der mehr Pfleger und allmächtiger Amtmann als Richter im modernen Sinne war, war noch mit einem Schimmer der altgermanischen Volksteidinge und der öffentlichen Gerichtstage, bei denen das Volk den „Umstand" bildete, verklärt. Sobald aber der Verkehr die Bezirksgrenzen gesprengt hatte, trat sofort zutage, daß sowohl die bürgerlichen Gesetze als auch die Form des Verfahrens aus den Bedürfnissen der Vergangenheit erwachsen und diesen angepaßt, der Gegenwart nicht mehr entsprachen. In dem Gutachten der königlichen Immediat-Justizkommission über das Notariat vom Jahre 1816 (abgedruckt in Eulers Handbuch des Notariats in

Preußen, Düsseldorf 1858) und in dem a. u. Vortrage des österreichischen Justizministers von Schmerling vom Jahre 1850 (abgedruckt in Chiaris Handbuch des österreichischen Notariats, Wien 1851) werden die Ursachen ausführlich erörtert, welche die bisherige Gerichtsverfassung als veraltet und unbrauchbar erscheinen ließen. In diesen an die Monarchen der beiden deutschen Großstaaten erstatteten eingehenden Berichten wird die Schaffung des Notariats als einer neuen Einrichtung verlangt. Aus dem Tätigkeitskreise des Rechtsanwalts und des erstinstanzlichen Richters löste sich je ein Teil der Arbeit und der Berufstellung los und es bildete sich ein neuer Beruf, dessen Träger die Eigenschaften und Kenntnisse des Anwalts und Richters in sich vereinigen und einen Teil der Dienstpflichten jener beiden von sich abstreifen sollte. Das alte Notariat war auf die eigentliche Schriftführerarbeit beschränkt. Das heutige Notariat hat mit seinem Vorfahr kaum mehr als den Namen gemein. Der Notar hat zwar bei Abfassung der von ihm begehrten Urkunden keinen Einfluß auf die Vereinbarung der Vertragsbestimmungen zu nehmen, insoweit sie den bestehenden Gesetzen nicht widersprechen; eine Bevormundung der Parteien ist ihm schlechtweg untersagt, er hat aber die Pflicht dafür zu sorgen, daß jeder Vertragsteil sich über den Inhalt des beabsichtigten Rechtsgeschäftes vollkommen klar werde und daß die gesetzlich aufgestellten, aber gesetzlich nicht klar abgegrenzten Begriffe: Einhaltung der guten Sitten und der öffentlichen Ordnung, Hintanhaltung der Verletzung von Rechten Dritter und unlauterer Wettbewerb, insbesondere auch Anfechtbarkeit und Exekutionsvereitelung bei der Gestaltung des in seine Hände gelegten Rechtsgeschäftes und bei Abfassung der dazu gehörigen Urkunden nicht außeracht gelassen werden.

Mit dem an die Spitze dieses Abschnittes gestellten Wortlaute des § 52 der österreichischen Notariatsordnung ist übrigens die Aufgabe des Notars noch nicht erfüllt. Hüben wie drüben der Grenze wendet sich das Publikum an den Notar nicht nur um die Urkunde zu Papier zu bringen, sondern um vorher das Grundbuch einzusehen, den Briefwechsel zu führen, nachher als Treuhänder das Geld in Empfang zu nehmen, die Zahlungen zu leisten und die Verbücherung zu erwirken. Er hat die Sachlage nach allen Richtungen hin durchzudenken und zu besprechen, um nach besten Kräften allen etwa später möglichen Anfechtungen und Rechtsstreiten vorzubeugen und alle die zahlreichen Fragen, die bei Erfüllung der formlos geschlossenen Geschäfte des Tages- und insbesondere des Handelsverkehrs der Wissenschaft schwere Arbeit verursachen, wie die Fragen nach dem Rechte des Prozeßgerichtes, des Vertragsortes, des Wohnsitzes des Gläubigers oder Schuldners, dem Rechte des Erfüllungsortes u. ä. von vornherein zu beantworten. Dem freigewählten Notare teilen die Parteien alles mit, was zur Beurteilung des ganzen Rechtsgeschäftes, des „Milieus", in dem es entstehen soll, notwendig ist. Der Notar trägt, auch wenn dies nicht im Gesetze geschrieben steht, bis zu einem gewissen Grade die Haftung dafür, daß das beurkundete Geschäft rechtlich und wirtschaftlich durchgeführt werden kann. Das Publikum sieht in ihm in erster Linie den Wegweiser, um das Geschäft zustande zu bringen, erst in zweiter Linie den Beurkunder. Das beurkundende Gericht erfährt in der Regel nur das, was zur Niederschrift, also zur Ausfüllung des vorgedruckten Formulars gehört. Jede vorgehende Beratung und insbesondere jede Haftung, sei es auch nur Haftung im moralischen Sinne, wird der Richter unter allen Umständen ablehnen. Deshalb wird das Gericht nie zur Führung des Notariats befähigt sein. Es ist daher auch die Art, wie der tüchtige Notar die Parteien befragt, von der Fragestellung des Gerichts grundverschieden. In dieser Vertrauensstellung liegt das Übergewicht des Notars vor der Staatsbehörde, die bestenfalls nur als Urkundamt, nicht aber als geschäftskundiger Treuhänder einschreiten könnte, und auch das Übergewicht gegenüber der Rechtsanwaltschaft, die ihrem innersten Berufe, der einseitigen und tatkräftigen Parteienvertretung untreu würde, wollte sie berufsmäßig die Rechte beider Parteien wahrnehmen. Um diese Aufgabe, die über den Rahmen der Schriftführer- und Beglaubigungstätigkeit hinausgewachsen ist, erfüllen zu können, braucht der moderne Notar eine besondere Ausbildung und Schulung.

Die Einzelheiten des notariellen Standesrechts ausführlich darzustellen, ist hier wohl nicht der geeignete Ort. Sie können an dieser Stelle als bekannt vorausgesetzt werden. Das eingehende Studium der bestehenden Notariatsordnungen zeigt eine äußerlich vielgestaltige Erscheinung des deutschen Notariats. Es zeigt aber nur die für den Notar bestehenden Formvorschriften, nicht den Inhalt seiner Tätigkeit, während jeder Beamte seinen Wirkungskreis in seinen Dienstvorschriften umschrieben findet. Der Einblick in den Betrieb dies- und jenseits der Grenze zeigt aber, daß überall, wo der Notar die ihm vom Publikum zugedachte Stellung wirklich ausfüllt, er nicht bloß im Rahmen der Gesetze über den Beurkundungszwang amtiert, sondern daß er der eigentliche Träger der außerstreitigen Rechtspflege im Bezirke ist. Um dieses tatsächlich bestehende Verhältnis mit den Erfordernissen der Gesetzgebung und der

Staatsverwaltung in Einklang zu bringen, ist zweierlei notwendig: erstens die gesetzliche Ausgestaltung der notariellen Zuständigkeit, und zweitens die sorgfältige Auswahl der zu Notaren zu ernennenden Persönlichkeiten.

II. Vergleich der beiderseitigen Notariats-Einrichtungen.

Der Vergleich ergibt:

Der Zweck des modernen Notariats ist beiderseits:

a) Schutz des wirtschaftlich schwächeren Vertragsteiles durch Aufklärung und Belehrung;

b) Feststellung der begründeten Rechtsverhältnisse durch Niederlegung in öffentlicher Urkunde.

Der Zweck der Notariatsurkunde ist beiderseits: geordnete Sammlung der Urkunden über jene Rechtshandlungen, deren Hinterlegung in öffentlicher Urkunde für die Erhaltung der Rechtsordnung von Bedeutung ist, weiters die Eintragung in die öffentlichen Bücher, dann Beweiswirkung im Rechtsstreite, endlich die Vollstreckbarkeit.

Für die Eintragung in die öffentlichen Bücher ist nach reichsdeutschem Rechte zum Teil öffentliche Beurkundung, für das Grundbuch die Auflassung erforderlich, zum Teil genügen Privaturkunden mit beglaubigten Unterschriften; nach österreichischem Rechte in vereinzelten Fällen öffentliche Beurkundung, zumeist Privaturkunden mit beglaubigten Unterschriften.

Die Beweiswirkung der Notariatsurkunden im Rechtsstreite ist nach den beiderseitigen Zivilprozeßordnungen ziemlich weitgehend; die Grenze der Beweiswirkung in bezug auf den Inhalt der vorgelegten Auslandsurkunde ist schon heute nur durch die richterliche Beweiswürdigung gezogen, die auch durch einen Staatsvertrag nicht beeinflußt werden kann. Die gesetzmäßige Aufnahme und die Echtheit der Auslandsurkunde wird heute durch die Superlegalisierung formell erwiesen.

Die Vollstreckbarkeit der Auslands-Notariatsurkunde ist heute noch nicht anerkannt.

Die Mittel zur Ausbildung des Notariatsrechtes, welches beide Gesetzgebungen anwenden, sind:

a) die zwingende Gesetzesvorschrift, wodurch ein Rechtsgeschäft nur in notarieller Form gültig ist, also der Urkundzwang, verbunden mit einer Reihe besonderer Dienstvorschriften, die den Notaren teils ausdrücklich durch das Gesetz, teils durch Rechtsbrauch und Rechtsprechung in stets steigendem Maße auferlegt werden;

b) die von den neueren Gesetzen geförderte wahlweise Heranziehung der Notare zur Beurkundung durch Einräumung besonderer Rechtswirkungen für die notariellen Urkunden.

Die Tätigkeit der Notare erstreckt sich beiderseits auf das Urkund-, Grundbuchs- und Nachlaßrecht, in allen drei Abteilungen ist ihre Mitwirkung zum Teile gesetzlich vorgeschrieben, zum Teile dem freien Ermessen der Beteiligten überlassen. Allseitig zeigt die Tagesgeschichte eine stets ansteigende Heranziehung des Notariats, so daß der Ausspruch gerechtfertigt erscheint, die Notariatsurkunde beherrsche nicht nur rechtlich, sondern auch tatsächlich weite Gebiete. Schwankungen im Ausmaß der notariellen Betätigung sind im gegenwärtigen Entwicklungsabschnitte unvermeidlich, die Ursache ist sowohl in Mängeln oder Vorzügen der beteiligten Persönlichkeiten als auch in den überall tätigen Mächten des Beharrens gelegen, die bekanntlich jeder Neuerung solange widerstreben, bis die allmächtige Zeit und ein sanfter Zwang den Widerstand niederringen.

Die Bestellung des Notars erfolgt ausnahmslos durch die Regierung (in Bayern und in einigen kleineren Bundesstaaten durch den Landesherrn, in größeren und in Österreich durch den Justizminister), die Vorbildung umfaßt das volle Universitätsstudium und die Ablegung höherer Prüfungen; wo eine besondere Standesvorbildung noch nicht besteht, wird sie angestrebt.

Die Stellung der Notare im Justizorganismus ist beiderseits im wesentlichen die gleiche: ob sie nun wie in Bayern und Hamburg vom Gesetze ausdrücklich als Beamte erklärt werden, ob sie als ausgesprochenes Mittelglied zwischen Staatsbeamten und den einen freien Beruf Betreibenden erscheinen wie in Österreich und in einer Reihe deutscher Bundesstaaten, überall herrscht der Grundsatz: „Der Notar übt eine Tätigkeit aus, die im öffentlichen Rechte wurzelt, und die er unter dem Schutze und der Leitung des Staates ausübt, um Aufgaben der Rechtspflege zu erfüllen" (aus einem Urteil des bayrischen Obersten Landgerichtes). Der Notar bezieht seinen Lebensunterhalt als Stücklohn unmittelbar vom Auftraggeber, untersteht aber der staatlichen Aufsicht und einer Reihe von Dienstvorschriften, die den freien Berufen nicht obliegen.

In Österreich ist die Entwicklung des notariellen Standesrechts weiter vorgeschritten als im Deutschen Reiche. Das Notariat ist hier einheitlich und im großen ganzen zweckentsprechend geregelt, doch fehlt uns die aus einem einheitlichen Gesichtspunkte vorzunehmende zivilrechtliche Ordnung des Urkundwesens. Deshalb ist auch die Zuständigkeit des Notariats noch nicht vollkommen klargestellt. In Österreich wurde das Notariat eingeführt, dagegen die notwendige Fortbildung des bürgerlichen Rechtes außeracht gelassen, daher erscheint hier das Notariatsrecht fast als ein Bannrecht des Notarenstandes, was es gewiß nicht ist. Das deutsche Reichsrecht kennt zwar keinen Notarenstand (abgesehen von der im EG. z. BGB. enthaltenen Verweisung auf die Landesgesetze), sieht aber als wesentliches Element des Verkehrs der Gegenwart die Notariatsurkunde vor, die bei dem geltenden Rechtszustande nur auf Grund der landesrechtlichen Notariatsordnungen zustande kommen kann. Dagegen ist dort das Urkund-, das eigentliche Notariatsrecht in seinen Grundzügen einheitlich geordnet. Die öffentliche Meinung der Fachkreise, zuerst in den Beschlüssen des Deutschen Juristentages vom Jahre 1863 deutlich zum Ausdrucke gebracht, seither in den verschiedensten Formen wiederholt, fordert die Schaffung einer Reichsnotariatsordnung.

Der Vergleich der Stellung, die der Notar im Gerichtsorganismus und im Verkehre in den in Betracht kommenden Staaten einnimmt, ergibt, daß nur das von den Staatsbehörden, insbesondere den Gerichten erster Instanz und von der Rechtsanwaltschaft losgelöste, als selbständiger Berufsstand eingerichtete Notariat seine Aufgabe voll erfüllen kann. Der besondere staatliche Schutz, der seinen Urkunden gewährt wird, bedingt auch die staatliche Bestellung und ein gewisses Maß von staatlicher Überwachung der Berufstätigkeit. Die besondere Aufgabe erfordert auch eine besondere notarielle Vorschule, die kein anderer öffentlicher Dienst gewähren kann.

Der Vergleich ergibt, daß die Entwicklung der Gesetzgebungen wie sie sich seit einem Jahrhundert vollzogen hat, und wie sie sich voraussichtlich in der nächsten Zukunft vollziehen wird, beiderseits in gleicher Richtung erfolgt. Die bestehenden Verschiedenheiten bilden gewiß kein wesentliches Hindernis für die Freizügigkeit der Notariatsurkunde. Die verschiedene Behandlung der Formfrage in den beiderseitigen Rechtsprechungen, die fast übermäßige F o r m s t r e n g e der reichsdeutschen Gerichte und das sichtliche Streben nach F o r m e r l e i c h t e r u n g e n in der österreichischen Rechtsprechung kann die Freizügigkeit der notariellen

Urkunde ebenfalls nicht hindern. Diese Verschiedenheit dürfte übrigens von selbst verschwinden, sobald die österreichische Gesetzgebung die allseits angestrebte Reform des Bürgerlichen Gesetzbuches vollzogen haben wird.

III. Voraussetzungen der rechtlichen Gleichstellung der Notariatsurkunden.

Das internationale Privatrecht, das die privatrechtlichen Beziehungen der Angehörigen zweier Staaten regelt, wird formell in doppelter Art gepflegt:

1. dadurch, daß jeder Staat im eigenen Wirkungskreise Gesetze gibt, die die Beziehungen seiner Staatsangehörigen zu den Ausländern regeln. Wenn die Gesetzgebungen beider Staaten gleichlautend oder doch in gleicher Richtung ausgestaltet sind, und die Gleichstellung der Ausländer mit den Inländern in privatrechtlichen Dingen, die Gegenseitigkeit vorausgesetzt, festsetzen, so unterliegt die rechtliche Geltendmachung von Ansprüchen im andern Staatsgebiete keinen Schwierigkeiten;
2. dadurch, daß die beiden Staaten in einzelnen Beziehungen sich vertragsmäßig binden.

Der erste Weg wird im allgemeinen bei Abfassung der materiellrechtlichen Sätze des bürgerlichen Rechtes eingeschlagen werden. Vertragsmäßige Bindung dürfte hier in den seltensten Fällen zweckmäßig sein, weil jeder Staat auf die Eigenart seiner Bevölkerung und auf den geschichtlichen Werdegang seiner Rechtsgebilde Rücksicht nehmen muß.

Der zweite Weg wird dort gewählt, wo Verkehrsbeziehungen einzelner Personen über die Grenze greifen und Vorkommnisse rechtlicher Natur, die in einem Staate auf Grund seiner Gesetze zustandegekommen sind, im Gebiete des Auslandes unmittelbar Rechtswirkungen hervorbringen sollen. Eine Reihe von Staatsverträgen zwischen dem Deutschen Reiche und Österreich regeln diese Verkehrsbeziehungen, es sei nur an die Staatsverträge zum Schutze des Marken-, Muster-, Erfinder- und Urheberrechtes, des gewerblichen Rechtsschutzes und das Haager Prozeß-Übereinkommen erinnert.

Die Beantwortung der dem Deutschen Juristentag vorgelegten Frage berührt beide Gebiete, denn die Regelung des notariellen Standesrechtes wird, auch wenn sie beiderseits nach denselben Grundsätzen erfolgt, doch in erster Linie als Gegenstand der inneren Staatsverwaltung zu betrachten sein, wogegen das Übergreifen der Rechtswirkung einer in Privatsachen ausgestellten Urkunde über die Staatsgrenzen wohl nur im Wege eines Staatsvertrages geregelt werden kann.

Nach der Art der Fragestellung erscheint eine Untersuchung der Vorfrage, ob es überhaupt zweckmäßig und notwendig ist, der Auslandsurkunde Eintritt in das Inland zu gewähren, nicht mehr notwendig. Doch sei auf Folgendes hingewiesen.

Der gesteigerte Verkehr bringt es mit sich, daß fast jeder Ort bis in die entlegensten Gebirgstäler eine Anzahl von Ausländern beherbergt, die nun gelegentlich Urkunden mit der Wirkung für ihr Heimatsland ausfertigen lassen. In den österreichischen Alpenländern, also weit entfernt von der Reichsgrenze, leben zahlreiche Ausländer als Beamte und Arbeiter der verschiedensten Unternehmungen, in den Sudetenländern und besonders im Grenzbezirke dürfte ihre Zahl noch weit größer sein. Diese können nicht zur Ausstellung einer Urkunde in ihren Privatangelegenheiten in die Heimat reisen. Vollmachten, Grundbuchs-Urkunden, Anträge auf Firma-Registrierung, Zustimmungserklärungen zu den im Auslande geschlossenen Rechtsgeschäften müssen hierlands errichtet werden. In den Hauptstädten treten Gesellschaften zu Erwerbszwecken zusammen, die ihre Wirksamkeit auf das Ausland ausdehnen wollen. Die Archive der Stadtnotare füllen sich mit Verträgen über Gründung von Gesellschaften nach allen Formen des Handelsrechtes, Abänderung der Satzungen, Übertragung von Geschäftsanteilen, Zulassung ausländischer Gesellschaften, Bestellung ausländischer Repräsentanten und Prokuristen, Begründung von Schiedsgerichten. Nun wird die Urkunde nicht mehr innerhalb der Bezirksgrenzen verwendet. Nun wird für den Notar die Kenntnis des Auslandsrechtes von Bedeutung, denn er muß jederzeit darauf gefaßt sein, für das Ausland arbeiten zu müssen. Nun kann man wohl keinem praktischen Juristen, insbesondere nicht dem außerhalb der Städte in abgelegenen Orten seßhaften zumuten, außer der Gesetzgebung seines Heimatslandes auch die ausländische zu beherrschen, aber dieses Erfordernis kann durch Mitteilungen seiner Justizverwaltung des Inhaltes ersetzt werden, daß und unter welchen Voraussetzungen seine Urkunden auch im Auslande Verwendung finden können.

Ein Vorbild sowohl in materiellrechtlicher wie in formeller Beziehung für die heute angestrebte Ausdehnung des Wirkungskreises der Notariatsurkunden haben wir in der Vollstreckbarkeit der gerichtlichen Urteile in bürgerlichen Rechtssachen. Durch die Verordnung vom 21. Dezember 1899 RGBl. 253 und 19. Oktober 1904 RGBl. 123 gab das österreichische Justizministerium den Gerichten den Wortlaut und die Bestimmungen der einschlägigen reichsdeutschen Gesetze bekannt und erklärte durch diesen Wortlaut jene Gegenseitigkeit als verbürgt, welche die Exekutionsordnung als Voraussetzung der Vollstreckbarkeit aufstellt.

Damit jede Regierung den in ihrem Gebiete beglaubigten Urkundpersonen diese Mitteilungen, sei es auf Grund eines Staatsvertrages, sei es auf Grund beiderseitigen amtlichen Einvernehmens, zukommen lassen kann, ist eine Vergleichung der beiderseitigen Gesetzgebungen notwendig. Ergibt diese Vergleichung, welche vollständig durchzuführen hier nicht der Ort ist, die grundsätzliche Übereinstimmung in der allgemeinen staatlichen und sittlichen Ordnung, so kann die weitere Arbeit der Vergleichung der formellen Ordnung des Urkundwesens in Angriff genommen werden. Aus dem materiellen bürgerlichen Rechte seien nur beispielsweise einige Fragen herausgehoben, die den Deutschen Juristentag im Laufe seines Bestandes beschäftigt haben und in das Gebiet des Inhaltes der Notariatsurkunden eingreifen als: die Frage, ob ein abstraktes Schuldversprechen zulässig ist, ob Differenzgeschäfte als Grundlage von Schuldversprechen angesehen werden können, ob ein an sich unzulässiger Schuldtitel durch Novation in einen zulässigen verwandelt werden kann, ob und inwieferne Schenkungen von seiten der Pflichtteilberechtigten oder Gläubiger angefochten werden können, unter welchen Voraussetzungen Eigentum an Grundstücken und Fahrnissen übertragen werden kann, ob und inwieferne Eheverträge das bestehende gesetzliche Güterrecht in Ehe und Familie abändern können, unter welchen Voraussetzungen Körperschaften des bürgerlichen und Handelsrechtes begründet werden und Verpflichtungen eingehen können und ähnliches. Es darf hier wohl als gegeben angenommen werden, daß die Grundlinien unserer beiden Gesetzgebungen übereinstimmen und daß auch die Begriffe: gute Sitten, Scheingeschäfte, unlauterer Wettbewerb und ähnliche beiderseits in gleicher Richtung gehandhabt und weiter ausgebildet werden. Der wirklichen grundsätzlichen Verschiedenheiten beider Gesetzgebungen wie etwa in der Frage der Rechts- und Handlungsfähigkeit der Einzelpersonen oder Körperschaften, des abstrakten Schuldversprechens, des Inhaltes und der Formulierung von Grundbuchsurkunden und Anträgen oder der Protokollierung von Gesellschaften dürften nicht viele sein, diese können im Einvernehmen beider Regierungen herausgehoben und zunächst beiderseitig veröffentlicht werden, damit jede Urkundperson sich danach richten kann, falls das Begehren hierüber, eine Urkunde zu verfassen, an sie gestellt würde. Auf diese Art könnte den Beteiligten manche Arbeit und Auslage, die vielleicht im besten Glauben aufgewendet wurde, und sich hinterher jedoch, sobald eine derartige Auslandsurkunde vom zuständigen Gerichte zurückgewiesen wird, als nutzlos herausstellt, erspart werden. Diese Untersuchung wird zugleich die Grundlage für die Auswahl der in einem etwaigen Staatsvertrage aufzunehmenden Punkte sein und auch die Grundlage für die weitere Ausbildung des internationalen Privatrechtes gewähren.

Die erste Voraussetzung für die gegenseitige Anerkennung der Notariatsurkunden als öffentlicher Urkunden ist die gleichartige, wennschon nicht vollständig gleiche Einrichtung des Notarenstandes in bezug auf Vorbildung und amtliche Zuständigkeit.

Aus dem Wortlaute der Urkunde ist nicht zu entnehmen, ob der beurkundende Notar regelrecht bestellt und im Augenblick seiner Amtsführung hierzu berechtigt war, und ob er innerhalb seiner örtlichen und sachlichen Zuständigkeit gearbeitet hat. Das Vorhandensein dieser Umstände erschließt der heimische Richter lediglich aus dem Umstande, daß eben der Notar die Urkunde aufgenommen hat. Er tut dies im Vertrauen darauf, daß die Justizverwaltungsbehörden darüber wachen und der einzelne Notar unter seiner Haftung die ihm gezogenen Grenzen nicht überschreitet. Der ausländische Richter muß bei Beurteilung der Urkunde ihrem ganzen Inhalte nach der Justizverwaltung des andern Staates dasselbe Zutrauen entgegenbringen. Dies wird ihm ermöglicht durch die amtliche Bekanntmachung seiner eigenen Justizverwaltung, betreffend die Einhaltung der Gegenseitigkeit, und jeder Staat muß der fremden Justizverwaltung gegenüber die Bürgschaft für die wirkliche Einhaltung dieser gesetzlichen Grundbedingungen bieten. Die Bürgschaft kann nur in der inneren Einrichtung des Notarenstandes, in der Vorbildung seiner Angehörigen, in der Überwachung der Amtsführung durch die Kammern und sonstige Dienstaufsichtsbehörden gefunden werden. Nur bei genauer Kenntnis dieser Einrichtungen kann die ausländische Justizverwaltung ihren eigenen Gerichten die Mitteilung machen: die Gegenseitigkeit ist verbürgt, die „Marke“, die der Vertragsstaat seiner Notariatsurkunde aufprägt, gewährleistet den inneren Wert.

Die zweite Voraussetzung liegt im Nachweise, daß das vorliegende Schriftstück wirklich eine Notariatsurkunde des Vertragslandes ist, also im Nachweise der Echtheit.

Zur möglichen Verhütung von Fälschungen der ausländischen Urkunde ist heute im allgemeinen folgender Vorgang vorgeschrieben: die im

Auslande ausgefertigte Urkunde trägt zunächst die Originalunterschrift und das Amtssiegel des Notars; dessen Amtsunterschrift wird durch die vorgesetzte Dienstbehörde beglaubigt. Deren Amtsunterschrift wird durch das Justizministerium, dessen Amtsunterschrift durch das Ministerium des Äußern und dessen Amtsunterschrift durch den bei der einheimischen Regierung bestellten Botschafter oder Konsul der auswärtigen Macht beglaubigt. Die Urkunde trägt also fünf Amtsunterschriften und Amtssiegel, deren Beschaffung viel Zeit und viel Geld kostet. Der Zweck dieser Siegelsammlung ist nur die Beglaubigung der Unterschrift des Notars. Wendet sich der im Auslande lebende Inländer an sein heimisches Konsulat, so genügt sowohl für das Deutsche Reich wie für Österreich die Beglaubigung seiner Parteiunterschrift durch den Konsul. Die Urkunde wird nun beim ausländischen Gerichte in Verwendung genommen. Der Richter muß die amtlichen Beglaubigungsklauseln auf Treu und Glauben annehmen, denn niemand kann ihm zumuten, daß er die Unterschrift seines im Auslande bestellten heimischen Botschafters oder Konsuls kennt, und doch decken alle diese Unterschriften samt den vielleicht recht undeutlich abgedrückten blauen Stempeln, deren Beschaffung für den kunstgerechten Fälscher wahrlich keine Schwierigkeit bietet, die Echtheit der ganzen Urkunde. Wenn wir also die Echtheitsfrage überhaupt aufwerfen, so müssen wir bekennen, daß die übliche äußere Form fast keinen Schutz bietet. Der Verkehr zwischen dem Deutschen Reiche und Österreich ist durch den Legalisierungsvertrag vom 25. 9. 1880 insofern vereinfacht, als die Unterschrift des Notars nur durch das Gericht erster Instanz (Amtsgericht, Bezirksgericht) beglaubigt wird. Aber auch hierfür gilt das eben Gesagte.

Wirklichen Schutz gewährt nur das im Notariatswesen ausgebildete System der doppelten Urkunde. Die Notare aller in Betracht kommenden Kulturländer, insbesondere des Deutschen Reiches und Österreichs sind durch ihre Dienstvorschriften verpflichtet, Register zu führen, in welche jede Urkunde mit Zahl und Tagesdatum vermerkt wird. Viele Notariatsurkunden werden ihrem vollen Inhalte nach aufbewahrt. Tritt der Notar vom Amte ab, so geht die Verwahrungspflicht an die dazu bestimmte Staatsbehörde über. Name und Amtssitz des Notars sind aus den Eingangsworten der Urkunde und aus dem Amtssiegel zu entnehmen. Eine einfache Nachfrage des ausländischen Gerichtes beim inländischen Notar oder seiner vorgesetzten Dienstbehörde genügt, um die Echtheit festzustellen oder gegebenenfalls die vorliegende Ausfertigung mit der Urschrift zu vergleichen. Die Postverbindungen in ganz Mitteleuropa sind heute derart, daß jede solche Anfrage in wenigen Tagen beantwortet sein kann. Sowohl die österreichische als auch die reichsdeutsche Zivilprozeßordnung sehen derartige Anfragen beim einheimischen Notar, unter Umständen auch die Vorlage der Urschrift vor. Ein Staatsvertrag (vielleicht genügt auch ein Einvernehmen der Regierungen) kann den unmittelbaren Briefwechsel der Beteiligten mit Ausschluß des diplomatischen Verkehrs ermöglichen. Es werden, wenn dies zustande kommt, voraussichtlich in Zukunft nur äußerst wenige solcher Anfragen über die Grenze fliegen, denn die bisherigen Erfahrungen mit den Wechselprotesten, die schon seit einer Reihe von Jahren mit der unbeglaubigten Amtsunterschrift des Notars ins Ausland gehen, zeigen, daß Fälschungen dieser Art äußerst selten vorkommen, aber die Möglichkeit liegt zweifellos vor, und die Möglichkeit in vollkommen einwandfreier und denkbar einfachster Weise jede solche Fälschung sofort aufzudecken und die sehr bedeutende Erleichterung des Verkehrs durch Wegfall aller Superlegalisierungen würden gewiß den Preis eines Staatsvertrages, der als Nachtrag zum Legalisierungsvertrage vom 25. 9. 1880 sich darstellt, lohnen.

Voraussetzungen der gegenseitigen Vollstreckbarkeit. Da diese Einzelfrage die wirtschaftlich beteiligten Kreise augenblicklich lebhafter interessiert als jeder andere der in Betracht kommenden Gegenstände (so haben sich insbesondere auf dem Kongresse des mitteleuropäischen Wirtschaftsvereines in Wien 1910 und auf dem Kongresse der deutschen und österreichischen Notare in Wien 1907 gewichtige Stimmen dafür erhoben), sei hier der Wunsch zum Ausdrucke gebracht, der Deutsche Juristentag möge die baldigste Zulassung der gegenseitigen Vollstreckbarkeit befürworten. Die hierzu notwendige zwischenstaatliche Vereinbarung kann als formeller Staatsvertrag oder als beiderseits gleichlautendes internes Staatsgesetz zur Ergänzung der bestehenden Exekutionsordnungen ins Leben treten. Bei der großen Tragweite, die der Erlangung eines vollstreckbaren Titels im Wege einer Privatvereinbarung innewohnt, muß hier wohl die vollständige Gleichheit der Bedingungen dieser Rechtswirkung wie auch der Voraussetzungen, unter denen gegen die Bewilligung der Exekution Widerspruch erhoben werden kann, gefordert werden. Auch muß das über den Widerspruch durchzuführende Verfahren nach gleichen Grundsätzen geordnet werden.

Eine wesentliche Voraussetzung für das Übergreifen der Auslandsurkunde ist ferner die Regelung der Gebührenfrage. Sie gehört zwar nicht zu den rechtlichen Voraussetzungen, da weder im Deutschen Reiche noch in Österreich die Rechtsgültigkeit des Geschäftes von der Zahlung der davon zu entrichtenden staatlichen Abgaben abhängt, wohl aber zu den wirtschaftlichen Voraussetzungen.

Nach beiderseitigen Gesetzen unterliegt jedes Rechtsgeschäft und jede Rechtsurkunde einer bestimmten Abgabe an den Staat, die in Form von Stempeln oder durch unmittelbare Vorschreibung und Barzahlung erhoben wird. In Österreich ist diese, nach unserem Sprachgebrauche mit dem Worte „Gebühr" bezeichnete Abgabepflicht umfassender und einschneidender ausgebildet als im Deutschen Reich, doch sind auch dieses und die einzelnen Bundesstaaten auf dem besten Wege, den Spuren der österreichischen Gesetzgebung zu folgen. Nach österreichischem Rechte muß jede Auslandsurkunde, sobald sie hier in amtliche Verwendung genommen, also ihrer Wirksamkeit zugeführt wird, voll vergebührt werden, so als ob das Rechtsgeschäft hier abgeschlossen und die Urkunde hier ausgefertigt worden wäre. Diese ganz außerordentliche Belastung des wirtschaftlichen Verkehrs bildet heute eine fast unüberbrückbare Schranke für den Eintritt ausländischer Urkunden. Nach dem zwischen Österreich und Ungarn bestehenden Übereinkommen unterliegt eine im Ursprungslande vergebührte Urkunde im andern Staatsgebiete keiner nochmaligen Abgabepflicht. Zwischen dem Deutschen Reiche und Österreich müßte nun ein ähnliches Abkommen getroffen werden. Ein Vorbild dazu haben wir bereits in den Gesetzen über die Personaleinkommensteuer, wonach ein Einkommen, das im Vertragsauslande einer entsprechenden Steuer unterliegt, nicht ein zweites Mal der gleichartigen Besteuerung im anderen Staate unterzogen wird. Insolange ein derartiges zwischenstaatliches Übereinkommen nicht getroffen wird, ist ein lebhafterer Urkundenverkehr nicht zu erwarten, sollten auch alle rechtlichen Voraussetzungen für die Gleichstellung gegeben sein.

Es muß als eine Merkwürdigkeit im Rechtsleben der Gegenwart bezeichnet werden, daß Verkehr und Rechtsbrauch der mitteleuropäischen Kulturstaaten mit dem Worte „Notar" und „notarielle Urkunde" einen ganz bestimmten Begriff verbinden, während die Gesetzgebungen die Rechtseinrichtung wohl kennen, sie aber bisher nur mangelhaft geordnet haben — daß der Verkehr sogar den Auslandsurkunden, sobald sie äußerlich als „Notariatsurkunden" bezeichnet sind, eine gewisse Bedeutung beimißt und sie den inländischen Notariatsurkunden gleichstellt, obwohl die Rechtseinrichtungen des Auslands im Inlande in der Regel nicht bekannt sind, und tatsächlich von den inländischen vielleicht stark abweichen. Das Notariatswesen ist ein Begriff, den der V e r k e h r geschaffen hat und zu dessen Regelung die Gesetzgebungen erst nachträglich schreiten, weil die Regelung, und zwar nicht nur für das Staatsinnere, sondern die international gleichartige Regelung sich als notwendig herausstellt. Die Freizügigkeit der Notariatsurkunde zwischen den europäischen Kulturstaaten und insbesondere zwischen dem Deutschen Reich und Österreich, das heißt „den im Reichsrate vertretenen Königreichen und Ländern" muß als ein offenbarer großer Vorteil für die außerstreitige Rechtspflege und den geschäftlichen Verkehr in beiden Staatsgebieten bezeichnet werden. Zur wirklichen Durchführung ist erforderlich:

1. die gleichartige Einrichtung des Notarenstandes in Vorbildung, Vertrauenswürdigkeit der Geschäftsführung und in der Standesverwaltung;
2. die gleichartige Einrichtung der Notariatsurkunde in den Elementen des Inhaltes und der Form, des Gegenstandes und der Rechtswirkung in der außerstreitigen Rechtspflege, wie auch im Streit- und Vollstreckungsverfahren;
3. eine zwischenstaatliche Vereinbarung, um die doppelte Belastung von Rechtsgeschäft und Urkunde in Form von Stempeln oder sonst wie immer Namen habenden Abgaben zu verhindern.

V.

Gutachten des Herrn Dr. Georg Baum, Rechtsanwalt am Kammergericht

über die Frage:

Welche der für Privatangestellte außerhalb des HGB. geltenden sozialen Schutzvorschriften eignen sich zur Erstreckung auf alle Privatangestellten?

Inhaltsübersicht:

I. Einleitung.

1. Umgrenzung des Themas. Auf dem 30. Deutschen Juristentage ist folgender Beschluß gefaßt worden:

„Die für Handlungsgehilfen bestehenden sozialen Schutzvorschriften sind als zwingendes Recht auf alle Privatangestellten auszudehnen, die höhere Dienste zu leisten haben.

Hierbei empfiehlt es sich, betreffs der Fürsorge für den Fall unverschuldeten Unglücks oder Erkrankung an der Nichtanrechnung der Beträge festzuhalten, die dem Dienstnehmer für die Zeit seiner Verhinderung aus einer Kranken- oder Unfallversicherung zukommen.

Die Ausdehnung der Vorschriften des Handelsgesetzbuchs über die Konkurrenzklausel wird mit dem Vorbehalte empfohlen, daß Verbesserungen dieser Vorschriften sich auf alle im ersten Absatz bezeichneten Angestellten zu erstrecken haben.

Die Ständige Deputation wird ersucht, auf die Tagesordnung des nächsten Juristentages die Frage zu setzen, welche sonstigen sozialen Schutzvorschriften gleichmäßig für alle im ersten Absatze bezeichneten Privatangestellten zu treffen wären, um die Schaffung einheitlichen Rechtes für den Dienstvertrag der Privatangestellten vorzubereiten."

Die Aufforderung zur Erstattung des vorliegenden Gutachtens ist in Ausführung dieses Beschlusses ergangen. Das Gutachten muß sich aber nach der Fassung der jetzt gestellten Frage auf einen Teil des im Beschluß des Juristentages angeregten Themas beschränken: Die jetzt vorgelegte Frage ist nicht, was das einheitliche Angestelltenrecht alles zu enthalten hätte, sondern nur, inwieweit es vorläufig durch Ausdehnung und Verallgemeinerung schon geltender Normen hergestellt werden kann. Fragen, wie die Ausgestaltung der Arbeitskammern, die Auskunftspflicht über frühere Angestellte, Formvorschriften für die Kündigung, Lehrzwang usw. fallen daher nicht in den Rahmen dieses Gutachtens, da in dieser Richtung zwar Forderungen von verschiedenen Interessentenkreisen aufgestellt sind, einschlägige Gesetzesbestimmungen aber für keine Angestelltenklasse existieren. — Bei der Prüfung des geltenden Rechts glaube ich mich gemäß der Zusammensetzung des Deutschen Juristentages und nach dem Gange seiner letzten Verhandlungen nicht auf das Deutsche Reich beschränken zu sollen, sondern will auch die neuste und fortgeschrittenste Kodifikation des Angestelltenrechts, das österreichische Handlungsgehilfengesetz, mit in den Kreis meiner Betrachtungen ziehen. Anderseits muß ich aber auch den Beschluß des 30. Deutschen Juristentages dem Gutachten nach der Richtung zugrunde legen, daß ich die Notwendigkeit der Ausdehnung der Schutzvorschriften des Handelsgesetzbuchs auf alle Privatangestellten als feststehende Voraussetzung zugrunde lege. Eine Kritik dieses Teiles des Beschlusses (z. B. hinsichtlich der Bestimmungen des § 63 HGB. über Fortzahlung des Gehalts im Krankheitsfalle) fällt daher ebensowenig in den Rahmen des Gutachtens wie eine Prüfung, ob an Stelle der Schutzbestimmungen des Handelsgesetzbuchs andere die gleiche Frage regelnde Bestimmungen von Gesetzen aufzunehmen sind, die für andere Privatangestellte gelten. Das Gutachten hat sich daher beispielsweise mit der Konkurrenzklausel nicht mehr zu befassen, nachdem durch Beschluß des 30. Deutschen Juristentages die entsprechende Ausdehnung der Bestimmungen des Handelsgesetzbuchs gefordert ist. Aus demselben Grunde möchte ich endlich auch Fragen, die vom Juristentage bereits als besonderes Thema behandelt sind, in diesem Rahmen nicht wieder anschneiden. Ich gehe daher auf Akkordarbeit, Tarifverträge und Erfinderrecht der Angestellten hier nicht ein.

Die Privatangestellten sind nur eine Unterart in dem allgemeinen Begriff der Arbeitnehmer. Ihr Recht kann deshalb auch nur ein besonderer Teil im Rechtssystem des Arbeitsvertrages sein, und zwar dergestalt, daß zum allgemeinen Recht des Arbeitsvertrages ergänzende Regeln für die Privatangestellten aufgestellt werden. Ich verweise hierfür auf die überzeugenden auch in den Verhandlungen des Juristentages gebilligten Ausführungen von Potthoff, Verhandlungen des 30. Deutschen Juristentages Bd. 1 Seite 283. Eine Prüfung der einzelnen gegenwärtig geltenden Schutzvorschriften muß deshalb von vornherein auch nach der Richtung vorgenommen werden, ob sie sich zur allgemeinen Ausdehnung für alle Arbeitnehmer oder nur auf den engeren Kreis der Privatangestellten eignen.

2. Zweck und Wesen sozialer Schutzvorschriften. Soziale Schutzbestimmungen bedeuten einen Eingriff des Staates in das an sich rein privatrechtliche Verhältnis zwischen Arbeitgeber und Arbeitnehmer. Dieser Eingriff wird meist damit motiviert, daß der Arbeiter der wirtschaftlich Schwächere sei. Dies ist aber keineswegs immer der Fall. Beim gewöhnlichen gewerblichen Arbeitsvertrag, wo an Stelle des einzelnen Arbeiters jetzt meist die Koalition auftritt, hat sich das Machtverhältnis vielfach verschoben. Ein kleiner Tischlermeister, der mit einem oder zwei Gesellen arbeitet, bei dessen geringem Betriebskapital jeder Pfennig eine Rolle spielt und dessen Einkommen im Endeffekt nicht viel größer ist als das seiner Gesellen, wird schwerlich als der wirtschaftlich Stärkere angesehen werden können, wenn etwa der deutsche Holzarbeiterverband mit seinen hunderttausend Mitgliedern und seinem nach Millionen zählenden Vermögen in Vertretung der Arbeiter mit einer Lohnforderung an ihn herantritt. Ebenso ist es aber auch im Handelsgewerbe gar nicht selten, daß ein auf lange Zeit angestellter Reisender mit hohem Gehalt ein besseres Einkommen hat als der Prinzipal. Soziale Schutzbestimmungen werden aber noch nicht dadurch entbehrlich, daß der Arbeitgeber nicht mehr der wirtschaftlich Stärkere ist, der Arbeitnehmer bedarf des staatlichen Schutzes nicht nur deshalb, weil er sich nicht schützen kann, sondern auch zum Teil, weil er sich aus wirtschaftlichen Gründen nicht schützen will. Arbeiterschutzbestimmungen werden vielfach übertreten, um höheren Akkordlohn zu verdienen. Eine große Zahl von Risiken, deren Eintritt für den Arbeiter den Zweck des Arbeitsvertrages vereitelt, werden beim Vertragsschluß nicht in Rechnung gezogen, weil der Arbeiter nicht gewisse sichere Vorteile (Lohnhöhe) aufgeben will, um sich gegen ungewisse Zufälle zu sichern. Für den Arbeitnehmer ist der wirtschaftliche Zweck des Arbeitsvertrages die Verschaffung eines dauernden und standesgemäßen Lebensunterhalts. An der Erreichung dieses Zwecks ist auch der Staat interessiert, da er eventl. im Wege der Armenpflege den notdürftigen Unterhalt gewähren muß, und da ferner Unzufriedenheit der zahlreichen von der Arbeit lebenden Volkskreise dem Staatsinteresse schädlich ist. Lediglich unter diesem Gesichtspunkt hat der Staat in das Arbeitsverhältnis einzugreifen. Die Stärkeverhältnisse der Parteien beim Vertragsschluß sind daher zunächst für ihn bedeutungslos.

Damit der wirtschaftliche Zweck des Arbeitsvertrages erreicht wird, d. h. der Arbeiter durch den Arbeitsvertrag seinen Lebensunterhalt erwirbt, sind eine Reihe von Voraussetzungen erforderlich; nämlich: 1. Arbeitsfähigkeit, 2. Arbeitsgelegenheit, 3. Arbeitswilligkeit, 4. Abschluß eines Arbeitsvertrages, 5. Vertragserfüllung: a) Leistung der Arbeit, b) Zahlung des Lohns, 6. Verwendung des Lohns zum Unterhalt des Arbeiters.

Der Arbeiterschutz ist die Sorge, daß diese Voraussetzungen oder bestimmte von ihnen vorhanden sind. Sein gesetzgeberisches Problem bildet die Verteilung des Risikos, wenn eine dieser Voraussetzungen ganz oder teilweise fehlt und demnach der für die Allgemeinheit vom Arbeitsvertrag erhoffte Erfolg nicht eintritt. Die Sorge für die vorbezeichneten Voraussetzungen kann der Staat auferlegen:

1. dem einzelnen Arbeiter,
2. dem einzelnen Arbeitgeber,
3. der Gesamtheit der Arbeiter,
4. der Gesamtheit der Arbeitgeber,
5. der öffentlich rechtlichen Gemeinschaft (Staat, Gemeinde usw.).

Die Sorge kann erfolgen:

a) durch Aufspeicherung von Mitteln zum Ersatz bereits eingetretenen Schadens,
b) präventiv durch Bestimmungen zur Verhütung des Schadens.

Ersteres ist die Arbeitsversicherung, letzteres sind die sozialen Schutzbestimmungen im engeren Sinne. Ihren Zweck und Inhalt umgrenzt die Kaiserliche Botschaft vom 4. Februar 1890 mit Recht dahin, „die Zeit, die Dauer und die Art der Arbeit so zu regeln, daß die Erhaltung der Gesundheit, die Gebote der Sittlichkeit, die wirtschaftlichen Bedürfnisse der Arbeiter und ihr Anspruch auf gesetzliche Gleichberechtigung gewahrt bleiben".

Die Auferlegung eines Teils der Schutzpflichten an den Arbeitgeber hat ihren gesetzgeberischen Grund in dem Gedanken, daß der, dem der Arbeitserfolg zugute kommt, das Arbeiterrisiko nicht übermäßig vergrößern soll und daß man ihm auch zumuten kann, etwas von seinem Vorteil zu opfern, ehe die Gesamtheit in Anspruch genommen wird. Die Übertragung von Schutzpflichten auf den Arbeitgeber muß aber ihre Grenze finden im *wirtschaftlichen Zweck des Arbeitsvertrages auf der Arbeitgeberseite*. Zweck des Arbeitsvertrages ist dort die *Förderung des Unter-*

nehmens. Der Arbeiterschutz darf also das Unternehmen nicht lebensunfähig machen, es sei denn, daß die Fortexistenz des Unternehmens überhaupt mit den Interessen der Gesamtheit im Widerspruch steht. Wird das Unternehmen lebensunfähig, so hört die Arbeitsgelegenheit und damit die Voraussetzung für jede Betätigung des Arbeiterschutzes auf.

Der Arbeiterschutz wird aber auch weiterhin begrenzt durch die Stärke der Interessengemeinschaft zwischen Arbeiter und Arbeitgeber. Je nach der Stärke dieser Interessengemeinschaft können dem Arbeitgeber höhere Lasten auferlegt werden. Ist das Verhältnis nur ein ganz loses und nicht auf die Dauer berechnetes, so kann dem Arbeitgeber nicht das Risiko für einen Schaden auferlegt werden, der während der nur kurzen Dauer des konkreten Arbeitsverhältnisses ohne speziellen Zusammenhang mit diesem eintritt (z. B. längere Erkrankung des Angestellten). Hieraus ergibt sich der eine Grund für die Differenzierung zwischen Angestelltenschutz und Arbeiterschutz. Der andere Grund der Differenzierung liegt auf der Arbeitnehmerseite darin, daß das Leben höhere Anforderungen an den Privatangestellten stellt, als an den einfachen Arbeiter (Vorbildung, Kleidung, gesellschaftliches Auftreten, Kindererziehung, vgl. Potthoff, Gutachten Seite 282), und daß anderseits die Angestellten ein größeres Interesse an Stetigkeit des Arbeitsverhältnisses haben, weil es, je höher sie stehen, für sie um so schwerer ist, eine andere gleichwertige Stellung zu finden.

3. Gesetzgeberische Durchführung der Einheit des Angestelltenrechts. Der allgemeine Angestelltenschutz reicht — auch das ist von Potthoff bereits treffend hervorgehoben (Seite 283) — noch nicht für alle Angestellten aus. Bestimmte Gruppen von Berufen (landwirtschaftliche Beamte, Bankbeamte, Schauspieler usw.) haben durch die Eigenart ihrer Tätigkeit begründete Sonderinteressen, denen durch Spezialbestimmungen Rechnung getragen werden muß. Dies rechtfertigt aber immer noch nicht ihren Ausschluß von den allgemeinen Schutzbestimmungen, die auf alle Angestellte gleichmäßig passen. Anderseits muß freilich eine gesetzgeberische Aktion zur Vereinheitlichung des Angestelltenrechts gewisse praktischpolitische Rücksichten nehmen. Die Durchführung des Gedankens der Rechtseinheit ist an sich weder eine politische, noch eine soziale Parteifrage, sondern ein reines Problem der Gesetzgebungstechnik. Soweit sich ernsthaft begründete wirtschaftspolitische oder allgemeinpolitische Bedenken gegen die Unterstellung bestimmter Arbeitnehmergruppen unter das allgemeine

Arbeitsrecht geltend machen, muß hinsichtlich dieser Gruppen die Frage zurückgestellt werden und einer besonderen gesetzgeberischen Aktion vorbehalten bleiben. Fragen, wie die Regelung der Rechtsverhältnisse der Landarbeiter und des Gesindes, das Koalitionsrecht der Eisenbahnangestellten usw., sind politisch von zu einschneidender Bedeutung, als daß Aussicht wäre, sie nebenbei bei Einführung des allgemeinen Arbeitsrechts zu lösen. Falsch wäre es aber, die Durchführung des allgemeinen Arbeitsrechts von der vorherigen Lösung derartiger Probleme abhängig zu machen. Es handelt sich doch zunächst um Beseitigung sozialer Ungerechtigkeiten, die mehr auf die zufällige Art des Arbeitens der Gesetzgebungsmaschine zurückzuführen sind und an deren Aufrechterhaltung keine Partei ein begründetes Interesse haben kann.

In welcher Weise das einheitliche Arbeitsrecht durchzuführen ist, ob in Form eines besonderen Gesetzes oder durch Umgestaltung bestehender Gesetze, gehört zwar nicht, streng genommen, zum Thema des vorliegenden Gutachtens. Ein besonderes Gesetz, wie das österreichische Handlungsgehilfengesetz oder der umfassende teilweise schon in Kraft getretene französische code de travail, erscheint aber wiederum aus praktischen Gründen für Deutschland wenig aussichtsvoll. Es wird bei uns kaum möglich sein, ein Gesetzgebungswerk in der Weise durchzuführen, daß man, wie in Frankreich, sich streng auf die Kodifikation des geltenden Rechts beschränkt. Viel leichter wird sich dagegen das einheitliche Arbeitsrecht verwirklichen lassen, wenn es, wie in folgendem gezeigt werden soll, in Form der Änderung weniger Paragraphen der Gewerbeordnung und des Gewerbegerichts- und Kaufmannsgerichtsgesetzes verwirklicht werden kann; denn an Gewerbenovellen ist man in Deutschland einigermaßen gewöhnt.

Für die Durchführung des einheitlichen Arbeitsrechts bildet die deutsche Reichsgewerbeordnung auch eine genügende Grundlage. Nach den hier zu machenden Vorschlägen lassen sich durch geringe Änderungen auch die hauptsächlichsten Mängel ihrer Systematik beseitigen, eventl. könnte vielleicht noch bei Gelegenheit der Novelle eine neue Paragraphierung durchgeführt werden, durch die alle Paragraphen fortlaufende Zahlen erhalten. Aber auch dies wäre nicht unbedingt nötig. Ist erst die Rechtseinheit auf dem Gebiet des Arbeitsrechts durchgeführt, so mag man immerhin bei einer späteren Verbesserung des einheitlichen Arbeitsrechts an die Frage eines besonderen Arbeitsgesetzbuchs herangehen, in das dann auch die betreffenden Bestimmungen aus dem Handelsgesetzbuch und aus dem Bürgerlichen Gesetzbuch mit aufzunehmen wären. Gerade auf dem Gebiete des Arbeitsrechts braucht nicht Alles auf einen Schlag zu geschehen. Die tatsächlichen Verhältnisse sind hier noch keineswegs fest, sondern noch in andauernder Entwicklung begriffen. Eine feste Kodifikation in Form eines Gesetzbuchs wird zur Folge haben, daß Reformbestrebungen der Einwand entgegengehalten würde, man könne ein eben abgeschlossenes Gesetzgebungswerk nicht leichthin schon wieder durch Novellen ändern, eine Tendenz, die sich in Deutschland gegenüber Abänderungsvorschlägen zum Bürgerlichen Gesetzbuch mit ziemlichem Erfolg Geltung verschafft hat.

An dem System der Gewerbeordnung und anderer deutscher Gesetze über den Arbeitsvertrag ist insbesondere von Potthoff (Privatbeamtenrecht und Gesetzeskasuistik, Jahrbuch für die Soziale Bewegung der Industriebeamten 5. Jahrg. Seite 278 ff.) getadelt worden, daß man durch Einzelbestimmungen (z. B. Aufführung einzelner Entlassungsgründe neben dem prinzipiellen wichtigen Grunde) die richterliche Freiheit einschränke. Der Fortschritt zum sozialen Recht könne nur dadurch erzielt werden, daß man gute allgemeine Regeln (wie z. B. § 138, § 826 BGB.) aufstelle und die Richter zu ihrer richtigen Anwendung entsprechend den Empfindungen der verständigen und anständigen Volksmasse erziehe. Dieser Gedanke kann nicht gebilligt werden. Gerade im Bereich des Arbeitsrechts, wo eine einheitliche höchste Instanz fast ganz fehlt, wo die Rechtsprechung zum großen Teil von Gerichten mit wechselnden Laienbeisitzern ausgeübt wird und wo sich deshalb eine feste Judikatur nur schwer bilden kann, kommt es besonders klar zutage, daß die Gesetze nicht bloß zu ihrer Anwendung durch den Richter da sind. Den Parteien muß vielmehr von vornherein die Möglichkeit gegeben sein, mit einiger Sicherheit voraussagen zu können, wie das Gericht ein bestimmtes Verhalten beurteilen würde, für den Fall, daß es zum Prozeß kommt. Gerade auf dem Gebiete des Arbeitsrechtes muß derjenige, der folgenschwere Entschlüsse, z. B. Kündigung und Entlassung, Zuwiderhandeln gegen die Konkurrenzklausel fassen will, die Möglichkeit haben, selbst prüfen zu können, ob sein Verhalten mit der Rechtsordnung übereinstimmt. Dies ist aber nicht möglich, wenn das ganze Recht nur aus allgemeinen Regeln besteht, die alles in die richterliche Auffassung stellen.

In dem folgenden Gutachten soll zunächst der Weg einer Vereinheitlichung des materiellen Angestelltenrechts in Form einer Änderung der Gewerbeordnung und des Prozeßrechts der Angestellten im Wege der

Änderung des Gewerbe- und Kaufmannsgerichtsgesetzes dargelegt werden. Im Anschluß daran soll ein in zwei neueren deutschen Gesetzen (Preußische Berggesetznovelle und Reichsversicherungsordnung) ausgesprochener Gedanke hinsichtlich seiner Anwendbarkeit auf das allgemeine Angestelltenrecht untersucht werden und endlich das österreichische Handlungsgehilfengesetz darauf geprüft werden, welche seiner Bestimmungen sich zur Verbesserung des vereinheitlichten deutschen Angestelltenrechtes eignen.

II. Die Schutzvorschriften der Reichsgewerbeordnung.

Die deutsche Reichsgewerbeordnung, deren VII. Titel den Dienstvertrag des größten Teils der Arbeitnehmer in Deutschland regelt, geht bei der Abgrenzung ihres Geltungsbereichs nicht von der Natur des Arbeitsverhältnisses, sondern von dem Unternehmen aus, für das der Arbeitsvertrag geschlossen wird. Es kann also derselbe Arbeitnehmer und dieselbe Arbeitsleistung der Gewerbeordnung unterstehen oder nicht, je nachdem der Arbeitgeber innerhalb oder außerhalb der Zuständigkeit der Gewerbeordnung steht. Das liegt daran, daß die ursprüngliche Zweckbestimmung des Gesetzes nicht soziale Fürsorge für die Arbeitnehmer im allgemeinen war. Vielmehr wollte man gelegentlich des Erlasses von Bestimmungen über den Gewerbebetrieb (gemäß Art. 4 Ziff. 1 der Reichsverfassung, bzw. Art. 3 und 4 der Verfassung des Norddeutschen Bundes) auch die Verhältnisse der Angestellten in diesen Betrieben regeln. Die soziale Bedeutung des Arbeitnehmertums war bei dem Erlaß der Gewerbeordnung im Jahre 1869 noch nicht im entferntesten so groß wie jetzt und das gemeinsame Interesse des Arbeitgebers und Arbeitnehmers am speziellen Beruf war meist viel stärker als das Gefühl der Zusammengehörigkeit der Arbeitnehmer der verschiedenen Berufe ohne Rücksicht auf die konkrete Tätigkeit und Stellung. War also schon der VII. Titel der Gewerbeordnung ursprünglich nicht als einheitliches Arbeitsrecht gedacht, so kommt hinzu, daß die Gewerbeordnung seit ihrem Inkrafttreten durch nicht weniger als 38 Novellen, selbständige Gesetze und Bekanntmachungen des Reichskanzlers abgeändert und ergänzt worden ist (vgl. Landmann 6. Aufl. Bd. 1 Seite 9 ff.). Zum großen Teil sind dies Gelegenheitsbestimmungen, die einzelne an bestimmten Punkten hervorgetretene Mißstände beseitigen wollen, und bei deren Erlaß man nur selten geprüft hat, ob sich über das Gebiet des zur Gesetzesänderung Anlaß gebenden Mißstandes hinaus die betreffende Bestimmung auch noch zu weiterer Anwendung eignet. Vielfach mußte man auch aus taktischen Gründen, um die Opposition gegen eine Bestimmung zu beruhigen, den Anwendungskreis des einen Gesetzes ohne Rücksicht auf ein allgemeines Prinzip möglichst begrenzen. Immerhin bildet aber gerade die deutsche Gewerbeordnung noch die geeignete Grundlage für ein allgemeines Schutzrecht für alle Arbeitnehmer. Es soll daher im folgenden zunächst untersucht werden, inwieweit eine Ausgestaltung der Gewerbeordnung nach dieser Richtung möglich ist.

Hierzu muß zunächst eine kurze Übersicht des gegenwärtigen Geltungsbereichs der Schutzbestimmungen der Gewerbeordnung gegeben werden, bei der naturgemäß auf Einzelheiten und Streitfragen nicht näher eingegangen werden kann.

A. Der gegenwärtige Geltungsbereich des VII. Titels der Gewerbeordnung.

a) Die Schutzbestimmungen der Gewerbeordnung beschränken sich auf Arbeitnehmer in Gewerbebetrieben. Die Gewerbeordnung hat bekanntlich eine Definition des Gewerbebegriffs absichtlich unterlassen (vgl. Motive zu § 6 des Entwurfs von 1869, Landmann, Gewerbeordnung Bd. 1 Seite 28).

1. Nach der herrschenden Auffassung gelten folgende Erwerbsarten nicht als Gewerbe:

α) Die Urproduktion. Hierzu gehören Fischerei, Bergwesen und Tierzucht, die außerdem in § 6 ausdrücklich noch von der Geltung der Gewerbeordnung ausgenommen sind, ferner Ackerbau, Forstwirtschaft, Weinbau überhaupt, Ausübung der Jagd, Sammeln von wilden Beeren, Früchten und anderen Naturprodukten. Die Stellung der Gärtnerei ist streitig. Nach herrschender Ansicht ist sie Gewerbe, insoweit sie nicht den Charakter eines landwirtschaftlichen Betriebes hat. Die Abgrenzung gibt zu einer großen Reihe von Streitfragen Anlaß. Nicht unter den Begriff des Gewerbes fallen nach herrschender Ansicht auch die landwirtschaftlichen Nebenbetriebe, insoweit sie zur Reinigung, Zurichtung und Verarbeitung selbstgewonnener Rohstoffe dienen und ihr Umfang über das in der Landwirtschaft übliche nicht hinausgeht.

β) Die freie wissenschaftliche, künstlerische und schriftstellerische Tätigkeit, vgl. Landmann, Seite 35.

γ) Die persönlichen Dienstleistungen höherer Art, die eine höhere Bildung erfordern, insbesondere Seelsorge, Unterrichtserteilung, erzieherische Tätigkeit (hinsichtlich der beiden letzteren vgl. auch § 6 GO.).

δ) Der öffentliche Dienst (Hof-, Staats-, Gemeinde-, Kirchen- und Stiftungsdienst), ferner die Rechtsanwalts- und Notariatspraxis, bezüglich der letzteren vgl. § 6 GO.

2. Zum Begriff des Gewerbebetriebes gehört ferner, daß die Tätigkeit

α) auf Erwerb gerichtet ist,

β) berufsmäßig ausgeübt wird.

α) Kein Gewerbebetrieb ist daher die Erfüllung der dem Staat oder der Gemeinde naturgemäß oder herkömmlich obliegenden öffentlichen Aufgaben, z. B. die Beschäftigung von Gefangenen, der Betrieb eines Armenbeschäftigungshauses, einer staatlichen Münzanstalt, eines mit einer Lehranstalt verbundenen chemischen Laboratoriums. Gewerbebetrieb liegt auch dann nicht vor, wenn zwar die betreffende Tätigkeit nicht zu den notwendigen oder herkömmlichen Aufgaben des Staats oder der Gemeinde gehört, aber im besonderen Falle aus Zweckmäßigkeitsgründen im öffentlichen Interesse vom Staat oder der Gemeinde übernommen ist (staatliche oder gemeindliche Bauverwaltung, die Herstellung von Waffen und sonstigen Armeebedürfnissen, die Herstellung von Druckarbeiten für die eigenen Staatszwecke). Im Gegensatz hierzu stehen diejenigen staatlichen und gemeindlichen Betriebe, die die Erzielung von Einnahmen verfolgen (Gaswerke, Elektrizitätswerke, Verkehrsanstalten). In den vielen Fällen, in denen der doppelte Zweck der öffentlichen Wohlfahrt und der Einnahmeerzielung nebeneinander verfolgt wird, ist zu prüfen, welcher Zweck der überwiegende ist (Wasserversorgung, Sparkasse, Badeanstalten, Leihhäuser, Schlachthäuser usw., vgl. über alles dies Landmann Bd. 1 Seite 43 und die dort zitierte Judikatur). Kein Gewerbebetrieb sind ferner Unternehmungen von Gesellschaften, Vereinen, Stiftungen, Korporationen und Privaten, die lediglich ideale, z. B. gemeinnützige, wohltätige, pädagogische, sozialpolitische und ästhetische Zwecke verfolgen. Die Schaffung von Einnahmen lediglich zur Kostendeckung ändert hieran nichts (Ausstellungsunternehmungen, Vereinskliniken, Suppenanstalten, Arbeitersekretariate, Kunstvereine usw. vgl. Landmann Seite 44). Hierher fallen auch die Konsumvereine, die allerdings kraft positiver Bestimmung einzelner Paragraphen der Gewerbeordnung unterstellt sind (§§ 33, 41a, 105 b, 139 m).

β) Nicht berufsmäßig ist eine Tätigkeit, die lediglich dem eigenen Bedarf dient, insbesondere Hauswirtschaft, Regiebetrieb, Betrieb von

Vereinskasinos, Kasernenkantinen usw. Hierunter fällt auch die eigene Vermögensverwaltung. Nicht berufsmäßig ist ferner eine Tätigkeit, die nur vorübergehend ohne Fortsetzungsabsicht entfaltet wird, z. B. die Errichtung eines Bauwerks für die Zwecke des eigenen Gewerbebetriebs.

3. Kraft positiver Bestimmung sind gemäß § 6 von der Gewerbeordnung ausgeschlossen:

Fischerei, Errichtung und Verlegung von Apotheken, Erziehung von Kindern gegen Entgelt, Unterrichtswesen, advokatorische und Notariatspraxis, Gewerbebetriebe der Auswanderungsunternehmer und Auswanderungsagenten, der Versicherungsunternehmer und Eisenbahnunternehmungen, die Befugnis zum Halten öffentlicher Fähren und die Rechtsverhältnisse der Schiffsmannschaften auf den Seeschiffen. — Auf das Bergwesen, die Ausübung der Heilkunde, den Verkauf von Arzneimitteln, den Vertrieb von Lotterielosen und die Viehzucht findet die Gewerbeordnung nur insoweit Anwendung, als sie ausdrückliche Bestimmungen darüber enthält.

Auf Angestellte in Betrieben, die nach den Ausführungen zu I nicht als gewerbliche Betriebe anzusehen sind, finden die Schutzbestimmungen der Gewerbeordnung keine Anwendung.

b) Die Gültigkeit der Schutzbestimmungen ist aber noch weiter eingeschränkt. Es wird nicht nur ein gewerbliches Unternehmen erfordert, sondern auch gewerbliche Dienstleistung seitens des Angestellten.

1. Nicht als gewerbliche Dienste gelten künstlerische und wissenschaftliche Dienstleistungen höherer Art, soweit sie nicht technische Dienstleistungen sind (Dienstleistungen von Künstlern, Rechtsgelehrten, Ärzten, Schriftstellern, Mathematikern usw.), auch wenn sie einem Gewerbeunternehmen geleistet werden. Dasselbe gilt auch von Schauspielern, Sängern, Musikern, soweit es sich um künstlerische Leistungen höherer Art handelt (vgl. Landmann Bd. 2 Seite 6 und die dort zitierte Judikatur). Das Reichsgericht hat sogar die Gewerbegehilfenschaft von Artisten verneint (Bd. 37 Seite 66).

2. Nicht zu den gewerblichen Arbeitern gehört das Gesinde, d. h. die mit häuslichen Arbeiten beschäftigten Dienstboten. Wenn dieselbe Person gleichzeitig häusliche und gewerbliche Arbeiten zu verrichten hat (Dienstmädchen, das zugleich verkauft, Hausdiener in Hotels usw.), ist zu prüfen, welcher Teil der Tätigkeit überwiegt.

3. Kraft positiver Bestimmung sind von einem Teil der Schutzbestimmungen ausgeschlossen gemäß § 154 GO.:

1. Gehilfen und Lehrlinge in Apotheken hinsichtlich der §§ 105—139m.

2. Handlungsgehilfen und Lehrlinge hinsichtlich der Bestimmungen der §§ 105, 106—119 b, sowie (vorbehaltlich des § 139 g Abs. 1 und der §§ 139 h 1 m), 120 a—139 a.

3. Arbeiter in Apotheken und Arbeiter in Handelsgeschäften, welche nicht in einem zu dem Handelsgeschäfte gehörigen Betriebe mit der Herstellung oder Bearbeitung von Waren beschäftigt sind, Heilanstalten und Genesungsheime, Musikaufführungen, Schaustellungen, theatralische Vorstellungen oder sonstige Lustbarkeiten hinsichtlich der §§ 133 g—139 a.

4. Gärtnerei, Gast- und Schankwirtschaftsgewerbe und Verkehrsgewerbe hinsichtlich der §§ 135—139 a.

5. Männliche jugendliche Arbeiter, die in Bäckereien und gewissen Konditoreien unmittelbar bei der Herstellung von Waren beschäftigt sind, hinsichtlich der §§ 135 Abs. 2 und 3, 136, 138.

6. Arbeiterinnen in Badeanstalten hinsichtlich des Verbots der Beschäftigung am Sonnabend und an Vorabenden der Festtage.

Dagegen ist die Geltung der Bestimmungen der Gewerbeordnung ausgedehnt über den Kreis der gewerblichen Arbeiter:

1. Hinsichtlich der Sonntagsruhe für Bergwerke, Salinen, Aufbereitungsanstalten, Brüchen und Gruben, sowie Bauten aller Art § 105 b.

2. Hinsichtlich der §§ 115—119 a, 135—139 b, 152 und 135 auf Bergwerke, Salinen, Aufbereitungsanstalten und unterirdisch betriebene Brüche und Gruben.

3. Hinsichtlich der Sonntagsruhe auf Konsum- und andere Vereine (§ 105 b).

4. Hinsichtlich der §§ 139 c—i, gleichfalls auf den Geschäftsbetrieb der Konsum- und anderer Vereine.

B. Ausdehnung des allgemeinen Geltungsbereichs des VII. Titels.

Erscheint es zweckmäßig, diese komplizierte Einschränkung des Geltungsbereichs beizubehalten?

1. Urproduktion. Die Natur des Betriebes rechtfertigt im allgemeinen keine verschiedenartige Behandlung der Angestellten! Bei der Urproduktion kann höchstens infolge der besonderen historischen Entwicklung für die eigentliche Landwirtschaft und infolge der

Eigenart des Betriebes für den Bergbau eine gesonderte Behandlung der Arbeitnehmer in Frage kommen. Solange ein Reichsberggesetz nicht vorliegt, wird man im Bergwesen auch die Regelung der Arbeitsverhältnisse dem Landesrecht überlassen müssen. Bei der Landwirtschaft kann jedenfalls ein völliger Ausschluß vom Arbeiterrecht der Gewerbeordnung auch nicht mehr gerechtfertigt werden. Wenn hierfür von agrarischer Seite die historische Entwicklung und das Interesse an der Aufrechterhaltung des alten patriarchalischen Verhältnisses zwischen Arbeitgebern und Arbeitern geltend gemacht wird, so kann dies Argument unmöglich für alle Arbeitnehmer in der Landwirtschaft angeführt werden. Gewisse Betriebe, die früher rein wirtschaftlich ausgeübt wurden, sind zunächst schon mehr oder weniger industrialisiert. Dies gilt namentlich von der Gärtnerei, insoweit sie als Hauptberuf betrieben wird und besonders technisch geschultes Personal verwendet. Ungerechtfertigt ist ferner der Ausschluß der Arbeiter in den landwirtschaftlichen Nebenbetrieben (Brennereien, Zuckerfabriken usw.). Ihre wirtschaftliche und soziale Stellung ändert sich offenbar dadurch nicht, daß sie Dienste, die an sich gewerblicher Natur sind, nicht einem Gewerbetreibenden, sondern einem Landwirt leisten [1]). Letzterer Gesichtspunkt gilt aber auch für viele Angestellte in der eigentlichen Landwirtschaft, insbesondere die Bureaubeamten, die Angestellten mit besonderer kaufmännischer und technischer Vorbildung, ferner die höheren landwirtschaftlichen Angestellten (Inspektoren, Verwalter usw.) und endlich auch überhaupt für alle besonders fachmännisch ausgebildeten Arbeiter (sogenannte Facharbeiter im Sinne des § 923 der Reichsversicherungsordnung) [2]). Es besteht kein Grund, diesen Personen den sozialpolitischen Schutz zu versagen, weil sie bei gleicher Tätigkeit und gleicher sozialer Stellung in einem Betriebe tätig sind, der nicht als Gewerbe im Sinne der historischen Entwicklung gilt. Nur insoweit das alte patriarchalische Verhältnis zwischen Arbeitgebern und Arbeitnehmern

---

[1]) Ein Reichstagsantrag Bassermann und Gen. vom 20. Februar 1906 fordert Vorlegung eines Gesetzentwurfs, nach welchem die nach dem Handelsgesetzbuch verbesserten §§ 133a ff. GO. auf Angestellte der landwirtschaftlichen Nebenbetriebe ausgedehnt werden.

[2]) „Facharbeiter im Unterschiede zum gewöhnlichen landwirtschaftlichen Arbeiter ist, wer für eine Stellung besonderer fachlicher Fertigkeiten bedarf. Dies gilt für Förster, Gärtner, Gärtnergehilfen, Müller, Ziegler, Stellmacher, Schmiede, Maurer, Zimmerer, Brenner, Maschinenführer, Heizer, sowie für Gehilfen und Gesellen, die eine fachmäßige Lehr- und Ausbildungszeit durchgemacht haben."

sich in bestimmten Zweigen der Urproduktion aufrecht erhalten hat, können diejenigen, die an seiner Aufrechterhaltung ein Interesse haben, vernünftigerweise sich gegen eine Ausdehnung der Gewerbeordnung wenden. Hierfür kommen nur die eigentlichen Landarbeiter in Frage. Insoweit besteht wirklich ein ernsthaft vertretbares wirtschaftliches Interesse einer bestimmten Arbeitgeberkategorie am Ausschluß gewisser Arbeiter von der Gewerbeordnung. Es mag dahingestellt bleiben, inwieweit dieses Interesse begründet ist. Jedenfalls würde hier die Vereinheitlichung des Arbeitsrechts auf ernsthaften Widerspruch von politisch einflußreicher Seite stoßen, und es erscheint nicht angezeigt, die Reform an dieser Frage scheitern zu lassen. Die Regelung der Lage der eigentlichen Landarbeiter mag daher nach wie vor den Landesgesetzen vorbehalten bleiben.

2. Künstlerische Betriebe. Ungerechtfertigt scheint es, die Angestellten der Künstler und Gelehrten von den Arbeiterschutzbestimmungen auszuschließen. Der Ausschluß ist jedenfalls insoweit völlig ungerechtfertigt, als die Dienste des betreffenden Angestellten keine künstlerischen und wissenschaftlichen sind. Es ist nicht abzusehen, weshalb der Privatsekretär eines Schriftstellers, der Atelierdiener eines Malers, der zeichnerische Hilfsarbeiter eines Architekturprofessors nicht der Gewerbeordnung unterstehen sollen, während sie Gewerbegehilfen sein würden, wenn sie genau die gleiche Tätigkeit einem Gewerbetreibenden leisten.

3. Öffentlicher Dienst und freie Berufe. Dasselbe gilt vom öffentlichen Dienst und den höheren freien Berufen. Die gehobene soziale Stellung des Arbeitgebers hebt dessen Angestellten noch keineswegs gegenüber gleichartigen Angestellten anderer Betriebe. Dem Kutscher ist es gleich, ob er einen Arzt auf die Praxis oder einen Bauunternehmer auf die Bauten fährt. Auch für das Pflegepersonal in den Kliniken ist eine Ausschließung von der Gewerbeordnung durch nichts gerechtfertigt. Hinsichtlich der Krankenpflegerinnen, der „Stiefkinder der Sozialpolitik", vgl. insbesondere Charlotte Reichel, „Der Dienstvertrag der Krankenpflegerinnen" (Jena 1910, Gustav Fischer).

Aber auch beim öffentlichen Dienst rechtfertigt sich, soweit die Angestellten nicht öffentliche Beamte sind, und damit den für diese ohnehin bestehenden besonderen Schutz genießen, keine Ausnahmestellung hinsichtlich der Angestellten. Dies gilt namentlich für die Angestellten der Rechtsanwälte und Notare [3]). Die Rechtsanwaltschaft ist allerdings kein

---

[3]) Die Unterstellung der Gehilfen der Notare, Rechtsanwälte, Rechtsagenten, Gerichtsvollzieher, Konkursverwalter unter die Schutzvorschriften

Gewerbebetrieb (Oberverwaltungsgerichtsentscheidungen Bd. 15 S. 41). Die Hilfsverträge, die der Anwalt zur Ausübung seines Berufs abschließt, unterscheiden sich aber in keiner Weise von anderen Arbeitsverträgen. Ebenso wie die Miete des Bureaus und der Kauf einer Schreibmaschine den Vorschriften über Kauf und Miete unterstellt werden, muß daher auch der Arbeitsvertrag des Anwalts mit seinen Angestellten ebenso wie andere Arbeitsverträge der Gewerbeordnung unterstellt werden. Daß gerade für die Anwaltsangestellten ein starkes Bedürfnis nach sozialen Schutzbestimmungen besteht, kann nicht geleugnet werden [4]).

4. Betriebe ohne Gewinnabsicht. Für den Arbeitsvertrag ist es gleichgültig, ob der Betrieb des Arbeitgebers auf Erwerb gerichtet ist, und ob er berufsmäßig ausgeübt wird. Die gemeinnützigen Zwecke der Wohltätigkeitsanstalten zeigen sich nur in der Betätigung nach außen. Für die Angestellten des Betriebes ist das Fehlen der Gewinnabsicht bei dem Unternehmer ohne jede Bedeutung. Vom Standpunkt einer Stenotypistin ist es offenbar völlig gleichgültig, ob sie den Briefwechsel der Gesellschaft für ethische Kultur oder den eines Geldverleihers erledigt. Sie hat in der einen wie in der anderen Stellung genau das gleiche Interesse an der Regelung der Arbeitszeit, regelmäßiger Gehaltszahlung usw. Die mangelnde Gewinnabsicht macht auch den Arbeitgeber nicht geneigter, mehr für den Angestellten zu tun. Auch die Leiter gemeinnütziger Betriebe haben Interesse, Regie und Betriebsunkosten zu sparen. Man hört sogar vielfach die Äußerung, mit fremdem Gelde dürfe man

---

der Gewerbeordnung fordert ein Reichstagsantrag Bassermann und Gen. vom 22. Februar 1907 (Drucksachen Nr. 86).

[4]) Vgl. Lehmann, „Die soziale und wirtschaftliche Lage der deutschen Rechtsanwaltangestellten", im Auftrage des Verbandes der Bureauangestellten bearbeitet, Berlin 1911. Die Statistik erstreckt sich auf 7321 Angestellte in 1973 Betrieben. Sie ergibt das Vorhandensein einer übermäßig großen Zahl von Lehrlingen. Bei 41,9 % der Angestellten ist die Kündigungsfrist kürzer als 1 Monat. 8 Stunden arbeiten 36 %, 9 Stunden 43 %. Sonntagsarbeit wird noch von 15,5 % der Angestellten verlangt. Der Sonnabendfrühschluß besteht für 55,2 % der Angestellten. Für 8,7 % ist der offizielle Bureauschluß an Wochentagen nach 7 Uhr abends gelegt. Daneben kommen zahlreiche Überstunden vor, für die nur 10,2 % der Angestellten Bezahlung erhalten. Urlaub erhalten 83,2 %, Gehaltszahlung im Krankheitsfalle ist für 96 % nicht geregelt. Die Bureauhygiene läßt vielfach zu wünschen übrig, namentlich hinsichtlich der Größe der Räume. 10 % der Angestellten arbeiten in direkt gesundheitsschädlichen Räumen.

nicht nobel sein [5]). Auch für die Angestellten staatlicher und kommunaler Betriebe ist es gleichgültig, ob der konkrete Betrieb auf Gewinnerzielung gerichtet ist oder nicht. Der Heizer im Gaswerk steht sozial und wirtschaftlich offenbar nicht anders wie der Heizer im Krankenhaus oder im Schulgebäude. Das gleiche Moment ist endlich auch bei den privaten Regiebetrieben maßgebend.

5. Durch § 6 GO. ausgeschlossene Betriebe. Ist es gerechtfertigt, die Angestellten der im § 6 von der Gewerbeordnung ausgenommenen Betriebe von den Arbeiterschutzbestimmungen auszunehmen? Hinsichtlich der Urproduktion, der Rechtsanwalts- und Notariatspraxis, der Heilkunde, ist die Frage bereits erörtert. Hinsichtlich einzelner im § 6 aufgeführter Betriebe ist für das geltende Recht streitig, ob die Anwendung der Arbeiterschutzbestimmungen ausgeschlossen ist, so namentlich hinsichtlich der Angestellten der öffentlichen Fähren und der Eisenbahnen (vgl. Landmann, § 6 Anm. 10 und 11).

Bei den Eisenbahnen wird von einzelnen Schriftstellern die Ansicht vertreten, § 6 GO. hindere nicht, die sämtlichen Arbeiter der Eisenbahnunternehmungen der GO. zu unterstellen (so namentlich von Schulz, Soziale Praxis Bd. 9 Spalte 1080 ff., Bd. 11 Spalte 128 und 161 ff. mit ausführlicher Begründung an der Hand der Entstehungsgeschichte der GO.; dagegen Landmann, § 6 Anm. 10; Nelken S. 349). Streitig ist aber auch weiterhin vom Standpunkt der gegenteiligen Ansicht, in welchem Umfang die Angestellten der Eisenbahnbetriebe von der GO. ausgeschlossen sind, insbesondere, ob auch die Streckenarbeiter, die Arbeiter der Reparaturwerkstätten und die Angestellten der Nebenbetriebe z. B. Bahnhofswirtschaften, Speisewagen, Bahnhofsbuchhandlungen usw von der GO. ausgeschlossen sind (vgl. hierüber Landmann § 6 Anm. 10). Seitens der Regierung wird für den Ausschluß der Eisenbahnangestellten von der GO. auf die Gefahr eines Eisenbahnstreiks und das Erfordernis schärferer Disziplin im Eisenbahnbetriebe hingewiesen. Diese Momente werden namentlich für den Ausschluß vom Koalitionsrecht und von den Gewerbegerichten geltend gemacht. Vernünftigerweise kann dieser Gesichtspunkt aber nur in Betracht kommen für das eigentliche Fahr- und Streckenpersonal, nicht aber für die Angestellten selbständiger Hilfswerk-

[5]) Ein Reichstagsantrag Bassermann und Gen. vom 22. Februar 1907 (Drucksachen Nr. 86) fordert Ausdehnung der Schutzvorschriften des Handelsgesetzbuches und der Gewerbeordnung auf Angestellte von Krankenkassen, Versicherungsgesellschaften auf Gegenseitigkeit, Vereine, Auskunfteien usw.

stätten oder gar bloße Annexe des Bahnbetriebes, wie Bahnhofswirtschaften usw. Das Interesse der Regierung erscheint daher genügend gewahrt, wenn das Fahr- und Streckenpersonal der GO. insoweit nicht unterstellt wird, als die Landesgesetze entgegenstehende Bestimmungen enthalten. Die Frage, ob diese Kategorien der GO. unterstellt werden sollen, mag wegen der hier hereinspielenden wirtschaftspolitischen Gesichtspunkte außerhalb der Frage der Vereinheitlichung des Arbeitsrechts erörtert werden. Für den Ausschluß der übrigen Eisenbahnangestellten dagegen wird überhaupt kein wirtschaftlich stichhaltiger Grund angegeben werden können. Es bedarf nicht einmal der Statuierung einer Ausnahme von den Bestimmungen über die Sonntagsruhe, da § 105 i schon das Verkehrsgewerbe berücksichtigt.

Nicht das geringste Bedenken besteht hinsichtlich der Ausdehnung der Arbeiterschutzbestimmungen auf Fischerei, Kindererziehung, Unterrichtswesen, Auswanderungsunternehmer und Auswanderungsagenten, Versicherungsunternehmer, öffentliche Fähren, Heilkunde, Verkauf von Arzneimitteln und Vertrieb von Lotterielosen. Bei Heilkunde, Erziehung und Unterricht könnte sich höchstens noch ein Bedenken hinsichtlich der Sonntagsruhe ergeben. Hier dürfte jedoch die Befugnis des Bundesrats bezw. der höheren Verwaltungsbehörde zur Zulassung von Ausnahmen (§ 105 d und 105 e) genügen. Äußerstenfalls würde in § 105 i unter die Ausnahme von der Sonntagsruhe noch Ausübung der Heilkunde und Erziehungsanstalten aufzunehmen sein.

Der Ausschluß der Schiffsmannschaft auf den Seeschiffen von der Gewerbeordnung erscheint wegen der besonderen Eigenart des Betriebes und wegen der historischen Entwicklung gerechtfertigt. Bei der Viehzucht hingegen erscheint auch wiederum nur der Ausschluß der eigentlichen Landarbeiter begründet. Wenn man mit der herrschenden Ansicht den Begriff auf die gesamte Tierzucht ausdehnt, sind zum Beispiel die Angestellten einer rein industriell betriebenen Geflügel-Brutanstalt von den Schutzbestimmungen ausgeschlossen, was nach keiner Richtung gerechtfertigt erscheint.

6. Künstlerische und wissenschaftliche Dienste. Ungerechtfertigt ist ferner die Nichtanwendung des VII. Titels der Gewerbeordnung auf Angestellte, die künstlerische oder wissenschaftliche Dienste leisten. Daß der Ausschluß der Schutzbestimmungen für die nicht wissenschaftlich und künstlerisch tätigen Angestellten der Künstler und Gelehrten ungerechtfertigt ist, ist schon dargelegt. Der Ausschluß der künstlerischen und wissenschaftlichen Angestellten ist wohl noch ein Rest der

römischen Rechtsauffassung, die für operae liberales überhaupt keinen im gewöhnlichen Prozeß klagbaren Anspruch gewähren wollte. Allerdings hat bei Leistung künstlerischer und wissenschaftlicher Dienste der Angestellte an der Dienstleistung nicht nur ein pekuniäres, sondern auch ein eigenes ideales Interesse. Trotzdem muß aber der Künstler, der seine Dienste dem Unternehmen widmet, sich in dessen Betrieb ebenso einordnen wie der Angestellte, der gewerbliche Dienste leistet. Die Freiheit der Kunst und Wissenschaft findet ihre Schranke am Arbeitsvertrag. Innerhalb desselben ist auch der Künstler in gewissem Sinne unfrei und vom Arbeitgeber abhängig. Auch der künstlerische Angestellte hat dasselbe Interesse wie der gewerbliche, daß er nicht in gesundheitsschädlichen Räumen tätig sein muß, daß er sein Gehalt pünktlich erhält, daß er nicht durch plötzliche Aufhebung des Arbeitsvertrages brotlos wird usw. — Für das geltende Recht lehnt das Reichsgericht (Bd. 17 S. 86, Bd. 37 S. 66, Juristische Wochenschrift 1901 S. 410) die Unterstellung der Schauspieler und Sänger und sogar der Artisten (es handelt sich um einen Tierbändiger) unter die Gewerbeordnung ab, weil ihre Tätigkeit nicht zur Hervorbringung eines Gewerbeerzeugnisses des Unternehmers diene, sondern einer der Tätigkeit des letzteren gegenüber selbständige Leistung sei, die dieser nur für seinen Erwerb benutze, das Produkt des Zusammenwirkens der bei einer Vorstellung tätigen Künstler bestehe nicht in einer greifbaren Tatsache, sondern habe lediglich die ideale Bestimmung, dem Publikum einen teils die Sinne, teils den Geist und die Seele ergreifenden vorübergehenden Genuß zu bereiten. Dies erscheint schon vom Standpunkt des geltenden Rechts sehr bedenklich. Die moderne Theaterregie bestrebt sich bekanntlich gerade durch Aufgebot aller Mittel, die Theatervorstellung als ein einheitliches Ganzes auf die Zuhörer wirken zu lassen. Das Virtuosentum wird mehr und mehr zurückgedrängt, und auch der große Künstler sieht seine Aufgabe darin, sich möglichst vollkommen in den ihm von der Regie gegebenen Rahmen einzupassen. Von Selbständigkeit der Leistung kann also im Rahmen der Theater- oder Opernvorstellung kaum mehr die Rede sein. Das Theaterstück ist ein einheitliches Ganzes und nicht die Nebeneinanderfügung vieler Einzelrollen. Dasselbe gilt aber auch sogar von der Varietévorstellung. Auch hier will der Besucher ein möglichst abwechslungsreiches und in geeigneter Weise zusammengesetztes Programm sehen, hinter dem die Einzelleistung für ihn zurücktritt. Die Tätigkeit des Künstlers im Ensemble ist viel unselbständiger als die des Barbiergehilfen, der den Kunden im Hause rasiert und dem noch niemand die Gewerbegehilfenschaft abgesprochen hat, weil der Prinzipal nur die seiner Tätigkeit gegenüber selbständige Leistung des Gehilfen für seinen Erwerb benutze. Den Umstand aber, daß das Produkt der Tätigkeit nicht in einer greifbaren Sache besteht, hat die darstellende Kunst z. B. schon mit den Reinigungs- und Reparaturgewerben gemein. Im übrigen ist dies Moment schon deshalb nicht ausschlaggebend, weil doch auch jedenfalls bei den niederen Musikaufführungen, die zweifellos der Gewerbeordnung unterstehen, dasselbe Bedenken obwalten müßte. Wenn das Reichsgericht in der aus dem Jahre 1887 datierenden Entscheidung im 17. Bande ausführt, man habe den Theaterunternehmer zu keiner Zeit für den Arbeitgeber der Bühnen- und Orchestermitglieder bezeichnet, so greift dieser Gedanke jetzt, wo sich die Gegensätze zwischen Bühnengenossenschaft und Bühnenverein in Deutschland fast rein in der Form eines gewerkschaftlichen Kampfes abspielen, nicht mehr durch. Bekanntlich schweben gegenwärtig in Deutschland die vorbereitenden Verhandlungen für ein Reichstheatergesetz. Dies sollte aber kein Hindernis sein, die Schutzbestimmungen der Gewerbeordnung auf das Theater auszudehnen. Der Regelung durch ein besonderes Gesetz würden dann nur diejenigen sozialen Schutzvorschriften bedürfen, die in der besonderen Eigenart des Bühnenengagementsvertrages begründet sind. Insbesondere dürfte auch die von der Bühnengenossenschaft in einer „Denkschrift zu einem Reichstheatergesetz" geforderte besondere Theatergewerbeinspektion nicht nötig sein. Die Beaufsichtigung des Theaterbetriebes hinsichtlich der Durchführung der sozialpolitischen und sanitären Schutzvorschriften und der Verhütung von Unfällen setzt keine besondere Kenntnis des Theaterwesens voraus und kann auch durch Erweiterung der Befugnisse der Gewerbeinspektion durchgeführt werden.

Bestehen aber schon keine Bedenken dagegen, den darstellenden Künstler der Gewerbeordnung zu unterstellen, so erscheint der Ausschluß der Bildhauer, Maler, Architekten usw. völlig ungerechtfertigt, zumal die Grenzen von Kunst und Kunstgewerbe sehr flüssig sind. Dasselbe gilt auch hinsichtlich der wissenschaftlichen Dienstleistungen. Im ärztlichen Stande sind wiederholt Klagen von Assistenten an Krankenhäusern in die Öffentlichkeit gedrungen, die gezeigt haben, daß auch hier Schutzbestimmungen angebracht sind. Was aber die juristische und nationalökonomische Tätigkeit betrifft, so untersteht der Assessor und der Doktor der Staatswissenschaften, der in einer Bank oder Versicherungsgesellschaft kaufmännische Dienste leistet, also für die Gesellschaft Verträge abschließt, schon jetzt dem Handlungsgehilfenrecht. Es ist nicht ersichtlich, weshalb er eine andere Stellung einnehmen soll, wenn er im Syndikatsbureau sitzt und die von andern abzuschließenden Verträge nur entwirft und begutachtet, also eine viel weniger bedeutungsvolle Tätigkeit ausübt. Die Unterstellung unter das Recht der Gewerbeordnung muß aber, wenn man den VII. Titel der Gewerbeordnung auf das Personal der Rechtsanwälte und auf die volkswirtschaftlichen Interessenverbände ausdehnt, auch für deren juristische und volkswirtschaftliche Hilfskräfte ausgesprochen werden. Die juristischen Hilfskräfte der Rechtsanwälte bilden ja keinen eigentlichen Stand. Es sind Referendare, junge Assessoren oder Anwälte, die sich auf die selbständige Ausübung der Praxis vorbereiten und vielleicht auf diese Weise die Mittel zur Niederlassung erwerben wollen, zum Teil aber auch aus irgend welchen Gründen im Leben gescheiterte ältere Juristen, die auf diese Weise in den Anwaltsbureaus der Großstädte eine neue bescheidene Existenz suchen. Daß die Arbeitsbedingungen dieser Hilfskräfte so glänzende seien, daß sie jedes sozialen Schutzes entbehren könnten, wird sich kaum behaupten lassen. Die volkswirtschaftlichen Beamten bilden sich allmählich zu einem selbständigen Stande aus. In ihren Kreisen werden vielfach Bedenken gegen die Unterstellung unter ein einheitliches Privatangestelltenrecht erhoben (vgl. Schwalenberg, Volkswirtschaftliche Blätter, 9. Jahrg. S. 360, Bittermann, Volkswirtschaftliches Handbuch S. 525 ff.). Es wird in diesen Kreisen vielfach von einer Ausdehnung der Bestimmungen des HGB. eine Herabdrückung auf das soziale Niveau des „Handlungskommis" befürchtet. Aus ähnlichen Gründen wehrt sich der Verband deutscher Diplomingenieure gegen die Unterstellung der Diplomingenieure unter den § 133 a der Gewerbeordnung, da diese eine wissenschaftliche Tätigkeit ausübten (vgl. Lang, „Die Diplomingenieure und der Begriff „Techniker" nach der Gewerbeordnung", Zeitschrift des Verbandes deutscher Diplomingenieure Heft 10 S. 22). Der letztere Verband betont diesen Standpunkt besonders stark gegenüber dem Deutschen Technikerverband und dem Verband technisch-industrieller Beamter, die neuerdings Kollektivstreitigkeiten mit technischen Arbeitgebern mit allen Mitteln des gewerblichen Lohnkampfes durchführen. Vom Standpunkt des geltenden Rechtes erscheint das Bestreben des Verbandes deutscher Diplomingenieure jedenfalls völlig aussichtslos. Daß es nach der Gewerbeordnung überhaupt nicht auf die Vorbildung des Angestellten, sondern auf seine tatsächliche Tätigkeit ankommt, kann unmöglich bestritten werden, und das Wort „Chemiker" des § 133 a Gewerbeordnung zeigt, daß man gerade auch Personen mit Hochschulbildung dem Begriff des Betriebsbeamten unterstellen wollte. Aber auch vom gesetzgeberischen Standpunkt ist die

Befürchtung gesellschaftlicher Degradierung unbegründet. Unter den Dienstvertrag des BGB. fällt der medizinische Professor, auch wenn er den Exzellenztitel führt, fällt der gesuchte Anwalt, der berühmte Schauspieler, der berühmte Künstler, ebenso wie der Dienstmann und die Waschfrau. Irgend eine Änderung der sozialen Verhältnisse ist dadurch, daß man den operae liberales keine Sonderstellung einräumte, nicht eingetreten. Wenn das einheitliche Angestelltenrecht nun noch das weitere Tatbestandsmerkmal einheitlich erfaßt, daß die Dienstleistung gegenüber einer bestimmten Person zum Hauptberuf und zum Lebensinhalt wird, so werden sich auch hierdurch soziale und gesellschaftliche Verhältnisse nicht ändern. Wenn die volkswirtschaftlichen Beamten hinsichtlich einzelner Punkte (Kündigung) vielfach vertraglich mehr erreichen, als die Bestimmungen des § 133 a GO. bieten, so darf eben nicht übersehen werden, daß die Schutzbestimmungen nur ein gesetzliches Minimum darstellen. Die Einführung der Mindestkündigungsfristen des HGB. hat nichts daran geändert, daß mit Handelsangestellten in leitenden Stellungen nach wie vor langfristige Verträge geschlossen werden. Die Schutzvorschriften der GO. bedeuten jedenfalls unter allen Umständen eine einheitliche Sicherung für die unteren und die Anfangsstellungen in den volkswirtschaftlichen Berufen. Für Höhergestellte bleibt beispielsweise immer noch die Beschränkung der Konkurrenzklausel von Bedeutung.

7. Angestellte der Hauswirtschaft. Gerechtfertigt erscheint dagegen eine besondere Behandlung der Angestellten in der Hauswirtschaft. Hier bestehen dieselben auf eine gewisse Fortdauer früherer patriarchalischer Verhältnisse gestützten Gründe wie bei den Landarbeitern. Selbst vom radikalsten Standpunkt aus wird sich beispielsweise eine Übertragung der Vorschriften über die Sonntagsruhe auf den Gesindedienst nicht rechtfertigen lassen. Gerechtfertigt erscheint der Ausschluß aber auch hier nur bei dem eigentlichen Gesinde, nicht mehr bei den Angestellten in gehobener Stellung: Privatsekretären, Haushofmeistern usw.

8. Apotheker und Handlungsgehilfen. Ungerechtfertigt erscheint es, daß die Handlungsgehilfen und Handlungslehrlinge fast vollständig und die Gehilfen und Lehrlinge in Apotheken gänzlich vom Schutz der Gewerbeordnung ausgeschlossen werden.

a) Die Apothekergehilfen sind nicht nur von den Schutzbestimmungen der Gewerbeordnung ausgeschlossen, sondern werden auch von der Judikatur und Literatur in der Regel nicht als

Handlungsgehilfen angesehen, da ihre Dienstleistungen in der Hauptsache technische, nämlich auf Herstellung von Arzneien gerichtete sind, und demgegenüber die Verkaufstätigkeit zurücktritt (Landgericht Frankfurt, Blätter für Rechtspflege 1904 S. 85, Kammergericht, Rechtsprechung der Oberlandesgerichte Bd. 10 S. 149, Staub § 59 Anm. 20, Cosack § 19 S. 91, Brand S. 193; anderer Meinung: Preußisches Obertribunal bei Striethorst Bd. 61 S. 95, Makower 192, Lehmann-Ring Bd. 1 S. 152). Von der Zuständigkeit des Kaufmannsgerichts sind sie jedenfalls kraft ausdrücklicher Bestimmung des § 4 Kaufmannsgerichtsgesetz ausgenommen. Die Versagung der Handlungsgehilfenqualität für die Apothekergehilfen erscheint um so weniger begründet, als jetzt die meisten Präparate fabrikmäßig hergestellt und von den Apotheken fertig bezogen werden, die Rezeptur also hinter der Verkaufstätigkeit völlig zurücktritt. Tatsächlich suchen auch sowohl die Gehilfenorganisation (Verband deutscher Apotheker) wie die Prinzipalsorganisation (Deutscher Apotheker-Verein) das Anstellungsverhältnis den Vorschriften des Handlungsgehilfenrechts zu unterwerfen. Das übliche Vertragsformular enthält den Satz:

> „Im übrigen sind für das Dienstverhältnis die Vorschriften des Handelsgesetzbuchs für Handlungsgehilfen maßgebend (die hauptsächlich in Betracht kommenden Paragraphen sind auf der Rückseite dieses Formulars abgedruckt)“.

Nach einer im Jahre 1908 veranstalteten Umfrage war § 63 HGB. (Fortzahlung des Gehalts im Krankheitsfalle) in 1936 Apotheken stillschweigend, in 26 ausdrücklich anerkannt, einschränkende Vereinbarungen waren nur in etwa 20 Apotheken getroffen. Hiernach wollen also die beteiligten Kreise selbst wenigstens dem Handlungsgehilfenrecht gegenüber keine Sonderstellung einnehmen. —

Die Motive zu § 154 GO. enthalten nichts darüber, weshalb man die Apothekenangestellten von den Bestimmungen aller in Betracht kommenden Paragraphen ausgenommen hat. Eine Sonderstellung der Apotheke mag höchstens durch die Verpflichtung zur dauernden Dienstbereitschaft zu jeder Tages- oder Nachtzeit begründet sein. Sie rechtfertigt aber keineswegs den Ausschluß der Bestimmungen über das Dienstzeugnis, über das Truckverbot und des über den Rahmen des § 618 BGB. hinausgehenden Gesundheitsschutzes des § 120 a. Aus der Dienstbereitschaft kann aber auch unmöglich die Nichtanwendung der Vorschriften des § 139 c Abs. 3 über die Mittagspausen gefordert werden. Der Apotheker muß seinen ungelernten Arbeitern, die gemäß § 145 Nr. 3 dem § 139 c unterfallen, die Mittagspause von mindestens $1^1/_2$ Stunden gewähren. Für sein pharmazeutisches Personal dagegen kann er die Pausen nach freiem Belieben auf eine geringe Zeitdauer festsetzen. Die Dienstbereitschaft rechtfertigt eine Ausnahmestellung der Apotheken höchstens hinsichtlich der Sonntagsruhe und vielleicht auch hinsichtlich der zehnstündigen Ruhezeit, die in Betrieben, wo nur ein Gehilfe ist, sich mit der Dienstbereitschaft schwer vereinigen läßt. Auch hier sind aber im Apothekerstande selbst schon Reformbestrebungen im Gange. Auf Veranlassung der Landapotheker (d. h. der Inhaber kleiner und der kleinsten Apotheken), die kein Personal beschäftigen, also infolge der Dienstbereitschaft Tag und Nacht an die Apotheke gefesselt sind, ist in die Preußische Apothekenbetriebsordnung vom Jahre 1902 der § 40 aufgenommen, der den Behörden gestattet, den Apothekern ohne Hilfskraft das vorübergehende Schließen der Apotheke während bestimmter Stunden zu genehmigen, sofern Fürsorge getroffen ist, daß der Apotheker im Bedarfsfalle innerhalb einer Stunde zurückgerufen werden kann. „In Orten mit zwei und mehreren Apotheken kann nach Vereinbarung unter dem Apothekenvorstande mit Zustimmung des Regierungspräsidenten an den Sonntagen und Feiertagen ein Teil der Apotheken abwechselnd geschlossen werden. Durch öffentliche Bekanntmachung am Ort und Aushang in der Apotheke ist die erteilte Genehmigung zur allgemeinen Kenntnis zu bringen. Von dieser Möglichkeit wechselweisen Schlusses der Apotheken ist in allen preußischen Großstädten mit Ausnahme von Berlin, Köln und Frankfurt a. M. Gebrauch gemacht. In Frankfurt beispielsweise scheiterte die Regelung am Widerspruch von zwei oder drei Apothekenbesitzern. In Bayern ist die Sonntagsruhe im Wege Königlicher Verordnung vom 18. Juni 1907 geregelt und infolgedessen durchgeführt. Dies beweist, daß gesetzliche Maßnahmen auch im übrigen Deutschland hinsichtlich der Sonntagsruhe möglich sind. Ebenso ließe sich auch in Orten mit mehreren Apotheken die wechselweise Dienstbereitschaft in der Nacht regeln. Von der Frage der Dienstbereitschaft völlig zu trennen ist die Regelung des Abendschlusses. Es besteht durchaus keine Notwendigkeit, die Apotheken abends länger geöffnet zu halten als andere Geschäftsbetriebe. Der Betrieb der Apotheken wird durch den Schluß der Offizin keinesfalls unterbrochen, wenn die Apotheke nachdienstbereit bleibt. Das Arzneibedürfnis kann also jederzeit befriedigt werden. In der Regel ist aber nicht das Arzneibedürfnis der Grund für längeres Offenhalten, sondern meist rein merkantile Erwägungen. Zu beachten ist hierbei namentlich, daß die Apotheken nicht selten nach dem allgemeinen ortsüblichen Ladenschluß den kaufmännischen Geschäften (Drogisten usw.) Konkurrenz machen, indem sie Artikel, welche auch von diesen geführt werden, außerhalb der Verkaufszeit ohne weiteres verkaufen. Dem Bedürfnis nach einer Sonderstellung der Apotheken wäre also Genüge getan, wenn sie in § 105 i unter den Ausnahmen von der Sonntagsruhe aufgeführt würden [6]).

Wünschenswert wäre es dagegen, wenn, wie dies durch die bayerische Verordnung vom 18. Juni 1907 (Gesetz- und Verordnungsblatt S. 497) geschehen ist, der Verwaltungsbehörde die Möglichkeit gegeben würde, in Orten mit mehreren Apotheken den wechselseitigen Sonntagsschluß durch Verordnung durchzuführen. Die Möglichkeit hierzu würde den Landesgesetzen vorbehalten sein, auch wenn bei Unterstellung der Apotheken unter die GO. diese in § 105 i unter die von der Sonntagsruhe ausgeschlossenen Gewerbe Aufnahme finden würden.

§ 105 h ermöglicht in dieser Beziehung weitere landesgesetzliche Beschränkungen der Arbeiten an Sonn- und Festtagen.

b) Der Ausschluß der Handlungsgehilfen von den wesentlichsten Bestimmungen des VII. Titels der Gewerbeordnung ist auf den § 126 der Gewerbeordnung von 1869 zurückzuführen [7]). Er erklärt sich im wesentlichen dadurch, daß die Handlungsgehilfen damals von den Gewerbegehilfen noch sozial scharf geschieden waren. Nachdem durch die Novelle vom 1. Juni 1891 die Gewerbeordnung die Rechtsverhältnisse der Betriebsbeamten geregelt und durch spätere Novellen den Handlungsgehilfen mehr und mehr genähert hat, ist der gesetzgeberische Grund für den prinzipiellen Ausschluß der Handlungsgehilfen weggefallen. Nachdem sich der 30. Deutsche Juristentag für die Ausdehnung des Handlungsgehilfenrechts auf alle höheren Privatangestellten ausgesprochen hat, ist jetzt zu prüfen, ob noch Ausdehnung der Handlungsgehilfenvorschriften auf die Betriebsbeamten des § 133 a sich nicht im Interesse der Rechtsgleichheit auch die Ausdehnung der für die Betriebsbeamten geltenden Schutzvorschriften der Gewerbeordnung auf die Handlungsgehilfen empfiehlt. Im einzelnen ergibt sich hierbei folgendes Resultat:

---

[6]) Das Material zu den vorstehenden Darlegungen ist mir in liebenswürdiger Weise von der Geschäftsstelle des Verbandes deutscher Apotheker in Nürnberg zur Verfügung gestellt.

[7]) Über die gegenwärtige Rechtslage vgl. v. Schulz, Handelsgewerbe und Gewerbeordnung. Jahrbuch des Kaufmannsgerichts, Berlin, Bd. I, S. 149 ff.

§ 105 (freie Vereinbarung für den Dienstvertrag) gilt für Handlungsgehilfen bereits kraft allgemeinen Rechtsgrundsatzes.

§ 105 a bis 105 i (Sonntagsruhe) sind nach § 154 nicht ausgeschlossen.

§ 106 (Lehrlingshaltung, Anleitung jugendlicher Arbeiter durch Gewerbetreibenden, dem die bürgerlichen Ehrenrechte aberkannt sind) deckt sich im wesentlichen mit § 81 Handelsgesetzbuchs. Dieser bezieht sich zwar nur auf Lehrlinge. Da aber die meisten Lehrlinge erst gegen das 15. Jahr in die Lehre kommen, beenden sie diese in der Regel erst gegen das 18. Lebensjahr. Nur in Bayern mit der siebenjährigen Schulpflicht sind die Lehrlinge größtenteils erst 17 Jahre alt, wenn sie die Lehre verlassen. Bedeutung kann § 106 aber für die zahlreichen ungelernten Jugendlichen gewinnen, die namentlich im Detailhandel kaufmännisch tätig sind. Es würde deshalb jedenfalls nichts schaden, wenn neben § 81 HGB. auch für Lehrlinge noch der § 106 GO. gelten würde, wie er für das gewerbliche Lehrverhältnis neben dem § 126 gilt.

§§ 107—112 (Arbeitsbücher) kann auch auf die Handlungsgehilfen ausgedehnt werden. Das Arbeitsbuch bezweckt, die allzu große Bewegungsfreiheit der minderjährigen Arbeiter einzudämmen und die elterliche Autorität zu stärken (vgl. von Schulz, Das Gewerbegericht Berlin S. 12 ff., Landmann, Gewerbeordnung § 107 Anm. 1). Daher erfolgt die Ausstellung des Arbeitsbuches nur mit Zustimmung des gesetzlichen Vertreters. Der Arbeitgeber darf keinen jugendlichen Arbeiter ohne Arbeitsbuch einstellen. In das Arbeitsbuch muß Eintritt und Austritt des Arbeiters eingetragen werden, und das Arbeitsbuch muß nach Auflösung des Arbeitsverhältnisses unter den Voraussetzungen des § 107 an den gesetzlichen Vertreter ausgehändigt werden. Auf diese Weise kann der jugendliche Arbeiter nicht ohne Wissen des gesetzlichen Vertreters eine Stellung annehmen oder wechseln. Bei dem starken Fluktuieren ungelernter jugendlicher, insbesondere weiblicher Elemente, insbesondere bei dem starken Wechsel derartiger Personen zwischen Handlungsgehilfen- und Gewerbegehilfentätigkeit (es sei hier nur an die Verhältnisse in den Warenhäusern erinnert) könnte eine entsprechende Bestimmung auch für den Handlungsgehilfen nichts schaden. Die Kündigungsbestimmungen für Handlungsgehilfen bieten jedenfalls keinen genügenden Schutz, wenn dem gesetzlichen Vertreter die Kontrolle über die Befolgung fehlt. Eine Kollision zwischen der Bestimmung des § 111 und den Bestimmungen des § 80 HGB. über das Lehrzeugnis ist nicht zu befürchten, da die Eintragungen in das Arbeitsbuch die Verpflichtung zur Ausstellung eines besonderen Lehrzeugnisses völlig unberührt lassen. § 111 GO. gilt ja auch neben § 127 i. — In Handlungsgehilfenkreisen, mit denen ich nach dieser Richtung in Verbindung getreten bin, wird in der Einführung der Arbeitsbücher eine gewisse Degradierung der Handlungsgehilfen erblickt. Ich vermag diese Befürchtung nicht zu teilen. Die Arbeitsbücher gelten heute schon für die den Handlungsgehilfen sozial mindestens gleichstehenden höheren technischen Angestellten des § 133a. Im übrigen wird es wenig Gehilfen geben, die nach Absolvierung ordnungsmäßiger Lehrzeit noch weniger als 18 Jahre alt sind. Die ungelernten „Handlungsgehilfen" aber stehen in der Regel sozial den Arbeitern gleich.

§ 113 Gewerbeordnung (Zeugnisrecht) deckt sich in den beiden ersten Absätzen mit § 73 Handelsgesetzbuchs. Die Schutzvorschrift gegen geheime Kennzeichen im Zeugnis (§ 112 Abs. 3) kennt das Handelsgesetzbuch nicht. Ein entsprechender Antrag ist in der Reichstagskommission seinerzeit abgelehnt (Kommissionsbericht S. 38). Die Literatur nimmt im allgemeinen an, daß geheime Kennzeichnung wider Treu und Glauben verstößt und deshalb auch bei Handlungsgehilfen gemäß §§ 242, 157 BGB. unstatthaft ist (vgl. Horwitz, Recht der Handlungsgehilfen S. 108; Staub § 73 Anm. 4; Brand § 73 Anm. 7). Immerhin kann zur Vermeidung von Zweifeln die Ausdehnung der ausdrücklichen Bestimmung auf Handlungsgehilfen nichts schaden, zumal sonst der für § 113 Nr. 4 durch § 146 Abs. 3 gewährte Strafschutz nur den Gewerbegehilfen, nicht aber den Handlungsgehilfen gewährt wird. Allerdings ist das Zeugnis für den Handlungsgehilfen nicht von so entscheidender Bedeutung wie bei dem gewerblichen Arbeiter. Letzterer wird in der Regel lediglich auf das Zeugnis hin eingestellt ohne Erkundigungen und Prüfungen, da bei den kurzen Kündigungsfristen ein Mißgriff ohne Bedeutung ist. Bei dem Handlungsgehilfen dagegen findet in der Regel vor der Anstellung eine umfassende Prüfung statt, sei es durch Verhandlungen mit dem Angestellten selbst, sei es durch Erkundigungen. Der Inhalt des Zeugnisses ist daher in der Regel lediglich dafür entscheidend, ob der Angestellte überhaupt unter den Stellenbewerbern in die engere Wahl kommt. Gerade deshalb hat aber doch auch der Handlungsgehilfe ein Interesse daran, daß er nicht von vornherein, z. B. durch Kennzeichnung seiner Mitgliedschaft zu einem bestimmten Verband von der engeren Wahl ausgeschlossen wird. Kommt ein auf einen solchen Punkt gegründetes Bedenken im Laufe der Verhandlungen zur Sprache, so kann es der Handlungsgehilfe viel leichter zerstreuen.

Hinsichtlich des § 113 Abs. 4, der dem gesetzlichen Vertreter des minderjährigen Arbeiters den Anspruch auf Aushändigung des Zeugnisses gibt, macht die Rechtsschutzabteilung des Verbandes deutscher Handlungsgehilfen zu Leipzig, die ich um Material nach dieser Richtung gebeten habe, geltend, daß jede Einschränkung der den minderjährigen Handlungsgehilfen durch § 113 BGB. gewährten Geschäftsfähigkeit von Nachteil sei. Die jungen Leute kämen vielfach aus Familien, in denen die Väter recht geringes Verständnis für die Eigenart des Handlungsgehilfen besitzen, und müßten deshalb oft gegen unberechtigte Anforderungen ihrer gesetzlichen Vertreter in Schutz genommen werden. Ich glaube jedoch, daß hier der Satz 2 des § 113 Gewerbeordnung Abs. 4 genügenden Schutz gewährt, nach welchem die Gemeindebehörde im Streitfall die Aushändigung des Zeugnisses an den Minderjährigen wider Willen des gesetzlichen Vertreters anordnen kann. Trotz der dem Minderjährigen nach außen hin durch § 113 BGB. gewährten unbeschränkten Geschäftsfähigkeit, die ja mehr im Interesse des Verkehrs und des Gegenkontrahenten, wie im Interesse des Minderjährigen statuiert ist, muß im Erziehungsinteresse dem gesetzlichen Vertreter doch noch irgendwelche Möglichkeit der Kontrolle gewährt werden. Hierzu ist es aber wichtig, daß er die Möglichkeit hat, sich in den Besitz des Zeugnisses zu setzen und namentlich durch das Verlangen der Ausdehnung auf Führung und Leistungen eine Kontrolle über das Verhalten des Minderjährigen während der Stellung und über den Grund zur Auflösung des Dienstvertrages erlangen.

§ 114 stimmt mit § 73 Abs. 2 HGB. wörtlich überein.

§ 114a (Lohnbücher) gibt nur eine Befugnis für Verordnungen des Bundesrats, von der bei Handlungsgehilfen kaum Gebrauch gemacht werden würde.

§§ 115—119 betreffen das Truckverbot. Die Bestimmungen, die ursprünglich nur für Fabrikarbeiter galten (§§ 134—139 der Gewerbeordnung von 1869) sind durch die Novelle vom 17. Juli 1878 auf alle gewerblichen Arbeiter ausgedehnt. Die Motive zur Novelle bemerken (Seite 502), daß sich die entsprechende Erweiterung der Anwendung dieser Bestimmung umsomehr rechtfertigen lasse, als die Grenzen zwischen dem Fabrikbetriebe und der übrigen gewerblichen Produktion durch die tatsächliche Entwicklung der Industrie immer mehr verwischt werden. Da sich jetzt auch die Grenzen zwischen Handlungs- und Gewerbegehilfen immer mehr verwischen, und zwar gerade besonders in den Großbetrieben

(Warenhäusern), kann mit derselben Begründung auch die Ausdehnung der Vorschrift auf Handlungsgehilfen gerechtfertigt werden. Was die einzelnen Bestimmungen dieser Paragraphen betrifft, so dürfte Lohnzahlung in Gastwirtschaften oder fremden Verkaufsstellen bei Handlungsgehilfen kaum vorkommen. Lohnzahlungen an Dritte sind ohnehin im Rahmen des Lohnbeschlagnahmegesetzes unwirksam. § 115 a dürfte also für Handlungsgehilfen kaum praktische Bedeutung erlangen.

Von einschneidenderer Bedeutung wäre dagegen § 115. Angestellte in großen Warenhäusern und Engrosgeschäften entnehmen vielfach Waren auf Kredit, die ihnen, wenn nicht zum Verkaufspreise, so jedenfalls mit bedeutendem Rabatt berechnet werden, und lassen sie bei der nächsten Gehaltszahlung verrechnen. Besonders häufig geschehen solche Entnahmen zur Weihnachtszeit unter späterer Verrechnung mit der Weihnachtsgratifikation. Die Möglichkeit der Warenentnahme bietet dem Angestellten zweifellos gewisse Vorteile. Viele Prinzipale klagen sogar darüber, daß die Angestellten diese Befugnis zu Entnahmen zu weit ausdehnen und auf diese Weise den Einkauf für ihren ganzen Freundes- und Verwandtenkreis besorgen. Anderseits kann nicht verkannt werden, daß die Gelegenheit zu Entnahmen, insbesondere für Warenhausverkäuferinnen und weibliche Angestellte in Konfektions- und Putzgeschäften, gleichviel, ob es Engros- oder Detailbetriebe sind, eine gewisse Verführung bietet, und daß vielfach Dinge auf Kredit entnommen werden, die die betreffenden Angestellten selbst zum ermäßigten Preise nicht kaufen würden, wenn sie sie bar bezahlen müßten. Die Ansichten der Interessentenkreise über eine Ausdehnung des Truckverbots auf die Handlungsgehilfen sind geteilt. Von den von mir angefragten Verbänden spricht sich der Verband Deutscher Waren- und Kaufhäuser gerade unter Berücksichtigung des Angestelltenstandpunktes dagegen aus. Der Verband Berliner Spezialgeschäfte teilt mit, daß sich aus dem Kreditieren von Waren verschiedentlich Unzuträglichkeiten ergeben haben und eine Unterlassung dieses Kreditierens wünschenswert sei, doch bedürfe es hierzu nicht besonderer Vorschriften. Der Verein der deutschen Kaufleute hält den Erlaß eines Truckverbots für Angestellte im Handelsgewerbe gleichfalls nicht für erforderlich, die Klagen seien vereinzelt; dagegen hält die Rechtsschutzabteilung des Verbandes deutscher Handlungsgehilfen zu Leipzig die Ausdehnung des Truckverbots für wünschenswert, insbesondere seien in Warenhäusern Mißbräuche vorgekommen, mit denen sich auch schon der Käuferbund in Leipzig beschäftigt habe. Der Zentralverband der Handlungsgehilfen und Handlungsgehilfinnen Deutschlands hat im November 1909 dem

Reichstag eine insbesondere auf Hamburger Verhältnisse begründete Petition auf Ausdehnung des § 115 Gewerbeordnung auf Handlungsgehilfen überreicht, die vom Reichstag gemäß dem Kommissionsbericht vom 4. Mai 1911 (12. Leg.-Periode 2. Sess. Nr. 988) dem Herrn Reichskanzler als Materal überwiesen ist. Schon im Interesse der Durchführung der Rechtsgleichheit ist jedenfalls die Ausdehnung des Truckverbots auf die Handlungsgehilfen zu empfehlen. Wenn sich aus dem Verbot bisher für die gewerblichen Angestellten der gleichen Betriebe keine Mißstände ergeben haben, dürfte seine Durchführung für die Handlungsgehilfen auch keine Schwierigkeiten bieten. Dem Bedürfnis der Warenentnahme kann da auch dadurch gedient werden, daß der Angestellte einen Barvorschuß erhält und die betreffenden Waren bar bezahlt. Wenn die in Betracht kommenden Angestellten (es wird sich vorwiegend immer wieder um Warenhausverkäuferinnen handeln) mit barem Gelde bezahlen müssen, werden sie vielleicht doch vorsichtiger sein, auch wenn das Geld ihnen vorher an der Kasse des Prinzipals eben erst ausgezahlt ist. Es gilt hier dasselbe psychologische Moment, das sich beim Hasardspiel geltend macht, wenn bar und. wenn mit Spielmarken gespielt wird[7a]). — Von Bedeutung kann § 117 Abs. 3 insofern werden, als vielfach auch in Großbetrieben den Angestellten Beiträge für Betriebsvereine, Geschäftsausflüge usw. einfach vom Gehalt abgezogen werden. Dies zu verhindern ist bei Handlungsgehilfen ebenso wünschenswert wie bei Gewerbegehilfen.

§ 119 a gilt gemäß § 133 a nicht für Betriebsbeamte und empfiehlt sich daher auch nicht für Handlungsgehilfen.

§ 119 b (Heimarbeiter) kann für Handlungsgehilfen nicht in Frage kommen.

§ 120 (Fortbildungsschule) ist bereits jetzt für Handlungsgehilfen nicht ausgeschlossen (§ 154 GO.).

§ 120 a entspricht im wesentlichen dem § 62 HGB., geht aber hinsichtlich der Verpflichtung für die Gesundheitsfürsorge noch mehr ins Einzelne. Nach § 62 HGB. kann der Prinzipal nicht genötigt werden, ungenügende Beleuchtungseinrichtungen, ungenügende Ventilation, Staub, Dünste und Gase zu beseitigen, wenn hierdurch die Angestellten nur belästigt werden, eine direkte Gesundheitsgefahr aber nicht eintritt. Eine

---

[7a]) In der bekannten Fachzeitschrift „Der Konfektionär" vom 14. Dezember 1911 wird gleichfalls der Vorschlag gemacht, das Kreditieren von Waren zu unterlassen, und statt dessen nötigenfalls einen Barvorschuß bis zu einem Drittel des bis zum Termin verdienten Gehalts zu gewähren.

Unterstellung der Handlungsgehilfen unter § 120 a wäre daher für diese nur von Vorteil.

§ 120 b (Aufrechterhaltung der guten Sitten und des Anstandes im Betriebe) geht bedeutend weiter wie § 62 HGB. Die Einrichtung geeigneter Wasch- und Umkleideräume und Bedürfnisanstalten sind durch § 62 HGB. kaum umfaßt. Auch hier erscheint die Ausdehnung auf die Handlungsgehilfen wünschenswert.

Dasselbe gilt von § 120 c (Rücksichtnahme auf Angestellte unter 18 Jahren). Hier würde die Beschäftigung jugendlicher Angestellter in pornographischen Buchhandlungen und gewissen Gummiwarengeschäften verhindert werden können.

§ 120 d ermöglicht das Einschreiten der Polizeibehörde zur Durchführung der §§ 120 a bis e. Auch dies ist für kaufmännische Betriebe durchaus erwünscht, wie die vielfachen Forderungen nach Handelsinspektoren zeigen. Bisher ist ein solches Einschreiten nur für offene Verkaufsstellen gemäß § 139 g GO. zur Durchführung des § 62 HGB. möglich.

§ 120 e betrifft die Befugnis des Bundesrats, generelle Vorschriften zur Durchführung der Paragraphen 120 a—120 e zu erlassen, insbesondere auch Vorschriften hinsichtlich der Arbeitszeit. Auch seine Ausdehnung auf Handlungsgehilfen scheint erwünscht. Auf diesem Wege könnte insbesondere die jetzt zur Diskussion stehende Regelung der Arbeitszeit und des Abendschlusses in den Kontoren erfolgen, wenn man mit Rücksicht auf den Widerspruch vieler Prinzipale und die Verschiedenheit der in Betracht kommenden Verhältnisse eine Regelung durch ein Gesetz noch nicht vornehmen will (vgl. unten Seite 186 ff.).

Von §§ 121 bis 125 (Verhältnisse der Gesellen und Gehilfen) gelten für Betriebsbeamte gemäß § 133 a nur die §§ 124 b, 125. § 124 b normiert eine fixierte Kontraktbruchsstrafe für rechtswidrige Auflösung des Arbeitsvertrages in Höhe des ortsüblichen Tagelohns für jeden Tag des Kontraktbruchs, höchstens aber für eine Woche, § 125 die Schadenshaftung des Arbeitgebers, der einen Gesellen zum Kontraktbruch verleitet oder einen kontraktbrüchigen Gesellen während der Fortdauer des alten Arbeitsverhältnisses einstellt.

Bei Herstellung der Rechtseinheit erscheint es angemessen, nicht etwa den § 124 b auf Handlungsgehilfen auszudehnen, sondern ihn für alle höheren Angestellten zu beseitigen. — Im Jahre 1907 haben beim Berliner Kaufmannsgericht eine Reihe von Prinzipalsbeisitzern den

Antrag eingebracht, durch einen Zusatz den § 70 Abs. 2 HGB. entsprechend dem § 124 b GO. zu ändern. Zur Begründung des Antrages ist angeführt worden: Es sei für den Prinzipal außerordentlich schwierig, den Schaden, den er durch vertragswidriges Nichteintreten oder den Abgang eines Handlungsgehilfen erleide, ziffernmäßig zu substantiieren, Vereinbarung einer Vertragsstrafe aber sei schon deshalb kein genügender Schutz, weil sie bei Minderjährigen gemäß § 74 HGB. nichtig sei. Der Ausschuß des Berliner Kaufmannsgerichts hat am 17. Oktober 1907 mit den Stimmen der Prinzipalsbeisitzer und des Vorsitzenden gegen die Stimmen der Handlungsgehilfen die Einreichung eines entsprechenden Antrages an Bundesrat und Reichstag beschlossen (Jahrbuch des Berliner Kaufmannsgerichts Bd. 2 S. 349). Gegen den Antrag wendet sich ein im April 1908 veröffentlichtes Gutachten des Verbandes deutscher Handlungsgehilfen zu Leipzig. Der Antrag erscheint auch in der Tat nicht begründet. Die Bestimmung des § 124 b GO. denkt in erster Linie an Streiks und Aussperrungen und ist nur für Kleinbetriebe berechnet, in denen schriftliche Verträge nicht üblich sind. Aus letzterem Grunde ist § 124 b für Großbetriebe ausgeschlossen (§ 134 Abs. 1). Der Inhaber des Großbetriebes soll sich eben, wenn er es für nötig hält, rechtzeitig durch Vertragsstrafe sichern oder soll seinen Schaden nachweisen. Falls ihm ein nachweisbarer Schaden nicht entstanden ist, soll er sich nicht mangels besonderer Vereinbarungen durch Einklagung des fixierten Betrages auf Kosten des Arbeiters bereichern. Diese Grundsätze müssen auch für den Kaufmann gegenüber dem Handlungsgehilfen gelten. Auch hier sind schriftliche Verträge nichts seltenes und steht der Vereinbarung einer Kontraktbruchstrafe nicht im Wege. Der in dem Antrage der Berliner Kaufmannsgerichtsbeisitzer herangezogene § 74 HGB. betrifft nur die Konkurrenzklausel. Die Vereinbarung einer Strafe für den Kontraktbruch während der Arbeitszeit ist aber keine Vereinbarung, die den Handlungsgehilfen für die Zeit nach Beendigung des Dienstverhältnisses in seiner gewerblichen Tätigkeit beschränkt [8]).

Eine Ausdehnung des § 125 GO. auf die Verleitung zum Kontraktbruch ist dagegen auch für Handlungsgehilfen zu empfehlen. Der Handlungsgehilfe wird in der Regel nur kontraktbrüchig, wenn ihm ein Konkurrent des Prinzipals eine bessere Stellung anbietet, und der Konkurrent

---

[8]) Unter Beendigung des Dienstverhältnisses ist die rechtliche Beendigung zu verstehen (Staub, § 74 Anm. 3). Die Strafabrede ist daher auch bei minderjährigen Handlungsgehilfen gültig.

ist, wenn nicht Veranlasser, so doch regelmäßig Mithelfer und Begünstiiger des Kontraktbruchs. Nach jetzt geltendem Recht könnte eine Schadensersatzpflicht des neuen Prinzipals nur auf § 826 BGB. begründet werden, das Reichsgericht hat aber bereits ausgesprochen, daß Verleitung zum Kontraktbruch nicht unter allen Umständen wider die guten Sitten verstößt (Juristische Wochenschrift 1906, Seite 465 Nr. 23).

§ 126 ff. (Lehrverhältnis) finden zwar auf die Betriebsbeamten Anwendung, würden aber im Sinne der Vorschläge des Juristentages auch für diese durch die §§ 76 ff. HGB. zu ersetzen sein. Ihre Einführung für Handlungslehrlinge kommt also nicht in Frage.

Die Vorschriften der §§ 133 a ff. sollen nach denselben Grundsätzen für Betriebsbeamte durch die §§ 59 ff. HGB. ersetzt werden. Es wäre hier also gemäß den oben gemachten Anführungen nur der Zusatz zu machen, daß für diese nicht der § 119 a, wohl aber der § 125 gilt.

Die Bestimmungen der §§ 133 g bis 139 a ff. gelten gemäß § 133 g nicht für Betriebsbeamte. Inwieweit ihre Ausdehnung auch außerhalb des Großbetriebes und auch auf die Betriebsbeamten sich empfiehlt, ist unten zu erörtern.

§ 139 b betrifft die Gewerbeaufsicht. Ihre Einführung auch für Handlungsgehilfen macht sich von selbst notwendig, wenn die Vorschriften der Gewerbeordnung auch auf diese ausgedehnt werden. Aus den Kreisen der Handlungsgehilfen macht sich vielfach der Wunsch nach Handelsinspektoren geltend. Ihre Einführung wird insbesondere gefordert vom Deutschnationalen Handlungsgehilfenverband, Verband deutscher Handlungsgehilfen in Leipzig, Verband katholischer kaufmännischer Vereine, Verein der deutschen Kaufleute, vom deutschen Verband kaufmännischer Vereine und Zentralverband der Handlungsgehilfen und Gehilfinnen Deutschlands. Der Deutschnationale Handlungsgehilfenverband entnimmt insbesondere aus der umfangreichen von ihm veranstalteten Umfrage über „die wirtschaftliche Lage der Handlungsgehilfen im Jahre 1908", daß die geltenden Schutzvorschriften für Handlungsgehilfen in überaus zahlreichen Fällen übertreten werden (vgl. hierzu insbesondere Weigert, Handlungsgehilfenfrage S. 98 ff.). Im Reichstag ist bei Beratung der Gewerbenovelle von 1910 ein dahingehender Antrag Hompesch u. Gen. angenommen worden [9]). Bei einer vom deutschen

---

[9]) Es sollen dem Reichstage Gesetzentwürfe vorgelegt werden, durch welche besondere, tunlichst aus dem Kaufmannsstande zu berufende Aufsichtsbeamte — Handelsinspektoren — eingeführt werden, welche an Stelle der Polizei-

Handelstage veranstalteten Umfrage hat allerdings die Mehrzahl der Handelskammern das Bedürfnis nach Handelsinspektoren verneint [10]). Eine Kontrolle über die Durchführung der Schutzgesetze ist aber jedenfalls erforderlich. Die von einigen Handlungsgehilfenverbänden eingerichteten privaten Überwachungskommissionen haben zu Unzuträglichkeiten und Reibereien geführt. Es liegt jedenfalls auch im Interesse der Prinzipale, daß die Kontrolle statt durch den Schutzmann durch einen mit den einschlägigen Verhältnissen vertrauten und besonders hierfür geeigneten Beamten erfolgt. Ob freilich die Einführung besonderer von den Gewerbeinspektionen unabhängiger Handelsinspektoren erforderlich ist, erscheint fraglich. Der Verband deutscher Handlungsgehilfen in Leipzig verwirft die Übertragung der Handelsaufsicht an die Gewerbeinspektoren prinzipiell, während der deutschnationale Handlungsgehilfenverband sie wenigstens übergangsweise empfiehlt. Die nötigen Eigenschaften zur Kontrolle der Handelsbetriebe dürfte wohl auch der Gewerbeinspektor besitzen, zumal es sich hinsichtlich der betreffenden Fragen mehr um Hygiene und Sozialpolitik handelt und eine speziell kaufmännische Schulung für ihre Beurteilung nicht erforderlich ist. Es dürfte viel praktischer erscheinen, auch hier die Kontrolle der Gewerbeinspektion zu übertragen, die ja ohnedies die große Zahl von Betrieben, in denen gewerbliche und kaufmännische Angestellte gemeinschaftlich beschäftigt werden, schon jetzt mitzukontrollieren hat. Zu erwägen wäre daneben die von vielen Angestelltenverbänden geforderte Heranziehung von Angestellten zur Unterstützung der Inspektion. Hier könnten sowohl Handlungsgehilfen, wie gewerbliche Angestellte mitwirken.

---

beamten die Durchführung der Bestimmungen zum Schutze der Gehilfen und Lehrlinge überwachen; dabei sei auch in Erwägung darüber einzutreten, ob und wie diese Aufsichtsbeamten für die Kontrolle des Ausverkaufswesens, der Wanderläger und Wanderversteigerungen, sowie der Abzahlungsgeschäfte herangezogen werden können.

[10]) Handel und Gewerbe, Jahrgang 16, Nr. 34. Bei 21 Handelskammern sind überhaupt keine Beschwerden über mangelhafte Durchführung der Schutzvorschriften bekannt geworden, bei 24 nur unerhebliche, bei 13 Kammern vereinzelte, Beschwerden in größerem Umfange nur in Aachen, Danzig, Elberfeld, Hamburg, Offenbach und Thorn. In Berlin sind der Handelskammer Beschwerden nicht bekannt, während nach dem Bericht der Ältesten der Kaufmannschaft die Zahl der Beschwerden recht erheblich ist. Das Resultat dieser Enqueten ist insofern ohne Beweiskraft, als ja nur der geringste Teil der Übertretungen zur Kenntnis der Polizeibehörde bzw. der Handelskammer kommt.

§§ 139 c bis m gelten schon jetzt für Handlungsgehilfen, allerdings nur für eine bestimmte Gruppe, nämlich solche in offenen Verkaufsstellen usw. Ihre weitere Ausdehnung wird unten zu erörtern sein.

Als Resultat ergibt sich also, daß der Ausdehnung der Schutzbestimmungen der GO., soweit diese für Betriebsbeamte gelten, auf die Handlungsgehilfen prinzipiell nichts im Wege steht.

9. Ausnahmen des § 154, 3 und 4 GO. Von den besonderen Bestimmungen für Großbetriebe sind durch § 154 Nr. 3 und 4 eine Reihe von Betrieben ausgenommen. Die Ausnahme für Arbeiter in Apotheken und Handelgsgeschäften ist nur statuiert, weil Apothekergehilfen und Handlungsgehilfen den Schutzvorschriften nicht unterstehen. Sie muß ohne weiteres fallen, wenn die Ausdehnung dieser Vorschriften auf Handlungsgehilfen vorgeschlagen wird. Auch ohne diese Ausdehnung ist aber kein Grund ersichtlich, weshalb in einem Engrosgeschäft, das mehr als 20 Hausdiener und Packer beschäftigt, für diese keine Arbeitsordnung erlassen zu werden braucht.

Auch die andern Ausnahmen gehen aber zu weit, Krankenpflegerinnen, Schauspielerinnen und weibliche Angestellte im Gastwirtsgewerbe klagen vielfach mit Recht über übermäßige, die Gesundheit schädigende Arbeitszeit. Es ist daher auch weiterhin eine Einschränkung des § 154 Nr. 3 und 4 insoweit erforderlich, als sie für die Musikaufführungen, Schaustellungen, theatralische Vorstellungen und sonstige Lustbarkeiten, sowie auch das Gast- und Schankwirtschaftsgewerbe und das Verkehrsgewerbe die Arbeiterinnenschutzbestimmungen ganz ausschließen. Der Maximalarbeitstag für die Frauen und Jugendlichen kann auch in diesen Betrieben ev. durch Einführung von Arbeitsschichten durchgeführt werden. Ein Bedürfnis nach besonderer Behandlung besteht lediglich hinsichtlich der Nachtarbeit und vielleicht auch noch hinsichtlich der Arbeitspausen. Weshalb in Heilanstalten, Genesungsheimen, bei Musikaufführungen, Schaustellungen, theatralischen Vorstellungen usw. die Vorschriften über die Arbeitsordnung und die Lohnverwirkung nicht zur Anwendung kommen sollen, ist nicht ersichtlich. Bei bloß vorübergehenden Betrieben braucht ohnehin schon deshalb eine Arbeitsordnung nicht erlassen zu werden, weil sich die Bestimmungen über die Arbeitsordnung naturgemäß nur auf Betriebe beziehen, die auf eine gewisse Dauer berechnet sind.

C. Vorschlag zur Ausdehnung des Geltungsbereichs des VII. Titels der GO.

Unter Berücksichtigung der Gesichtspunkte zu 1 bis 9 steht der generellen Ausdehnung der GO. auf die Dienst- und Arbeitsverhältnisse jeder Art nichts entgegen. Notwendig ist nur eine Begrenzung auf die Personen, für die der Arbeitsvertrag den Hauptberuf bildet. Diejenigen, für die der Arbeitsvertrag nur einen Nebenerwerb bietet, bedürfen der Schutzbestimmungen der GO. ebensowenig wie diejenigen, die durch gleichzeitigen Abschluß einer Mehrheit von Arbeitsverhältnissen in der Lage sind, die Nachteile der einen durch die Vorteile der andern Stellung auszugleichen, und für die daher das einzelne Arbeitsverhältnis, für sich allein genommen, nicht die absolute Grundlage der Existenz bildet. Gewiß mögen auch selbständige Personen, die von ihrer Arbeit leben, schutzbedürftig sein. Mancher Handwerker und auch mancher Schriftsteller, der um seine Existenz ringt, spricht neidisch von dem „sorgenfreien Brot" des Festangestellten, der auf alle Fälle sein Gehalt bekommt und sich nicht erst umzusehen braucht, ob er morgen einen Abnehmer für seine Arbeit findet. Schutzbestimmungen, welche die wirtschaftliche Lage und den Existenzkampf der Selbständigen erträglicher gestalten sollen, bestehen ja auch schon teilweise für Agenten, Ärzte, Rechtsanwälte. Die Bedürfnisse sind aber hier so verschieden, daß eine allgemeine Regelung nicht möglich ist, jedenfalls nicht in Verbindung mit den an den Arbeitsvertrag geknüpften Schutzbestimmungen, deren Grundlage darauf beruht, daß der Arbeiter vertragsmäßig für eine gewisse Zeit sich den Weisungen eines bestimmten Arbeitgebers unterworfen hat, und die ihn in erster Linie gegen die hieraus sich ergebenden Gefahren schützen sollen.

Weitere Einschränkungen sind nicht wünschenswert, insbesondere nicht auf dauernde Dienstverhältnisse. Der größte Teil der gewerblichen Arbeitsverhältnisse steht ja jetzt schon unter Kündigungsausschluß. Auch wer sich nur vorübergehend in einem Abhängigkeitsverhältnis befindet, ist während der Dauer dieses Verhältnisses schutzbedürftig. Das auf die Dauer berechnete Verhältnis bedarf nur noch eines besonderen Schutzes gegen unvorhergesehene Beendigung oder Unterbrechung.

Das richtige Prinzip vertritt das gleichzeitig mit der Reichsgewerbeordnung erlassene Lohnbeschlagnahmegesetz, das sich erstreckt auf alle Arbeiten oder Dienste, welche auf Grund eines Arbeits- oder Dienstverhältnisses geleistet werden, sofern dieses Verhältnis die Erwerbstätigkeit des Vergütungsberechtigten vollständig oder hauptsächlich in Anspruch nimmt.

In diesem Sinne kann die Einheit des Arbeitsrechts ohne daß irgendwelche politischen oder wirtschaftlichen Bedenken geltend gemacht werden könnten, durch Änderung weniger Paragraphen der GO. hergestellt werden. Es wäre nur folgendes nötig:

1. Dem § 105 ist folgender Absatz 2 hinzuzufügen: „Die Bestimmungen des siebenten Titels der GO. finden Anwendung auf alle Arbeits- oder Dienstverhältnisse, welche die Erwerbstätigkeit des Dienstverpflichteten vollständig oder hauptsächlich in Anspruch nehmen, auch wenn der Dienstberechtigte der GO. nicht untersteht.

   Auf ungelernte Landarbeiter, Dienstboten, Bergarbeiter und das Fahr- und Streckenpersonal der Eisenbahnen findet der siebente Titel der GO. nur insoweit Anwendung, als die Landesgesetze entgegenstehende Bestimmungen nicht enthalten." [11])

2. In § 105 i Abs. 1 hinter „Verkehrsgewerbe" einzufügen „Heilkunde, Apotheken, Krankenpflege und Erziehungsanstalten".

3. In § 154 GO. sind die Nr. 1 und 2 zu streichen und die Bestimmungen wie folgt zu fassen:

   „Von den Bestimmungen im siebenten Titel finden keine Anwendung:

   1. Die Bestimmungen der §§ 136 und 137 über die Nachtarbeit und die Arbeitspausen auf Heilanstalten, Genesungsheime, Musikaufführungen, Schaustellungen, theatralische Vorstellungen oder sonstige Lustbarkeiten, sowie auf Gärtnereien, auf das Gast- und Schankwirtsgewerbe und auf das Verkehrsgewerbe.
   2. Bisherige Nr. 5.
   3. Bisherige Nr. 6.

   Der Bundesrat ist ermächtigt, über die Nachtarbeit und die Arbeitspausen für diese Arbeiter besondere Bestimmungen zu treffen."

---

[11]) Eine besondere Ausnahme für die Schiffsmannschaft auf Seeschiffen erscheint angesichts der Fassung des § 6 GO. nicht erforderlich.

D. Ausdehnung der nur für gewisse Arbeitnehmerkategorien geltenden Schutzvorschriften des VII. Titels.

Auch innerhalb des VII. Titels der GO. muß die Einheit des Arbeitsrechts hergestellt werden. Der VII. Titel zerfällt gegenwärtig in folgende Abschnitte:

I. Allgemeine Verhältnisse (§§ 105—120 e).

II. Verhältnisse der Gesellen und Gehilfen (§§ 121—125).

III. Lehrlingsverhältnisse.

A) Allgemeine Verhältnisse (§§ 126—128).

B) Besondere Bestimmungen für Handwerker (§§ 129—132 a).

III a. Meistertitel (§ 133).

III b. Verhältnisse der Betriebsbeamten, Werkmeister, Techniker (§§ 133 a—f).

IV. Besondere Bestimmungen für Betriebe, in denen in der Regel mindestens 10 Arbeiter beschäftigt werden (§ 133 g):

A) Bestimmungen für Betriebe, in denen in der Regel mindestens 20 Arbeiter beschäftigt werden (§§ 133 h—134 h).

B) Bestimmungen für Betriebe, in denen in der Regel mindestens 10 Arbeiter beschäftigt werden (§§ 135—139 a. a).

V. Aufsicht (§ 139 b).

VI. Gehilfen, Lehrlinge und Arbeiter in offenen Verkaufsstellen (§§ 139 c—139 m).

Auch hier ist zu prüfen, ob innere Gründe vorliegen, die betreffenden Vorschriften nur auf einen bestimmten Kreis einzuschränken oder ob sich ihre weitere Ausdehnung empfiehlt. Hierbei zeigt sich wieder der schon vorhin berührte Übelstand, daß die deutsche Gewerbegesetzgebung in erster Linie Gelegenheitsgesetzgebung ist.

1. Die auf Großbetriebe beschränkten Vorschriften. In einigen Punkten hat auch schon die Ausdehnung von Bestimmungen stattgefunden, die bisher nur für einen großen Kreis galten. Die Bestimmungen über das Truckverbot bezogen sich z. B. ursprünglich nur auf Fabrikarbeiter und sind erst durch die Novelle von 1878 in den allgemeinen Teil gebracht worden. Für die Ausdehnung des Truckverbots auf die Gewerbebetriebe im allgemeinen machen die Motive zur Novelle von 1878 (S. 502) geltend:

„Die Erweiterung der Anwendung dieser Bestimmungen läßt sich um so mehr rechtfertigen, als die Grenzen zwischen dem Fabrikbetrieb und der übrigen gewerblichen Produktion durch die tatsächliche Entwicklung der Industrie immer mehr verwischt werden."

Von diesem Grundsatz aus müssen aber auch die sonstigen Bestimmungen für die Arbeiter in Großbetrieben geprüft werden.

Bekanntlich galten die §§ 134 ff. ursprünglich nur für „Fabriken" und es ergaben sich bei ihrer Anwendung die kompliziertesten Streitfragen über die Abgrenzung vom Handwerk, während es für das Schutzbedürfnis des betr. Arbeiters gleichgültig war, ob der Betrieb alle Merkmale der Fabrik aufwies. Das ist durch die Novelle vom 28. Dezember 1908 beseitigt, die statt des Fabrikbegriffs nur die regelmäßige Beschäftigung von 10 bzw. 20 Arbeitern verlangt. (Nur im § 134 Abs. 2 ist bei den Lohnzahlungsbüchern versehentlich vergessen worden das Wort „Fabrik" in „Betrieb" zu ändern.) Das neue Tatbestandsmerkmal gibt zwar keinen Anlaß zu juristischen Streitfragen mehr, aber es ist auch wieder in den meisten Fällen recht willkürlich, dem einzelnen Arbeiter, dessen Schutzbedürfnis das gleiche bleibt, den Schutz nur zu gewähren, wenn neben ihm noch neun andere arbeiten. Es soll deshalb geprüft werden, inwieweit die Begrenzung dieser Schutzvorschriften auf den Großbetrieb berechtigt ist.

§ 134 Abs. 1 regelt die Lohnverwirkung. Er ist nur auf den Großbetrieb zugeschnitten. Er will verhüten, daß der Inhaber eines Großbetriebes sich bei einer kollektiven Arbeitseinstellung dadurch bereichert, daß er ohne Schadensnachweis gemäß § 124 b GO. vielleicht von Hunderten von Arbeitern den Tagelohn für eine Woche verlangen kann. Mit Rücksicht hierauf soll eine Kontraktbruchsstrafe nur zulässig sein, wenn sie besonders, sei es durch die Arbeitsordnung, sei es durch Einzelvertrag, bedungen ist, und ist gleichzeitig auch für diese Strafabrede ein Maximum bestimmt. Eine Ausdehnung dieser Bestimmung auf kleinere Betriebe erscheint nicht angezeigt.

§ 134 Abs. 2 führt die Lohnzahlungsbücher für minderjährige Arbeiter ein, er bildet eine Ergänzung zu § 114 a, nach welchem der Bundesrat für bestimmte Gewerbe Lohnbücher vorschreiben kann. Die Einrichtung des Lohnzahlungsbuches ist lediglich im Interesse der minderjährigen Arbeiter getroffen, um den gesetzlichen Vertretern eine Kontrolle über die Einnahmen des Arbeiters zu ermöglichen. Statuiert man einmal ein Bedürfnis nach einer solchen Kontrolle, so ist es natürlich ganz gleichgültig, ob der Arbeiter in einem Großbetriebe arbeitet oder nicht. Der gesetzliche Vertreter, der besonders in der Großstadt keinen Konnex mit dem Betriebe hat, kann den Minderjährigen im kleinen Betriebe ebensowenig kontrollieren wie im Großbetriebe. Die ganze Sinnlosigkeit der jetzigen Beschränkung ergibt sich schon aus folgendem: Sind außer dem minderjährigen Arbeiter noch neunzehn großjährige Arbeiter vorhanden, so muß er ein Lohnzahlungsbuch haben, sind nur achtzehn vorhanden, so braucht er keins.

§§ 134 a—134 h beschäftigen sich mit der Arbeitsordnung und den Arbeiterausschüssen. Der Grundgedanke der Arbeitsordnung besteht darin, daß die Arbeitsverträge im Großbetriebe nach bestimmtem Schema abgeschlossen werden, auf das der einzelne Arbeiter beim Dienstantritt keinen Einfluß hat. Man will daher, um eine Benachteiligung des Arbeiters zu verhüten, bei Aufstellung der wesentlichen Arbeitsbedingungen die Gesamtheit der Arbeiterschaft mitwirken und eine Kontrolle der Aufsichtsbehörde stattfinden lassen. Dieser Gedanke ist natürlich nur für Großbetriebe maßgebend und insofern eine Ausdehnung der Bestimmungen nicht zu empfehlen.

Dagegen ist absolut nicht zu ersehen, weshalb die Bestimmungen der §§ 135—139 a. a, die den Schutz der Arbeiterinnen und der jugendlichen Arbeiter betreffen, auf Betriebe mit 10 Arbeitern beschränkt sein sollen. Auch hier handelt es sich lediglich um Schutzbestimmungen für die Person, die von der Größe des Betriebes völlig unabhängig sind. Wenn die Berner Konvention vom 26. September 1906, die das Verbot der Nachtarbeit der gewerblichen Arbeiterinnen regelt, sich auf Betriebe mit mindestens 10 Arbeitern beschränkte, so ist hier eben das Minimum festgelegt, was im Wege internationaler Vereinbarung zu erreichen war. Viele Staaten gehen im Punkte des Arbeiterinnenschutzes schon bedeutend weiter. In der Tat ist auch nicht zu ersehen, weshalb beispielsweise die Wöchnerin nur geschützt sein soll, wenn sie in einem Großbetriebe arbeitet, oder weshalb die Arbeiterin nur im Großbetriebe eine halbe Stunde zur Bereitung des Mittagessens haben soll. Das Essen kocht doch auch bei der Angestellten im kleinsten Betriebe nicht schneller.

Die §§ 134 Abs. 2, 135—139 a. a müssen daher allen Arbeitnehmern zugute kommen. Demgemäß muß § 134 i einschließlich seiner bisherigen Überschrift wegfallen und aus § 134 Abs. 2 und den §§ 135—139 a. a ein neuer Abschnitt mit der Überschrift „Arbeiterinnen und jugendlicher Arbeiter" gebildet werden.

2. Die Vorschriften für Betriebsbeamte. Durch § 133 a werden die mit der Leitung des Betriebes oder mit höheren

technischen Dienstleistungen betrauten Personen aus der Klasse der gewöhnlichen Arbeiter in eine Sonderstellung gehoben. Diese Kategorie bedarf natürlich einer entsprechenden Ausdehnung, wenn man mit meinem Vorschlage dem § 105 der GO. die generelle Ausdehnung auf alle Arbeitsverhältnisse gibt. § 133 a muß so gefaßt werden, daß er alle Privatangestellten umfaßt. Es ist vom Standpunkt des Angestelltenschutzes gleichgültig, ob die höheren Dienstleistungen technischer oder anderer Natur, insbesondere wissenschaftlicher oder künstlerischer Art sind. Der Rechtsschutz, der dem Techniker gewährt wird, wird im Rahmen des einheitlichen Arbeitsrechts dem Redakteur und dem Bühnenkünstler nicht versagt werden können.

Wegfallen muß dagegen das Merkmal der „festen Bezüge". Dieser Begriff gibt schon heute zu vielen Streitigkeiten Anlaß. Der Regierungsentwurf zur Gewerbenovelle von 1891 hatte ausdrücklich vorgesehen, daß die Bezüge mindestens monatsweise bemessen sein müßten. Diesen Zusatz hat der Reichstag auf eine Eingabe des Werkmeister-Verbandes hin gestrichen. Es ist dadurch klar zum Ausdruck gebracht, daß nicht nur Monatsgehalt fester Bezug sein soll, und es wird auch heute allgemein anerkannt, daß Wochenlohn fester Bezug ist. Dagegen herrscht noch Streit, ob Tagelohn als fester Bezug anzusehen ist. Bei Stücklohn, Stundenlohn, sowie Tantieme, Provision und Gewinnbeteiligung ohne festen Lohnsatz liegen feste Bezüge zweifellos nicht vor. Es kommt vielfach vor, daß Betriebe ihre Werkmeister, um sie den Schutzvorschriften der §§ 133 a ff. zu entziehen, gegen Stundenlohn oder Akkordlohn anstellen. Ein triftiger sachlicher Grund für die Zufügung des Merkmals „feste Bezüge" liegt überhaupt nicht vor. Auch bei den Handlungsgehilfen, bei denen allerdings eine Anstellung gegen Stundenlohn kaum vorkommt, ist dies Begriffsmerkmal nicht aufgestellt. Es empfiehlt sich daher auch seine Streichung in § 133 a, wie dies seitens der Werkmeister und technischen Angestellten vielfach gefordert wird (vgl. Cuno, Schriften der Gesellschaft für Soziale Reform Heft 27, Seite 21, Soziales Programm des Deutschen Werkmeister-Verbandes Seite 24.)

Anders ist es dagegen mit dem Begriffsmerkmal, daß die Betriebsleitung nicht lediglich vorübergehend sein darf. Ein gewöhnlicher Arbeiter, der nur im Notfall einmal auf kurze Zeit, vielleicht auf wenige Stunden, den Betriebsleiter vertritt, kann dadurch nicht ohne weiteres die Rechtsstellung eines solchen erlangen.

Der 30. Deutsche Juristentag hat sich bereits dafür ausgesprochen, daß die für Handlungsgehilfen bestehenden sozialen Schutzvorschriften auf alle Privatangestellte auszudehnen sind. Hiernach würde also die GO. dahin zu ändern sein, daß an Stelle der §§ 133 a—f die Schutzvorschriften des HGB. treten, und zwar auch die Lehrlingsvorschriften, da, wenn auch nicht hinsichtlich der Betriebsleitung, so doch hinsichtlich der höheren Dienstleistungen Lehrlinge vorkommen (Techniker, Theatereleven, Redaktionsvolontäre usw.). Von den in Betracht kommenden §§ 59—82 dürften nur §§ 60 und 61 nicht ohne weiteres zur entsprechenden Anwendung zu empfehlen sein, da man das Konkurrenzverbot, welches für den Handel allerdings ein Grundelement des Anstellungsvertrages bildet, nicht ohne weiteres auf alle andern Anstellungsverträge übertragen kann. Man wird weder dem Redakteur ohne weiteres das Recht nehmen können, für andere Zeitungen zu schreiben, noch dem Schauspieler verbieten können, einmal auf einer andern Bühne aufzutreten. — § 62 HGB. könnte überhaupt ganz gestrichen werden, wenn nach diesseitigem Vorschlag die Handlungsgehilfen der GO. und damit den §§ 120 a und b unterstellt werden. Es würde daher an die Stelle des § 133 a lediglich die folgende Formel zu treten haben:

> „Auf das Dienstverhältnis der Personen, welche nicht lediglich vorübergehend mit der Leitung oder Beaufsichtigung des Betriebes oder einer Abteilung desselben beauftragt oder mit höheren Dienstleistungen betraut sind, finden die für Handlungsgehilfen und Handlungslehrlinge geltenden Vorschriften mit Ausnahme der §§ 60—62 HGB. entsprechende Anwendung."

Eine Schwierigkeit ergibt sich hierbei noch hinsichtlich der Handlungsgehilfen. § 59 HGB. gibt die Bestimmungen, die nach diesseitigem Vorschlag nur auf die zur Leistung höherer Dienste berufenen Privatangestellten auszudehnen sind, für alle Handlungsgehilfen, die kaufmännische Dienste, gleichviel, ob höherer oder niederer Art, leisten. Wenn ein Warenhaus eine Packerin an einen Postkartenverkaufsstand stellt und sie anweist, jedem, der 10 Pfg. hinlegt, eine Postkarte auszuhändigen, so ist sie damit — ohne die geringste Vorbildung — zur Handlungsgehilfin aufgerückt. Es scheint sehr zweifelhaft, ob für derartige Personen das Handlungsgehilfenrecht paßt. Es gibt aber auch sonst große Schichten der Handlungsgehilfenschaft, die sozial oder wirtschaftlich gleich oder sogar tiefer stehen als die Elite der Arbeiterschaft der graphischen Branche oder des Kunstgewerbes. Bierkutscher, Selterwasserverkäuferinnen. Ladengesellen in Schlächtereien werden von der Praxis vielfach als Handlungsgehilfen angesehen. Ein großer Teil des Widerstandes der Prinzipale gegen gewisse Schutzvorschriften (z. B.

Einführung des § 63 HGB. als zwingendes Recht) ist darauf zurückzuführen, daß die Prinzipale diesen sozial tieferstehenden Schichten der Handlungsgehilfenschaft nicht anders gegenüberstehen als den Arbeitern und daher ihnen ein Anrecht auf erhöhte Fürsorge nicht zubilligen wollen. Die Unterstellung unter die Schutzvorschriften des HGB. bedeutet aber nicht einmal für diese Angestelltenschichten selbst einen Vorteil. Die längere Kündigungsfrist bindet nicht nur den Prinzipal, sondern auch den Gehilfen, für den der Stellenwechsel vielfach das einzige Mittel ist, sein Einkommen zu vergrößern. Sie verhindert aber vor allem auch die Anwendung gewerkschaftlicher Kampfmittel (Kollektivkündigung und Streik), die sonst für die schlechtbezahlten unteren Angestellten gewisser Versicherungsanstalten und Warenhäuser ein wirksames Mittel zur Verbesserung ihrer Lage wären [12]). Es würde daher an sich angezeigt sein, dem bisherigen Handlungsgehilfenrecht nur die Handlungsgehilfen zu unterstellen, die „höhere" kaufmännische Dienste leisten [13]). Die Grenze wird jedoch sehr schwer zu ziehen sein. Der von mir in den Schriften der Gesellschaft für Soziale Reform gemachte Vorschlag (Heft 26 S. 80), alle Angestellten mit mehr als 2000 Mk. Gehalt dem Handlungsgehilfenrecht, alle unter 2000 Mk. dem Arbeiterrecht zu unterstellen, ist auf starken Widerstand gestoßen. Eine Schlechterstellung einer Angestelltenkategorie gegenüber dem bisherigen Rechtszustand hat auch wenig Aussicht auf praktische Verwirklichung. Auch de lege ferenda müßten daher wohl in Deutschland alle kaufmännische Dienste schlechthin als höhere Dienste im Sinne des Angestelltenrechts erklärt werden. Es muß dann aber wenigstens die Ungerechtigkeit beseitigt werden, daß die Handlungsgehilfeneigenschaft von der Kaufmannseigenschaft des Prinzipals abhängt [14]). Nach heutigem Recht kann z. B.

---

[12]) Der Leiter des gewerkschaftlich organisierten Zentralverbandes der Handlungsgehilfen, Paul Lange, nennt infolgedessen die Kündigungsfristen der Handlungsgehilfen einen Vorteil „zweischneidiger Natur". (Protokoll des Dresdener Gewerkschaftskongresses S. 349.)

[13]) Nach dem österreichischen Handlungsgehilfengesetz (s. u.) sind „Personen, die vorwiegend untergeordnete Verrichtungen leisten, nicht als Handlungsgehilfen anzusehen". Ob hierunter auch untergeordnete kaufmännische Dienste fallen, ist streitig.

[14]) Eine ähnliche Forderung stellt der Deutschnationale Handlungsgehilfenverband auf (Schriften des D. H. V. Bd. 42 S. 19). Handlungsgehilfe soll sein, „wer zur Leistung kaufmännischer Dienste gegen Entgelt angestellt ist und drei Jahre lang, wenn auch mit Unterbrechungen in Handelsgewerben

eine Buchhalterin eines Kohlenverkaufskontors mit täglicher Kündigung angestellt werden, wenn das Unternehmen nur selbstproduzierte Kohle verkauft, also nicht Kaufmann ist, während sie monatliche Mindestkündigung hat, wenn daneben noch Kohle eingekauft wird. Momente, die dem Angestellten selbst nach langer Dienstzeit manchmal nicht bekannt werden, bilden also die Grundlage der Rechtsstellung. Der kaufmännischen Tätigkeit müßte die Bureautätigkeit gleichgestellt werden, schon um die vielen unglückseligen Streitigkeiten abzuschneiden, die sich vor den Gewerbe- und Kaufmannsgerichten über die Rechtsstellung der Stenotypistinnen abspielen. § 133a müßte daher noch den Zusatz erhalten:

> „Kaufmännische Dienste und Bureautätigkeit jeder Art, auch wenn sie nicht in einem Handelsgewerbe geleistet werden, gelten als höhere Dienstleistungen."

Hiermit wäre zugleich auch das Bedenken beseitigt, das der Deutschnationale Handlungsgehilfenverband — allein von allen Angestelltenverbänden — gegen das einheitliche Angestelltenrecht erhoben hat. Auch dieser Verband erkennt die Notwendigkeit sozialer Schutzvorschriften für alle Privatangestellten an und wendet sich nur gegen ein besonders für alle Privatangestellten geltendes Gesetzbuch, weil er davon eine Auflösung des historisch gewordenen Handlungsgehilfenstandes befürchtet und weil ein einheitlicher Privatangestelltenstand nicht vorhanden sei (vgl. insbesondere Blobel, Archiv für kaufmännische Sozialpolitik Bd. 7 Heft 3. — 30. Juristentag Bd. 2 S. 159 ff.). Die Existenz eines Standes beruht nun zwar lediglich auf dem Zusammenschluß auf Grund gemeinsamer wirtschaftlicher Interessen, und ein Gesetzbuch kann einen Stand weder schaffen, noch auflösen. Aber für den, der sich nicht auf diesen Standpunkt stellen will, werden bei dem diesseitigen Vorschlag

---

solche Dienste gelernt oder verrichtet hat. Über die Bedenken gegen das Erfordernis der dreijährigen Frist für den Erwerb der Handlungsgehilfeneigenschaft vgl. Mantel, Rechtsblätter 2. Jahrg. Sp. 126. Im Warenverkauf werden viele ungelernte Personen in untergeordneten Stellungen beschäftigt. Diese würden dann mit täglicher Kündigung angestellt und, wenn die drei Jahre abzulaufen drohen, aus dem Betriebe wieder entfernt werden. Der Verein deutscher Kaufleute fordert: „Als Handlungsgehilfe soll gelten, wer gegen Entgelt vorwiegend kaufmännische Dienste in Betrieben des Handels, der Industrie und des Gewerbes leistet." Diese Definition ist zu eng, da sie die kaufmännischen Angestellten von Betrieben ausschließt, die nicht auf Gewinnerzielung gerichtet sind.

nach wie vor die Bestimmungen für den Handlungsgehilfen im HGB. unverändert bestehen bleiben, und trotzdem wäre das einheitliche Angestelltenrecht hergestellt.

Wenn durch § 133 a den höheren Privatangestellten das Handlungsgehilfenrecht gewährt wird, können gestrichen werden: § 133 a. a als identisch mit § 67 HGB., § 133 a. b als identisch mit § 68, § 133 a c. als identisch mit § 69, § 133 b identisch mit § 70, § 133 c und d als im wesentlichen übereinstimmend mit §§ 71, 72. Hinsichtlich der Konkurrenzklausel und der Fortzahlung des Gehalts im Falle unverschuldeter Verhinderung hat sich bereits der 30. Deutsche Juristentag für die Ausdehnung der Bestimmungen des HGB. auf alle Privatangestellten ausgesprochen, eine Nachprüfung dieses Votums liegt außerhalb des Rahmens dieses Gutachtens. § 133 c letzter Absatz und § 133 f müßten daher fortfallen, da an ihre Stelle die ev. im Sinne der Beschlüsse des Juristentages zu reformierenden §§ 63, 74, 75 HGB. zu treten hätten.

Von den Bestimmungen des Abschnitts III b des VII. Titels der GO. bleibt also nur noch § 133 e übrig. Dieser wird insoweit zu streichen sein, als er die Anwendung des § 124 b betrifft, dagegen aufrecht zu erhalten sein, insoweit er sich auf die Anwendung des § 125 bezieht, vergleiche hierüber oben III 8 b (S. 168 ff.).

§ 133 g schließt die Betriebsbeamten, Werkmeister, Techniker von den Schutzbestimmungen für die Großbetriebe aus. Auch dies scheint namentlich bei der jetzt vorgeschlagenen Ausdehnung nur teilweise, gerechtfertigt. Weibliche und jugendliche Angestellte bedürfen jedenfalls desselben Schutzes wie gewöhnliche gewerbliche Arbeiter. Ihre höhere soziale Stellung oder Bildung macht ihren Körper nicht widerstandsfähiger gegen übermäßige Arbeitszeit, schränkt das Schutzbedürfnis der Wöchnerinnen nicht ein und beschränkt auch die häusliche Pflicht der Frau nicht [15]).

Die Bestimmungen über die Arbeitsordnung, §§ 134 a—h erscheinen für die höheren Angestellten insofern nicht ganz passend, als für sie andere Arbeitsbedingungen vorgeschrieben werden müssen als für die gewöhnlichen Arbeiter. Dies erfordert schon ihre ganze Stellung

---

[15]) Die Ausdehnung der Arbeiterinnenschutzbestimmungen auf die weiblichen Handlungsgehilfen fordert der Deutschnationale Handlungsgehilfenverband auf seiner Tagung vom 19. Juni 1908, allerdings wohl — als grundsätzlicher Gegner der Frauenarbeit im Handel — in der Absicht, den Zuzug der Frauen zum Handelsgewerbe zu erschweren.

im Betriebe. Dagegen erscheint es angemessen, in Betrieben, in welchen eine größere Zahl von Angestellten beschäftigt wird, eine besondere Angestelltenordnung zu erlassen. Das Vorbild hierfür gibt § 139 k. Wenn gewerbliche und kaufmännische Angestellte gleichgestellt werden, erscheint auch eine Unterscheidung zwischen beiden Kategorien in der Angestelltenordnung nicht nötig. Dieselben Gesichtspunkte, die für die Arbeitsordnung für offene Verkaufsstellen sprechen, sind offenbar auch für alle Bureaus, Kontore usw. maßgebend. Auch für die Theater wäre der Erlaß einer Bühnenordnung durchaus erwünscht. Überall da, wo Angestellte in größerer Znhl engagiert werden, pflegt der Anstellugsvertrag mehr oder weniger formularmäßig abgeschlossen zu werden, und der Grundgedanke der Arbeitsordnung erscheint auch hier maßgebend, daß dem mangelnden Einfluß der einzelnen Angestellten auf die Gestaltung der Arbeitsbedingungen einigermaßen durch den Einfluß der Gesamtheit und durch behördliche Kontrolle ein Äquivalent geboten wird. Es wäre daher nur nötig, dem § 139 k Abs. 1 folgende Fassung zu geben:

„Für jeden Betrieb, in welchem in der Regel mindestens 20 Angestellte im Sinne des § 133 a beschäftigt werden usw. . . .“

Die Arbeitsordnung des § 139 k sieht im Gegensatz zu §§ 134 b Abs. 3, 134 d und 134 h einen Angestelltenausschuß nicht vor. Die Einführung eines solchen ist aber mindestens für die ganz großen Betriebe sehr erwünscht, wird auch von den Angestelltenverbänden vielfach verlangt. So verlangt z. B. der Deutsche Werkmeister-Verband Errichtung von Beamtenausschüssen in allen Unternehmungen mit mehr als 20 Angestellten (Soziales Programm S. 12). Die gleiche Forderung stellt auch der Bund technisch-industrieller Beamter auf. Man wird zunächst die Ausschüsse bei den Beamten ebensowenig wie bei den Arbeitern obligatorisch zu machen brauchen. Jedenfalls erleichtert schon die fakultative Errichtung die Mitwirkung der Angestellten bei Erlaß der Arbeitsordnung. Über diese rechtliche Bedeutung hinaus aber wird der Angestelltenausschuß ebenso wie der Arbeiterausschuß einen regelmäßigen ruhigen Meinungsaustausch zwischen Arbeitgebern und Angestellten und damit den sozialen Frieden fördern. Mit den Angestelltenausschüssen, die schon jetzt in einigen Großbetrieben existieren, so in der Industrie bei der Firma Voigt & Heffner in Frankfurt, der Deutschen Gold- und Silber-Scheideanstalt in Frankfurt, der Firma Karl Zeiß in Jena, der Neuen photographischen Gesellschaft in Steglitz, der Firma Gebrüder Sulzer, Maschinenfabrik und Eisengießerei in Ludwigshafen a. Rh., sowie bei Handelsbetrieben z. B. der

Firma Leonhardt Tietz, Aktiengesellschaft in Köln, sind in der Regel durchaus zufriedenstellende Erfahrungen gemacht (vgl. Soziales Programm des Deutschen Werkmeister-Verbandes S. 35 ff.; Weigert, Handlungsgehilfenfrage S. 315). Dem § 139 k würde daher folgender Schlußabsatz zuzufügen sein:

„Auf Betriebe, in denen ein ständiger Angestelltenausschuß errichtet ist, finden die §§ 134 b Abs. 3 Satz 2 und 134 d Abs. 2 entsprechende Anwendung. Als ständiger Angestelltenausschuß gilt nur eine Vertretung, deren Mitglieder in ihrer Mehrzahl von den volljährigen Angestellten des Betriebes oder der betreffenden Betriebsabteilung aus ihrer Mitte in unmittelbarer und geheimer Wahl gewählt werden. Die Wahl der Vertreter kann auch nach Angestelltenklassen und nach besonderen Abteilungen des Betriebes erfolgen."

Von den Bestimmungen des vierten Abschnitts des VII. Titels bleibt somit nur noch § 134 hinsichtlich seiner Ausdehnung auf die höheren Angestellten zu prüfen. Die Bestimmung über die Lohnverwirkung eignet sich ebensowenig wie die Bestimmung über Lohneinbehaltung in § 119 a für höhere Angestellte. Aus denselben Gründen, aus denen bei ihnen die fixierte Kontraktbruchsstrafe des § 125 GO. zu verwerfen ist, muß hinsichtlich der Sicherung gegen Kontraktbruch die Möglichkeit freier Vereinbarung gegeben werden. Genügenden Schutz bietet hier die Einschränkung der Konkurrenzklausel und das allgemeine richterliche Ermäßigungsrecht für Vertragsstrafen im § 343 BGB. Die zwangsweise Einführung des Lohnzahlungsbuchs für minderjährige Angestellte erscheint dagegen namentlich wegen der Warenhausverkäuferinnen wünschenswert.

Als Resultat ergibt sich also, daß an Stelle des § 113 e und des § 133 g folgende Bestimmung zu treten hätte:

„Auf die in § 133 a bezeichneten Personen finden die Bestimmungen der §§ 105—119, 120—120 e, 125, 134 Abs. 2, 135 bis 139 a entsprechende Anwendung."

5. Gewerbeaufsicht. Die Bestimmungen über die Gewerbeaufsicht (§ 139 b) bezogen sich ursprünglich nur auf §§ 135—139 a und auf die Anwendung des § 120 Abs. 3 in Fabriken. Durch die Novelle von 1891 wurde dann die Gewerbeaufsicht auch auf Werkstätten hinsichtlich der Sonntagsruhe und der §§ 120 a—120 e durchgeführt mit der Begründung, daß eine gleichmäßige und sichere Durchführung der

Sonntagsruhe in Fabriken und Werkstätten nur bei Mitwirkung der besonderen Aufsichtsbeamten gesichert sei und daß ebenso die §§ 120 a, 120 e in Werkstätten nur durchgeführt werden könnten, wenn sie durch besondere Beamten kontrolliert würden, die auch die nötigen technischen Kenntnisse besäßen, die bei den Organen der ordentlichen Polizeibehörden nicht vorausgesetzt werden könnten. Will man nun diesen Gedanken durchführen, so darf man nicht auf halbem Wege stehen bleiben. Dieselben Grundsätze gelten offenbar doch auch für die Kontrolle der Bestimmungen über die Arbeitsbücher und das Truckverbot. Vor allen Dingen erscheint es ungerechtfertigt, die höheren Angestellten von der Gewerbeinspektion auszunehmen. Hinsichtlich der Handlungsgehilfen vergleiche oben S. 170. Auch das soziale Programm des Deutschen Werkmeister-Verbandes fordert mit Recht die Ausdehnung der Zuständigkeit der Gewerbeaufsicht auf die Durchführung der zugunsten der technischen Angestellten erlassenen Bestimmungen. Es führt auf Seite 36 aus:

„Obgleich die Werkmeister in den von den Aufsichtsbeamten kontrollierten Betrieben vielfach unter den gleichen äußeren Bedingungen wie die Handarbeiter tätig, den gleichen Schädigungen ausgesetzt sind, vom Wechsel der Konjunktur und von Arbeitsstreitigkeiten mitbetroffen werden, ja manche Paragraphen der GO., deren Durchführung der Inspektor zu überwachen hat, auch für technische Angestellte gelten, so vermeiden die Aufsichtsbeamten es stets, sich irgendwie um die Verhältnisse der Werkmeister zu kümmern und darüber etwas in ihre Jahresberichte aufzunehmen. Es ist nur eine Anerkennung der Gleichberechtigung, wenn die Gewerbeaufsichtsbeamten auch der Lage der Werkmeister und der Ausführung der wenigen zu ihren Gunsten erlassenen Vorschriften ihre Aufmerksamkeit widmen.

Damit im Zusammenhange steht der Wunsch, daß nicht nur Arbeiter zu Gehilfen der Gewerbeaufsicht herangezogen werden, sondern auch Meister, deren reiche Erfahrungen sicherlich der Gesamtheit große Dienste leisten würden."

Ähnliches gilt aber auch in Verbindung mit dem über die Aufsicht in Handelsbetrieben Gesagten für alle Bureaus. Es gilt für die Apotheker, denen vielfach ungenügende Schlafräume während der Nachtdienstbereitschaft eingeräumt werden (vgl. Krüger, Wirtschaftliche und soziale Lage der Privatangestellten S. 34), und es gilt insbesondere für die Bühnenangehörigen, die vielfach über unfallgefährliche Betriebseinrichtungen, ungebührlich lange Dienstzeit, zu lang ausgedehnte Proben, ungenügend gereinigte und desinfizierte Garderobe und mangelhafte Garderobenräumlichkeiten zu klagen haben. Die Genossenschaft Deutscher Bühnenangehöriger hat die Schaffung einer besonderen Theatergewerbeinspektion verlangt. Meines Erachtens dürften die gewöhnlichen Kenntnisse eines Gewerbeinspektors ausreichen, da es sich hier weniger um theatertechnische, als um allgemeine Fragen handelt.

Eine besondere Aufsicht über die Befolgung der Bestimmungen der §§ 121—133 erscheint nicht erforderlich, da hier, soweit es sich um soziale Schutzbestimmungen handelt, in den Handwerkskammern und Innungen in der Regel besondere Organe vorliegen. Eine Aufsicht ist auch hier nur bezüglich der Lehrlingsbestimmungen denkbar. Dagegen wird, wenn besondere Handelsinspektoren eingeführt werden, den Gewerbeinspektoren auch die Aufsicht über Befolgung der Bestimmungen der §§ 139 c bis m zu übertragen sein. Zur Durchführung dieser erweiterten Aufgaben erscheint allerdings eine umfassende Verstärkung des Personals der Gewerbeinspektionen erforderlich. § 139 b würde also folgende Änderung erfahren müssen:

> „Die Aufsicht über die Ausführungen der Bestimmungen der §§ 105—120 e, 133 a—139 m sowie der §§ 59—82 HGB. ist ausschließlich oder neben den ordentlichen Polizeibehörden besonderen von den Landesregierungen zu ernennenden Beamten zu übertragen. Denselben stehen usw. .....“

4. Schutzbestimmungen für offene Verkaufsstellen. Die §§ 139 c bis m betreffen Gehilfen, Lehrlinge und Arbeiter in offenen Verkaufsstellen. Die §§ 139 c und d regeln die Ruhezeit für Angestellte in offenen Verkaufsstellen und den dazu gehörigen Schreibstuben und Lagerräumen. Es muß dort den Angestellten eine bestimmte Ruhezeit und innerhalb der Arbeitszeit eine angemessene Mittagspause gewährt werden. Das Bedürfnis nach einer angemessenen Ruhezeit besteht aber für alle Angestellten, namentlich für die Kontorangestellten auch dann, wenn das Kontor nicht mit einer offenen Verkaufsstelle verbunden ist. Das österreichische Handlungsgehilfengesetz vom 14. Januar 1910 gewährt auch eine sogar mindestens elfstündige Ruhezeit für alle Angestellten im Handelsgewerbe, im Speditionsgewerbe und im Warenverschleiß der Produktionsgewerbe.

Wenn nach den diesseitigen Vorschlägen die Ausdehnung des § 120 e erfolgt, würden analoge Vorschriften durch Bundesratsbeschluß erlassen werden können. Es empfiehlt sich aber, weiter zu gehen. Ein starkes Bedürfnis nach gesetzlicher Regelung der Kontorarbeit besteht jedenfalls.

Obwohl nach der Reichsstatistik über die Arbeitsverhältnisse in den Kontoren von 13673 befragten Betrieben 61,3 % eine tägliche Arbeitszeit bis zu neun Stunden hatten, wird von den Angestelltenverbänden vielfach über übermäßig lange Arbeitszeit in Kontorbetrieben geklagt. Die Reichstagskommission zur Beratung der Gewerbenovelle hat auch folgende §§ 139 e. a vorgeschlagen:

> „In Schreibstuben, Kontoren und Lagerräumen, welche nicht zu den offenen Verkaufsstellen gehören, dürfen Gehilfen und Lehrlinge höchstens 9 Stunden täglich beschäftigt werden. Nach Beendigung der täglichen Arbeitszeit muß ihnen eine ununterbrochene Ruhezeit von mindestens 12 Stunden gewährt werden.
>
> Innerhalb der Arbeitszeit muß den Gehilfen und Lehrlingen eine Mittagspause von mindestens einer und einerhalben Stunde gewährt werden. Wenn die tägliche Arbeitszeit acht Stunden und weniger beträgt, so kann die Mittagspause bis zu einer halben Stunde verkürzt werden.
>
> An höchstens 60 Tagen im Jahre ist Überarbeit gestattet. Die Namen der Gehilfen und Lehrlinge, welche zur Überarbeit herangezogen werden, sowie die Tage, an welchen die Überarbeit stattfindet, sind sofort in ein Verzeichnis einzutragen, das der Polizeibehörde und dem Gewerbeaufsichtsbeamten auf Wunsch vorgelegt werden muß."

Der Kommissionsbericht hebt mit Recht hervor: Wenn auch in der Mehrzahl der Kontore die Dauer der Arbeitszeit keinen Anlaß zu Klagen gebe, so sei es doch Sache der sozialen Gesetzgebung, die Minderheit der Kontore, wo noch Mißstände herrschen, an die Gepflogenheiten der Mehrzahl zu gewöhnen, zumal an der langen Arbeitszeit meist nur eine falsche Arbeitseinteilung schuld sei (Späterkommen der leitenden Personen, Fertigmachung der Postsendungen erst in den späten Abendstunden, später Überbringung der Aufträge durch die Reisenden, insbesondere die Stadtreisenden, ungenügende Zahl von Arbeitskräften). Die Mehrzahl der Handelskammern hat sich gegen die reichsgesetzliche Regelung der Arbeitszeit in den Kontoren ausgesprochen; die Festlegung raube der Industrie und dem Handel die unbedingt erforderliche Beweglichkeit und Freiheit, auch widerspreche die Eigenart einer ganzen Reihe von Branchen einer schablonisierenden Regelung; das Bankgeschäft müsse zur Zeit der Quartals-, Monats- und Bilanzabschlüsse sein Personal zu erheblich höheren Leistungen heranziehen, die Verkaufsagenten müßten häufig am Abend, wenn sie von der Tour kommen, noch die Aufträge des Tages durch ihre Bureaus erledigen lassen, ebenso müßten die Spediteure nach Eingang der letzten Post mindestens noch die Aufträge bearbeiten, die sich auf Eilgüterbestellungen beziehen, in den Getreideagenturgeschäften müsse noch am Abend nach Eintreffen der amerikanischen Kurse der darauf bezügliche Verkehr mit der Kundschaft erledigt werden, ebenso ließe sich in den Saisongeschäften (Konfektions- und Wäschebranche) während der Saison eine bestimmte Arbeitszeit nicht durchführen. Eine Erledigung der Mehrarbeit durch Personalvermehrung sei aus betriebstechnischen Gründen nicht angängig und müsse außerdem zur Gehaltsherabsetzung und zur Einstellung billiger Arbeitskräfte führen, endlich werde die Einführung der Mittagspause die englische Tischzeit unmöglich machen." Seitens der Handlungsgehilfenverbände wird hierauf erwidert: „Die Erledigung dringender Bureauarbeiten in den Abendstunden lasse sich dadurch bewältigen, daß in zwei Schichten gearbeitet werde, wie dies schon jetzt im Speditions- und Getreideagenturgeschäft vielfach vorkomme. Besonderen Bedürfnissen werde durch die Zulässigkeit der Mehrarbeit an Ausnahmetagen Rechnung getragen."

Wenn auch nicht verkannt werden kann, daß die Bedenken von der Prinzipalsseite keineswegs aus der Luft gegriffen sind, so ist doch zu bedenken, daß die gleichen Einwände auch gegen die Ruhezeit der Angestellten in offenen Verkaufsstellen erhoben worden sind und trotzdem die Ruhezeit ohne Schaden für den Handel eingeführt worden ist. Auch in Österreich haben sich bei der Ausdehnung der Ruhezeit auf den gesamten Handel irgendwelche erhebliche Schädigungen nicht gezeigt. Die durch § 139 c gewährte Mindestruhezeit von 10 Stunden, die also noch 14 Stunden Arbeitszeit (abzüglich Mittagspause) offen läßt, erscheint als ein so bescheidenes Fürsorgeminimum, daß hierdurch niemand geschädigt wird. Eine Erweiterung der Ruhezeit kann durch Bundesratsverordnung gemäß § 120 e erfolgen. Es dürfte sich daher die Ausdehnung des § 139 c auf alle Bureaus und Lagerräume empfehlen, natürlich auch auf die technischen Angestellten. Demgemäß wäre die Überschrift von § 139 c zu ändern und diesem Paragraphen folgende Fassung zu geben:

> „In offenen Verkaufsstellen, Bureaus, Kontoren und Lagerräumen ist den Gehilfen, Lehrlingen und Arbeitern usw."

§§ 139 e. f betreffen den Neunuhr- bzw. Achtuhrladenschluß. Auch ihre Ausdehnung auf die Bureaus wird vielfach gewünscht, ist aber nach gegenwärtiger Lage der Dinge noch nicht zu empfehlen. Es gibt eine ganze Reihe Bureaus, namentlich bei öffentlichen und gemeinnützigen Unternehmungen, aber auch bei Theatern und Zeitungen, deren Tätigkeit sich gerade in den Abendstunden vollzieht. Die Interessen der Angestellten würden hier genügend gewahrt sein, wenn in vorkommenden Fällen gemäß § 120 e durch Bundesratsbeschluß die erforderlichen Maßnahmen getroffen werden.

Bei der diesseits vorgeschlagenen Ausdehnung der §§ 120 a bis e sind die §§ 139 g bis h entbehrlich und können gestrichen werden. Das Gleiche gilt infolge der vorgeschlagenen Fassung des § 105 von § 139 m. Über die Abänderungsvorschläge zu § 139 k vergleiche oben S. 183.

III. Das Gewerbe- und Kaufmannsgerichtsgesetz.

Schleunige und sachgemäße Erledigung eines Rechtsstreits über Ansprüche aus dem Arbeitsvertrage liegt im dringenden Interesse des Angestellten, weil ihn die Vorenthaltung seiner Gehaltsforderung einer Notlage aussetzt. Daher sind die Bestimmungen über die Arbeitsgerichte als soziale Schutzvorschriften von besonderer Bedeutung. Es soll deshalb geprüft werden, ob sich die Einführung dieser Gerichte — der Gewerbe- und Kaufmannsgerichte — die bisher nur für gewisse Angestellte zuständig sind, für alle Angestellten empfiehlt.

Das Gewerbegerichtsgesetz in der Fassung vom 30. Juni 1901 erstreckt sich gemäß § 3 auf „diejenigen Gesellen, Gehilfen, Fabrikarbeiter und Lehrlinge, auf welche der VII. Titel der Gewerbeordnung Anwendung findet". Als Arbeiter im Sinne des Gesetzes gelten ferner „Betriebsbeamte, Werkmeister und mit höheren technischen Dienstleistungen betraute Angestellte, deren Jahresarbeitsverdienst an Lohn oder Gehalt 2000 Mk. nicht übersteigt". Von den Gewerbegerichten ausgeschlossen sind gemäß § 81 Gehilfen und Lehrlinge in Apotheken und Handelsgeschäften, sowie Arbeiter, welche in den der Militär- oder der Marine-Verwaltung unterstehenden Betriebsanlagen beschäftigt sind. Dem Kaufmannsgericht unterstehen gemäß § 1 Handlungsgehilfen und Handlungslehrlinge. Das Gesetz findet jedoch keine Anwendung auf Handlungsgehilfen, deren Jahresarbeitsverdienst an Lohn oder Gehalt den Betrag von 5000 Mk. übersteigt, sowie auf die in Apotheken beschäftigten Gehilfen und Lehrlinge.

Durch die diesseits vorgeschlagene Ausdehnung des VII. Titels der Gewerbeordnung würde sich ohne weiteres auch der dem Gewerbegericht unterliegende Angestelltenkreis entsprechend erweitern. Dies genügt aber noch nicht. Es fällt zunächst auf, daß die

Apothekergehilfen von beiden Gesetzen ausgeschlossen sind. Zur Rechtfertigung bemerkte bei den Reichstagsberatungen des Kaufmannsgerichtsgesetzes im Januar 1904 der Staatssekretär Graf von Posadowsky: „Daß die Apotheker nicht in dem Gesetz inbegriffen sind, entspricht der übrigen sozialpolitischen Gesetzgebung. Die Apotheker sind überall ausgenommen, weil die Gehilfenstellung bei ihnen nur eine Durchgangsprobe zur Selbständigkeit ist." Zunächst erscheint das schon tatsächlich nicht ganz zutreffend; die Erhebungen des Verbandes konditionierender Apotheker (Schriften der Gesellschaft für Soziale Reform, Heft 30 Seite 19) weisen unter 1855 approbierten Assistenten 231, also ca. 15 % über 40 Jahre auf. Außerdem besteht aber gerade das Schutzbedürfnis in allen Berufen eben nur so lange, als sich der Angestellte in abhängiger Stellung befindet. Namentlich gilt das von der Regelung des Rechtswegs für Arbeitsstreitigkeiten. Der Apothekergehilfe wird jetzt aber, wo der Verkauf der von der Groß-Industrie fertig hergestellten Präparate die Anfertigung der Medizin bei weitem überwiegt, mehr und mehr zu einem spezialistisch vorgebildeten Handlungsgehilfen. Es besteht also kein Grund mehr, ihn von der Geltung des Kaufmannsgerichts anzuschließen.

Zu beseitigen ist auch die ungleiche Behandlung der Handlungsgehilfen und der höheren technischen Angestellten hinsichtlich der Gehaltsgrenze. Wenn der Vorteil der Sondergerichte den Handlungsgehilfen bis zu einer Gehaltssumme von 5000 Mk. gewährt wird, und wenn ferner die Zuständigkeit der Kaufmannsgerichte auf die Konkurrenzklausel ausgedehnt ist, so ist nicht abzusehen, weshalb den technischen Angestellten die Anrufung der Gewerbegerichte schon von 2000 Mk. Gehalt an versagt wird und weshalb für sie für die gerade bei ihnen sehr häufig vorkommenden Konkurrenzklauselprozesse das Arbeitsgericht nicht zuständig sein soll. Die großen Technikerorganisationen, insbesondere der Deutsche Technikerverband, der Bund der technisch-industriellen Beamten und der Deutsche Werkmeister-Verband haben sich wiederholt für eine solche Ausdehnung der Zuständigkeit der Gewerbegerichte ausgesprochen (vgl. insbesondere Gewerbe- und Kaufmannsgericht 15. Jahrg. Spalte 478, 16. Jahrg. Spalte 58 ff.). Auch auf dem Verbandstage des Verbandes deutscher Gewerbe- und Kaufmannsgerichte im Jahre 1910 haben sich fast sämtliche Redner für eine solche Gleichstellung der technischen Angestellten ausgesprochen. Gänzlich wegfallen, wie in § 41 des österreichischen Handlungsgehilfengesetzes, darf freilich die Gehaltsgrenze nicht. In der Reichstagskommission ist gegenüber einem dahingehenden Antrag bei

Beratung des Kaufmannsgerichtsgesetzes mit Recht hervorgehoben, daß bei den höher bezahlten Handlungsgehilfen es sich in der Regel um viel kompliziertere Rechtsverhältnisse handelt. Für sie wird daher eine eingehende Erörterung des Streitstoffes unter Beibehaltung der Möglichkeit der Anwaltsvertretung und des Anrufs der höchsten Instanzen wichtiger sein als schleunige Erledigung des Rechtsstreites, zumal sie wohl auch in der Regel im Besitze genügender Ersparnisse sein werden, um nicht sofort in Not zu geraten, wenn der Prozeß etwas länger dauert.

Die Gleichstellung der Handlungsgehilfen und der Angestellten des § 133 a GO. legt aber noch eine weitere Gesetzesänderung nahe. Wenn nach den diesseitigen Vorschlägen Handlungsgehilfen und Angestellte im Sinne § 133 a GO. völlig gleichgestellt werden, so liegt es nahe, beide Klassen auch derselben Gerichtsbarkeit zu unterstellen. Gerade die Techniker und Werkmeister stehen auch sozial den Handlungsgehilfen viel näher als den gewerblichen Arbeitern. Sie treten sogar innerhalb des Betriebes zu den ihnen unterstellten Arbeitern direkt vielfach in beruflichen und sozialen Gegensatz. Einem Werkmeister z. B., der seine Stellung verlassen hat, weil der Chef seine Autorität gegenüber den ihm unterstellten Arbeitern nicht genügend geschützt hat, wird es wenig angenehm sein, wenn er in dem deswegen angestrengten Prozeß neben einem Arbeitgeber einen der ihm früher unterstellten Arbeiter oder einen Organisationskollegen eines derselben als Beisitzer des Gewerbegerichts findet. Er wird unter diesen Umständen den Arbeiterbeisitzer des Gerichts noch mehr als Gegner seines Interessenstandpunktes ansehen als den Arbeitgeberbeisitzer. Diese Schwierigkeit wird vermieden, wenn das Kaufmannsgericht zum Angestelltengericht erweitert und ihm alle höheren Angestellten im Sinne des nach den diesseitigen Vorschlägen erweiterten § 133 a GO. unterstellt werden[16]). Die Verbände der technischen Angestellten erstreben die Errichtung besonderer Abteilungen beim Gewerbegericht für ihre Streitigkeiten (Gewerbe- und Kaufmannsgericht 15. Jahrg. Spalte 479), bzw. die Zuziehung besonderer Beisitzer aus einer zu diesem Zweck zu bildenden eigenen Wahlgruppe der technischen Privatangestellten (Ge-

[16]) Die Unterstellung unter dieses Angestelltengericht erscheint auch für die Kategorien angemessen, die nach diesseitigem Vorschlag unter § 133 a fallen würden, insbesondere für die Schauspieler, die Bureaubeamten usw. Die Bureauangestellten der Anwälte haben bereits in vielfachen Petitionen die Unterstellung unter das Kaufmannsgericht erstrebt.

werbe- und Kaufmannsgericht 16. Jahrg. Spalte 58). Beide Vorschläge erscheinen nur bei ganz großen Gewerbegerichten gangbar, da nur diese eine genügende Anzahl von Rechtsstreitigkeiten technischer Angestellter selbst bei Ausdehnung der Zuständigkeitsgrenze auf 5000 Mk. aufweisen würden. Aus demselben Grunde würde auch die obligatorische Einführung der Verhältniswahl für die Gewerbegerichtsbeisitzer nur unter ganz besonderen Verhältnissen dazu führen, diesen Angestellten eine genügende Vertretung im Gewerbegericht zu sichern. Es ist doch nicht einmal in Frankfurt a. M. gelungen, einen Beisitzer aus den Kreisen der technischen Angestellten im Wege der Verhältniswahl in das Gewerbegericht zu bringen, obwohl sich alle in Betracht kommenden Verbände auf einen einzigen Kandidaten geeinigt hatten. Wohl aber würden die höheren Angestellten, wenn sie gemeinschaftlich mit den Handlungsgehilfen dem Angestelltengericht unterstehen würden, in der Lage sein, eine geeignete Vertretung ihrer Interessen auch bei der Wahl der Beisitzer zu finden, da hier das Gruppenverhältnis kein so ungleiches ist. Allerdings kann dann möglicherweise das Gericht, das einen Werkmeisterprozeß zu entscheiden hat, ausschließlich mit Beisitzern aus der Bankbranche oder dem Detailgeschäft besetzt sein. Dieser Übelstand ist aber bei den Arbeitsgerichten, wenn man nicht ganz reine Fachgerichte einrichten will, überhaupt nicht zu vermeiden. Auch jetzt kann im Prozeß eines Maschinenschlossers ein Gastwirt und ein Schneider als Beisitzer fungieren. Abhilfe ist aber durch das Statut des Gerichts gemäß § 15 Kaufmannsgerichtsgesetzes, § 24 Abs. 2 Gewerbegerichtsgesetzes möglich, indem der Vorsitzende ermächtigt wird, für Streitigkeiten, in denen eine gewisse Sachkunde erforderlich ist, sachverständige Beisitzer heranzuziehen. Auch jetzt sind die Gewerbe- und Kaufmannsgerichte nicht als Fachgerichte gedacht. Das Vertrauen zu ihnen beruht darauf, daß die Richter derselben sozialen Schicht angehören und im gleichen Fühlen und Denken aufgewachsen sind wie die Parteien. Vertrauenerweckend ist auch der Gedanke des vor der Schranke Stehenden, daß der Beisitzer gerecht richten werde, weil er selbst in die Lage kommen kann, gerichtet zu werden (vgl. Hiller, Gewerbe- und Kaufmannsgericht 16. Jahrg. Spalte 45). — Zweifelhaft erscheint es dagegen, ob es sich weiter empfiehlt, Gewerbe- und Kaufmannsgericht, bzw. Gewerbe- und Angestelltengericht als *selbständige Organisationen* nebeneinander bestehen zu lassen oder sie zu *Arbeitsgerichten* zu vereinigen. Der jetzige Modus hat sich im allgemeinen bewährt. Nach ihm sind gemäß § 9 des Kaufmannsgerichtsgesetzes, falls am Sitze des Kaufmannsgerichts ein reichsgesetzlich errichtetes

Gewerbegericht besteht, in der Regel dessen Vorsitzender und sein Stellvertreter, sofern sie die für den Kaufmannsgerichtsvorsitzenden erforderliche Fähigkeit zum Richteramt haben, zum Vorsitzenden des Kaufmannsgerichts gestellen, auch gemeinschaftliche Einrichtungen für die Gerichtsschreiberei, zu den Bureaudienst, die Sitzungs- und die Bureauräumlichkeiten zu treffen. Nach der amtlichen Statistik für 1910 waren von 271 Kaufmannsgerichten 230 den Gewerbegerichten angegliedert, darunter sämtliche Kaufmannsberichte in Sachsen, Württemberg, Baden, Hessen, Mecklenburg-Schwerin, Coburg-Gotha und Anhalt. Die nicht angegliederten 41 Kaufmannsgerichte bestehen augenscheinlich zumeist an Orten, wo die Angliederung nicht möglich ist, weil das Gewerbegericht noch auf Grund der Landesgesetze fortbesteht (Königliche Gewerbegerichte in Preußen, Gewerbegerichte in Elsaß-Lothringen) oder der Vorsitzende des Gewerbegerichts die für das Kaufmannsgericht erforderliche Fähigkeit zum Richteramt nicht besitzt.

Eine Änderung des bestehenden Zustandes durch Verschmelzung der bisherigen Gewerbe- und Kaufmannsgerichte zu einer einheitlichen Organisation erscheint daher gegenwärtig nicht erforderlich. Irgendwelche Mißstände haben sich aus der Trennung nicht ergeben. Zuständigkeitsschwierigkeiten werden durch die Möglichkeit, gemäß § 16 Kaufmannsgerichtsgesetzes einen Rechtsstreit vom Kaufmanns- an das Gewerbegericht und umgekehrt zu verweisen, nach Möglichkeit beseitigt.

Erwünscht ist dagegen die Ausdehnung des nur für die Arbeitnehmer gewisser Orte bestehenden Schutzes der Gewerbe- und Kaufmannsgerichte auf die Arbeitnehmer aller Orte, d. h. eine territoriale lückenlose Ausdehnung der Gewerbe- und Kaufmannsgerichte auf das ganze Deutsche Reich. Jetzt ist ihre Errichtung bekanntlich nur obligatorisch für Gemeinden, die nach der jeweils letzten Volkszählung mehr als 20000 Einwohner haben, während die Errichtung sonst für einzelne Gemeinden oder weitere Kommunalverbände fakultativ ist [17]. Auf diese Weise werden vielfach die Angestellten in kleinen Kommunen oder möglicherweise ganz isoliert liegenden großen Fabrikbetrieben von der Rechtswohltat der Arbeitsgerichte ausgeschlossen. Auch diese bedürfen aber des gleichen Schutzes.

[17]) Nach der Statistik für 1910 waren von 472 Gewerbegerichten 343, von 271 Kaufmannsgerichten 235 für Gemeinden mit mehr als 20 000 Einwohnern errichtet. Der Rest war fakultativ. Allerdings umfassen auch die obligatorischen Gerichte vielfach kleinere Vor- und Nachbarorte.

Die hierzu nötige lückenlose Organisation für das ganze Deutsche Reich könnte aufgebaut werden, indem man die Arbeitsgerichte wiederum den Amtsgerichten angliedert; man könnte aber auch die Errichtung nach wie vor den Kommunalverbänden übertragen. Die kommunale Errichtung hat sich jedenfalls bewährt und der Wiederanschluß an die ordentlichen Gerichte dürfte starkem Widerstand begegnen. Der praktische Schwerpunkt der Frage liegt, abgesehen vom Kostenpunkt, hauptsächlich darin, ob der Vorsitzende durch die Kommune oder durch den Staat gewählt werden soll. An sich ist die Eignung zum Vorsitz im wesentlichen eine Personenfrage, und man wird im allgemeinen den Magistratsassessor nicht für weniger qualifiziert ansehen können, als den Gerichtsassessor, wenn auch die Magistrate größerer Städte vielleicht durch günstige Anstellungsbedingungen in der Lage sind, eine besondere Auswahl unter dem Assessorenmaterial zu treffen. Zu berücksichtigen bleibt aber, daß die Kommunen und die Kommunalverbände bei Auswahl ihrer Beamten sich von freieren Gesichtspunkten leiten lassen können, als der Staat, der gewisse Grundsätze einheitlicher Politik zu wahren hat. Anderseits läßt die engere Fühlung der Kommunen mit den Kommunalangehörigen auch erwarten, daß die von ihnen ausgewählten Richter mehr Verständnis bei den Gerichtseingesessenen finden, als die vom Staat ernannten. Hierauf beruht gerade ein Teil des Vertrauens, das sich die Gewerbe- und Kaufmannsgerichte als kommunale Einrichtungen erworben haben. Endlich wird, wenn auch vielleicht mit Unrecht, befürchtet, daß bei einer Wiederangliederung der Gewerbe- und Kaufmannsgerichte an die Amtsgerichte die ganze Tendenz der Vereinheitlichung des Verfahrens dazu führen wird, auch das Wahlverfahren der Beisitzer dem der Schöffengerichte zu nähern (anstatt der direkten Wahl der Beisitzer Auswahl durch das Gericht). Mit Rücksicht hierauf ist die Beibehaltung der Arbeitsgerichte auf kommunaler Basis zu empfehlen. Territoriale Lückenlosigkeit kann dadurch herbeigeführt werden, daß die Gerichte, soweit sie nicht für einzelne Kommunen errichtet sind oder errichtet werden, lückenlos für alle Kommunalverbände eingerichtet werden müssen. Welchen Kommunalverbänden die Einrichtung obliegt, könnte nur durch Landesgesetz bestimmt werden.

Hiernach wäre folgende Gesetzesänderung in Vorschlag zu bringen:

Gewerbegerichtsgesetz § 1: „Für die Entscheidung von gewerblichen Streitigkeiten zwischen Arbeitern einerseits und ihren Arbeitgebern anderseits, sowie zwischen Arbeitern desselben Arbeitgebers müssen Gewerbegerichte errichtet werden. Die Errichtung erfolgt für den Bezirk eines Kommunalverbandes. Den zuständigen Kommunalverband bestimmt die Landeszentralbehörde. Die Errichtung erfolgt nach Maßgabe der Vorschriften, nach welchen Angelegenheiten des Verbandes statutarisch geregelt werden.

Für den Bezirk einer Gemeinde kann durch Ortsstatut nach Maßgabe des § 142 c Gewerbeordnung ein besonderes Gewerbegericht errichtet werden. Die Entscheidung der höheren Verwaltungsbehörde über die Genehmigung des Statuts ist binnen sechs Monaten zu erteilen. Die Entscheidung, durch welche die Genehmigung versagt wird, muß mit Gründen versehen sein. Mehrere Gemeinden können sich durch übereinstimmende Ortsstatuten zur Errichtung eines gemeinsamen Gewerbegerichts für ihre Bezirke vereinigen. Für die Genehmigung der übereinstimmenden Ortsstatute ist die höhere Verwaltungsbehörde zuständig, in dessen Bezirk das Gewerbegericht seinen Sitz haben soll. Soweit die Zuständigkeit eines für eine oder mehrere Gemeinden errichteten Gewerbegerichts begründet ist, ist die Zuständigkeit des in Abs. 1 bezeichneten Gewerbegerichts ausgeschlossen."

§ 3 Abs. 2 des Gewerbegerichtsgesetzes ist zu streichen.

Zum Kaufmannsgerichtsgesetz würde folgende Novelle erlassen werden müssen:

I. In der Überschrift des Gesetzes und im Text wird das Wort „Kaufmannsgericht" durch „Angestelltengericht" ersetzt.

II. Das Angestelltengericht ist zuständig zur Entscheidung von Streitigkeiten aus dem Dienst- oder Lehrverhältnis zwischen Kaufleuten einerseits und ihren Handlungsgehilfen und Handlungslehrlingen anderseits, sowie zwischen den in § 133 a der GO. bezeichneten Personen und ihren Arbeitgebern. Alle Bestimmungen des Kaufmannsgerichtsgesetzes, in denen von Handlungsgehilfen und Kaufleuten die Rede ist, finden auf die in § 133 a GO. bezeichneten Personen und ihre Arbeitgeber entsprechende Anwendung.

III. § 1 des Kaufmannsgerichtsgesetzes erhält folgende Fassung:

„Zur Entscheidung von Streitigkeiten aus dem Dienst- oder Lehrverhältnis zwischen Kaufleuten einerseits und ihren Handlungsgehilfen und Handlungslehrlingen anderseits, sowie für Streitigkeiten zwischen den in § 133 a GO. bezeichneten Personen und ihren Arbeitgebern müssen Angestelltengerichte errichtet werden. Die Errichtung erfolgt unter entsprechender Anwendung des § 1 Gewerbegerichtsgesetzes.

IV. In § 4 Kaufmannsgerichtsgesetzes sind die Worte „sowie auf die in Apotheken beschäftigten Gehilfen und Lehrlinge" zu streichen."

IV. Die Beschränkung des Kündigungsrechts im Preußischen Berggesetz und der Reichsversicherungsordnung.

Das Preußische Berggesetz schließt sich hinsichtlich der Arbeiterschutzbestimmungen sowohl für Bergarbeiter und für Betriebsbeamte im wesentlichen an die Reichsgewerbeordnung an. Gewisse in der Eigenart des Bergbetriebes begründete Modalitäten brauchen an dieser Stelle nicht erörtert zu werden, da ihre Ausdehnung auf das allgemeine Reichsgewerberecht schlechterdings nicht in Frage kommen kann. Hierzu gehören beispielsweise auch die Spezialbestimmungen über das Wagennullen (§ 80 c). Von allgemeinerer Bedeutung ist lediglich die Bestimmung über die sogen. Sicherheitsmänner. Auf Bergwerken mit in der Regel mindestens hundert Arbeitern müssen Sicherheitsmänner vorhanden sein, die von den Arbeitern nach Steigerabteilungen oder nach Fahrabteilungen gewählt werden und berufen sind, ihre Steigerabteilung in bezug auf die Sicherheit des Lebens und der Gesundheit der Arbeiter zu untersuchen. Auch ihre Einführung wurzelt in den speziellen Verhältnissen des Bergrechts, doch ist für sie ein Grundsatz von allgemeiner Bedeutung für das gesamte Arbeitsrecht in dem § 80 f. ausgesprochen. Er lautet in seinen wesentlichen Partien:

„Einem Sicherheitsmanne kann zu einem früheren Zeitpunkt als zum Ablauf seiner Wahlperiode das Arbeitsverhältnis durch den Werksbesitzer nur gekündigt werden:

1. wenn er seinen Verpflichtungen als Sicherheitsmann nicht nachkommt;
2. wenn sonst Tatsachen vorliegen, die ihn als nicht geeignet zur Fortsetzung seiner Tätigkeit als Sicherheitsmann erscheinen lassen;
3. wenn er seine Tätigkeit als Sicherheitsmann zu Zwecken mißbraucht, die mit seinem Amte als Sicherheitsmann nicht im Zusammenhange stehen;
4. wenn wichtige Gründe anderer Art vorliegen, die mit der Ausübung seines Amtes als Sicherheitsmann nicht zusammenhängen."

Wir sehen hier die erste gesetzgeberische Verwirklichung des Gedankens einer Beschränkung nicht nur des Rechtes zur sofortigen Aufhebung des Arbeitsvertrages, sondern auch des Rechts zur ordnungsmäßigen fristmäßigen Kündigung. Derselbe Gedanke findet sich dann weiterhin auch im § 354 der Reichsversicherungsordnung für die Krankenkassenangestellten. Die Kündigung oder Entlassung der der Dienstordnung unterstehenden Kassenangestellten darf nach zehnjähriger Beschäftigung nur aus einem wichtigen Grunde stattfinden. „Eine religiöse oder politische Betätigung außerhalb der Dienstgeschäfte und die Ausübung des Vereinigungsrechtes dürfen, soweit sie nicht gegen die Gesetze verstoßen, nicht gehindert werden und gelten nicht als Gründe zur Kündigung oder Entlassung."

Diese Gesetzesbestimmungen legen Bresche in den bisher allgemein anerkannten Grundsatz der unbeschränkten Freiheit zur Auflösung eines Arbeitsvertrages. Nach geltendem Recht können die Eisenbahnarbeiter unter Einhaltung der gesetzlichen vierzehntägigen Kündigungsfrist die Arbeit niederlegen, auch wenn der gesamte Verkehr stockt, der Nationalwohlstand um Millionen geschädigt wird und die Gefahr einer Hungersnot eintritt. Die Kassenärzte können sämtlich ihren Vertrag kündigen, auch wenn dann tausende von Kassenmitgliedern ohne ärztliche Hilfe bleiben und infolgedessen zugrunde gehen müssen. Ein Großfabrikant oder die vereinigten Unternehmer eines Gewerbezweiges können aus irgendwelchen politischen Motiven, etwa zum Zwecke einer Wahlbeeinflussung, tausende von Arbeitern mit der gesetzlichen Kündigungsfrist, eventl. auch sofort unter Auszahlung des Lohns für vierzehn Tage, entlassen. Ein Angestellter, der vielleicht Jahre oder Jahrzehnte lang in Stellung war, kann aus irgendwelchen egoistischen Motiven oder aus reiner Laune brotlos gemacht werden. Der Arbeitgeber, dem es bei seiner Vermögenslage darauf nicht ankommt, braucht weiter nichts zu tun, als das Gehalt für die Kündigungsfrist auszuzahlen. Ob es dem Angestellten, man denke z. B. an einen langjährigen Privatsekretär, der sich speziell auf die Bedürfnisse einer bestimmten Persönlichkeit eingearbeitet hat, möglich sein wird, andere Stellung zu finden, braucht den Arbeitgeber nicht zu kümmern. Gegen diesen Zustand wenden sich besonders seit Jahren die Bestrebungen von Flesch („Zur Kritik des Arbeitsvertrages", Jena, Gustav Fischer; „Die Beschränkung der Macht zur Auflösung des Arbeitsvertrages", Gewerbe- und Kaufmannsgericht 14. Jahrg. Sp. 377 ff.; Flesch und Potthoff, „Privatangestellten- und Arbeitsrecht", Berlin, Industriebeamtenverlag 1912). Flesch, der auch der Urheber der oben zitierten Bestimmung des Preußischen Berggesetzes ist, hat das Wort geprägt, daß der Arbeitsvertrag aus einem Machtverhältnis in ein Rechtsverhältnis umgewandelt werden müsse. Eine gewisse Beschränkung nicht nur des freien Entlassungsrechts, sondern auch des freien Kündigungsrechts hat auch tatsächlich sehr viel für sich. Allerdings muß vom Standpunkt der gegenwärtigen Wirtschaftsordnung der Grundsatz festgehalten werden, daß der Unternehmer die Verhältnisse seines Betriebes prinzipiell nach seinem Belieben gestalten kann. Er muß, wenn es sein Interesse erfordert, in der Lage sein, den Betrieb einzustellen, ihn einzuschränken und sich die Lieferanten und Angestellten nach freiem Belieben auszusuchen. Anderseits steht aber dem Unternehmer-Interesse ein Interesse des Angestellten an Erhaltung seiner persönlichen Freiheit entgegen. Der Angestellte hat ein Interesse daran, daß er nicht etwa wegen irgendwelcher Betätigung seiner Persönlichkeit, die mit den Zwecken des Arbeitsvertrages nichts zu tun hat, die aber dem Unternehmer aus irgendwelchen Gründen nicht zusagt, plötzlich brotlos gemacht und auf die Straße gesetzt wird. Es ist nun freilich auch richtig, daß der Arbeitsvertrag kein derartiges Dauerverhältnis begründet wie die Ehe oder die Adoption, und daß man nicht ohne weiteres dem Arbeitgeber die Verpflichtung auferlegen kann, einen Angestellten dauernd zu behalten, weil er ihn einmal engagiert hat. Wohl aber kann man bei einem Arbeitsvertrag, der tatsächlich zu einem gewissen Dauerverhältnis geworden ist, das Betriebsinteresse des Unternehmers und das persönliche Interesse des Angestellten insoweit miteinander vereinigen, daß man die Auflösung des Arbeitsvertrages aus Gründen verbietet, die weder mit dem einen noch mit dem andern Interesse etwas zu tun haben, und man kann dafür sorgen, daß die durch den Arbeitsvertrag begründete Abhängigkeit nicht zu einer Einschränkung der persönlichen Freiheit führt, die im Wesen des Arbeitsvertrages nicht begründet ist. In dieser Beziehung erscheint in der Tat die oben wiedergegebene Bestimmung der Reichsversicherungsordnung von vorbildlicher Bedeutung. Keine Partei wird beschwert, wenn bei einem Arbeitsvertrag, der mehr als zehn Jahre gedauert hat, der Richter nachprüft, ob die Kündigung des Arbeitgebers oder des Angestellten tatsächlich durch ein wichtiges persönliches Interesse begründet war. Das Interesse eines Angestellten, der vielleicht ein Menschenalter sich auf die Interessen eines bestimmten Betriebes eingearbeitet hat und seine Kenntnisse und Erfahrungen im wesentlichen nur für diesen Betrieb verwerten kann, ist tatsächlich groß genug, um eine solche Einschränkung der Kündigungsfreiheit zu rechtfertigen. Das gleiche Interesse wird aber unter Umständen auch ein Arbeitgeber haben, der nicht ohne weiteres einen solchen eingearbeiteten Angestellten ohne jeden Grund, vielleicht lediglich einer persönlichen Laune wegen, verlieren will. Allerdings wird die Bestimmung auf die höheren Angestellten zu beschränken sein. Die gewerblichen Arbeiter legen, wie der in Tarifverträgen fast regelmäßige Ausschluß der Kündigungsfrist beweist, Wert darauf, sich die absolute Bewegungsfreiheit zu sichern. Bei ihnen bestände auch sonst die Gefahr, daß gerade älteren und vielleicht nicht mehr voll leistungsfähigen Personen kurz vor Ablauf von ze hn Jahren gekündigt wird. Bei den höheren Angestellten, wo sich eben durch langjährige Tätigkeit ein gewisses gegenseitiges Vertrauensverhältnis herausgebildet hat, erscheint die Befürchtung weniger begründet, daß der Arbeitgeber einen ihm sonst tüchtig und brauchbar scheinenden Angestellten nach zehn Jahren lediglich deshalb aus seinem Betriebe ausscheiden läßt, weil ihm sonst nur noch die Möglichkeit gegeben ist, sich des Angestellten aus gerechtfertigten Gründen zu entledigen. Daß natürlich der Begriff des „wichtigen Grundes" zur Kündigung ein viel weiterer sein müßte, als der „wichtige Grund" zur sofortigen Aufhebung des Dienstverhältnisses in §§ 70 Handelsgesetzbuchs, 133 b Gewerbeordnung bedarf keiner weiteren Ausführung. Jedes vernünftige Betriebsinteresse (z. B. auch andere Organisation des Betriebes, Notwendigkeit von Ersparnissen wegen schlechten Geschäftsgangs, Rückgang der Leistungsfähigkeit der Angestellten) und jedes vernünftige persönliche Interesse der Angestellten (z. B. Aussicht auf bessere anderweitige Stellung) muß als ausreichend angesehen werden. Die Bestimmung darf nicht dazu gebraucht werden, etwa dem Arbeitgeber die Fürsorge für nicht mehr leistungsfähige Angestellte aufzuerlegen. Dies ist lediglich Sache der Sozialversicherung.

Auch die Bestimmungen der Reichsversicherungsordnung zum Schutze der religiösen und politischen Betätigung und Ausübung des Koalitionsrechts erscheinen an sich zur Ausdehnung durchaus geeignet. Nur wird es nötig sein, noch einen Gedanken hereinzubringen, der ja bei den Krankenkassen als öffentliche Institutionen wegfällt:

Es ist eine religiöse oder politische Betätigung und eine Ausübung des Vereinsrechts denkbar, die den Zwecken des Arbeitsvertrages direkt zuwiderläuft. Den Zwecken des Arbeitsvertrages widerspricht zweifellos eine Tätigkeit, die auf eine Schädigung des Betriebes hinausläuft, dem der Angestellte angehört. Mit der Tätigkeit eines sozialdemokratischen Redakteurs wird konservative Propaganda, mit der des Angestellten eines konservativen Vereines sozialdemokratische Tätigkeit nicht vereinbar sein. Wer bei einem Kirchenbau angestellt ist, darf nicht zum Austritt aus der Kirche auffordern [18]), ein Braumeister oder Weinreisender nicht für die

---

[18]) Vgl. Urteil des Kammergerichts vom 1. Dezember 1905 betr. Aufforderung zum Austritt aus dem Judentum durch den nicht dem Judentum

Antialkoholbewegung eintreten. Wer in einem Betrieb angestellt ist, dessen Konkurrenzfähigkeit von der Handelsfreiheit abhängig ist, darf nicht für Schutzzölle agitieren und umgekehrt. Teilnahme an Bestrebungen, die auf Herabsetzung oder Schädigung der Persönlichkeit des Arbeitgebers hinauslaufen, widerspricht gleichfalls dem Zweck des Arbeitsvertrages. Der Angestellte eines polnischen Gutsbesitzers darf nicht für Beschränkung des Grundeigentums der Polen, der Privatsekretär eines agrarischen Abgeordneten nicht gegen die Agrarier agitieren. — Innerhalb des Vertragszwecks muß jeder Arbeitnehmer die Betätigung seiner Überzeugung den Interessen des Betriebes unterordnen, in den er eingetreten ist. Will er dies nicht und ist ihm seine Überzeugung mehr wert, so muß er für diese auch das entsprechende Opfer bringen. In welchem Maße der Vertragszweck diesen Verzicht auf Betätigung fordert, hängt von verschiedenen Momenten ab. Je höher der Angestellte im Unternehmen steht, je mehr er dasselbe nach außen hin repräsentiert, desto mehr Selbstbeschränkung wird man von ihm verlangen müssen. Dem Chefredakteur einer konservativen Zeitung wird schon der bloße Beitritt zu einem nationalliberalen Verein verboten sein, während man dem Setzer oder dem Kassenbuchhalter sogar eine sozialdemokratische Wahlrede noch nicht verdenken wird. — In Betracht kommt aber ferner auch der Einfluß, den die betr. politische oder religiöse Bewegung auf das öffentliche Leben hat, die Schärfe der Interessengegensätze, die sie zeitigt, ihr Herüberspielen auf das wirtschaftliche Gebiet usw.: Die Gegensätze zwischen Hansabund und Bund der Landwirte, der Kampf zwischen Deutschtum und Polentum in den Ostmarken haben andere Bedeutung als etwa die Freilandbewegung oder die Bekämpfung des Impfzwanges. Wenn die Gutsbesitzer eines bestimmten Bezirks von Mitgliedern des Hansabundes nicht kaufen, so wird ein auf ihre Kundschaft angewiesener Weinhändler empfindlich geschädigt, wenn sein Reisender dem Hansabund bloß beitritt, ohne irgendwie agitatorisch tätig zu werden. Bei rein utopistischen Bestrebungen dagegen wird selbst eine öffentliche Agitation gegen das Unternehmen des Arbeitgebers noch nicht immer dem Zweck des Arbeitsvertrags widersprechen, z. B. wenn ein Lokomotivführer für Abschaffung der Eisenbahnen eintritt. Lediglich unter diesen Gesichtspunkten kann auch die heikelste der hier einschlagenden Fragen beurteilt werden, ob dem Arbeitgeber das Recht zugebilligt werden darf, im Arbeits-

---

angehörigen Bibliothekar einer jüdischen Gemeinde (Blätter für Rechtspflege 1906 S. 39).

vertrag die Zugehörigkeit zu gewerkschaftlichen Organisationen zu verbieten und das Verbot durch Kündigung oder Entlassung zu realisieren. Ein allgemeines Verbot der Teilnahme an Koalitionen, gleichviel welcher Art, ist schon vom Standpunkt des heutigen Rechts eine durch den Vertragszweck nicht gebotene Beschränkung der persönlichen Freiheit und verstößt wider die guten Sitten (vgl. z. B. Landgericht Bremen Gewerbegericht 9. Jahrg. Sp. 150). Dagegen wird es auch kein billig denkender Arbeitnehmer dem Arbeitgeber übel nehmen, wenn er Mitglieder einer Vereinigung nicht bei sich dulden will, die gegen ihn persönlich mit Gehässigkeiten, Lügen oder Verleumdungen vorgehen, oder die private, religiöse oder politische Differenzen, die zwischen ihren Leitern und dem betr. Arbeitgeber bestehen, grundlos dazu benutzen, um friedliche Arbeitsverhältnisse zu stören [19]). Inwieweit sonst eine in den Betrieb eingreifende oder dem Unternehmer abträgliche Betätigung eines Vereins dem Unternehmer ein berechtigtes Interesse gibt, seinen Angestellten die Mitgliedschaft zu untersagen, und inwieweit dann eine Zuwiderhandlung den Vertragszweck verletzt, läßt sich generell weder nach der einen noch nach der anderen Seite entscheiden. Hier mag sich die Praxis der Arbeitsgerichte betätigen, in denen ja die Interessen der Arbeiter und der Unternehmer gleichmäßig vertreten sind. Eine weitere gesetzliche Festlegung erscheint noch verfrüht. Daß auch auf der Arbeiterseite ein Eingriff der Unternehmer in die Koalitionsfreiheit an sich nicht für absolut unzulässig erachtet wird, ergibt sich schon daraus, daß organisierte Arbeiter vielfach darauf drängen, daß Unorganisierte aus dem Betriebe ferngehalten werden [19a]). Mit der Maßgabe, daß der Vertragszweck nicht beeinträchtigt

---

[19]) Das Reichsgericht sieht keinen Verstoß gegen die guten Sitten darin, wenn eine Reederei von ihren Angestellten verlangt, daß sie einem Verbande von Seeleuten fernbleiben, der die Stellung und die Rechte der Reedereien ihren Beamten und Angestellten gegenüber herabzudrücken bezweckt (Warneyer 1909 Nr. 556). Auch die Gewerbegerichte erachten meist die Hinwirkung auf Austritt aus einer bestimmten Organisation nicht als Verstoß wider die guten Sitten, z. B. Solingen Gewerbegericht 12. Jahrg. Sp. 59, Recklinghausen Gewerbegericht 12. Jahrg. Sp. 178, Chemnitz Gewerbegericht 17. Jahrg. Sp. 81, abweichend Lotmar, Arbeitsvertrag Bd. 1 S. 218; Hilse, Soziale Praxis 11. Jahrg. Sp. 1159.

[19a]) Vgl. beispielsweise den vielumstrittenen und schließlich wieder beseitigten § 4 des Separatvertrags betr. die Tarifgemeinschaft der deutschen Buchdrucker. (Der Tarifvertrag im Deutschen Reiche, bearbeitet im Kais. stat. Amt, Bd. 1 S. 37). — Zeitungsnachrichten zufolge ist in Österreich zwischen Bühnenverein und Direktorenverband vereinbart, daß jeder Direktor dafür

werden darf, erscheint daher eine der Reichsversicherungsordnung entsprechende Bestimmung, nach der religiöse oder politische Betätigung und Ausübung des Vereinsrechts nicht gehindert werden darf, für alle Arbeitsverhältnisse wünschenswert. Für die höheren Angestellten würde sie in Verbindung mit der oben vorgeschlagenen Beschränkung des Kündigungsrechts ohne weiteres bedeuten, daß eine solche Betätigung niemals als wichtiger Grund zur Kündigung gilt. Bei den übrigen Arbeitnehmern würde ein Zuwiderhandeln gegen die Bestimmung, insbesondere eine Auflösung des Arbeitsverhältnisses aus solchem Grunde unter dem Gesichtspunkt der positiven Vertragsverletzung eine Schadensersatzpflicht begründen[19b]).

Die Einschränkung der Kündigungsfreiheit für die Angestellten müßte allerdings gleichzeitig zu einer Änderung des § 624 Bürgerlichen Gesetzbuchs führen, der die Kündigung eines Dienstverhältnisses, das für längere Zeit als fünf Jahre eingegangen ist, mit sechsmonatlicher Kündigung zuläßt. Es wären daher folgende Vorschläge zu machen:

1. Für alle Arbeitnehmer im Sinne des § 105 GO. „eine religiöse oder politische Betätigung außerhalb der Dienstgeschäfte und

---

sorgen muß, daß jedes Bühnenmitglied dem Bühnenverband beitritt, während die Schauspieler kein Engagement bei einem Direktor nehmen dürfen, der nicht Mitglied des Direktorenverbandes ist.

[19b]) Verschiedentlich ist der Versuch gemacht worden, die Freiheit der Zugehörigkeit zu Berufsvereinen strafrechtlich zu sichern. Die Kaufmannsgerichte Berlin, Köln, Darmstadt und Königsberg haben an Bundesrat und Reichstag folgenden Antrag gerichtet:

> Den Kaufleuten ist untersagt, Angestellte durch Verabredung, schwarze Listen oder Einrichtungen anderer Art wegen ihrer Zugehörigkeit zum Berufsvereine um ihre Stellung zu bringen oder sie aus diesen oder anderen Gründen an der Erlangung einer neuen Stellung zu hindern. Die Strafbestimmungen des § 153 RGO. finden Anwendung.

Die Kaufmannsgerichte in Hamburg, Aschersleben, Gotha, Breslau, Pasing, Göppingen, Grünberg haben den Antrag dahin erweitert, daß von den Arbeitgebern im Handel, Industrie und Gewerbe und deren Angestellten und Arbeitern die Rede ist. In ähnlicher Richtung geht auch ein Reichstagsantrag der wirtschaftlichen Vereinigung. — Ein strafrechtlicher Zwang, der sich doch nur gegen Verabredungen der Unternehmer richten könnte, dürfte wenig Wirkung haben. (Vgl. Borchardt, Sicherung des Koalitionsrechts, Berlin 1910.) Es würden dann die einzelnen Unternehmer eventuell auf Aufforderung irgend einer Zentralstelle selbständig vorgehen und jeder von sich aus ihren Angestellten bei Strafe der Entlassung die Zugehörigkeit zu dem betr. Verein verbieten. Ohne Einschränkung der Kündigungsfreiheit ist ein Einschreiten nach dieser Richtung unmöglich

die Ausübung des Vereinigungsrechts dürfen, soweit sie nicht gegen die Gesetze oder den Vertragszweck verstoßen, nicht gehindert werden";

2. für die Angestellten des § 133 a:
„Nach zehnjähriger Beschäftigung darf die Kündigung nur aus einem wichtigen Grunde stattfinden. Die Bestimmung des § 624 BGB. kommt insoweit nicht zur Anwendung."

V. Das Österreichische Handlungsgehilfengesetz.

Während in Deutschland durch das Handelsgesetzbuch vom 10. Mai 1897 eine wesentliche Reform des Handlungsgehilfenrechts nach der sozialen Seite erfolgt war, galt in Österreich das allgemeine deutsche Handelsgesetzbuch von 1860 weiter. Die österreichischen Handlungsgehilfen standen daher jahrelang viel schlechter als die deutschen. Österreich hat deshalb der Reform des Handlungsgehilfenrechts ein besonderes Gesetz vom 16. Januar 1910 „Über den Dienstvertrag der Handlungsgehilfen und anderer Dienstnehmer in ähnlicher Stellung (Handlungsgehilfengesetz)" gewidmet [20]), das die wesentlichen sozialen Schutzvorschriften des deutschen Handelsgesetzbuchs auf Österreich überträgt, aber ferner auch darüber hinaus eine Reihe von Forderungen erfüllt, die auch von den deutschen Privatangestellten vertreten werden.

Empfehlen sich diese für die österreichischen Privatangestellten geltenden Vorschriften zur Ausdehnungauf Deutschland?

Die §§ 1 bis 5 betreffen das Anwendungsgebiet des Gesetzes. Es gilt hiernach zunächst für die eigentlichen Handlungsgehilfen, d. h. für Personen, die im Geschäftsbetriebe eines Kaufmanns zur Leistung kaufmännischer Dienste angestellt sind. Es gilt ferner für Personen, die in einem solchen Betriebe höherer Art nicht kaufmännische Dienste leisten. Es findet endlich auch Anwendung auf derartige Angestellte, deren Arbeitgeber nicht Kaufmann ist, wenn sie beschäftigt sind:

1. In Unternehmungen jeder Art, auf welche die Gewerbeordnung Anwendung findet;
2. in Kreditanstalten, Sparkassen, Vorschußkassen, Erwerbs- und Wirtschaftsgenossenschaften, Versatz-, Versorgungs- und Rentenanstalten, Krankenkassen, registrierten Hilfskassen, Versicherungs-

[20]) In Verbindung damit steht das Gesetz vom 14. Januar 1910 betr. die Dauer der Arbeitszeit und den Ladenschluß in Handelsgewerben und verwandten Betrieben.

anstalten jeder Art, gleichviel ob sie private Versicherungsgeschäfte betreiben oder den Zwecken der öffentlich-rechtlichen Versicherung dienen, sowie in Verbänden der genannten Anstalten;

3. in der Schriftleitung, Verwaltung oder dem Verschleiß einer periodischen Druckschrift;
4. in Kanzleien der Advokaten und Notare;
5. bei Handelsmäklern, behördlich autorisierten Privattechnikern, Patentanwälten, Privatgeschäftsvermittlungen und Auskunftsbureaus;
6. in k. k. Tabaktrafiken und Lottokollekturen.

Nicht unter das Gesetz fallen öffentliche Beamte, Lehrlinge im Sinne der Gewerbeordnung, Bedienstete der Seeschiffahrt und der Eisenbahnen, Bedienstete in land- und forstwirtschaftlichen Betrieben, sofern letztere nicht Handlungsgehilfen sind, und Personen, für welche die Bestimmungen des Berggesetzes gelten. Die Angestellten eines von einer öffentlich rechtlichen Körperschaft betriebenen Unternehmens unterstehen dem Gesetz nur insoweit, als ihr Dienstverhältnis auf einem privatrechtlichen Vertrage beruht. Bei einem Kaufmann angestellte Personen, die vorwiegend untergeordnete Verrichtungen leisten, sind nicht als Handlungsgehilfen anzusehen.

Das Gesetz umfaßt hiernach den größten Teil der Privatangestellten. Zu beanstanden ist jedoch, daß man auch in Österreich wiederum bei der Begriffsbestimmung vom Unternehmen und nicht vom Angestellten ausgeht. Den Schutz entbehren daher wiederum alle Angestellten, die in einem Betriebe tätig sind, der nicht auf Gewinnerzielung gerichtet ist, ferner die Angestellten der Künstler, der Schriftsteller, sofern es sich bei letzteren nicht um Redaktionstätigkeit handelt, das Hilfspersonal der Ärzte usw. Für eine Neugestaltung des Privatangestelltenrechts dürfte daher die diesseits oben vorgeschlagene weitere Ausdehnung des Angestelltenbegriffs den Vorzug verdienen. Praktisch empfehlenswert ist dagegen die Bestimmung, nach der Personen, die vorwiegend untergeordnete Verrichtungen leisten, nicht als Handlungsgehilfen anzusehen sind. Nach dem Wortlaut der Bestimmung des Gesetzes bezieht sich dies anscheinend auch auf untergeordnete Verrichtungen rein kaufmännischer Art [21]).

§ 6 regelt den Inhalt des Dienstvertrages. Art und Umfang der Dienstleistungen sowie das dafür zu gewährende

---

[21]) Vgl. oben S. 179.

Entgelt werden, mangels Vereinbarung durch den Ortsgebrauch bestimmt, in Ermangelung eines solchen sind die den Umständen nach angemessenen Dienste und ein ebensolches Entgelt zu leisten. Dies entspricht im wesentlichen dem § 59 Handelsgesetzbuchs. Die weitere Bestimmung, daß als Vereinbarung auch ein Kollektivvertrag gilt, sofern nicht entgegenstehende Abmachungen getroffen sind, ist wertvoll, weil sie eine gesetzgeberische Anerkennung der im Wirtschaftsleben immer wichtiger werdenden Kollektiv- oder Tarifverträge enthält, bedeutet aber gegenüber dem geltenden deutschen Rechtszustand nichts neues. (Kollektivverträge im Handelsgewerbe sind übrigens in Deutschland bisher sehr selten, sie existieren eigentlich nur bei den Angestellten der Konsumvereine.) Nach § 6 Abs. 3 kann im Wege der Verordnung die Gewährung von Kost und Logis für Unternehmungen bestimmter Art oder für den Bereich bestimmter Orte verboten werden. Auch diese Bestimmung erscheint für Deutschland empfehlenswert, da die freie Station vielfach zu Mißbräuchen geführt hat und eigentlich nur unter Verhältnissen nötig ist, wo der Angestellte nicht in der Lage ist, sich selbst Kost und Logis außerhalb der Wohnung des Arbeitgebers zu beschaffen [22].

Für Deutschland gänzlich abzulehnen ist dagegen der sogenannte „Dienstzettel". (Nach § 6 Abs. 4 kann der Dienstnehmer nach Abschluß des Dienstvertrages vom Dienstgeber eine schriftliche Aufzeichnung über die wesentlichen Rechte und Pflichten aus dem Dienstvertrag verlangen. Derartige nicht unterschriebene Aufzeichnungen sind stempelfrei.) Der Dienstzettel würde in Deutschland einen wesentlichen Nachteil für den Angestellten bedeuten. Es würden, wie dies in Österreich auch geschehen ist, die Prinzipal-Verbände Formulare für solche Dienstzettel einführen, in denen natürlich alles zugunsten des Prinzipals normiert werden würde, was sich irgendwie zu dessen Gunsten bestimmen läßt. Erfahrungsgemäß werden gedruckte Formulare selten durchgelesen, insbesondere dann, wenn sie noch nicht einmal zu unterzeichnen sind. Selbst wenn sich der Angestellte den Zettel aber durchliest, wird er kaum in der Lage sein, die Abänderung einer ihm nicht passend erscheinenden

[22]) Vgl. Schriften des Deutschnationalen Handlungsgehilfenverbandes Bd. 42 S. 31. — Der Zentralverband der Handlungsgehilfen usw. verlangt in einer Reichstagseingabe vom 29. Februar 1908 gänzliches Verbot der „freien Station" (vgl. Lange, Handlungsgehilfenbewegung S. 49 ff.). — Für Einführung der österreichischen Bestimmung Mantel, Rechtsblätter (Verband deutscher Handlungsgehilfen zu Leipzig) 2. Jahrg. Sp. 130.

Bestimmung durchzudrücken. Insbesondere wird, wenn, wie nach der österreichischen Bestimmung, der Dienstzettel erst nach Antritt der Stellung auszuhändigen, der Angestellte nur schwer einer darin enthaltenen Bestimmung widersprechen, weil er befürchten muß, durch einen Widerspruch die vielleicht erst mühsam erhaltene Stellung zu riskieren. Auf diese Weise werden also die Prinzipale direkt angeregt, den Angestellten ungünstige Bestimmungen zu treffen. In Österreich wird allerdings diese Gefahr etwas herabgemindert, weil nach § 40 die wesentlichsten Bestimmungen des Handlungsgehilfengesetzes zum zwingenden Recht erklärt sind [23]). Die Einrichtung des Dienstzettels verdankt übrigens ihre Entstehung im wesentlichen einem steuertechnischen Kompromiß. Da es nicht gelungen wäre, die Stempelfreiheit schriftlicher Dienstverträge gegenüber dem Widerspruch des Finanzministeriums durchzusetzen, begnügte man sich mit der Stempelfreiheit, dieser ununterschriebenen Zettel (vgl. Brichta, Handlungsgehilfengesetz S. 11). In Deutschland ist nicht zu befürchten, daß die Durchführung einer sozialpolitischen Schutzmaßnahme an derartigen steuertechnischen Bedenken scheitert. Es wäre daher die Möglichkeit gegeben, den schriftlichen Abschluß des Anstellungsvertrages obligatorisch oder wenigstens auf Verlangen des einen Vertragskontrahenten durchzuführen, wie dies von einer Reihe von Angestelltenverbänden gefordert wird (z. B. vom Verein der deutschen Kaufleute, dagegen Mantel, Rechtsblätter 2. Jahrg. Sp. 132). Aber auch die Schriftlichkeit des Anstellungsvertrages würde wiederum zur Herrschaft des Formulars mit allen seinen Mißständen führen [24]). Das Formular würde immer das Formular der Prinzipal-Verbände sein, die Gehilfen-Verbände wurden auch mit Hilfe der Stellenvermittlung, die sich in ihren Händen befindet, ein von ihnen ausgearbeitetes Anstellungsformular nicht durchbringen können. Ebensowenig wird der einzelne Angestellte eine Abänderung formularmäßiger Bestimmungen in der Regel durchsetzen können oder auch nur in der Furcht, bei der Konkurrenz der Stellenbewerber ausgeschieden zu werden, durchsetzen wollen. Unter diesen Umständen ist die diesseits vorgeschlagene Angestelltenordnung [25])

---

[23]) Auch die österreichischen Angestellten sind anscheinend mit dem Dienstzettel nicht sehr zufrieden. (Vgl. Anker „Zeitschrift des Rechtsverbandes ‚Anker' der deutschen Handels-Industrie- und Privatangestellten Österreichs" 11. Jahrg. S. 64, 12. Jahrg. S. 11.)

[24]) Wieviel deutsche Schauspieler mögen sich wohl beim Engagement das vier enggedruckte Seiten umfassende Vertragsformular des deutschen Bühnenvereins durchgelesen haben?

[25]) Vgl. S. 183.

für alle größeren Betriebe, die unter Kontrolle der Behörde und unter Mitwirkung der bereits im Betriebe tätigen Angestellten aufzustellen ist, bei weitem vorzuziehen.

§ 7 (Konkurrenzverbot für die Zeit der Vertragsdauer) entspricht im wesentlichen den §§ 60, 61 Handelsgesetzbuchs und braucht, da er keine eigentliche soziale Schutzbestimmung enthält, hier nicht näher erörtert zu werden.

§ 8 regelt die Verhinderung an der Dienstleistung. In den ersten beiden Absätzen wird entsprechend dem § 63 Handelsgesetzbuchs bei Verhinderung durch Krankheit oder Unglücksfall, die nicht vorsätzlich oder durch grobe Fahrlässigkeit herbeigeführt sind, der Gehaltsanspruch auf sechs Wochen unter Nichtanrechnung der Beträge, die auf Grund öffentlich rechtlicher Versicherung bezogen werden, normiert. Die Bestimmung, die gemäß § 40 zwingendes Recht ist, entspricht im wesentlichen der Resolution des 30. Deutschen Juristentages. Im 3. Abschnitt wird entsprechend dem § 616 BGB. der Anspruch auf Fortzahlung der Bezüge zugebilligt, wenn der Angestellte durch andere wichtige seine Person betreffende Gründe ohne sein Verschulden während einer verhältnismäßig kurzen Zeit an der Leistung seiner Dienste verhindert wird. Zu vielen Streitigkeiten gibt in Deutschland bekanntlich die Anwendung des § 616 BGB. auf militärische Übungen Anlaß. Die Judikatur schwankt sehr darüber, in welchem Umfange eine Übung als „verhältnismäßig nicht erhebliche Zeit" anzusehen ist. Diese Streitfrage wird für Oesterreich erledigt durch die Bestimmung des § 8 Abs. 4:

> „Wird er (der Dienstnehmer) durch Erfüllung seiner Militärdienstpflicht an der Verrichtung seiner Dienste verhindert, so behält er den Anspruch auf seine Geldbezüge bis zur Dauer von vier Wochen, wenn das Dienstverhältnis ununterbrochen bereits ein Jahr gedauert hat. Dieser Anspruch besteht nicht, wenn der Dienstnehmer zur Ableistung der Militärpräsenzdienstpflicht für die gesetzlich bestimmte einjährige oder längere Dauer einberufen wird."

Die Einführung einer entsprechenden Bestimmung dürfte auch für Deutschland zur Abschneidung vieler Streitigkeiten zu empfehlen sein, etwa als Absatz 3 zu § 63 HGB.[26]). Das gleiche fordert der Verein der

---

[26]) Nicht zu verkennen ist allerdings das Bedenken, daß dann übungspflichtige Handlungsgehilfen schwerer Stellung finden werden (Schriften des Deutschnationalen Handlungsgehilfenverbandes Bd. 42, S. 24).

deutschen Kaufleute und der Zentralverband der Handlungsgehilfen usw. (Lange, Handlungsgehilfenbewegung S. 23).

Nach § 9 darf der Angestellte wegen einer durch die Gründe des § 8 verursachten Dienstverhinderung, für die der Anspruch auf Fortzahlung des Gehalts besteht, nicht entlassen werden. Wird während der Verhinderung gekündigt, so bleiben seine Ansprüche während der in § 8 bestimmten Zeiträume bestehen, wenngleich das Dienstverhältnis früher endigt. Dagegen erlöschen die Ansprüche mit der Beendigung des Dienstverhältnisses, wenn dieses infolge des Ablaufes der Zeit, für die es eingegangen wurde, oder infolge einer früheren Kündigung aufgelöst wird. Das gleiche gilt, wenn der Dienstnehmer aus einem anderen Grunde als wegen der durch Erkrankung, Unglücksfall oder durch Erfüllung der Militärdienstpflicht verursachten Dienstverhinderung entlassen wird. Nach § 72 des deutschen Handelsgesetzbuchs bildet anhaltende Krankheit, längere Freiheitsstrafe oder Abwesenheit und eine die Zeit von acht Wochen übersteigende militärische Dienstleistung einen Grund zur sofortigen Entlassung. Der Anspruch des Handlungsgehilfen aus § 63 HGB. wird aber durch die Entlassung nicht berührt. Das österreichische Recht geht also weiter als das deutsche, indem es im Falle der unverschuldeten Verhinderung keine Entlassung, sondern nur eine Kündigung zuläßt[27]). Hinsichtlich des Gehaltsanspruchs macht das zwar nichts aus, da nach beiden Rechten das Gehalt nur für sechs Wochen weiter zu zahlen ist. Der Unterschied liegt nur darin, daß in Deutschland der Prinzipal, sobald es sich herausstellt, daß die Krankheit anhaltend ist, den Gehilfen sofort entlassen und über die Stellung anderweitig verfügen kann, während er nach österreichischem Recht bei Wahrung der gesetzlichen Kündigungsfrist den Gehilfen, der innerhalb dieser Zeit wieder zurückkehrt, noch bis zum Ablauf der Frist weiter beschäftigen muß und die Stellung erst dann wieder besetzen kann. Dies bedeutet eine ungerechtfertigte Härte gegenüber dem Prinzipal. Allerdings ist nach deutschem Recht der Gehilfe nach Ablauf der sechswöchentlichen Frist nicht nur ohne Einkommen, sondern auch ohne Stellung. Es wird ihm aber immerhin leichter zuzumuten sein, schon die Zeit der Rekonvaleszenz oder die letzte Zeit einer militärischen Übung zu den vorbereitenden Schritten für den Erwerb einer neuen Stellung zu benutzen. Offertenschreiben und Benutzung der Stellenvermittlungsinstitute wird in den meisten derartigen Fällen möglich sein.

---

[27]) Dem österreichischen Recht entspricht auch das französische Gesetz vom 18. Juli 1901.

Die §§ 10 bis 14 (Provision und Gewinnbeteiligung) enthalten keine eigentlichen sozialen Schutzvorschriften. Auf die Einzelheiten kann hier deshalb nicht eingegangen werden.

§ 15 enthält die dem § 64 des deutschen Handelsgesetzbuchs entsprechende Bestimmung, daß das Gehalt mindestens am Monatsschluß gezahlt werden muß.

§ 16 trifft eine Bestimmung über die zu vielen Streitfragen Anlaß gebenden Gratifikationen. Er bestimmt, daß, wenn der Dienstnehmer Anspruch auf eine periodische Gratifikation hat, diese anteilsmäßig zu zahlen ist, falls das Dienstverhältnis vor Fälligkeit der Gratifikation gelöst wird. Der Hauptstreitpunkt in Gratifikationsprozessen ist bekanntlich immer, ob die Gratifikation einen klagbaren Anspruch oder ein freiwilliges Geschenk darstellt. Eine gesetzgeberische Bestimmung nach dieser Richtung enthält das österreichische Recht nicht und kann sie natürlich auch nicht enthalten, da es sich hier um reine Vertragsauslegung handelt. Eine besondere Bestimmung über anteilsweise Zahlung der Gratifikation beim vorzeitigen Ausscheiden erscheint für Deutschland gleichfalls entbehrlich, auch hier muß alles der richterlichen Entscheidung im Einzelfalle überlassen bleiben [28]).

§ 17 gibt den von den deutschen Angestellten bisher vergeblich erstrebten Anspruch auf Erholungsurlaub, indem er bestimmt:

„Wenn das Dienstverhältnis ununterbrochen bereits sechs Monate gedauert hat, ist dem Dienstnehmer in jedem Jahre ein ununterbrochener Urlaub in der Dauer von mindestens zehn Tagen zu gewähren. Hat das Dienstverhältnis ununterbrochen bereits fünf Jahre oder fünfzehn Jahre gedauert, so beträgt der jährliche Urlaub mindestens zwei, im letzteren Falle mindestens drei Wochen. Der Antritt des Urlaubes ist mit Rücksicht auf die den Betriebsverhältnissen entsprechende Zeit im Einvernehmen rechtzeitig zu bestimmen.

Während des Urlaubes behält der Dienstnehmer den Anspruch auf seine Geldbezüge.

---

[28]) Vgl. Mantel, Rechtsblätter 2. Jahrg. Sp. 127. — Einen Rechtsanspruch auf Gratifikation unter allen Umständen, auch wenn sie nicht vereinbart ist, einzuräumen, wie es anscheinend Blobel (Schriften des Deutschnationalen Handlungsgehilfenverbandes Bd. 42 S. 19) will, ist natürlich nicht möglich.

Bei gewerblichen Unternehmungen, in denen nicht mehr als drei Dienstnehmer verwendet werden, kann der Urlaub in zwei annähernd gleichen Zeitabschnitten gewährt werden.

Die Zeit, während deren der Dienstnehmer durch Krankheit oder durch einen Unglücksfall an der Leistung seiner Dienste verhindert ist, darf in diesen Urlaub nicht eingerechnet werden.

Der Dienstgeber ist zur Gewährung des Urlaubes nicht verpflichtet, wenn der Dienstnehmer gekündigt hat."

Bei der immer intensiver und aufregender werdenden Arbeit ist tatsächlich eine körperliche und geistige Ausspannung im Interesse der Erhaltung der Arbeitskraft des Angestellten zu einem dringenden Bedürfnis geworden. Die Erteilung von Erholungsurlaub unter Fortzahlung des Gehalts ist daher auch in Deutschland mehr und mehr üblich geworden. Nach den Ermittlungen des deutschnationalen Handlungsgehilfen-Verbandes erhielten von 32 741 befragten Angestellten 21 724 Urlaub und nur 6888 keinen Urlaub, während von 4159 Angestellten die Angaben fehlen. Von 75 im Verbande der Waren- und Kaufhäuser Deutschlands vereinigten Firmen war kein Geschäft, das seinen Angestellten den Erholungsurlaub verweigerte (Weigert, Handlungsgehilfenfrage S. 306). Ähnlich liegen die Verhältnisse bei den von der Umfrage der Gesellschaft für soziale Reform betroffenen Berufen. Nach der Umfrage des Verbandes der Bureauangestellten erhielten von den befragten 7321 Rechtsanwaltsangestellten 6077, d. h. 83,2 % Urlaub unter Fortzahlung des Gehalts. Für die technischen Angestellten habe ich bisher statistische Daten nicht ermitteln können, doch dürften auch hier die Verhältnisse nicht schlechter liegen. Bei den Lehrern kommt die Urlaubfrage nicht in Betracht, da hier der Urlaub mit den Schulferien ohnehin gewährt wird. Bei den Bühnenangestellten ergibt sich eine Erholungspause daraus, daß nur in seltenen Fällen die Theatersaison das ganze Jahr hindurch dauert. Die Bühnenangestellten klagen sogar darüber, daß ihnen vielfach eine plötzliche als Urlaub bezeichnete Unterbrechung ihrer Tätigkeit ohne Fortzahlung des Gehalts zugemutet wird. Irgendwelche praktische Bedenken stehen demnach der Durchführung des gesetzlichen Rechts auf Urlaub für alle Privatangestellten kaum entgegen. Das Recht auf Urlaub bildet auch eine Programmforderung vieler Privatangestelltenverbände [29]). Das

[29]) Deutscher Werkmeister-Verband, Deutscher Technikerverband, Bund technisch-industrieller Beamter, Verein deutscher Kaufleute, Zentralverband der Handlungsgehilfen usw. (Reichstagseingabe des letzteren vom 29. Februar 1908.)

einzige Bedenken dürfte die Regelung der Urlaubsverhältnisse in denjenigen Betrieben sein, die nur einen oder zwei Angestellte beschäftigen. Weigert (Handlungsgehilfenfrage S. 307) meint, daß die Betriebe, die nur einen Gehilfen beschäftigen, von der Pflicht der Urlaubsgewährung ausgenommen werden sollen. Meines Erachtens ist diese Ausnahme nicht erforderlich. Es besteht auch für sie die Möglichkeit, in der stillen Zeit den Urlaub zu gewähren, zumal wenn er, der österreichischen Bestimmung gemäß, in zwei Abschnitten erteilt werden darf. Kann der Prinzipal in dieser Zeit nicht allein fertig werden, so erscheint die Zumutung, für kurze Zeit eine Aushilfe einzustellen, keineswegs unbillig.

§ 18 regelt die Fürsorgepflicht des Dienstherrn im wesentlichen entsprechend dem § 62 HGB.

§§ 19—32 enthalten die Bestimmungen über Auflösung des Dienstverhältnisses. Entsprechend dem deutschen Recht gilt grundsätzlich sechswöchentliche Kündigung zum Quartalsschluß, vereinbarte Kündigungsfristen nicht unter einem Monat betragen. Abweichend vom deutschen Recht kann bei vereinbarter Kündigungsfrist die Kündigung nicht nur für den Schluß des Kalendermonats, sondern auch für den 15. zugelassen werden. Ein Bedürfnis, die deutschen Bestimmungen nach dieser Richtung abzuändern, besteht nicht. Ebenso wie im deutschen Recht ist bestimmt, daß die Kündigungsfristen für beide Teile gleich sein müssen. Sind ungleiche Kündigungsfristen vereinbart, so gilt die längere Frist, während nach deutschem Recht in diesem Fall die Kündigungsabrede nichtig ist, es sei denn, daß die Ungleichheit zugunsten des Handlungsgehilfen normiert ist (vgl. Reichsgericht Bd. 68 S. 320 ff.). Nach deutschem Recht wird daher in solchen Fällen in der Regel die gesetzliche Kündigungsfrist an Stelle der vereinbarten treten. Auch hier ist ein Bedürfnis zur Abänderung des deutschen Rechtes nicht anzuerkennen.

§ 21 bestimmt dem § 624 BGB. entsprechend, daß ein für die Lebenszeit oder ein für länger als auf fünf Jahre eingegangenes Dienstverhältnis mit sechsmonatlicher Frist gekündigt werden kann.

Das deutsche Handelsgesetzbuch läßt die Minimalkündigungsfristen außer Anwendung, wenn ein Handlungsgehilfe nur zur vorübergehenden Aushilfe angenommen wird, es sei denn, daß das Dienstverhältnis über die Zeit von drei Monaten hinaus fortgesetzt wird. § 20 Abs. 3 des Handlungsgehilfengesetzes gestattet in solchen Fällen während des ersten Monats die jederzeitige Lösung unter Einhaltung einer vierwöchentlichen Kündigungsfrist. Auch hier verdient das deutsche Recht den Vorzug.

Es ist ein Verkehrsbedürfnis, daß die Zeit eines solchen Provisoriums namentlich für gewisse Saisonbetriebe nicht zu kurz bemessen werden darf. Anderseits enthält es gegenüber einem Handlungsgehilfen, der sich in eine solche provisorische Stellung begibt, auch keine besondere Härte, wenn die sofortige Löslichkeit des Verhältnisses vereinbart wird, die ja beim gewöhnlichen gewerblichen Arbeitsvertrage die Regel ist. Mißbräuche haben sich in Deutschland nur insofern gezeigt, als man die Kündigungsschutzbestimmungen dadurch zu umgehen suchte, daß man auch Engagements, die einem dauernden Bedürfnis entsprachen, als Aushilfsengagements bezeichnete. Gewisse Warenhausbetriebe stellen überhaupt alle Verkäuferinnen nur zur Aushilfe ein [30]). Dies ist im wesentlichen eine Folge davon, daß das deutsche Handelsgesetzbuch ein Probe engagement nicht kennt. Ein Engagement zur Probe, bei dem sich der Prinzipal von den Fähigkeiten des Angestellten erst überzeugen will, bildet ein wirtschaftliches Bedürfnis. Die Zeugnisse und Auskünfte geben vielfach keinen genügenden Maßstab, ob der Angestellte wirklich in den Rahmen des Betriebes paßt. Ein Probeengagement läßt sich nach deutschem Handelsrecht nur in der Weise durchführen, daß der Angestellte auf eine bestimmte Zeit engagiert wird. Das österreichische Gesetz trifft da gegen für das Probeengagement in § 19 die Bestimmung, daß es während des ersten Monats der Probezeit von beiden Teilen jederzeit gelöst werden kann. Eine ähnliche Bestimmung dürfte sich auch für Deutschland empfehlen. — Nach § 68 des deutschen Handelsgesetzbuchs finden (das österreichische Gesetz enthält eine solche Bestimmung nicht) die Kündigungsvorschriften keine Anwendung, wenn der Handlungsgehilfe ein Jahresgehalt von mindestens 5000 Mk. bezieht, oder wenn er für eine außereuropäische Handelsniederlassung angenommen ist und ihm für den Fall der Kündigung seitens des Prinzipals freie Rückreise garantiert ist. Die erstere Ausnahme ist ohne praktische Bedeutung. Einen Handlungsgehilfen mit mehr als 5000 Mk., für den die Kündigungsfrist geringer als ein Monat ist, dürfte es in Deutschland kaum geben. Die zweite Bestimmung dagegen entspricht einem dringenden Interesse des Exportgeschäfts, weil der Prinzipal wegen der großen Kosten der Hinaussendung eines solchen Angestellten und wegen der Art seiner Verwendung ein berechtigtes Interesse daran hat, sich die Dienste für längere Zeit zu sichern, ohne unbedingt auf die Befugnis zu verzichten, das Dienstverhältnis für den Fall, daß der Ge-

[30]) Vgl. Mantel Rechtsblätter 2. Jahrg. Sp. 131.

hilfe sich nicht bewährt, schon vorher zu lösen. Der Gehilfe ist gegen willkürliche Ausübung des Kündigungsrechts schon dadurch geschützt, daß der Prinzipal in solchem Fall die nicht unerheblichen Kosten der Rückreise zu tragen hat.

Entsprechend dem § 629 BGB. verpflichtet § 22 des Handlungsgehilfengesetzes den Prinzipal, dem Angestellten nach der Kündigung angemessene Zeit zum Aufsuchen einer neuen Stellung zu gewähren. Streitfragen, die sich in Deutschland nach dieser Richtung ergeben haben, werden durch die ausdrückliche Bestimmung erledigt, daß die freie Zeit an Wochentagen zu gewähren und zu bezahlen ist. Praktisch ist auch die Bestimmung, daß nähere Anordnungen über die freizugebende Zeit für Unternehmungen bestimmter Art und für den Bereich bestimmter Orte durch Verordnung erlassen werden können.

Hinsichtlich der Dienstwohnung bestimmt § 24:

> „Stirbt der Dienstnehmer, dem vom Dienstgeber auf Grund des Dienstvertrages Wohnräume überlassen werden, so ist die Wohnung, wenn der Dienstgeber einen eigenen Haushalt führte, binnen einem Monate, sonst binnen 14 Tagen nach dessen Tode zu räumen.
>
> Der Dienstgeber kann jedoch die sofortige Räumung eines Teiles der Wohnung verlangen, soweit dies zur Unterbringung des Nachfolgers und seiner Einrichtung erforderlich ist."

Auch diese Bestimmung ist für Deutschland zur Einführung zu empfehlen, da hier ein rigoroser Arbeitgeber die Hinterbliebenen seines Angestellten sofort am Todestage auf die Straße setzen könnte.

Wesentlich in Übereinstimmung mit dem deutschen Recht ist die außerordentliche Kündigung geregelt. Das österreichische Gesetz kennt die sofortige Kündigung aus wichtigem Grunde und hebt ebenso wie das deutsche Recht eine Reihe von Tatbeständen hervor, die als wichtige Gründe anzusehen sind. Auch die einzelnen Gründe entsprechen im wesentlichen den §§ 71, 72 HGB. Etwas abweichend vom deutschen Recht regelt dagegen das österreichische Gesetz die Rechtsfolgen der sofortigen Vertrags-auflösung. Nach österreichischem Recht bringt [der] vorzeitige Austritt und die vorzeitige Entlassung, gleichviel, ob sie begründet sind oder nicht, das Dienstverhältnis unter allen Umständen zu Ende. Für den Rest der Vertragsdauer bestehen lediglich Schadensersatzansprüche. Der Angestellte, der ohne wichtigen Grund vorzeitig austritt, oder den ein Verschulden an der Entlassung trifft, ist gemäß § 28 schadensersatzpflichtig und hat für die schon bewirkten Leistungen nur insoweit Anspruch auf Entgelt, als sie nicht durch die vorzeitige Auflösung des Vertrages für den Prinzipal ihren Wert ganz oder zum größten Teil eingebüßt haben. Der Prinzipal, der den Angestellten ohne wichtigen Grund vorzeitig entläßt, oder den vorzeitigen Austritt verschuldet, ist unbeschadet weiterer Schadensersatzansprüche gemäß § 29 verpflichtet, das Entgelt bis zum Ablauf der ordnungsmäßigen Kündigungsfrist weiterzuzahlen, und zwar wird das ganze Entgelt mit der Auflösung des Dienstverhältnisses fällig. Trifft beide Teile ein Verschulden an der vorzeitigen Auflösung des Dienstverhältnisses, so hat der Richter nach freiem Ermessen zu entscheiden, ob und in welcher Höhe ein Ersatz gebührt. Nach deutschem Recht löst dagegen nur rechtmäßiger sofortiger Austritt und sofortige Entlassung das Dienstverhältnis auf. Nur der Kündigende, der die Rechtmäßigkeit der Kündigung behauptet, kann Schadensersatzansprüche geltend machen, während der Anspruch des Gekündigten, der die Rechtmäßigkeit bestreitet, zunächst Erfüllungsanspruch bleibt. Demgemäß kann nur gegenüber dem Schadensanspruch des Kündigenden ein konkurrierendes Verschulden des andern Teils im Sinne des § 254 BGB. in Betracht kommen, während gegenüber dem Erfüllungsanspruch des Gekündigten sein konkurrierendes Verschulden völlig außer Betracht bleibt. Das deutsche Recht hat ferner bekanntlich in § 254 BGB. das konkurrierende Verschulden dahin erweitert, daß dem Geschädigten auch dann ein Verschulden zur Last fällt, wenn er es unterlassen hat, den Schaden abzuwenden oder zu mindern. Analog dieser Bestimmung kommt gegenüber dem Erfüllungsanspruch des entlassenen Angestellten der § 615 BGB. in Betracht, nach dem er sich anrechnen lassen muß, was er infolge des Unterbleibens der Dienstleistung erspart oder durch anderweitige Verwendung seiner Dienste erwirbt oder zu erwerben böswillig unterläßt.

Das österreichische Recht hat hier jedenfalls den Vorzug der Vereinfachung der Sachlage. Der entlassene Angestellte weiß unter allen Umständen sofort, woran er ist, während es im deutschen Recht bekanntlich streitig ist, ob er nicht zunächst noch, wenn er die Kündigung als ungerechtfertigt betrachtet, die Dienstpflichten wahren und sich z. B. aller Konkurrenzgeschäfte enthalten muß (vgl. Staub, § 70 Anm. 11). Streitig ist hierbei, ob der entlassene Gehilfe seinerseits zur Klärung der Rechtslage auf dem Wege des § 326 BGB. das Dienstverhältnis zu Ende bringen kann (vgl. Fieberg, Deutsche Juristenzeitung 1904 S. 486). Gleichzeitig aber mutet das Gesetz dem deutschen Gehilfen zu, daß er sich nach anderweitiger Tätigkeit umsehen muß. Nimmt er also eine Stelle in einem Konkurrenzgeschäft an, so kann der Prinzipal dies gemäß §§ 60, 72 Nr. 1 als nachträglichen Entlassungsgrund geltend machen, schlägt er die Stelle aus, so muß er sich den evtl. Verdienst auf seinen Gehaltsanspruch anrechnen lassen. Das ganze Prinzip des § 615 BGB. ist überhaupt eine soziale Ungerechtigkeit. Der Gehilfe, der rechtswidrig entlassen ist, hat nicht den geringsten moralischen Anlaß, sich im Interesse des Prinzipals zu bemühen; der Prinzipal mag die Folgen seines Handelns tragen. Gelingt es dem Gehilfen, innerhalb der ordnungsmäßigen Kündigungsfrist anderweitig etwas zu verdienen, so ist dies ein besonderer Konjunkturgewinn, der dem Gehilfen zufallen muß. Viel gerechter ist der österreichische Standpunkt, daß unter allen Umständen das konkurrierende Verschulden bei der Entlassung auch dann, wenn sie gesetzlich nicht voll begründet ist, mitberücksichtigt werden muß. Dies führt dazu, eine gerechte Verteilung des eingetretenen Schadens in die Hand des Richters zu legen. Praktisch ist auch, den Anspruch des Gehilfen auf das Gehalt für die Kündigungsfrist sofort bei der Entlassung fällig werden zu lassen. Auch hiermit wird zunächst reiner Tisch geschaffen, was sehr wichtig ist, wenn der Gehilfe nach auswärts verziehen will. Es werden aber außerdem auch eine Reihe schwieriger prozessualer Fragen abgeschnitten, insbesondere die Frage, inwieweit die Klage auf künftige Gehaltszahlung zulässig ist, ob der entlassene Gehilfe beim Prinzipal wieder eintreten muß, auf welchem Wege der Prinzipal, der zu zukünftiger Gehaltszahlung verurteilt ist, den Anrechnungsanspruch aus § 615 BGB. geltend machen kann, wenn der Gehilfe nachträglich noch etwas verdient usw.

§ 23 regelt die Einwirkung des Konkurses des Arbeitgebers auf das Dienstverhältnis. Ebenso wie nach deutschem Recht läuft der Vertrag an sich gegenüber der Konkursmasse weiter, kann aber von beiden Teilen gekündigt werden. Während nach deutschem Recht die Kündigung jederzeit mit gesetzlicher Frist evtl. der kürzeren vereinbarten erfolgen kann, ist sie in Österreich nur im ersten Monat nach der Konkurseröffnung zulässig, und zwar kann der Dienstnehmer fristlos, der Masseverwalter mit der gesetzlichen oder der kürzeren vereinbarten Frist kündigen. Auch hier scheint eine Übertragung der österreichischen Bestimmungen nicht ratsam. Dem Handlungsgehilfen entsteht kaum ein erheblicher Schaden, wenn er noch die Kündigungszeit aushalten muß, während die Konkursmasse erheblich geschädigt werden kann, wenn etwa das gesamte Personal sofort die Stellung verläßt und der Konkursverwalter niemand mehr zur Orientierung zur Verfügung hat. Es ist sogar zu befürchten, daß die Bestimmung zu unlauteren Zwecken ausgebeutet werden kann. Der Gemeinschuldner kann auf den Namen irgend eines Verwandten ein Geschäft etablieren, für dieses alle bisherigen Angestellten sofort wegengagieren und den Konkursverwalter, der dann die Masse nicht ordnungsmäßig realisieren kann, nötigen, sie ihm zu jedem Preise zu überlassen. Der Entschädigungsanspruch im Fall der Kündigung durch den Verwalter (§ 23) und das Konkursvorrecht des Dienstnehmers (§ 33) entsprechen im allgemeinen dem deutschen Recht.

§ 30 regelt die Folgen des Nichtantritts der Stellung und den Rücktritt vor Antritt des Dienstverhältnisses. Beide Bestimmungen sind für die Zwecke dieses Gutachtens ohne besonderes Interesse.

Nach § 35 kann der Dienstnehmer, der Kaution geleistet hat, wenn gegen ihn bei Beendigung des Dienstverhältnisses Schadenserſatzansprüche erhoben werden, verlangen, daß die Kaution bei Gericht erlegt werde. Auch diese Bestimmung dürfte sich zur Einführung in Deutschland empfehlen. Vielfach lassen sich kapitalsschwache Unternehmer von Angestellten Barkautionen leisten, kündigen dann, wenn das Unternehmen noch weiter zurückgeht, den Angestellten unter irgend einem Vorwand und ziehen den auf Rückzahlung der Kaution angestellten Prozeß durch allerlei Einwendungen hin. Typische Fälle sind namentlich die sogenannten Mankoprozesse, bei denen einem Filialleiter gegen Leistung einer Kaution ein Warenlager zur selbständigen Verwaltung übergeben ist, und dann bei Auflösung des Dienstverhältnisses über die Verpflichtung zur Haftung für die Fehlbeträge gestritten wird. Derartige Prozesse würden vielfach abgekürzt und vermieden werden, wenn der Arbeitgeber sofort gezwungen würde, die Kaution zu hinterlegen. Nach geltendem deutschen Recht hat der Anspruch auf Rückgabe der Barkaution nicht einmal ein Vorrecht im Konkurse.

§§ 36 bis 38 regeln die Konkurrenzklausel im wesentlichen entsprechend den §§ 74, 75 Handelsgesetzbuchs. Weitere Einschränkungen der Konkurrenzklausel gegenüber dem deutschen Recht sind nur, daß sie nichtig ist, wenn das Entgelt des Angestellten zur Zeit der Beendigung des Dienstverhältnisses den Betrag von 4000 Kronen jährlich nicht überschreitet, und daß ferner ihre Dauer den Zeitraum eines Jahres (nach § 74 Handelsgesetzbuchs drei Jahre) nicht überschreiten darf. Diese Einschränkungen dürfte bei einer Reform des Rechtes der Konkurrenzklausel in Deutschland zu berücksichtigen sein.

Ein weiteres Eingehen auf die Konkurrenzklausel fällt angesichts der Verhandlungen des 30. Deutschen Juristentages nicht in den Rahmen dieses Gutachtens.

§ 39 regelt das Dienstzeugnis. Der Dienstgeber ist verpflichtet, bei Beendigung des Dienstverhältnisses dem Dienstnehmer auf Verlangen ein schriftliches Zeugnis über Art und Dauer der Dienstleistung auszustellen. Eintragungen oder Anmerkungen im Zeugnis, durch die dem Dienstnehmer die Erlangung einer neuen Stellung erschwert wird, sind unzulässig. Den Anspruch auf Ausdehnung des Zeugnisses auf Führung und Leistungen kennt also das österreichische Recht nicht und unterbindet ihn sogar, indem es die Ausstellung eines ungünstigen Zeugnisses verbietet. Wenn auch vielleicht die Bedeutung des Zeugnisses über Führung und Leistungen für den Privatangestellten nicht übermäßig groß ist, da in den meisten Fällen über ihn bei dem früheren Prinzipal noch direkt Auskunft eingeholt wird, so bildet doch das Zeugnis immerhin ein wesentliches Moment bei der Auswahl derjenigen Offerten von Stellungsuchenden, die der Prinzipal in engere Wahl ziehen will. Der Prinzipal wird vielfach bei Zeugnissen, die sich über Führung und Leistungen nicht aussprechen, vermuten, daß der Aussteller des Zeugnisses nach dieser Richtung Anlaß zu Bedenken hatte. Nach deutschem System hat der Angestellte ein Mittel, das Zeugnis über Führung und Leistungen zu erzwingen, und Urteile, die wider besseres Wissen gegeben sind, im Prozeßwege berichtigen zu lassen. Nach österreichischem Recht dagegen steht es wie gesagt im freien Belieben des Prinzipals, ob er Führung und Leistungen, auch wenn sie günstig waren, attestieren will. Einer Weigerung des Prinzipals gegenüber ist der Gehilfe also völlig machtlos. Praktisch ist dagegen wieder die Bestimmung des österreichischen Gesetzes, daß der Dienstgeber auch während der Dauer des Dienstverhältnisses auf seine Kosten ein Interimszeugnis verlangen kann. Gerade ein Angestellter, der längere Zeit in Stellung ist, bedarf des Zeugnisses, wenn er sich um neue Stellung bewerben will, bevor sein bisheriges Dienstverhältnis abgelaufen ist. Nach bisherigem deutschem Recht ist bekanntlich streitig, ob das Zeugnis schon von der Kündigung ab verlangt werden darf. Praktisch ist endlich auch die österreichische Bestimmung nach der Zeugnisse des Dienstnehmers, die sich in Verwahrung des Dienstgebers befinden, ihm jederzeit auf Verlangen auszufolgen sind. Nach deutschem Recht könnte der Arbeitgeber eventl. ein Zurückbehaltungsrecht gemäß § 273 BGB. geltend machen.

§ 40 des Gesetzes erklärt die wesentlichsten Schutzbestimmungen zum zwingenden Recht. Auch dies ist empfehlenswert und entspricht den Vorschlägen des 30. Deutschen Juristentages.

§ 41 unterwirft Streitigkeiten aus den im Handlungsgehilfengesetz geregelten Dienstverhältnisses den Gewerbegerichten, wenn auf die Unternehmung des Dienstgebers die Gewerbeordnung Anwendung findet. — Die Gewerbegerichtsbarkeit ist in Oesterreich bekanntlich noch wenig ausgebildet. Die Errichtung von Gewerbegerichten ist lediglich fakultativ und erfolgt durch Verordnung des Justizministeriums (§ 2 des Gesetzes vom 27. November 1896). Zurzeit bestehen erst 20 Gewerbegerichte. In Deutschland dagegen, wo die Errichtung der Gewerbe- und Kaufmannsgerichte für alle Städte über 20 000 Einwohner obligatorisch vorgeschrieben und nur im übrigen fakultativ ist, bestanden am Schlusse des Jahres 1910 493 Gewerbegerichte und 271 Kaufmannsgerichte, und es besteht trotzdem, wie oben dargelegt, noch eine starke Bewegung nach weiter Ausdehnung dieser Gerichtsbarkeit. Das österreichische Gewerbegerichtsgesetz kennt keine Maximalgehaltsgrenze. Das Gewerbegericht kann daher unter Umständen für den Prozeß eines kaufmännischen Angestellten oder Betriebsbeamten mit einem Jahresgehalt von 20 000 Kronen und noch mehr zuständig werden. Anderseits ist die Zuständigkeit wieder begrenzt auf die Angestellten derjenigen Unternehmungen, die der Gewerbeordnung unterfallen, so daß beispielsweise die Angestellten der Banken und Versicherungsanstalten, die der österreichischen Gewerbeordnung nicht unterstehen, den Schutz der Sondergerichte entbehren. Die österreichische Vorschrift kann daher nicht als für Deutschland vorbildlich erachtet werden. Es besteht auch in den Kreisen der österreichischen Handlungsgehilfenschaft ein starker Wunsch nach einer Regelung der Sondergerichtsbarkeit in der Art der deutschen Kaufmannsgerichte. (Vgl. den dem Abgeordnetenhause vorliegenden Antrag Reumann und Gen. betr. Errichtung von Gewerbegerichten vom 21. Juli 1911.)

Darüber, ob sich die hier zur Einführung für Deutschland empfohlenen Bestimmungen in ihrer Anwendung in Österreich bewährt haben, liegt bisher, was bei der Kürze der Zeit seit Inkrafttreten des Gesetzes erklärlich ist, noch wenig Material vor. Soweit ich aus den mir vorliegenden Nummern der Zeitschrift des Reichsverbandes „Anker“ der deutschen Handels-, Industrie- und Privatangestellten Österreichs ersehe, scheinen die Mitglieder dieses

Verbandes — vielleicht mit Ausnahme des „Dienstzettels" — mit dem Gesetz durchaus zufrieden zu sein. Von den sozialdemokratisch organisierten Angestellten gilt augenscheinlich dasselbe. Die von der Hauptstelle industrieller Arbeitgeber-Organisationen unter dem Titel „Sozialpolitik im Dienste der Partei" veröffentlichte Zusammenstellung der Initiativanträge der österreichischen Sozialdemokratie im Abgeordnetenhause weist wenigstens nur einen einzigen Antrag zum Handlungsgehilfengesetz auf, und dieser fordert nur eine authentische Interpretation des § 1, durch die die Unterstellung der Werkmeister, Werkführer, Faktoren usw. unter das Gesetz festgelegt werden soll. In Unternehmerkreisen ist natürlich die Einführung sozialer Schutzbestimmungen für Angestelltenkreise, die bisher kein besonderes Schutzrecht genossen, zunächst weniger günstig aufgenommen. Das Sekretariat der Hauptstelle industrieller Arbeitgeberorganisationen bemängelt zunächst die Fassung der §§ 1 und 2, die es zweifelhaft läßt, ob Werkmeister, Faktoren, Vorarbeiter unter das Gesetz fallen. Sie bemängelt weiter die Bestimmungen über den Minimalkündigungsfristen, die der Arbeitgeber bei Vermeidung vollen Schadensersatzes innehalten müsse, während er bei Kontraktbruch des Angestellten machtlos sei, da der hierdurch entstandene Schaden nur selten ziffernmäßig nachgewiesen werden könne. Die Einschränkung der Konkurrenzklausel habe die Wirkung gehabt, daß die Arbeitgeber vom Abschluß langfristiger Verträge abgeschreckt würden. Endlich habe die Bestimmung betr. Gewährung angemessener Zeit zum Aufsuchen einer andern Stellung zu dem Mißstand geführt, daß sich die Angestellten diesen Urlaub eigenmächtig nähmen. — Die Bemängelungen der Unternehmerkreise betreffen also gerade diejenigen Bestimmungen des Gesetzes, die für Deutschland nicht neu sind, sondern die mehr als ein Jahrzehnt geltenden Schutzvorschriften des HGB. und BGB. nach Österreich übertragen. Es dürfte zu erwarten sein, daß die Mißstände, die sich in der Übergangszeit bemerkbar machen, in Österreich ebenso überwunden werden, wie es in diesen Punkten in Deutschland geschehen ist. — Nach Mitteilung des Sekretariats des Gremiums der Wiener Kaufmannschaft wird es auch in Arbeitgeberkreisen als wohltätig empfunden, daß durch das Gesetz eine Reihe offener Fragen geregelt sind, auch die Bestimmungen über den Urlaub stoßen auf relativ geringen Widerstand. Klagen sind — außer allgemeinen Bemerkungen über die stets steigende sozialpolitische Belastung des Kaufmannsstandes — nicht laut geworden.

VI. Anhang.

1. Zusammenfassende Übersicht der Vorschläge für die Ausgestaltung der Gewerbeordnung Titel VII zu einem einheitlichen Arbeitsrecht.

Titel VII.

Arbeitsvertrag [31]).

I. Allgemeine Verhältnisse.

§ 105 Abs. 1 (wie bisher).

Abs. 2 (neu):

„Die Bestimmungen des VII. Titels der Gewerbeordnung finden Anwendung auf alle Arbeits- oder Dienstverhältnisse, welche die Erwerbstätigkeit des Dienstverpflichteten vollständig oder hauptsächlich in Anspruch nehmen, auch wenn der Dienstberechtigte der Gewerbeordnung nicht untersteht.

Auf ungelernte Landarbeiter, Dienstboten, Bergarbeiter, sowie auf das Fahr- und Streckenpersonal der Eisenbahnen findet der VII. Titel der Gewerbeordnung nur insoweit Anwendung, als die Landesgesetze entgegenstehende Bestimmungen nicht enthalten."

§ 105 a—h (wie bisher).

§ 105 i: „Der § 105 a Abs. 1 und die §§ 105 b—105 g finden auf Gast- und Schankwirtschaftsgewerbe, Musikaufführungen, Schaustellungen, theatralische Vorstellungen oder sonstige Lustbarkeiten, sowie auf Verkehrsgewerbe, Heilkunde, Apotheken, Krankenpflege, Erziehungsanstalten keine Anwendung.

Die Gewerbetreibenden können die Arbeiter in diesen Gewerben nur zu solchen Arbeiten an Sonn- und Festtagen verpflichten, welche nach der Natur des Gewerbebetriebs einen Aufschub oder eine Unterbrechung nicht gestatten."

§§ 106—120 e (wie bisher).

II. Verhältnisse der Gesellen und Gehilfen.

§§ 121—128 (wie bisher).

III. Lehrlingsverhältnisse.

A. Allgemeine Bestimmungen.

§§ 126—128 (wie bisher).

---

[31]) Bisherige Überschrift: Gewerbliche Arbeiter (Gesellen, Gehilfen, Lehrlinge, Betriebsbeamte, Werkmeister, Techniker, Fabrikarbeiter).

B. Besondere Bestimmungen für Handwerker.

§§ 129—132 a (wie bisher).

IIIa. Meistertitel.

§ 133 (wie bisher).

IIIb. Höhere Angestellte[32]).

§ 133 a: „Auf das Dienstverhältnis der Personen, welche nicht lediglich vorübergehend mit der Leitung oder Beaufsichtigung des Betriebes oder einer Abteilung desselben beauftragt oder mit höheren Dienstleistungen betraut sind, finden die für Handlungsgehilfen und Handlungslehrlinge geltenden Vorschriften mit Ausnahme der §§ 60—62 Handelsgesetzbuchs entsprechende Anwendung.

Kaufmännische Tätigkeit und Bureautätigkeit jeder Art, auch wenn sie nicht in einem Handelsgewerbe geleistet werden, gelten stets als höhere Dienstleistungen.

Auf die vorbezeichneten Personen finden die Bestimmungen der §§ 105—119, 120—120 e, 125, 134 i, 135—139 a entsprechende Anwendung."

§§ 133 a—133 g[33]) (fallen fort).

IV. Besondere Bestimmungen für Betriebe, in denen in der Regel mindestens zwanzig Arbeiter beschäftigt werden[34]).

§ 133 h (wie bisher).

§ 134 Abs. 1 (wie bisher).

§ 134 Abs. 2 (fällt fort).

§§ 134 a—h (wie bisher).

IVa. Besondere Bestimmungen für Betriebe, in denen in der Regel mindestens 20 höhere Angestellte beschäftigt werden.

§ 134 i (neu): „Für jeden Betrieb, in welchem in der Regel min-

---

[32]) Bisherige Überschrift: Verhältnisse der Betriebsbeamten, Werkmeister, Techniker.

[33]) Hiermit fällt auch die Überschrift vor § 133 g: Besondere Bestimmungen für Betriebe, in denen in der Regel mindestens zehn Arbeiter beschäftigt werden.

[34]) Bisher: A. Bestimmungen für Betriebe, in denen in der Regel mindestens zwanzig Arbeiter beschäftigt werden.

destens zwanzig Angestellte im Sinne des § 133 a beschäftigt werden, ist innerhalb vier Wochen nach Inkrafttreten dieses Gesetzes oder nach Eröffnung des Betriebes eine Angestelltenordnung zu erlassen. Auf Betriebe, in denen ein ständiger Angestelltenausschuß errichtet ist, finden die §§ 134 b Abs. 3 Satz 2 und 134 d Abs. 2 entsprechende Anwendung. Als ständiger Angestelltenausschuß gilt nur eine Vertretung der Mitglieder, die in ihrer Mehrzahl von den volljährigen Angestellten des Betriebes oder der betreffenden Betriebsabteilung aus ihrer Mitte in unmittelbarer und geheimer Wahl gewählt werden. Die Wahl der Vertreter kann auch nach Angestelltenklassen und nach besonderen Abteilungen des Betriebes erfolgen.

Auf die Angestelltenordnung finden die Vorschriften der §§ 134 a, 134 b Abs. 1 Ziff. 1—4, Abs. 2, Abs. 3 Satz 1, des § 134 c Abs. 1, Abs. 2 Satz 2 und 3, des § 134 d Abs. 1 und der §§ 134 e, 134 f entsprechende Anwendung.

Andere als die in der Angestelltenordnung oder in den §§ 71 und 72 des Handelsgesetzbuchs vorgesehenen Gründe der Entlassung und des Austritts aus der Arbeit dürfen im Arbeitsvertrage nicht vereinbart werden.

Die verhängten Geldstrafen sind in ein Verzeichnis einzutragen, welches den Namen des Bestraften, den Tag der Bestrafung sowie den Grund und die Höhe der Strafe ergeben und auf Erfordern des Ortspolizeibehörde jederzeit zur Einsicht vorgelegt werden muß.

Auf Angestelltenordnungen, welche vor dem Inkrafttreten dieses Gesetzes erlassen worden sind, finden die Bestimmungen der §§ 134 a, 134 b Abs. 1 Ziff. 1—4, Abs. 2, Abs. 3 Satz 1, des § 134 e Abs. 2 und des § 134 f entsprechende Anwendung. Dieselben sind binnen vier Wochen der unteren Verwaltungsbehörde in zwei Ausfertigungen einzureichen. Auf spätere Abänderungen dieser Angestelltenordnungen finden der § 134 d Abs. 1 und der § 134 e Abs. 1 entsprechende Anwendung" [35]).

---

[35]) Hiernach fällt auch die bisherige Überschrift vor § 134 i. „B. Bestimmungen für alle Betriebe, in denen in der Regel mindestens zehn Arbeiter beschäftigt werden.

IVb. Besondere Bestimmungen für Arbeiterinnen und jugendliche Arbeiter[36]).

§ 134k (bisher § 134 Abs. 2):

„In Betrieben, für welche besondere Bestimmungen auf Grund des § 114a Abs. 1 nicht erlassen sind, ist auf Kosten des Arbeitgebers für jeden minderjährigen Arbeiter ein Lohnzahlungsbuch einzurichten. In das Lohnzahlungsbuch ist bei jeder Lohnzahlung der Betrag des verdienten Lohns einzutragen; es ist bei der Lohnzahlung dem Minderjährigen oder seinem gesetzlichen Vertreter auszuhändigen und von dem Empfänger vor der nächsten Lohnzahlung zurückzureichen. Auf das Lohnzahlungsbuch finden die Bestimmungen des § 110 Satz 1 und des § 11 Abs. 2—4 Anwendung."

§§ 135—139 (wie bisher).

§ 139a.a (fällt fort).

V. Aufsicht.

§ 139b: „Die Aufsicht über die Ausführung der Bestimmungen der §§ 105—120e, 133a—139l, sowie der §§ 59—82 Handelsgesetzbuchs ist ausschließlich oder neben den ordentlichen Polizeibehörden besonderen von den Landesregierungen zu ernennenden Beamten zu übertragen usw."

(Im übrigen wie bisher.)

VI. Offene Verkaufsstellen, Bureaus, Kontore und Lagerräume[37]).

§ 139c. „In offenen Verkaufsstellen, Bureaus, Kontoren und Lagerräumen ist den Angestellten, Lehrlingen und Arbeitern nach Beendigung der täglichen Arbeitszeit eine ununterbrochene Ruhezeit von mindestens zehn Stunden zu gewähren usw.

(Im übrigen wie bisher).

---

[36]) Es fällt ferner auch der bisherige § 134i weg, welcher lautete: „Auf Betriebe, in denen in der Regel mindestens zehn Arbeiter beschäftigt werden, finden unbeschadet des § 133h, die nachfolgenden Bestimmungen der §§ 135 bis 139aa Anwendung. Dies gilt für Betriebe, in denen regelmäßig zu gewissen Zeiten des Jahres ein vermehrtes Arbeitsbedürfnis eintritt, schon dann, wenn zu diesen Zeiten mindestens zehn Arbeiter beschäftigt werden."

[37]) Bisherige Überschrift: Gehilfen, Lehrlinge und Arbeiter in offenen Verkaufsstellen.

§§ 139 d—f (wie bisher).

§§ 139 g—k [38]) (fallen fort).

§ 139 l (wie bisher).

§ 139 m (fällt fort).

Schlußbestimmungen.

§ 154: „Von den Bestimmungen in Titel VII finden keine Anwendung:

1. Die Bestimmungen der §§ 136 und 137 über die Nachtarbeit und Arbeitspausen auf Heilanstalten, Genesungsheime, Musikaufführungen, Schaustellungen, theatralische Vorstellungen oder sonstige Lustbarkeiten, sowie auf Gärtnereien, auf das Gast- und Schankwirtschaftsgewerbe und auf das Verkehrsgewerbe;
2. die Bestimmungen des § 136 Abs. 2, 3; §§ 136, 138 auf männliche jugendliche Arbeiter, die in Bäckereien und solchen Konditoreien, in welchen neben den Konditorwaren auch Bäckerwaren hergestellt werden, unmittelbar bei der Herstellung von Waren beschäftigt sind. Ausgenommen bleiben Betriebe, die in regelmäßigen Tag- und Nachtschichten arbeiten;
3. das Verbot der Beschäftigung von Arbeiterinnen am Sonnabend sowie an Vorabenden der Festtage nach fünf Uhr nachmittags auf Arbeiterinnen in Badeanstalten. Der Bundesrat ist ermächtigt, über die Nachtarbeit und die Arbeitspausen für diese Arbeiter besondere Bestimmungen zu treffen.

2. Thesen.

1. Die Schutzvorschriften des VII. Titels der Reichsgewerbeordnung sind prinzipiell auf alle Arbeitsverhältnisse auszudehnen, welche die Erwerbstätigkeit hauptsächlich in Anspruch nehmen, auch wenn der Dienstberechtigte nicht der Gewerbeordnung untersteht. Auszuschließen sind nur ungelernte Landarbeiter, Dienstboten, Bergarbeiter, Fahr- und Streckenpersonal der Eisenbahnen und Schiffsmannschaft auf Seeschiffen. Alle anderen Ausnahmen auch hinsichtlich der Apotheker und Handlungsgehilfen sollen fortfallen.

Als Angestellte im Sinne des § 133 a sollen alle Personen gelten, die nicht lediglich vorübergehend mit der Betriebsleitung beauftragt

---

[38]) § 139 k verwertet in § 134 i.

oder mit höheren Dienstleistungen betraut sind. Für alle Angestellten sind an Stelle der §§ 133 a bis f die entsprechenden Bestimmungen des Handelsgesetzbuchs anzuwenden. Kaufmännische Dienste und Bureautätigkeit jeder Art, auch wenn sie nicht in einem Handelsgewerbe geleistet werden, sollen stets als höhere Dienste gelten.

Innerhalb des demgemäß erweiterten Geltungsbereichs des VII. Titels sind die Schutzbestimmungen für Frauen und Jugendliche auf alle Arbeitnehmer, die Bestimmungen über die Gewerbeaufsicht auf den allgemeinen Teil des VII. Titels und auf die höheren Angestellten, die Bestimmungen über die Ruhezeit in offenen Verkaufsstellen auf alle Bureaus und Lagerräume und die Bestimmung über die Arbeitsordnung in offenen Verkaufsstellen und über Arbeiterausschüsse auf alle Betriebe mit mehr als zwanzig Angestellten auszudehnen.

2. Die Organisation der Gewerbe- und Kaufmannsgerichte ist territorial lückenlos über das ganze Deutsche Reich auszudehnen. Die Kaufmannsgerichte sind zu Angestelltengerichten zu erweitern und ihnen alle Angestellten mit weniger als 5000 Mk. Gehalt zu unterstellen.

3. Entsprechend den Bestimmungen der Reichsversicherungsordnung sollen die Arbeitnehmer (in dem zu 1. Abs. 1 bezeichneten Umfang) an religiöser und politischer Betätigung außerhalb der Dienstgeschäfte und an Ausübung des Vereinigungsrechts nicht gehindert werden dürfen, soweit sie nicht gegen die Gesetze oder den Vertragszweck verstoßen. Bei den Angestellten soll nach zehnjähriger Beschäftigung die Kündigung nur aus einem wichtigen Grunde zulässig sein.

4. Aus dem österreichischen Handlungsgehilfengesetz empfehlen sich zur Einführung in Deutschland die Bestimmungen über administratives Verbot der Gewährung von freier Station, Erholungsurlaub, Anstellung zur Probe, Räumung der Dienstwohnung im Todesfall, Rechtswirkung unbegründeter fristloser Aufhebung des Dienstverhältnisses, Sicherung der Dienstkaution, Ausstellung eines Interimszeugnisses.

VI.

Gutachten des Herrn Prof. Dr. Rud. Kobatsch, Wien

über die Frage:

Welche der für Privatangestellte außerhalb des Handelsgesetzbuches geltenden sozialen Schutzvorschriften eignen sich zur Erstreckung auf alle Privatangestellten?

Inhaltsangabe.

A) Problemstellung; die Begriffe „soziale Schutzvorschrift", „P.ivatangestellter", „höhere Dienste"; zur Untersuchung heranzuziehende Sondergesetze und allgemeine Gesetze; allgemeine sozialpolitische Bedeutung des Angestelltenschutzes; Formulierung der Fragen.

B) Exegese des geltenden Rechtes für Angestelltenschutz:

I. Grundsä.liche Bestimmungen über den Dienstvertrag; Form des Vertragsabschlusses; Vert agsfreiheit; Mindestalter des Angestellten; kollektive Ar eits- oder Tarifverträge.

II. Entgelt oder Vergütung: Rechtsvermutung der Entgeltlichkeit des Dienstes; Schadenersatzp.licht des Dienstgebers im Falle seines Verzuges; Recht auf Zuwei ung angemessener Arbeit — in Verbindung mit dem Recht des Dienstgebers auf angem ssene Dienstleistung; Gehaltsbezug im Falle unverschuldeten kürzeren Dienstversäumnisses und Nichtanrechnung der Bezüge aus der Kranken- oder Unfallversicherung; Gehaltszahlungsfristen; Recht auf Vorschuß; Verrechnung gegenüber Lohnschulden.

III. Arbeitszeitliche Bestimmungen; Recht auf Urlaub.

IV. Besondere Schutzvorschriften während der Dauer des Dienstverhältnisses: Gewerbe- und Betriebshygiene; Erfinderrecht; Schutz gegen die Nachteile des Bestechungsunwesens; Konkurrenzverbot und Übernahme öffentlicher Mandate; behördliche Aufsicht.

A. Problemstellung.

Der 30. deutsche Juristentag hatte sich mit der Frage beschäftigt, ob es sich empfehle, soziale Schutzvorschriften in der Art der für Handlungsgehilfen geltenden für Privatangestellte überhaupt zu treffen. Auf Grund der zwei Gutachten der Herren Prof. Oertmann und Reichstagsabgeordneten Dr. Potthoff und im wesentlichen gemäß den Anträgen des ersten Berichterstatters, Minister a. D. Dr. Klein, beschloß der deutsche Juristentag einstimmig, oder mit sehr großer Mehrheit folgende Thesen:

„Die für Handlungsgehilfen bestehenden sozialen Schutzvorschriften sind als zwingendes Recht auf alle Privatangestellten auszudehnen, die höhere Dienste zu leisten haben.

Hierbei empfiehlt es sich, betreffs der Fürsorge für den Fall unverschuldeten Unglücks oder Erkrankung an der Nichtanrechnung der Beträge festzuhalten, die dem Dienstnehmer für die Zeit seiner Verhinderung aus einer Kranken- oder Unfallversicherung zukommen.

Die Ausdehnung der Vorschriften des Handelsgesetzbuches über die Konkurrenzklausel wird mit dem Vorbehalte empfohlen, daß Verbesserungen dieser Vorschriften sich auf alle im ersten Absatze bezeichneten Angestellten zu erstrecken haben.

Die ständige Deputation wird ersucht, auf die Tagesordnung des nächsten Juristentages die Frage zu setzen, welche sonstigen sozialen Schutzvorschriften gleichmäßig für alle im ersten Absatze bezeichneten Privatangestellten zu treffen wären, um die Schaffung einheitlichen Rechtes für den Dienstvertrag der Privatangestellten vorzubereiten."

Bei der Beantwortung der nunmehr gestellten Fragen scheiden somit naturgemäß alle sozialen Schutzvorschriften aus, welche für Handlungsgehilfen bestehen, allerdings nur insoweit, als es sich um Privatangestellte handelt, welche höhere Dienste zu leisten haben, so daß noch immer die Frage offen bleibt, ob die sozialen Schutzvorschriften des Handelsgesetzbuches auch auf jene Privatangestellten auszudehnen seien, welche nicht höhere Dienste zu leisten haben.

Außerdem sind zwei wichtige Schutzvorschriften aus der gegenwärtigen Untersuchung auszuscheiden: die über die Fürsorge für den Fall unverschuldeten Unglücks oder Erkrankung in Verbindung mit der Nichtanrechnung der dem Dienstnehmer zustehenden Beträge aus einer Kranken- oder Unfallversicherung, sowie die Vorschriften des HGB. über die Konkurrenzklausel.

Die zu untersuchenden Fragen sind somit:

1. Welche sozialen Schutzvorschriften gibt es im Deutschen Reich (unter entsprechender Bedachtnahme auf die österreichische Gesetzgebung), welche außerhalb des Handelsgesetzbuches für Privatangestellte gelten?

2. Welche von diesen sozialen Schutzvorschriften können auf Privatangestellte

a) die höhere Dienste zu leisten haben,

b) aller Kategorien

erstreckt werden?

3. Ergibt sich aus der Beantwortung dieser Fragen eine Richtschnur für ein weiteres Problem: Soll ein einheitliches Recht für den Dienstvertrag der Privatangestellten geschaffen werden und wenn, welcher Art und welchen Inhaltes soll dieses Recht sein?

Bevor man in die Beantwortung dieser Fragen eingeht, ist es erforderlich, einige Begriffe klarzustellen, um etwaigen Mißverständnissen vorzubeugen.

Zunächst muß klargestellt werden, was man unter „soziale Schutzvorschriften" zu verstehen habe. Hiebei wird man sich zweckmäßigerweise auf jene Normen geltender Gesetze beschränken müssen, welche zwingenden Rechtes sind und die Willkür der Parteien auf dem Gebiete des Dienstvertrages im Interesse des Dienstnehmers (Dienstverpflichteten) beschränken oder aufheben.

Vorschriften, welche durch den Dienstvertrag oder sonstige Vereinbarungen zwischen Dienstberechtigten und Dienstverpflichteten jederzeit abgeändert oder ausgeschaltet werden können, dürfen nicht den Anspruch auf „soziale Schutzvorschriften" erheben. Berichterstatter Minister a. D. Dr. Klein wies in seiner Rede auf den wichtigen rechtspolitischen Unterschied zwischen zwingenden und dispositiven Normen hin und war der Ansicht, daß zwingende Normen nur als Vorläufer des dispositiven Rechtes angesehen werden sollten und sobald sie ihre Aufgabe erfüllt hätten, durch dispositive Normen zu ersetzen seien. Wenn man daher von sozialen Schutzvorschriften spricht, deren alle Privatangestellten oder wenigstens solche höherer Dienste teilhaftig werden sollen, und wenn man somit einen merkbaren Eingriff in den Grundsatz der Vertragsfreiheit im Auge hat, so muß man hiebei an zwingende Vorschriften denken, welche, den geänderten und allgemein anerkannten sozialen Bedürfnissen entsprechend, auch der Entwicklung des sozialen Rechtes neue Wege weisen sollen. Ein solcher rechtspolitischer Zweck ist aber nur mit Hilfe der zwingenden Natur der betreffenden Vorschriften zu erreichen.

Ein weiterer Begriff, welcher der Klarstellung bedarf, ist „Privatangestellter". Es handelt sich hier offenbar um Personen, welche auf Grund eines schriftlichen oder mündlichen Dienstvertrages Leistungen im Interesse eines Dritten, u. zw. gegen Entgelt von diesem Dritten zu verrichten haben, ohne daß für diesen Dienstvertrag öffentlichrechtliche Normen in Betracht kämen. Ausgenommen von dem Begriffe „Privatangestellter" sind also zunächst alle öffentlichrechtlichen Angestellten (Staatsangestellten u. ä.), nicht aber Angestellte, welche in wirtschaftlichen Unternehmungen des Staates, der Gemeinden auf Grund eines privaten Dienstvertrages und nicht auf Grund öffentlichrechtlicher Normen (Dienstpragmatik) tätig sind. Auf der anderen Seite scheiden aus dem Bereiche der Privatangestellten herkömmlicherweise alle Kategorien von Arbeitern aus, u. zw. sowohl in Gewerbe, Industrie und Bergbau, als auch in der Land- und Forstwirtschaft, doch bestehen hier schon schwierige Grenzfälle. Wichtige Kategorien von Privatangestellten der Industrie, welche zweifellos nicht Arbeiter im volkswirtschaftlichen und sozialpolitischen Sinne des Wortes genannt werden können, wie z. B. Werkmeister, Techniker, sind in der Gewerbeordnung den Gehilfen und Fabriksarbeitern durchaus gleichgestellt (Titel VII, Abschnitt III b, GO.). Ebenso wird man „Hausangestellte" ausscheiden können, das Gesinde u. ä., für welche Kategorien von Angestellten bekanntlich Sondergesetze bestehen, die eine Reihe von sozialen Schutzvorschriften nach Analogie der Gewerbeordnung enthalten.

In mancher Hinsicht ist ferner bei dem Begriffe „Privatangestellter" eine Grenze nach oben hin zu ziehen. Leitende Angestellte großer Erwerbsunternehmungen, welche oft Sitz und Stimme in der Geschäftsführung des Unternehmens haben, also Mitunternehmer sind, oder die ersten Beamten großer Interessenvertretungen mit bedeutender wissenschaftlicher Vorbildung, oder die ersten Kräfte großer Theater von anerkanntem künstlerischem Rufe sind zwar „Angestellte" im zivilistischen Sinne des Wortes, aber nicht im wirtschaftlichen und sozialen Sinne. Sie sind oft viel eher als Mandatare, denn als Dienstnehmer aufzufassen. Mit ihnen werden Sonderdienstverträge geschlossen, welche keiner generalisierenden Norm zugänglich sind, welche die Interessen des sogenannten Angestellten oft reichlich genug wahrnehmen. Also diese Angestellten, welche, man könnte sagen, „höchste Dienste" zu leisten haben, dürften aus der Betrachtung ebenfalls auszuscheiden sein.

Nun ergibt sich aber die schwierige Frage, ob die Untersuchung sich auf Angestellte „höherer Dienste" oder auf alle Angestellten erstrecken soll. Nach den Beschlüssen des 30. deutschen Juristentages zu urteilen, sollte die Untersuchung sich auf Angestellte höherer Dienste beschränken. Nach dem Wortlaute der an den Verfasser gestellten Frage jedoch soll die Untersuchung sich doch auf sämtliche Kategorien von Privatangestellten beziehen, also auf solche höherer und niedrigerer Dienste.

Die Untersuchung wird durch diese Vergrößerung ihres Umfanges zum Teile wesentlich erleichtert, zum Teile allerdings auch erschwert. Die Erschwerung besteht darin, daß die Unterscheidung zwischen Angestellten höherer und nicht höherer Dienste n'cht leicht zu ziehen wäre. Zum Beweise dessen sei es gestattet, ein klassisches Beispiel anzuführen: das österreichische „Gesetz vom 16. Dezember 1906 betreffend die Pensionsversicherung der in privaten Diensten Angestellten". Verschiedene sehr wichtige Kategorien von Privatangestellten, wie z. B. Werkmeister, Handlungsgehilfen (Verkäufer in offenen Geschäften) waren zu verschiedenen Zeiten der Gesetzwerdung dieses Gesetzes einmal versicherungspflichtig, das anderemal nicht versicherungspflichtig. Das Gesetz selbst erklärt als versicherungspflichtig „alle Bediensteten mit Beamtencharakter, sowie alle jene Bediensteten, welche geistige Dienstleistungen zu verrichten haben" und scheidet ausdrücklich nur gewerbliche Arbeiter, Diener und das Gesinde aus. Wer nun geistige Dienstleistung verrichtet, d. h. höhere Dienste zu leisten hat, ist außerordentlich strittig.

Die oberste gerichtliche Instanz in diesen Fragen, der Verwaltungsgerichtshof, hat zu wiederholtenmalen sehr verschieden judiziert, zu Beginn verhältnismäßig ziemlich strenge, später außerordentlich liberal. Wie widersprechend die Judikatur ist, geht u. a. daraus hervor, daß die Stenotypisten für versicherungspflichtig, Gutsschaffer, Ökonomieaufseher (Bedienstete, welche zwar unter dem unmittelbaren Befehle eines leitenden Organes stehen, gleichwohl aber an der Aufsicht und Lohnberechnung für die eigentlichen Arbeiter mitwirken) als nicht versicherungspflichtig erklärt wurden. Ein Obermüller wurde für versicherungsfrei, ein mit ganz ähnlicher Beschäftigung betrauter Stuhlmeister in der Weberei dagegen für versicherungspflichtig erklärt u. a. m. Auch jeder Versuch, die Angestellten-Kategorien, welche geistige Dienstleistung verrichten, taxativ aufzuzählen, mußte scheitern, ob man nun das Problem positiv oder negativ lösen wollte. Das Privatbeamten-Pensionsversicherungsgesetz für Deutschland vom 20. Dez. 1911 konnte aus dem österreichischen Beispiele lernen und hat die Vorschrift über die persönliche Kompetenz des Gesetzes ungleich besser gefaßt.

Nach dem Gesagten wird man als entscheidendes Kriterium des Begriffes „Privatangestellter" im Gegensatze zum Arbeiter und Gesinde auf der einen Seite und zum Höchstangestellten (Mitunternehmer, Mandatar u. dgl.) auf der anderen Seite — neben den oben angeführten allgemeinen Kriterien (nicht öffentlichrechtlicher Dienstvertrag usw.) — die Verrichtung von Dienstleistungen erklären müssen, bei welchen gegenüber der geistigen Tätigkeit die physische (manuelle, maschinelle) Arbeit in den Hintergrund tritt oder gänzlich verschwindet, und in welchen der Bedienstete seinen Lebensberuf sucht, also beamtenähnliche Tätigkeit verrichtet.

Außerhalb des deutschen Handelsgesetzbuches und des an die Stelle des betreffenden Artikel 56 des österreichischen Handelsgesetzes getretenen Gesetzes vom 16. Januar 1910 „über den Dienstvertrag der Handlungsgehilfen und anderer Dienstnehmer in ähnlicher Stellung (Handlungsgehilfengesetz)" stehen nun folgende Gesetze, welche soziale Schutzvorschriften enthalten, deren Erstreckung auf Privatangestellte untersucht werden soll: Die Gewerbeordnung (Titel VII, Abschnitt III b Verhältnisse der Betriebsbeamten, Werkmeister, Techniker); die Seemannsordnung vom 2. Juni 1902; das Gesetz über die Stellenvermittlung für Schiffsleute u. a.; das Binnenschiffahrtsgesetz vom 20. Mai 1898; das Flößereigesetz; die Landesberggesetze; in Österreich der Gesetzentwurf über den Dienstvertrag der in land- und forstwirtschaftlichen Betrieben

Bediensteten; schließlich das Bürgerliche Gesetzbuch als subsidiäre Rechtsquelle aller dieser Sondergesetze und als wertvolles Analogon hierzu das neue schweizer Obligationenrecht (Titel I, Dienstvertrag, §§ 319—362).

Wenn wir die erwähnten Sondergesetze auf ihren sozialpolitischen Inhalt prüfen, so werden wir finden, daß sie für die in Betracht kommenden Angestellten-Kategorien im großen und ganzen prinzipiell ziemlich übereinstimmende Normen enthalten und daß nur einzelne, in der besonderen Natur des betreffenden Berufes begründete Sonderbestimmungen erlassen werden mußten. So finden wir in den meisten dieser Sondergesetze geregelt: die Arbeits- und Ruhezeit, die Lohn- oder Gehaltszahlung, den Kündigungsschutz und die vorzeitige Auflösung des Dienstvertrages, die Betriebshygiene.

Nicht geregelt, oder nur in einzelnen Fällen geregelt, sind andere wichtige Fragen des Angestelltenverhältnisses, so: das Koalitionsrecht; der Schutz der materiellen und moralischen Interessen des Angestellten an den von ihm gemachten Erfindungen; die Sicherung der Dienstes-kautionen; Schutz für den Fall von Geschäftsauflösung und Beamtenreduktion infolge von Syndikats- oder Kartell-Bildung; Tarif- oder kollektive Arbeitsverträge; amtliche Arbeits- oder Betriebsinspektion.

Was die Durchsetzung der sozialen Rechte betrifft, so gibt es bekanntlich Sondergerichte, die Gewerbegerichte (deutsche Gesetze vom 29. Juli 1890 und vom 30. Juni 1901; österr. Gesetz vom 25. November 1896) und die Kaufmannsgerichte (deutsches Gesetz vom 6. Juli 1904) und es wird hier zu fragen sein, ob auch dieses Privilegium auf sämtliche Angestellte zu erstrecken sei.

Eine andere prozessual wichtige Frage, die Exekutionsfreiheit des Lohn- oder Gehalts-Einkommens, ist sowohl in Deutschland, als in Österreich bekanntlich durch Gesetze geregelt, welche sich auf sämtliche Bedienstete oder Angestellte erstrecken, so daß hier eine weitere Untersuchung der Kompetenzfrage überhaupt entfallen kann. (Vgl. deutsche Gesetze vom 21. Juni 1869 und 29. März 1897; österreichische Gesetze vom 29. April 1873 und vom 26. Mai 1888.) In diesen Belangen käme ansonsten wohl die Frage der Abänderungsbedürftigkeit dieser Gesetze in Betracht — ein Thema, welches aber offenbar nicht Gegenstand dieses Gutachtens sein kann. In diesem Gutachten könnte höchstens die Frage behandelt werden, ob die Gesetzgebung über die Lohn- und Gehalts-Beschlagnahme in ein zu schaffendes, allgemeines, einheitliches Angestelltengesetz aufgenommen werden soll oder nicht.

Es sei hier gestattet, die allgemeine sozialpolitische Bedeutung des Angestelltenschutzes kurz zu erläutern. Die Frage, ob Schutzvorschriften für Angestellte und in welchem Umfange sie erlassen werden sollen, wird häufig vom einseitigen Interessen-Standpunkte der Angestellten oder der Unternehmer beurteilt; danach richtet sich auch die Lösung oder Nichtlösung solcher Fragen. Ja sogar rein politische oder parteipolitische Erwägungen spielen in den wirtschaftspolitischen Fragen sehr häufig mit. Der eine glaubt, daß er durch die soziale Gesetzgebung das Entstehen, die Verbreitung oder Verstärkung radikaler politischer Bestrebungen hindern könne; ein anderer hält wieder im Gegensatze hiezu jeden Fortschritt auf sozialpolitischem Gebiete für eine Art Vorschubleistung radikaler politischer Parteien und daher für gefährlich und verwerflich; ein Dritter wieder ist auch mit weitgehenden Schutzvorschriften niemals zufrieden, weil er durchaus radikalere Ziele im Auge hat. Auf diese Erwägungen, auf die politische Wirkung oder vielleicht auch Nichtwirkung so mancher sozialer Schutzvorschriften für Angestellte darf der Juristentag gewiß keine Rücksicht nehmen. Er muß auf das wirtschaftliche und soziale Bedürfnis der Angestellten, aber auch auf die wirtschaftliche Lage der Unternehmerschaft in gleicher Weise bedacht sein.

Gegen sozialpolitische Reformen wurde häufig die dadurch bewirkte Minderung der Konkurenzfähigkeit gegenüber jenen Staaten eingewendet, welche sozialpolitisch rückständig sind. Diesem Einwande kann nur relative Gültigkeit zugesprochen werden, da bessergestellte Arbeiter und Angestellte auch mehr leisten und mehr konsumieren; worauf es ankommt, ist das Maß und das Tempo der sozialpolitischen Reformen und eine möglichste Internationalisierung sozialpolitischer Maßnahmen, d. h. gegenseitige Anpassung und Angleichung derselben.

Noch eine andere Frage allgemein wirtschaftlichen Interesses ist zu erörtern: die Gefahren einer allzuweit getriebenen Verbeamtung, auch der Privatangestellten infolge ihrer beamtenähnlichen Rechtsbehandlung. Beengt und eingeschränkt werden durch solche Tendenzen die freie Berufswahl, der freie Betätigungsdrang, die wirtschaftliche Selbstbestimmung und Unternehmungslust, das Verantwortlichkeitsgefühl, Folgen, welche gewiß nicht im Interesse der nationalen Wirtschaft gelegen sein können. Schon Wilhelm von Humboldt (in seinen „Ideen zu einem Versuche, die Grenzen der Wirksamkeit des Staates zu bestimmen") wendet gegen die Sorgfalt des Staates für das posive Wohl der Bürger ein, daß sie Einförmigkeit hervorbringe, die Kraft schwäche, die Rückwirkung der äußeren Verhältnisse auf den Geist und Charakter des Menschen störe, die Entwicklung der Individualität des Menschen hindere; die freiwilligen gemeinschaftlichen Veranstaltungen der Bürger verdienen den Vorzug vor den Veranstaltungen des Staates. Diese Bedenken sind auch heute insoweit berechtigt, als sie sich gewiß nicht gegen sozialpolitische Normen überhaupt und gegen den Angestelltenschutz als solchen richten, sondern nur gegen ein Uebermaß desselben. So wird man nicht wahllos alle Rechte, deren ein Staatsangestellter sich erfreut, auch auf die Privatangestellten übertragen dürfen, z. B. das Recht auf automatische Vorrückung innerhalb bestimmter Zeiträume, die Unkündbarkeit der Stellung u. a. m.

Es ist selbstverständlich, daß die Gutachten des deutschen Juristentages, welche ja Richtlinien für seine Beschlüsse bilden sollen, sich jeder einseitigen sozialpolitischen Stellungnahme enthalten müssen und nur darauf abzielen dürfen, dasjenige Recht vorzubereiten, welches „richtiges" oder „wirkliches" Recht genannt werden kann, welches nicht bloß auf dem Papiere des Gesetzbuches steht, sondern das wirkliche Leben zu regeln und zu ordnen imstande ist, welches den allgemeinen oder überwiegenden Anschauungen der Gegenwart entspricht und daher auch allgemein Anerkennung finden wird.

* * *

Die Fragen, mit welchen wir uns nunmehr zu beschäftigen haben, sind folgende:

1. Welche der angeführten Sondergesetze für bestimmte Gruppen von Angestellten enthalten soziale Schutzvorschriften (zwingenden Rechtes), welche geeignet sind, auf alle Angestellten erstreckt zu werden?

2. Enthält das Bürgerliche Gesetzbuch in den §§ 611 bis 630 nicht ohnehin genügend zahlreiche und genügend weitgehende soziale Schutzvorschriften, so daß zur Schaffung eines einheitlichen Angestelltenrechtes nur die eine oder andere Schutzvorschrift aus den bestehenden Sondergesetzen, sowie aus dem österreichischen Handelsgehilfengesetze oder aus dem schweizerischen Obligationenrechte herausgeholt werden müßte?

3. In welcher legislativen Form soll die Fortbildung des Angestelltenschutzes vollzogen werden?

B. Exegese des geltenden Rechtes für Angestelltenschutz.

I. Grundsätzliche Bestimmungen über den Dienstvertrag.

1. Weder die erwähnten Sondergesetze des Deutschen Reiches, noch das österreichische Handlungsgehilfengesetz, noch auch das Schweizer Obligationenrecht sehen irgend eine bestimmte Form (etwa die schriftliche) des Dienstvertrages vor. In allen diesen Gesetzen wird an dem Grundsatze der Vertragsfreiheit festgehalten, insoweit nicht aus öffentlichen Rücksichten Beschränkungen der Vertragsfreiheit (das sind eben die sozialen Schutzvorschriften) festgesetzt werden.

2. In der Seemannsordnung wird, ähnlich wie bekanntlich auch in den Gewerbeordnungen Deutschlands und Österreichs für gewerbliche Arbeiter, ein Mindestalter vorgeschrieben. Dies wäre die einzige Schutzvorschrift, die vom Standpunkte eines allgemeinen Angestelltenrechtes in Betracht käme.

3. Eine nicht unwichtige Frage betrifft die Stellungnahme der Gesetzgebung zu den bekannten kollektiven Arbeits- oder Tarifverträgen. Die österreichische Gewerbenovelle des Jahres 1907 anerkennt diese Verträge, wenn auch nur fakultativ, ebenso das Österreichische Handlungsgehilfengesetz, welches die Anerkennung eines kollektiven Arbeitsvertrages, wenn ein solcher von den beiderseitigen beruflichen Organisationen (der Dienstgeber und der Dienstnehmer) geschlossen wurde, als Grundlage des Dienstvertrages bezeichnet; allerdings ist der Kollektivvertrag durch den Einzelvertrag abdingbar (§ 6, Abs. 2).

Die in Betracht kommenden deutschen allgemeinen und Sondergesetze sprechen noch nicht von dem kollektiven Arbeitsvertrage. Diese neuartige Rechtsinstitution, für welche sich schon der 29. Juristentag aussprach, findet aber nicht bloß in den Kreisen der Arbeiter, sondern auch der Angestellten immer größere Verbreitung, so z. B. bei den technischen Beamten, bei den Bühnenangehörigen u. a. Es wird sich daher empfehlen, wenn ein allgemeines Angestelltenrecht für das Deutsche Reich auf kollektive Dienstverträge mindestens ähnlichen Bezug nimmt, wie das ÖstHGG.

II. Entgelt oder Vergütung (Gehalt, Bezüge)

1. Wie schon das deutsche HGB., kennt auch das SchwOR. und das ÖstHGG. den Grundsatz, daß die Rechtsvermutung für

die Entgeltlichkeit einer Dienstleistung streite, und daß für die Höhe des Entgeltes in erster Linie der Vertrag, in zweiter Linie der Ortsgebrauch in Betracht komme. Da diese Normen auch im BGB. (§§ 612 und 613) enthalten sind, gilt dieser Rechtssatz schon allgemein für alle Angestellten und wäre somit auch als Bestandteil eines allgemeinen Angestelltenrechtes anzusehen.

2. Sowohl im SchwOR., als auch im BGB. ist die Bestimmung enthalten, daß der Dienstverpflichtete (Dienstnehmer) ein Recht auf entsprechende Vergütung oder Schadenersatz im Falle des Verzuges des Dienstberechtigten (Dienstgeber) habe, eine Norm, welche das HGB. und das ÖstHGG. nicht kennen, welche aber gewiß Bestandteil eines allgemeinen Angestelltenrechtes sein könnte.

3. Das SchwOR. kennt außerdem das Recht des Dienstnehmers auf Zuweisung einer angemessenen Arbeit, widrigens dem Dienstnehmer ein Schadenersatzrecht zusteht (§ 331). Von dieser Norm wäre gleichfalls zu erwägen, ob sie nicht in ein allgemeines Angestelltenrecht aufgenommen werden sollte, obwohl hier vom Standpunkte des Dienstgebers ebenfalls eine „Schutzvorschrift" gefordert werden könnte, nämlich sein Recht auf angemessene, mindestens durchschnittliche Arbeit des Dienstnehmers.

4. Gleichfalls in allen erwähnten Gesetzen findet sich eine Bestimmung, welche den Dienstnehmer zum Fortbezug des Gehaltes im Falle unverschuldeten kürzeren Dienstversäumnisses (Krankheit, periodische Militärdienstübung) berechtigt. Im HGB. ist dieses Recht bekanntlich mit 6 Wochen begrenzt, welche Begrenzung sich im BGB. (§ 616) nicht vorfindet; es wird dort von einer „verhältnismäßig nicht erheblichen Zeit" gesprochen, durch welche der Dienstnehmer an der Dienstleistung verhindert wird.

Wichtig ist hier daran zu erinnern, daß entgegen dem älteren deutschen HGB. und dem jüngeren ÖstHGG., auch entgegen dem SchwOR., das BGB. bekanntlich im § 616 bestimmt, daß im Falle der erwähnten kürzeren Dienstesversäumnisse der Dienstnehmer sich den Betrag anrechnen lassen muß, welcher ihm für die Zeit der Verhinderung auf Grund der Kranken- und Unfallversicherung zukommt. Da der 30. deutsche Juristentag gegenteilig beschloß, so erübrigt es hier, die interessanten Gründe, welche für und gegen dieses Prinzip angeführt wurden, zu erörtern; es sei nur festgestellt, daß die Nichtanrechnung der Entschädigungen aus der Kranken- und

Unfallversicherung in diesem Falle als Bestandteil eines allgemeinen Angestelltenrechtes gelten könne.

5. Schon das HGB., ferner das neue ÖstHGG. und das BGB., ebenso das SchwOR. kennen die gesetzlichen Gehaltszahlungsfristen (z. B. am Monatsletzten oder zu den Terminen, nach welchen die Jahresbezüge bemessen sind u. ä.). Auch diese Norm würde Bestandteil eines allgemeinen Angestelltenrechtes sein können.

6. Es wäre noch daran zu erinnern, daß das SchwOR. auch ein Recht des Dienstnehmers auf angemessenen Vorschuß, nach Maßgabe der geleisteten Arbeiten, kennt (§ 334), eine Norm, welche ebenfalls in das allgemeine Angestelltenrecht aufgenommen werden könnte.

7. Das SchwOR. bestimmt, daß, soweit der Lohn des Dienstpflichtigen zu seinem Unterhalte und zum Unterhalte seiner Familie unbedingt erforderlich ist, eine Verrechnung gegenüber Lohnschulden nur mit seiner Zustimmung stattfinden darf (§ 340). Auch dies ist eine Norm, welche sich als soziale Schutzvorschrift darstellt; es wäre daher zu erwägen, ob sie (wenngleich nicht zwingenden Rechtes) in das allgemeine Angestelltenrecht aufgenommen werden könnte.

III. Arbeits- und dienstzeitliche Bestimmungen.

1. Die Gewerbeordnungen des Deutschen Reiches und Österreichs kennen bekanntlich entweder allgemeine oder auf bestimmte Arbeiter-Kategorien beschränkte Maximalarbeitszeiten, ferner Vorschriften über Sonntagsruhe und Arbeitspausen. Für die Handlungsgehilfen im besonderen gibt es Gesetze und Vorschriften über die Mindestruhezeit in Verbindung mit Bestimmungen betreffend den Ladenschluß, z. B. das österr. Gesetz vom 14. Januar 1910 [1]).

In dieser Hinsicht liegen die Verhältnisse bei den verschiedenen Angestellten-Kategorien sehr verschieden. Die intensive Arbeit eines technischen Fabriksangestellten, eines „Betriebsbeamten" z. B. unterscheidet sich wesentlich von der eines Kontor- oder Bureau-Angestellten. Der Privatsekretär eines reichen Mannes, der sich viel auf Reisen befindet, wird eine ganz andere Dienstzeit haben als etwa ein Bureauangestellter und dieser wieder eine andere als Angestellte in den großen Hotels der Fremden- und Kurorte. Es ist auch bekannt, daß z. B. die

---

[1]) Dieses Gesetz normiert eine mindestens 11 stündige ununterbrochene Ruhezeit (innerhalb je 24 Stunden) und den Schluß der Läden um 8 Uhr abends, beim Lebensmittelhandel um 9 Uhr.

Bestimmungen über die Sonntagsruhe in Deutschland und Österreich zu einem geradezu unübersichtlichen Chaos wurden, eben weil die elementaren Bedürfnisse der einzelnen Geschäfts- und daher Berufszweige so sehr voneinander differieren. Das ÖstHGG. ermächtigt die Regierung, die Bestimmungen über die Sonntagsruhe und Arbeitszeit auf sämtliche dem Gesetze unterstellte Angestellten-Kategorien zu erstrecken. Aber auch hier ergeben sich differierende Bestimmungen, weil z. B. die Angestellten in Banken und Versicherungsanstalten, welche im großen und ganzen den Normen eines geregelten Bureaudienstes unterworfen werden können, gewiß anders zu behandeln sind, als z. B. die Redakteure der Zeitungen.

Gleichwohl wird in einem allgemeinen Angestelltenrechte eine größere Mindestruhezeit jedes Angestellten innerhalb des Zeitraumes einer Woche festgelegt werden müssen, ebenso entsprechende Arbeitspausen, sei es für das Mittagessen, sei es kleinere Arbeitspausen für die Erholung.

Wenn irgendwo, so zeigen sich gerade hier die gewerkschaftsähnlichen Organisationen fast aller Angestellten-Kategorien sehr tätig, denn es ist ja neben der Höhe des Entgeltes die Regelung der Arbeitszeit wohl das wichtigste Essentiale des Dienstvertrages vom Standpunkte des Angestellten. Ebenso wie der bekannte 11 stündige Maximalarbeitstag für Fabriksbetriebe und Baubetriebe mit 20 und mehr Arbeitern, welchen das österreichische Gewerbegesetz kennt, durch die Tätigkeit der gewerkschaftlichen Organisationen längst weit unterschritten wurde, so wird diese Organisation auch in den übrigen Kategorien der Angestellten, je nach der spezifischen Natur des betreffenden Berufes, die Dauer der Arbeitszeit und die Arbeitspausen zu regeln, d. h. allmählich zu verringern wissen. Wir verweisen hier u. a. auf die weit ausgreifende Organisation der deutschen Bühnenangehörigen, Musiker, Chorsänger, welche im Oktober vorigen Jahres eine Konferenz hatten, auf welcher etwa 60 000 Angestellte dieser Berufe aus Deutschland und Österreich vertreten waren und welche neben einem Normal-Dienstvertrage vor allem Mindestgagen forderten. Gerade in diesem Falle zeigt sich wieder die Tendenz einer Sondergesetzgebung sowohl in Deutschland, als in Österreich, ob und es wird kaum zu erwarten sein, daß z. B. der für Österreich schon ausgearbeitete Entwurf eines Theatergesetzes einem allgemeinen Angestelltenrechte zuliebe zurückgezogen wird.

2. Das ÖstHGG. kennt im Gegensatze zu allen übrigen sozialpolitischen Gesetzen Deutschlands und Österreichs, somit wohl zum ersten-

mal, auch die gesetzliche Zusicherung eines Mindesturlaubes (10 Tage bis zu 3 Wochen je nach Dauer der Dienstzeit); der Urlaub darf durch Krankheit oder eine periodische Militärdienstleistung nicht verkürzt werden und muß ohne Verlust des Entgeltes gewährt werden. Diese Bestimmung ist wohl geeignet, in ein allgemeines Angestelltenrecht Deutschlands aufgenommen zu werden, wenngleich die Urlaube in den meisten Angestellten-Kategorien schon jetzt Gewohnheitsrecht bilden.

IV. Besondere Schutzvorschriften während der Dauer des Dienstverhältnisses.

1. Gewerbe- und Betriebshygiene.

Wie das deutsche HGB. kennen auch die übrigen hier in Betracht kommenden Sonderrechte, ebenso das BGB. und das SchwOR. in den Grundsätzen ziemlich übereinstimmende Vorschriften betreffend die Beschaffenheit der Betriebs- und Dienststätten in Ansehung der gesundheitlichen und sittlichen Rücksichten auf das Angestellten-Personal. Weiters wird dieser Schutz auch auf die Wohnung und Verpflegung erstreckt, falls solche den Dienstnehmern dargeboten werden. Diese Norm (welche allerdings wieder mit Rücksicht auf die Verschiedenheiten der einzelnen Berufe im einzelnen differenziert werden müßte) wäre, da sie ja zu den sozialen Schutzvorschriften des HGB. gehört, schon nach den Beschlüssen des 30. deutschen Juristentages Bestandteil des allgemeinen Angestelltenrechtes.

Ähnliches gilt wohl auch von einer weiteren Norm, welche ebenfalls schon im deutschen HGB. enthalten ist, nämlich von der Schadenersatzpflicht des in bezug auf die Gewerbe- und Betriebshygiene säumigen Dienstgebers gemäß den §§ 842—846 BGB (über unerlaubte Handlungen).

2. Erfinderrecht.

Weder die hier in Betracht kommenden deutschen Sonderrechte, noch der ÖstHGG. enthalten Bestimmungen über das Erfinderrecht des Angestellten, wohl aber das SchwOR. (§ 343: „Erfindungen, die der Dienstpflichtige bei Ausübung seiner dienstlichen Tätigkeit macht, gehören dem Dienstherrn, wenn die Erfindertätigkeit zu den dienstlichen Obliegenheiten des Dienstpflichtigen gehört oder wenn der Dienstherr sich, abgesehen von dieser Voraussetzung, einen solchen Anspruch im Dienstvertrage ausbedungen hat. In letzterem Falle hat der Dienstpflichtige Anspruch auf besondere angemessene Vergütung, falls die Erfindung von erheblicher wirtschaftlicher Bedeutung ist. Bei der Festsetzung dieser Vergütung sind die Mitwirkung des Dienstherrn und die Anspruchnahme seiner Geschäftseinrichtungen zu berücksichtigen.")

Bekanntlich hat der 29. deutsche Juristentag sich ex officio mit dem Erfinderrechte der Angestellten beschäftigt und ist zu folgenden Beschlüssen gelangt:

„1. Die Erfindung gehört dem Angestellten, der sie gemacht hat und nicht dem Geschäftsherrn, soferne nicht durch Vertrag das Gegenteil bestimmt ist;

2. Abmachungen, durch die dem Unternehmer ohne angemessenes Entgelt auch das Eigentum an solchen Erfindungen gesichert wird, die außerhalb des vertraglichen Tätigkeitsbereiches liegen, sind nichtig. Im übrigen empfiehlt es sich nicht, die Vertragsfreiheit über Erfindungen eines Angestellten zu beschränken;

3. im Patentgesetze und im Gebrauchsmusterschutzgesetze ist zu bestimmen, daß dem Erfinder, falls seine Erfindung durch einen anderen angemeldet wird, ein im Wege der gerichtlichen Klage verfolgbarer Einspruch zusteht, als Erfinder in allen auf die Erfindung bezüglichen Urkunden und Veröffentlichungen des Patentamtes genannt zu werden." (Schutz der Erfinderehre).

Weitergehende Anträge wurden damals abgelehnt. Die hier der Erinnerung und auch der Vollständigkeit halber zitierten Beschlüsse des 29. Juristentages sind gewiß geeignet, zumal sie sich auch mit einem geltenden Gesetze, dem SchwOR., im Wesen decken, Bestandteil eines allgemeinen Angestelltenrechtes zu werden. Nicht bloß rechts- und sozialpolitisch, sondern auch produktionspolitisch ist nämlich ein Mindestmaß an Schutz der Angestellten in bezug auf ihre Erfindungen sehr zu empfehlen. Man mag zwar auf den ersten Blick hier das Interesse des Dienstgebers dann für gewahrt erachten, wenn er womöglich unbedingten Anspruch auf die von seinen Angestellten gemachten Erfindungen habe. Dem ist jedoch nicht so. Dies beweist das Beispiel der amerikanischen Industrie. Je mehr Freiheit dem Angestellten in bezug auf geistige Betätigung gewährt wird und je mehr Anerkennung er für selbständiges Denken und selbständiges Handeln, für Fortschritte des Verfahrens, für Verbesserungen der Maschinerie u. dgl. findet, desto mehr Anreiz wird er zu solcher Tätigkeit empfangen, eine Tätigkeit, die auch vom Standpunkte des Unternehmers und der Gesamtindustrie des Landes ungleich wichtiger ist als die normale Abwicklung der regelmäßigen Bureau-

oder Betriebsarbeit. In Amerika kann selbst ein Arbeiter, wenn er sich durch wirkliche Verbesserungen an der Maschinerie hervortut, nicht bloß zum Ingenieur und Betriebsleiter, sondern auch zum Mitunternehmer vorrücken. Hier sind also die Liberalität und die Gewährung von Schutzrechten volkswirtschaftlich und industriepolitisch wertvoll, welchem Gesichtspunkte also auch die Gesetzgebung Rechnung tragen sollte.

Der 29. Juristentag forderte allerdings, daß der Schutz der Erfinderehre in dem Patentgesetze und im Gebrauchsmusterschutzgesetze seinen Platz finde. Es zeigt sich also wieder, wenn auch nur teilweise, das Prinzip der Sondergesetzgebung. Es würde sich aber empfehlen, wenn man alle auf die Angestellten- oder Etablissement-Erfindungen bezughabenden Normen in dem allgemeinen Angestelltenrechte zusammenfassen würde.

V. Schutz gegen die Nachteile des Bestechungsunwesens.

Das novellierte Gesetz zur Bekämpfung des unlauteren Wettbewerbes (in Kraft seit 7. Juni 1909) regelt bekanntlich im § 12 auch das Bestechungs- oder Schmiergelderunwesen, indem es mit strengen Gefängnis- und Geldstrafen denjenigen belegt, „welcher im geschäftlichen Leben zum Zwecke des Wettbewerbes den Angestellten oder Beauftragten eines geschäftlichen Betriebes Geschenke oder andere Vorteile anbietet, verspricht oder gewährt, um durch unlauteres Verhalten des Angestellten oder Beauftragten beim Bezuge von Waren oder gewerblichen Leistungen eine Bevorzugung für sich oder einen Dritten zu erhalten". Die gleiche Strafe trifft „den Angestellten oder Beauftragten selbst, der im geschäftlichen Verkehre Geschenke oder Vorteile fordert, sich versprechen läßt oder annimmt, damit er durch unlauteres Verhalten einem anderen beim Bezuge von Waren oder gewerblichen Leistungen im Wettbewerbe eine Bevorzugung verschaffe".

Anscheinend handelt es sich hier nicht um eine „soziale Schutzvorschrift", wenn man diesen Terminus im gewöhnlichen Sinne des Wortes versteht. In einem weiteren Sinne und bei einer etwas höheren Auffassung des Angestelltenrechtes kann aber diese interessante Gesetzesbestimmung, welche wirksam zu gestalten bekanntlich ein eigener sehr rühriger „Verein zur Bekämpfung des Bestechungsunwesens" sich gebildet hat, als eine Vorschrift aufgefaßt werden, welche zum Schutze der Angestellten gegen Bestechungsversuche und dadurch gegen Beeinträchtigung der Achtung und der moralischen Geltung der Privatangestellten überhaupt geschaffen wurde. Somit würde diese Bestimmung auch als ein Bestandteil eines allgemeinen Angestelltenrechtes aufgefaßt werden können.

5. Konkurrenzverbot und Übernahme öffentlicher Mandate.

Von den Beschlüssen des 30. Juristentages hat hauptsächlich jener Anlaß zur Kritik gegeben, welcher empfiehlt, die für die Handlungsgehilfen bestehenden sozialen Schutzvorschriften auf alle Privatangestellten auszudehnen, welche höhere Dienste leisten. Man führt — allerdings irrtümlich, da es sich in diesem Falle um keine „Schutzvorschrift" handelt — an, daß es wichtige Gruppen von Privatangestellten gibt, auf welche die strengen Vorschriften des Handelsgesetzbuches über das Konkurrenzverbot (§§ 60 und 61) nicht ohne weiters anzuwenden seien. Viele Privatbeamte, namentlich die sogenannten „praktischen Volkswirte" (Syndici, Geschäftsführer von Interessentenverbänden u. ä.) sind übungsgemäß stets mit Privatarbeiten beschäftigt, die auf wissenschaftlichem oder literarischem Gebiete liegen. Diese Arbeiten tun dem Erwerbe des Arbeitgebers keinen Abbruch und bieten den Angestellten zwar eine gewisse Ablenkung ihres Geistes vom beruflichen Gedankenkreise, beleben aber auch ihre Spannkraft, was wieder zum Vorteile ihrer beruflichen Arbeit ist [1]).

In Angestelltenkreisen wird auch darüber Klage geführt, daß manche Dienstgeber die Betätigung politischer Rechte des Angestellten beschränken, nicht etwa aus politischen Gründen, sondern um die volle Ausnützung der Arbeitskraft des Angestellten für das Unternehmen oder den Dienst gewährleistet zu haben. In manchen Dienstverträgen findet sich die Klausel, daß die Übernahme eines öffentlichen Mandates oder einer Nebenbeschäftigung den Dienstgeber zur sofortigen Auflösung des Dienstverhältnisses berechtigt (falls der Dienstgeber der Übernahme des Mandats nicht zustimmt).

Auf allen diesen Gebieten wäre eine Schutzvorschrift gewiß zu empfehlen, sei es, daß man die politischen Rechte der Angestellten besser wahren, sei es, daß man auch berechtigten Nebenerwerb ermöglichen

---

[1]) Vgl. insbesondere den Aufsatz des Handwerkskammersekretärs Dr. Schwalenberg (Dessau) in „Volkswirtschaftliche Blätter" vom 26. Oktober 1910.

will. Jedenfalls dürften in dem zu schaffenden allgemeinen Angestelltenrechte die strengen Vorschriften der §§ 60 und 61 des HGB. nicht Aufnahme finden.

Zumindest müßte auch hier, wie in ähnlichen Fällen (Konkurs des Dienstgebers, Syndizierung des Unternehmens usw.) bestimmt werden, daß, wenn ein Dienstnehmer sich um ein öffentliches Mandat bewirbt, oder ein solches oder eine Nebenbeschäftigung annimmt, der Dienstgeber nicht zur sofortigen Entlassung, sondern nur zur ordnungsmäßigen Kündigung berechtigt ist.

Was öffentliche Mandate betrifft, so wäre wohl zu erwägen, ob nicht um einen Schritt weitergegangen werden und gesagt werden sollte, daß die Übernahme eines solchen Mandates weder zur Entlassung, noch zur Kündigung des Dienstnehmers berechtigt.

6. Behördliche Aufsicht.

Das ÖstHGG. ermächtigt die Regierung, die Aufsicht über die Einhaltung allerdings nicht des gesamten Gesetzes, sondern einzelner wichtiger Bestimmungen desselben (über Sonntagsruhe, Arbeitspausen, Kündigungsschutz, Zeugnispflicht) den Gewerbeinspektoren zu übertragen; der Besuch der Betriebsstätten und die Prüfung der betriebshygienischen Einrichtungen kann somit nicht der Gewerbeinspektion übertragen werden. Es wäre somit zu erwägen, ob und in welchem Ausmaße die Befugnisse der Gewerbeaufsichtsbeamten oder etwa der von den Handelsangestellten-Organisationen geforderten, neu zu schaffenden „Handelsinspektoren" in einem allgemeinen Angestelltenrecht Gegenstand der Regelung bilden könnten.

VI. Koalitionsrecht.

Obwohl das Koalitionsrecht der Angestellten wie der Arbeiter eine grundsätzliche Frage der Dienstverhältnisse betrifft, so ist es doch am aktuellsten in der Zeit während der Dauer des Dienstverhältnisses, da die wirtschafts- und sozialpolitisch wichtigste Frage eben die ist, ob und inwieweit der einzelne Unternehmer das freie Koalitionsrecht des Angestellten, d. h. das Recht, sich zu vereinigen, beschränken könne oder nicht.

Das Problem, welches hier der Gesetzgebung gestellt ist, umfaßt mehrere Fragen:

1. Die gesetzliche Anerkennung von Vereinigungen und Verabredungen der Dienstnehmer (selbstverständlich auch der Dienstgeber) in

bezug auf Fragen des Dienst- und Arbeitsverhältnisses; in Verbindung damit steht die ausdrückliche Anerkennung der Rechtsgültigkeit solcher Verabredungen und Vereinigungen.

2. Gesetzlicher Schutz gegen mißbräuchliche Anwendung des Vereinigungsrechtes, gegen Behinderung der Ausübung dieser Rechte seitens des anderes Teiles und Strafandrohung gegen Ausschreitungen im sozialen Kampfe.

Ersichtlich handelt es sich hier um Fragen von allergrößter Tragweite nicht bloß wirtschaftlicher, sondern auch politischer Natur. Eine rein sachliche Beratung, wie sie auf dem Juristentag allein möglich ist, wird kaum einen maßgebenden Einfluß auf die tatsächliche Gestaltung der Dinge nehmen können. Man muß sich auch davor hüten, die häufig übertriebene Darstellung des Sachverhaltes, die sensationellen Nachrichten vom sozialen Kriegsschauplatze, einer sachlichen Beratung ohne gewissenhafte Prüfung zugrundezulegen. Solche Übertreibungen kommen auf beiden Seiten vor und beide Interessentengruppen machen sich gewisser Ausschreitungen und Übergriffe schuldig. Vielleicht ist es von diesem Standpunkte aus vorzuziehen, die gesetzgeberische Entwicklung auf dem Gebiete des Koalitionsrechtes der Tätigkeit der beiderseitigen Interessenvertretungen und *ihrem* Einflusse auf die Gesetzgebung zu überlassen.

Von den hier relevanten deutschen und österreichischen Gesetzen behandelt das Koalitionsrecht der Angestellten bekanntlich nur die deutsche GO. (§§ 152 und 153), während für Österreich ein schon längst reformbedürftiges Sondergesetz, das Koalitionsgesetz vom 7. April 1870 besteht. Also nur insofern es sich um gewerbliche Angestellte (neben den gewerblichen Arbeitern Betriebsbeamte, Zeichner, Techniker) handelt, kommen die Bestimmungen der GO. in Betracht.

Aus der früher zitierten Bestimmung des ÖstHGG. über die Anerkennung der kollektiven Arbeitsverträge der beiderseitigen „Vereinigungen“ (§ 6, Abs. 2) kann ebenfalls, wenn auch indirekt, auf die gesetzliche Anerkennung der Koalitionen der Angestellten und der Dienstgeber geschlossen werden.

Das Vereinsrecht Deutschlands oder Österreichs kommt hier nur insoweit in Betracht, als es sich um förmliche Vereine (eingetragene Vereine) handelt, während bekanntlich die meisten gewerkschaftlichen und Angestellten-Organisationen nicht solche förmliche Vereine darstellen.

Ob nun in einem allgemeinen Angestelltenrechte das Koalitionsrecht überhaupt enthalten sein soll, etwa im Ausmaße der §§ 152 und 153 GO., ist eine sozialpolitische Frage von sehr weittragender Bedeutung. Es gibt bekanntlich Unternehmer, namentlich in der Großindustrie, welche das Koalitionsrecht ihrer Angestellten nicht anerkennen wollen. Einige Beispiele:

Im Sommer 1908 verhängte der Verband der bayrischen Metallindustriellen über die Mitglieder, welche den kaufmännischen und technischen Verbänden angehören, öffentlich den Boykott. Die Folge war, daß radikale Elemente in diesen Verbänden mit mehr Erfolg als bisher die Politik des unbedingten Interessengegensatzes zwischen Arbeitgeber und Arbeitnehmer verfolgen konnten, anderseits betonten mehrere Handelskammern und selbst maßgebende Organisationen der Industrie rückhaltlos die Anerkennung des Koalitionsrechtes der Angestellten. Dies geschah auch erst kürzlich durch die Hauptstelle der Arbeitgeberverbände in Berlin am 9. Dezember v. J. und durch den Arbeitgeberverband für die nordwestliche Gruppe der deutschen Eisen- und Stahlindustriellen am 12. Dezember v. J. in Düsseldorf [3]). Ein anderes Beispiel:

Die Direktion der Sterkrader „Gute Hoffnungs-Hütte" richtete am 25. Oktober 1911 ein Schreiben an ihre technischen Angestellten, aus dem „Bunde der technisch-industriellen Beamten" und aus dem „deutschen Technikerverbande" auszutreten [4]). Vom Unternehmerstandpunkte ist diese Haltung erklärlich, obwohl der einzelne Unternehmer es in der Hand hat, durch ordnungsgemäße Kündigung jene Angestellten, die einer dem Unternehmer nicht sympathischen Organisation angehören, aus seinem Betriebe zu entfernen.

Es entsteht aber die Frage, ob diese ablehnende Haltung des Unternehmers gegenüber den Angestellten-Organisationen letzten Endes im wohlverstandenen Interesse der Unternehmer selbst gelegen ist. Man kann nämlich auch vom Unternehmerstandpunkte der Ansicht sein, daß die Nichtanerkennung der Organisation den Charakter des Kleinlichen und Veralteten an sich trage, und daß durch eine solche Haltung der Widerstand der Angestellten gekräftigt, ihre Verbitterung erhöht, ihren Führern die billige Gloriole von Märtyrern verschafft und das gute Einvernehmen

---

[3]) Vgl. Näheres darüber in dem Aufsatze „Angestelltenverbände und Arbeiterbewegung" von Dr. Thiessen in „Deutsche Wirtschaftszeitung" vom 1. Februar 1912.

[4]) Vgl. Zeitschrift der technischen Beamten Österreichs, Nr. 11 ex 1911.

zwischen Unternehmung und Angestellten erst recht gestört werde. Man kann ferner der Ansicht sein, daß die richtige Gegenwehr der Unternehmer in nichts anderem als in einer Gegenorganisation bestehen könne, in einer Organisation der Arbeit- oder Dienstgeber, und wir wissen, daß gerade in Deutschland, zum Teile auch schon in Österreich, die Arbeitgeberorganisationen so mächtig und einflußreich wurden, daß sie selbst großen, stramm organisierten und finanziell wohlfundierten Gewerkschaften ein vollständig gleichwertiges Gegengewicht zu bieten vermögen.

VII. Beendigung des Dienstverhältnisses.

1. Kündigungsschutz.

Dieser Schutz, welcher in erster Linie in gesetzlichen Mindestkündigungsfristen und in der gesetzlichen Festlegung gleicher Fristen für beide Teile, ferner in der wenigstens beispielsweisen Anführung „wichtiger Gründe" besteht, aus welchen ein Dienstverhältnis sofort gelöst werden kann, ist, wie im deutschen HGB. auch in den übrigen hier relevanten deutschen und österreichischen Gesetzen ziemlich übereinstimmend normiert, so daß er wohl (salva redactione) in das allgemeine Angestelltenrecht übernommen werden könnte.

Im Einzelnen wäre jedoch darauf hinzuweisen, daß das HGB. den Kündigungsschutz nur Angestellten mit Jahresbezügen bis zu 5000 Mk. gewährt, während das BGB., das SchwOR., ferner das ÖstHGG. eine solche Begrenzung nicht kennen, so daß, wenn man das BGB. zugrundelegt, der Kündigungsschutz allen Angestellten und nicht bloß den niedriger besoldeten Angestellten schon heute zugute kommt.

Das ÖstHGG. (§ 20, Schlußabsatz) bestimmt, daß, wenn ungleiche Kündigungsfristen vereinbart wurden, für beide Teile die längere Frist gelte. Ähnlich bestimmt die Seemannsordnung (§ 27, Abs. 2), daß, wenn ungleiche Kündigungsfristen vereinbart wurden, auch für den Schiffsmann die längere Frist gelte. Diese Bestimmung ist wohl, da der Grundsatz gleicher Kündigungsfristen zwingendes Recht ist, anscheinend überflüssig; sie könnte aber gleichwohl ohne Bedenken Aufnahme in das allgemeine Angestelltenrecht finden.

2. Schutz des Angestellten im Falle des Konkurses des Dienstgebers.

Das ÖstHGG. bestimmt in § 23, daß, wenn über das Vermögen des Dienstgebers der Konkurs eröffnet wird, die Masse in den Dienstvertrag eintritt; das Dienstverhältnis kann vom Masseverwalter nur unter Einhaltung der gesetzlichen oder vereinbarten Kündigungsfrist gelöst werden. Diese Bestimmung würde wohl auch in ein allgemeines Angestelltenrecht für Deutschland aufgenommen werden können.

3. Schutz des Angestellten im Falle der Syndizierung und der Beamtenreduzierung.

An dieser Stelle sei auch einer Frage gedacht, welche bisher in keinem Gesetze geregelt wurde, immerhin aber von sozialpolitischer Bedeutung ist. Wir meinen den Schutz der Angestellten gegen vorzeitige Entlassung und gegen alle damit verbundenen wirtschaftlichen und sozialen Schäden, falls das Unternehmen sich einem Syndikate oder Kartelle anschließt und eine Verminderung des Beamtenstandes vorgenommen wird. Bei der zunehmenden Tendenz der Syndizierung ist diese sozialpolitische Gefahr gewiß ernst genug, um gesetzlichen Schutz fordern zu können. Es wäre etwa zu bestimmen, daß in den erwähnten Fällen zumindest die gesetzliche oder vereinbarte Kündigungsfrist eingehalten werden müsse, wenn man nicht weitergehend dafür eintreten wollte, daß die Angestellten der syndizierten Unternehmungen ein Recht auf weitere Beschäftigung im Ausmaße einer noch näher zu bestimmenden Mindestfrist, etwa eines Jahres, haben sollen.

4. Recht auf freie Zeit an Werktagen für Stellensuche.

Dieses Recht ist schon im HGB. enthalten, kehrt auch in den meisten übrigen zur Vergleichung herangezogenen Gesetzen wieder, so daß es wohl nicht strittig sein wird, diese Norm dem allgemeinen Angestelltenrechte einzuverleiben.

5. Konkurrenzklausel.

In dieser Hinsicht hat bekanntlich der 30. deutsche Juristentag bereits Beschlüsse gefaßt, so daß sachliche Ausführungen über dieses so wichtige und viel umstrittene Problem erübrigen. Da auch das ÖstHG. und das SchwOR. die Konkurrenzklausel ähnlich, wenn auch mit minder wichtigen Ergänzungen gegenüber dem deutschen Handelsgesetze, regeln, so wird man in der Annahme, daß die Konkurrenzklausel mindestens in der Fassung des HGB. geeignet sei, einen Bestandteil des allgemeinen Angestelltenrechtes zu bilden, wohl nur bestärkt werden.

6. Recht auf ein schriftliches Dienstzeugnis und auf besonderes Verlangen auch auf ein Führungszeugnis.

Dieses Recht steht den Angestellten schon nach dem HGB. zu, ist also schon gemäß den Beschlüssen des 30. deutschen Juristentages allen Angestellten zuzubilligen, dies umsomehr, als auch die GO., das BGB. und die hier besprochenen zwei Gesetze der Schweiz und Österreichs das Recht ganz ähnlich wie das HGB. kennen.

7. Schutz der Dienstkaution.

Das ÖstHGG. bestimmt in § 35: „Der Dienstnehmer kann, wenn gegen ihn bei Beendigung des Dienstverhältnisses von dem Dienstgeber Schadenersatzansprüche erhoben werden, verlangen, daß die Kaution bei Gericht erlegt werde." Diese Vorschrift wäre wohl geeignet, auch in das allgemeine Angestelltenrecht Deutschlands aufgenommen zu werden.

VII. Prozessuale Fragen des Angestelltenschutzes.

1. Sondergerichte.

Bekanntlich bestehen in Deutschland nach den Gesetzen vom 29. Juli 1890 und vom 30. Juni 1901 Gewerbegerichte, nach dem Gesetze vom 6. Juli 1904 auch Kaufmannsgerichte. Die Gewerbegerichte sind zuständig für die Entscheidung von gewerblichen Streitigkeiten zwischen Arbeitern und ihren Arbeitgebern (sowie zwischen Arbeitern desselben Arbeitgebers), und was die Angestellten betrifft, für „Betriebsbeamte, Werkmeister und mit höheren technischen Leistungen betraute Angestellte" (§ 3, Abs. 2 GGG.), jedoch mit der sehr wesentlichen Beschränkung, daß der Jahresarbeitsverdienst dieser Angestellten 2000 Mk. nicht übersteigen darf.

Angestellte also, auf welche die GO. nicht Anwendung findet, so z. B. land- und forstwirtschaftliche Angestellte und Arbeiter, Angestellte der Eisenbahnen (Straßen-, elektrische Bahnen u. a.) gehören auch nicht zur Kompetenz des Gewerbegerichtes. Das Reichsgericht wollte ursprünglich auch Bühnenangehörige, selbst wenn ein höheres Interesse der Kunst nicht obwaltet, vom Gewerbegerichte ausnehmen; neuerdings aber ist es gegenteiliger Ansicht [5]).

---

[5]) Vgl. Kommentar zum Gewerbegerichtsgesetze von Mugdan-Cuno, 7. Auflage, Berlin 1911, S. 48 und 49.

Die Kompetenz des **Kaufmannsgerichtes** erstreckt sich gemäß § 1 KGG. auf Streitigkeiten aus dem Dienstverhältnisse zwischen Kaufleuten und ihren Handlungsgehilfen oder Handlungslehrlingen. Es sind somit alle Angestellten ausgeschlossen, welche bei Nichtkaufleuten (auch bei Unternehmern, welche nicht wenigstens Kaufleute minderen Rechtes sind) beschäftigt sind, oder welche nicht kaufmännische Dienste gemäß § 59 HGB. gegen Entgelt verrichten. Z. B. sind Redakteure, Korrespondenten und Berichterstatter eines Zeitungsunternehmens, ferner die Angestellten der Versicherungsgesellschaften auf Gegenseitigkeit nicht dem Kaufmannsgerichte unterworfen. Auch hier ist ferner die Kompetenz beschränkt in Ansehnung der Bezüge eines Angestellten, indem solche Handlungsgehilfen, deren Jahresarbeitsverdienst den Betrag von 5000 Mk. übersteigt, vom Gesetze ausgenommen sind (§ 4 KGG.).

Grundsätzlich ist aber zu bemerken, daß sowohl die Gewerbegerichte, als auch die Kaufmannsgerichte bekanntlich nicht obligatorisch sind, sondern nur unter gewissen Voraussetzungen errichtet werden können.

Dem gegenüber sind in **Österreich** die Gewerbegerichte (Gesetz vom 25. November 1896) obligatorisch („zur Austragung von gewerblichen Rechtsstreitigkeiten ... **sind** Gewerbegerichte zu **errichten**", § 1 GGG.). Die sachliche Kompetenz ist die gleiche wie nach dem deutschen Gewerbegesetze und wurde durch das ÖstHGG. (§ 41) auch auf alle jene Angestellten erstreckt, welche in Unternehmungen beschäftigt sind, die der GO. unterliegen, also vor allem auf diejenigen Angestellten, welche gemäß § 3, Abs. 2 des deutschen Gewerbegerichtsgesetzes diesem Sondergerichte unterstehen. Allerdings kennt das österreichische Gesetz nicht die erwähnte Einschränkung in bezug auf die Maximaljahresbezüge.

Wenn man nun die Frage prüft, ob dieses sehr wichtige Prinzip des Sondergerichtes für gewerbliche und kaufmännische Angestellte auf alle übrigen Angestellten erstreckt werden soll, so wird man die Untersuchungen in zweierlei Hinsicht zu führen haben: Wie die bestehenden Sondergerichte sich bewährt haben und ob die tatsächlichen Verhältnisse ein allgemeines Sondergericht für Angestellte möglich erscheinen lassen.

Dank der besseren Organisation der gewerblichen und später der kaufmännischen Angestellten gelang es in Deutschland und auch in Österreich, die gewählten Beisitzer des Gewerbe- oder Kaufmannsgerichtes aus dem Dienst- oder Arbeitnehmerstande systematisch vorzubilden und sehr gesetzeskundig zu machen. Die Dienst- oder Arbeitgeber, namentlich die Angehörigen des Handwerks und des Kleinhandels waren bisher weniger vorgebildet und entbehrten auch einer genügenden Organisation, um die gewerbe- und handelsgesetzliche Bildung nachzuholen. Außerdem konnte man wahrnehmen, daß die Angestellten und Arbeiter stets sehr tüchtige Vertreter in das Sondergericht wählten, während bei der Wahl der Unternehmer häufig politische Motive mitspielten, ganz abgesehen davon, daß oft ein Mangel an geeigneten Kandidaten für diese Sondergerichte beklagt werden mußte. So kam es, daß sowohl in Deutschland, als in Österreich die Unternehmerschaft — allerdings nicht ohne eigenes Verschulden — mit den Gewerbegerichten nicht immer zufrieden war, im Gegensatze zu den Angestellten und Arbeitern, welche in der Judikatur der Gewerbe- und Kaufmannsgerichte eine wertvolle Ergänzung der sozialen Schutzvorschriften des Gewerbe- und des Handelsgesetzes zu erreichen vermochten; es bildete sich neben diesen Gesetzen eine Spruchpraxis heraus, die in der Regel die sozialen Interessen der Angestellten und Arbeiter gegenüber den Interessen der Unternehmer zu schützen bestrebt war. Erst in den letzten Jahren gelangten die Unternehmer zum Bewußtsein der großen praktischen Wichtigkeit dieser Sondergerichte und bemühten sich, teils durch entsprechende Organisation, teils durch andere Mittel der Belehrung und Aufklärung auch ihre berechtigten Interessen gegenüber diesen Sondergerichten wahrzunehmen und zum Durchbruche zu verhelfen, so daß die Entwicklung eine vom Standpunkte der allgemeinen Volkswirtschaft aus gewiß erfreuliche Tendenz zu einer durchwegs paritätischen Rechtsprechung nimmt.

Was den zweiten Gesichtspunkt, die Unterschiede in den einzelnen Berufszweigen und die Möglichkeit eines allgemeinen Sondergerichtes für Angestellte betrifft, so liegen hier die Verhältnisse viel weniger günstig. Schon jetzt ist es nicht immer leicht, für die einzelnen Senate der Gewerbe- oder Kaufmannsgerichte wirklich sachliche, dem Streitfalle entsprechend vorgebildete Beisitzer aus dem Unternehmer- oder Angestellten-Kreise zu finden. Trotz der Einteilung der Unternehmerschaft und der Angestelltenschaft in mehrere Wahlkörper je nach den Berufen müssen gleichwohl noch immer sehr verschiedenartige Berufe in einen Wahlkörper zusammengefaßt werden. Zwar sind die meisten Prozesse, welche vor das Gewerbegericht kommen, solcher Art, daß allgemeine Kenntnisse und Erfahrungen in bezug auf das Arbeits- und Dienstverhältnis genügen; vielfach aber gerade bei Angestellten und höheren Bediensteten überhaupt werden nicht bloß reine Fragen des Dienstvertrages für den Prozeß von Bedeutung sein, sondern auch fachliche und berufliche Fragen, gewohnheitsrechtliche Normen in dem einen oder anderen Geschäftszweige u. a. Diese Schwierigkeiten müssen daher den Gedanken nahelegen, daß ein allgemeines Sondergericht — allerdings mit einer bestimmten Zahl von beruflich gegliederten Senaten — für alle Arten von Angestellten kaum wünschenswert, vielleicht überhaupt nicht möglich wäre.

Übrigens bestehen in einzelnen Berufszweigen durchaus private schiedsgerichtsähnliche fora, welche von Vertrauensmännern der beiderseitigen Organisationen beschickt werden und in zahlreichen Fällen nicht bloß generelle, sondern auch individuelle Lohnstreitigkeiten schlichten.

Aus dem Gesagten dürfte wohl das Eine hervorgehen, daß man dermalen weder in Deutschland, noch in Österreich für eine gesetzliche oder gar obligatorische Erstreckung des Prinzips der Sondergerichtsbarkeit auf alle Angestellten plädieren könne, sondern sich vielleicht darauf beschränken dürfte zu verlangen, daß, ähnlich wie für die gewerblichen Arbeiter und Angestellten, ferner für die kaufmännischen Angestellten (Handlungsgehilfen) auch für die eine oder andere der übrigen wichtigeren Angestellten-Kategorien die gesetzlichen Grundlagen eines Sondergerichtes geschaffen werden.

2. Beschlagnahme des Gehaltes oder Lohnes.

Die Gesetzgebung hat sowohl in Deutschland (Gesetze von 21. Juni 1869 und vom 29. März 1897) als auch in Österreich (Gesetze vom 29. April 1873 und vom 26. Mai 1888) alle Arten von Angestellten und Arbeitern gegen eine zu weitgehende Beschlagnahme ihrer Dienst- oder Lohnbezüge gesichert.

Nach dem deutschen Gesetze ist die Pfändung der Arbeits- und Dienstvergütungen der Arbeiter und Privatbeamten nur zulässig, soweit der gesamte Bezug der Vergütung 1500 Mk. für das Jahr übersteigt; ferner ist eine Pfändung erst nach der Leistung des Dienstes und nach Ablauf des Lohnzahlungstages, ferner unter weitgehender Berücksichtigung der Unterhaltsbeiträge an Ehegatten und Kinder zulässig. Nach dem österreichischen Rechte dürfen Dienstbezüge, wenn sie 1600 Kr. jährlich nicht übersteigen, von exekutiven Maßnahmen (Pfändung, Sicherstellung usw.) nicht getroffen werden.

Diese Gesetzgebung, welche schon allgemeines Angestelltenrecht darstellt und gewiß als eine sehr wichtige „soziale Schutzvorschrift" bezeichnet werden kann, ist unbedingt als Bestandteil eines allgemeinen Angestelltenrechtes zu betrachten. Es wäre nur die Zweckmäßigkeitsfrage zu entscheiden, ob es sich empfiehlt, die erwähnten Sondergesetze in ein zu schaffendes allgemeines Angestelltenrecht aufzunehmen, oder als Sondergesetze weiter bestehen zu lassen.

VIII. Angestellten-Versicherung.

Nur der Vollständigkeit halber sei daran erinnert, daß zuerst in Österreich mit dem schon oben zitierten Gesetze vom 16. Dez. 1906 die Privatbeamten und Angestellten, welche ausschließlich oder vorwiegend geistige Dienstleistungen verrichten, gegen Invalidität und Alter (verbunden mit einer Witwen- und Waisen-Versicherung) versichert wurden und daß ein solches Gesetz auch im Deutschen Reiche am 20. Dezember 1911 zustandekam.

Der Kreis der Versicherten ist in beiden Gesetzen nicht derselbe. Man hat in Deutschland von den Fehlern des österreichischen Gesetzes gelernt und in § 1 die Angestellten, welche versichert sind, mit größerer Deutlichkeit umschrieben. Der weitaus größte Teil aller Privatangestellten in der Versicherung unterworfen. Da es, wie auch bezüglich der anderen geltenden Gesetze nicht Aufgabe dieses Gutachtens ist, Abänderungsvorschläge zu erstatten, so kann man sich auf die Feststellung beschränken, daß eine sehr wichtige sozialpolitische Maßnahme, die Zwangsversicherung, in den wichtigsten Fällen der Erwerbsunfähigkeit, der Invalidität und des Alters dem größten Teile den Privatangestellten zukommt, daß somit hier auf einem Gebiete tatsächlich allgemeines Angestelltenrecht geschaffen wurde.

Es muß späteren gesonderten Erwägungen überlassen bleiben, ob und in welcher Hinsicht dieses Recht in Deutschland, namentlich aber in Österreich, einer Reform zugeführt werden soll.

IX. Einheitliches Recht für Angestelltenschutz.

Eine Frage von grundsätzlicher Bedeutung, welche hier ausführlich behandelt werden muß, ist, ob es sich überhaupt empfiehlt und ob es möglich ist, ein allgemeines Angestelltenrecht für Deutschland (gegebenenfalls auch für Österreich) zustandezubringen.

Das BGB. enthält, wie früher in der kurzen Exegese der sozialen Vorschriften ausgeführt wurde, eine Reihe von Schutzbestimmungen, welche das viel ältere ÖstBGB. begreiflicherweise nicht enthalten kann. Es entsteht die Frage, ob die Bestimmungen der §§ 611—630 BGB. hinreichen, die Grundlage eines allgemeinen Angestelltenrechtes vom sozialpolitischen Standpunkte aus zu bilden, oder ob darüber hinaus neue und andere Schutzvorschriften geschaffen werden sollen.

Wenn man das BGB. als nicht ausreichend betrachtet, das sozialpolitische Bedürfnis der Gegenwart zu befriedigen so werden der Reform zwei Wege offen stehen: eine Novelle zum BGB., welche die notwendigen Ergänzungen des sozialen Schutzrechtes enthalten würde, oder die Schaffung eines selbständigen allgemeinen Angestelltengesetzes.

Die Exegese der geltenden Vorschriften in Deutschland, Österreich und der Schweiz zeigte, daß es einige nicht unwichtige soziale Schutzvorschriften gibt, welche im BGB. nicht vorkommen, gleichwohl aber geeignet wären, Bestandteil eines allgemeinen Angestelltenrechtes zu bilden.

Er muß der praktischen Erwägung der Staatsverwaltung und der Gesetzgebung überlassen bleiben, wie und wann man diese Schutzvorschriften legislativ am geeignetsten behandeln könnte. Wenn keine Novelle zum BGB. zustandekommen und man an die Schaffung eines allgemeinen einheitlichen Angestelltenrechtes denken sollte, so würden selbstverständlich in dieses Angestelltenrecht außer den erwähnten, zur Ergänzung vorgeschlagenen Schutzvorschriften auch alle jetzt im BGB. enthaltenen Schutzvorschriften, u. zw. gemäß den Beschlüssen des 30. Juristentages dort, wo das Handelsgesetzbuch für die Angestellten günstiger ist, in der Fassung des Handelsgesetzbuches [6]) in das neue Angestelltenrecht aufgenommen werden müssen.

Rechtspolitisch können allerdings manche Bedenken gegen die Schaffung eines einheitlichen allgemeinen Angestelltenrechtes vorgebracht werden. Zunächst die zunehmende wirtschaftliche und soziale Differenzierung der Angestellten. Man denke z. B. nur an den gewaltigen Unterschied, der in dieser Hinsicht zwischen Bühnenangehörigen [7]) und Güterbeamten besteht. Diese

---

[6]) Dies gilt vor Allem von der Nichtanrechnung der Entschädigungen aus der Kr n en- und Unfallversicherung (§ 616 BGB.).

[7]) Prof. Dr. Rob. Bartsch (Wien) erläuterte in einem Vortrage am 8. Februar 1911 das „Recht im Leben des Schauspielers“ und wies auf die ganz besonders gearteten Dienstesverhältnisse dieser Angestellten hin; es sei nur erinnert an die Rolle des „Spielgeldes“ neben der „Gage“, an die spezifische Bedeutung der „Probezeit“ und des „Probegastspieles“, an das Recht auf Zurückweisung unpassender Rollen, an die Kostümfrage bei weiblichen Bühnenangehörigen u. a. Auch Marie v. Bülow besprach auf dem deutschen Frauenkongreß (Berlin, März 1912) das Reichstheatergesetz und meinte allerdings, daß „das Gesetz nicht viel mehr werde bringen können, als was schon durch das bürgerliche Gesetzbuch und die Gewerbeordnung im ganzen übrigen

Differenzierung bewirkt, daß die einzelnen Kategorien von Angestellten ganz spezifische sozialpolitische Wünsche und Bedürfnisse haben und daß auch das Verhältnis der Angestellten zu ihren Dienstgebern in den einzelnen Kategorien ein sehr verschiedenes ist. Dazu kommt, daß einzelne Kategorien von Angestellten durchaus nicht gleichmäßig und gleich gut organisiert sind und daß auch die entsprechenden Kategorien von Dienstgebern in sehr verschiedenem Maße und in verschiedener Stärke Gegenorganisationen zustandegebracht haben. Daraus folgt wieder, daß die Pflicht der Gesetzgebung, mit sozialpolitischen Vorschriften „wirtschaftlich Schwächeren" zu Hilfe zu eilen, für alle Angestellten-Kategorien nicht die gleiche sein kann. Dort, wo gute, ziemlich lückenlose und auch mit genügenden Mitteln ausgestattete Organisationen der Angestellten bestehen, kann man von diesen wohl nicht mehr als den „wirtschaftlich Schwächeren" gegenüber den Unternehmern sprechen, namentlich dann, wenn diese Unternehmer selbst nicht oder nur schwach organisiert sind.

Ferner ist auch noch auf folgende tatsächliche Entwicklung im Angestelltenwesen Rücksicht zu nehmen. Es gibt wichtige Gruppen von Angestellten, welche ganz entschieden ein Sonderschutzgesetz anstreben und aus eigenem Interesse gegen allgemeine einheitliche Angestellten-Vorschriften Stellung nehmen. Es wurde schon einmal davon gesprochen, daß z. B. die Bühnenangehörigen, Musiker, Chorsänger u. dgl. weder in Deutschland, noch in Österreich sich von dem Plane, ein eigenes Theatergesetz mit spezifischen sozialen Schutzvorschriften zu erreichen, etwa zugunsten eines allgemeinen Angestelltenrecht werden abbringen lassen.

Auch das ÖstHGG., welches bekanntlich eine viel weitere Personal-Kompetenz hat als das deutsche Handelsgesetzbuch in Verbindung mit Abschnitt III b des Titels VII der GO. (Verhältnisse der Betriebsbeamte, Werkmeister, Techniker) ist kein Beweis zugunsten eines einheitlichen Angestelltenrechtes, zumal das österreichische Gesetz sich auf wichtige Kategorien der Angestellten nicht erstreckt, da ja die österreichische Gesetzgebung selbst sich gerade derzeit mit der Schaffung eines Sondergesetzes über den Dienstvertrag der in land- und forstwirtschaftlichen Betrieben Bediensteten (Güterbeamten) befaßt, ebenso mit einem Theatergesetz-

wirtschaftlichen Leben vorgesehen ist, vor allem gleiche Kündigungsrechte für Schauspieler und Direktoren, Schutz vor Ausbeutung und ein Minimum an Hygiene der Arbeitsräume." Andere Redner sprachen im gleichen Sinne, ohne deshalb auf die Forderung nach einem Sondergesetz für Theater- und Schauspielerrecht zu verzichten.

entwurfe. Sonst aber enthält das ÖstHGG. keine wesentlich größere Kompetenz als das deutsche Handelsgesetz, in Verbindung mit dem erwähnten Abschnitte der Gewerbeordnung.

Von sonstigen wichtigen Angestellten-Kategorien kommen die Schiffsleute in Betracht, welchen die geltende Seemannsordnung wohl hinreichenden Schutz gewährt, zumal ja auch neben diesem Gesetze besondere Schutzgesetze, so z. B. über die Stellenvermittlung, bestehen. Auch das Flößereigesetz, ferner die Landesgesetze über Bergbau enthalten Schutzvorschriften, welche gegenüber den anderen Sondergesetzen keine nachteilige Behandlung der betreffenden Angestellten-Kategorien bedeuten. Alle diese Sondergesetze enthalten aber den besonderen tatsächlichen Verhältnissen des Betriebes entsprechend auch Sondervorschriften und es wäre schon wegen der verschiedenen Benennungen (man vergleiche z. B. folgende Ausdrücke für Dienstbezug: Heuer, Gage, Gehalt, Lohn) gesetzestechnisch nicht leicht, alle diese Sondergesetze in ein einheitliches allgemeines Angestelltengesetz zu verschmelzen.

Nun bliebe allerdings folgender Ausweg: Man könnte eine Reihe von Schutzvorschriften, welche allen Angestellten-Kategorien als ein Mindestmaß der Sozialpolitik zukommen sollen, in dem allgemeinen Angestelltenrechte aufzählen und es daneben den Sondergesetzen überlassen, je nach den Besonderheiten der einzelnen Berufskategorien Sondervorschriften zu treffen — ob diese Art der Gesetzgebung zweckmäßiger, vor allem übersichtlicher wäre als etwa eine kurze Novelle zum BGB. im obenerwähnten Sinne, dürfte wohl sehr bezweifelt werden.

Schließlich wurden sogar sozialpolitische Bedenken gegen ein einheitliches Angestelltenrecht geltend gemacht. Von diesen Bedenken sprach auch der Vertreter einer Angestelltenorganisation auf dem 30. deutschen Juristentage [8]), indem er ausführte, daß ein allgemeines einheitliches Angestelltenrecht für einzelne Kategorien von Angestellten — und er meinte darunter insbesondere die Handelsangestellten — leicht unangenehme Folgen mit sich bringen könnte, indem der Widerstand der Unternehmerschaft stärker geweckt würde, als wenn es sich nur um nach und nach zustandekommende Schutzgesetze für einzelne Angestellten-Kategorien handelt. Er meinte also, daß die Politik der Angestellten bessere Erfolge bringen werde, wenn sie nach dem Prinzipe „divide et impera" vorgehe; man muß dabei allerdings voraussetzen, daß die Unternehmerschaft sich willig „teilen" und tatsächlich „beherrschen" läßt.

---

[8]) Vgl. „Verhandlungen", 1. Band S. 160.

Einer der größten Übelstände im geltenden Angestelltenrechte ist wohl die Unklarheit über die gesetzlichen Kompetenzen, d. h. darüber, welches der geltenden Sonderrechte im einzelnen Falle anzuwenden sei. In dem Kommentar der Gewerbeordnung, welchen Dr. Karl Flesch herausgibt [9]), wird z. B. die Frage erörtert, ob unter die Schutzbestimmungen des Titels VII auch die staatlichen, kommunalen und ähnliche Betriebe fallen, welche ohne Gewinnabsicht, im öffentlichen oder gemeinnützigen Interesse, aber technisch in gleicher Weise wie Privatbetriebe geführt werden, z. B. Waffenfabriken des Staates oder kommunale Pfandhäuser. Flesch bemerkt, daß die Bejahung dieser Frage von der Gerichtspraxis nur zum Teile anerkannt werde. Das Gleiche gelte von den Konsumvereinen, die zwar in den §§ 105 b und 139 m der Gewerbeordnung ausdrücklich unterstellt seien, aber regelmäßig nach § 17 des Genossenschaftsgesetzes als Kaufleute im Sinne des Handelsgesetzbuches gelten.

Ebenfalls strittig ist die Frage, ob und inwieweit Angestellte mit besonderer wissenschaftlicher oder künstlerischer Bildung der Gewerbeordnung unterliegen. Musiker, Artisten, Varietékünstler heißt es a. a. O. seien als gewerbliche Arbeiter zu betrachten, wenn bei ihrer Betätigung ein höheres Kunstinteresse nicht vorliegt; Personen mit höherer wissenschaftlicher oder künstlerischer Bildung dagegen fallen nicht unter die Gewerbeordnung, auch wenn sie in gewerbsmäßig betriebenen Unterhaltungsunternehmungen angestellt sind.

Fraglich ist auch die Kompetenz bezüglich der in gewerbsmäßig betriebenen Heilanstalten, Sanatorien u. dgl. angestellten Ärzte, während das nichtärztliche Personal solcher Anstalten gewiß der Gewerbeordnung oder dem Handelsgesetze unterliegt.

Auch die Kompetenz des Handelsgesetzbuches ist vielfach strittig. Staub führt in seinem bekannten Kommentar zu diesem Gesetz bei § 1 ein alphabetisches Verzeichnis derjenigen Berufe an, welche Kaufleute im Sinne des Handelsgesetzes sind. Dazu kommen aber nun die Kaufleute minderen Rechtes (§ 4 HG.), zu welchen vor allem auch die Handwerker und Kleingewerbetreibenden gehören. Das Entscheidende aber ist, ob ein Angestellter bei Voll- oder Minderkaufleuten kaufmännische Tätigkeit verrichtet, welche Frage im einzelnen Falle ebenfalls schwer zu beantworten ist.

---

[9]) 18. Auflage, Berlin 1910, Seite 332.

Diese Kompetenz-Schwierigkeiten sind gewiß ein Argument dafür, daß ein einheitliches allgemeines Angestelltenrecht geschaffen werde, gleichgültig, ob in Form einer Novelle zum Bürgerlichen Gesetzbuche oder als ein selbständiges Gesetz.

C. Schlußfolgerungen.

Aus dem Dargestellten ergibt sich somit:

a) ein allgemeines einheitliches Angestelltenrecht in der Form eines eigenen Gesetzes über den Dienstvertrag empfiehlt sich aus mehrfachen Gründen nicht, vielmehr könnte eine Novelle zum Bürgerlichen Gesetzbuche geschaffen werden, welche die unumgänglich notwendige sozialpolitische Ergänzung dieses Gesetzes in seinem VI. Teile Abschnitt VII (Dienstvertrag) darstellen würde.

b) Neben den im Bürgerlichen Gesetzbuche bereits enthaltenen sozialpolitischen Vorschriften (Rechtsvermutung der Entgeltlichkeit einer Dienstleistung; Schadenersatzpflicht des Dienstgebers im Falle seines Verzuges; Gehaltszahlungsfristen; Betriebshygiene; Kündigungsschutz; Recht auf Dienstzeugnis) und neben einer zu reformierenden Bestimmung des Bürgerlichen Gesetzbuches (Anrechnung der Bezüge aus der Kranken- und Unfallversicherung im Falle unverschuldeter Dienstesversäumnis des Angestellten) wären etwa folgende Schutzvorschriften in die Novelle des Bürgerlichen Gesetzbuches aufzunehmen:

1. Mindestalter des Angestellten gemäß der Gewerbeordnung.

2. Anerkennung der kollektiven Arbeitsverträge (Normalverträge u. dgl.) gemäß dem Österreichischen Handlungsgehilfengesetz.

3. Recht auf Zuweisung angemessener Arbeit gemäß dem Schweizerischen Obligationenrecht, allerdings in Verbindung mit dem Rechte des Dienstgebers auf angemessene Arbeitsleistung.

4. Recht auf Vorschuß nach Maßgabe der geleisteten Arbeit gemäß dem Schweizerischen Obligationenrecht.

5. (Dispositiv) Verrechnung des Lohnes gegen Lohnschulden gemäß dem Schweizerischen Obligationenrecht.

6. Recht auf längere Mindestruhezeit innerhalb acht Tage und auf Arbeitspausen gemäß der Gewerbeordnung und ähnlichen Gesetzen.

7. Recht auf Mindesturlaub gemäß dem Österreichischen Handlungsgehilfengesetz.

8. (Dispositiv) Schutz des Erfinderrechtes der Angestellten gemäß dem Schweizerischen Obligationenrecht.

9. Anerkennung und Schutz des Koalitionsrechtes mindestens im Ausmaße der Gewerbeordnung.

10. Schutz bei Nebenbeschäftigung oder bei Übernahme eines öffentlichen Mandates.

11. Behördliche Aufsicht nach dem Beispiele der Fabrikaufsichtsbeamten.

12. Schutz gegen Bestechung gemäß dem Gesetze gegen den unlauteren Wettbewerb.

13. Geltung der längeren Kündigungsfrist im Falle der Vereinbarung ungleicher Kündigungsfristen gemäß der Seemannsordnung und dem Österreichischen Handlungsgehilfengesetz.

14. Schutz des Angestellten im Falle des Konkurses des Dienstgebers gemäß dem Österreichischen Handlungsgehilfengesetz.

15. Schutz des Angestellten im Falle der Syndizierung (Kartellierung u. dgl.).

16. Recht auf freie Zeit an Werktagen für Stellensuche gemäß dem Handelsgesetzbuche.

17. Aufnahme der Konkurrenzklausel wenigstens in der Fassung des Handelsgesetzbuches.

18. Schutz der Dienstkaution gemäß dem Österreichischen Handlungsgehilfengesetz.

19. Einbeziehung der Gesetze über den Schutz gegen Lohn- und Gehalts-Beschlagnahme.

c) Sondergesetze können neben dem Bürgerlichen Gesetzbuche nur gelten, insoferne sie günstigere soziale Schutzvorschriften enthalten als dieses; eine Ausnahme hievon könnten höchstens §§ 60 und 61 HGB. (Konkurrenzverbot) für Handelsangestellte bilden.

Außerhalb des BGB.:

d) Zweckmäßiger Ausbau der Angestelltenversicherung.

e) Das österreichische Handlungsgehilfengesetz wäre zu einem allgemeinen Angestellten- oder Privatbeamtengesetze (gegebenenfalls zu einer diesbezüglichen Novelle zum österreichischen Bürgerlichen Gesetzbuche) umzugestalten, indem es allgemeine Personalkompetenz erhielte und durch jene Schutzvorschriften ergänzt würde, welche von den oben unter b 1—18 aufgezählten Vorschriften derzeit noch nicht im Österreichischen Handlungsgehilfengesetz enthalten sind.

VII.

Gutachten des Oberlandesgerichtsrats Dr. Walter Degen, Dresden

über die Frage:

Sind die Grundsätze der Mündlichkeit der Verhandlung und der Unmittelbarkeit der Beweisaufnahme in dem jetzt geltenden deutschen Zivilprozesse zweckmäßig durchgeführt, oder welche Änderungen empfehlen sich für den Fall einer durchgreifenden Neugestaltung des bürgerlichen Rechtstreites?

Inhaltsübersicht.

Einleitung.

§ 1.

Die Abgrenzung der Aufgabe.

Der Zivilprozeßordnung für das Deutsche Reich verdankt das deutsche Volk außer der ersehnten Einheit für das bürgerliche Verfahren eine weitgehende Wiederherstellung der gesunden Grundzüge, die das bürgerliche Verfahren in den germanischen Volksstaaten beherrscht hatten, im Mittelalter jedoch durch die Aufnahme fremder Prozeßrechte zurückgedrängt worden waren: der (öffentlichen) Mündlichkeit und der Unmittelbarkeit. Die Rückkehr zu diesen deutschen Grundzügen als Frucht einer nachhaltigen, tiefen und zielbewußten Bewegung [1]) bedeutet in der Tat nicht nur einen nationalen, sondern in ihrem Kerne auch einen prozessualen Segen; sie reißt „die papierne und doch so undurchdringliche Scheidewand" nieder, welche die Schriftlichkeit zwischen den Parteien, den Auskunftspersonen und dem Richter gezogen hatte [2]), schafft unmittelbare Wahrnehmungen und Aufklärungen sowie Raum für den auch sonst nicht zu entbehrenden persönlichen Verkehr zwischen Richter und Rechtsuchenden, kann zur Vereinfachung und Beschränkung des Prozeßstoffs helfen und manche Möglichkeit zur Prozeßverschleppung und sonstigen Schikane beseitigen [3]). Vor allem aber gestattet die Mündlichkeit zugleich die Öffentlichkeit der Verhandlung; und gerade deren Heimlichkeit ist dem deutschen Volke von jeher so wesensfremd und widerwärtig gewesen; sie trägt neben der zwecklos geschraubten, fremdwörterdurchsetzten und darum für die Rechtsuchenden kaum verständlichen Sprache vieler Gesetze und Entscheidungen die Hauptschuld an dem tiefeingewurzelten Mißtrauen weitester Volkskreise, unter dem die deutsche

---

[1]) Vgl. Begr. S. 12 f.

[2]) Vgl. Wach: Die Mündlichkeit im österr. ZP. S. 5 f.

[3]) Vgl. Wach: Handbuch S. 131 f.; Osterloh: Die Reform der Zivilprozeßgesetzgebung, Leipzig 1865, Bernhard Tauchnitz, S. 90 f., 97 f.; Goldenring in ZZP. Bd. 14 S. 52 f.; Bierhaus ebenda Bd. 2 S. 133 f., 375 f.; Guttmann: Unmittelbarkeit und freie Beweiswürdigung. Mannheim 1907 S. 91 f.

Rechtspflege, die deutschen Richter und die deutschen Rechtsanwälte noch heute schwer zu leiden haben; und wo das Mißtrauen jetzt zu schwinden beginnt, würde es sofort neu erstarken, falls die Verhandlung wieder heimlich werden sollte. Schon wegen der untrennbar damit verbundenen Heimlichkeit wäre darum für unsere deutschen Verhältnisse ein rein schriftliches bürgerliches Streitverfahren, und zwar selbst dann abzulehnen, wenn die sonstigen Vorzüge der mündlichen Verhandlung durch entsprechende Nachteile aufgewogen oder überwogen würden [4]). Die Wiedereinführung der reinen Schriftlichkeit wird denn auch gegenwärtig nirgendwo ernstlich befürwortet. Neben der Öffentlichkeit werden die Mündlichkeit und ebenso die Unmittelbarkeit des Verfahrens, selbst bei einem zum Neubaue sich gestaltenden Umbaue des Prozeßgebäudes als Grundpfeiler stehen bleiben [5]).

Diese allgemeine Überzeugung spiegelt sich auch in der Fragestellung der ständigen Deputation des deutschen Juristentags; sie enthält sich der Frage, ob bei einer durchgreifenden Neugestaltung des bürgerlichen Rechtsstreits die Mündlichkeit der Verhandlung und die Unmittelbarkeit der Beweisaufnahme beibehalten oder aufgegeben werden sollen, unterstellt damit deren grundsätzliche Beibehaltung als selbstverständlich und fragt nur,

1. ob und inwieweit sie in dem gegenwärtigen Gesetze zweckmäßig durchgeführt sind?

und wenn und insoweit das zu verneinen sein sollte,

2. welche Änderungen empfohlen werden können?

Die Aufgabe erschöpft sich mithin in der Untersuchung: Ist die Form, in welche die beiden Grundgedanken der Mündlichkeit und der Unmittelbarkeit für die Verhandlung und die Beweisaufnahme durch die Zivilprozeßordnung gegossen sind, allenthalben zweckentsprechend, und wo nicht, wie ist sie umzugießen?

---

[4]) Vgl. § 9 unter 2.

[5]) „Die Mündlichkeit, der Parteibetrieb, die Beseitigung der schroffen Eventualmaxime, das sind Grundsätze, die auch eine künftige Reform überdauern werden. Es gibt im Volksleben Dinge, die, wenn sie einmal hinweggegangen sind, nie mehr wiederkehren, und dazu gehören auch die Grundsätze des guten alten preußischen Prozesses. Gewiß ist es möglich, daß die Grundsätze der Mündlichkeit, des Parteibetriebes und die Beseitigung der Eventualmaxime Modifikationen erfahren, aber beseitigt werden sie nicht werden." (Abgeordneter Trimborn in der Reichstagssitzung vom 12. Januar 1898 StenBer. 383.)

§ 2.

Mündlichkeit und Unmittelbarkeit.

Mündlichkeit und Unmittelbarkeit sind nicht gleichbedeutend. Die Begründung [6]) hält sie anscheinend dafür; denn sie bezeichnet den Ausdruck „Mündlichkeit des Verfahrens" als ungenau und will ihn durch den Ausdruck „Unmittelbarkeit der Verhandlung" ersetzt und hierunter verstanden wissen, daß die Verhandlung vor dem erkennenden Gericht eine mündliche sein solle. Allein so wenig wie jedes mündliche Verfahren ein unmittelbares zu sein braucht, muß jedes unmittelbare Verfahren ein mündliches sein; theoretisch wäre, wie Kleinfeller [7]) zutreffend bemerkt, ein Verfahren denkbar, in dem der Richter den gesamten Streitstoff selbst, aber mit der Maßgabe entgegenzunehmen hätte, daß nur das schriftlich Festgelegte die Grundlage für seine Entscheidung bilden dürfe.

Nur darin ist der Begründung beizupflichten, daß der noch jetzt gängige Ausdruck „Mündlichkeit des Verfahrens" insofern zu weit ist, als nicht das ganze Streitverfahren, sondern lediglich die Verhandlung [8]) von dem Grundsatze der Mündlichkeit beherrscht wird. Ein rein mündliches Verfahren wie das deutsche Gerichtsverfahren im Mittelalter, in dem sogar der Inhalt der angefochtenen Entscheidung dem Richter des höheren Rechtsgangs mündlich durch Gerichtszeugen übermittelt wurde, läßt sich in einem modernen Rechtsstaate nicht mehr verwirklichen; es findet sich darum auch in keiner der neueren Prozeßordnungen. Nur ein Ausschnitt aus dem Verfahren, und zwar derjenige, aus dem der Richter die Urteilsgrundlage schöpfen soll, die Verhandlung, wird darin mehr oder minder der Mündlichkeitsregel unterstellt.

Mit vollem Grunde heißt es daher in der gestellten Frage „Mündlichkeit der Verhandlung" und „Unmittelbarkeit der Beweisaufnahme".

---

[6]) S. 19 f.

[7]) Lehrbuch des deutschen Zivilprozeßrechts, 2. Aufl. S. 205; vgl. Schmidt, Lehrbuch 2. Aufl. S. 443; Petersen-Anger ZPO. 5. Aufl. S. 311., ferner von Kries in ZStW. Bd. 6 S. 102 f. u. Anm. 12.

[8]) „Dasjenige Verfahren, welches als eigentliche Verhandlung zwischen den streitenden Parteien sich charakterisiert (Begr. S. 20)."

I. Teil.

Die Mündlichkeit der Verhandlung.

§ 3.

Einleitung.

Gleich den früheren deutschen und römisch-deutschen *) bürgerlichen Verfahrensrechten ist auch die deutsche Zivilprozeßordnung auf dem Verhandlungsgrundsatz aufgebaut: der Tatbestand (Tatsachenstoff) für den zu entscheidenden einzelnen Streitfall wird nicht durch amtliche, von dem Willen der Parteien unabhängige Erörterungen des Richters, durch Untersuchung, sondern durch die auf eigener Entschließung beruhenden, freiwilligen Behauptungen, Erklärungen und (Sach- und Beweis-) Anträge der Parteien, durch Verhandlung, gewonnen.

Der Verhandlungsgrundsatz ist m. E. in der ZPO. vollständig durchgeführt. Die Befugnisse und Verpflichtungen aus §§ 139, 502 Abs. 1, 142 bis 144, 501 Z. 1 bis 4 u. Z. 6, 141, 501 Z. 5 bilden keine Ausnahmen; der Richter betätigt sich hier allenthalben nur als der Gehilfe der Parteien und bleibt von deren Entschließungen abhängig. Dasselbe dürfte aber auch gegenüber den Vorschriften der §§ 396, 402, 287, S. 3, 475 zu gelten haben, in denen Kleinfeller (a. a. O. S. 195) den Untersuchungsgrundsatz verwirklicht meint; wo diese Vorschriften, die sich übrigens ebenso wie §§ 395, 402 nicht auf die Verhandlung im engeren und eigentlichen Sinne beziehen, eine Vermehrung des Prozeßstoffs herbeiführen, ist der Träger der Stoffsammlung nicht der Richter, sondern die (von ihm nur unterstützte) Partei, das Erörterte wird hinfällig, das zu Beschwörende gegenstandslos, sobald es die Parteien durch ihre Erklärungen aus dem Streitstoffe wieder ausscheiden oder, soweit vorausgegangen (ZPO. §§ 485 f.), nicht in den Streit einführen. Der von Kleinfeller weiter herangezogene § 404 endlich scheint mir zu der eigentlichen Stoffsammlung überhaupt nicht in unmittelbarer Beziehung zu stehen; grundsätzlich ist der Sachverständige der Gehilfe des Richters bei der Erörterung und Beurteilung des gesammelten Streitstoffs; es ist daher nur folgerichtig, daß dessen Auswahl dem Richter überlassen wird.

Die Verhandlung ist eine mündliche, wenn und insoweit die Behauptungen, Erklärungen und Anträge, um Beachtung zu finden, durch die Rede (den Vortrag) zur Kenntnis des Richters und bezw. der

---

*) Narra mihi factum, narrabo tibi ius; judici fit probatio.

Parteien gebracht werden müssen, der Richter mithin vor seiner und für seine Entscheidung des bei ihm anhängig gewordenen bürgerlichen Rechtstreits nur das, aber auch alles das als Streitstoff zu prüfen und, soweit erheblich, zu berücksichtigen hat, was die Parteien oder Parteivertreter in der Verhandlung vor ihm gesprochen haben und ebenso nur, aber auch alles das, was er selbst innerhalb der ihm gezogenen Grenzen durch seine Rede den Parteien in der Verhandlung erklärt hat [10]); lediglich das gesprochene Wort wird als Verständigungsmittel zwischen den Parteien und dem Richter anerkannt (Mündlichkeitsgrundsatz).

Zur reinen Mündlichkeit in diesem Sinne bekennt sich grundsätzlich auch die deutsche ZPO.; sie bestimmt in § 128: „Die Verhandlung der Parteien über den Rechtstreit vor dem erkennenden Gericht ist eine mündliche" [11]) und will hier den Ausdruck „Verhandlung" gleichfalls in der vorstehend angenommenen engeren und eigentlichen Bedeutung der Festlegung des Streitstoffs durch die Anträge, Behauptungen und Erklärungen der Parteien und des Gerichts [12]), also im Gegensatze zur Beweisaufnahme [13]), ersichtlich verstanden wissen.

In voller Reinheit hat aber der Mündlichkeitsgrundsatz auch für die eigentliche Verhandlung von der ZPO. selbstverständlich nicht durchgeführt werden können. Welche von den sich vorfindenden Ausnahmevorschriften als Durchbrechungen anzusprechen sind, und ob die ursprünglichen oder später hinzugekommenen Ausnahmen bedeutend genug sind, um

---

[10]) In den Erläuterungen zu dem Mündlichkeitsgrundsatze finde ich durchgängig nur die erste — das Verhältnis der Parteien zum Richter — berücksichtigende Seite hervorgehoben; aber auch die andere Seite — das Verhältnis des Richters zu den Parteien — darf, obwohl an Bedeutung zurücktretend, nicht übersehen werden; z. B. darf ein Richter, der zwecks besserer Aufklärung des Sachverhältnisses den Parteien schon vor der Verhandlung durch zugestellten Beschluß bestimmte Ergänzungsfragen vorgelegt hat, aus deren Nichtbeantwortung nur Folgerungen ziehen, wenn er sie in der Verhandlung mündlich wiederholt hat; erst hierdurch wird die Fragestellung Teil des Streitstoffs.

[11]) Vgl. ferner §§ 137, 297, 286, 309 ZPO., sowie Begr. S. 11 ff., 29 ff., 128.

[12]) S. o. Anm. [10]. Daß die ZPO. auch die für den Streitstoff wesentlichen Erklärungen des Gerichts gegenüber den Parteien dem Mündlichkeitsgrundsatze unterstellen will, gelangt verschiedentlich z. B. in §§ 139, 502 ZPO. zum deutlichen Ausdrucke.

[13]) Vgl. (Gaupp-) Stein: ZPO. 10. Aufl. zu § 128 bei II u. Anm. 3 S. 374.

dem Verfahren den von Wach [14]) angenommenen Mischcharakter aufzuprägen, ist eine mehr theoretische Erörterung und ohne Einfluß auf die hier anzustellende praktische Untersuchung, inwieweit die Mündlichkeit der Verhandlung so, wie sie zurzeit in der ZPO. geregelt ist, sich als zweckmäßig bewährt hat oder nicht.

§ 4.

1. Die Schattenseiten der jetzigen Regelung.

Nach eingehender Entwicklung der verschiedenen Verhandlungssysteme und sorgsamer Abwägung ihrer Vorzüge und Nachteile erklärt die Begründung [15]) die Antwort auf die Frage, welchem Systeme die ZPO. sich anzuschließen habe, für kaum zweifelhaft; der Gesetzgeber könne sich, so wird dort ausgeführt, „wenn er die realen Verhältnisse berücksichtigen wolle und berücksichtigen müsse", nur für die volle Mündlichkeit entscheiden, weil nur darin „ein sachlicher Zwang für die Parteien liege, den Rechtstreit überhaupt und zugleich umfassend vor den zu dessen Entscheidung berufenen Richtern in freier Rede und Gegenrede zu verhandeln"; die Begründung [16]) wendet sich hierbei mit bemerkenswerter Schärfe gegen die Gesetzgeber derjenigen Bundesstaaten, die eine halb schriftliche, halb mündliche Verhandlung oder eine schriftliche Verhandlung mit mündlicher Schlußverhandlung eingeführt hatten; sie erblickt in dieser Halbheit denselben Fehler wiederkehrend, in den der Schöpfer der allgemeinen Gerichtsordnung verfallen sei: die nicht genügende Berücksichtigung der realen Verhältnisse. In Erinnerung hieran stimmt es recht nachdenklich, wenn jetzt, drei Jahrzehnte nach der Einführung einer weitgehend mündlichen Verhandlung, derselbe Vorwurf umgekehrt und ebenso unverblümt [17]) gegen den Gesetzgeber der ZPO. erhoben wird. Während nämlich bis vor etwa fünfzehn Jahren zwar nicht ausnahmslos [18]), aber

---

14) Vorträge S. 5 ff.

15) S. 18 f.

16) S. 19, 14 f.

17) Hellwig: Justizreform S. 1 glaubt sogar den „Bankerott unserer Zivilprozeßgesetzgebung" (!) feststellen zu dürfen, der „durch nichts drastischer beleuchtet werde, als durch die Schaffung der Sondergerichte und den Ruf nach weiteren".

18) Vgl. vor allem die scharfe Absage von Bähr: „Der deutsche Zivilprozeß in praktischer Betätigung" in Iherings J. Bd. 23 S. 339 ff., aber auch die Erwiderung von Francke in d. ZZP. Bd. 9 S. 508 ff.

doch überwiegend [19]) anerkannt wurde, daß die mündliche Verhandlung der ZPO. die Probe im allgemeinen gut bestanden habe und die erhobenen grundsätzlichen Angriffe dem Verfahren, wie es von der ZPO. gewollt und bei den Gerichten geübt werde, nicht gerecht würden, ist die Beurteilung neuerdings [20]) in erheblichem Umfange dahin umgeschlagen, daß die Verhandlung nach der ZPO., und zwar nicht, zuletzt wegen der zuweitgehenden Durchführung des Mündlichkeitsgrundsatzes den Ansprüchen des wirklichen Lebens und den Bedürfnissen einer gesunden Rechtspflege nicht oder doch nur unvollkommen zu genügen vermöge. Dieser Meinungsumschlag darf weder über- noch unterschätzt werden. Einerseits haben die Klagen über die Unzweckmäßigkeit unserer mündlichen Verhandlung in der allgemeinen Tadelsucht und Verbesserungswut gegenüber unseren Rechtspflegeeinrichtungen, die Vierhaus [21]) mit Recht als Zeit- und Modekrankheit brandmarkt, einen ungewöhnlich günstigen Nährboden gefunden; dieser Boden hat um seiner ungesunden Bestandteile willen auch viel Unkraut hervorgebracht in Gestalt von Betrachtungen und Vorschlägen, die ihrer ganzen Beschaffenheit nach den treffenden Spott Wachs herausgefordert haben: „Wer in diesen Dingen gerecht urteilen will, muß sie kennen. Und wer sie kennt, wird anders urteilen." [22]) Anderseits stoßen wir in der Reihe der Tadler auf Namen von solchem Klange und Begründungen von solchem Überzeugungsscheine, daß eine erneute ernstliche Prüfung der Berechtigung des Tadels Pflicht wird.

---

[19]) Vgl. den Immediatbericht des Königlich Preußischen Justizministeriums über die Justizverwaltung und Rechtspflege vom 27. Oktober 1887 in ZZP. Bd. 12 S. 13 ff.; Wach in seinem Gutachten über die „Abgrenzung von Richterrecht und Parteibetrieb im Zivilprozeß" für den 26. deutschen Juristentag, Verh. Bd. 2 S. 25, 27; Heinitz ebenda Bd. 3 S. 527; Hamm ebenda Bd. 3 S. 495.

[20]) Vgl. zu den zahlreichen Schriften, die als bekannt vorausgesetzt werden können, noch die teilweise sehr scharfen Kritiken, welche die ZPO. gelegentlich der Beratung der Novelle von 1898 (Sten. Ber. S. 352 bis 428) im Reichstage erfahren hat; Trimborn (a. a. O. S. 383) setzt ihnen mit Recht die Mahnung entgegen: „Ich glaube, es wäre richtiger, statt nach der Richtung hin immer wieder in die Vergangenheit zu schauen, mit frischem frohen Mut sich in die ZPO. hineinzuleben und mit dem einmal Gegebenen zu rechnen. Wir können aber auch die Reform im großen Stile um so ruhiger abwarten, weil sich, wie ich wenigstens meine, unter der gegenwärtigen ZPO. immerhin ganz gut leben läßt".

[21]) ZZP. Bd. 41 S. 263.

[22]) DJZ. 1908 S. 9.

Den Prüfungsmaßstab liefert die Begründung [23]) selber; sie erklärt mit Recht für das oberste Erfordernis einer guten Prozeßordnung, daß sie den Rechtsstreit auf dem einfachsten, kürzesten und sichersten Wege seiner Entscheidung zuführt. Dementsprechend soll untersucht werden, inwieweit die mündliche Verhandlung der ZPO. an das Ideal der Einfachheit, Sicherheit und Kürze heranreicht.

I.

Den Vorzug größtmöglicher Einfachheit hat die mündliche Verhandlung der ZPO. jedenfalls da, wo ausnahmsweise die Parteien oder deren Vertreter an einem ordentlichen Gerichtstage freiwillig vor dem Amtsgericht erscheinen und die Verhandlung beendet wird, ohne daß es sich nötig macht, die Klage zu Protokoll zu nehmen (ZPO. § 500). Hiervon abgesehen haben der mündlichen Verhandlung stets die „bestimmende“ Klag- oder Rechtsmittelschrift (§§ 253, 495, 496, 518, 553), und zwar im amtsgerichtlichen Verfahren soweit erforderlich und nach Bestimmung des Gerichts auch ohne besondere Mitteilungsform (§§ 129, Abs. 2, 496, Abs. 5 ZPO.), sonst regelmäßig und in der Form des (zuzustellenden) Schriftsatzes, „vorbereitende“ Schriften vorauszugehen, die zur vorläufigen Unterrichtung des Gegners und des Gerichts neben den zu stellenden Anträgen und den Beweismitteln den gesamten vorzubringenden Tatsachenstoff bezw. die Revisionsbegründung enthalten sollen (§§ 129 ff., 519, 553, Abs. 2, 554). Sind nun auch (von der Revisionsbegründung abgesehen) die vorbereitenden Schriftsätze inhaltlich unverbindlich, so ist diese Unverbindlichkeit von dem Gesetze, das hierdurch dem Gegner (§ 132) und in zweiter Reihe dem Gericht (§ 133) eine zuverlässige Vorbereitung gewährleisten wollte, doch unverkennbar nur in dem Sinne gedacht, daß Abweichungen von dem schriftlich angekündigten Vorbringen in der mündlichen Verhandlung zwar unbeschränkt zuzulassen sind, in der Tat aber und nicht zuletzt wegen der sonst drohenden Vertagungsgefahr für gewöhnlich nur in geringem Umfange vorkommen möchten und werden [24]). Diese Erwartung hat sich voll bestätigt, und darum mutet es, rein äußerlich betrachtet, etwas umständlich an, wenn das Gesetz unterschiedslos, also auch da, wo der Einzelrichter oder infolge vorausgegangenen Aktenumlaufs das Gericht aus den

---

[23]) S. 8.

[24]) Vgl. auch Stein: Zur Justizreform S. 84.

vorbereitenden Schriftsätzen über den zu erwartenden Tatsachenstoff genau unterrichtet ist, dessen vollständigen Vortrag fordert und nicht vielmehr einen abgekürzten Vortrag gestattet, bei dem etwaige Abweichungen von dem schriftlich Angekündigten noch besonders hervorzuheben wären. Allein die Erschwernis wirkt manchmal auch als Erleichterung. Eine lückenlose schriftliche Vorbereitung des Tatbestands nämlich wird, weil die Ansichten der Beteiligten über das Wesentliche erfahrungsgemäß auseinandergehen, bei schwierigeren Sachen kaum vorkommen. Die notwendigen Ergänzungen aber lassen sich beim vollständigen Vortrage der Schriftsätze an den betreffenden Stellen durch jeweils anschließende Fragen mit geringer Mühe herbeiführen, während sie sich in den abgekürzten Vortrag nicht immer werden einfügen lassen und dann erst nach dessen Beendigung unter mühsamem Aufsuchen der einschlagenden Schriftsatzstellen und mehr oder minder langen gegenseitigen Auseinandersetzungen nachgeholt werden müssen; der abgekürzte Vortrag würde daher keineswegs durchgängig als Vereinfachung empfunden werden. Auf die Bedenken, die überdies vom Einheitlichkeitsstandpunkte gegen jede Verschiedenheit in der Verhandlungsweise der einzelnen Streitsachen zu erheben sind, wird später noch einzugehen sein [25]).

Zuzugeben ist auch, daß der Mündlichkeitsgrundsatz, wie er in der ZPO. verwirklicht ist, die sogen. „große Mündlichkeit", sehr vielfach ein übermäßiges Nebenher von Schriftlichkeit im Gefolge hat, da die Parteivertreter, um beim Vortrage nichts zu übersehen oder, falls es dennoch geschähe, vom Gericht erinnert zu werden, ihre Schriftsätze sowohl nach der tatsächlichen wie nach der rechtlichen Seite breiter und ausführlicher abfassen, als nötig ist [26]); ja die Neigung zu solcher Breite scheint sogar immer mehr zuzunehmen.

II.

Die Sicherheit des Verhandlungsergebnisses kann um der Flüchtigkeit des gesprochenen Wortes willen durch die Mündlichkeit der Verhandlung in der Tat beeinträchtigt werden. Das verkennt auch die Begründung [27]) nicht; sie beruft sich demgegenüber lediglich auf die Erfahrung, daß die richtige Feststellung des Sachverhältnisses in den Ländern, wo das mündliche Verfahren bereits herrsche, nennenswerten Schwierig-

---

[25]) S. u. § 9 unter 1.

[26]) Vgl. ZZP. Bd. 19 S. 547 f. (Abg. Rechtsanwalt Dr Krantz in der Sitzung des Preuß. Abgeordnetenhauses vom 15. Februar 1894).

[27]) S. 22 unten, vgl. ferner den angezogenen Immediatbericht S. 14 ff.

keiten nicht begegnet sei. Daneben darf nicht übersehen werden, daß auch im schriftlichen Verfahren das (richtige) Sachverhältnis nicht so „fest und sicher eingebettet" ruht, wie die Begründung anzunehmen scheint; denn die bloß schriftlich abgegebenen Erklärungen sind Mißverständnissen und unrichtigen Auslegungen sogar in höherem Grade ausgesetzt als die mündlichen, bei denen die anschließende Erörterung durch Rede und Gegenrede die Aufklärung meist ohne weiteres mit sich bringt. Immerhin wird die mündliche Verhandlung der Regel nach eine etwas weniger sichere Grundlage für den Urteilstatbestand bilden als die schriftliche, und diese Unsicherheit wird gesteigert, wenn, wie § 137 Abs. 2 ZPO. vorschreibt, die Vorträge der Parteien in freier Rede gehalten werden. Wird dieser Vorschrift streng nachgegangen, so ist der Richter auch da, wo die Verhandlung durch Schriftsätze vorbereitet ist, genötigt, das Vorgetragene, falls er es nicht zu beurkunden hat (ZPO. §§ 298, 510 a), entweder in allen wesentlichen Beziehungen nachzuschreiben oder an der Hand der Schriftsätze während der Verhandlung nachzuprüfen, ob und inwieweit es sich mit deren Inhalte deckt; und trotz dieser Bemühungen, deren eine so umständlich und verhandlungsaufhaltend ist wie die andere [28]), werden ihm bei der Feststellung des Tatbestands dem Inhalte der vorbereitenden Schriftsätze gegenüber häufig genug Zweifel an der Richtigkeit seiner Niederschrift oder seiner Nachprüfung auftauchen und die Sicherheit seiner Feststellungen gefährden. Die vorbereitenden Schriftsätze, die doch nicht bloß den Gegner und das Gericht über den zu erwartenden Streitstoff vorläufig unterrichten, sondern daneben dem Gericht einen festen Untergrund schaffen sollen, auf den die mündliche Verhandlung den Tatbestand aufbaut, vermögen solchenfalls dieser ihrer weiteren Aufgabe nur noch unvollkommen zu dienen. Wenn freilich der mündliche Vortrag, sei es auch nur in der Mehrzahl der Fälle, so gestaltet werden könnte, wie es Wach in der Z. f. DZP. Bd. 11 S. 68 ff. verlockend ausmalt (sachliche Anlehnung an die Schriftsätze unter Bezeichnung der vereinzelten Ab-

---

[28]) Insbesondere ist die Nachprüfung, inwieweit die mündlichen Vorträge von dem Inhalte der Schriftsätze abweichen, bei wirklich freien Vorträgen keineswegs so einfach, wie der mehrerwähnte Immediatbericht (a. a. O. S. 15) anscheinend voraussetzt; auch der bestvorbereitete Richter wird sich hierbei, sobald die Sache halbwegs umfänglich ist, nicht restlos auf sein Gedächtnis verlassen können, sondern die einschlagenden Schriftsatzstellen während der Verhandlung teilweise aufsuchen müssen, und das wird namentlich dann viel Mühe und Zeit kosten, wenn der Vortragende, wie das die freie Rede so mit sich bringt, auch Reihenfolge und Gedankengang nicht allenthalben einhält.

weichungen, aber durchdachte Verarbeitung ihres Inhalts, Sonderung der unbestrittenen von den bestrittenen Tatsachen, folgerichtige Einteilung nach den maßgebenden Begriffen usw.), dann müßte jedes Bedenken verstummen. Allein, so zustimmend Richter und Anwälte die frohe Botschaft lesen, der nächste bewegte Tag im Getriebe der Praxis zerstört ihnen den Glauben, daß sie je Wahrheit werde.

Daß trotz des § 137, Abs. 2 die Feststellung des Streitstoffs in ihrer Zuverlässigkeit unberührt geblieben ist und Klagen kaum je erhoben worden sind, beruht auf der gerade entgegengesetzten tatsächlichen Handhabung, auf die noch zurückzukommen ist [29]).

III.

Um so häufiger und immer lauter wird über die Verlangsamung geklagt, die infolge der mündlichen Verhandlung in der Erledigung der Streitsachen eintreten soll; ja zuweilen wird der Mündlichkeit der Verhandlung sogar die Hauptschuld an der angeblich überlangen Dauer der meisten Rechtstreite beigemessen [30]). Die Klagen sind gewiß nicht ohne jede Berechtigung, indessen meiner Überzeugung nach stark übertrieben.

Die Behauptung von Klein [31]), daß jede (volle) Mündlichkeit, bisher noch wenigstens am Übermaße des zu bewältigenden Prozeßstoffs zugrunde gegangen sei und — darauf laufen seine Ausführungen hinaus — auch künftig zugrunde gehen werde, wird mindestens in solcher Allgemeinheit durch die Erfahrungen nicht gestützt. Im Gegenteil muß bezweifelt werden, ob eine überwiegend schriftliche Verhandlung unter den heutigen Verhältnissen den Rechtstreit so sehr viel schneller dem Urteil entgegenführen würde, wie viele annehmen. Die mehrfach behaupteten günstigen Erfahrungen, die einzelne Bundesstaaten mit ihrer bisherigen Verfahrensregelung (z. B. Preußen mit seiner Gerichtsordnung) nach dieser Richtung gemacht haben sollen, bieten hierfür keine ausreichende Gewähr; ihr Verfahren wurde zugleich mehr oder minder

---

[29]) S. u. § 8.

[30]) Vgl. z. B. Wilke auf den Verh. des 26. d. Juristentags Bd. 3 S. 545 und im gerade entgegengesetzten Sinne Goldenring in ZZP. Bd. 38 S. 535 Anm. 53.

[31]) Mündlichkeitstypen, Wien 1893, insbes. S. 11 vgl. die entgegentretende Besprechung von Schultzenstein in ZZP. Bd. 20 S. 511 ff.

von Ausschlußvorschriften [32]) (der sogen. Eventualmaxime) beherrscht, und diese, nicht das Verfahren als solches, beschleunigten in der Hauptsache die Erledigung des Streitfalls; solche Ausschlußfristen aber sind mit der Mündlichkeit der Verhandlung grundsätzlich ebenso vereinbar [33]); zugunsten einer weitergehenden Schriftlichkeit ist daher aus jenen Erfahrungen weder mittelbar noch unmittelbar etwas zu entnehmen. Eine schriftliche Verhandlung ohne Ausschlußfristen dagegen verbürgt, wie noch zu zeigen sein wird, der mündlichen Verhandlung gegenüber noch keineswegs eine beträchtliche Beschleunigung des Streitverlaufs.

Aber die allgemein beklagte und mehr wie alles andere verzögerlich wirkende Vertagungsnot? Sie steht mit dem Mündlichkeitsgrundsatze bloß insofern im Zusammenhang, als Vertagungen nur bei mündlichen Verhandlungen möglich sind und infolge von Verhinderungen der Parteien und ihrer Anwälte vielfach eintreten werden [34]), mit der Beseitigung der Mündlichkeit daher von selbst wegfallen würden; der Zusammenhang ist also nur äußerlich. Der innere Grund der Verzögerung liegt hier, wie Neukamp [35]), Peters [36]) und andere überzeugend nachgewiesen haben, zum großen Teile in der Verfügungsgewalt der Parteien über den Gang des Verfahrens (Partei-

---

[32]) Vgl. hierzu Peters: „Prozeßverschleppung, Prozeßumbildung und die Lehren der Geschichte", insbes. S. 67 ff.

[33]) Viele und erst jüngst wieder Volkmar (in Gruchots Beitr. Bd. 55 S. 575) meinen allerdings, daß in einem ausschließlich mündlichen Verfahren für die Eventualmaxime kein Platz sei; sie halten vor dem Einschnitte, von dem ab neues tatsächliches Vorbringen nur noch beschränkt zulässig sein soll, eine erschöpfende schriftliche Aufzeichnung des bisherigen Parteivortrags für unumgänglich. Warum? — grundsätzlich besteht doch, und damit entfällt die gezogene Folgerung, bei einem der Eventualmaxime unterstellten mündlichen Verfahren die Möglichkeit, daß das Gericht davon absieht, das bis zum Einschnitte mündlich Vorgetragene von amtswegen (sei es durch Entgegennahme von Schriftsätzen, sei es zu Protokoll) aktenkundig zu machen und sich nur aus seiner (durch private Niederschriften der Richter unterstützten) Erinnerung darüber schlüssig macht, ob und inwieweit das nach dem Einschnitte Geltendgemachte zugelassen werden darf.

[34]) S. Wach: Die M. im österr. ZPO. E. S. 17: „Jedermann weiß, daß die Parteien und die Anwälte leichter am terminlichen Handeln, als am Schriftverkehre behindert sind."

[35]) Verh. des 26. d. Juristentags Bd. 1 S. 125 ff.

[36]) a. a. O. S. 57 ff., vgl. Holtgreven im Recht 1906 S. 1295 ff., Remelé in ZZP. Bd. 33 S. 397, Hermann Meyer im Recht 1907 S. 738, v. Lang: Die wesentlichen Mängel der ZPO. Tübingen 1897, S. 3.

betrieb, Dispositionsmaxime) [37]), und diese würde — das hätte Neukamp [38]) hervorheben sollen — in einem auf dem Grundsatze der Schriftlichkeit aufgebauten Verfahren notwendig die entsprechende Wirkung äußern [39]).

Dem Mündlichkeitsgrundsatze als solchem kann daher nur derjenige Mehraufwand an Zeit zur Last geschrieben werden, der durch die stattfindenden mündlichen Verhandlungen und den darin zu erstattenden vollständigen Vortrag (ZPO. §§ 128, 137, 297, 285, 286) verursacht wird. Ein solches Mehr an Zeitaufwand erwächst in dreifacher Richtung:

1. Die mündliche Geltendmachung und Entgegennahme des Streitstoffs an Gerichtsstelle beansprucht schon an und für sich mehr Zeit in als die schriftliche. Die Parteien, Anwälte und, soweit sie nicht ständig sich dort aufhalten, auch die Richter müssen sich erst in das Gerichtsgebäude begeben und, wie auch bei nicht überlasteten Gerichten und Anwälten trotz geschickter Terminsanberaumung und möglichster gegenseitiger Pünktlichkeit nicht zu vermeiden ist, bis zur Verhandlung der Sache oft genug noch warten, ein zweifaches Mehr, das dadurch, daß die Parteiausführungen schneller gesprochen als niedergeschrieben und gelesen werden, nicht ausgeglichen wird, und zwar um so weniger, als die Richter zur späteren Unterstützung ihres Gedächtnisses nahezu ausnahmslos einen mehr oder

---

[37]) Daß daneben viele andere Umstände (die geschäftliche Überlastung der Richter und Anwälte, die Schwierigkeiten der Terminswahrnehmungen an großen Gerichten infolge des Zusammentreffens verschiedener Termine usw.) zur Vermehrung der Vertagungen beitragen, ist allgemein anerkannt.

[38]) a. a. O. S. 222.

[39]) Eine weitgehende Einführung des Amtsbetriebs, wie sie von hochangesehenen Rechtslehrern und Richtern (Wach, Peters, Neukamp, Hamm) vorgeschlagen wird, vermag ich dessenungeachtet nicht zu befürworten. Das Heilmittel scheint mir schlimmer als das Übel. Mit Recht fragt Stein (a. a. O. S. 103): „wenn die Parteien, die alleinigen Interessenten, nicht schnell prozessieren wollen, wem zuliebe sollen wir sie dazu zwingen?" Das scheint mir unwiderleglich und auch wirtschaftlich gesund; denn oft genug beruht die Langsamkeit der Streitführung auf wohlerwogenen Interessen (Abzahlungsvertagungen, Vergleichsverhandlungen, Vorstreite usw.), die durch eine ungewollte Beschleunigung gefährdet werden könnten; allein die Partei und nicht auch der Richter muß darüber herrschen, welches Verfahren ihren Interessen förderlich ist und welches nicht; eine aufzwingende Bevormundung der Parteien ist mangels eines überwiegenden staatlichen Interesses hier nicht am Platze. Gewiß ist jeder Streit ein wirtschaftliches Übel; aber derjenige, den die Parteien vorläufig nicht fortführen wollen, ist so lange, bis sie ihn neu beleben, nicht eigentlich ein Streit.

minder großen Teil des Vorgetragenen in der Verhandlung werden niederschreiben müssen. Vor allem aber werden die mehreren Verhandlungstermine, die in streitigen Sachen fast immer notwendig werden, unter sonst gleichen Verhältnissen gewöhnlich einen längeren Zeitraum umfassen als ein entsprechender schriftlicher Verkehr. Ob freilich der Unterschied so bedeutend sein wird, wie manche glauben, steht dahin. Bei der fortwährend sich steigernden Schwierigkeit und Vielgestaltigkeit der Streitsachen, welche die stetig zunehmende Fülle der Lebensverhältnisse erzeugt, würde ein gegenseitiger Schriftenwechsel der Parteien ohne jede richterliche Mitwirkung selbst bei mündlicher Schlußverhandlung zur völligen Klarstellung der Streitpunkte nur ausnahmsweise genügen. So wenig wie die parteiische [40]) Vorbereitung durch rechtskundige Rechtsanwälte kann ein irgendwie verwickeltes Streitverhältnis zu und während der Herausgestaltung des Streitstoffs die unbefangene Betrachtung durch den rechtskundigen Richter entbehren. Was jetzt nach § 139 Abs. 1 und 2 ZPO. in den mündlichen Verhandlungen, zumeist in der ersten Verhandlung und oft nach erst unvollständigem Schriftsatzwechsel, gegenseitig erörtert, aufgeklärt und zur weiteren Aufklärung anheimgegeben wird, müßte daher, wenn keine oder nur eine mündliche Verhandlung stattfände, durch schriftliche richterliche Zwischenverfügungen und deren schriftliche Beantwortung durch die Parteien zu erreichen versucht werden; und wieviel Zeit, ganz abgesehen von der Unvollkommenheit dieses Ersatzes, solchenfalls im Vergleiche zu der allerdings sehr verzögernden Verhandlungshäufung erspart würde, wäre immerhin erst zu erproben. Zudem bieten die mündlichen Verhandlungen mit ihrer jeweiligen offenen Aussprache zwischen Gericht und Parteien dem Verhandlungsleiter bessere Gelegenheit, auf eine Vereinfachung und Zusammendrängung (Konzentration) des Streitstoffs durch Ausscheidung von überflüssigem Beiwerke hinzuwirken, und insofern wird mittelbar doch auch manche Beschleunigung des Streitverlaufs erzielt. Ein gewisses Mehr an Zeitverbrauch aber ist bei voller Mündlichkeit der Verhandlung in der Tat kaum zu vermeiden Dieses Mehr wird sich im allgemeinen und mit der eben besprochenen Einschränkung in demselben Verhältnisse vermindern, in dem die Schriftlichkeit des Verfahrens zur Durchführung gelangt.

2. Wo die mündliche Verhandlung durch Schriftsätze vorbereitet ist, werden sich der Amtsrichter und von den Kammern und Senaten min-

[40]) Ich gebrauche den Ausdruck bloß der Kürze halber ausschließlich in dem Sinne, daß der Anwalt in erster Reihe die Interessen seiner Partei wahren muß und wird, also ohne jeden üblen Beigeschmack.

destens der Vorsitzende und der Berichterstatter, nicht selten sogar alle Mitglieder über den gesamten Streitstoff und je der Anwalt der Gegenpartei über das Vorbringen des anderen Teils aus ihnen schon vor der Verhandlung pflichtgemäß unterrichten, und wenn und soweit die Streitteile bereits unterrichtet sind, ist die vollinhaltliche Wiederholung nicht nur als Erschwernis (s. o. bei I), sondern auch als Verzögerung grundsätzlich zu beanstanden; sie kann dann ganz oder teilweise entbehrlich und in diesem Umfange Zeitvergeudung sein, indessen bloß unter der Voraussetzung, daß der Inhalt und die Fassung der Schriftsätze die Möglichkeit von unrichtigen Auffassungen seitens des Gerichts oder des Gegners ausschließen; denn gegen verborgene Auffassungsverschiedenheiten und Mißverständnisse, die eine vollständige mündliche Verhandlung nahezu ausnahmslos ans Licht bringt, bieten der Schriftenwechsel und auch der abgekürzte Vortrag viel geringeren Schutz. Der Vorwurf der Zeitvergeudung wird daher im allgemeinen nur bei einfach liegenden Sachen gerechtfertigt sein.

3. Das Mehr an Zeit, das nach dem vorstehend Ausgeführten die Mündlichkeit der Verhandlungen im einzelnen Streitfalle verbraucht, verzögert nicht nur dessen Austrag, sondern schiebt zugleich die Erledigung der übrigen bürgerlichen Streitsachen in entsprechendem Maße zurück; Richter und Anwälte hätten ohnedem jene Zeit bereits zur Bearbeitung neuer Sachen verwenden können. Erst in dieser mittelbaren Verlangsamung aller Verfahren liegt der eigentliche Nachteil.

4. Peters[41]) erblickt eine weitere durch die Mündlichkeit verursachte Erschwerung und Verzögerung des Verfahrens in der für die Gerichte nicht gerade angenehmen, zeitraubenden und überaus verantwortlichen Obliegenheit der Anfertigung eines Tatbestandes in dem jetzt erforderlichen Umfange. Doch erwartet er von der Einschränkung der Mündlichkeit nicht, wie der Eingang seiner Ausführungen (S. 170) vermuten läßt, den Wegfall des Tatbestands, sondern lediglich dessen Beschränkung auf eine Sachdarstellung, die sich damit begnügen kann: „nach Maßgabe des Inhalts der Schriftsätze und der in der mündlichen Verhandlung zu Protokoll festgestellten Erklärungen den Sachstand, d. h. die zur Begründung des klägerischen Anspruchs geltend gemachten Tatsachen, soweit sie unstreitig sind, und sodann den Streitstand, die bestrittenen, zu jenem Zwecke aufgestellten Behauptungen und die Verteidigung des Beklagten, deren Widerlegung durch den Kläger usw. unter Hervorhebung

---

[41]) a. a. O. S. 170 ff.

der gestellten Anträge darzustellen" (S. 172). Allein auch der § 313 ZPO. fordert doch nur eine gedrängte Darstellung des Sach- und Streitstandes; die häufige Nichtbeachtung dieser Vorschrift aber beruht gerade auf Zeitmangel, denn eine übersichtliche Zusammendrängung des Wesentlichen ist erfahrungsgemäß schwieriger und nimmt mehr Zeit in Anspruch als die kritiklose Breite. Was offenbar unwesentlich ist [42]), darf und soll auch im jetzigen Tatbestande wegbleiben. Wenn Peters darüber hinaus nur dasjenige in den Tatbestand aufgenommen wissen will, „was vom Standpunkte des erkennenden Gerichts Einfluß auf die Entscheidung hat", und hiervon Entlastung erhofft, so bezweifle ich sowohl die Vereinfachung wie die Zeitersparnis. Nichts hilft besser zum Klarwerden als der Versuch, das Gedachte niederzuschreiben. Der Richter wird nicht selten während der Ausarbeitung der Entscheidungsgründe seine Auffassung über das Wesentliche sehr ändern; dann wäre er zu einer nachträglichen Ergänzung, Verkürzung oder völligen Umarbeitung des Tatbestands genötigt und würde dabei von der etwa gewonnenen Zeit viel wieder verlieren. Beträchtliche Zeit zusetzen aber würden die Richter des folgenden Rechtszugs; hätten sie doch nunmehr die gesamten Schriftsätze und Protokolle daraufhin durchzusehen, ob sich darin etwas vorfinde, was sie im Gegensatze zu dem Vorderrichter für erheblich ansehen würden. Könnten ferner auch, da „das Sachverhältnis fest und sicher gebettet in den Akten liegt" (S. 172), die Beweisangebote, Beweisanordnungen und Beweisergebnisse aus dem Tatbestande gänzlich fortgelassen werden, so dürfte hieraus wiederum kein Zeitgewinn von Belang erwachsen. Der gewissenhafte Richter wäre zur Vorbereitung seiner Beurteilung darum doch nicht der Mühewaltung überhoben, sie sich übersichtlich zusammenzustellen, und hat solchenfalls durch die Aufnahme seiner Zusammenstellung in den Tatbestand nur eine kaum nennenswerte Mehrarbeit; für die Rechtsmittelrichter aber wäre auch diese Fortlassung aus dem bereits angeführten Grunde eine neue zeitkostende Erschwerung. Die Notwendigkeit des vollständigen Tatbestands halte ich darum eher für eine Licht- als eine Schattenseite des mündlichen Verfahrens.

---

[42]) Nicht etwa bloß Ungeheuerlichkeiten, wie sie vereinzelt in Schriftsätzen vorkommen und deren eine aus dem Anfange meiner Richtertätigkeit mir eben einfällt; da fand ich in einem Schriftsatze (der Streit betraf ein Gesellschaftsverhältnis) den folgenden besonderen Absatz: Der Kläger und der Beklagte begaben sich in die Schankwirtschaft von X. und tranken dort Bier, der Kläger einen Schnitt Lager, der Beklagte ein kleines Bayrisch. Beweis: Eideszuschiebung.

Der Anteil, der dem unter 1 bis 3 behandeltem Mehraufwand an Zeit als Ausfluß des Mündlichkeitsgrundsatzes im Verhältnisse zu der Anerkennung der Parteiverfügungsgewalt und den sonstigen mitwirkenden Ursachen an dem langsameren Verfahrensgange zuzurechnen ist, läßt sich mangels hierfür nicht zu beschaffender Unterlagen ziffernmäßig nicht feststellen, sondern nur schätzen. Zur Bestimmung wären insbesondere neue statistische Erhebungen darüber, ob bezw. wo und in welchem Maße die Verlangsamung neuerdings zugenommen hat, ebensowenig verwertbar, wie es die bereits veröffentlichten derartigen Ergebnisse gewesen sind und sind; nicht einmal zu irgendwelchen Vergleichen würden sie zu benutzen sein, da die Mündlichkeit bekanntermaßen verschieden streng gehandhabt wird und auch die sonstigen Verhältnisse bei den einzelnen Gerichten nicht gleich liegen. Auf Grund meiner eigenen Erfahrung möchte ich annehmen, daß jener Anteil zumeist überschätzt wird. Wo und solange der Mündlichkeitsgrundsatz des Gesetzes nicht in starrem Buchstabengehorsam überspannt wird, kann seine verzögernde Einwirkung kaum so übermäßig sein, als daß sie nicht ertragen werden könnte.

Darin liegt keine Verkennung der Beschleunigungsbestrebungen. Die segensreichen Wirkungen jeder Beschleunigung der Rechtspflege, die ohne Beeinträchtigung ihrer Güte zu erreichen ist [43]), sind unbestreitbar und mit allem Ernste zu erstreben. Die auffallende Häufung von Klagen über den langsamen Gang unseres bürgerlichen Verfahrens, die in den letzten Jahren zu beobachten war, findet jedoch — das muß auch in diesem Zusammenhange mit Nachdruck eingehalten werden — in den tatsächlichen Verhältnissen überhaupt nur teilweise ihre Rechtfertigung. So ungeheuerlich schleppend, wie manche Verbesserungswütige es malen, ist unser bürgerliches Streitverfahren denn doch nicht, weder für sich genommen, noch im Vergleiche zu den Zuständen, die vor der Einführung der ZPO. geherrscht haben; das wird von berufenster Seite [44]) mit dankenswerter Entschiedenheit betont. Viele Klagen entquellen einer neuzeitlich gesteigerten Empfindlichkeit gegenüber der Streitdauer, die nur zum Teile in einer entsprechenden Steigerung des Bedürfnisses ihre Erklärung findet. Zum anderen Teile kommen hier, darin ist Stein [45]) durchaus beizutreten, die bestechenden Einflüsse zur Erscheinung, die fremde Vor-

[43]) S. u. § 9 unter 5.

[44]) Wach: Die Mündlichkeit im österr. ZPO. S. 21, s. aber auch Neukamp in d. DJZ. 1907 S. 177/178.

[45]) a. a. O. S. 102.

bilder, darunter nicht ohne Berechtigung die österreichische ZPO. und noch mehr ihr geistvoller Schöpfer und Vorkämpfer, auf die deutsche Juristen- und Laienwelt ausgeübt haben. Ihre Übertragung auf die vielfach anders liegenden deutschen Verhältnisse gewährleistet indessen eben darum noch keineswegs denselben Erfolg. Eine gewisse Vorsicht sowohl dem überlauten Jammer wie den angepriesenen Abhilfen gegenüber ist hiernach allerdings geboten.

2. Die Unterlagen für die vorzuschlagende Abhilfe.

§ 5.

Vorbemerkung.

Ist nach dem Ausgeführten auch daran festzuhalten, daß die Schwierigkeiten und Mißstände, die gemeinhin der Mündlichkeit als solcher zur Last gelegt zu werden pflegen, auf diese nur zu einem Teile zurückzuführen und zudem einigermaßen übertrieben sind, so sind sie immerhin noch groß genug, um den dringenden Wunsch und die ernstlichste Bemühung noch einer Besserung zu rechtfertigen. Die gewollten dahinzielenden Vorschläge aber müssen ihren Nährboden in dreifacher Richtung suchen: in dem bereits Vorgeschlagenen, in dem anderswo Bewährten oder Neueingeführten und nicht zuletzt in der Handhabung der geltenden Mündlichkeitsbestimmungen, denn die Art und Weise, wie die Beteiligten sich mit den Mißständen abzufinden suchen, wird oft den Weg zur Abhilfe zeigen.

§ 6.

a) Die bisherigen Abänderungsvorschläge.

Zur Beseitigung der vorhandenen, wenngleich, wie nochmals betont sei, vielfach übertriebenen Schwierigkeiten und Mißstände, welche die jetzige strenge Durchführung des Mündlichkeitsgrundsatzes zeitigt, sind eine ganze Reihe verschiedener Vorschläge veröffentlicht worden. Sie scheiden sich in zwei Hauptgruppen, je nachdem sie die Abhilfe durch eine Einschränkung der Mündlichkeit in der Verhandlung oder durch andere Mittel zu erreichen suchen.

I.

Die jetzt [46]) vielfach begehrte Einschränkung der Mündlichkeit wird entweder für alle Verhandlungen aller Rechtszüge oder

---

[46]) Noch im Jahre 1892 glaubt Seuffert (ZZP. Bd. 17 S. 278) in der Annahme nicht zu irren, daß „die große Mehrzahl der im Zivil-

nur für bestimmte Rechtszüge, Verfahren, Verfahrensausschnitte, Fälle oder Tatbestände gefordert.

1. Der grundsätzlichen Einschränkung der mündlichen Verhandlung weist Adickes [47]) die wohl von allen ihren Anhängern gutgeheißene allgemeine Richtung in dem Satze: „Vor allem gilt es, das Verfahren durchweg umzugestalten, das „Prinzip der Mündlichlichkeit als solches auszutreiben und Mündlichkeit und Schriftlichkeit je nach Bedürfnis dort zu verwenden, wo sie dem Zwecke rascher und sicherer Prozeßführung am besten entsprechen." Verschieden sind dagegen die Auffassungen darüber, wo und in welchem Umfange das schriftliche Verfahren dem mündlichen vorzuziehen ist und verschieden dementsprechend die Mittel und Wege, die zur „Austreibung" der Mündlichkeit führen sollen.

a) Im weitesten Maße, nämlich durch Wiedereinführung des preußischen schriftlichen Verfahrens mit der mündlichen Schlußverhandlung [48]), hat sie schon im Jahre 1885 Bähr [49]) mit allem Nachdrucke befürwortet; er hat seine Ausführungen jedoch mit so offensichtlich übertriebenen Angriffen gegen die geltende ZPO. verbunden [50]), daß die gesunden Gedanken, die sich darin finden, zu wenig hervortreten und nicht zur Geltung kommen. Streng sachlich, auf breiter wissenschaftlicher Grundlage und unter besonderer Verwertung der Prozeß-

---

prozesse beschäftigten praktischen Juristen eine Änderung des Gesetzes in diesem Punkte nicht für nötig hält".

[47]) „Grundlinien durchgreifender Justizreform" S. 118; ebenso verlangt Schneider in ZZP. Bd. 37 S. 372 ff. ganz allgemein, daß „die zeitverschwendende Mündlichkeit in angemessener Weise durch Schriftlichkeit ersetzt werde", vgl. auch Klein: „Mündlichkeitstypen" und Schultzenstein in ZZP. Bd. 20 S. 511 ff.

[48]) Vgl. auch Begründung, S. 12 ff.

[49]) Iherings J. Bd. 23, S. 339 ff.

[50]) a. a. O. S. 432: „Bleiben die Zustände, wie sie gegenwärtig sind, so wage ich vorauszusagen, daß im Laufe eines Menschenalters der Wert unserer Rechtsprechung durch die Verlotterung des Prozesses tief gesunken sein wird"; vgl. hierzu die Kritik von Francke (ZZP. Bd. 9 S. 508 ff.), der die Stellungnahme Bährs geradezu als „Haß gegen die ZPO." bezeichnet, auch die ersichtlich auf ihn und seine Anhänger gemünzte Ironie von Drucker (Sächs. RpflA. 1911 S. 439), daß „es noch heute gescheite Leute gebe, denen die ZPO. als der entartete Thronräuber des seligen preußischen Verfahrens erscheine".

geschichte hat neuerdings Peters[51]) die Bährschen Vorschläge auf Wiedereinführung eines in der Hauptsache schriftlichen Verfahrens[52]) ihrem Kerne nach wieder aufgenommen, er verlangt (neben und als Folge[53]) der wiedereinzuführenden Eventualmaxime) für die Sammlung und Festlegung des tatsächlichen Streitstoffs die Schriftlichkeit; das Verfahren soll dann aus zwei festen Abschnitten bestehen, dem vom Gerichte zu leitenden Schriftwechsel und der mündlichen Verhandlung, in der das Streitverhältnis den damit noch nicht bekannten Gerichtsmitgliedern vorzuführen und in rechtlicher und tatsächlicher Hinsicht zu erörtern ist.

Eine ähnliche Antwort gibt Ernst Fuchs[54]) auf die von ihm aufgeworfene Frage, wie ein „natürlicher" Zivilprozeß sich abspielen würde: „Die Parteien müßten alle ihre Behauptungen und Beweismittel rechtzeitig innerhalb bestimmter angemessener Fristen dem Gerichte mitteilen. Das Gericht würde danach eine Hauptverhandlung ansetzen, in die alle ihm erheblich dünkenden Beweismittel geschafft würden. Diese Hauptverhandlung würde vorbereitet werden, indem das Gericht beiden Parteien noch alle Fragen mitteilte, auf die es voraussichtlich Wert legt, damit die Parteien die vom Gericht noch für erheblich erachteten Punkte ermitteln und darüber Auskunft geben könnten. Alsdann würde zur Hauptverhandlung mit unmittelbarer Beweisaufnahme geschritten, und an diese schlössen sich im Anwaltsprozeß die Plaidoyers."

Noch mehr gedenkt Riedner[55]) die mündliche Verhandlung einzuengen; während nach Peters die gesamten[56]) Ergebnisse des Schriftenwechsels, der gesamte Streitstoff, mündlich dem Gerichte vorgeführt und in rechtlicher und tatsächlicher Beziehung erörtert werden sollen, will Riedner, daß — nach vorausgegangenem „unbedingt

---

[51]) In Gruchots Beitr. Bd. 51 S. 89, „Die Beschleunigung und Vereinfachung des bürgerlichen Streitverfahrens", Berlin 1908, S. 17, und namentlich „Prozeßverschleppung, Prozeßumbildung und die Lehren der Geschichte". Berlin 1904; hierzu die Kritik von Remelé in ZZP. Bd. 33 S. 397 ff.; vgl. Cohn in JW. 1911 S. 267 ff. und dagegen Zelter ebenda S. 433 ff.

[52]) Vgl. Remelé in ZZP. Bd. 33 S. 399.

[53]) S. hiergegen § 4 unter III S. 270 f., sowie unten S. 286, ferner Kleinfeller in der Festgabe für Hänel, S. 393 ff.

[54]) „Recht und Wahrheit in unserer heutigen Justiz." S. 89 und Holdheims MSchr 1907 S. 305.

[55]) a. a. O. S. 14.

[56]) a. a. O. S. 137.

erforderlichem" Aktenumlaufe [57]) — sich die mündliche Verhandlung darauf beschränkt, das von und zu dem Akteninhalt Abweichende und Zuergänzende vorzutragen und in freier Rede die strittigen Punkte für die richterliche Entscheidung herauszuarbeiten.

Auf eine Einschränkung der Mündlichkeit für alle Rechtsgänge soll, wie er selbst erklärt, auch der Vorschlag von Schwartz [58]) zielen, das tatsächliche Vorbringen auf den ersten Rechtsgang zu beschränken oder, in seiner Ausdrucksweise „nur eine Tatsachen-Instanz" zuzulassen; Schwartz vertritt sogar die Auffassung, daß sein Vorschlag nur bei schriftlicher Stoffsammlung ausführbar sei, weil bei mündlicher Verhandlung, wie er unter Berufung auf Wach [59]) geltend macht, „Akteninhalt und Prozeßinhalt sich nicht decken". Dem vermag ich — ohne hier zu dem Vorschlage selbst Stellung zu nehmen — nicht beizupflichten. Der (der Berichtigung zugängliche) Tatbestand und die darin in bezug genommenen Protokolle, Schriftsätze und sonstigen Urkunden legen das (mündlich, wie gezeigt, überdies leichter klarzustellende) tatsächliche Streitverhältnis annähernd (s. o. § 4, II) ebenso zuverlässig fest wie die Parteischriften [60]); eine Nachprüfung de facto erweist sich daher nach mündlicher Verhandlung so sehr oder so wenig nötig wie nach jedem sonstigen Verfahren.

Eine mehr verschleierte Einschränkung der Mündlichkeit befürwortet auch von Kraewel [61]), indem er die mündliche Verweisung auf den Inhalt der Schriftsätze genügen lassen und den jetzigen § 129 ZPO. dahin abgeändert wissen will: „Der Anwaltsprozeß beginnt mit dem Schriftenwechsel. Die in den Schriftsätzen enthaltenen Erklärungen können bei der mündlichen Verhandlung abgeändert werden."

Endlich sind noch die weniger einschneidenden Vorschläge zu nennen, den mündlichen Vortrag in gewissem Umfange, etwa den Neuvortrag

---

[57]) Der Aktenumlauf soll nach Bährs Zeugnisse (a. a. O. S. 411) früher in Mecklenburg vorgeschrieben gewesen sein; dagegen H. Meyer im Recht 1907 S. 733.

[58]) Erneuerung deutscher Rechtspflege S. 128 ff.; die ebendort S. 112, 116 mit großem Nachdrucke verlangte Beseitigung des Anwaltszwangs, die m. E. sehr schaden würde, soll die Einschränkung ebenfalls vorbereiten helfen.

[59]) Vorträge S. 248.

[60]) Soweit aber die jetzt geltenden Vorschriften nicht ausreichen sollten, könnten sie doch ohne Verlassen des Mündlichkeitsgrundsatzes ergänzt werden, vgl. Remelé in ZZP. Bd. 33 S. 400.

[61]) ZZP., Bd. 4, S. 246 ff. (255).

infolge Richterwechsels, den Vortrag des bisherigen Sach- und Streitstands in der Berufungsverhandlung, der Ergebnisse von Beweisaufnahmen vor dem beauftragten oder ersuchten Richter u. a., durch die Berichterstattung eines Richters zu ersetzen (Coith im Sächs. Archiv 1901 S. 295 ff., vgl. von Sommerlatt ebenda 1897 S. 139 ff.), dafern dies nicht schon nach geltendem Rechte zulässig sein sollte [62]) und, was jetzt zweifellos unstatthaft wäre, den Streitstoff des oder der vorausgegangenen Rechtszüge für das übergeordnete Gericht, das Ergebnis einer übertragenen Beweisaufnahme für das übertragende Gericht als offenkundig zu behandeln (Peters bei Gruchot 51 S. 66, Wach, Vorträge S. 6 f.).

b) Auf die wahlweise (fakultative) Schriftlichkeit kommen Noest [63]) und mit Beschränkung auf den Amtsgerichtsstreit Jastrow [64]) in dem Sinne zu, daß die Parteien und das Gericht gemeinsam darüber bestimmen, zunächst ob und hiernach in welchem Umfange mündlich verhandelt werden soll; dem Gerichte soll es einerseits freistehen, wo es in Übereinstimmung mit den Parteien die mündliche Verhandlung für überflüssig erachtet, auf deren Antrag von einer Terminsanberaumung abzusehen und auf Grund der Schriftsätze zu entscheiden, anderseits, wo mündlich verhandelt wird, sich mit den Parteien über diejenigen Teile des Akteninhalts zu verständigen, wegen deren eine mündliche Aussprache dem Gerichte oder einer Partei wünschenswert erscheint, so daß nur diejenigen Punkte darin zur Sprache kommen sollen, deren Erörterung das Gericht anordnet oder einer der Streitteile beantragt. Den Verfassern scheint hiernach zwar die abgekürzte mündliche Verhandlung als der Regelfall vorzuschweben, doch behalten sie die volle Mündlichkeit gleichwohl grundsätzlich bei, da sie eine auch bloß teilweise Ausschaltung nur dann zulassen, wenn das Gericht und beide Streitteile hierüber einverstanden sind. Jastrow betont dies in seinen Leitsätzen sogar sehr stark; danach soll die Verhandlung auch in Zukunft mündlich, jede Partei zum Vortrag in freier Rede berechtigt, jedoch die bloße Erörterung des Streitverhältnisses und die Bezugnahme auf Schriften gestattet sein, insoweit die Parteien einverstanden sind und das Gericht das Verfahren

---

[62]) Vgl. Wach, Enquete S. 103 ff.

[63]) „Vorschläge zur Verbesserung unseres Prozeßverfahrens" (Berlin, Heymann, 1910) S. 9 ff., grundsätzlich zustimmend Schneider in ZZP. Bd. 40 S. 350, dagegen Volkmar in Gruchots Beitr. Bd. 55 S. 604.

[64]) Verh. des 29. DJT. Bd. 2 S. 115 ff. und Recht 1907 S. 360/61.

für angemessen hält [65]); er will die mündliche Verhandlung vor dem Einzelrichter bloß da unterlassen oder beschränkt wissen, wo sie teils wegen der Einfachheit der Sache, teils umgekehrt wegen ihrer für die mündliche Verhandlung nicht geeigneten Schwierigkeit nach der übereinstimmenden Meinung aller Beteiligten „eine Form" sein würde. Auf derselben Linie bewegt sich der Vorschlag von Kade [66]), doch will er im Anschluß an Holtgreven [67]), daß auch „beim wiederholten, unaufgeklärten oder ungerechtfertigten Nichtverhandeln" der Parteien der Richter „nach Lage der Akten, also auf Grund des bisherigen schriftlichen Vorbringens allein" die Entscheidung fälle; die Berechtigung hierzu, mindestens die, einen Beweisbeschluß zu fassen, will auch Straehler [68]) dem Richter einräumen, nicht jedoch, wie anscheinend Kade, als Rechtsverlust (gewissermaßen Bestrafung) infolge des wiederholten Nichtverhandelns, sondern auf Grund einer mangels abweichender Parteierklärung platzgreifenden Vermutung eines (zulässigen) Verhandlungsverzichts und darum sofort beim ersten Nichterscheinen der Parteien; ob die betreffende Voraussetzung gegeben ist, soll also in dem einen wie dem anderen Falle lediglich der Richter entscheiden. Umgekehrt wird allein den Parteien jedoch nur gemeinschaftlich die Bestimmung der Schriftlichkeit eingeräumt von Max Jacobsohn [69]), der folgende Vorschrift vorschlägt: „Beantragen die Parteien übereinstimmend vor dem Termin durch schriftlichen zu den Gerichtsakten eingereichten Antrag, nach Lage der Akten zu entscheiden, so hat das Gericht die Entscheidung zu treffen und den Parteien auf Antrag mitzuteilen." Schließlich, damit auch die letzte Möglichkeit nicht fehle, soll nach Seraphim [70]) (bei Einverständnis des Gerichts) der einseitige Parteiantrag genügen; er möchte in Anlehnung an § 145 der russischen ZPO., daß je auf Antrag in Abwesenheit des Klägers verhandelt und ebenso dem Beklagten die schriftliche Entgegnung verstattet werde, beides unbeschadet der Befugnis des Gerichts, das persönliche Erscheinen der Parteien anzuordnen. Schmale [71]) beschäftigt sich nur mit den Amtsgerichtsstreiten und will hier neben dem mündlichen Verfahren, das namentlich für die

---

[65]) Vgl. § 502 Abs. 2 ZPO.
[66]) ArchBürgR. Bd. 30 S. 194.
[67]) Recht 1906 S. 1297.
[68]) Verh. des 26. DJT. Bd. 3 S. 573.
[69]) Im Recht 1907 S. 298.
[70]) Pos. MSch. 10. Jahrgang S. 83 f.
[71]) JW. 1907 S. 537 ff.

kleineren Amtsgerichte bestehen bleiben werde, ein (völlig) „schriftliches Verfahren, vielleicht mit Anwaltszwang“, verstatten, über dessen Voraussetzungen und Ausgestaltung er sich nicht näher ausspricht; ebenso Herz [72]), jedoch nur auf beiderseitigen Antrag.

2. Die Einschränkung (Beseitigung) der Mündlichkeit für bestimmte Einzelvorgänge, Rechtszüge, besondere Verfahren, Verfahrensteile, Fälle oder Tatbestände vertritt in erster Reihe Stein; er will die mündliche Verhandlung überall da ausschließen, wo sie „lediglich des Prinzips wegen gefordert wird“, sachlich aber seiner Meinung nach zur Vorbereitung der nachfolgenden Entscheidung durchaus unnötig, demnach, wie Peters [73]) es ausdrückt, „nichts als eine lästige Form“ ist; als Beispiele führt er an: die Verhandlung darüber, ob eine Beweisaufnahme nachträglich einem auswärtigen Richter übertragen werden soll und umgekehrt, und weiter die Verhandlung in allen nicht streitigen Sachen, hier verbunden mit einer Ausgestaltung des Mahnverfahrens (zum Schuldbeitreibungsverfahren) für die Amtsgerichtsstreite und der Einführung des Vortermins für die Landgerichtsstreite [74]).

Der von Stein geformte Satz gibt im Grunde nur den Leitgedanken wieder, auf dem alle Einschränkungsvorschläge mehr oder minder beruhen und beruhen müssen, daß nämlich die mündliche Verhandlung, soweit ihre Einschränkung vorgeschlagen wird, schädlich, überflüssig oder mindestens entbehrlich sei oder doch im Einzelfalle sein könne. Auch die geltende ZPO. hat diesen Gedanken von vornherein in allen denjenigen Fällen verwirklicht, wo sie die Mündlichkeit der Verhandlung zur Wahl stellt, sei es des Gerichts, das ohne mündliche Verhandlung entscheiden kann (z. B. §§ 37, 126, 225, 46, 49, 406, 573), sei es der Partei, soweit diese eine Prozeßhandlung mit gleicher Wirkung mündlich oder schriftlich vornehmen darf (z. B. §§ 224 Abs. 2, 89 Abs. 2). Dieselbe Erwägung liegt ferner der weiteren Einschränkung zugrunde, welche die Mündlichkeit zufolge der Novelle vom 5. Juni 1905 für das Revisionsverfahren durch die §§ 554a Abs. 2, 556 Abs. 2 gefunden hat [75]).

Die zahlreichen Einzelvorschläge, die in der eingangs bezeichneten Richtung gemacht werden, gelten darum ihrem Kerne nach immer nur der

---

[72]) DJZ. 1907 S. 167.

[73]) In Gruchots Beitr. Bd. 51 S. 66.

[74]) a. a. O. S. 81, 92 ff.

[75]) Vgl. Drucks. des Reichstags, 11. Legisl.-Periode, I. Session S. 2420 4522; die Anregung, für die ganze Revisionsverhandlung die Schriftlichkeit wahlweise zuzulassen, wurde dagegen abgelehnt.

tatsächlichen Erwägung, wo und in welchem Umfange die mündliche Verhandlung entbehrt werden kann, so:

a) das amtsgerichtliche Verfahren selbständig zu ordnen und hier zwecks Vereinfachung, Beschleunigung und Verbilligung andere Grundsätze einzuführen als für die Verfahren vor den höheren Gerichten, darunter eine Einschränkung der mündlichen Verhandlung, und zwar meist in weiterem Maße, als der § 502 ZPO. in seiner jetzigen Fassung es vorsieht (vgl. Schwartz: die Novelle vom 17./20. Mai 1898 und die künftige Zivilprozeßreform S. 144 ff., Schiffer in DJZ. 1902 S. 523 u. a.);

b) das Versäumnisverfahren, wenn der Beklagte nicht binnen einer Woche widerspricht, schriftlich zu erledigen (Hachenburg in JW. 1907 S. 607) oder wenigstens neben dem mündlichen den schriftlichen Antrag auf Versäumnisurteil nachzulassen und daraufhin Versäumnisurteil und, falls Beklagter erscheint und den Anspruch anerkennt, auch Anerkenntnisurteil zu geben (Max Jacobsohn im „Recht" 1907 S. 298)[76];

c) bei mangelnden Prozeßvoraussetzungen oder offenbarer Unschlüssigkeit der Klage die Sache ohne mündliche Verhandlung zu erledigen (Hachenburg in JW. 1907 S. 608, Joest im Recht 1907 S. 1367 ff.).

d) nach stattgehabter mündlicher Verhandlung bzw. Beweisaufnahme einen Verzicht der Parteien auf die fortgesetzte mündliche Verhandlung zuzulassen, wenn sie dem Gericht anzeigen, daß sie weiteres, als bisher vorgetragen und in den Schriftsätzen niedergelegt, nicht geltend machen wollen (Marcus im Recht 1907 S. 1298)[77];

e) nach stattgehabter streitiger Verhandlung die schriftliche Anzeige neuer Beweisangebote zu verstatten (Zelter in JW. 1908 S. 513);

f) in einfachen Amtsgerichtsstreiten und nur bei erheblicher Entfernung des Wohnorts der betreffenden Partei, deren schriftliche Erklärung nach Ermessen des Gerichts wie eine mündliche zu berücksichtigen (Samter im Recht 1907 S. 1238 ff.);

g) das Mahnverfahren für alle Streitsachen, wo es zulässig ist, zwingend (obligatorisch) vorzuschreiben, und für die verbleibenden Fälle z. B. Ansprüche auf Herausgabe von Sachen, Widerspruchs-(Interventions-)klagen u. a. ein (Vor-?) Verfahren nach den Vorschriften in §§ 63 ff. des preußischen Gesetzes über die allgemeine Landesverwaltung

---

[76]) Vgl. auch von Lewinski: „England als Erzieher" Gruchots Beitr. Bd. 51 S. 16.

[77]) Dagegen H. Meyer ebenda S. 1369 ff.

vom 30. Juli 1883 auszubilden, wie auch sonst wenigstens für den Amtsgerichtsstreit in gewissem Umfange, „namentlich wenn nur eine Partei durch einen Rechtsanwalt vertreten ist, damit diese (r ?) nicht unnötig die Reise unternehmen muß", das Verfahren gemäß §§ 65 ff. jenes Gesetzes auszugestalten (Berthold im Recht 1907 S. 235 ff.), ein Vorschlag, der in seinem letzten Teile der Einführung einer insoweit bloß wahlweisen Mündlichkeit ziemlich nahe kommt (§§ 67, 68);

h) im Revisionsverfahren die mündliche Verhandlung der Parteien abzuschaffen oder sie zwar zuzulassen, aber nicht zu verlangen, es sei denn, daß der Vorsitzende sie besonders anordnet (Salinger: Die Änderung des Rechtsmittels der Revision, Berlin, Vahlen; Hagens in der DJZ. 1909 S. 1109 f.; Werner in JW. 1908 S. 400; dagegen Spring ebenda 1909 S. 678 f.) oder die Spruchkollegien bei den Landesuniversitäten wiedereinzuführen und ihnen innerhalb gewisser Grenzen die Akten zur Fällung des Revisionsurteils zu übersenden (Stintzing in der DJZ. 1909 S. 1254 f.).

II.

Von den anderen vorgeschlagenen Mitteln ist im Rahmen der gestellten Aufgabe nur auf diejenigen näher einzugehen, die den Nachteilen der mündlichen Verhandlung als solcher entgegenwirken sollen. Mittel, deren wirklich oder vermeintlich fördernde Wirkung unterschiedslos auch bei nicht oder beschränkt mündlicher Verhandlung eintreten würde, haben hier außer Betracht zu bleiben, mithin sowohl die rein äußeren Mittel: wie die Richtervermehrung und die Einführung von Nebenrichtern[78]), die Ausgestaltung des Einzelrichtertums bis zur grundsätzlichen Zuweisung aller Sachen des ersten Rechtsgangs an die Amtsgerichte[79]) und sonstige Verschiebungen der sachlichen Zuständigkeit, darunter die nach englischem Muster den Parteien zu gewährende Gelegenheit, den Rechtsstreit während der vorwiegend den Anwälten zuzuweisenden weiteren Vorbereitung (out of Court), und zwar, wie Kohler (RheinZ. Bd. 3 S. 11) rät, durch den Gerichtsschreiber zu erledigen, ferner die schwächere Besetzung der Mehr-(Kollegial-)gerichte, die tunlichste Begünstigung des unmittelbaren Verkehrs zwischen Partei und

---

[78]) Vgl. insbes. Stein a. a. O. S. 78 ff.

[79]) Vgl. Mügel in DJZ. 1906 S. 1115, Holtgreven im Recht 1906 S. 1281 ff., Kade a. a. O. S. 185, 190, auch Loewenstein in der DJZ., 1908, S. 981 ff. u. a.

Instanzanwalt (Zurückdrängung der sogenannten Korrespondenzanwälte), die Befreiung des Richters von der Anfertigung des Tatbestands (Kohler a. a. O. S. 11) usw., als auch die innerhalb des Verfahrens liegenden Mittel, soweit sie die Mündlichkeit der Verhandlung nicht voraussetzen, wie die Zulässigkeit des Verzichts auf die Urteilsabfassung, die Verminderung der Rechtsmittel (duae conformes usw.), die Kostennachteile, Strafgebühren und anderen Ordnungsstrafen usw.

Zu den zuletzt bezeichneten Mitteln sind aber vor allen auch zu rechnen die völlige oder teilweise Ersetzung des Parteibetriebs durch den völligen oder teilweisen Amtsbetrieb, insbesondere hinsichtlich des Ladungs- und Zustellungswesens,[80]) und die Ausschlußbestimmungen jeder Art von der dem richterlichen Ermessen zu unterstellenden oder zwingend vorzuschreibenden Abschneidung (schuldhaft) verspäteten Tatsachenvorbringens oder Beweisantritts bis zu der strengsten sogen. Eventualmaxime. Amtsbetrieb und Ausschlußbestimmungen werden allerdings nach den Ausführungen, mit denen ihre Einführung gerechtfertigt wird, anscheinend von vielen bloß bei schriftlicher Stoffsammlung für durchführbar erachtet, mindestens in dem Sinne, daß sie sich solchem Verfahren organischer eingliedern lassen. Diese Meinung scheint mir in der prozeßgeschichtlichen Erfahrung zu wurzeln, daß beide Verfahrensgrundsätze bisher vornehmlich in Prozeßgesetzen mit weitgehender Schriftlichkeit Anerkennung gefunden haben; sie sind indessen meiner Auffassung nach dem schriftlichen Verfahren keineswegs eigentümlich oder auch nur wesensnäher, sondern mit der durchgängig mündlichen Verhandlung gleichermaßen vereinbar[81]) und von derselben Wirkung wie im schriftlichen Verfahren; sie sind deshalb ebenfalls von der Erörterung auszuschließen, und nur zur Vermeidung sonst möglicher Mißverständnisse bekenne ich mich als grundsätzlichen Gegner der sogen. Eventualmaxime und mit einigen Einschränkungen auch des Amtsbetriebs. Gegen den Amtsbetrieb fällt neben sachlichen Bedenken auch die rechtspolitische Erwägung in die Wagschale, daß die unvermittelte Beseitigung des in vielen Staaten erst durch das jetzige Gesetz unvermittelt eingeführten — in manchen Beziehungen gewiß zu weit gehenden — Parteibetriebs nach kaum vollzogener Gewährung viele Schwierigkeiten bringen und eine neue Reibungsfläche zwischen Gericht und Anwaltschaft schaffen würde, ein Übelstand, der in unserem überreizten Zeitalter, wenn irgend angängig, vermieden werden

[80]) Wach: Verh. des 26. DJT. Bd. 2 S. 17 ff., 31.
[81]) Vgl. oben § 4 unter III. Anmerk. 33, S. 271.

möchte, selbst auf die Gefahr hin, daß kleine Unzuträglichkeiten dafür in den Kauf zu nehmen wären.

Als gerade gegen die Mündlichkeitsnachteile gewollte Abhilfe sind dagegen die verschiedentlichen Mittel anzuerkennen, die zwecks Zusammendrängung (Konzentration) der mündlichen Verhandlung vorgeschlagen werden. Sie teilen sich in solche, die außerhalb der mündlichen Verhandlung vor dem erkennenden Gerichte liegen, und solche für die mündliche Verhandlung selbst.

1. Die Vorschläge der ersten Art sind auf eine bessere Vorbereitung der eigentlichen mündlichen Verhandlung gerichtet; sie lassen sich, je nachdem sie sich mehr oder weniger im Rahmen des jetzigen Verfahrens halten, in drei Gruppen sondern:

a) Zur ersten Gruppe gehören die zahlreichen Vorschläge, die dem Gerichte die sachliche Leitung des Streites auch außerhalb der mündlichen Verhandlung in dem Sinne übertragen wissen wollen, daß das Gericht (oder der Vorsitzende) Schriftenwechsel unter Fristsetzung (nach Befinden mit Ausschlußfolge) und darauf nach seinem Ermessen und mit besonderer Fürsorge im zweiten Rechtszuge schon vor der ersten mündlichen Verhandlung diejenigen vorläufigen Aufklärungshandlungen anordnen soll, die nach dem Inhalte des Schriftenwechsels zweckmäßig erscheinen; an der Spitze die folgerichtig und großzügig begründeten Vorschläge von Wach (Verh. des 26. DJT. Bd. 2 S. 22 ff.); die sonstigen Vorschläge verlieren sich vielfach in Einzelheiten von untergeordneter Bedeutung und brauchen hier nicht aufgezählt zu werden; nur die Vorbesprechungen zwischen den Parteien und dem Vorsitzenden oder dem Berichterstatter, die Kloeppel[32]) als schon nach der geltenden ZPO. möglich für hierzu geeignete Fälle anregt, seien noch besonders erwähnt. Nahezu einmütig wird neuerdings vorgeschlagen, daß die Vorschrift in § 501 ZPO. auf den ersten Rechtsgang vor den Landgerichten und ebenso auf das Berufungsverfahren ausgedehnt werden möge[33]).

Nicht Selbstzweck wie bei den Vorschlägen unter I, wohl aber Folge ist auch bei diesen Vorschlägen eine Verringerung der Mündlichkeit; Anordnungen, die bisher in der mündlichen Verhandlung vor dem erkennenden Gericht erfolgen mußten oder erfolgten, sollen aus ihr ausgeschieden werden. Dasselbe gilt von den Vorschlägen der beiden anderen

[32]) SächsRpflA. 1908 S. 183.

[33]) Vgl. insbes. Heinitz in DJZ. 1907 S. 1175; von Sommerlatt in SächsRpflA. 1907 S. 512.

Gruppen; ihnen ist gemeinsam, daß ein mehr oder minder großer Teil der Verhandlung nicht vor dem Gerichte stattfinden, sondern einem Gerichtsmitgliede als beauftragtem Richter, einem Nebenrichter oder sogar dem Gerichtsschreiber [84]) zur — mündlichen — Erledigung überwiesen werden soll. Das Verfahren bleibt hier zwar mündlich, äußerlich genommen wird insoweit lediglich die Unmittelbarkeit beseitigt [85]); zugleich fällt aber doch in gewissem Maße die — allein wesentliche — Mündlichkeit vor dem erkennenden Gerichte; denn Vorgänge, die bisher der mündlichen Verhandlung vorbehalten waren, spielen sich nunmehr außerhalb dieser ab. — Die Vorschläge unterscheiden sich bloß der Menge nach (quantitativ).

b) Die weniger weitgehenden Anhänger einer solchen Übertragung begnügen sich mit einem — zwingend vorzuschreibenden (obligatorischen) — einzigen Vortermine [86]), den diejenigen, die ihn einem Nebenrichter oder dem Gerichtsschreiber zuweisen, auch dem Verfahren vor dem Einzelrichter vorausgehen lassen wollen; der Vortermin soll der Erledigung der nicht streitig werdenden (Versäumnis-, Anerkenntnis-, Rücknahme-, Vergleichs-) Sachen [87]) und der möglichsten Vorbereitung der streitig werdenden Sachen dienen, zu welchem Behufe manche dem Vorterminrichter auch die Befugnis zu Beweisanordnungen einräumen wollen [88]).

c) Weit hierüber hinaus empfehlen einige, das gesamte Verfahren bis zum Erlasse des Urteils dem mit der Berichterstattung beauftragten Mitgliede des Mehrgerichts zu übertragen; der beauftragte Richter soll insbesondere auch alle Beweisaufnahmen anordnen und erledigen und die Sache erst, wenn er sie für spruchreif hält, an das Gericht zur Entscheidung verweisen [89]); das wäre ein vollständiges, allerdings mündliches, Vorverfahren mit gleichfalls mündlicher Schlußverhandlung, die aber mit der mündlichen Verhandlung der ZPO. wenig mehr als den Namen gemein hätte.

---

[84]) Hertz in DJZ. 1907 S. 167.

[85]) Vgl. Kleinfeller in der Festgabe für Hänel S. 397.

[86]) Vgl. über die Geschichte des Vorschlags: Schwartz, die Nov. usw., S. 69 ff.

[87]) Kleinfeller a. a. O. S. 398.

[88]) Sonnenfeld in KGBl. 1907 S. 4, Hinrichsen in JW. 1907 S. 793, von Bar in d. DJZ. 1912 S. 11 u. v. a.

[89]) Orgler in der DJZ. 1908 S. 73 ff.; ähnlich, aber nicht ganz so weitgehend Horn „Zur Reform des DZP." S. 13.

2. In der Verhandlung selbst soll die Zusammendrängung durch eine nachdrücklichere Handhabung der richterlichen Prozeßleitungsgewalt erreicht werden. Um sie zu fördern, werden vornehmlich empfohlen:

a) ein — wiederum zwingend vorzuschreibender [90]) — Vortermin vor dem Gerichte selbst [91]), dem im allgemeinen dieselben Aufgaben zugedacht sind, wie dem oben unter 1 b behandelten Termine vor dem Vorterminsrichter; für die streitig werdenden Sachen soll er daneben die Verabredung eines geschickt liegenden Termins zur Fortsetzung der mündlichen Verhandlung und sonstige sachdienliche Verständigungen zwischen Gericht und Anwälten ermöglichen.

b) eine kraftvollere Einwirkung des Gerichts auf die Parteien und Parteivertreter dahin, daß sie nach Möglichkeit bereits in der ersten mündlichen Verhandlung alles wesentliche, aber auch nur das Wesentliche geltend machen, insbesondere also gegenüber dem Inhalte der vorbereitenden Schriftsätze das Fehlende ergänzen und namentlich das Unwesentliche ausscheiden [92]), also mehr wie bisher einen vollständigen und zugleich gesichteten Streitstoff bieten. Zur Hebung des hierauf abzielenden richterlichen Einflusses — und deshalb hier und nicht oben unter 1 a zu erwähnen — werden für die Mehrgerichte Vorberatungen angeregt, wie sie seltener im ersten, häufiger im zweiten Rechtszuge früher üblich waren und, insoweit Zeit verfügbar ist, auch jetzt noch vorkommen; das Gericht tritt etwa eine Stunde vor dem Beginn der öffentlichen Sitzung zusammen, um bei den umfänglicheren Sachen und je nach einer einführenden Streitdarstellung durch den Berichterstatter zu besprechen, was noch fehlt und was wegbleiben kann; die dementsprechenden Fragen und Vorschläge des Vorsitzenden in der mündlichen Verhandlung sollen gewissermaßen von der Beratung mit den Mitrichtern getragen werden und dadurch mehr Gewicht erhalten; die Vorberatung soll weiter in geeigneten Fällen z. B. in schwierigen Patentsachen und hier unter Zuziehung eines Sachverständigen darauf erstreckt werden können, wie die Sache im übrigen am zweckmäßigsten zu behandeln ist [93]).

---

[90]) Die freiwillige Abhaltung von Vorterminen wäre, wie Kloeppel a. a. O. S. 183/84 zutreffend ausführt, ohne Gesetzesänderung möglich.

[91]) Vgl. vor allem Wach: Vorträge S. 45 ff., ZZP. Bd. 11 S. 41 ff., DJZ. 1898 S. 67 ff., Verh. des 26. DJT. Bd. 2 S. 27, 31.

[92]) Vgl. Wach: Verh. des 26. DJT. Bd. 2 S. 26 ff., Hucho in DJZ. 1907 S. 1015.

[93]) Vgl. Degen: Gegen die Sondergerichte S. 19.

In Zusammenhang hiermit gebracht werden mehrfach die obenerwähnten Vorschläge auf Amtsbetrieb, Ausschlußvorschriften, Kostennachteile, Verzögerungsstrafen usw., allenthalben gedacht als Mittel zur Verstärkung der prozeßleitenden Gewalt. Eine auf diese Mittel gegründete Verstärkung schüfe aber, wie nochmals hervorgehoben sei, keine besondere Abhilfe gegen die Nachteile der mündlichen Verhandlung; diese Mittel würden hier (cum grano salis) so viel oder so wenig nützen wie im schriftlichen Verfahren. Ihre Erörterung fällt darum aus dem Rahmen der gestellten Aufgabe.

c) der sofortige oder doch möglichst nahe Anschluß der Beweisaufnahme an die erste mündliche Verhandlung, die sogen. Beweisverbindung [94]).

b) Die Einschränkung des Mündlichkeitsgrundsatzes in der österreichischen und in der ungarischen Zivilprozeßordnung.

§ 7.

Die österreichische Zivilprozeßordnung.

Die Umbildungsneigung, die in den vorstehend (§ 6) zusammengestellten Vorschlägen sich kundgibt, hat in jüngstvergangener Zeit mehrfach in dem englischen Verfahren Muster und Anlehnung gesucht, geblendet von der ehrlichen Begeisterung, mit der Adickes und seine Anhänger es beleuchteten und als Ideal einer gesunden Rechtspflege anpriesen; daraus ist auch manche Anregung von bleibendem Werte hervorgegangen; der Gedanke aber, bei der zu erwartenden Umgestaltung der ZPO. an die vielfach veralteten englischen Einrichtungen anzuknüpfen, darf gegenwärtig schon als überwunden gelten [95]), weshalb deren nähere Betrachtung entbehrlich erscheint. Nicht zu umgehen ist dagegen eine Betrachtung des österreichischen Verfahrens, denn das österreichische Gesetz vom 1. August 1895 über das gerichtliche Verfahren in bürgerlichen Rechtstreitigkeiten (Zivilprozeßordnung) hat unsere deutschen Verbesserungsbestrebungen sehr genährt und reich befruchtet. Bald nachdem

---

[94]) Heinitz in DJZ. 1907 S. 1175, Ernst Fuchs: Recht und Wahrheit, S. 89; vgl. Wildhagen: Der bürgerliche Rechtstreit S. 66 f. u. a.

[95]) Vgl. auch Peters: Das englische bürgerliche Streitverfahren und die deutsche Zivilprozeßreform. Berlin 1908, Mendelssohn-Bartholdy: „Imperium des Richters" und Rhein Z. 2 S. 439 ff., Chiovenda ebenda S. 465, Otto: SächsRpflA. 1909 S. 513.

das Gesetz am 1. Januar 1898 in Kraft getreten war, zeigte sich bekanntlich, daß die dort geordnete Verfahrensweise der Regel nach eine ausnehmend rasche, wo nicht (— eine mehrfach beliebte Wendung —) „schneidige" Erledigung des Rechtsstreits gewährleistete, und gelegentlich des Ablaufs des ersten Jahrzehnts wurde diese erfreuliche Wirkung allseitig und mit begreiflichem Stolze festgestellt [66]). Was Wunder, daß die bestehende Unzufriedenheit mit unserem Verfahren sich steigerte und die Neigung sich verbreitete, das österreichische Gesetz zum Muster zu nehmen. Der Erfolg mußte um so mehr bestechen, als der österreichische Gesetzgeber für sich in Anspruch nahm, sein Gesetz zum ersten Male bewußtermaßen auf dem seiner Meinung nach bisher nicht genügend durchgedrungenen Grundgedanken aufgebaut zu haben: jeder Parteistreit sei ein „Fall von sozialer Not" und der Rechtsweg demzufolge eine wirkliche „Wohlfahrtseinrichtung", bestimmt, dieser sozialen Not — und darum auch ohne oder gegen den Willen der Parteien — zu steuern; als Wohlfahrtseinrichtung bilde der Rechtsgang weiter ein Stück der öffentlichen Verwaltung und könne, unbeschadet seiner Rechtsfeststellungsaufgabe, nirgends nach allgemeinen Grundsätzen, sondern allein nach Nützlichkeits- und Zweckmäßigkeitsrücksichten geregelt werden [67]).

Aus diesen Grundgedanken heraus hat die österreichische ZPO. mit allem Vorbedacht und im Einklange mit ihrer Stellung zu den anderen drei grundsätzlich von ihr festgehaltenen Verfahrensregeln (Öffentlichkeit, Unmittelbarkeit, Amtlichkeit) auch die Mündlichkeit, zu der sie sich in §§ 176 Satz 1, 177 Abs. 1 S. 1 u. 2, 397 Abs. 1, 414 Abs. 1 Satz 1, 259 Abs. 1 offen bekennt, nicht strenge durchgeführt; dies tritt in den erläuternden Bemerkungen zum Entwurfe S. 186 ff. mit aller Deutlichkeit hervor; dort wird der Kultus, der mit der Form der Mündlichkeit als solcher getrieben wird, bekämpft und deren Nutzen nur bejaht, wenn und soweit sie die Unmittelbarkeit ermöglicht und verbürgt [68]); selbst wo dem so ist, aber wird erst abgewogen, ob etwa die Opfer (an Mühe, Zeit und Kosten), welche die Durchführung der Mündlichkeit den Parteien auferlegt, die Vorteile der Mündlichkeit unverhältnismäßig übersteigen. Nur innerhalb solcher Grenzen wird ihr Nutzen für das Verfahren aller-

---

[66]) Vgl. besonders Schauer in der DJZ. 1906 S. 674 ff.

[67]) Klein: Zeitschr. der Gehe-Stiftung 8 S. 30 ff. und ZZP. 19 S. 24 ff.

[68]) Vgl. noch Sperl: Das österreichische Zivilprozeßrecht, S. 50 ff.

dings mit dem Zusatz anerkannt, daß er insoweit „nicht hoch genug angeschlagen werden könne".

Die dementsprechende Einschränkung der Mündlichkeit trägt auch zweifellos zu der schleunigen Abwicklung des Verfahrens das Ihrige bei; den eigentlichen Erfolg aber verdankt die österreichische ZPO. weder dieser noch irgend einer anderen Maßregel als solcher, sondern deren Ineinanderschweißen zu einem die Zweckmäßigkeit voranstellenden und, was noch mehr ist, gerade den Bedürfnissen des österreichischen Rechts- und Verkehrslebens schmiegsam sich anpassenden einheitlichen Ganzen. Eben weil das Gesetz auf die österreichischen Verhältnisse besonders zugeschnitten ist, böte aber eine kritiklose Übertragung aller seiner Bestimmungen auf die vielfach anders liegenden deutschen Verhältnisse noch keineswegs die Gewähr, daß dieselben günstigen Wirkungen sich auch hier äußern würden. Blos eine Anlehnung an die leitenden Grundgedanken und die unveränderte oder veränderte Herübernahme von einzelnen auch für uns geeigneten Maßnahmen kann ernstlich erwogen werden [99]).

Zur Vorbereitung der hierüber anzustellenden Erwägungen würde es zunächst einer vergleichenden Würdigung aller Vorschriften bedürfen, hinsichtlich deren das österreichische Gesetz von dem unsrigen abweicht, darunter derjenigen über den Amtsbetrieb in bezug auf die Zustellungen, Ladungen und Handlungen bei der Zwangsvollstreckung, über das Gebot der Wahrhaftigkeit, über die Behebung der Folgen des Ausbleibens, über die Abschaffung des Schiedseids und die Einführung der Parteieinvernehmung als Beweismittel usw. Für die zur Beantwortung gestellte Frage dagegen sind nur die Vorschriften heranzuziehen, die unmittelbar oder mittelbar auf den Mündlichkeitsgrundsatz Bezug haben, sei es, daß sie die Mündlichkeit unmittelbar oder mittelbar einschränken, sei es, daß sie deren Nachteilen auf anderen Wegen zu begegnen suchen. Die Vorschriften sollen in derselben Einteilung zusammengestellt werden, die der vorausgegangenen Betrachtung der sonstigen Abänderungsvorschläge entspricht; hierbei wird sich ergeben, daß eine nicht geringe Anzahl dieser Abänderungsvorschläge in dem österreichischen Gesetze verwirklicht sind.

I.

Einschränkung der Mündlichkeit der Verhandlung: Wie bereits bemerkt, verhandeln auch in Österreich die Parteien

---

[99]) Ebenso Peters: Prozeßverschleppung usw., S. 37.

vor dem erkennenden Gericht über den Rechtstreit grundsätzlich mündlich; ja der § 177 Abs. 1 Satz 2 der österreichischen ZPO., der das Ablesen schriftlicher Aufsätze statt mündlicher Verhandlung für unzulässig erklärt, wahrt die Mündlichkeit des Vortrags insofern wohl noch strenger wie der § 137 Abs. 2 der deutschen ZPO., wonach die Vorträge der Parteien in freier Rede zu halten sind; denn das dem entgegen Verlesene bleibt dort anscheinend völlig unberücksichtigt, während es hier gleichwohl als vorgetragen gilt [100]). Ebenso spricht der § 414 der österreichischen ZPO. damit, daß das Urteil auf Grund der mündlichen Verhandlung zu fällen ist, grundsätzlich aus, daß nur das mündlich Vorgebrachte die Grundlage für das Urteil bilden darf. Die dargelegte Unterordnung des Mündlichkeitsgrundsatzes unter die Nützlichkeitsrücksichten zeigt sich aber in dessen verschiedentlichen Beschränkungen.

1. Der mündlichen Verhandlung regelmäßig wesentliche Verfahrensteile ganz zu entziehen (s. o. § 6 bei I 1), hält auch das österreichische Gesetz nicht für angebracht. Eine allgemeine Einschränkung ist aber in folgenden Einzelanordnungen zu finden:

a) Schriftstücke im weiten Sinne [101]) sollen nach § 177 Abs. 2 nicht verlesen (oder vorgetragen) werden dürfen, wenn und insoweit sie dem Gericht (in allen seinen Mitgliedern) und dem Gegner bekannt sind, es sei denn, daß es auf deren wörtlichen Inhalt ankommt; zu ihrer Einführung in den Streit genügt die einfache mündliche Bezugnahme. Kennt dagegen das Gericht oder der Gegner das Schriftstück noch nicht, so ist im Gegensatze zu dem insofern freieren § 137 Abs. 3 der deutschen ZPO. das wörtliche Vorlesen an Stelle des bloßen Vortrags zwar nicht gefordert, aber gestattet und eine Abkürzung nur durch die Prozeßleitung des Vorsitzenden (§ 180 Abs. 2) zu erreichen [102]).

b) Der Inhalt eines innerhalb des Rechtsstreits, aber nicht vor dem erkennenden Gerichte durchgeführten (vorbereitenden oder Beweisaufnahme-) Verfahrens [103]) wird dem Gerichte der Regel nach nicht durch

---

[100]) Vgl. Horton: Österreich. ZPO. Wien 1908 (Manz) S. 679, Anm. 1517 und Stein (Gaupp) ZPO. 10. Aufl. S. 391 bei II; vgl. daneben § 185 der österr. und §§ 136 Abs. 2, 157 Abs. 2 der DZPO.

[101]) Protokolle, Beweisurkunden usw., auch einzelne Schriftsatzstellen, deren Verlesung durch § 177 Abs. 1 Satz 2 nicht ausgeschlossen ist.

[102]) Neumann, Kommentar Bd. 1 S. 764, Horton a. a. O., S. 679 ff.

[103]) Über das Berufungsverfahren s. u. bei 3 f, S. 299.

Vorlesung oder Vortrag der betreffenden Protokolle, sondern durch einen (nicht selten schriftlich ausgearbeiteten) Bericht über das Ergebnis zur Kenntnis gebracht, den der Vorsitzende oder ein Gerichtsmitglied in der mündlichen Verhandlung erstattet bzw. vorträgt, §§ 262 Abs. 1, 287 Abs. 1 (Ausnahme daselbst Abs. 2). Nicht hierher gehört dagegen die durch § 138 dem Vorsitzenden aufgegebene Vorführung der bisherigen Verhandlungsergebnisse in der nach der Erstreckung der Tagsatzung stattfindenden neuerlichen Verhandlung vor denselben Richtern; denn sie ist nicht als Ersatz der früheren Verhandlung (Neuverhandlung) gedacht, sondern soll nur helfen, diese wieder in Erinnerung zu bringen.

c) Eine ziemliche Abschwächung[104]) des Mündlichkeitsgrundsatzes bedeutet ferner der durch §§ 208 ff. eingeführte weitgehende Beurkundungszwang (Protokollierungsgebot) mit der Folge, daß das aufzunehmende Protokoll über den Verlauf und Inhalt der Verhandlung vollen Beweis liefert (§ 215 Abs. 1) und von Amts wegen zu beachten ist (§ 217 Abs. 1). Eine ausführlichere Beschreibung der Einrichtung darf unterbleiben; Stimmen, die sie für unser Verfahren annehmen möchten, sind meines Wissens nicht laut geworden, und die Bedenken, die gegen ein solches Protokollverfahren und den daraus geborenen Protokoll-Tatbestand sich aufdrängen, hat Wach[105]) bereits eingehend und überzeugend klargelegt.

Zur Nachahmung befürwortet werden dagegen die Anordnungen unter a und b (vgl. auch oben § 6 bei I 1 a, f); ja darüber hinaus wird vorgeschlagen, daß die unter b bezeichneten Ergebnisse und weiter das in den Tatbeständen der vorausgegangenen Rechtszüge niedergelegte Streitverhältnis (s. u.) als gerichtskundig erachtet und deshalb gänzlich vom Vortrage ausgeschlossen werden möchten[106]).

2. Ein Ansatz zu einer allgemeinen wahlweisen Schriftlichkeit liegt meiner Auffassung nach in dem breiten Ausbaue des vorbereitenden Verfahrens vor dem beauf-

---

[104]) Vgl. noch Klein in der ZZP. Bd. 19 S. 29 ff.

[105]) Die Mündlichkeit im österreichischen Zivilprozeßentwurf S. 31 ff. — Übrigens sucht auch die österreichische Rechtslehre die Bedeutung des Protokolls für die Streitstoffeststellung tunlichst herabzumindern. Neumann a. a. O. S. 749, Skell a. a. O. S. 68 ff.

[106]) Vgl. Peters in Gruchots Beitr. Bd. 51 S. 66 und die dort angezogene Literatur.

tragten Richter; es kann nach § 245 Z. 1 und 2 [107]), und zwar für den ganzen Streitstoff oder bloß für einen oder mehrere selbständige Streitpunkte (vgl. § 246 Abs. 2) angeordnet werden nicht nur

a) in den Rechtsstreitigkeiten, welche die Richtigkeit einer Rechnung, eine Vermögensauseinandersetzung oder ähnliche Verhältnisse betreffen, in denen über eine erhebliche Zahl von streitigen Ansprüchen oder Gegenansprüchen und Erinnerungen zu verhandeln ist, sondern auch überall sonst, wenn

b) das in den vorbereitenden Schriftsätzen enthaltene tatsächliche Vorbringen von solchem Umfang oder von solcher Art ist, daß sich dessen vorgängige Ordnung und Sichtung behufs Beschleunigung und Vereinfachung der mündlichen Streitverhandlung als geboten darstellt [108]).

In erster Reihe wird zwar auch hier die Unmittelbarkeit betroffen, mehr noch als bei den oben § 6 unter II 1 betroffenen Vorschlägen aber zugleich die Mündlichkeit. Zuvörderst wird über die Einleitung des vorbereitenden Verfahrens ohne vorhergehende mündliche Verhandlung entschieden. Weiter braucht der vom Vorsitzenden überwachte beauftragte Richter nur im Falle a mündlich zu verhandeln, während es im Falle b seinem Ermessen überlassen ist, ob er durch Einvernehmung der Parteien oder im Wege der mündlichen Verhandlung das vollständige Streitverhältnis, hier mit Ausnahme etwaiger Gegenansprüche [109]), ermitteln will (§§ 250 Satz 1, 251). Soweit gegen Anordnungen und Beschlüsse des beauftragten Richters überhaupt Rechtsmittel zulässig sind, entscheidet (nach dessen Gehör und etwaigen Erhebungen) der Vorsitzende ohne mündliche Verhandlung, und seine Entscheidung ist unanfechtbar. Das ermittelte Sachverhältnis ist dann vollständig zu Protokoll festzustellen. Die Akten gelangen hierauf an den Vorsitzenden, und dieser oder das Gericht in nicht öffentlicher Sitzung, d. h. ohne mündliche Verhandlung, macht sich darüber schlüssig, ob eine Ergänzung des vorbereitenden Verfahrens zu verfügen ist; der Beschluß auf Ergänzung ist unanfechtbar (§ 255). Die mündliche Streitverhandlung aber, die sich an das vorbereitende Verfahren

---

[107]) Das vorbereitende Verfahren nach § 245 Z. 3 hat den Charakter einer Beweisaufnahme und gehört darum nicht hierher.

[108]) Die Motive S. 258 rechnen hierzu beispielsweise „Schadensersatzklagen wegen verspäteter Erfüllung eines Kaufvertrags, wegen Lieferung einer unbrauchbaren oder fehlerhaften Maschine, wegen Eingriffs in ein Individualrecht usw.".

[109]) Neumann a. a. O. S. 922.

anschließt, wird nun, wie bereits hervorgehoben (s. o. bei 1 b), zu einem wesentlichen Teile durch eine Berichterstattung und ausnahmsweise durch Protokollverlesung über Parteivorbringen ausgefüllt und kennzeichnet sich insoweit nicht mehr als mündliche Verhandlung im Sinne einer mündlichen Ermittlung des Streitstoffs durch Rede und Gegenrede [110]).

Wo das Gericht ein vorbereitendes Verfahren anordnet, wählt es mithin für den Streitgang auch eine beträchtliche Ausschaltung der Mündlichkeit [111]). Ganz folgerichtig knüpft darum Otto Schmidt [112]) an den § 245 Z. 2 den Vorschlag an, daß sowohl in den Rechnungs-, Auseinandersetzungs- und ähnlichen Streiten nach § 348 der deutschen ZPO. als auch, wenn das in den vorbereitenden Schriftsätzen enthaltene tatsächliche Vorbringen von solchem Umfang oder derart ist, daß der mündliche Vortrag den Richtern füglich nicht im Gedächtnisse bleibt, auf Antrag der Parteien beschlossen werden kann, von dem mündlichen Vortrage in der Sitzung Abstand zu nehmen und den Parteien zu überlassen, die zwischen ihnen streitigen Punkte in einem gemeinsamen Schriftsatze zusammenzustellen, dies mit der Wirkung, daß nur die schriftlich niedergelegten strittigen Behauptungen einer Beweisaufnahme zugrunde gelegt werden dürfen. Die Parteien sollen dann in der mündlichen Verhandlung bloß die Erklärung abgeben, daß sie andere Streitpunkte als die in dem gemeinsamen Schriftsatze niedergelegten nicht vorzubringen haben, und hiernach soll die Entscheidung auf Grund des Vortrags eines Berichterstatters erfolgen.

3. Einzelne Verfahren, Verfahrensteile, Rechtsgänge, Fälle oder Tatbestände werden von der österreichischen ZPO. in beträchtlichem Umfange der Mündlichkeit entzogen.

a) Nicht allerdings ist entsprechend den in § 6 unter 2 a erwähnten Vorschlägen in dem Verfahren vor den Bezirksgerichten (§§ 431 ff.) verglichen mit dem Verfahren vor den anderen Gerichtshöfen des ersten Rechtsgangs die Mündlichkeit vermindert; eher ließe sich im Hinblick auf die teilweise Einschränkung des Beurkundungszwangs (§§ 444, 445) die gegenteilige Meinung vertreten.

---

[110]) Ähnlich Wach a. a. O. S. 28.

[111]) Dies dürfte ein Grund sein, weshalb die Erläuterer z. B. Neumann a. a. O. S. 916 im Gegensatze zu den Beispielen der Motive für eine strenge Auslegung des § 254 Z. 2 eintreten.

[112]) Fragen der Justizreform S. 54 ff.

b) Wohl aber gehört hierher die vermehrte Anordnung eines schriftlichen Beschlußverfahrens, so namentlich:

1. (im teilweisen Einklange mit dem in § 6 unter 2 b wiedergegebenen Vorschlage), wenn die Klage sofort von der Schwelle des Gerichts abgewiesen wird, sei es, weil die Sache der inländischen Gerichtsbarkeit oder doch den ordentlichen Gerichten entzogen ist oder das angerufene Gericht sich vor Anberaumung der ersten Tagsatzung und später auf erhobene Einrede wegen des Bestehens eines ausschließlichen Gerichtsstandes oder aus einem anderen Grunde für unzuständig hält (Jurisd. N. §§ 41 bis 43), sei es, weil die eingebrachte Nichtigkeits- und Wiederaufnahmeklage unschlüssig begründet oder nicht in der gesetzlichen Frist erhoben ist (ZPO. § 538) [113]), sei es, weil die Klagschrift den (in der vom Vorsitzenden bestimmten Frist auch nicht nachgeholten) Nachweis der Bestellung eines Advokaten nicht enthält (§ 37);

2. für die Erlangung eines vorläufigen Vollstreckungstitels, gerichtlichen Zahlungs-, Sicherungs-, Übergabe- oder Übernahmeauftrags in dem Mandatsverfahren, dem Verfahren in Wechselstreitigkeiten und dem Verfahren bei Streitigkeiten aus einem Bestand-(Miet-)vertrage (§§ 548, 558, 562),

3. für Anordnungen zur Beseitigung von Formgebrechen (§§ 84, 435, auch 37 Abs. 2),

4. im Vorverfahren vor dem Berufungsgerichte (§§ 473, 471), das streng genommen, worauf Skedl [114]) zutreffend hinweist, nicht mehr eine Einleitung, sondern eine selbständige Art des Berufungsverfahrens darstellt,

5. mit wahlweiser Mündlichkeit für die Entscheidung über den Antrag, wegen Nichtleistung der dem ausländischen Kläger oder Berufungskläger auferlegten Sicherheit für die Prozeßkosten die Klage für zurückgenommen oder das Rechtsmittel für zurückgezogen zu erklären § 60.

c) Der § 193 Abs. 3 gestattet dem Gericht einen vorzeitigen Schluß der Verhandlung. Wenn nur mehr die durch einen ersuchten Richter zu bewirkende Aufnahme einzelner Beweise aussteht und entweder beide Parteien auf die Verhandlung über das Ergebnis der Beweisaufnahme verzichten oder das Gericht sie für entbehrlich hält, so kann — nicht muß — die Verhandlung auch vor Aufnahme aller zugelassenen Beweise für geschlossen erklärt werden. Dies bedeutet eine

---

[113]) Vgl. auch §§ 11, 10 des österreichischen Syndikatsgesetzes.

[114]) a. a. O. S. 113.

wahlweise Schriftlichkeit für die Kenntnisnahme von den betreffenden Beweisergebnissen, für die Anordnung von Verbesserungen und Vervollständigung von Beweisaufnahmen [115]) und die Kenntnisnahme davon, für die Verkündung der Entscheidung (§ 415). Hiervon abgesehen erblicke ich im Gegensatze zu Peters [116]) in dieser Bestimmung nicht eine Einschränkung der Mündlichkeit, sondern des richterlichen Gehörs; nicht bloß die mündliche, sondern jede weitere Verhandlung ist den Parteien gegebenenfalls abgeschnitten; die Vorschrift könnte unverändert auch in einem Gesetze Platz finden, das ein rein schriftliches Verfahren bestimmt. Hingegen stimme ich mit Peters darin überein, daß eine Nachahmung der Vorschrift, die dem Vorschlage von Marcus (s. o. § 6 bei I, 2 d) entsprechen würde, nicht zu empfehlen ist.

d) Wird ein Urteil wegen Unzuständigkeit des Gerichts, das im ersten Rechtszug erkannt hatte, aufgehoben und die Rechtssache zu neuerlicher Verhandlung an das zuständige Gericht verwiesen, so ist diese neuerliche Verhandlung auf Grund und nicht bloß unter Benutzung des über die erste Verhandlung aufgenommenen Verhandlungsprotokolls und aller sonstigen an das Berufungsgericht gelangten Prozeßakten, worüber Bericht zu erstatten ist, durchzuführen, eine Einschränkung der Mündlichkeit, die hier deswegen nicht viel auf sich hat, weil die Parteien an die bisher abgegebenen Erklärungen gebunden bleiben (§§ 476 Abs. 1 und 2, 138).

e) Für die nach mündlicher Verhandlung zu treffende Entscheidung sollen teilweise Erklärungen maßgebend sein, die außerhalb der mündlichen Verhandlung abgegeben sind, insofern

1. Zugeständnisse auch dann als gerichtliche gelten und dementsprechend beachtet werden müssen, wenn sie zwar nicht in, aber bei der mündlichen Verhandlung in einem vorbereitenden Schriftsatze oder im Protokolle eines beauftragten oder ersuchten Richters ausdrücklich erklärt sind (§ 266),

2. im Versäumnisverfahren bei der Urteilsfällung nicht bloß die Ergebnisse vorausgegangener Beweisaufnahmen, sondern auch die früheren Erklärungen und tatsächlichen Angaben der nunmehr säumigen Partei zu berücksichtigen sind, die in überreichten vorbereitenden Schrift-

---

[115]) Horton a. a. O. S. 764 Bemerkung 1733.
[116]) a. a. O. S. 66 ff.

sätzen oder im Protokolle des beauftragten oder ersuchten Richters sich vorfinden (§§ 399, 396) [117]).

Beide Vorschriften dienen ersichtlich der Durchführung des in dem österreichischen Gesetze verfolgten Grundsatzes, daß nach Möglichkeit die materielle Wahrheit die Urteilsgrundlage bilden und der Richter sie deshalb von Amts wegen aufklären müsse [118]), ein Grundsatz, der wegen der untersuchenden (inquisitorischen) Bestrebungen, die hierdurch in den bürgerlichen Streit hineingetragen werden (vgl. §§ 178, 371, 376 ff.) noch manchem Widerspruche begegnet [119]).

f) Die wahlweise Schriftlichkeit bei dahingehendem Einverständnisse zwischen den Parteien und dem Gericht ist im Berufungsverfahren durchgeführt. Die Parteien können nach § 492 Abs. 1 in der Berufungsschrift oder durch einen dem Gerichte des ersten oder zweiten Rechtszugs überreichten Schriftsatz auf die Anordnung der Tagsatzung zur mündlichen Verhandlung über die Berufung wirksam verzichten, doch kann das Gericht, wenn dies im einzelnen Falle erforderlich erscheint, eine mündliche Verhandlung anordnen [120]).

Aber auch soweit eine mündliche Verhandlung stattfindet, vollzieht sie sich — von den Fällen der §§ 488, 489 abgesehen — in der die reine Mündlichkeit nicht mehr wahrenden Form eines Vortrags durch den Berichterstatter mit anschließenden Rechtsausführungen der Parteien (§ 486).

Die Einschränkungen vertragen sich hier mit dem Charakter der Berufung, die der Regel nach über eine rechtliche und tatsächliche Nachprüfung des Streitstoffs des ersten Rechtszugs (revisio in facto et in iure) nicht hinausgeht. Doch wird auch in der österreichischen Rechtswissenschaft verschiedentlich bezweifelt, ob eine so eingeengte Berufung den dortigen Bedürfnissen genügt; nicht wenige allerdings halten im Hinblick darauf, daß die Streitlage im ersten Rechtszuge von Amts wegen erörtert und deshalb ihrer Meinung nach besser aufgeklärt wird, die

---

[117]) Daß auf mündliches Vorbringen des erschienenen Beklagten kein Bedacht zu nehmen ist, falls dieser die Klagbeantwortung nicht rechtzeitig eingereicht hat (ZPO. § 389), ist Ausschlußfolge und bedeutet an sich keine Abweichung vom Mündlichkeitsgrundsatze.

[118]) Vgl. Neumann a. a. O. S. 765; Skedl a. a. O. S. 48, 77.

[119]) Peters a. a. O. S. 52 ff., vgl. Wach a. a. O. S. 49 ff.

[120]) Allerdings können die Parteien auch die angeordnete mündliche Verhandlung durch ihr Nichterscheinen vereiteln, ohne sich Versäumnisfolgen auszusetzen, § 491.

immerhin kargen Wiederaufnahmemöglichkeiten der §§ 530 Z. 7, 531 für ein ausreichendes Gegengewicht gegen die unleugbar damit verbundenen Nachteile. Dem derzeitigen Rechts- und Gerechtigkeitsempfinden im deutschen Volke widerspricht anscheinend ein solcher Ausschluß neuen Vorbringens (des Novenrechts) im Berufungsverfahren; trachtet es doch gerade jetzt mit vielem Eifer nach einem zweiten Tatsachenzuge für die landgerichtlichen Strafsachen. Die österreichische Ausbildung der Berufung und des Berufungsverfahrens hat darum wenig Gegenliebe und gewichtige Gegnerschaft gefunden [121]).

g) Für das Revisionsverfahren ist sogar die schriftliche Verhandlung die Regel; bloß eine wahlweise Mündlichkeit ist vorgesehen und selbst diese mit der Einschränkung, daß nur dem Gerichte die Wahl verstattet ist; denn eine mündliche Verhandlung kann auf Antrag oder von Amts wegen angeordnet werden, wenn dies im einzelnen Falle dem Revisionsgerichte [122]) behufs Entscheidung über die eingelegte Revision erforderlich scheint. § 509 Abs. 1 nnd 2.

Für Abschaffung der mündlichen Revisionsverhandlung nach österreichischem Muster oder wenigstens in der Abschwächung des in § 6 unter I 2 g wiedergegebenen Vorschlags sind auch in Deutschland Stimmen laut geworden, bisher aber nicht durchgedrungen; die überwiegende Mehrheit will sie nicht missen; sie schätzt den lebendigeren Eindruck, den die Streitdarstellung durch den Vortrag der Anwälte erhält, und die vielfachen Anregungen, welche die wechselseitige Erörterung von Rechtsfragen mit sich bringt, auch für das Revisionsverfahren hoch genug ein, um die verminderte Beschleunigung dafür zu ertragen. Peters [123]) möchte jedoch überall da, wo nur die tatsächlichen Feststellungen des Berufungsgerichts in unzulässiger Weise angegriffen werden, die Revision ohne mündliche Verhandlung durch Beschluß als unzulässig verworfen wissen; das erscheint an sich folgerichtig und zweckmäßig, wäre aber, weil die Tatsachengrenze von den verschiedenen Senaten nicht immer völlig einheitlich gezogen wird, in der Durchführung wohl nicht ganz ungefährlich.

---

[121]) Wach a. a. O. S. 45 ff.; Peters a. a. O. S. 99 ff.

[122]) Nach Peters a. a. O. S. 103 macht jedoch das Revisionsgericht von der Befugnis in der Praxis überhaupt keinen Gebrauch. Die Erläuterung von Neumann a. a. O. S. 1318 führt dagegen zu der Annahme, daß vereinzelt mündliche Verhandlungen doch vorkommen.

[123]) a. a. O. S. 104.

Im Anschlusse hieran sei noch auf das rein schriftliche Verfahren bei dem Rekursgerichte hingewiesen. Über den Rekurs ist nach § 526 ohne vorhergehende mündliche Verhandlung zu entscheiden; die wahlweise mündliche Verhandlung im Sinne von § 576 der DZPO., die bei der Bedeutung der dem Rekurs unterliegenden Entscheidungen (die überhaupt anfechtbaren Beschlüsse erster und zweiter Instanz und die in einem Urteil enthaltenen Entscheidungen über den Kostenpunkt oder eine prozeßhindernde Einrede, soweit nicht zugleich die Entscheidung in der Hauptsache angefochten wird), voraussetzlich nicht selten am Platze wäre, ist ausgeschlossen; gerade hierin tritt deutlich in Erscheinung, daß das österreichische Gesetz die mündliche Verhandlung in ihren Nutzwirkungen grundsätzlich nicht ganz so hoch bewertet wie das deutsche.

II.

Zu den Mitteln, die den Nachteilen der mündlichen Verhandlung als solcher entgegenwirken, ohne sie unmittelbar einzuschränken, werden aus der österreichischen ZPO. neben dem bereits eingangs ausgeschiedenen Amtsbetriebe usw. auch die Vorschriften über den Kostenersatz an den Gegner im Falle der Verlängerung einer Frist oder der Erstreckung einer Tagsatzung (§ 142), die gesetzlichen Folgen des Ruhens des Verfahrens (§§ 168 bis 170), die Befugnis des Gerichts, neues Tatsachen- oder Beweisvorbringen, das offenbar in Verschleppungsabsicht nicht früher vorgebracht wurde und dessen Zulassung die Streiterledigung erheblich verzögern würde, (endgültig) für unstatthaft zu erklären (sogen. Zurückweisungsrecht) und bei vorliegendem groben Verschulden auch den Anwalt zu bestrafen, die (Mutwillens-) Strafe wegen mutwilligen Bestreitens der Echtheit einer Urkunde (§ 313) u. a. vielfach mitgezählt, jedoch ohne innere Berechtigung; die von ihnen erhoffte Wirkung würde, wie bereits in § 6 unter II näher ausgeführt ist, im schriftlichen Verfahren ganz die nämliche sein und die Parteien von Fristverlängerungen, Ruhenlassen und nachträglichem Vorbringen usw. so viel oder so wenig abhalten wie bei mündlicher Verhandlung. Als Abhilfe gegen die eigentlichen Mündlichkeitsnachteile kommen vielmehr und wiederum in Anlehnung an die Einteilung des § 6 lediglich in Betracht:

1. außerhalb der eigentlichen mündlichen Verhandlung: alle vorbereitenden Maßnahmen, welche die mündliche Verhandlung entlasten und deren glatteren Verlauf gewährleisten sollen, d. s.:

a) außerterminliche Maßnahmen, darunter:

1. die Vorprüfung der Klage auf ihre Zulässigkeit hinsichtlich der Zuständigkeit des Gerichts, der Prozeßfähigkeit der Parteien und, wo erforderlich, deren gesetzlicher Vertretung und der Ermächtigung zur Prozeßführung, die der Vorsitzende und hierauf das Gericht nach § 230 Abs. 2 (vgl. §§ 7, 37) zwecks Beschlußfassung darüber vorzunehmen haben, ob die Tagsatzung anzuberaumen oder eine Zwischenverfügung nach § 6 zu erlassen oder die Klage als zur Bestimmung der Tagsatzung ungeeignet zurückzustellen sei § 230 Abs. 2, ferner die Vorprüfung der Berufung gemäß §§ 470 bis 474. Die Beschlußfassung erfolgt ohne mündliche Verhandlung; diese wird dadurch (s. o. § 6 unter II 1 a) aber gegenständlich beschränkt.

Derselbe Grundgedanke ist durch § 554 a der DZPO. für das Revisionsverfahren verwirklicht; Peters u. a. wünschen ihn für die übrigen Rechtsgänge entsprechend ausgebaut.

2. die der mündlichen Verhandlung gleichfalls vorausgehende Beseitigung von Formgebrechen der überreichten Schriftsätze durch die Einwirkung des Gerichts: Soweit solche die ordnungsmäßige geschäftliche Behandlung, d. h. den Fortgang des Verfahrens, zu hindern, d. h. zu erschweren, hemmen, verzögern usw. geeignet sind, hat sie das Gericht von Amts wegen anzuordnen §§ 84, 85; der Begriff des Formgebrechens wird hierzu ziemlich weit gezogen, denn neben den beispielsweise aufgeführten mehr äußerlichen Mängeln nach §§ 75, 77, 467 Z. 1, 5 (betreffend die Bezeichnung des Gerichts, der Parteien und Parteivertreter, des Streitgegenstandes und der Beilagen, die Unterschrift der Partei oder ihres Vertreters, das Fehlen von Abschriften der in bezug genommenen Urkunden und ähnlichen z. B. im Sinne von §§ 80, 81, 467 Z. 2) werden in der Rechtspflege auch Mängel der inneren Form, und zwar mit einer gewissen Weitherzigkeit miteingerechnet, so Verstöße gegen §§ 149, 562 Abs. 2 und 3 wie vor allem gegen § 76, wonach in jedem Schriftsatze die tatsächlichen Verhältnisse, durch welche die im Schriftsatze gestellten Anträge begründet werden, in knapper, übersichtlicher Fassung gedrängt darzustellen und, soweit nötig, auch die Beweismittel im einzelnen zu bezeichnen sind, und gegen § 226, wonach die Klage dies und außerdem ein bestimmtes Begehren und gewisse Angaben über den Streitwert enthalten muß [124]). Hier dürfte die Grenze zwischen der gesetzlichen Schablone, deren Beachtung für die Schriftsätze wohl allein gesichert werden sollte, und dem Inhalte der Schriftsätze selber bei der Handhabung nicht immer

---

[124]) Vgl. Neumann a. a. O. S. 622; Horton a. a. O. S. 364.

festgehalten und deshalb, was nur zu begrüßen, mit der Verbesserung der Form gegebenenfalls zugleich eine Verbesserung des Inhalts veranlaßt werden.

Von der Verschärfung abgesehen, welche diese Einwirkungen durch den damit verquickten Amtsbetrieb erfahren, ist jedoch m. E. auch der deutsche Richter schon nach geltendem Rechte nirgends behindert, vor der mündlichen Verhandlung derartige Verbesserungen durch dahingehende Anregungen anzustreben; ja er ist bei richtiger Würdigung der ihm anvertrauten Aufgabe nicht nur in amtsgerichtlichen (DZPO. § 501 Abs. 1 S. 1), sondern ebenso in allen anderen Streitsachen hierzu sogar verpflichtet, soweit es im einzelnen Falle angezeigt und bei der Menge der Geschäfte durchführbar ist. Doch wird diese Ansicht nicht allgemein geteilt und darum, soweit noch fehlend, die Aufnahme entsprechender Bestimmungen in das künftige Gesetz befürwortet [125]).

3. die eigentliche Vorbereitung der mündlichen Verhandlung kraft richterlicher Prozeßleitung (Maßnahmen für die Tagsatzung): Zwecks schnellerer und besserer Sammlung des Tatsachen- und Beweisstoffs kann und muß der Vorsitzende — und zwar, wenn zu besorgen ist, daß sich andernfalls für die Entscheidung wichtige Umstände nicht mehr feststellen ließen oder ein Beweismittel später nicht mehr oder doch nur unter erheblich schwereren Bedingungen benutzt werden könnte, bereits vor Beginn der mündlichen Verhandlung — das persönliche Erscheinen der Parteien, die Vornahme eines Augenscheins, die Begutachtung durch Sachverständige auf Antrag oder von Amts wegen anordnen, ferner, soweit nicht beide Parteien sich dagegen erklären, die Vorlegung von Urkunden und Augenscheinsgegenständen verfügen bzw. deren Herbeischaffung veranlassen und Personen als Zeugen laden, von denen Aufklärung über erhebliche Tatsachen zu erwarten ist §§ 183, 182 verb. mit §§ 82, 181, 229, 257 Abs. 2, 258 Abs. 1 S. 3, 437, 438; auch in der Berufungsverhandlung hat der Vorsitzende im Rahmen des Rechtsmittels entsprechende Anordnungen zu treffen. Der Entscheidung des Gerichts über die Zulässigkeit und Erheblichkeit der Anordnungen, insbesondere der Zeugenladungen (§§ 276, 277, 320, 321), wird durch alles dies in keiner Weise vorgegriffen [126]); es ist daher weder ausgeschlossen, daß die Parteien auf ihre angekündigten und deshalb herbeigeschafften Beweise in der mündlichen Verhandlung überhaupt nicht zukommen, noch

[125]) Vgl. insbes. Peters a. a. O. S. 58.

[126]) Horton a. a. O. S. 723; Neumann S. 784.

daß das Gericht das Angeordnete mißbilligt und beidenfalls die Kosten dafür unnötig aufgewendet sind, noch daß ein Beweis bloß um der einmal erfolgten Herbeischaffung willen erhoben und der Rechtstreit dadurch auf ein falsches Gleis geschoben wird. Diese Gefahren, deren zwei letztangeführte Peters [127]) für so schwerwiegend erachtet, daß sie ihn von der Empfehlung der Vorschrift abhalten, dürften jedoch, durch die Art und Weise, wie die Vorschrift mutmaßlich angewendet werden würde, sehr an Bedeutung verlieren; der Vorsitzende wird von vornherein geneigt sein, nur mit aller Vorsicht von ihr Gebrauch zu machen, und es in Zweifelsfällen vorziehen, sich vorher mit den Parteien und seinen Mitrichtern zu verständigen.

Vielleicht [128]) haben die gekennzeichneten Befürchtungen auch dazu beigetragen, daß der dem österreichischen Muster ausdehnend (Beseitigung des teilweisen gemeinsamen Widerspruchsrechts der Parteien, Erweiterung des Kreises der möglichen Anordnungen) nachgebildete § 501 in der Novelle vom 1. Juni 1909 auf das Verfahren vor den Mehrgerichten nicht erstreckt worden, sondern auf das vor den Amtsgerichten, wo die Identität des Gerichts mit dem Vorsitzenden sie großenteils gegenstandslos macht, beschränkt geblieben ist; von der Einführung des Amtsbetriebs, mit dem die Begründung die Vorschrift in Zusammenhang bringt, wäre deren allgemeine Annahme nicht abhängig gewesen; ob und inwieweit die in Frage stehenden Anordnungen dem Vorsitzenden des Mehrgerichts auch ohnedem unverwehrt sind, kann hier unerörtert bleiben.

b) die erste Tagsatzung oder im Anschluß an Wach [129]) der Einlassungstermin zur Streitbefestigung durch eine — erstreckungsfähige — mündliche Verhandlung mit einem gesetzlich beschränkten Ausschnitt aus dem gesamten Verhandlungsstoffe [130]): Sie ist für das Verfahren vor den Gerichtshöfen erster Instanz, einschließlich des Verfahrens über Widerklagen, Nichtigkeits- und Wiederaufnahmeklagen und des Verfahrens in Streitigkeiten über die Scheidung von Tisch und Bett, zwingend vorgeschrieben, für das bezirksgerichtliche und das Bagatellverfahren nach dem Ermessen des Richters wahlweise zugelassen — §§ 230 Abs. 1, 231, 239, 440, 450 —, findet im Verfahren vor den Mehrgerichten vor dem Vorsitzenden oder einem beauftragten Gerichtsmitgliede

---

[127]) a. a. O. S. 61 vgl. Wach a. a. O. S. 23.

[128]) Die Begründung spricht sich darüber nicht näher aus.

[129]) a. a. O. S. 10.

[130]) Pollak: System des österreichischen Zivilprozeßrechts S. 608.

statt, unterliegt nicht dem absoluten (§ 27 Abs. 2), wohl aber dem relativen[131]) Anwaltszwang und soll, wie aus den Materialien S. 284 ff. zu entnehmen ist, die dreifache Aufgabe erfüllen:

1. klarzustellen, welche Sachen und in welchem Umfange sie streitig werden, und die streitigen Sachen wie den Weizen aus der Spreu für die eigentliche Streitverhandlung auszusondern,

2. die nicht streitigen Sachen oder deren nicht streitige Teile auf einfachstem Wege ohne die sonst in Frage kommende Vorbereitung (s. o. bei a 3) durch Anerkenntnis-, Verzichts-, Versäumnisurteil, Klagrücknahme oder Vergleich (bzw. Ruhen des Verfahrens) zu erledigen, §§ 239, 395, 394, 396, 237, 391, 394 Abs. 2, 397,

3. in den streitigen Sachen oder davon streitig gebliebenen Teilen „alle eventuell vorhandenen prozessualen Streitfragen an die Oberfläche zu treiben, um die Möglichkeit zu schaffen, sie in der jeweils zweckmäßigsten Weise, so daß das Meritum dadurch recht wenig gestört wird, zur Erledigung zu bringen"; deshalb sollen die prozeßhindernden Einreden der Unzulässigkeit des Rechtswegs, der Streithängigkeit, der rechtskräftig entschiedenen Sache und der Unzuständigkeit des Gerichts, die letzte, soweit es sich nicht um eine durch ausdrückliche Vereinbarung der Parteien nicht zu beseitigende Unzuständigkeit handelt, unter Ausschlußfolge hier angemeldet und Anträge auf Sicherheitsleistung für die Prozeßkosten, auf Bewilligung der Klagänderung und auf Zurückweisung der Klage wegen Prozeßunfähigkeit eines Streitteils oder wegen mangelnder Berechtigung der als Vertreter einschreitenden Person gestellt bzw. von Amts wegen eingeleitet werden, §§ 239, 240; über die gestellten Anträge ist sogleich zu verhandeln und zu entscheiden; auf die angemeldeten Einreden hat das Gericht sich schlüssig zu machen, ob abgesondert oder zugleich mit der Hauptsache über sie verhandelt werden soll, und das zu ihrer baldigen Erledigung sonst Geeignete für die mündliche Verhandlung vorzukehren; daneben und beiläufig kann die Sache selber gemäß §§ 182, 183 weiter vorbereitet werden[132]).

Daß sich die Einrichtung voll bewährt hat, wird in Österreich von Juristen und Laien allgemein bejaht und durch die statistischen Ermittelungen bestätigt. Ihre klarzutageliegenden, oft und eingehend gerühmten Vorteile, die eben darum einer erneuten Auseinandersetzung nicht be-

---

[131]) Skell a. a. O. S. 289 ff., 296, 316; Horton S. 153; Neumann S. 485.

[132]) Neumann S. 902 ff.; Löw im SächsRpflA. 1910 S. 553 ff.

dürfen, hatten die Aufmerksamkeit der deutschen Regierungen frühzeitig auf sich gelenkt, und sie veranlaßt in dem Abänderungsentwurfe zur ZPO., den der Bundesrat am 9. Dezember 1897 dem Reichstage zugehen ließ, in §§ 312 a bis 312 b unter Hinweis auf das österreichische Vorbild einen Vortermin vorzuschlagen, der jedoch vor dem vollbesetzten Gericht und für den Beklagten ohne (jeden) Anwaltszwang stattfinden und in geeigneten Fällen zugleich zur Streitverhandlung benutzt werden sollte [133]). Bei Beginn der ersten Beratung im Reichstage erklärte jedoch der Abgeordnete Dr. Rintelen [134]) die ihm „winzig und minimal" erscheinenden Vorschriften über den Vortermin für „absolut nicht nötig", weil „wir ja eine Bestimmung haben, daß die Parteien vor dem Amtsrichter erscheinen und den Vergleich zustandebringen können"; er befürchtete zudem, daß „die Sache in den meisten Fällen nur noch mehr hingezogen werde". Trotz mehrfachen Widerspruchs [135]) hat dann diese letzte Befürchtung, daß also für viele Fälle, die im Vortermin unerledigt blieben, eine weitere Verzögerung eintrete, neben anderen (vornehmlich gegen die Beseitigung des Anwaltszwangs und deren Ersatz durch eine die volle Unparteilichkeit angeblich gefährdende Fürsorge des Richters gerichteten) Bedenken in der Reichstagskommission die Oberhand gewonnen und zur Ablehnung des Vorschlags geführt [136]).

Dessen ungeachtet hat die deutsche Juristenschaft sich nach wie vor mit ziemlicher Einmütigkeit [137]) für den Vortermin, und zwar im allgemeinen nach österreichischem Vorbild eingesetzt; doch hat sie sich im Anschluß an Wach [138]) überwiegend gegen die Aufhebung der Unmittelbarkeit durch die Loslösung des Vortermins vom Spruchgericht erklärt, ein Bedenken, das auch von österreichischen Schriftstellern als grundsätzlich berechtigt eingeräumt wird [139]), und weiter in der Annahme, daß der

---

[133]) Vgl. Begründung S. 112 ff.

[134]) StenBer. S. 358/359.

[135]) Gamp a. a. O. S. 361; von Cuny S. 363; anderseits Traeger S. 366; Dr von Buchka S. 376; Trimborn S. 384; Lenzmann S. 393 usw.

[136]) Komm. Bericht S. 92 ff.

[137]) z. B. Stein: Zur Justizreform S. 100; Kohler: Rhein.Z. 3. Jahrg. S. 3; Hinrichsen in JW. 1907 S. 793; Zelter ebenda 1908 S. 511.

[138]) a. a. O. S. 10 ff.

[139]) Skell a. a. O. S. 55. — Auch die „erläuternden Bemerkungen" (S. 186 ff.) lassen eine solche Lösung nicht erwarten, da sie den Nutzen der Mündlichkeit nur anerkennen, wo sie mit der Unmittelbarkeit verbunden ist.

ohne Anwalt erscheinende Beklagte die Tragweite seiner Erklärungen vielfach nicht werde übersehen können [140]), gegen eine auch nur teilweise Beseitigung des Anwaltszwangs; hierüber wird in Anlehnung an Peters [141]) eine größere sachliche Ausnutzung des Vortermins erwogen.

Die Einrichtung hat sich in Österreich aus einer tatsächlichen Übung der Gerichte heraus entwickelt [142]), die das vorhandene Bedürfnis praeter aber nicht contra legem befriedigen wollte. Einer solchen Übung, wiewohl nur vor dem erkennenden Gerichte, stünde, wie schon oben § 6 bei II 2 a Anm. 90 bemerkt, auch im deutschen Gesetze kein Hemmnis entgegen; das Bedürfnis ist vorhanden, und die durch eigene Versuche gewonnenen Erfahrungen über die zweckmäßigste Gestaltung würden überdies dem künftigen Gesetzgeber die Arbeit erleichtern helfen.

2. Innerhalb der mündlichen Verhandlung soll den Gefahren der Mündlichkeit begegnen:

a) die ungemeine Erschwerung jeder Erstreckung der Tagsatzung (Verhandlungszwang); die Erstreckung darf (auf Antrag oder von Amts wegen) nur stattfinden, wenn einer der folgenden, im Antragsfalle glaubhaft zu machenden, vier Gründe vorliegt:

1. ein unübersteigliches oder doch sehr erhebliches Hindernis, das sich dem rechtzeitigen Erscheinen einer oder beider Parteien oder der Aufnahme oder Fortsetzung der Verhandlung zwischen ihnen entgegenstellt und ohne die Erstreckung einen nicht wieder gut zu machenden Schaden verursachen würde,

2. Verhinderung des Gerichts durch anderweitige unaufschiebbare amtliche Obliegenheiten oder sonstige wichtige Gründe,

3. Anordnung einer wesentlichen Beweisaufnahme oder Notwendigkeit der Herbeischaffung von Urkunden, Auskunftssachen oder Augenscheinsgegenständen,

4. Unmöglichkeit, die Verhandlung in der anberaumten Tagsatzung zum Abschlusse zu bringen, §§ 134, 135.

Wach bezeichnet diese Strenge mit Recht als ein Gegenmittel, das mit dem Zwecke der Rechtspflege in Widerspruch tritt und „den Teufel durch Beelzebub austreibt". Auch wo sich in der mündlichen Verhandlung die Notwendigkeit einer weiteren sachlichen Aufklärung, nach Befinden

---

140) Vgl. Komm. Bericht S. 93.

141) a. a. O. S. 86; vgl. auch „Prozeßverschleppung usw." S. 138 ff.

142) Löw a. a. O. S. 553.

auf völlig veränderter Grundlage herausstellt — und solche Fälle dürften trotz aller Vorbereitung auch im österreichischen Verfahren noch oft genug vorkommen —, soll diese Aufklärung um der schnelleren Beendigung willen abgeschnitten und das materielle Recht dem formellen Verfahren geopfert werden, ein Standpunkt, der gerade im österreichischen Gesetze, das die Wahrheitsermittelung sonst so sehr in den Vordergrund stellt, besonders auffällt. Gleichwohl scheint entgegen der von Wach ausgesprochenen Erwartung auch die österreichische Rechtspflege nicht sehr geneigt, die Härte durch eine weitherzige, der Willensmeinung des Gesetzes allerdings widerstrebende Auslegung des § 134 Z. 4 zu mildern [143]); die Erläuterer [144]) wenigstens erachten den dort angegebenen Erstreckungsgrund im Einklange mit jener Willensmeinung bloß für gegeben, wenn die Verhandlung zu lange Zeit dauern würde, sei es für sich allein genommen, sei es im Verhältnisse zu anderen für denselben Tag anberaumten Sachen, die sonst, obwohl kürzer und einfacher zu erledigen, der Vertagung verfallen würden; möglich allerdings, daß mancher Richter die verhältnismäßige Unmöglichkeit nach § 134 Z. 4 wohlwollend als Handhabe ergreift, um den schlimmsten Härten zu begegnen. Soweit die mangelnde Unterrichtung einer Partei durch ein unübersteigliches oder doch sehr erhebliches Hindernis entschuldigt werden kann, wird ihr ferner der § 134 Z. 1 zur Seite stehen, und manche Vertagung kann aus Billigkeitsgründen auf dem Umwege über § 379 herbeigeführt werden. Immerhin werden noch genug Fälle übrig bleiben, wo der Verhandlungszwang als große Härte empfunden wird, und mit Recht fragt Wach: cui bono? und was geht es den Richter an, wenn die Parteien mit der Vertagung einverstanden sind? — Es greifen hier dieselben Erwägungen Platz, die gelegentlich der allgemeinen Stellungnahme zum Amtsbetriebe vertreten wurden [145]). Die Allgemeinheit wird die längere Fortdauer des einzelnen Streits doch keinesfalls in dem Maße als Beschwerung oder gar soziale Not empfinden, daß dessen frühere Beendigung selbst gegen den Willen der zunächst Betroffenen geboten erschiene. — Gleichwohl wird ein Ver-

---

[143]) Daß zuweilen, aber — und, wie Pollack (DJZ. 1911 S. 1357 f.) meint, „glücklicherweise", — doch verhältnismäßig selten die Erstreckung über den gezogenen Rahmen hinaus gewährt wird, zeigt der Erlaß des österreichischen Justizministers vom 28. August 1911, der diese Handhabung mißbilligt.

[144]) Horton S. 512; Neumann S. 701; entgegenkommender Fürstl: Die neuen österreichischen Zivilprozeßgesetze S. 217 ff.

[145]) s. o. § 4 bei III.

handlungszwang von etwas geringerer Strenge auch für unser deutsches Verfahren verschiedentlich gefordert. Hamm [146]) nimmt für das Gericht die Prüfung darüber in Anspruch, ob die Vertagung notwendig ist; sie soll der sie begehrenden Partei nur gewährt werden, wenn sie die Notwendigkeit glaubhaft macht. Diese Prüfungsbefugnis leitet Hamm einmal daraus her, daß der Staat die ihm obliegende Aufgabe, die Gerichte mit einer solchen Besetzung zu errichten, wie sie nach der Zahl der Streitfälle erforderlich ist, um diese zu verhandeln und zu entscheiden, sonst nicht erfüllen könne, daneben aus der Unnatur des jetzigen „ganz unglücklichen" Zustands, daß ein Termin ohne Zustimmung und ohne jede Mitwirkung desjenigen, der den Termin bestimmt hat, abgesetzt und vertagt wird. Warum aber ist das unnatürlich? — Auch Peters [147]) betont die Rücksicht auf die Ordnung des Verfahrens; er will bloß eine einmalige Vertagung zulassen und auch diese nur, falls erhebliche Gründe glaubhaft gemacht werden, und für die von ihm gewollte mündliche Verhandlung, in der neues Vorbringen ausgeschlossen sein soll, wäre der Verhandlungszwang allerdings folgerichtig und mindestens für den Regelfall auch unschädlich.

b) die formelle und materielle Prozeßleitung in der Verhandlung durch den Vorsitzenden und das Gericht: Läßt man hier diejenigen Verschiedenheiten außer Betracht, die mit der Durchführung des, wie ausgeführt, als solchen hier nicht zu erörternden Amtlichkeitsgrundsatzes zusammenhängen, so zeigt das Bild im Vergleiche mit dem unsrigen keine wesentlich neuen Züge [148]).

Die formelle Prozeßleitung umfaßt für den Vorsitzenden die äußere Regelung des Verhandlungsgangs einschließlich der Sorge, daß sie tunlichst ohne Unterbrechung zu Ende geführt werde §§ 181, 193 Abs. 1, 195, für das Gericht die Ordnung und Verteilung des zu bewältigenden Prozeßstoffs, Reihenfolge der Tatsachenerörterung und der Beweiserhebung, vorläufige Vorwegnahme oder Zurückstellung einzelner Teile; Verbindung und Zerlegung, Unterbrechung usw., §§ 189, 187, 188, 190, 191, 195.

Die materielle Prozeßleitung sorgt, daß die Sache erschöpfende Erörterung finde, die Verhandlung aber auch nicht durch Weitläufigkeit und unerhebliche Nebenverhandlungen ausgedehnt werde, ingleichen,

---

[146]) Verh. des 26. DJT. Bd. 3 S. 504 ff.

[147]) Prozeßverschleppung usw. S. 148 ff.

[148]) Ebenso Peters in Gruchots Beitr. Bd. 51 S. 61.

soweit nicht schon eher geschehen, für die Herbeischaffung von Beweismitteln; sie liegt dem Vorsitzenden und dem Gerichte gemeinsam ob. §§ 180 Abs. 3, 182, 194, 195.

Für die Prozeßleitung innerhalb der mündlichen Verhandlung ist darum die österreichische ZPO. meines Wissens auch nicht als Muster hingestellt worden, wiewohl abgesehen von der damit zusammenhängenden

c) Beweisverbindung: Nach § 276 sind die Beweise, welche das Gericht für erheblich hält, im Laufe der Verhandlung vor dem erkennenden Gericht aufzunehmen. Die Beweisaufnahme bildet demnach keinen besonderen Abschnitt des Verfahrens oder auch nur der mündlichen Verhandlung; diese grundsätzliche Auffassung führt von selbst zu der vom Gesetze gewollten Übung, daß die Beweise auch wirklich, soweit angängig, sofort im Anschluß an die Parteivorträge erhoben werden und hierauf die Schlußvorträge erfolgen, eine Übung, die auch insofern den Nachteilen der Mündlichkeit entgegenwirkt, als sie die Zahl der Fälle, in denen ein Neuvortrag wegen Richterwechsels nötig werden kann, wesentlich verringern hilft [149]).

§ 7a.

Die ungarische Zivilprozeßordnung.

Die ungarische Zivilprozeßordnung vom 8. Januar 1911 hat vornehmlich dadurch Aufsehen erregt, daß sie die Zuständigkeitsgrenze für die Einzelgerichte (Bezirksgerichte) in vermögensrechtlichen Streitigkeiten auf 2500 Kronen heraufsetzt (§§ 1, 54) und, bei der jetzigen Gegenströmung doppelt bemerkenswert, auf die Mitwirkung von Laienrichtern durchgängig verzichtet; ebenso verwirft sie mit erfreulicher Entschiedenheit die Eventualmaxime (vgl. §§ 221, 222, 129 und die Begründung bei Gottl: Ungar. ZPO. Wien 1911, Manz, S. 138 f.) [150]). Von kaum minderem Interesse ist es aber, wie diese neueste Regelung des bürgerlichen Streitverfahrens sich zur Mündlichkeitsfrage stellt, und bei dem eigenartigen Verhältnisse Ungarns zu Österreich noch besonders, inwieweit sie aus dessen ZPO. hier Bestimmungen herübergenommen oder sich an sie angelehnt hat.

---

[149]) Wegen Unmittelbarkeit s. u. §§ 11 f.

[150]) Die Eventualmaxime greift nur gegenüber den prozeßhindernden Einreden Platz, die von der Einlassung des Beklagten gleichzeitig vorgebracht werden müssen (§ 180).

I.

Auch die ungarische ZPO. bekennt sich mit Entschiedenheit zur Mündlichkeit der Verhandlung; grundsätzlich soll nur das mündlich Vorgetragene beachtet werden und die Vorlesung von Schriftsätzen bei Vermeidung der Nichtbeachtung unzulässig sein. Allein in voller Strenge (§§ 219, 203, 392) führt sie den Mündlichkeitsgrundsatz gleichfalls nicht durch; doch sind die Ausnahmen weniger zahlreich. Von den Einschränkungen der Mündlichkeit, welche die österr. ZPO. vorsieht,

1. — zu § 7, I, 1 — läßt die ungar. ZPO. weder die Bezugnahme auf Schriftstücke [151], noch die Berichterstattung über die nicht vor dem erkennenden Gerichte durchgeführten vorbereitenden und Beweisverfahren zu, sondern verlangt den freien Vortrag der betreffenden Schriftstücke und Protokolle durch die Parteien (§§ 219 Abs. 2, S. 1, 262, 285 Abs. 2); ebensowenig folgt sie in den Beurkundungsvorschriften dem österreichischen Muster (§§ 243 ff).

2. — zu § 7, I, 2 — Das vorbereitende Verfahren ist gleichfalls nicht dem österreichischen, vielmehr dem deutschen Verfahren nachgebildet (§§ 255 ff.).

3. — zu § 7, I, 3 — Einzelne Verfahren, Verfahrensteile usw. werden dagegen auch von der ungarischen ZPO. der Mündlichkeit entzogen. So bestimmt sie für eine Anzahl von Fällen, deren vergleichende Aufzählung zu weit führen würde, ein schriftliches Bescheidverfahren (vgl. z. B. §§ 418, 140, 141, 486, 529, 571, 588, 623, 624), verlangt im Falle der Versäumung der Fortsetzung der meritorischen Verhandlung, daß das Ergebnis der früheren Verhandlungen, insofern es im Protokolle oder in seinen Beilagen festgestellt ist oder vom Gericht auf andere Art festgestellt werden kann, und sowie das Ergebnis eines etwaigen Beweisverfahrens berücksichtigt werde (§ 445), verstattet allgemein die wahlweise Schriftlichkeit für das Berufungsverfahren (§§ 512, 515) und schreibt, wenn die Berufung ausschließlich auf die in § 504 Z. 1 bis 6 bestimmten sogen. Nichtigkeitsfälle, auf Mangel der Prozeßfähigkeit oder der Vollmacht u. a. (§ 505) gestützt ist, wenn nur die Kostenentscheidung angefochten wird oder wenn der Streitwert des angefochtenen bezirksgerichtlichen Urteils 100 Kronen nicht übersteigt, sogar die schriftliche

---

[151] Gottl S. 172 will wenigstens die Berufung auf solche Urkunden gestattet wissen, deren Vortrag zu viel Zeit beanspruchen, oder nicht verstanden werden würde.

Erledigung vor (§ 513)[152]), verordnet auch für die Revisions-, nicht zugleich für die Berufungsverhandlung den Vortrag des Streitstoffs durch einen Berichterstatter (§§ 532, 497). Der vorzeitige Schluß der mündlichen Verhandlung und die gerichtliche Geltung der in den Schriftsätzen enthaltenen Geständnisse (s. o. bei c, d, e[1]) sind nicht übernommen worden (§§ 203 Abs. 2, 270, 237).

II.

Von den in § 7 unter II besprochenen Mitteln finden sich:

1. außerhalb der (eigentlichen) mündlichen Verhandlung:

a) an außerterminlichen Maßnahmen: die Vorprüfung der Klage (gemäß §§ 140, 141) oder Berufung (gemäß § 486 Abs. 3), welche Vorschriften, soweit keine Sonderbestimmung entgegensteht, nach Gottl[153]) zwecks Beseitigung von Formgebrechen auch auf andere Schriftsätze und Eingaben angewendet werden dürfen, ebenso die vorbereitenden Anordnungen des Vorsitzenden zum persönlichen Erscheinen der Parteien und zur Herbeischaffung von Beweismitteln (§ 204);

b) die Prozeßaufnahmeverhandlung (§§ 178—193). Sie kennzeichnet sich als eine recht geschickte Fort- und Ausbildung der ersten Tagsatzung. Die Verhandlung als Ganzes wird, damit das einzelne Verhandeln nicht mit Stoff überladen werde, in zwei — auch im Gesetz als solche auftretende (dritter Titel 4. u. 6. Abschnitt) — Abschnitte geteilt: die Prozeßaufnahme und die meritorische Verhandlung. Die Prozeßaufnahme dient in derselben Weise wie die erste Tagsatzung dem Zustandekommen des Rechtsstreits, der Streitbefestigung, und soll im Gerichtshofsverfahren durch eine Zwischenfrist von beiläufig dreißig Tagen von der meritorischen Verhandlung getrennt sein[154]), während sie sich im bezirksgerichtlichen Verfahren der Regel nach sofort anschließt (§ 191). Von den drei Aufgaben der ersten Tagsatzung (Klarstellung des Streitigwerdens — Streiterledigung infolge Versäumnis, Anerkenntnis, Klagrücknahme, Verzicht oder Vergleich — Anmeldung prozeßhindernder

---

[152]) Die Mündlichkeit tritt jedoch ein, sobald eine Beweisaufnahme angeordnet wird oder Fragen auftauchen, über die im ersten Rechtsgange nicht verhandelt ist oder das Gehör der Parteien sich sonst als notwendig erweist (§ 517).

[153]) a. a. O. S. 120.

[154]) Muß die Prozeßaufnahmeverhandlung fortgesetzt werden, so kann, falls dies erst nach längerer Zeit geschehen kann, der neue Termin zugleich für die meritorische Verhandlung bestimmt werden. § 181 Abs. 2.

Einreden) ist jedoch die dritte folgerichtig dahin erweitert, daß über die prozeßhindernden Einreden sofort und abgesondert von der Hauptsache verhandelt und durch Urteil (oder im bezirksgerichtlichen Verfahren, falls die Einrede verworfen wird, durch Bescheid) entschieden werden muß (§ 181). Derjenige Teil des Streitstoffs, der das Zustandekommen des Rechtsstreits hindern kann, wird mithin, in dem ersten Verhandlungsabschnitt insoweit, als das Hindernis nicht später noch von Amts wegen berücksichtigt werden muß (§ 183), endgültig erledigt, so daß der hiervon befreite zweite Abschnitt, die meritorische Verhandlung, auf die sachliche Erörterung des streitigen Rechts beschränkt (materiell konzentriert) wird, eine Zweiteilung von einleuchtender Zweckmäßigkeit.

2. innerhalb der (eigentlichen) mündlichen Verhandlung

a) eine — auch durch Kostenbelastung (§ 221) versuchte — Erschwerung von Terminsverlegungen und -vertagungen, die sich aber von der Überspannung des österreichischen Gesetzes durchaus freihält (§§ 196 Abs. 2, 238, 241, 491, 539; vgl. für die Prozeßaufnahmeverhandlung §§ 179, 191 Abs. 4) und dem Gerichte die Befugnis beläßt, die Verhandlung „außer den im Gesetze bestimmten Fällen auf Antrag einer der Parteien aus wichtigen Gründen zu vertagen" (§ 239).

b) die formelle und materielle Sachleitung: §§ 224, 225, 226, 228, 231, 232, 233, 234, 237; sie bewegt sich in den gewohnten Bahnen, bemerkenswert ist nur die Bestimmung in § 225 Abs. 4, wonach im bezirksgerichtlichen Verfahren der Richter gehalten ist, die durch einen Anwalt nicht vertretene Partei, soweit erforderlich, auf die Folgen ihrer Handlungen und Unterlassungen, sowie auf die Fristen der ihr gegen die kundgemachten Beschlüsse zustehenden Rechtsmittel und auf die Vorschriften der Vertretung aufmerksam zu machen. Weder die österreichische, noch die deutsche ZPO. hat eine entsprechende Sondervorschrift, doch kann die Verpflichtung zu den notwendigen Belehrungen unbedenklich aus den allgemeinen Vorschriften gefolgert werden.

c) die Beweisverbindung, insofern der § 274 auch hier zu der in § 7 unter II 2 c festgestellten Übung führen wird.

Als Gesamteindruck ergibt sich: Die österreichische und auch die deutsche ZPO. sind bei der Abfassung des ungarischen Gesetzes auch für die Mündlichkeitsgestaltung sorgfältig zu Rate gezogen worden, es hat sich aber seine Selbständigkeit auch hier zu wahren, die Prozeßaufnahmeverhandlung neu zu schaffen und manches Zuviel geschickt zu vermeiden gewußt[155]).

§ 8.

c) Die gegenwärtige Handhabung der Mündlichkeitsvorschriften.

„Es wird mehr geschrieben als gesprochen; es kommt der Rechtsanwalt in die Sitzung und sagt: ich habe einen großen Schriftsatz gefertigt, der näheres über die und die Tatsachen enthält, ich bitte das als vorgetragen anzusehen. Der Gerichtshof, der mit Arbeiten überhäuft ist und 5 bis 6 Stunden zu sitzen hat, sagt: ja, wir wollen es als vorgetragen annehmen. Daraufhin wird das Urteil gemacht, und das heißt „mündliches Verfahren". Dieses bitter ironische Bild, das der Abgeordnete Rintelen[156]) in der Reichstagssitzung vom 11. Januar 1898 von der tatsächlichen Handhabung der Mündlichkeitsvorschriften entworfen hat, entsprach und entspricht noch heute der Vorstellung, die sich viele und darunter sehr namhafte Juristen von dem gewöhnlichen Verlaufe der mündlichen Verhandlung machen. Das Gegenstück dazu bildet das Bild, das Ernst Fuchs[157]) malt: „ein beinahe stummes Gericht, das Vorträge und Vorlesungen über sich ergehen läßt" und als „fast einzige Lebensäußerung" gelegentlich Fragen stellt. Auch dieses Bild wird vielfach für völlig getreu gehalten.

Beide Bilder enthalten etwas Wahres; beide Maler tragen aber die Farben viel zu stark auf. In dem Maße, wie auch Peters und Volkmar[158]) meinen, hat sich die Mündlichkeit denn doch nicht „zum Schatten verflüchtigt". Daß eine gewisse Anzahl von mündlichen Verhandlungen — namentlich vor den Gerichten der Großstädte — in ihrem Verlaufe teils dem ersten, teils dem zweiten Bilde gleichen mögen, wird kein Ehr-

[155]) Über den italienischen Zivilprozeß vgl. Chiovenda in Rhein Z. Bd. 2 S. 456 ff., insbesondere die Zusammenstellung über die mutmaßliche Dauer eines in Italien, Deutschland oder Österreich spielenden Rechtsstreits S. 469 ff. und die Ausführungen zur Mündlichkeitsfrage S. 479 f., über den französischen Entwurf zur Reform des code de procédure civile vgl. Tissier ebenda S. 548 f.

[156]) StenBer. S. 357.

[157]) Recht und Wahrheit S. 92.

[158]) Gruchots Beitr. Bd. 55 S. 580; vgl. ferner Goldenring ZZP. Bd. 38 S. 535 Anm. 53, Hucho in der DJZ. Bd. 12 S. 1015, Guttmann S. 48, 109, u. v. a.

licher leugnen. Um so entschiedener aber muß der Annahme widersprochen werden, daß eine derartige Handhabung die Regel bildet. Davor schützt die deutschen Richter und Anwälte die Achtung vor dem Gesetze, das zu wahren sie an erster Stelle berufen sind und das sie darum auch da nicht so gänzlich übersehen werden, wo dessen Befolgung ihnen unzweckmäßig und beschwerlich erscheint; davor schützt sie nicht minder die wachsende Erkenntnis von dem Wesen und dem Werte einer vernünftig angewendeten Mündlichkeit.

Diese Erwägungen werden die Ankläger freilich ebensowenig als Beweisgrund gelten lassen wie die weitere, daß unsere Rechtspflege, wäre wirklich die mündliche Verhandlung zu einem solchen „Zerrbilde" ihrer selbst herabgesunken, unmöglich noch auf der verhältnismäßigen Höhe sich hätte halten können, welche ihr auch diejenigen, die einen Niedergang bejahen, bereitwillig zugestehen [159]).

Die Ankläger unterdrücken, daß sie selbst doch auch nur behaupten oder bestenfalls eine Reihe erweisbarer Einzelvorgänge verallgemeinern, und verlangen dessenungeachtet den strengen Entlastungsbeweis. Auch die auffallend Vielen unter ihnen halten sich so, welche — ich vermeide absichtlich Namen zu nennen — mit dem bürgerlichen Streitverfahren oder doch mit dessen erstem Rechtsgange wenig oder keine Fühlung haben. Ein strenger Gegenbeweis aber, das muß offen ausgesprochen werden, ließe sich einzig und allein durch unmittelbare Wahrnehmung führen, durch die persönliche Unterrichtung über die Verhandlungsführung bei sämtlichen Gerichten Deutschlands.

Nicht einmal eine die Arbeiten von Wach [160]) und von Sommerlatt [161]) fortsetzende Umfrage, die sich übrigens dann folgerichtig auf sämtliche Gerichte und außerdem auf sämtliche Anwälte Deutschlands hätte erstrecken müssen, würde, gesetzt, sie hätte das von mir erwartete weniger ungünstige Ergebnis, die Anklage völlig entkräften. Die menschlich begreifliche Möglichkeit, daß die einer Gesetzesverletzung beschuldigten Richter und Anwälte ihre Berichte unbewußt etwas gefärbt hätten, könnte nicht ohne jede Berechtigung entgegengehalten werden. Hiervon abgesehen hätte die neue Umfrage wohl zweifellos

---

[159]) Vgl. Wildhagen: Der bürgerliche Rechtstreit S. 43 ff.

[160]) „Die zivilprozessualische Enquete"; Ergänzungsheft zu Bd. 11 der Z. f. DZP.

[161]) SächsArch., Jahrgang 1897 S. 135 ff.; vgl. auch Coith im Sächs. Arch. 1901 S. 287 ff.

ein ähnliches buntscheckiges Bild gezeitigt wie die früheren; denn die Charakterverschiedenheiten zwischen den einzelnen deutschen Stämmen scheinen auch in der verschiedenen Behandlung des bürgerlichen Rechtsstreits unvermindert fortzubestehen; das dazwischenliegende Vierteljahrhundert hat hier ersichtlich keine wesentliche Annäherung und Ausgleichung herbeigeführt [162]). Die einzelnen Bilder zu vergleichen und aus ihrer Buntheit die gemeinsamen Untertöne herauszusuchen, würde m. E. auch nicht viel fördern; die Verhältnisse liegen in den einzelnen Bundesstaaten und Provinzen so verschieden, daß eine Vergleichung, die dem nicht Rechnung trägt, nur äußerlich sein, eine Vergleichung, die es berücksichtigt, ins Uferlose geraten würde.

Für die Zwecke der vorliegenden Untersuchung ersprießlicher halte ich die Feststellung des inneren Grundgedankens, der bewußt oder unbewußt alle diejenigen Richter leitet, denen der Umfang der Geschäfte eine restlose Beachtung der Mündlichkeitsvorschriften unmöglich macht; das Bild, das sich aus diesem Grundgedanken heraus entwickelt, dürfte in seinen Grundzügen überall das gleiche sein.

1. Vor den Zwang gestellt, daß sich ohnedem die Erledigung der ihm übertragenen Streitsachen allmählich aber unaufhaltsam verlangsamt, eine Zwangslage, über deren häufiges Vorkommen nichts mehr gesagt zu werden braucht, wird jedes vielbeschäftigte Mehrgericht, jeder vielbeschäftigte Einzelrichter nicht so sehr im eigenen Interesse als in dem der betreffenden Parteien sich wohl oder übel damit abfinden müssen, auf tunlichste Abkürzung jeder einzelnen Verhandlung Bedacht zu nehmen. Darin zeigt sich keine Willkür, sondern höchstes Pflichtbewußtsein. Die Schwierigkeit beginnt erst mit der Frage, inwieweit die als notwendig erkannte Abkürzung mit den Mündlichkeitsvorschriften des Gesetzes noch allenfalls zu vereinbaren ist. Hier gilt es, im Bewußtsein schwerster Verantwortung eine Art Mittelweg zu finden, der ohne allzu große [163]) oder richtiger ohne den Zweck der mündlichen Verhandlung gefährdende Verkümmerung der Mündlichkeit zur Beschleunigung führt, das heißt zu untersuchen, was nur dem Buchstaben und was dem Willen des Gesetzes zuwiderläuft. Die Auslegung über das Maß der zulässigen Abkürzung wird je nach der Veranlagung und dem wissenschaftlichen

---

[162]) Vgl. Hamm, Verh. des 26. DJT. Bd. 3 S. 494 ff.; Mosler: „Altland“ und „Rheinland“ in der DJZ. 1908 S. 287 ff.; Schmitz ebenda 1902 S. 208 ff. u. v. a.

[163]) So Laux in DJZ. 1902 S. 138 ff.

Standpunkte des leitenden Richters, nach den Persönlichkeiten der Mitrichter (Juristen oder Laien) und vielleicht auch nicht immer unbeeinflußt von dem jeweiligen Geschäftsdrucke naturgemäß eine recht verschiedene sein, durchgängig aber nur nach einem inneren Kampfe gewonnen werden. Hat sich endlich der Richter zu einer verhältnismäßig freien Handhabung durchgerungen, so erneuert sich seine Gewissensnot bei der Bekundung des Verhandelten im Urteilstatbestande [164]); sie prägt sich in den gewundenen Ausdrücken, in denen der mündliche Vortrag solchenfalls festgestellt wird („zum Gegenstande der Verhandlung gemacht", „darauf Bezug genommen, daß"), oft deutlich aus. Trotzdem vermag ich Niedner [165]) nicht beizupflichten, wenn er behauptet, daß aus dem Bestreben der Richter, mit der Gesetzesvorschrift möglichst im Einklange zu bleiben, „eine ganz unerträgliche Halbheit und Prinzipienlosigkeit des Verfahrens" sich ergebe; zwar wird — das ist ihm nach dem Vorausgeschickten zuzugeben — die mündliche Verhandlung „je nach der zu Gebote stehenden Zeit, der Geschmacksrichtung des Vorsitzenden und dem mehr oder minder vorhandenen Entgegenkommen der Anwälte ein wechselndes Gepräge zeigen", der grundsätzliche Standpunkt dagegen, den der Richter in seiner Zwangslage einnimmt, muß und wird überall derselbe sein.

a) Die ZPO. verlangt ohne Unterschied, ob der Richter den Akteninhalt schon kennt, die vollständige mündliche Verhandlung für allen denjenigen Streitstoff, dessen Kenntnis auf die Entscheidung von Einfluß sein kann; enger als bis hierher kann der Wille des Gesetzes, ohne diesem Gewalt anzutun, füglich nicht ausgelegt werden. Für den zur Abkürzung der mündlichen Verhandlung genötigten Verhandlungsleiter ist mithin überhaupt nur der eine Ausweg und auch der nur als Notweg gangbar: den mündlichen Vortrag überall, aber auch nur da einzuschränken, wo und insoweit das Gericht die größere Ausführlichkeit ohne Schaden für das Gesamtbild und dessen Beurteilung entbehren zu können glaubt, vorausgesetzt, daß die Parteien zu solcher Abkürzung mitwirken oder sie doch zulassen und damit zu erkennen geben, daß sie der gleichen Meinung sind [166]). Die Frage, die

[164]) Vgl. Otto Schmidt: Fragen der Justizreform S. 53 ff.; von Sommerlatt im SächsA. 1907 S. 512 ff.

[165]) a. a. O. S. 12.

[166]) Darüber hinaus will wohl auch Kleinrath (Recht 1908 S. 585) die „Abkürzung in verständigen Grenzen" nicht zulassen.

sich der Verhandlungsleiter vor jeder abzukürzenden mündlichen Verhandlung in Anlehnung an den Akteninhalt pflichtgemäß vorzulegen hat, ist also immer wieder die: in welchem Maße ist die Kenntnis des hieraus zu entnehmenden mutmaßlichen Streitstoffs für die Bildung des Urteils notwendig? Was davon läßt sich, ohne die Zuverlässigkeit der Urteilsfindung zu gefährden, ganz oder teilweise ausscheiden? Aus einem anderen Grundgedanken heraus als dem der Sonderung des Wesentlichen von dem Unwesentlichen, der Zusammendrängung des Streitstoffs auf das zu Entscheidende (vgl. § 130 Z. 3 ZPO.), läßt sich dem Gesetze gegenüber eine Abkürzung der mündlichen Verhandlung nicht verantworten, und in diesem Grundgedanken begegnen sich denn auch, wie mir Gespräche mit Richtern verschiedener Bundesstaaten gezeigt haben, wohl alle Richter, deren geschäftlicher Notstand diese Abhilfe erheischt. Die nicht zu leugnenden großen Abweichungen, die in der Anwendung bei den einzelnen Gerichten und Gerichtsabteilungen gleichwohl in Erscheinung treten, erwachsen mithin, soweit nicht ausnahmsweise ein Gericht die gesetzlichen Schranken unberücksichtigt lassen sollte, keineswegs aus dem Mangel eines gemeinsamen Grundsatzes, einer „Prinzipienlosigkeit", vielmehr ausschließlich aus der menschlich erklärlichen Mannigfaltigkeit in den Auffassungen über das Maß des zur Urteilsfindung Notwendigen; sie bedeuten keine grundsätzlichen, sondern bloß Gradunterschiede.

Zu einer „inhaltlosen äußeren Form, die nur aufrecht erhalten wird, um der Vorschrift der Prozeßordnung formell Genüge zu leisten" [167]), kann hiernach die mündliche Verhandlung nur in den Ausnahmefällen herabsinken, in denen ein Richter sich über die Mündlichkeitsvorschriften in offener Nichtachtung hinwegsetzt. Indessen auch die allgemein übliche vorsichtige Zusammendrängung der mündlichen Verhandlung auf den unmittelbar zu entscheidenden Streitstoff unterliegt sehr dem Bedenken, ob das Gesetz sie so hat zulassen wollen, wie sie geübt wird. Die gängige Entschuldigung, daß ohne, aber nicht gegen das Gesetz, praeter, nicht contra legem, verfahren werde, ist nichts als eine gutklingende Behauptung, die zu beweisen gar nicht versucht wird. Die Entscheidung dürfte Frage des einzelnen Falles bleiben; allgemein gültige Grenzen zwischen noch zulässiger und unzulässiger Abkürzung werden sich nicht ziehen lassen. Soviel ist offen einzuräumen: der Wille des Gesetzes, daß der ganze Streitstoff, den der Tatbestand feststellt, einschließlich aller für die un-

[167]) Vgl. Schmale in d. JW. 1907 S. 538.

mittelbare Entscheidung belanglosen, aber den Streitfall individualisierenden Nebenumstände, mündlich zur Sprache gebracht sein muß, wird hier nicht restlos durchgeführt; und noch weniger dürfte es der von der ZPO. gewollten Mündlichkeit entsprechen, daß — und darauf läuft jede Abkürzung der mündlichen Verhandlung mehr oder minder hinaus — der Vorsitzende vor, anstatt das Gericht nach dem mündlichen Vortrage sich mit den Parteien über das Wesentliche des Streitstoffs zu verständigen trachtet. Daß hier unter Umständen die Beschränkung der mündlichen Verhandlung tatsächlich eine, sei es auch von den Parteien gebilligte, Vorabentscheidung des Vorsitzenden über das sachlich Wesentliche in sich schließt, die, streng genommen, nur vom Gericht und nur auf Grund mündlicher Verhandlung hätte erfolgen dürfen, ist nicht hinwegzubringen. Mit jedem Abkürzungsversuche (auch bei der jetzt freier gestellten Amtsgerichtsverhandlung) ist, milde angesehen, nach mehr als einer Richtung die Gefahr verbunden, daß ungewollt gegen unverzichtbare Prozeßgrundsätze verstoßen wird. Immerhin entfernt sich eine demgemäß eingerichtete mündliche Verhandlung wenigstens nicht allzusehr von dem Mündlichkeitswillen des Gesetzes und läßt, was die Hauptsache ist, den inneren Kern des Mündlichkeitsgedankens ziemlich unangetastet.

Wenn Coith[188]) hervorhebt, daß die unwesentlichen Teile des Streitstoffs nach der Absicht des Gesetzgebers überhaupt nicht vorgetragen werden sollen, so bildet die Frage, was davon wesentlich ist und was nicht, erfahrungsgemäß in der Mehrzahl der Fälle gerade einen Gegenstand des Streits; vor allem aber braucht der hier klaffende Unterschied zwischen Theorie und Praxis nicht erst noch unterstrichen zu werden. Auch will Coith mit seinem Hinweise der jetzigen Übung keineswegs zu Hilfe kommen, sondern, dem Parteibetriebe Rechnung tragend, ein dahingehendes Gebot zunächst nur an die Parteien gerichtet wissen; das Gericht kann nach der von ihm geteilten, aber m. E. zu weit gehenden strengen Auffassung vorläufig nicht einwirken, weil es erst und nur durch den Vortrag der Parteien über den Streitstoff unterrichtet wird; es muß deren Vortrag und damit alles Vorbringen, das sie (innerhalb vernünftiger Schranken) für wesentlich halten, vollständig entgegennehmen, bevor es auf die Ausscheidung des seiner Auffassung nach Unwesentlichen hinwirken darf und soll. Die in Frage stehende Handhabung aber macht es sich dem entgegen gerade zur Aufgabe, den Streitstoff von vornherein,

[188]) a. a. O. S. 281.

also vor und bei dem Parteivortrage, auf das Wesentliche zusammenzuschneiden.

b) Nicht zu verwechseln mit der vorstehend behandelten, nicht durchgängig bedenkenfreien Abkürzung ist die vorläufige Ausscheidung alles desjenigen, an sich wesentlichen Tatsachenstoffs, der erst bei dem Versagen eines bestimmten Angriffs- oder Verteidigungsmittels von Bedeutung ist; sie empfiehlt sich in der Mehrzahl der erfahrungsgemäß recht häufigen Fälle, wo kein Zweifel darüber besteht, daß ein einzelner Angriff oder eine einzelne Verteidigung, wenn erwiesen, den Streit entscheiden muß und alle weiteren Erörterungen gegenstandslos macht. Sie wird aber leider verhältnismäßig selten geübt, und doch können die Parteivertreter dadurch, daß sie den Vortrag einstweilen nur auf diesen Punkt zuschneiden und sich die Geltendmachung des übrigen Inhalts ihrer Schriftsätze erforderlichenfalls für später vorbehalten, schon sehr viel zur Beschleunigung beitragen. Allein auch der Vorsitzende strengster Richtung kann sich nicht wohl behindert fühlen, auf Grund seiner vorläufigen Kenntnisnahme vom Inhalte der Schriftsätze in diesem Sinne auf die Parteien einzuwirken.

c) Ein allgemeiner Maßstab für das Wesentliche bzw. das vorläufig Auszuscheidende läßt sich selbstverständlich nicht aufstellen. Jeder einzelne Tatbestand muß selbständig beurteilt werden, und diese Beurteilung wird nach dem Ausgeführten auch in gleichliegenden Fällen je nach der Eigenart des Richters eine recht verschiedene sein. Ein einfaches Beispiel mag die gewöhnlich geübte Abkürzung veranschaulichen:

In der Klagschrift ist vorsorglich folgendes ausgeführt:

Der Kläger und der Beklagte sind früher befreundet gewesen. Bei gemeinsamen Spaziergängen hat der Beklagte oft den Wunsch ausgesprochen, ein eigenes Haus zu haben und zu bewohnen, insbesondere ein am „grünen Wege" zu X. gelegenes Landstück Nr..... des Flurbuchs, Blatt ... des Grundbuchs für diesen Ort, als geeignete Baustelle für ein solches bezeichnet. Da der Kläger mit dem Kaufmanne K., dem Eigentümer des Landstücks, bekannt war, so hat er wegen der Verkäuflichkeit des Landstücks bei diesem angefragt und durch seine — in der Klagschrift näher dargelegten — Bemühungen erreicht, daß K. dem Beklagten am 10. Januar 1906 das Landstück zum Preise von 5000 Mk. käuflich überlassen hat. Am 20. desselben Monats ist der Beklagte als Eigentümer eingetragen worden. Er hat darauf am 21. März 1906 mit dem Baue eines zweigeschossigen Familienhauses begonnen. Bald nachher haben die Parteien gelegentlich der Teilnahme an einer Geburtstagsfeier besprochen, daß der Kläger, um seinem Freunde, dem Beklagten, ständig nahe zu sein, das erste Stockwerk des Hauses gegen einen vierteljährlich im voraus zahlbaren jährlichen Zins von 800 Mk. ermieten und am 1. April 1907 beziehen solle. Wiederum einige Tage später, am 14. April 1906, hat der Beklagte den Kläger aufgesucht, ihm seine Not wegen der Geldbeschaffung zum Neubaue geklagt und um Unterstützung gebeten. Der Kläger hat dem Beklagten daraufhin noch an demselben Tage ein bares Darlehn von 10 000 Mk. gewährt. Der Beklagte hat versprochen, es mit 4 % jährlich zu verzinsen und die Zinsen auf den jeweils fälligen Mietzins in Anrechnung zu bringen. Das Haus des Beklagten ist am 14. November 1906 vollendet worden; der Beklagte hat am 3. März 1907 ohne Vorwissen des Klägers das erste Stockwerk bezogen und durch Brief vom 15. desselben Monats vom Kläger verlangt, daß er an Stelle des ersten Stockwerks das Erdgeschoß beziehen solle; der Kläger hat sich dessen geweigert; hierüber ist es am 16. März 1907 zu einem heftigen (in der Klagschrift näher geschilderten) Wortwechsel zwischen den Parteien gekommen, in dessen Verlaufe der Beklagte den Kläger erst als „gewissenlosen Charakter" und nachher sogar als „Gauner" bezeichnet hat. Am folgenden Tage hat der Kläger dem Beklagten geschrieben: er kündige ihm das Darlehn für den 1. Juli 1907, trete ferner wegen der ihm widerfahrenen Beleidigungen vom Mietvertrage zurück und setze überdies, um sicher zu gehen, dem Beklagten zur Bereitstellung des ersten Stockwerks bis zum 3. April mit dem Hinweise Frist, daß er nach deren Ablaufe den Gebrauch der Wohnung unter allen Umständen ablehne. Der Beklagte hat den Brief spätestens am folgenden Morgen durch den beim Kläger angestellten Markthelfer M. ausgehändigt erhalten. Der Beklagte hat nicht gezahlt und das erste Stockwerk nicht zur Verfügung gestellt.

Der Kläger beantragt darum:

den Beklagten zur Zahlung von 10 000 Mk. nebst Zinsen zu 4 % jährlich seit dem 14. April 1906 zu verurteilen.

Die Beantwortung der Klage ist so rechtzeitig eingegangen, daß der Vorsitzende und der Anwalt des Klägers vor der mündlichen Verhandlung von deren Inhalte haben Kenntnis nehmen können.

Je nachdem, was der Beklagte darin entgegnet und der Kläger darauf erwidert, läßt sich der Vortrag der Klage und die mündliche Verhandlung etwa abkürzen, wie nachstehend angedeutet ist:

aa) Der Beklagte bestreitet lediglich die Kündigung.

Vortrag: Der Kläger hat dem Beklagten ein bares Darlehn von 10 000 Mk. gewährt und fordert dessen Rückzahlung samt Vertragszinsen zu 4 % seit dem Tage der Darlehnshingabe. Streit herrscht lediglich darüber, ob das Darlehn gekündigt worden ist.

Dieser Punkt wird anschließend erörtert

(oder m. E. unzulässig kurz:

glatter Darlehnsanspruch, bei dem lediglich die Kündigung streitig ist).

bb) Der Beklagte wendet ein, daß der Kläger ihm bei der Darlehnshingabe gegen das Versprechen der Hypothekenbestellung zugesagt habe, das Darlehn, pünktliche Zinszahlung vorausgesetzt, fünf Jahre lang nicht zu kündigen.

Vortrag: Der Kläger hat dem Beklagten zum Baue eines Hauses am 14. April 1906 ein bares Darlehn von 10 000 Mk. unter Vereinbarung einer Verzinsung mit 4 % gewährt und es drei Monate vor dem 1. Juli 1907 gekündigt. Diese Kündigung bezeichnet der Beklagte als unzulässig, weil der Kläger ihm gegen Bestellung einer zweiten Hypothek, die er bereits habe eintragen lassen, zugesagt habe, das Darlehn fünf Jahre lang nicht zu kündigen.

(Die jetzt verfeindeten Parteien sind nämlich früher befreundet gewesen und hatten damals verabredet, daß dem Kläger in dem Neubaue eine Wohnung mietweise überlassen werde.)

Das Eingeklammerte, weil für die innere Wahrscheinlichkeit des Einredevorbringens nicht ohne Bedeutung, werden viele mitvortragen, manche übergehen. Alle werden aber darüber eingehend mündlich verhandeln, in welcher Weise und bei welcher Gelegenheit die Zusage erfolgt sein soll und welche Umstände sie etwa stützen oder entkräften können.

cc) Der Beklagte erklärt: alle in der Klage behaupteten Vereinbarungen seien als ein Vertrag gewollt und verabredet worden; er halte darum zurück, bis der Kläger, wozu er nach ihrem Abkommen nicht bloß berechtigt, sondern auch verpflichtet sei, das von vornherein hierzu ausersehen gewesene und ihm nach wie vor zur Verfügung stehende Erdgeschoß bezogen habe oder doch wenigstens, falls er die Wohnung nicht benutzen wolle, der besonders übernommenen Verpflichtung nachgekommen sei, den Austritt nach der Straßenseite während der günstigen Jahreszeit mit Blumen geschmückt zu halten. Hilfsweise rechnet der Beklagte in Höhe der ersten Mietzinsrate von 200 Mk. gegen die Klagforderung auf. Der Kläger bestreitet den vorgeschützten Zusammenhang zwischen dem Darlehns- und dem Mietvertrag, und beide Teile berufen sich nunmehr auf eine ganze Reihe von Einzeltatsachen, aus denen sie den je ihrer Auffassung günstigen Schluß gezogen wissen wollen. Hierüber erwidert der Kläger: er sei aus zweifachem Grunde vom Mietvertrage zurückgetreten, einmal könne ihm wegen ihm zugefügter Beleidigungen überhaupt nicht zugemutet werden, mit dem Beklagten in einem Hause zu wohnen, sodann sei der Beklagte im Verzuge, da er das dem Kläger vermietete Stockwerk selber bezogen und trotz Fristsetzung nicht geräumt habe. Die hilfsweise Aufrechnung bezeichnet der Kläger als unzulässig, weil er gegen jene Mietzinsforderung gegebenenfalls bereits mit einem gleichhohen Forderung brieflich aufgerechnet habe, die ihm für seine Bemühungen beim Erwerbe der Baustelle an den Beklagten zustehe; dieser habe ihm dafür eine Vergütung von 200 Mk. versprochen; der Betrag sei überdies angemessen; der Beklagte antwortet, daß der Kläger ihm damit einen unentgeltlichen Freundschaftsdienst geleistet habe.

Vortrag: Die Rückzahlung eines Darlehns von 10 000 Mk. samt Zinsen verweigert der Beklagte unter Berufung auf ein Zurückbehaltungsrecht, das er damit begründet: Der Darlehnsvertrag sei bloß Teil einer weitergehenden Vereinbarung; diese gehe unter anderem dahin, daß der Kläger das Erdgeschoß des Neubaues, zu dem das geliehene Geld verwendet worden sei, gegen einen jährlichen Zins von 800 Mk. ermietet und sich ausdrücklich verpflichtet gehabt habe, die Wohnung am 1. April zu beziehen und den Austritt nach der Straße während der günstigen Jahreszeit mit Blumen geschmückt zu halten. Der Kläger behauptet, daß der sonst richtig wiedergegebene Mietvertrag über das erste Stockwerk abgeschlossen worden sei, verneint aber jeden Zusammenhang zwischen dem Darlehns- und dem Mietvertrage.

(Wegen der vorgebrachten Einzeltatsachen werden sich, vorausgesetzt, daß die Bedeutung des Behaupteten für die eine oder andere Auffassung im Erweisungsfalle nicht zweifelhaft ist, beim Vortrage manche — andere wieder nicht — mit einer Verweisung auf die Schriftsätze begnügen, also etwa dahin: Je für ihre Auffassung haben die Parteien die in ihren Schriftsätzen, des Klägers vom..... und des Beklagten vom...... unter a bis g und 1 bis 6 wiedergegebenen Tatsachen behauptet und auf Zeugenbeweis gestellt. Diese nicht seltene Abkürzung steht zwar mit dem Gesetze nicht im Einklang, erscheint aber erträglich, weil das Gericht, soweit seine Mitglieder aus den Akten nicht unterrichtet sind, von dem Erwiesenen aus den vorzutragenden Beweisprotokollen Kenntnis erhält und, wo daneben die Kenntnis einer erfolglosen Beweiserhebung von Einfluß sein kann oder Beweis durch Eideszuschiebung angetreten wird, der Vortrag sich nachholen läßt.

Sind die betreffenden Tatsachen für die Entscheidung offensichtlich unerheblich, so wird der Vorsitzende deren Einführung in den Rechtsstreit überhaupt zu verhindern und, falls ihm dies nicht gelingt, wenigstens deren (überflüssigen) Vortrag mehr oder minder abzukürzen suchen.

Bestehen dagegen Zweifel über die Erheblichkeit, dann ist der vollständige Vortrag des Behaupteten — verbunden mit weiterer Erörterung — unumgänglich und wird auch kaum je unterlassen.)

Weiterer Vortrag: Vom Mietvertrage will der Kläger mit Grund zurückgetreten sein, einmal weil der Beklagte ihn durch die Bezeichnung als „Gauner" und „gewissenloser Charakter" beschimpft, sodann weil er ihm das vermietete erste Stockwerk trotz Fristsetzung bis 3. April nicht eingeräumt habe.

(Vom Vortrage der Einzelheiten: Verlauf des Streites, bei dem die Beschimpfungen gefallen sind, Vorgänge beim Mietvertragsabschluß u. a. wird hier ziemlich allgemein zunächst abgesehen werden.)

Weiterer Vortrag: Hilfsweise rechnet der Beklagte mit der fälligen Mietzinsrate von 200 Mk. gegen die Klagforderung auf; der Kläger hält ein, daß er für den Fall des Bestehens dieser Forderung laut schriftlicher Erklärung vom ...... bereits mit einer Gegenforderung von gleicher Höhe aufgerechnet habe; er habe sich nämlich verschiedentlich darum bemüht und schließlich erreicht, daß der Kaufmann K. dem Beklagten den Bauplatz zu seinem Neubaue für nur 5000 Mk. käuflich überließ und habe hierfür vom Beklagten 200 Mk. zugesagt erhalten, übrigens auch als angemessen zu fordern. Der Beklagte erblickt in den behaupteten, übrigens wenig belangreichen Bemühungen des Klägers nur einen unentgeltlichen Freundschaftsdienst, für den eine Vergütung weder gefordert noch zugesagt worden sei.

(Die Aufzählung der einzelnen Bemühungen fällt beim Vortrage weg, wenn und solange sie und an und für sich auch die Angemessenheit der Vergütung dafür nicht bestritten sind; sie werden auch ohnedem vorläufig zurückgestellt, die Verhandlung wird vielmehr vorerst auf die Zusage zugeschnitten werden.)

d) Das letzte Beispiel zeigt zugleich, wie sehr es zur Abkürzung beiträgt und zugleich die Übersichtlichkeit erhöht, wenn je das Zusammengehörige von den beiderseitigen Parteibehauptungen (nebst den betreffenden Beweisangeboten) im Anschluß aneinander vorgetragen wird. Dies ist in der mündlichen Verhandlung noch oft zu vermissen, während der Urteilstatbestand in verwickelten Sachen jetzt schon häufiger dementsprechend, gewissermaßen nach Tatbeständen im Tatbestand, aufgestellt wird.

e) Das oben unter a Ausgeführte bringt mittelbar bereits zum Ausdrucke, daß der Verhandlungsabkürzung im Verfahren vor dem Einzelrichter mindere Bedenken entgegenstehen wie im Verfahren vor den Mehrgerichten; sie wird auch tatsächlich dort noch in weiterem Umfange geübt.

f) Eine einschneidende Abkürzung verträgt der Regel nach der Vortrag des Streitstoffs des ersten Rechtszugs im Berufungsverfahren, und dem entspricht auch die Gestaltung des Vortrags. Nicht nur daß selbstverständlich alles ausgeschieden wird, worauf sich die Berufung nicht erstreckt, auch im übrigen wird meist bloß eine gedrängte Zusammenstellung gegeben und genügen; denn die tatsächlichen Einzelheiten, auf welche die Parteien noch Gewicht legen, tragen sie erfahrungsgemäß bei der Begründung ihrer Berufungsanträge ohnedem anderweit vor, so daß durch jene Weglassung nur unnütze Wiederholungen vermieden werden. Die Einführung der noch ununterrichteten Gerichtsmitglieder in den Streitstoff aber wird durch solche Kürze nur gefördert, vorausgesetzt, daß der Vortrag übersichtlich gegliedert und das tatsächlich oder rechtlich Streitige klar herausgearbeitet ist.

2. Die Zusammendrängung des Vortrags auf den (unmittelbar) zu entscheidenden Streitstoff ist naturgemäß nicht für alle Streitsachen durchführbar und zu rechtfertigen. In Fragen der Technik, der Literatur und Kunst, der Kunst- und Altertumsgeschichte, des Kunstgewerbes u. a. wird der mündliche Vortrag sogar über den von der ZPO. (vgl. § 130 Z. 3) gedachten Rahmen (die zur Begründung der Anträge dienenden tatsächlichen Verhältnisse) ausgedehnt werden müssen; es bedarf da unter Umständen einer mündlichen Verständigung über technische, literarische oder künstlerische Begriffe, Lehren und Entwicklungen u. v. a., die zwar die Streitfrage selber nur mittelbar berühren, ohne deren Klarstellung aber das vollkommene gegenseitige Verstehen zwischen Gericht und Parteien nicht sicher gewährleistet ist; hier kann, wie z. B. in vielen Streitsachen des gewerblichen Rechtsschutzes, die mündliche Verhandlung kaum umfassend und ausführlich genug sein. Die Rücksicht auf Zeit und Arbeitslast des Gerichts und aller übrigen Beteiligten wird darum hier hinter das unabweisbare Bedürfnis zurückgestellt und die mündliche Verhandlung stets auf breitester Grundlage durchgeführt.

3. Der Wille der ZPO., daß die Parteien die Vorträge halten, wird in der jetzigen Verhandlungsweise ebenfalls nicht durchweg ver-

wirklicht. Soweit der Erörterung der einzelnen Streitpunkte ein Vortrag der unter 1 o gekennzeichneten Art vorausgeht, pflegt ihn im allseitigen Einverständnisse derjenige (Richter oder Anwalt) zu erstatten, der sich den Streitstoff hierzu am besten zurechtgelegt hat; dasselbe gilt von dem Vortrage des ersten Rechtszugs im Berufungsverfahren. Demgemäß gibt vielfach, bei Neuverhandlungen infolge Richterwechsels sogar überwiegend, im ersten Rechtsgange der Vorsitzende, im zweiten der Berichterstatter den betreffenden Teil des Streitstoffs gewissermaßen einleitend und einführend wieder, während die anschließende Erörterung der einzelnen Streitpunkte sich regelmäßig in der gesetzlichen Form von Rede und Gegenrede vollzieht. Solche einleitende richterliche Einführung, die eine übersichtliche Anordnung des zusammengedrängten Tatsachenstoffs nach den verschiedenen rechtlichen Gesichtspunkten von selbst mit sich bringt, erleichtert namentlich für die bisher mit der Sache noch nicht befaßten Gerichtsmitglieder in hohem Maße das Verständnis der ihr folgenden Parteiausführungen und ist auch den Parteivertretern förderlich, insofern der ihnen bekannte Streitstoff hierbei vielfach in eine neue Beleuchtung gerückt wird. Die unverkennbare Zweckmäßigkeit der Maßregel kann jedoch nicht darüber hinwegtäuschen, daß sie der mündlichen Parteiverhandlung, wie die ZPO. sie gedacht und gewollt hat, fremd und bei einigermaßen strenger Auslegung mit deren Grundsätzen nicht vereinbar ist [169]); freilich fehlt es auch nicht an Stimmen, die einer weitherzigeren Auslegung das Wort reden [170]).

4. Die „freie Rede", die der § 137 Abs. 2 ZPO. fordert, bildet, von den Rheinlanden abgesehen [171]), für die Parteivorträge mindestens nicht die Regel. Enge und engste Anlehnung an die Schriftsätze überwiegt; ja nicht selten werden sie wörtlich verlesen. Zuweilen wird anderseits völlig unabhängig von den Schriftsätzen in anderer Einteilung und Anordnung vorgetragen; der vortragende Anwalt setzt hierbei jedoch meiner Erfahrung nach stillschweigend voraus, daß das Gericht den gesamten, in seinen Schriftsätzen enthaltenen Tatsachen- und Beweisstoff als vorgetragen anerkennt, selbst wenn er den einen oder anderen Umstand versehentlich nicht zur Sprache gebracht haben sollte; das etwa Übergangene wird, damit rechnet er und darf er nach allgemeinem Gerichtsbrauche

---

[169]) Vgl. RGZ. Bd. 54 S. 7 ff.

[170]) z. B. Wulfert in SächsA. Bd. 15 S. 468.

[171]) Vgl. hierzu Hamm: Verh. des 26. Deutschen Juristentags Bd. 3 S. 494 ff.

rechnen, aus dem Streitstoffe nicht ausgeschieden, ohne daß ihn das Gericht zuvor entsprechend aufmerksam gemacht hätte; umgekehrt pflegt der frei vortragende Anwalt stets besonders hervorzuheben, wo sein Vortrag von dem Inhalte der Schriftsätze abweicht oder neues hinzubringt; geschieht das nicht, so darf das Gericht davon ausgehen, daß der mündliche Vortrag nichts enthält, was nicht in den Schriftsätzen niedergelegt ist. Durch diese wohl ziemlich allgemein geleistete gegenseitige Unterstützung, die freilich dem Buchstaben des Gesetzes auch nicht allenthalben standhält, werden die in § 4 unter II behandelten Feststellungsschwierigkeiten bis auf ein Geringes herabgemindert.

5. Verschiedentlich wird geklagt, daß das Gericht die mündliche Verhandlung zu wenig zur Erörterung der Rechtsfrage ausnutze; Behling[172]) behauptet sogar, das Gericht gebe seine Auffassung von dem Verhandelten in der Verhandlung niemals kund, bevor das Urteil ergangen sei. In dieser Allgemeinheit ist die Behauptung zweifellos unrichtig. Nicht wenige Richter — das muß zugegeben werden — glauben allerdings grundsätzlich davon absehen zu müssen, ihre jeweilige Ansicht in der mündlichen Verhandlung zum Ausdrucke zu bringen; ja einzelne vermeiden sogar peinlichst jede Äußerung oder Fragestellung, aus der auch nur mittelbar die Auffassung des Gerichts hervortreten könnte; sie scheuen sich davor wegen der Möglichkeit, die vorläufig kundgegebene Ansicht später berichtigen zu müssen und hierdurch, wie sie meinen, das Ansehen des Gerichts zu gefährden. So gesinnte Richter bilden aber zurzeit bereits die Minderheit. Die ständig wachsende Mehrheit erwartet nicht nur keine Einbuße, sondern eine Steigerung des allgemeinen Vertrauens, wenn der Richter die Parteien, sobald und soweit er die Aussichten ihres Streites einigermaßen zu übersehen vermag, mit größtmöglicher Offenheit aufklärt, in zweifelhaften Fällen selbstverständlich mit der nötigen Zurückhaltung, in klarliegenden Fällen mit der nötigen Entschiedenheit. Das ist m. E. nicht nur ein Recht, sondern die Pflicht des Richters, ebensosehr um der Parteien wie um der Sache willen. Eine feste und wohlbegründete Bejahung oder Verneinung, eine einsichtsvolle Abwägung der Gründe und Gegengründe überzeugt die Parteien und Parteivertreter weit öfter, als gemeinhin angenommen wird, und veranlaßt sie zu Klagrücknahmen, Anerkenntnissen oder Vergleichen, die ihnen viel unnötige Mühen und Kosten ersparen und zugleich den beteiligten Richtern und Anwälten die

---

[172]) Recht 1908 S. 7.

Zeit zur schnelleren Bearbeitung neuer Streitsachen verschaffen; und wieviel auch da, wo der Streit sich nicht erledigt, die offene Stellungnahme des Richters und die regelmäßig folgende Aussprache mit den Parteivertretern zur Vereinfachung der Tatfrage und Klärung der Rechtsfrage beiträgt, leuchtet ohne weiteres ein. Zweifellos wird auch der erfahrene und vorsichtige Richter in der Verhandlung dann zuweilen Ansichten äußern, die er bei der Urteilsfällung nicht aufrecht erhalten kann; daraus ersehen die Rechtsuchenden nicht mehr, als was sie ohnehin schon wissen, daß auch der Richter nur ein Mensch und dem Irrtum unterworfen ist; seinem Ansehen als Richter und Mensch geschieht dadurch schwerlich Abbruch oder mindestens nicht in dem Maße, wie durch einen verfehlten Rechtsspruch, der bei vorheriger Kundgabe seiner Auffassung vielleicht vermieden worden wäre.

§ 9.

3. Die Leitregeln für die vorzuschlagende Abhilfe.

Eine kritische Würdigung des bisher Vorgeschlagenen und eigene Vorschläge werden durch die Feststellung der bisher beobachteten Unzuträglichkeiten im Vergleiche zu anderwärts erreichten Erfolgen und durch die Aufzeigung der Notwege, auf denen die Praxis ihnen zu entgehen sucht, noch nicht ausreichend vorbereitet. Dazu müssen weiter die Grundsätze bestimmt werden, die den Gesetzgeber bei der künftigen Regelung leiten sollen.

Bei dieser Bestimmung ist voranzustellen, daß wie mit vereinzelten Ausnahmen die Prozeßgestaltung überhaupt, so insbesondere die Mündlichkeitsfrage eine reine Zweckmäßigkeitsfrage ist. „Über alle Theorie schreitet das Bedürfnis des Lebens leichten Schrittes hinweg."[173]) Nur darf der Zweckmäßigkeitsbegriff nicht bloß im engen oder gar streng prozessualen Sinne verstanden werden, im Vordergrunde müssen vielmehr die Zweckmäßigkeitserwägungen stehen, die von großen und allgemeinen Gedanken getragen werden [174]).

---

[173]) Leonhardt: Zur Reform des Zivilprozesses in Deutschland, 1865 Bd. 2 S. 37.

[174]) Die Begründung zur österreichischen ZPO.: „Wer der Mündlichkeit im Zivilprozesse selbständige Bedeutung beimißt, verkennt ihr Wesen; in Wahrheit hat sie nur der Unmittelbarkeit zu dienen und ist deshalb überall zu entbehren, wo sie die Unmittelbarkeit nicht zu fördern imstande ist" betont dies m. E. zu wenig.

1. Zu fordern ist darum in erster Reihe die Beibehaltung (und teilweise bereits Wiederherstellung) der **Einheitlichkeit** des Verfahrens. Mit den anderen allgemeinen Verfahrensgrundsätzen muß die Mündlichkeit im Verfahren vor den Amtsgerichten mindestens für die streitig werdenden Sachen[175]) in genau demselben Umfange durchgeführt sein wie im Verfahren vor allen anderen Gerichten, nicht aus ungesunder Grundsätzereiterei, sondern aus rechtspolitischer Notwendigkeit. Das Rechtsbewußtsein des Volkes hat sich innerlich widerstrebend und schwer genug jetzt halbwegs mit der — vom reinen Gerechtigkeitsstandpunkte nicht zu verteidigenden[176]) — Einrichtung versöhnt, daß die Streitigkeiten über Gegenstände geringeren Wertes von Gerichten entschieden werden, die nach Besetzung und Gestaltung des Rechtszugs die richtige Beurteilung des Falles nicht ganz so sicher verbürgen oder doch zu verbürgen scheinen als die Gerichte für die höheren Streitwerte. Die Ein- (bezw. Weiter-) führung einer grundsätzlichen Verschiedenheit in der Verhandlungsweise und vor allem in der Gewährleistung der Mündlichkeit würde neue Beunruhigungen des allgemeinen Rechtsgefühls und neues Mißtrauen gegen die Rechtsprechung unausbleiblich nach sich ziehen[177]). Alles zu tun, um das Vertrauen des Volkes zu seiner Rechtspflege zu heben, und alles zu vermeiden, was dieses Vertrauen erschüttern könnte, bleibt (darüber herrscht keine Meinungsverschiedenheit) das ewige Grundgebot für eine vernünftige Rechtsordnung; und bitterer noch als sonst würde sich in der überargwöhnischen Gegenwart jede Außerachtlassung rächen.

2. Die sonst zu besorgende Steigerung des Argwohns zwingt zu der weiteren Forderung: auch das bürgerliche Streitverfahren darf **gegen den Willen der Beteiligten niemals heimlich** sein (s. o. § 1), weder ganz, noch teilweise; die Überwachung (Kontrolle) der Öffentlichkeit mag überall eintreten, wo die Parteien nicht ausdrücklich auf sie verzichten. Diese Forderung der Öffentlichkeit aber ist nahezu gleichbedeutend mit der Forderung der Mündlichkeit, da die Unbeteiligten

---

[175]) Ein vorausgehendes Vorverfahren (Schuldbeitreibungsverfahren, Vortermin s. o. § 6 unter II) braucht deshalb nicht ausgeschlossen zu sein.

[176]) Der Satz von **Koffka** in der DJZ. 1907 S. 1166: „Der Staat genügt seiner Pflicht, wenn er **je nach der Bedeutung des Streitgegenstandes** eine oder mehrere Instanzen eröffnet“, läßt sich nur durch eine entsprechend enge Abgrenzung der staatlichen Pflichten gewinnen.

[177]) Vgl. auch **Peters** in Gruchots Beitr. Bd. 51 S. 50.

anderswie als durch ein vollständiges mündliches Verhandeln [178]) von dem eigentlichen Streitstoffe nicht Kenntnis erlangen. Hierneben erweisen auch die vielen sonstigen Vorzüge der Mündlichkeit (s. auch unter 3), die nach dem Vorausgeschickten nicht nochmals aufgezählt zu werden brauchen, die unbedingte Notwendigkeit, daß in jeder Sache, die streitig wird, die vollständige mündliche Verhandlung möglich, nicht, daß sie unerläßlich ist.

3. Diese Möglichkeit darf dem Richter auch deswegen nicht abgeschnitten sein, weil er in jeder Lage des Verfahrens imstande bleiben muß, zu den Parteien persönlich in Fühlung zu treten (ZPO. §§ 141 Abs. 1, 296 Abs. 2, 501 Z. 5, 619). Der ungemein hohe Wert, den der unmittelbare Verkehr mit den Parteien für die Aufklärung des Tatbestands, für die Erlangung persönlicher Eindrücke und nach Befinden für die Beilegung des Streites haben kann, wird allseitig zugegeben [179]); Verfahrensregeln, welche die papierne Scheidewand zwischen Gericht und Parteien sei es auch nur mittelbar wieder aufrichten oder verstärken würden, sind daher von vornherein zu verwerfen.

4. Die Zweckmäßigkeit auch des bürgerlichen Streitverfahrens wird bestimmt durch die besonderen Bedürfnisse, Anschauungen, Charaktereigenschaften und Eigentümlichkeiten des einzelnen Volkes; es gibt nur

---

[178]) Insbesondere wäre der vereinzelt aufgetauchte Vorschlag, bei schriftlichem oder gemischtem Verfahren jedem unbeteiligten Dritten die Befugnis zur Akteneinsicht zu gewähren, gänzlich undurchführbar.

[179]) Bezweifelt aber wird vielfach, ob das persönliche Erscheinen der Parteien ohne die — m. E. nicht zu empfehlende — Einführung des Zwangs hierzu in ausreichendem Maße durchzusetzen ist. Peters (in Gruchots Beitr. 51 S. 63) hält es in den dünner bevölkerten, vorwiegend Ackerbau und Viehzucht treibenden Gebietsteilen wie z. B. vielen österreichischen Kronländern für leichter erreichbar als mindestens in denjenigen Teilen des Deutschen Reichs, deren Handel und Industrie mehr entwickelt ist. Den Grund hierfür vermag ich nicht recht einzusehen; die besseren Bahnverbindungen u. a. scheinen mir eher die gegenteilige Annahme zu rechtfertigen und ebenso meine eigenen Beobachtungen; ich habe in Leipzig, wähernd ich Vorsitzender einer Kammer für Handelssachen und später einer Zivilkammer war, länger als fünf Jahre hindurch darüber Buch geführt, in welchem Umfange die Parteien der Anordnung zum persönlichen Erscheinen Folge geleistet haben, und den Durchschnitt von 89 auf je 100 Fälle ermittelt; in durchschnittlich weiteren 5 Fällen ist das Ausbleiben einleuchtend entschuldigt worden. Dabei habe ich nach dem Inkrafttreten des § 141 Abs. 2 die ausdrückliche Anordnung und unmittelbare Ladung nur ausnahmsweise und nur im Einverständnisse der Parteivertreter angewendet; meist hat die formlose Aufforderung an die beteiligten Rechtsanwälte genügt.

wenige allgemein gültige (internationale) Zweckmäßigkeitsregeln. Dem nationalen Wesen und Interesse, dem das Verfahren dient, hat es sich anzupassen, wie allenthalben, so namentlich in der Mündlichkeitsfrage; ohnedem keine volkstümliche Rechtspflege. Die Vorbilder anderer, selbst stammverwandter Völker dürfen daher nie sklavisch nachgeahmt werden; ihre Einrichtungen und Erfahrungen wurzeln in dem Boden, aus dem sie gewachsen sind; bei der Verpflanzung in andere Verhältnisse bleiben sie immer Fremdkörper. Das im Auslande Bewährte darf deshalb nie unmittelbar übertragen, sondern nur und auch das nur mit Vorsicht dazu benutzt werden, um die volkseigene Ausgestaltung anregend zu befruchten [180]).

5. Der Zweck des bürgerlichen Streitverfahrens, die innerhalb der Gemeinschaft entstandenen Streitigkeiten durch gerechten und verständigen Urteilsspruch zu geregeltem Austrage zu bringen, und die staatliche Pflicht, diesen Zweck mit möglichst geringem Aufwand an Kraft, Zeit und Geld möglichst vollkommen zu erreichen [181]), bilden selbstverständlich auch für die Ausgestaltung der Mündlichkeit die maßgebenden Richtlinien. Doch darf die Forderung der möglichsten Vollkommenheit hinter den übrigen Forderungen keinesfalls zurückstehen. Vor allem darf die vielgepriesene Schnelligkeit nicht überschätzt werden. Daß sie und die Billigkeit nur verhältnismäßige (relative) Werte sind, daran hat schon Wach [182]) mit dankenswertem Nachdruck erinnert. Eine Verlangsamung der Erledigung zumal durch ausgedehnte Mündlichkeit muß überall ertragen werden, wo sie die bessere Erörterung und den gerechteren Spruch verbürgt [183]); in der „Richtigkeit" muß die deutsche Rechtspflege „über" sein; hinter sie muß auch die „Fixigkeit" zurücktreten [184]). Diese selbstverständliche Notwendigkeit gebietet allen übertriebenen Beschleunigungsbestrebungen ein entschiedenes Halt; sie ist, freilich in anderem Sinne, wie Schneiders [185]) Spott es meint, in der Tat der (berechtigte) „übliche Einwand".

---

180) Vgl. auch Wildhagen: Der bürgerliche Rechtstreit S. 45 ff.; Schmidt: Fragen der Justizreform S. 5; Mendelssohn-Bertholdy in d. Rhein. Z. Bd. 2 S. 443 ff.

181) Wildhagen a. a. O. S. 51, 55.

182) Die Mündlichkeit im österreichischen Zivilprozesse S. 2 („billig und schlecht ist hier wie überall verwerflich").

183) Vgl. noch Schmidt a. a. O. S. 44.

184) Vgl. Fritz Reuter: Ut mine Stromtid, Teil I, Kap. 3.

185) ZZP. Bd. 38 S. 515 ff.

6. An den englischen Rechtspflege-Einrichtungen wird ziemlich allgemein und mit Grund ausgesetzt, daß sie zu viel auf den Richter zugeschnitten seien und auf eine Rechtspflege um der Gerichte willen hinausliefen. Unsere Rechtspflege-Einrichtungen und hauptsächlich unsere Verfahren geben dem Richter zu wenig; sie binden ihn durch eine Überzahl von zwingenden Vorschriften. Darin verbirgt sich ein zweifacher Nachteil.

a) Entsprechend der Menge der Vorschriften steigt die Zahl der Fälle, wo selbst die gewissenhaftesten und fleißigsten Richter und Anwälte sich außerstande sehen, sie vollinhaltlich zu beobachten; die ebenbesprochene Handhabung des Mündlichkeitsgrundsatzes bietet hierfür ein überzeugendes Beispiel. Zwingende Gesetzesvorschriften aber, die sich nicht restlos durchsetzen lassen, sind ein Krebsschaden für jede geordnete Rechtspflege [186]).

b) Zwingende Verfahrensvorschriften, deren Zwangscharakter nicht unabweisbares Bedürfnis ist, erschweren, ja erdrücken zuweilen die freie Betätigung der Persönlichkeit der Richter und der Anwälte; und doch ist die Güte der Richter und der Anwälte, die sich nur bei einem gewissen Maße von Freiheit richtig erproben kann, ebensosehr Vorbedingung für eine segenbringende Rechtspflege wie die Güte der Gesetze. „An Persönlichkeiten kann das beste Verfahren scheitern und durch Persönlichkeiten ein mangelhaftes Verfahren gehoben werden“ [187]). Die immer lauter werdende Forderung „Männer, nicht Maßnahmen“ ist nicht allein durch die anerkannten Mängel der juristischen Vorbildung und Erziehung [188]) verursacht worden, sondern zu einem Teile auch durch die mannigfachen, durchaus entbehrlichen Schranken, die der Wirksamkeit der Richter und der Anwälte innerhalb des Verfahrens zurzeit gezogen sind und sie verhindern, alles das, was sie schon jetzt würden leisten können, voll zu entfalten.

Um diesen Nachteilen zu begegnen, ist darum auch bei der Mündlichkeitsgestaltung auf möglichste Vermeidung jedes Verfahrenszwangs Bedacht zu nehmen. Keine Mündlichkeit bloß um der Mündlichkeit willen oder, wie Wach [189]) es ausdrückt, keinen

---

[186]) Vgl. ferner Stein: Zur Justizreform S. 101/102.

[187]) Allgem. Begründung zum Entwurfe bei Hahn S. 123; vgl. Vierhaus in ZZP. Bd. 41 S. 263; auch Ernst Fuchs: Schreibjustiz und Richterkönigtum S. 64 f.

[188]) Vgl. hierzu vor allem Düringer: Richter und Rechtsprechung S. 13 ff., 25 ff., 33 ff., 44 ff.

[189]) Enquete S. 74.

„Formalismus der Mündlichkeit" und keine „formalistische Handhabung der Mündlichkeitsgrundsätze".

7. Zur Verwirklichung dieser Forderung gehört zuvörderst die richtige Einschätzung der Mündlichkeit. Gegen ihre Unterschätzung ist in den bisherigen Ausführungen bereits ausreichend Stellung genommen; die wiederholt [190]) verteidigte Formel: der Mündlichkeitsgrundsatz bedeute nicht mehr, als daß jedem Beteiligten auf Wunsch Gelegenheit gegeben sein müsse, vor der endgültigen Entscheidung mündlich und unmittelbar sich äußern zu können, wird den mitsprechenden großen Gesichtspunkten nicht ausreichend gerecht und ebensowenig der Wahrheit, daß „der Verkehr von Person zu Person, der unmittelbare Gedankenaustausch dort, wo es auf das Erfassen fremder Vorstellungen und auf das Ermitteln der Wahrheit aus Behauptungen und Beweisen streitender Teile ankommt, nimmermehr ersetzt werden kann durch die Schrift" [191]). Aber auch vor der Überschätzung ist zu warnen. Die dem deutschen Volkscharakter innewohnende Neigung, selbst reine Zweckmäßigkeitsfragen wissenschaftlich (theoretisch) zu betrachten und die einzelnen (konkreten) Erfahrungen in allgemeine (abstrakte) Lehrsätze umzubilden, führt manche zu einer übertriebenen Bewertung der Mündlichkeit, zu der Voreingenommenheit, sie auch da für unentbehrlich zu erklären, wo sie nicht nützt, sondern bestenfalls nicht (unmittelbar) schadet; darum keine Überspannung der Mündlichkeit zu Ehren des Grundsatzes; hier gilt es anzukämpfen gegen das zähe Festhalten an dem Bestehenden, das die Begründung [192]) für eine Eigenschaft des juristischen Sinnes erklärt, der gewohnt sei, ein Verhältnis, weil es längere Zeit bestanden hat, als wohlbewährt anzusehen und seine Mängel weniger zu bemerken.

8. Von dem Fehler, die Mündlichkeit grundsätzlich regeln zu wollen, haben sich, wie bemerkt, die Begründung und das Gesetz nicht freizuhalten gewußt, und zwar in der offen hervortretenden Besorgnis, durch eine abweichende Regelung „dem Grundsatze der Schriftlichkeit zu verfallen". Diese Besorgnis geht zu weit. Eine grundsätzliche Abkehr von der Schriftlichkeit auch da, wo sie zweckmäßiger erscheint, ist nach dem Dargelegten nicht durchgängig notwendig; es darf, wie Wach [193]) mit vollem Rechte mahnt, nicht aus den Augen gelassen werden, daß „die Kunst des

[190]) Jetzt wieder von Liebtke: JW. 1911 S. 907.
[191]) Wach a. a. O. S. 5ff.
[192]) S. 5.
[193]) Die Mündlichkeit im österreichischen Zivilprozeß S. 57.

Schreibens einen Fortschritt des menschlichen Geistes bedeutet". Darum keine Furcht vor der Schriftlichkeit und keine Bedenken, sie anzuwenden, soweit sie ohne anderen Schaden (s. o. bei 1, 2 und 3) für das Verfahren den Vorzug verdient.

9. Die unter 6 für die Mündlichkeit geforderte tunlichste Befreiung von Zwang und äußerlicher Form läßt sich endlich nur verwirklichen, wenn die Vorschriften über ihre Durchführung sich von jeder Schablone fernhalten und das Verfahren, statt es zu „mechanisieren" [194]), elastisch und anpassungsfähig zu gestalten wissen. Nichts ist so sehr vonnöten, als daß Richter und Anwälte mehr als bisher den Bedürfnissen des einzelnen Falles gerecht zu werden vermögen. Selbst äußerlich gleichliegende Streitigkeiten erfordern aus persönlichen oder inneren Gründen oft eine ganz verschiedene Behandlung; hier gilt es, das jeweils Zweckmäßige auszufinden, und dazu hilft nichts besser als die eigene Erfahrung. Nur sie weckt alle schlummernden Kräfte; die von anderen Personen in anderen Fällen gesammelten Erfahrungen, mögen sie in noch so scharfsinnige Regeln zusammengefaßt sein, können nie ersetzen, was Richter und Anwälte durch Selbsterleben für die besonderen Verhältnisse ihres jeweiligen Wirkungskreises als heilsam erkennen; sie müssen darum, soweit irgend angängig, in den Stand gesetzt werden, diese ihre eigene Erfahrung für die Verfahrensgestaltung zu verwerten. Das von Wach [195]) erhobene Bedenken, daß „allen Erfahrungen leicht etwas Individuelles anhafte", verschwindet, sobald nur die gemeinsame Erfahrung von Richtern und Anwälten das für den einzelnen Fall geeignete Verfahren auswählt. Darum kein Zuviel an Regeln und kein Zuwenig an Selbstbestimmung.

§ 10.

4. Welche Änderungen empfehlen sich?

Bei Fragen so allgemeinen Charakters wie die hier gestellte hat der Juristentag regelmäßig seine Aufgabe nicht darin erblickt, mit Vorschlägen hervorzutreten und sich auf sie festzulegen, die ins einzelne gehen, geschweige denn, daß er dem Gesetzgeber die empfohlenen Abänderungen bereits in der Form von im Wortlaut ausgearbeiteten Gesetzesvorschriften unterbreitet hätte. Der Juristentag hat vielmehr und mit Recht in solchen Grundfragen auch nur die Grundlinien für die künftige

---

[194]) Wach a. a. O. S. 6.

[195]) a. a. O. S. 3.

Besserung zu ziehen gesucht, nur die Hauptwege zu finden getrachtet, die dem Ziele menschlich erreichbarer Vollkommenheit zuführen.

Diese Hauptlinien und Hauptwege entwickeln sich von selbst aus den vorausgeschickten Leitregeln und gestalten sich für den, der ihnen beitritt, zu folgenden Forderungen:

1. Die volle Mündlichkeit der Verhandlung ist, und zwar als Parteiverhandlung, im Grundsatze beizubehalten. Alle Vorschläge, die sie zwingend beschränken wollen, sei es im allgemeinen (s. o. § 6 unter I, 1 a), sei es für bestimmte Einzelvorgänge, Rechtszüge, besondere Verfahren, Verfahrensteile, Fälle oder Tatbestände (s. ebenda unter 2) sind abzulehnen. Überall, selbst in Anerkenntnis- und schon mehr in Versäumnissachen (z. B. beim Ausbleiben der Berufungsbeklagten) können Fälle vorkommen, wo die Mündlichkeit nicht entbehrt werden kann.

2. Der Zwang zur Mündlichkeit ist zu beseitigen. Wenn und insoweit das Gericht und die Parteien übereinstimmend die Schriftlichkeit für ausreichend oder zweckmäßiger ansehen, muß es ihnen freistehen, die Mündlichkeit teilweise oder auch gänzlich auszuschließen [196]).

Diese Forderung läßt sich entweder durch eine entsprechende besondere Vorschrift oder auch dadurch verwirklichen, daß die Verzichtbarkeit aus § 295 ZPO. auf Verstöße gegen den Mündlichkeitsgrundsatz ausgedehnt wird. Ein ausdrücklicher Ausspruch verdient m. E. schon deshalb den Vorzug, weil er die Willensmeinung des Gesetzes klarer zum Ausdrucke bringt.

3. Einseitig, d. i. gegen den Willen einer Partei oder des Gerichts, darf die mündliche Verhandlung auch nicht teilweise ausgeschaltet werden.

Eine vorläufige Ausschaltung ohne den Willen der einen Partei, z. B. auf den in der Klagschrift gestellten einseitigen Antrag des Klägers, soll deswegen nicht von vornherein unzulässig sein. Hält auch das Gericht, wie z. B. für manche sogen. Rechnungsstreite, die schriftliche Verhandlung zunächst für zweckmäßiger oder mindestens ebenso förderlich, deshalb aber für wahrscheinlich, daß der Beklagte zustimmt, so kann es die schriftliche Erklärung auf die Klage anordnen und von einer Terminsanberaumung vorläufig absehen; es muß sie aber nachholen, sobald der Beklagte münd-

[196]) Vgl. hierzu die ähnlichen Vorschläge von Noest, Jastrow und auch Kade oben § 6 unter I, I b, 2, ferner § 7 unter I, 1 d, 2.

liche Verhandlung verlangt. In derselben Weise und mit demselben Vorbehalte könnte bei zu erwartender Unterwerfung des Beklagten auf Antrag des Klägers das Versäumnis- und Anerkenntnisverfahren schriftlich durchgeführt werden (s. o. § 6 bei I, 2 b). Ob und inwieweit darüber hinaus (bei unaufgeklärtem Nichterscheinen oder Nichtverhandeln und sonst) eine (nicht mehr widerlegliche?) Vermutung des Verhandlungsverzichts [197]) sich rechtfertigen läßt, wird zu erwägen sein, Vorsicht ist aber geboten.

4. Die Erklärungen der Parteien und die Entschließungen des Gerichts über die Verhandlungsweise dürfen nicht binden, sondern müssen innerhalb des einzelnen Rechtszugs abänderungsfähig bleiben.

Jeder Partei wie dem Gerichte muß es ohne Rücksicht auf frühere Erklärungen bis zum Schlusse der Verhandlung freistehen, von der (bzw. teilweisen) Schriftlichkeit zur (bzw. vollen) Mündlichkeit überzugehen und ebenso, hier jedoch nur bei allseitiger Übereinstimmung (s. o. 2), umgekehrt. Auch das bis dahin Verhandelte muß, soweit ein dahingehendes Verlangen sich nicht offenbar als mutwillig oder böswillig kennzeichnet, in der neu gewählten Verhandlungsart nachgeholt werden.

5. Das Selbstbestimmungsrecht, das den Parteien und dem Gerichte hiernach gemeinsam eingeräumt werden soll, ermöglicht im einzelnen Falle ohne weiteres die tatsächliche Durchführung von vielen der in §§ 6 und 7 besprochenen Einzelvorschläge (vgl. § 6 unter I 2 b, c, d, e, f, h, II 1 b, c, § 7 I, 1 a, b, 2, b, 3, b, c, f, g, II 1 a); und für viele der vorgeschlagenen Maßnahmen wird schon diese Möglichkeit ausreichend gewährleisten, daß sie da, wo sie zweckmäßig sind, auch angewendet werden. Immerhin möchten einige Vorschläge ausdrücklich in das Gesetz aufgenommen werden, allen voran die Anordnung eines Vortermins (s. o. § 6 unter II 1 b, 2 a, § 7 unter II 1 b), der nutzbringend zu einer Prozeßaufnahmeverhandlung nach ungarischem Vorbilde (s. o. § 7 a bei II 1 b) ausgestaltet werden könnte, jedenfalls aber vor dem Gerichte selbst oder mindestens vor dessen Vorsitzenden stattzufinden hätte. Daneben können eine allgemeine Ermächtigung im Sinne des auf das Verfahren vor den Amtsgerichten beschränkten § 501 ZPO. und andere zur Vorbereitung der mündlichen Verhandlung geeignete Anordnungen (s. § 6 II 1 a), die sich jedoch nur in Fällen, die der Einzelvorbereitung wirklich bedürfen, und nicht als Regel (ebenda unter II 1 c) zu einem

[197]) S. o. § 6 unter I, 1 b (Straehler).

vollständigen Vorverfahren vor dem Vorsitzenden oder einem beauftragten Richter auswachsen sollen, ferner Maßnahmen in Anlehnung an die in § 7 unter I 1 a, b und auch d, 2 d, II 1 a, 2, 3 geschilderten österreichischen Anordnungen, sowie schriftliche Beschlußverfahren, wie sie daselbst bei I 2 b, und II 1 a behandelt sind, für die ausdrückliche Regelung in Frage kommen. Zuvor ist hier allenthalben sorgfältig zu prüfen, ob und inwieweit nach der Beseitigung des Mündlichkeitszwangs für die einzelne Maßregel noch ein Bedürfnis besteht und ein besonderer Erfolg zu erwarten ist. Aber auch, wo dies bejaht wird, keine in Einzelheiten sich verlierende und keine zwingende Regelung (s. o. § 9 unter 6 b und 9); fast jede Verhandlungsregel wird nur für eine Vielheit, nicht für die Gesamtheit der ihr unterstellten Streitfälle passen; im allgemeinen kann, was für den einzelnen Fall zweckmäßig ist, eben nur nach dem einzelnen Falle entschieden werden; wo die aufgestellte Regel nach der Ansicht des Gerichts und der Parteien nicht paßt, muß davon abgewichen werden können; m. a. W. keine Muß-, sondern nach dem Vorbilde der §§ 501, 554 a Abs. 2 ZPO. nur K a n n - oder S o l l vorschriften, und auch von denen nicht allzuviele.

7. Die unter 2 vorgeschlagene Beseitigung des Mündlichkeitszwangs schafft dem Gericht und den Parteien, soweit sie übereinstimmen, zugleich die Möglichkeit, den Vortrag durch ein Gerichtsmitglied erstatten zu lassen und, wie von anderen Mündlichkeitsvorschriften, auch von der Forderung der freien Rede abzusehen. Dies führt zu der Frage,

a) ob etwa auch da, wo mangels entsprechender Einigung uneingeschränkt mündlich verhandelt wird, dem Gerichte nachgelassen werden soll, in gewissem Umfange die Berichterstattung durch ein Gerichtsmitglied auch ohne die Zustimmung der Parteien anzuordnen. Allein wo solche Berichterstattung der Sache dient, wie beispielsweise oft im Rechtsmittelverfahren und bei Neuverhandlungen (vgl. noch § 8 unter 3), werden die Parteien der Regel nach gern einverstanden sein. Um der Ausnahmefälle willen, wo die Zustimmung einmal grundlos verweigert wird, möchte der Grundsatz, daß bloß bei Übereinstimmung zwischen Gericht und Parteien von der mündlichen Parteiverhandlung teilweise oder ganz abgewichen werden darf, auch hier nicht durchbrochen werden (s. o. unter 1 bis 3). Dagegen möchte

b) der § 137 Abs. 2 erster Halbsatz ZPO. in eine S o l l vorschrift umgewandelt werden. Der Vortrag in freier Rede ist nicht mehr überall zweckmäßig und läßt sich vor allem niemals restlos durchsetzen; deshalb greifen hier die Erwägungen Platz, die oben bei 6 a. E. und in § 9 unter 6 a dargelegt sind.

8. Die vorgeschlagene Mündlichkeitsgestaltung muß im gewöhnlichen Verfahren vor allen Gerichten und für alle Rechtsgänge grundsätzlich dieselbe sein (s. § 9 unter 1 bis 3). Wo und insoweit der Mündlichkeit leichter entraten werden kann oder muß (wie im dritten Rechtsgang oder bei den Verhandlungen vor den Amtsgerichten der Großstädte), werden die Gerichte und die Parteien der Regel nach eine dementsprechende Handhabung gemeinsam aufkommen lassen.

9. Gebührenansprüche des Gerichts und der Parteivertreter müssen davon unberührt bleiben, ob und in welchem Umfange mündlich verhandelt worden ist [198]). Diese Forderung entspringt keineswegs der Besorgnis, daß die Richter und Anwälte sich in ihren Entschließungen von der Gebührenfrage beeinflussen lassen könnten; sie müssen aber der zum Mißtrauen geneigten Allgemeinheit gegenüber auch gegen den Verdacht geschützt sein, als ob sie, die Richter aus fiskalischen, die Anwälte aus persönlichen Rücksichten das kostspieligere Verfahren wählten. Die Gleichstellung im Kostenpunkt entspricht auch der Billigkeit; denn die Zeit- und Kräfteersparnis, die der Wegfall oder die Beschränkung der mündlichen Verhandlung mit sich bringt, wird durch die fast ausnahmslos eintretende schriftliche Mehrleistung immerhin ausreichend aufgewogen.

Die Bewegungsfreiheit, die dem Gericht und den Parteien nach dem Vorgeschlagenen eingeräumt werden soll, wird in der tatsächlichen Übung die Adickessche [199]) Forderung, Mündlichkeit und Schriftlichkeit je nach Bedürfnis dort zu verwenden, wo sie dem Zwecke rascher und sicherer Streitführung am besten entsprechen, der Verwirklichung hoffentlich recht nahe bringen [200]); sie hat den weiteren Vorzug, daß die Frage, wo die

---

[198]) Am einfachsten durch Streichung des Wortes „mündliche" in § 18 Z. 1 GKG., §§ 13 Z. 2, 17 (u. a.) Geb. für RA.

[199]) Grundlinien S. 118.

[200]) Nach der Niederschrift meiner Vorschläge finde ich von Pound in der Rhein.Z. 2 S. 518 einen Satz wiedergegeben, den die Spezialkommission der American Bar Association empfohlen hat: „A practice act should deal only with the general features of procedure and prescribe the general lines to be followed, leaving details to be fixed by rules of court, which the courts may change from time to time as actual experience of their application and operation dictates." — Das ist derselbe Grundgedanke.

Mündlichkeit und wo die Schriftlichkeit vorzuziehen ist, nicht allgemein (abstrakt) geregelt zu werden braucht, sondern überall nach der Lage des bestimmten Einzelfalls (konkret) beantwortet und durchgeführt werden kann. Eine überwiegende Übung, die mit einiger Einschränkung jener allgemeinen Regelung zu vergleichen ist, wird sich bei den einzelnen Gerichten selbstverständlich herausbilden, allein je nach der Eigenart und den Anschauungen in der Bevölkerung der betreffenden Landesteile und in bestimmten Bevölkerungsschichten und je nach den besonderen Verhältnissen bei den einzelnen Gerichten mit den durch die entsprechenden Bedürfnisse gebotenen Verschiedenheiten; die Übung bleibt aber beweglich und anschmiegsam, denn sie wird sich jeweils von selbst ändern, sobald das Bedürfnis sich ändert. Dergestalt wird eine Verhandlungsweise gewonnen, die den Schatz und Schutz der Mündlichkeit zu bewahren, sie aber vor grundsätzlicher Erstarrung zu behüten weiß; sie gibt der Mündlichkeit was der Mündlichkeit ist, aber ebenso der Schriftlichkeit, was der Schriftlichkeit ist, indem sie deren Anwendung zuläßt, sobald und soweit das Gericht und die Parteien das Bedürfnis dazu bejahen.

Daß das Gericht und die Parteivertreter (oder Parteien) der Regel nach das Bedürfnis richtig einschätzen, also zutreffend beurteilen werden, ob und inwieweit im einzelnen Falle die mündliche Verhandlung zweckmäßig zu beschränken und ausnahmsweise auch auszuschließen ist, wird vorausgesetzt und darf vorausgesetzt werden. Dafür bürgen sachlich das Gegengewicht, das gegen etwaige Übertreibungen durch die Forderung des allseitigen Einverständnisses zu jeder Abweichung von der Mündlichkeitsregel geschaffen ist, und persönlich die innere Tüchtigkeit der deutschen Richter und Anwälte wie ihr stetig wachsendes Verständnis für die Aufgaben einer neuzeitlich gesunden Rechtspflege. Innerhalb der hier gezogenen Grenzen, aber auf dem Grunde der Mündlichkeit, darf das deutsche Volk dem Rechts- und Zweckmäßigkeitsgefühle des deutschen Richtertums und der deutschen Anwaltschaft vertrauen, darf vom deutschen Gesetzgeber kühnlich gefordert werden:

„Geben Sie Verhandlungsfreiheit!"

Nur sehe ich nicht ein, warum und warum durch das Gericht allein hier Regeln aufgestellt und bezw. abgeändert werden sollen, anstatt die Einzelheiten des Verfahrens der jeweiligen Bestimmung aller Beteiligten zu überlassen.

II. Teil.
Die Unmittelbarkeit der Beweisaufnahme.
§ 11.
Einleitung.

„Eine Schreibe ist keine Rede" (Vischer). Jeder unmittelbare Eindruck ist stärker als der mittelbare (vgl. auch oben § 1). Nach dieser unbestreitbaren Erfahrung ist der ideale Zustand darin zu erblicken, daß jede Beweisaufnahme vor den erkennenden Richtern stattfindet, so daß sie ausnahmslos den eigenen Eindruck (die „Lebenswahrheit") gewinnen. Diese ideale Forderung läßt sich natürlich nicht verwirklichen; sie darf aber wegen der Hindernisse, die dem entgegenstehen, keinesfalls weiter ermäßigt werden, als auf die ernste und eifrige Bemühung, die Beweise überall da unmittelbar zu erheben, wo die Verhältnisse es irgend gestatten. So ermäßigt wird die Forderung nahezu ausnahmslos als berechtigt anerkannt [201]) und von Klein [202]) mit erfrischender Deutlichkeit dahin erläutert, daß eine laue Anwendung des Unmittelbarkeitsgrundsatzes — in welcher Beziehung sie sich immer zeigen würde — ein bedauerliches Zeichen geistiger Genügsamkeit wäre.

I.

Auch [203]) die ZPO. bekennt sich zur Unmittelbarkeit der Beweisaufnahme. Sie stellt in § 355 Abs. 1 S. 1 als Regel auf, daß die Beweis-

---

[201]) Vgl. z. B. Wach: Enquete S. 122 und die Mündlichkeit im österr. ZP. S. 30; Remelé in ZZP. Bd. 33 S. 400; Hermann Meyer im Recht 1907 S. 1368; Guttmann ebenda S. 560; Ernst Fuchs in Recht und Wahrheit S. 89 ff.; 137 ff., ferner den während der Drucklegung dieser Arbeit veröffentlichten Aufsatz von Laubhard in J.W. 1912 S. 216 f. usw.; A. M. nur Liebtke in JW. 1911 S. 908, der die unmittelbare Beweisaufnahme für „psychologisch nicht sehr wichtig" erklärt.

[202]) Praxis des Zivilprozesses S. 55.

[203]) Vgl. österr. ZPO. § 276 Abs. 1: Die Beweise, welche das Gericht für erheblich hält, sind im Laufe der Verhandlung vor dem erkennenden Gerichte aufzunehmen, sofern nicht:

1. das Gericht in Gemäßheit der Bestimmungen dieses Gesetzes eine Beweisaufnahme außerhalb der Verhandlungstagsatzung anordnet oder

2. Beweise bereits in einem vorbereitenden Verfahren aufgenommen wurden und ihre wiederholte Aufnahme nach den Bestimmungen dieses Gesetzes unstatthaft ist, oder doch dem Gerichte entbehrlich erscheint.

(Die Vorschrift in § 36 der österr. JN. hat dieser Sonderregelung zu weichen.)

aufnahme vor dem Prozeßgericht erfolgt, und verstattet hiervon in S. 2 bloß diejenigen Ausnahmen, die sie selbst bestimmt; die Beweisaufnahme darf einem Mitgliede des Prozeßgerichts oder einem anderen Gerichte nur übertragen werden [204]):

a) beim Zeugen- und Sachverständigenbeweise, §§ 375 Abs. 1, 402:

1. wenn zur Ausmittlung der Wahrheit die Vernehmung des Zeugen oder Sachverständigen an Ort und Stelle dienlich erscheint,
2. wenn die Beweisaufnahme vor dem Prozeßgericht erheblichen Schwierigkeiten unterliegen würde;
3. wenn der Zeuge oder Sachverständige verhindert ist, vor dem Prozeßgericht zu erscheinen;
4. wenn der Zeuge oder Sachverständige in großer Entfernung von dem Sitze des Prozeßgerichts sich aufhält.

Die Bestimmungen unter 1, 2 und 3 finden sich fast wörtlich gleichlautend in der österr. ZPO. §§ 328 Z. 1, 2 und 4, 367 und für den Zeugenbeweis [205]) auch in der ungarischen ZPO. § 289 Z. 1, 4 und 2. Auch die Ausnahme unter 4 ist in dem österreichischen § 328 Z. 3 „wenn die Vernehmung des Zeugen (oder des Sachverständigen [206]), § 367) vor dem erkennenden Gerichte mit Rücksicht auf die dem Zeugen zu gewährende Entschädigung für Zeitversäumnis und die ihm zu erstattenden Kosten der Reise und des Aufenthalts am Orte der Vernehmung einen unverhältnismäßig großen Aufwand verursachen würde" und dem ungarischen § 289 Z. 3 „wenn die Vernehmung des Zeugen vor dem Prozeßgerichte unverhältnismäßige

---

Ungar. ZPO. § 274: Den Beweis nimmt das Prozeßgericht im Laufe der mündlichen Verhandlung auf und darf mit der Beweisaufnahme ein beauftragtes Mitglied des Senats oder einen ersuchten Richter nur in den in diesem Gesetze bestimmten Fällen betrauen.

[204]) Die zwingenden Ausnahmevorschriften in §§ 375 Abs. 2, 382 (402), 479 Abs. 2 zugunsten von fürstlichen Persönlichkeiten, hohen Beamten und Volksvertretern können außer Betracht bleiben.

[205]) Für den Sachverständigenbeweis bestimmt der § 351 der ungar. ZPO.: „Das Prozeßgericht kann mit der Vernehmung der Sachverständigen einen beauftragten oder ersuchten Richter betrauen, wenn die Vernehmung mit einem an Ort und Stelle vorzunehmenden Augenschein verbunden ist oder wenn die unmittelbare Vernehmung der Sachverständigen auch sonst auf bedeutende Schwierigkeiten stößt."

[206]) Gewöhnlich wird in solchen Fällen wohl ein anderer Sachverständiger bestellt werden; vgl. Neumann, Komm. 2. Aufl. S. 1043.

Kosten verursachen würde" zwar in der Fassung, aber nur wenig im Inhalte verändert; denn ob die Entfernung des Aufenthaltsorts im einzelnen Falle als eine „große" anzusprechen ist, kann in der Hauptsache auch nur nach dem Verhältnisse zwischen der Bedeutung (Wichtigkeit und Wert) des Streitgegenstandes und dem entstehenden Reiseaufwande beurteilt werden, nur ist dessen Höhe nicht, wie dort [207]) ausschließlich maßgebend, die deutsche Vorschrift verpflichtet vielmehr, daneben auch die dem Zeugen verursachte Belästigung und die sonstigen Nachteile, für die er keine Entschädigung erhalten kann, bei der Abwägung zu berücksichtigen [208]); dieses Interesse des Zeugen bleibt in jenen Vorschriften unbeachtet, im Gegenteil darf die Partei die Ladung des Zeugen vor das erkennende Gericht selbst bei unverhältnismäßigem Aufwande verlangen, sobald sie sich unter Verzicht auf Rückvergütung zur Tragung der Mehrkosten erbietet und deren Betrag hinterlegt (österr. ZPO. § 328 Abs. 4, ungar. § 289 Z. 3); diese Strenge, die auch durch eine abhelfende Ausdehnung bei der Annahme der „Verhinderung" eines Zeugen wohl nicht gemildert wird [209]), scheint mir nicht geboten; zwar ist es bei ausreichend verfügbarer Zeit kaum je ein Fehler, sondern nur sachdienlich, wenn eine Beweisaufnahme auch, wo es entbehrlich wäre, vor dem Prozeßgerichte stattfinden kann, doch muß der nicht zu rechtfertigende Mißstand in den Kauf genommen werden, daß eine vermögende Partei, der es auf die Kosten nicht ankommt, einen sehr weit entfernten Zeugen aus reiner Willkür und zu dessen großem Schaden vor das Prozeßgericht zwingt, ohne daß der Richter es zu verhindern vermag. Dem Bedürfnisse werden in der Hauptsache schon die allgemeinen Kannvorschriften unserer ZPO. gerecht; nach pflichtmäßigem Ermessen dürfte der Richter das Erbieten einer Partei, zur Ermöglichung des Gehörs vor dem Prozeßgerichte die erwachsenden Mehrkosten auf sich zu nehmen, immer zu berücksichtigen haben, wenn beachtliche Gegengründe in der Sache oder in der Person des Zeugen nicht vorhanden sind;

b) beim Urkundenbeweise: wenn die Vorlegung der Urkunde bei der mündlichen Verhandlung wegen erheblicher Hindernisse nicht erfolgen kann oder wegen der Wichtigkeit der Urkunde und der Besorgnis

[207]) Neumann a. a. O. S. 1014.

[208]) Vgl. Stein (Gaupp) ZPO. 10. Aufl. S. 909.

[209]) Neumann a. a. O. S. 1014 zieht hier den zweiten Absatz des § 328 zur Auslegung heran und läßt demgemäß nur Krankheit, Gebrechlichkeit und ähnliche Gründe gelten; Gottl: ungar. ZPO. S. 223 unten erachtet nicht einmal die amtliche Verhinderung für einen triftigen Grund.

des Verlustes oder der Beschädigung bedenklich erscheint. ZPO. § 434; entsprechend österr. ZPO. § 300, ungar. ZPO. § 331 (wegen des Echtheitsbeweises durch Schriftenvergleichung siehe §§ 441, 442 der deutschen, §§ 314, 315 der österreichischen und § 338 der ungar. ZPO.);

c) beim Eidesbeweise: wenn der Schwurpflichtige am Erscheinen vor dem Prozeßgerichte verhindert ist oder in großer Entfernung von dessen Sitze sich aufhält. ZPO. § 479 Abs. 1;

strenger für die eidliche Vernehmung der Partei:

österr. ZPO. § 375 Abs. 2: „wenn dem persönlichen Erscheinen der Partei unübersteigliche Hindernisse entgegenstehen oder dasselbe unverhältnismäßige Kosten verursachen würde";

ungar. ZPO. § 375 Abs. 3: „wenn das Erscheinen der Partei vor dem Prozeßgericht auf unabwendbare Hindernisse stößt oder mit dem Streitgegenstande in keinem Verhältnisse stehende Kosten verursachen würde",

(wegen des Vergleichseides s. österr. ZPO. § 205 Abs. 2 Satz 2, ungar. ZPO. § 378 Abs. 2);

d) beim Beweise durch Augenschein: nach dem Ermessen des Gerichts („kann"), ZPO. § 372 Abs. 2;

etwas strenger: österr. ZPO. § 368 Abs. 2: „wenn der zu besichtigende Gegenstand nicht vor das erkennende Gericht gebracht werden kann oder die Vornahme des Augenscheins vor demselben aus anderen Gründen erheblichen Schwierigkeiten unterliegen würde"; entsprechend ungar. ZPO. § 341 Abs. 1.

II.

Die vorstehende Übersicht ergibt aus sich selbst, daß die Ausnahmen, welche die ZPO. zuläßt, nicht wesentlich über das Notwendige hinausgehen; dies zeigt sich auch darin, daß sie bei den Neuregelungen des Bürgerl. Streitverfahrens in Österreich und Ungarn, die beide eine möglichst weite Unmittelbarkeit ebenfalls und sehr zielbewußt anstreben, gleichwohl ziemlich unverändert beibehalten worden sind.

Ingleichen ist die Rechtslehre sich der engen Abgrenzung der Unmittelbarkeitsausnahmen, wie sie das Gesetz erkennbar will und wie bei dessen Beratung wiederholt betont worden ist [210], bei der Auslegung der einzelnen Ausnahmevorschriften immer bewußt geblieben. Die, äußerlich genommen, dehnbaren Begriffe in § 375 Z. 2, 402, 434 („er-

---

[210]) Vgl. Begr. S. 249; Komm.-Prot. S. 126, 668, 673 ff.

hebliche Schwierigkeiten" — „erhebliche Hindernisse") werden allgemein auf Schwierigkeiten und Hindernisse beschränkt, die in der Beweisaufnahme selbst ihren Grund haben, durch deren Beschaffenheit und Eigenart verursacht sind; außerhalb liegende Erschwernisse, wie namentlich die Überhäufung des erkennenden Gerichts mit anderen Geschäften, lassen die deutschen Erläuterungen [211]) hier ebensowenig gelten wie die österreichischen [212]) oder ungarischen [213]). Niemals ist ferner in der Rechtslehre die Auffassung durchgedrungen, daß etwa schon der Aufenthalt außerhalb des Gerichtsbezirks oder nur des zugehörigen Amtsgerichtsbezirks als „große Entfernung" im Sinne von §§ 375 Z. 4, 402, behandelt werden könne. Nur für den Beweis durch Augenschein wird dem Gericht überwiegend, aber nicht ausnahmslos, ein freies Ermessen eingeräumt und insbesondere, wo die Besichtigung durch alle Gerichtsmitglieder entbehrt werden kann, auch die Berücksichtigung der Geschäftslage zugelassen [214]); von Kries [215]) tritt an sich folgerichtig für eine der sonstigen Strenge entsprechende, an § 375 Z. 2 sich anlehnende, enge Auslegung des § 372 Abs. 2 ein, zu deren Verteidigung er auch auf § 219 Abs. 1 verweist; die Begründung dagegen sagt: „Durch die fakultative Fassung des Abs. 2 ist ausgedrückt, daß der Augenscheinbeweis auch durch das ganze Prozeßgericht erhoben werden kann", gibt also mindestens zu erkennen, daß sie dies hier nicht in dem Maße wie sonst als Regel betrachtet.

Schmidt [216]) meint allerdings: aus den besprochenen Vorschriften könne eine ungemein große Ausdehnung der kommissarischen Beweisaufnahme hergeleitet werden, besonders der kommissarischen Zeugenvernehmung; wenn er aber hinzufügt, daß dies mit Hilfe einer der Absicht des Gesetzes nicht entsprechenden Auslegung geschehe, so bejaht er mittelbar ebenfalls, daß jene Vorschriften den Willen des Gesetzes genügend deutlich ausdrücken und richtig ausgelegt keine Mißbräuche rechtfertigen. Eine andere Fassung und auch die Streichung einzelner Vorschriften

---

[211]) z. B. Stein (Gaupp) a. a. O. S. 909; Struckmann-Koch 9. Aufl. S. 402, 450; Seuffert Bd. 2 S. 599, 664; Skonietzki S. 1011; Petersen-Anger 5. Aufl. S. 736.

[212]) Neumann a. a. O. S. 1014, 987.

[213]) Gottl S. 223, 251.

[214]) Stein (Gaupp) S. 902 ff.; Rich. Schmidt: Lehrbuch 2. Aufl. S. 462 ff.; ebenso für Österreich Neumann a. a. O. S. 1045; für Ungarn Gottl S. 255.

[215]) In der ZStW. Bd. 6 S. 201.

[216]) a. a. O. S. 463.

ist übrigens seinerzeit in der Kommission verschiedentlich angeregt worden; vornehmlich hatte der Abgeordnete Lasker in der Sitzung vom 6. Mai 1876 beantragt [217]), die Ziffer 2 des jetzigen § 375 dahin zu fassen: „wenn die Beweisaufnahme wegen ihrer Beschaffenheit nicht zweckmäßig vor dem Prozeßgerichte zu erheben sein würde"; der Antrag ist aber abgelehnt worden, anscheinend weil die Fälle schwerer Abkömmlichkeit des Zeugen (oder Sachverständigen) hierdurch nicht gedeckt werden. Ebenso ist im übrigen keine geeignetere Fassung gefunden worden, und die Kommission hat sich in deren Ermangelung bei den bestimmten Erklärungen des Direktors von Amsberg [218]) beruhigt: „Die Regel müsse die Vernehmung vor dem Kollegium sein; in § 340 Z. 2 (jetzt § 375 Z. 2) seien Schwierigkeiten gemeint, welche in der Art der Beweisaufnahme, nicht solche, welche in den Geschäftsverhältnissen des Gerichts lägen" — „der Entwurf stehe ganz unzweifelhaft auf dem Standpunkte, daß die Beweisaufnahme vor dem Prozeßgerichte die allgemeine Regel bilden solle, die Vernehmung der Zeugen, soweit es tunlich, vor dem erkennenden Richter zu erfolgen habe", — und „die Richter würden so gewissenhaft sein, dem Willen des Gesetzgebers zu gehorchen". Auch in der Folgezeit sind Abänderungsvorschläge, die bloß die Fassung der Ausnahmevorschriften betrafen und sie dem Gesetzeswillen besser anzupassen meinten, meines Wissens nicht hervorgetreten. Die jetzigen Vorschriften könnten m. E. unbedenklich belassen werden, sofern und insoweit nicht, was noch zu untersuchen bleibt, der Gesetzeswille einer Abänderung bedarf.

III.

Nur wo Richterwechsel eintritt, entfernt sich die ZPO. von ihrer grundsätzlichen Begünstigung der Unmittelbarkeit der Beweisaufnahme; sie zieht nämlich nicht die Folge, daß neben der mündlichen Verhandlung (§§ 309, 128) auch jede Beweisaufnahme erneuert werden müsse, die dem Gesetzeswillen gemäß vor den erkennenden Richtern stattzufinden und stattgefunden hatte, sondern verweist dadurch, daß sie sich einer solchen Vorschrift enthält, stillschweigend auf die entsprechende Anwendung von § 285 Abs. 2 [219]). Die Beweisaufnahme ist also bloß zu wiederholen, wenn eine protokollarische Feststellung von Zeugen-

---

[217]) Komm. Prot. S. 67.

[218]) Komm. Prot. S. 126, 668, 675.

[219]) Vgl. auch Begr. S. 204.

oder Sachverständigenaussagen unterblieben ist (§ 161) oder das hierüber oder über eine sonstige Beweiserhebung aufgenommene Protokoll kein genügendes Bild gewährt. Damit stellt die ZPO. ihr Interesse an der unmittelbaren richterlichen Wahrnehmung insoweit bewußtermaßen zurück hinter ihr Interesse an der Beschleunigung des Rechtsgangs und an der Vermeidung sonstiger Übelstände, die — ganz abgesehen von der unerträglichen Neuabnahme geleisteter Parteieide — durch vermehrte Belästigungen, Kosten usw. verursacht werden würden. Mit Recht; steht es doch, und das genügt als Gegengewicht, dem Richter überall frei, anderweit in die (nunmehr unmittelbare) Beweisaufnahme einzutreten, wo die schriftlichen Erkenntnisquellen seinem pflichtmäßigen Ermessen nach ihm zur Bildung seiner Überzeugung nicht ausreichen. Die Gefahr, daß der Richter in seiner Beurteilung irren und die Neuerhebung des einen oder anderen Beweises auch in Fällen unterlassen kann, wo sie ihn entscheidend beeinflußt haben würde, wird freilich hierdurch nicht vollständig beseitigt, darf aber dem allgemeinen Wiederholungszwange gegenüber wohl als das kleinere Übel angesprochen werden. Ihm steuert noch wesentlich, daß die Parteivertreter oder Parteien der vorausgegangenen Beweiserhebung gewöhnlich beigewohnt haben werden; ihre Pflicht ist es dann, auf Wiederholung zu dringen, wo ihrer Meinung nach das schriftliche Bild die wirklichen Vorgänge nur unvollkommen spiegelt, Pflicht des Gerichts, die hierauf gerichteten Anträge ernstlich zu erwägen und im Zweifel zu berücksichtigen. Überdies betrifft beim Mehrgerichte der Besetzungswechsel meist nur ein einzelnes Mitglied, so daß auch der fortdauernde Eindruck der übrigen Mitglieder einen gewissen Ausgleich bietet.

§ 12.

Die gegenwärtige Handhabung der Unmittelbarkeitsvorschriften.

1. Obwohl die geltenden Vorschriften, wie in § 11 gezeigt ist, zu der von der ZPO. gewollten möglichsten Unmittelbarkeit der Beweisaufnahme hinführen, haben sich die Verhältnisse stärker erwiesen als sie. Die Kenner des Geschäftsdrangs bei den deutschen Gerichten haben das schon während den Kommissionsberatungen in teilweise recht drastischen Ausdrücken prophezeit [220]) und die Erfahrung hat ihnen leider nur zu

[220]) So der Abgeordnete Reichensperger: „er garantiere dafür, daß, man möge in das Gesetz hineinschreiben, was man wolle, stets auf Grund

recht gegeben. Die unmittelbare Beweiserhebung bildet in der Übung der Gerichte nicht mehr die Regel, sondern die Ausnahme. Dies ist schon bei den von Wach[221]) und von Sommerlatt[222]) veranstalteten Umfragen deutlich zutage getreten und seitdem nicht besser, sondern schlimmer geworden. Eine neue Umfrage würde das erschreckend klargestellt haben; ich habe auch hier davon abgesehen und absehen können, da die Tatsache allgemein anerkannt wird[223]), mithin eine vergleichende Zusammenstellung der mehr oder minder großen Verschlechterung diejenigen Gerichte ohne Not bloßgestellt hätte, die unter vielleicht ungünstigeren Verhältnissen arbeiten müssen und darum besonders selten unmittelbar Beweise erheben. Der Fehler liegt hier, äußerlich genommen, nicht in der gesetzlichen Regelung, sondern in der Übung der Gerichte.

2. Ebenso offenbar ist die Ursache für diese bedauerliche Nichtbefolgung der gesetzlichen Regel: sie ruht in der starken sonstigen geschäftlichen Inanspruchnahme der erkennenden Gerichte, die häufige Beweisaufnahmen in der Sitzung, zumal deren Ergebnisse zu protokollieren sind, oft geradezu ausschließt[224]). Auch das ist schon in der Kommissionsberatung[225]) zur Sprache gebracht worden, mit besonderem Nachdrucke durch den Abgeordneten v. Puttkammer, der frei erklärt hat:

---

einer Bestimmung, wie die in Frage stehenden, die kommissarischen Vernehmungen weitaus die Mehrzahl bilden werden." (Komm.-Prot. S. 674.)

[221]) Enquete S. 123 ff.

[222]) SächsA. 1897 S. 158.

[223]) Schmidt S. 463; Skonietzki S. 1011; Guttmann S. 82 ff.; Rintelen in der Reichstagssitzung vom 11. Januar 1898, Stenogr. Ber. S. 357 ff.; Wildhagen S. 67 ff.; Peters in Gruchots Beitr. Bd. 51 S. 63 und Prozeßverschleppung S. 255 verb. m. S. 160 ff.; Heinitz: Verhandlungen des 26. deutschen Juristentages Bd. 2 S. 515; Guttmann S. 56 u. a. m.

[224]) Sehr anschaulich schildert Guttmann a. a. O. S. 39, 48, 82 ff., 109 ff. die unerfreulichen Einwirkungen des allgemeinen Zeitmangels und gelangt S. 138 zu dem Schlusse: „daß wohl in keiner Periode der deutschen Prozeßgeschichte auf dem einzelnen Praktiker so viel Arbeit gelastet hat wie jetzt"; wie auch S. 72: daß unmittelbare Beweisaufnahme vor den Zivilkammern nicht möglich sei; vgl. ferner Isay in der DJZ. 1902 S. 282 ff.; Volkmar in Gruchots Beitr. 55 S. 289. — Die Verfasser der ZPO. haben hier wie Rintelen im Reichstage (Sitzung vom 11. Januar 1898, Stenogr. Ber. S. 357) richtig ausstellt, „mehr der Theorie gehuldigt als dem praktischen Leben".

[225]) Komm.-Prot. S. 126, 674 (Reichensperger, Bähr, v. Puttkammer).

„Das Leben sei unter Umständen mächtiger als der Buchstabe des Gesetzes. So würden sich auch die Richter, wenn man ihnen nicht durch die Bestimmung des jetzigen § 375 Z. 2 (die er im Gegensatze zu der Mehrheit der Kommission weit ausgelegt wissen wollte) die erforderliche Erleichterung gewähre, in vielen Fällen notgedrungen die Abhilfe aus den übrigen Bestimmungen des § 375 herauskonstruieren." Der Druck der wachsenden Geschäftslast hat sicherlich überall den Anstoß dazu gegeben, daß die Gerichte „der Not gehorchend, nicht dem eigenen Trieb" die Unmittelbarkeitsvorschriften so, wie sie gewollt sind, unbeachtet ließen und namentlich den § 375 Z. 2, sich hinter dessen Wortlaut versteckend, dem Gesetzeswillen zuwider handhabten und handhaben. Auch in Österreich, wo die Unmittelbarkeit bisher vorbildlich beobachtet wurde [226]), scheint die Zunahme der Geschäfte allmählig einen ähnlichen Zustand vorzubereiten; sonst wäre bei der nicht geringeren Pflichttreue der dortigen Richter der Ministerialerlaß vom 28. August 1911 wohl kaum nötig geworden [227]).

Daß freilich die jetzige Handhabung oder genauer Verletzung des Unmittelbarkeitsgrundsatzes immer und in vollem Umfange durch die Geschäftslage gerechtfertigt werden kann, möchte ich nicht unterschreiben. Die Erfahrung lehrt, daß eine Gesetzesbestimmung, die sich wegen der Widerstände des Lebens nicht ausnahmslos durchzusetzen vermag, für viele Naturen überhaupt etwas von ihrer Befehlskraft einbüßt; das Gesetzeswidrige wird dann nicht mehr so störend empfunden. Das dürfte auch für die Unmittelbarkeitsvorschriften zutreffen; ihr eigentlicher Inhalt tritt bei Richtern und Anwälten vor der Gewohnheit zuweilen in den Hintergrund, und die Unmittelbarkeit der Beweisaufnahme wird ohne Widerspruch der Parteivertreter manchmal auch da nicht beobachtet, wo die Verhältnisse es gestatten würden; so wird wirklich „aus der Not der Mittelbarkeit eine Tugend gemacht" [228]). Darum ist es nur zu begrüßen, wenn die Justizverwaltungen, wie z. B. das sächsische

---

[226]) Vgl. Schauer in der DJZ. 1906 S. 677.

[227]) Pollack in der DJZ. 1911 S. 1357 ff. nennt allerdings in erster Reihe andere Gründe.

[228]) Guttmann S. 83; vgl. ferner Peters, Prozeßverschleppung S. 161: „Man nimmt sich nicht einmal die Mühe, in dem Beschlusse, der die Beweisaufnahme einem Mitgliede des Prozeßgerichts oder einem anderen Gerichte überträgt, wenigstens formal das Vorliegen eines der besonderen Gründe auszusprechen, der diese Art der Beweisaufnahme nach der ZPO. statthaft erscheinen läßt".

Ministerium der Justiz in seiner Verordnung vom 12. Juni 1911, den Willen des Gesetzes mit Ernst in Erinnerung bringen.

Die von dem Gesetze gewollte **regelmäßige** Unmittelbarkeit läßt sich jedoch unter den gegebenen Verhältnissen nicht erreichen, wenigstens nicht nach meinen eigenen Beobachtungen. Ich habe als Vorsitzender einer Kammer für Handelssachen viele Zeugen vor dem Beginne der öffentlichen Sitzung vorläufig als beauftragter Richter abgehört, ihnen die Protokolle aber erst vorlesen lassen, nachdem die Handelsrichter, denen ein sehr frühes Erscheinen aus geschäftlichen Rücksichten meist ebenso lästig war wie eine überlange Sitzungsdauer, eingetroffen waren; sie gewannen dadurch immerhin noch einen gewissen persönlichen Eindruck und namentlich die Gelegenheit zur Fragestellung [229]). In der Zivilkammer habe ich tunlichst zeitig, im Sommer oft bald nach 7 Uhr, mit de Sitzung begonnen und die Zeit bis 10 Uhr nach Möglichkeit für Beweisaufnahme freigehalten, ohne sie deshalb während der folgenden Stunden durchgängig auszuschließen; daneben auch, soweit angängig, einzelne an besonderen Tagen abgehalten. Selbst auf solche Weise habe ich bloß ein recht reichliches Drittel aller angeordneten Beweise vor dem Prozeßgericht aufnehmen können, mehr gleichwohl nicht; die übrigen zwei Drittel haben allerdings den nicht unbeträchtlichen Teil von Beweiserhebungen mitenthalten, deren Übertragung dem Gesetze entsprach, daneben aber eine gewiß ebenso große Zahl, wo die Übertragung wohl unschädlich, jedoch vom Gesetze nicht gewollt war. Daraus ergibt sich verallgemeinert: die unmittelbare Beweisaufnahme kann auch unter den jetzigen Verhältnissen immer stattfinden, wenn sie, wie z. B. wegen Bedenken gegen die Glaubwürdigkeit des Zeugen oder wegen der Schwierigkeiten des Tatbestands unerläßlich ist; sie wird sich, wo sie aus besonderen Erwägungen wünschenswert erscheint, bei vollster Anspannung meist ebenfalls ermöglichen lassen; darüber hinaus ist sie nur selten noch durchzuführen, **weil den Gerichten die Zeit dazu schlechterdings mangelt.**

3. Diese Feststellung weist die Richtung, in der die bestmögliche Wiederherstellung der Unmittelbarkeit zu suchen ist. Bei der herrschenden

---

[229]) Diese Abhilfe ließe sich, was vornehmlich für die Kammern und Senate in Frage käme, noch dahin erweitern, daß die Zeugen und Sachverständigen etwa am Nachmittage vor der Verhandlung durch den beauftragten Richter abgehört würden, zu der Verhandlung aber nochmals erschienen, so daß ihre Abhörung vor dem Gericht abgeschlossen werden könnte.

Übereinstimmung über den hohen Wert des unmittelbaren Beweises wird der eingerissene Mißbrauch verschwinden, sobald die zu dessen Aufnahme erforderliche Zeit bei den Gerichten vorhanden ist. Die zu lösende Schwierigkeit ist also hauptsächlich die: Wie ist die Zeit zu gewinnen?

Von den Mitteln, die zur Zeitgewinnung vorgeschlagen sind oder vorzuschlagen wären, fallen auch hier alle diejenigen in § 6 unter II kurz angeführten Mittel aus den Rahmen der gestellten Aufgabe, die entweder außerhalb des bürgerlichen Streites (wie namentlich die vielgeforderte Richtervermehrung, der schon durch die Finanzlage des einzelnen Bundesstaates ihre Grenzen gezogen sind) oder doch außerhalb des Beweisverfahrens (wie z. B. die Abschneidung verspäteter Beweisführung) liegen. An der Hand der gegenwärtigen Regelung der Beweisunmittelbarkeit ist lediglich zu prüfen, welche Mittel das Beweisverfahren selbst zur Abhilfe darbietet, sei es ohne, sei es durch Veränderung der geltenden Unmittelbarkeitsvorschriften.

§ 13.

Die bisherigen Abänderungsvorschläge.

Der zuletzt aufgestellte Unterschied gewährt die Einteilung für die Betrachtung des bisher Vorgeschlagenen.

I.

Zeitgewinn oder Zeitersparnis wird erwartet:

1. ohne Veränderung der Unmittelbarkeitsvorschriften:

a) von der Beseitigung oder Verminderung des Protokollierungszwangs ZPO. § 160 Z. 3 u. 4: Daß hierdurch die Beweisaufnahmen wesentlich abgekürzt würden, ist klar. Gleichwohl möchte ich die Niederschrift nicht missen, oft auch da nicht, wo sie, weil das Endurteil der Berufung nicht unterliegt, nach § 161 unterbleiben kann, dies nicht sowohl wegen der besser gesicherten Entlastung oder Überführung des Aussagenden in den leider so häufig sich anschließenden Meineidsverfahren, als um der vermehrten Gelegenheit willen, die er zur Selbstüberwachung und Nachprüfung seiner Aussage erhält. Ernst Fuchs[230]), der auch hierin einen verwerflichen Überschuß von „Protokolljustiz" zu erblicken scheint, muß ausnehmend ungünstige Erfahrungen gemacht haben, die er nicht in dem von ihm be-

---

[230]) Recht und Wahrheit S. 138 ff., 89 ff.

liebten Maße hätte verallgemeinern sollen. Wie spielt sich in Wahrheit die Vernehmung und Niederschrift ab? Der Richter veranlaßt den Zeugen oder Sachverständigen zu einer zusammenhängenden Auslassung, welche dieser je nach Inhalt und Umfang im ganzen oder punkt- und abschnittsweise erstattet; sie wird, soweit unvollständig, nach den von dem Richter, den Parteivertretern und Parteien gestellten Fragen ergänzt; hierauf ersucht der Richter den Zeugen ebenso freundlich wie nachdrücklich, ihm sofort ins Wort zu fallen, wenn ein Ausdruck dem, was er bekunden will, nicht entspricht, erst dann sagt der Richter dem Gerichtsschreiber die einzelnen Sätze zur Niederschrift vor [231]), wobei er sich eifrig bemüht, daß alle kennzeichnenden (charakteristischen) Redewendungen des Zeugen wörtlich und genau in der Verbindung, in der sie gefallen sind, in das Protokoll gelangen. Nach dem Abschlusse der Vernehmung wird die ganze Niederschrift noch im Zusammenhange vorgelesen. Auf diese Weise zeichnet die schriftliche Wiedergabe zumeist ein durchaus (insbesondere auch für das Berufungsgericht) brauchbares Bild vom Verlaufe der Vernehmung. Auch die weniger gebildeten Laienzeugen sind in ihrer Überzahl weder so unfähig, noch so schüchtern, daß sie mit stummem Staunen geschehen ließen, wie das Protokoll sie „in schöner Sprache zusammenhängend" aber, wie Fuchs durchblicken läßt, unrichtig oder doch ungenau „reden läßt"; durchschnittlich pflegen sie ihre Einwendungen rückhaltslos anzubringen; die Niederschrift wirkt daher zugleich als Sicherung gegen ohnedem verborgen bleibende Mißverständnisse des Richters. Nur die Vorhalte und die Einzelfragen möchten noch reichlicher, als es schon jetzt geschieht, wörtlich in die Niederschriften übergehen; das trägt viel dazu bei, dem Bilde die richtige Farbe zu geben. Ein Bild bleibt es natürlich; die eigene Anschauung, die ganze Persönlichkeit des Vernommenen und alle Einzelheiten des Vernehmungsvorgangs lassen sich schriftlich nur unvollkommen darstellen. Wie der Aussagende aussieht, wie er sich bei der Aussage benimmt, wie er gefragt wird, wie er errötet oder erblaßt, mit welcher Stimme, mit welcher Gebärde, mit welcher Sicherheit, mit welcher Voreingenommenheit er spricht, wie er anders spricht, je nachdem die Frage vom Freunde oder vom Gegner ausgeht, mit welchem Versuche der Übertreibung oder Abschwächung usw. [232]), das kann eine

[231]) Das langsame Vorsagen (Diktieren) erleichtert dem Zeugen die Überwachung und ist darum in verwickelteren Sachen der freien Niederschrift durch einen nur ausnahmsweise entsprechend befähigten Gerichtsschreiber vorzuziehen.

[232]) Ernst Fuchs a. a. O. S. 141.

Niederschrift nur zum geringen Teile wiedergeben; und ich bin der letzte, der verkennt, wie oft, wenn auch keineswegs immer [233]), solche Wahrnehmungen von hohem Beweiswerte sind. Deswegen aber die Protokollierung grundsätzlich aufzugeben und alle noch wesentlichen Vernehmungen im zweiten Rechtsgange zu wiederholen, wäre nicht zu rechtfertigen; der davon zu erhoffende Gewinn würde, durch die außerordentliche Mehrbelastung der Berufungsgerichte und durch die Einbuße aufgewogen, welche die zweite Aussage infolge der während der Zwischenzeit eintretenden Verminderung des Erinnerungsvermögens häufig erleiden würde [234]).

Die vorausgegangene Schulung im ersten Rechtsgange hat in jedem Berufungsrichter das Verständnis dafür verfeinert, ob eine Niederschrift Leben und Wahrheit atmet oder nicht; wo das Niedergeschriebene tot und unwirklich anmutet, wird das Berufungsgericht aus eigenem Antriebe die Befragung wiederholen.

Die Aufzeichnung (Protokollierung) der Beweisergebnisse, die auch die österreich. (§§ 343, 367, 370 Abs. 2) und die ungar. ZPO. (§ 244 Abs. 2 Z. 3) beibehalten haben, soll demnach bestehen bleiben. Durch die Ausnutzung der Kurzschrift [235]), der Schreibmaschine und der noch zu vervollkommnenden neuen Erfindungen (Diktiermaschine usw.) wird sich jedoch manche Zeit ersparen lassen.

---

[233]) Vgl. Guttmann S. 57: „als ob die Lüge immer erröten, die Schuld stets erbleichen müßte". (S. jedoch S. 73.)

[234]) Übrigens hat der Rückschlag gegen die frühere Unterschätzung der psychologischen Unwägbarkeiten insofern Übertreibungen gezeitigt, als sie in einfache klare Vorgänge nicht selten künstlich hineingetragen werden. „Die freie Beweiswürdigung für psychologisch ausgebildete Menschenkenner", die nach Fuchs das jetzige „Zerrbild" einen solchen „verbunden mit gebundener Jurisprudenz bei psychologisch nicht ausgebildeten, scholastisch erzogenen Dialektjuristen" ablösen soll, würde manche merkwürdige Blüte treiben. Die Menschenkenntnis, das mitempfindende Verständnis für die inneren Vorgänge in dem menschlichen Einzelwesen und die richtige Beobachtung ihrer äußeren Erscheinungsformen, kann von einer gewissen Grenze ab ebensowenig gelehrt und gelernt werden wie das Denken; sie ist angeboren (vgl. auch Düringer im Recht 1907 S. 1029, 1390 ff.). „Wenn Ihr's nicht fühlt, Ihr werdet's nicht erjagen". — Fuchs vermeint in der Ausbildung, die er dem Richter „in der Psychologie der Aussage und in der Kunst der Vernehmung theoretisch und praktisch" angedeihen lassen will, ein sicheres Unterpfand für eine rasche, gerechte, lebenswahre und volkstümliche Rechtsprechung zu besitzen; hat er auch eins, daß jenes Pfand nicht lüge?

[235]) Vgl. Wach: Enquete S. 123.

Nach § 280 der österr. und § 248 der ungar. ZPO. kann auf Antrag auch nur einer Partei, dann aber auf deren Kosten die Beweisaufnahme oder ein Teil von ihr durch einen oder mehrere hierzu vereidete Stenographen vollständig aufgezeichnet werden; diese Aufzeichnung ersetzt jedoch die Protokollierung nicht[236]), sondern geht neben ihr her und wird außer „zur Beruhigung der Parteien" [237]), zur Vervollständigung und Richtigstellung des Gesamtbildes gewiß nützlich sein, sogar, wo etwaige Widersprüche mit dem Protokolle sich nicht anders aufklären lassen, zur Ergänzung oder Wiederholung der Beweisaufnahme führen. Die nichtamtliche kurzschriftliche Nebenaufzeichnung verwehrt auch unsere Zivilprozeßordnung nicht, doch spricht manches für die amtliche Zulassung nach österreichisch-ungarischem Muster, nicht zuletzt, daß die Allgemeinheit sich dann überzeugen wird, wie vielfach unberechtigt ihr Mißtrauen gegen die Zuverlässigkeit der Protokolle ist.

b) von der durchgängigen Einführung (wo nicht der Offenkundigkeit s. o. § 6 bei I 1 a a. E., so doch) der Berichterstattung über die Ergebnisse der nicht vor dem Prozeßgericht erhobenen Beweise anstelle der noch teilweise üblichen Protokollverlesung: Diese wird, außer wo es auf den Wortlaut ankommt, durch § 285 Abs. 2 ZPO. nicht gefordert [238]), doch ist der Bericht, was nach der Begründung [239]) allein „dem Grundsatze der Mündlichkeit entspricht", (ebenso wie neuerdings durch § 285 Abs. 2 der ungar. ZPO.) ausschließlich den Parteien zugewiesen. Der Antrag Bähr, daß ein Gerichtsmitglied das Ergebnis vorzutragen habe, ist abgelehnt worden [240]); er möchte mit der Einschränkung wieder aufgenommen werden, daß die Gerichtsmitglieder neben den Parteivertretern zugelassen werden, welchenfalls auch hier (vgl. ob. § 8 bei 3) der jeweils Bestvorbereitete den Bericht erstatten wird; die in der Begründung ausgesprochene Befürchtung, daß der Vortrag durch einen Berichterstatter ermüden, die Aufmerksamkeit schwächen und „wegen seiner Subjektivität die richtige Auffassung und Beurteilung der Beweisverhandlungen gefährden könne", scheint mir haltlos; vor allem ist mir nicht verständlich, weswegen der Berichterstatter subjektiver vortragen sollte als die Partei; seine nach den maßgebenden Rechtssätzen geordnete Beweiszusammen-

---

[236]) Neumann S. 967.

[237]) Gottl S. 193.

[238]) Das ist jetzt wohl die herrschende Meinung; vgl. die Angaben bei Schmidt S. 464, 465.

[239]) S. 204 ff.

[240]) Komm.-Prot. S. 90 ff.

stellung wird im Gegenteil oft klärend wirken und meist weniger lange aufhalten. Der § 287 der österr. ZPO. wiederum, der den Bericht über die hier von Amts wegen zu beachtenden (§ 217) Beweisergebnisse stets dem Vorsitzenden überträgt, geht nach der entgegengesetzten Richtung zu weit.

In der Verhandlung vor dem Einzelrichter kann, wie Hermann Meyer[241]) mit Grund vorschlägt, die Berichterstattung der Regel nach ganz wegfallen; es genügt die wechselseitige Besprechung; nur müssen die Parteien berechtigt bleiben, Bericht oder Protokollverlesung zu verlangen.

Daß auch diese Abänderungen nur einen mäßigen Zeitgewinn erbringen, braucht kaum hervorgehoben zu werden.

c) von der tatsächlichen[242]) Einführung der sogen. Beweisverbindung, wie sie nach dem Willen von § 276 der österr. und § 274 der ungar. ZPO., daß „die Beweise im Laufe der(selben) Verhandlung aufzunehmen sind", von den dortigen Gerichten geübt wird. Der hierin liegenden Auffassung folgend, daß die Beweisaufnahme keinen besonderen Abschnitt, sondern einen organischen Bestandteil der mündlichen Verhandlung bildet, werden nicht nur die geladenen oder gestellten Zeugen (österr. ZPO. § 288 Abs. 2, ungar. ZPO. § 287) sofort im Anschlusse an die Parteivorträge vernommen, sondern auch nicht erschienene Personen, deren Vernehmung beschlossen wird, wenn angängig sofort herbeigeholt und abgehört[243]). Das Gleiche wird von den deutschen Gerichten gefordert[244]). So gewiß aber diese Einrichtung außer vielen sonstigen Vorteilen auch den zeitlichen Gesamtaufwand vermindert, den Richter und Anwälte der einzelnen Sache widmen müssen, so gewiß kann sie zurzeit auf unsere deutschen Verhältnisse nicht übertragen werden. Dieses Bedenken richtet sich nicht gegen den neu eingeführten § 509 ZPO., der sie als Sollvorschrift für das amtsgerichtliche Verfahren einführt; hier wird sie bei den kleineren Amtsgerichten mit ruhigem Geschäftsgange Nutzen bringen, während die starkbeschäftigten Amtsgerichte durch den Zusatz „soweit dies tunlich ist" reichlich gedeckt sind. Vor den höheren Gerichten dagegen würde eine entsprechende Vorschrift nur selten zur Wirkung kommen, findet sich doch schon für die Vernehmungen der Glaubhaftmachungszeugen in den Streitigkeiten über Arreste und einst-

---

[241]) Recht 1907 S. 739.

[242]) Vgl. Kleinfeller in der Festgabe für Hänel S. 391.

[243]) Vgl. Peters, Gruchots Beitr. Bd. 51 S. 61.

[244]) Ernst Fuchs in Recht u. Wahrheit S. 89 ff.

weilige Verfügungen nur sehr schwer Zeit. Mehrgerichte, die, wie Heinitz[245]) von den Wiener Gerichten bezeugt, so beneidenswert gestellt sind, daß auf die einzelne Sitzung nur eine, zuweilen zwei und nur ausnahmsweise drei Streitverhandlungen und auf das ganze Geschäftsjahr durchschnittlich 52 streitige Urteile entfallen, gibt es in Deutschland nicht mehr. Der Versuch, die deutschen Mehrgerichte zur Beweisverbindung hinzuleiten, würde, solange diese so stark beschäftigt sind wie jetzt, lediglich den von Stein[246]) gerügten, bis jetzt aber nur vereinzelt beobachteten Mißstand erzeugen oder steigern, daß die Gerichte, um der Zahl nach einigermaßen Genüge zu tun, die einfachen Beweisaufnahmen selbst erledigen und gerade diejenigen übertragen, deren Schwierigkeiten die Unmittelbarkeit erheischen.

d) von der Einführung des Beweisurteils[247]): sie wäre gleichbedeutend mit der Eventualmaxime und ist deshalb unannehmbar; das Beweisurteil beraubt die ihm nachfolgende Beweisaufnahme des wesentlichen Nutzens, auch über die Grenzen der Beweistatsachen zur Aufhellung des Tatbestandes beizutragen.

2. durch Veränderung der Unmittelbarkeitsvorschriften in Gestalt:

a) der Zulassung der Schriftlichkeit für Zeugenerklärungen: Viele Persönlichkeiten sind nach Veranlagung und Bildungsgrad völlig imstande, schriftliche Fragen in zusammenhängender Darstellung klar und erschöpfend zu beantworten und zugleich nach Charakter und Lebensanschauung so vertrauenswürdig, daß ihre schriftliche Versicherung für Gericht und Parteien dieselbe Beweiskraft in sich schließt wie eine unter Eideszwang mündlich erstattete Aussage. Wo dem so ist, verüberflüssigt sich jede unmittelbare oder mittelbare mündliche Befragung. Unverkennbar aus dieser Erwägung schlägt Hachenburg (JW. 1907 S. 780) vor, es den Parteien freizugeben, ob überhaupt eine gerichtliche Einvernahme nötig fällt; begnügen sie sich mit einer schriftlichen Äußerung, so soll das Gericht es auch tun. Der Vorschlag spricht in seinem Kerne für sich selbst und hat in der dem freien Ermessen des Gerichts unterstellten Zulassung der schriftlichen Begutachtung durch § 411 der deutschen, §§ 357, 360 der österr. und § 361 der ungar. ZPO. bereits den Vorgang, daß der Unmittelbarkeitsgrundsatz

[245]) Verh. des 26. DJT. Bd. 3 S. 516 ff.
[246]) Justizreform S. 80.
[247]) Noest. Vorschläge S. 12 ff.

unter Umständen ohne Scheu und Schaden verlassen werden kann. Über die Einzelheiten des Vorschlags wird noch zu reden sein (s. u. § 14).

b) der Ersetzung der jetzigen Vorlesung oder Inhaltsangabe durch die Einsichtnahme in die vorgelegten Urkunden: sie ist hier, wie Peters (bei Gruchot 51 S. 66) mit Recht sagt, die allein wirksame Form der Unmittelbarkeit.

c) einer weitergehenden Zulassung der Übertragung der Zeugen- und Sachverständigenvernehmung: Wo die mündliche Befragung als solche vorzuziehen ist, braucht deshalb noch nicht eine unmittelbare Befragung notwendig zu sein. In nicht wenigen Fällen wird die einzelrichterliche Vernehmung außerhalb der Sitzung der Wahrheitsermittelung sogar besser dienen als eine Befragung im Verhandlungsgetriebe vor dem erkennenden Gerichte, bei der sich der Vorsitzende mehr oder minder beeilen und wohl auch beschränken muß. Das ist schon in der Kommissionsberatung [248]) wiederholt zur Sprache gebracht, seitdem verschiedentlich vertreten und selbst von manchen Anhängern der strengsten Unmittelbarkeit nicht bestritten worden; öfter noch wird erklärt, daß wo nicht die Vernehmung, so doch die Niederschrift solchenfalls vollständiger und auch vollkommener bewirkt werde; diese Überzeugung und der anders kaum zu beseitigende Widerspruch zwischen dem Gesetz und seiner Ausführbarkeit (vgl. oben § 12) haben Peters [249]) veranlaßt, den Satz als Regel vorzuschlagen, daß „die Beweisaufnahme durch ein Mitglied des Prozeßgerichts, in den besonders vom Gesetze hervorgehobenen Fällen aber durch ein ersuchtes Gericht zu bewirken sei"; und Stein [250]) will die Einrichtung des beauftragten (Neben-)Richters sogar bei den Amtsgerichten ins Leben treten lassen. Beide Vorschläge enthalten etwas Berechtigtes und dürfen nicht ohne Prüfung verworfen werden. Der Vorwurf Guttmanns [251]): „Nie kann das Ideal der Unmittelbarkeit erreicht werden, wenn man ihm nicht einmal nachstrebt", ist ihnen gegenüber nicht am Platze. Das Bessere ist der Feind des Guten. Vorerst gilt es zielbewußt auf das Gute hinzuarbeiten, bis einmal das Bessere zu erlangen ist; auch darin liegt das Streben nach dem Ideale; auf dem Boden der Wirklichkeit stehen und abwarten heißt nicht aufgeben. Daß

---

[248]) Abg. Struckmann und Reichensperger, K. Pr. 672 ff.; auch S. 126.

[249]) a. a. O. S. 163; ähnlich Scholz in DJZ. 1909 S. 302 ff.

[250]) Justizreform S. 79 ff.

[251]) a. a. O. S. 82; vgl. S. 91.

die moderne Gestaltung des Privatrechts die Unmittelbarkeit der Beweisaufnahme überall fordere, kann nicht zugestanden werden, und zur Sammlung von Erfahrungen, durch deren Verdichtung Guttmann ein neues „materielles Beweisrecht" von selbst erstehen sieht, erhält das erkennende Gericht durch die nicht geringe Zahl von Beweisaufnahmen, die unmittelbar bleiben müssen, noch genügend Gelegenheit; auch kommen die Erfahrungen der beauftragten Richter dem erkennenden Mehrgerichte, dessen Glieder sie sind oder (nach Ablauf der Nebenrichterjahre) werden, doch wiederum zugute. Abzulehnen ist dagegen der Vorschlag [252]), auch die Beweiserhebung vor dem ersuchten Richter über die jetzt gezogenen Grenzen auszudehnen; sie wirkt infolge der notwendigen Aktenversendung sehr verzögernd und birgt vor allem, weil der ersuchte Richter den Streitstoff nicht in dem Maße beherrschen kann wie der regelmäßig beauftragte Berichterstatter, die von Wildhagen [253]) klargelegte doppelte Quelle möglicher Fehler in sich, einmal beim Verständnisse dessen, was der Abgehörte sagt, und sodann bei der Wiedergabe des Verstandenen. Die Beweisaufnahme vor einem anderen Gerichte verträgt daher keine Ausdehnung.

Für den Eidesbeweis wird eine Einschränkung der Unmittelbarkeitsvorschriften nicht vorgeschlagen und wäre, selbst ohne Rücksicht auf die Geringfügigkeit des Zeitgewinns, nicht zu rechtfertigen;

d) einer erweiterten Zulassung der sofortigen Beweisaufnahme: Noest [254]) will sie nach dem Vorbilde des § 488 (vgl. § 501 Z. 6) ZPO. in viel weiterem Umfange auch da verstattet sehen, wo die Voraussetzungen der Beweissicherung (§ 485 ZPO.) nicht vorliegen. Der Vorschlag ist gleichfalls zu begrüßen. Die von Noest angedeutete Erwartung, daß die so herbeigeführte tatsächliche Aufklärung viele Streitigkeiten im Keime ersticken, andere wesentlich vereinfachen werde, dürfte nicht getäuscht werden; dem Mißbrauche könnten entsprechende Kostenbestimmungen vorbeugen. Kommt es zum Streitverfahren, so müßten die erhobenen Beweise natürlich benutzt werden können, und damit ist, weil der Streitrichter zumeist nicht der frühere Beweisrichter sein wird, der Unmittelbarkeitsgrundsatz erneut durchbrochen; vernünftig gehandhabt schützt jedoch hier, wie sonst auch, die Möglichkeit der anderweiten Aufnahme vor dem erkennenden Gerichte.

---

[252]) Vgl. Marcus im Recht 1907.

[253]) S. 67 ff., vgl. Scholz a. a. O. S. 303.

[254]) Vorschläge S. 16 ff.

Derselbe Grundgedanke zeigt sich in dem vorbereitenden Verfahren der österr. ZPO. (§§ 245, 249, 250 Abs. 2, 251 Schlußsatz, 253), insofern der beauftragte Richter in beträchtlichem Umfange zur Anordnung und Erhebung von Beweisen berechtigt und verpflichtet ist; die ungar. ZPO. §§ 255 ff. hat sich dem nicht angeschlossen. Die vorgängige Beweisaufnahme ist in beiden Gesetzen (österr. ZPO. § 381 ungar. ZPO. § 384) an dieselben Voraussetzungen geknüpft wie die deutsche Beiweissicherung.

II.

In § 12 unter 3 ist durch die Einfügung „hauptsächlich" bereits angedeutet, daß für die Gewährleistung der Unmittelbarkeit auch noch ein anderer Weg in Betracht kommt. Nach § 355 Abs. 2 ZPO. (österr. ZPO. §§ 277 Abs. 4, 278 Abs. 1, 368 Abs. 2, ungar. ZPO. §§ 548, 549) findet eine Anfechtung des Beschlusses, durch den eine mittelbare Beweisaufnahme angeordnet wird, nicht statt. Wo und insoweit die Zeit zur Unmittelbarkeit vorhanden ist, kann aber ein Druck zu deren Beobachtung unter Umständen wirksam sein. Scholtz wünscht deshalb im Einklange mit seinen sonstigen Vorschlägen die Beschwerde gegen die von den Amtsgerichten und von den Landgerichten des ersten Rechtsganges getroffenen Anordnungen, wodurch die Beweisaufnahme einem anderen (ersuchten) Gericht übertragen wird. Wird die Beweisunmittelbarkeit gesetzlich auf das gebotene Maß zurückgeführt, so verlohnt sich eine nähere Prüfung des Vorschlags; die annehmbar nicht allzu erhebliche Mehrbelastung, welche die Erledigung der Beschwerden für die Land- und Oberlandesgerichte mit sich brächte, würde kein Hindernis bilden; anfängliche vereinzelte Versuche, das Beschwerderecht zu Verschleppungen zu mißbrauchen, würden durch Beschleunigung der Entscheidungen hinfällig und bald aufgegeben werden.

III.

Im Gegensatze zu den notgedrungenen Einengungsvorschlägen wird noch über den jetzigen Gesetzeswillen hinaus eine Erweiterung der Unmittelbarkeit dahin befürwortet, daß die Beweisübertragung an den beauftragten oder ersuchten Richter nur bei ganz einfachen Fragen, auf welche die Antwort nur eindeutig gegeben werden kann, zulässig sein [255]) oder für den ersten Fall ganz ausgeschlossen, für den zweiten auf die

[255]) Wildhagen S. 85; vgl. Guttmann S. 78, 80, 109.

äußerste Not beschränkt werden soll[256]). Die Vorschläge hängen jedoch mit den anderen von ihren Anhängern erhobenen Forderungen nach durchgreifender Umgestaltung der Gerichtsverfassung und des Verfahrens (mehr Einzelrichtertum, schwächer besetzte Mehrgerichte, Zivilschöffen, nur ein Tatsachenrechtsgang u. a.) unlöslich zusammen; sie können für sich allein nicht richtig und erschöpfend gewürdigt werden und müssen darum bei dieser auf das Beweisverfahren als solches beschränkten Betrachtung unberücksichtigt bleiben. Daß die unmittelbare Beweiserhebung an und für sich die vollkommenste ist, wurde bereits oben (§ 11) hervorgehoben.

§ 14.

Welche Abänderungen empfehlen sich?

Die Vollkommenheit, daß die unmittelbare Beweisaufnahme die Regel und die mittelbare die engbegrenzte Ausnahme bildet, ist nach der hier vertretenen Auffassung (s. o. § 12) auf dem Boden der jetzigen Verfassung und Einrichtung der Gerichte ohne eine bedeutende Vermehrung der Richterstellen nicht zu verwirklichen; eine solche Vermehrung aber ist wegen der damit verbundenen Mehrbelastung des Volksvermögens nicht zu erwarten und auch aus manchen anderen Gründen vielleicht nicht durchaus wünschenswert. So gewiß mithin insoweit die Abänderungsvorschläge von dem Boden des *Gegebenen* sich nicht entfernen können, so gewiß ist anderseits, daß der Boden des *Geübten*, die tatsächlich zur Regel gewordene Mittelbarkeit der Beweisaufnahme, verlassen werden muß. Nur heißt es sich bescheiden und die Unmittelbarkeit nicht in weiterem Maße gesetzlich vorschreiben, als sie erzwungen werden kann (s. o. §9 bei 6 a). Ein Mehr verführt auch da zur Nichtbeachtung des Gesetzes, wo die Beachtung möglich wäre (s. § 12 unter 2). *Das durchführbare Gute darf nicht zugunsten eines undurchführbaren Besseren preisgegeben werden.*

I.

Den hiernach zu beschreitenden Mittelweg weisen die in § 13 unter I 2 a und b besprochenen Vorschläge und das dazu Ausgeführte. Die schriftliche Erklärung und die Übertragung auf den beauftragten Richter müssen mehr wie bisher *gesetzlich zugelassen* werden. Die Unmittelbarkeit hat dagegen bestehen zu bleiben, wo ohne sie die Beurteilung der Beweisergebnisse gefährdet würde. Unberührt bleibt also

---

[256]) *Cohn* in JW. 1911 S. 268; vgl. *Ernst Fuchs* S. 93, 99.

die selbstverständliche Grundforderung, die Wildhagen[257]) in anderem Zusammenhang anschaulich dahin geformt hat: „Die Zeit, die zu einer befriedigenden Erfüllung der Aufgaben der bürgerlichen Rechtspflege unentbehrlich ist, muß auch aufgewendet werden, und es können mangelhafte Leistungen der Rechtspflege auf die Dauer unmöglich damit gerechtfertigt werden, daß es den Gerichten an der erforderlichen Zeit fehlt"; es darf bloß nicht, wie übrigens auch Wildhagen nicht verlangt, an der Einbildung (der Fiktion) festgehalten werden, daß die unmittelbare Beweisaufnahme immer unentbehrlich sei.

1. Umgekehrt wird die unmittelbare Beweisaufnahme nie in einem so überwiegenden Verhältnisse zu entbehren sein, als daß deren Mittelbarkeit, sei es auch vor dem beauftragten Richter (s. o. § 13 1, 2 c), als Regel aufgestellt werden dürfte. Von einer so ungerechtfertigten Hervorkehrung des Mittelbarkeitsgrundsatzes wäre, nur noch verstärkt, derselbe Schaden zu befürchten, den die jetzige Übertreibung des Unmittelbarkeitsgrundsatzes verursacht hat: das tatsächliche Verschwinden der unmittelbaren Beweisaufnahmen. Damit sie nicht mehr als erträglich verdrängt werden, ist darum trotz aller Erweiterung der Mittelbarkeit nach wie vor von der Unmittelbarkeit des Beweises als Regel auszugehen.

2. Wo die (regelmäßige) Unmittelbarkeit entbehrt werden kann und wo nicht, läßt sich so wenig wie für die Mündlichkeit nach allgemeinen Merkmalen durch auf sie aufgebaute Gesetzesvorschriften bestimmen, sondern bleibt auch hier Zweckmäßigkeitsfrage des einzelnen Falles, und die Entscheidung über die Zweckmäßigkeit kann nur von dem getroffen werden, der daran beteiligt ist; sie muß daher entweder allein dem Gerichte oder allein den Parteien oder beiden gemeinsam überlassen; werden das erste wie das zweite ist zu einseitig; den Parteien die unmittelbare Beweisführung gegen ihren Willen zu entziehen, weil das Gericht die mittelbare für ausreichend hält[258]), erweist sich als ebenso mißlich und innerlich unberechtigt wie das Gericht gegen seine Überzeugung zur mittelbaren Beweiserhebung zu zwingen, weil die Parteien sich damit begnügen wollen. Weder Richtergewalt noch Parteiverfügung, jede für sich allein, gewährleisten die richtige Beurteilung der Zweckmäßigkeit. Erst die Übereinstimmung der Auffassungen verbürgt wenigstens die Wahrscheinlichkeit,

---

[257]) a. a. O. S. 84.

[258]) Insoweit würde die Einführung des von Scholz (s. § 14 II) vorgeschlagenen Beschwerderechts mithin gegenstandslos.

daß die jeweils gewollte Mittelbarkeit der Wahrheitserforschung nicht schadet; sie muß darum gefordert werden.

3. Mittelbare Beweisaufnahmen, die im allseitigen Einverständnisse angeordnet sind, werden, ein weiterer Grund, es zu fordern, annehmbar viel seltener, als es sonst zu erwarten wäre, unmittelbar zu wiederholen oder zu ergänzen sein. Denn die Möglichkeit, dies anzuordnen oder zu beantragen, kann dem Gericht und den Parteien nicht abgeschnitten werden; folgerichtig wäre sogar, jeder Partei das Recht zuzugestehen, auch nachträglich noch die volle Unmittelbarkeit zu verlangen. Damit wäre jedoch die erstrebte Entlastung der Gerichte wieder in Frage gestellt. Diejenige Partei, für die eine Beweiserhebung ungünstig verlaufen ist, macht nach allgemeiner Erfahrung schon jetzt allzuoft und völlig kritiklos den Leiter der Beweisaufnahme dafür verantwortlich und verlangt selbst da, wo diese unmittelbar war, aus nichtigen Gründen die Wiederholung. Hätte das Gericht dem unterschiedlos zu fügen, so würden sich die Wiederholungsanträge ins Ungemessene häufen, am meisten voraussichtlich in Fällen, wo die Partei nicht oder durch einen nicht rechtskundigen Vertreter beraten ist. Infolgedessen wäre insoweit dem G e r i c h t e die pflichtmäßige Alleinbestimmung weiter zu belassen, vielleicht mit der Ergänzung, daß der gemeinsame Antrag beider Parteien beachtet werden muß. Bei der Ausübung des Ermessens hätte das Gericht den bloß schriftlichen Erklärungen gegenüber (s. o. § 13 bei I 2 a) in der Ablehnung besonders vorsichtig zu sein, nicht minder in den Fällen, wo der beauftragte Richter Sachverständigenbeweis erhoben hat. Für die anderen Fälle können die Eindrücke des beauftragten Richters das Ermessen wertvoll unterstützen. Gegen ungerechtfertigte Ablehnungen, die natürlich dessenungeachtet vorkommen werden, könnte in Anlehnung an das in § 13 unter II Besprochene im ersten Rechtsgange hier die Beschwerde zugelassen werden, und zwar, um Verschleppungsversuche zu vermeiden, nur die sofortige.

Der beauftragte Richter hat daneben selbstverständlich zugleich die Pflicht, v o n s i c h a u s die unmittelbare Wiederholung anzuregen, wo das Protokoll wesentliche Vorgänge der Beweisaufnahme nicht getreu genug wiederspiegelt oder aus anderen Gründen die eigene Wahrnehmung aller Gerichtsmitglieder ihm nützlich erscheint; dem Gerichte liegt hierzu die Sorge ob, daß eine psychologisch oder sonst schwierige Beweisaufnahme, die gleichwohl übertragen werden soll, demjenigen Beisitzer anvertraut werde, der die meiste Erfahrung besitzt oder sich sonst besonders eignet; wo erforderlich, wird der Vorsitzende selbst die Beweisaufnahme zu übernehmen haben.

4. Die Forderung des Einverständnisses zwischen dem Gericht und den Parteien für die eingangs vorgeschlagenen Abweichungen von der Unmittelbarkeit der Beweisaufnahme berechtigt, wie bereits ausgesprochen, zu der Erwartung, daß die Mittelbarkeit nur angewendet wird, wo sie unschädlich ist. Dies führt zu der Erwägung, ob die entsprechende Regelung etwa auch für die Beweisübertragung auf den ersuchten Richter vorzuziehen ist. Das wäre äußerlich einfacher und innerlich einheitlicher. Dafür bringen die jetzigen strengen Ausnahmevorschriften deutlicher zum Ausdrucke, daß die Übertragung auf das ersuchte Gericht nur ein Notbehelf und, wo überhaupt möglich, zu vermeiden ist. Die Gleichstellung mit der Übertragung auf den beauftragten Richter wäre zudem ein Anreiz zu gleicher Übung; daß aber der ersuchte Richter seiner Aufgabe vielfach nicht genügen kann, wo der beauftragte Richter ihr gewachsen ist, bedarf keiner neuen Klarlegung (s. o. §13 bei I 2 c). Besser bleibt es daher insoweit bei den bisherigen Bestimmungen. Ihre genaue Beobachtung wird nach der zu erwartenden teilweisen Entlastung von selbst eintreten oder doch durchzusetzen sein; hierzu könnte auch die Einführung des Beschwerderechts für die Parteien helfen; wie oben (s. 3) müßte jedoch auch hier die (sofortige) Beschwerde nur für den ersten Rechtsgang verstattet werden; für das Beweisverfahren vor den Oberlandesgerichten steht der § 567 Abs. 2 ZPO., dessen Durchbrechung mit Recht auf Widerspruch stoßen würde, der Zulassung entgegen; und ohnedem auf Kosten der Einheitlichkeit lediglich den landgerichtlichen Berufungsbeweis mit dem Rechtsmittel auszustatten, dazu besteht trotz des Fehlens des dritten Rechtsgangs hier kein besonderes Bedürfnis.

Außerdem könnte der stillschweigende Wille des Gesetzes noch ausdrücklich ausgesprochen werden, daß diejenigen entfernt wohnenden Zeugen oder Sachverständigen, die eine Partei auf ihre Kosten stellt, vom Prozeßgericht oder vom beauftragten Richter vernommen werden müssen; sie laden zu müssen, wofern eine Partei die Mehrkosten endgültig tragen will, unterliegt dem in § 11 unter I a a. E. geltend gemachten Bedenken.

5. Der Vorschlag ist also dahin zusammenzufassen: Die Beweisaufnahme bleibt grundsätzlich unmittelbar. Für deren Uebertragung auf den ersuchten Richter sind die bisherigeu Vorschriften zu belassen, aber künftig streng zu beobachten. Durch den beauftragten Richter und durch Einholung schriftlicher Erklärungen kann mittelbar Beweis erhoben werden, sofern

das Gericht und die Parteien hierüber einverstanden sind.

II.

Die vorgeschlagene Neuordnung hat den Einwand zu gewärtigen, daß beide Parteien der mittelbaren Beweisaufnahme nur ganz selten zustimmen, diese daher nicht in einem Umfange Platz greifen werde, der dem Gerichte die unmittelbare Erledigung der übrigen Beweisaufnahmen gestattet. Das besorge ich nicht. Der Zug zur „großen" Unmittelbarkeit, um diese für die Mündlichkeit gemünzte Bezeichnung hierher zu übertragen, ist keineswegs so übermächtig, wie manche Schriften glauben machen, weder im Volke, noch unter den Rechtsgelehrten. Einmal mehren sich gerade jetzt die Fälle, wo (nicht nur Protokolle aus anderen Rechtsstreiten, sondern ebenso) Erklärungen von Richtern und anderen Beamten, Rechtsanwälten, Konkursverwaltern, Bank- und Sparkassenvorständen, Ärzten usw. auf Antrag der Parteien herbeigezogen oder von einer Partei beigebracht und als (in dem betreffenden Rechtsstreite) erstattete und beschworene Aussage anerkannt werden. Sodann sind für die gegenwärtigen Geschäftsverhältnisse die Meinungen über den Wert der „großen" Unmittelbarkeit vor dem Prozeßgericht im Vergleiche zu der „kleinen" Unmittelbarkeit vor dem beauftragten Richter sehr geteilt (vgl. oben § 13 bei 2 c); manche Parteien und viele Rechtsanwältebegehren diese sogar ausdrücklich, sofern nicht für die psychologische Bewertung der einzelnen Aussagen überdurchschnittliche Zweifel zu erwarten sind; und auf die Gefahr hin, von der einen Seite den „lebensunkundigen Nichtpsychologen" zugezählt zu werden, die in ihrer Menschenunkenntnis und Verständnislosigkeit die Schwierigkeiten nicht einmal erkennen, wage ich zu behaupten, daß in der Mehrzahl der Fälle die Erfahrungen und Fähigkeiten des beauftragten Richters allerdings ausreichen, um das protokollarische Bild für das Gericht so lebensvoll zu gestalten, daß es dem unmittelbaren Eindrucke genügend nahekommt, dies um so gewisser, als der beauftragte Richter zumeist über weitere Hilfsmittel (Parteierklärungen, Urkunden usw.) verfügt, die ihm die zweckdienliche Befragung und anschauliche Beurkundung erleichtern. Die Parteien und noch mehr ihre rechtskundigen Vertreter werden daher, aller Voraussicht nach, und nicht zuletzt im wohlverstandenen eigenen Interesse, die mittelbare Beweisaufnahme überall anregen oder bewilligen, wo ihrer besten Überzeugung nach die Wahrheitserforschung nicht wesentlich darunter leidet. Wo dagegen die Parteien (oder das Gericht) es befürchten, da m u ß unmittelbar Beweis erhoben werden. Der jetzigen Handhabung gegenüber steht daher ein beträchtliches Anwachsen der Beweisaufnahmen vor den erkennenden Gerichten mit Sicherheit bevor. Hieraus aber einen Einwand herzuleiten, wäre nicht zu verantworten. Wo die Geschäftsverminderung, welche die Erweiterung der amtsgerichtlichen Zuständigkeit nach sich zieht, nicht Zeit und Kräfte freimacht, würden die Justizverwaltungen Vorsorge zu treffen haben.

III.

Wenn und soweit das Gericht und die Parteien die Mittelbarkeit gemeinsam bestimmeu, wird das Vorgeschlagene im Beweisverfahren zu einer tatsächlichen Übung führen, die in ihrem Grundzuge derjenigen entspricht, welche die Vorschläge zur Mündlichkeitsfrage für die Verhandlung nach sich ziehen werden (s. o. § 10 a. E.), nämlich: die Unmittelbarkeit und die Mittelbarkeit je nach Bedürfnis zu verwenden oder genauer, und darin liegt der Unterschied, die Mittelbarkeit da zu verwenden, wo die Unmittelbarkeit kein Bedürfnis ist. Auch das werden die Richter und Anwälte verständnisvoll zu beurteilen wissen. Innerhalb der hier gezogenen Grenzen[259]), aber auf dem Grunde der Unmittelbarkeit ist daher für das Beweisverfahren von dem Gesetzgeber entsprechend zu fordern:

„Geben Sie Verfahrensfreiheit."

§ 15.
Schlußwort.

Was hier vorgeschlagen ist, bringt mindestens die vollkommene Befreiung von jeder Gewissensnot. Für das Verfahren bedeutet es keinen Neubau, sondern nur einen Umbau. Die starren Regeln über Mündlichkeit und Unmittelbarkeit, an die Gericht und Parteien jetzt gebunden sind, sollen zu einem nicht geringen Teile durch ihre gemeinschaftliche Verfügungsgewalt ersetzt und dadurch beweglich gemacht werden. Solche gemeinsame Herrschaft, die dem Gericht und den Parteien, d. i. vorwiegend deren Anwälten, über das einzelne Streitverfahren zugebilligt wird, dürfte nicht nach jedermanns Geschmack sein. Mancher Richter wird die Verstärkung der Parteiverfügung (Parteidisposition)

---

[259]) Wegen der Einzelvorschläge vgl. § 13.

als Abhängigkeit empfinden, mancher Anwalt besorgen, daß er sich, wo das Gericht sein Entgegenkommen zu erwarten scheint, in seinen Entschließungen unfrei fühlen werde. In Wahrheit werden sie beide freier gestellt; sie können durch gegenseitige Verständigung die einzelne Verhandlung und die einzelne Beweisaufnahme nach Mündlichkeit und Unmittelbarkeit so gestalten, wie es deren Zwecken am besten entspricht. Ein erprobter Richter wird das, was zweckmäßig ist, auch durchzusetzen wissen; ein erprobter Anwalt sich zwar überzeugen, aber nicht überreden lassen. Wo ein Gerichtsvorschlag oder ein Parteiantrag keine Zustimmung findet, ist dessen Zweckmäßigkeit sicher nicht unzweifelhaft. Unliebsame Ausnahmen, die nicht ausbleiben können, beweisen auch hier nur die Regel.

Vorschläge in Zweckmäßigkeitsfragen können und sollen sich von den eigenen Erfahrungen des Vorschlagenden nie völlig loslösen; und die meinigen haben in mir die Überzeugung erweckt und gefestigt: Die sicherste Gewähr dafür, daß der bürgerliche Rechtsstreit die Zusammenstöße der Parteiinteressen gedeihlich zum Austrage bringt, ruht in der verständnisvollen Zusammenarbeit des Gerichts mit den Parteien und mehr noch mit ihren rechtskundigen Vertretern. Solche Zusammenarbeit zwischen Richtern und Anwälten (Parteien) weiter zu fördern und die sie hemmenden Schranken, wo immer angängig, zu beseitigen, ist darum ein bewußtes Ziel meiner Vorschläge. Möge derselbe Leitgedanke bei der künftigen Neuregelung auch sonst nicht vergessen werden!

VIII.

Gutachten von Prof. Dr. Moritz Wellspacher, Wien,

über die Frage:

Empfiehlt sich eine Änderung des im Deutschen Reich und in Österreich geltenden Rechtes betreffend die aus Anlaß einer Grundstücksveräußerung stattfindenden Übernahme einer durch Hypothek gesicherten Forderung durch den Grundstückserwerber?

Inhaltsübersicht.

I. Einleitung.

Einer einheitlichen und zusammenfassenden Beantwortung der gestellten Frage für das deutsche und österreichische Recht stehen gewisse Schwierigkeiten entgegen. Zunächst deshalb, weil die deutsche und österreichische Gesetzgebung in bezug auf das Recht der Hypothekenübernahme bei Grundstücksveräußerungen auf ganz verschiedenen Entwicklungsstufen stehen. Während das deutsche Gesetzbuch nicht nur eingehende Rechtsnormen über die Schuldübernahme enthält, sondern auch eine Sonderbestimmung, die sich unmittelbar auf die vorliegende Frage bezieht, enthält das ABGB. über diese überhaupt keine Bestimmung, ja es ist sogar zweifelhaft, ob es Rechtsnormen über die Schuldübernahme enthält.

Dazu kommt, daß sich das AGBG. im Stadium der Revision befindet und daher Reformvorschläge den freiesten Spielraum haben, während im Deutschen Reiche keine Geneigtheit bestehen dürfte, das BGB. abzuändern, sofern nicht zwingende Gründe dafür dargetan werden können.

Bei dieser Sachlage dürfte es sich für einen österreichischen Gutachter empfehlen, für die Reformvorschläge das österreichische Recht und eine kritische Erörterung der Entwürfe zur Zivilgesetznovelle zum Ausgangspunkte zu nehmen. Aus den hier gewonnenen Resultaten wird sich dann von selbst ergeben, inwiefern das deutsche BGB. hinter den aufgestellten zivilpolitischen Anforderungen zurückbleibt, wobei dann freilich noch die Frage einer sorgfältigen Erwägung bedarf, ob die vorhandenen Mängel so schwerwiegender Natur sind, daß sie eine Änderung des BGB. zu rechtfertigen vermöchten.

II. Das in Österreich geltende Recht.

Das ABGB. spricht von der Schuldübernahme im Sinne der modernen Theorie im § 1345:

> „Wenn jemand mit Einwilligung des Gläubigers die ganze Schuld eines andern übernimmt, so geschieht keine Befestigung, sondern eine Umänderung der Verbindlichkeit, wovon in dem folgenden Hauptstücke gehandelt wird."

Mit diesem Hinweise könnte nur die Anweisung (Assignation) der §§ 1400 ff. gemeint sein. Die Anweisung ist in § 1400 folgendermaßen definiert:

> „Durch die Hinzukunft eines neuen Schuldners kann eine Umänderung der Verbindlichkeit entstehen, wenn der Schuldner an seine Stelle einen Dritten als Zahler stellet, und den Gläubiger an ihn anweiset."

In den weiteren Rechtsnormen über die Anweisung gedenkt aber das Gesetz nirgends des Falles, daß der angewiesene Dritte dem Gläubiger in derselben Weise haftet, wie der anweisende Schuldner gehaftet hat.

Bei dieser Sachlage ist es leicht erklärlich, daß in der Theorie die weitestgehenden Verschiedenheiten bestehen bezüglich der Beantwortung der Frage, ob und inwiefern das ABGB. Rechtsnormen über die Schuldübernahme enthalte[1]). Während Unger[2]) annimmt, daß die Redaktoren ihr im § 1345 gegebenes Versprechen nicht gehalten und die Regelung der Schuldübernahme übersehen haben, bezeichnet Menzel[3]) die Bestimmungen über die Anweisung „geradezu als die rechtlichen Normen über die Schuldübernahme". Zwischen diesen beiden extremen Auffassungen steht eine Reihe anderer Theorien, welche mit größerem oder geringerem Aufwand von Scharfsinn bemüht sind, die Normen des ABGB. über die Anweisung für die Schuldübernahme wenigstens zu „verwerten"[4]).

Auch die neuesten Bearbeitungen dieses Themas haben eine Klärung der Frage nicht gebracht. Dniestrzanski[5]) behauptet auf Grund eingehender Erörterung der älteren Entwürfe, daß die §§ 1400 ff. ABGB. „nicht bloß von der Anweisung, sondern auch von der Schuldübernahme handeln" und unterzieht sich der, wie ich glaube, hoffnungslosen Mühe, „zu untersuchen, welche unter diesen Bestimmungen lediglich auf die Anweisung und welche wiederum auf die Schuldübernahme zur Anwendung gebracht werden können". Dagegen findet Last[6]), daß die Entstehungsgeschichte für die Lehre Ungers, der Gesetzestext „eher" für die Ansicht Menzels spreche. Im übrigen lehnt er eine prinzipielle Stellungnahme ab. „Es sei am rätlichsten, sich an das Gesetz zu halten, das dem praktischen Bedürfnisse oft mehr als alle theoretische Konstruktion entgegenkommt". Klarer ist die Sache dadurch nicht geworden.

Bei dieser Verschiedenheit in der Beantwortung der Grundfrage ist es selbstverständlich, daß in Theorie und Praxis die größte Zerfahrenheit herrscht hinsichtlich der einzelnen, dem Gebiete der Schuldübernahme angehörigen Rechtsfragen.

---

[1]) Vgl. die Literaturangaben bei Krainz-Ehrenzweig § 335 A. 1—3; dazu Randa, Österr. Handelsrecht I § 11 A. 15, Dniestrzanski, Zur Theorie der Schuldübernahme JBJSchr. 39 S. 1 ff.; Last, Zur Lehre von der mittelbaren Leistung, GrünhutsZ. 37 S. 1 ff.; Krasnopolski, Lehrb. III §§ 38, 54 u. 55.

[2]) Schuldübernahme S. 7 ff.

[3]) Zur Lehre von der Schuldübernahme GrünhutsZ. 11 S. 602 f.; vgl. auch Hasenöhrl, Obl.R. II S. 232 ff.

[4]) So insbesonders Horn, Schuldübernahme S. 16 ff.; Krasnopolski a. a. O. S. 284 u. 287; Krainz-Ehrenzweig §§ 335 u. 137; v. Schuster-Bonnott, Grundriß des OblR. S. 48 f.

[5]) a. a. O. S. 70 f.

[6]) a. a. O. S. 30, 37 f.

Für die Zwecke dieses Gutachtens genügt es, diesen Stand der Theorie festzustellen und ich widerstehe daher mit Vergnügen der Versuchung, die einzelnen Ansichten einer Kritik zu unterziehen. Nur folgendes möchte ich als meine persönliche Auffassung beifügen. Was auch die Absicht der Redaktoren gewesen sein möge, soviel scheint mir sicher zu sein, daß die §§ 1400—1407 ihrem Wortlaute und Sinne nach unmittelbar nur auf das Rechtsinstitut der Anweisung passen und nur im Wege einer mehr oder minder gewaltsamen Auslegung auch für die Schuldübernahme verwertet werden können [7]). Eine derartige Auslegung unter zwei ganz verschiedenen rechtlichen Perspektiven ist aber nur geeignet Unklarheit zu erzeugen. Überdies halte ich es für zwecklos aus dem Gesetze unter Hochdruck eine halbwegs brauchbare Theorie der Schuldübernahme herauszupressen, wo uns doch ein viel einfacherer Weg offen steht, um zu einem völlig einwandfreien Resultate zu gelangen. Da die Möglichkeit einer Schuldübernahme durch § 1345 außer Zweifel gestellt ist, sind wir nicht genötigt, uns die Rechtsnormen über die Schuldübernahme aus der Anweisung zu holen, sondern wir sind berechtigt, die in bezug auf diese Rechtsnormen bestehende Lücke [8]) gemäß § 7 nach den „natürlichen Rechtsgrundsätzen" im Anschlusse an die moderne Theorie auszufüllen.

Das äußerst zweifelhafte und bestrittene Recht der Schuldübernahme gilt nun — da Sondernormen nicht bestehen [8a]) — auch für den Spezial-

---

[7]) So auch Rappaport, Die Einrede aus dem fremden Rechtsverhältnisse S. 79 f.

[8]) So schon Unger a. a. O., der die damalige gemeinrechtliche Theorie in das österr. Recht herübernahm.

[8a]) Eine solche Sondernorm besteht jedoch für den Erwerb von Liegenschaften im Wege der Zwangsversteigerung. § 171 Abs. 2 EO. bestimmt. „Gläubiger, für welche auf der Liegenschaft pfandrechtlich sichergestellte Forderungen haften... sind gleichzeitig aufzufordern, spätestens 8 Tage vor dem Versteigerungstermine die Erklärung abzugeben, ob sie die Berichtigung ihrer Forderungen durch Barzahlung verlangen oder mit der Übernahme der Schuld durch den Ersteher unter gleichzeitiger Befreiung des bisherigen Schuldners einverstanden sind. Dabei ist ihnen mitzuteilen, daß, wer nicht spätestens acht Tage vor dem Versteigerungstermine die Berichtigung durch Barzahlung fordert, mit der Übernahme der Schuld durch den Ersteher und der Entlassung seines früheren Schuldners einverstanden gilt; ein nachträgliches Verlangen der Barberichtigung kann nur mit Zustimmung des Erstehers berücksichtigt werden."

Es ist verfehlt, diese Bestimmung unter den Gesichtspunkt der vollständigen Assignation zu bringen (so Tilsch, Der Einfluß der Zivilprozeßgesetze S. 302 f. und auch Last a. a. O. S. 31 A. 122) und die „Exekutions-

fall, der den Gegenstand dieses Gutachtens bildet. Es kommt aber hier noch eine weitere Schwierigkeit hinzu. In unserem Rechtsleben kommt die „Übernahme einer durch Hypothek gesicherten Forderung durch den Grundstückserwerber" kaum jemals vor. In den Verkaufsurkunden findet sich vielmehr immer wieder die Wendung, daß die auf dem Grundstücke haftenden Hypotheken in Anrechnung auf den Kaufpreis übernommen werden [9]) und die zunächst auftauchende Frage, welche Theorie und Praxis fast ausschließlich beherrscht, ist die, ob in dieser Hypothekenübernahme eine Übernahme der persönlichen Schuld gelegen sei oder nicht.

Auch in bezug auf diese Vorfrage gehen die Ansichten weit auseinander. Die herrschende Lehre erblickt in diesen Hypothekenübernahmen einen Musterfall der (privativen) Schuldübernahme; in bezug auf die einzelnen Rechtsfragen gelangen jedoch die Vertreter dieser Lehre zu sehr verschiedenen Resultaten, je nachdem sie ihre Ergebnisse aus der Assignation des ABGB. oder praeter legem zu gewinnen suchen. Während Menzel [10]) die Hypothekenübernahme als unvollständige Assignation betrachtet, die nur durch Notifikation an den Gläubiger und Einwilligung desselben zu einer vollständigen werden könne (Theorie der Kollektivofferte), nehmen andere [11]) an, daß eine Genehmigung des Gläubigers auch ohne Mitteilung zulässig sei.

Im Gegensatz zur herrschenden Lehre erblicken Horn [12]) und Ehrenzweig [13]) in der Hypothekenübernahme im Zweifel eine

---

massaverwaltung" als Assignantin zu betrachten; es liegt vielmehr ein Expromissionsfall vor; so auch Horn a. a. O. S. 31 f.; Krainz-Ehrenzweig § 335 S. 126 spricht hier von einer gesetzlichen Schuldübernahme.

[9]) Häufig findet sich in den Verkaufsurkunden noch der Beisatz „zur Alleinzahlung" oder „zur Selbstzahlung und Selbstverzinsung". Daneben wird öfter noch die Verpflichtung statuiert, den Käufer „in Ansehung der zur Selbstzahlung übernommenen Satzposten klag- und schadlos zu halten". Der betreffende Passus lautet öfter auch folgendermaßen: „Die Berichtigung des Kaufpreises erfolgt in der Weise, daß der Käufer nachstehende bücherlich sichergestellte Forderungen zur Vertretung, Verzinsung und Selbstzahlung übernimmt." Die „Vertretung" hängt offenbar mit § 928 ABGB. zusammen, zufolge dessen Schulden und Rückstände, welche auf der Sache haften, mangels gegenteiliger Vereinbarung stets vom Verkäufer „vertreten" werden müssen.

[10]) a. a. O. S. 666 ff.; ebenso im Ergebnis Krasnopolski a. a. O. S. 289 und Dniestrzanski a. a. O. S. 88 ff. auf Grund der analogen Anwendung des § 1019.

[11]) So insbesonders Unger a. a. O. S. 12 f.; Krainz-Ehrenzweig II S. 124.

[12]) a. a. O. 51 ff., 61 ff.

[13]) Die sogen. zweigliedrigen Verträge S. 135 f.

unvollständige Assignation, welcher der Gläubiger beitreten kann, ohne jedoch deshalb auf die subsidiäre Haftung des alten Schuldners verzichten zu müssen (alternative Schuldübernahme mit subsidiärer Haftung des Urschuldners gem. § 1406). Hasenöhrl[14]) betrachtet die Hypothekenübernahme als bloße interne Erfüllungsübernahme und Czoernig[15]) nimmt an, daß außer dem Falle einer Intervention des Gläubigers beim Kaufvertrage oder eines nachträglichen besonderen Übereinkommens die Hypothekenübernahme nur die Bedeutung habe, daß der Erwerber gem. § 443 die dingliche Haftung übernimmt, wobei er dem Veräußerer regreßpflichtig wird, wenn dieser als persönlicher Schuldner den Gläubiger befriedigt.

Für die Stellungnahme der Praxis ist zunächst die Tatsache entscheidend, daß unserem Rechtsleben eine Mitteilung an den Gläubiger oder eine Beiziehung des Gläubigers zu dem Übernahmsvertrage völlig fremd ist. Es haben daher für die Praxis alle jene Theorien keine Bedeutung, welche die Perfektion der Schuldübernahme von diesen Umständen abhängig machen. Im übrigen hat der oberste Gerichtshof bis zum Jahre 1900 zwischen zwei Ansichten geschwankt. Eine Reihe von Entscheidungen[16]) betrachtete die Hypothekenübernahme als unvollständige Assignation, welcher der Gläubiger in jeder Form, insbesonders auch durch Erhebung der persönlichen Klage gegen den Übernehmer beitreten könne. Andere Entscheidungen hingegen folgten der Auffassung Czoernigs. Seit 1900 hat der oberste Gerichtshof die erstere Ansicht fallen gelassen und er hält nunmehr konsequent daran fest, daß die Übernahme von Hypotheken in Anrechnung auf den Kaufpreis keine andere Bedeutung habe, als die der Übernahme der dinglichen Haftung und der Regreßpflicht gegenüber dem zahlenden Personalschuldner[17]).

Soweit das Verhältnis der Vertragsparteien zum Gläubiger in Betracht kommt, läßt sich gegen diesen Standpunkt der Praxis kaum etwas einwenden. Insbesonders sollten sich diejenigen Theoretiker darüber nicht beklagen, welche für die Lösung dieser Fragen die Assignationslehre des

---

[14]) OblR. I S. 475 A. 47a, II S. 251 ff.

[15]) GrünhutsZ. 17 S. 105 ff., ebenso (nach Dniestrzanski) Till, Österr. Privatr. (polnisch) III S. 250 A. 9.

[16]) Vgl. die Entscheidungen zu § 1402 Nr. 3 der Manzschen Ausgabe. Dazu auch Last a. a. O. S. 36 A. 149.

[17]) Vgl. die Entsch. zu § 1400 Nr. 2 der Manzschen Ausgabe; dazu GlUNF. 3650, 1796, 970.

ABGB. heranziehen wollen [18]). Denn das ABGB. verlangt, daß der Schuldner seinem Gläubiger den neuen Schuldner anweist [19]) und knüpft an diese Anweisung eine Gewährleistungspflicht des Urschuldners (§ 1406). Es geht daher nicht an, dem Gläubiger unter dem Gesichtspunkte der Assignation Rechte auch dann einzuräumen, wenn eine Willenserklärung des Urschuldners an ihn gar nicht erfolgt ist. Aber auch diejenigen, welche die Schuldübernahme als ein Rechtsinstitut praeter legem betrachten, dürfen heute nicht mehr übersehen, daß die moderne Theorie und Gesetzgebung über den Punkt ziemlich einig sind, daß Rechte des Gläubigers aus dem Vertrage zwischen Altschuldner und Übernehmer nur entstehen können, wenn der Gläubiger davon verständigt wurde.

Viel bedenklicher ist allerdings, daß der oberste Gerichtshof der Hypothekenübernahme auch im internen Verhältnisse zwischen Veräußerer und Erwerber keine andere Wirkung zuschreibt als die, daß der Veräußerer Regreß nehmen kann, wenn er als Personalschuldner den Gläubiger befriedigen mußte [20]). Der oberste Gerichtshof erblickt demnach in der Hypothekenübernahme nicht einmal eine Erfüllungsübernahme. Noch in der Entscheidung GlUNF. 1828 wird ausgeführt: „Erst wenn der Kläger (der Veräußerer) die Hypothekenschuld aus eigenem bezahlt hätte, könnte er, da er gemäß § 1358 ABGB. in die Rechte des Gläubigers treten würde, vom Beklagten den Ersatz des Geleisteten für sich fordern." Dadurch kommt der oberste Gerichtshof zu dem merkwürdigen Ergebnisse, daß die Parteivereinbarungen betreffend die Übernahme von Hypotheken rechtlich bedeutungslos sind, da auch ohne solche Vereinbarung sich dasselbe Resultat aus §§ 443 und 1358 ABGB. ergeben würde.

Erst in allerjüngster Zeit scheint auf die Praxis das Argument Eindruck gemacht zu haben, daß, wenn der Anspruch des Veräußerers von der erfolgten Befriedigung des Gläubigers abhängig ist, ein zahlungsunfähiger Veräußerer überhaupt nicht zu seinem Gelde gelangen könnte. Über den

---

[18]) So auch Last a. a. O. S. 34 ff.

[19]) Vgl. bes. Entsch. GlUNF. 1096.

[20]) Diese Auffassung vertritt der oberste Gerichtshof auch bei der Übernahme nicht verbücherter Schulden; vgl. neuestens GlUNF. 4725: „Der Übernehmer haftet zwar dem Schuldner gegenüber für denjenigen Schaden, welchen dieser dadurch erlitten hat, daß er trotz der erfolgten Schuldübernahme die Schuld an den Gläubiger zahlte bzw. zahlen mußte, so daß der Schuldner in diesem Falle ein Regreßrecht gegen den Übernehmer hat; solange jedoch ein solcher Schaden dem Schuldner nicht entstanden ist, kann er vom Übernehmer nicht verlangen, daß er die Zahlung an den Gläubiger leiste." (!)

Inhalt des internen Anspruches zwischen Veräußerer und Erwerber herrscht freilich auch in diesen neuesten Entscheidungen keine Klarheit. Während nach der Entscheidung GlUNF. 3650 der Anspruch auf Schuldbefreiung, eventuell Befriedigung geht, spricht die Entscheidung GlUNF. 4146 von einer „Verpflichtung des Käufers zur Ausfolgung des, der seinerzeit übernommenen Schuld entsprechenden Teiles des Kaufschillings, den er nunmehr wegen verletzter Vertragsverpflichtung ohne rechtlichen Grund zurückbehält". Sobald der Gläubiger „auf erkennbare Weise seinen Willen an den Tag gelegt habe, sich wegen Saumsals des Eigentümers an den Personalschuldner zu halten", höre auch „der Grund auf, aus welchem der diesbezügliche Teil des Kaufpreises in den Händen des Käufers zurückgelassen wurde" und sei derselbe verpflichtet, den Kaufpreis nunmehr an den Verkäufer zu bezahlen, um diesem die Mittel zur Befriedigung des Gläubigers zu verschaffen. Dazu werden §§ 1293, 1295 und 1447 zitiert.

Diese Entscheidung übersieht die Möglichkeit der Erfüllung des Vertrages, dessen Verletzung anerkannt wird und vermengt überdies in unklarer Weise Schadenersatz- und Bereicherungsansprüche.

Ich glaube, es bedarf keiner weiteren Beweise dafür, daß die Schuldübernahme im allgemeinen und die Hypothekenübernahme im besonderen dringend einer gesetzlichen Regelung bedarf. Es beruht offenbar nur auf einer besonderen Zuvorkommenheit der ständigen Deputation des Deutschen Juristentages, wenn sie in ihrer Fragestellung von einem in Österreich „geltenden Rechte" in bezug auf die Hypothekenübernahme spricht. Was in dieser Beziehung vorliegt, ist in Wahrheit ein Chaos widerstreitender Ansichten und fragwürdiger Entscheidungen und daß in diesem Chaos Ordnung geschaffen werden muß, darüber kann jetzt, wo wir uns im Stadium der Revision des ABGB. befinden, kein Zweifel sein. Auch über die allgemeine Richtung der Reform dürften wenig Meinungsverschiedenheiten bestehen. Die Reform kann nur dahin gehen, daß die „Assignation" des ABGB. beseitigt und an deren Stelle die Rechtsinstitute der Anweisung und Schuldübernahme gesetzt und auf diese Weise wieder der Zusammenhang mit der modernen Theorie gewonnen wird.

Last[21]) hat freilich in jüngster Zeit gefordert, daß auch auf diesem Gebiete das „heimische Recht" die Grundlage für die Neugestaltung bilden solle; er hat uns jedoch nicht verraten, wie diese Entfaltung des heimischen Rechtes zu denken sei, sondern sich mit der Versicherung begnügt, daß dies

---

[21]) a. a. O. S. 83 f.

eine sehr schwere Aufgabe sei. Ich vermag überdies in der Assignationslehre des ABGB. „heimisches Recht" nicht zu erkennen. Die Assignation des ABGB. ist ein völlig volksfremdes konstruktives Gebilde, das unsere Redaktoren der gemeinrechtlichen Doktrin ihrer Zeit entnommen haben. Dieses Rechtsinstitut ist in Österreich niemals heimisch gewesen, außer in den Köpfen einiger Juristen, welche die Zeit und den guten Willen hatten, den verschlungenen Gedankengängen des Gesetzes zu folgen. Diesen wenigen Juristen mögen die Normen des ABGB. über die Assignation „heimisch" vorkommen. „Heimisches Recht" sind sie deswegen noch nicht.

III. Das Recht der Schuldübernahme im Entwurfe der Novelle zum ABGB.[22]).

Der Entwurf glaubt den Fall der Hypothekenübernahme auf Grund des allgemeinen Rechtes der Schuldübernahme regeln zu können und trifft eine Sonderbestimmung nur insofern, als unter gewissen Voraussetzungen die Genehmigung des Gläubigers fingiert wird. Die Hypothekenübernahme unterliegt daher in noch weiterem Maße dem allgemeinen Rechte der Schuldübernahme, als dies nach § 416 des deutschen BGB. der Fall ist. Daraus ergibt sich die Notwendigkeit, in aller Kürze das Recht der Schuldübernahme, soweit es für unsere Frage grundlegend ist, der Erörterung zu unterziehen.

Die Verfasser des Entwurfes haben es mit Recht tunlichst vermieden, sich auf eine bestimmte Theorie der Schuldübernahme festzulegen, wie das der ungarische Entwurf und das neue schweizerische Obligationenrecht getan haben, welche die sogenannte Angebotstheorie sanktionieren[23]). Da die neuen Bestimmungen ferner an Stelle der Rechtsnormen über die

---

[22]) Ich lege der Besprechung den neuesten II. Entwurf des Subkomitees der juridischen Kommission des Herrenhauses v. Oktober 1911 zugrunde, welcher derzeit (Februar 1912) noch nicht veröffentlicht ist und dessen Einsichtnahme ich dem freundlichen Entgegenkommen des Referenten v. Schey zu danken habe. Der Bericht des Komitees zum Titel der Schuldübernahme ist derzeit noch nicht fertiggestellt. Die Rechtsnormen über die Schuldübernahme sind übrigens aus dem I. bereits veröffentlichten Entwurfe des Subkomitees v. Juli 1909 §§ 222 ff. unverändert übernommen. Auch gegenüber dem Regierungsentwurfe v. 1907 (Nr. 29 der Beilagen zu den stenogr. Prot. des Herrenhauses, XVIII. Session) bringen die beiden Entwürfe des Subkomitees, abgesehen von der Regelung der Hypothekenübernahme, keine wesentlichen Änderungen.

[23]) A. 175 ff. SchwOR. v. 30. März 1911; §§ 1267 ff. Ung. Entw.

Assignation in das ABGB. selbst aufgenommen werden sollen, so ergibt sich daraus die Anforderung, daß diese Normen ihrer Sprache und ihrem Charakter nach dem ABGB. angepaßt sein müssen. Dieser Erwägung hat der Entwurf insofern Rechnung getragen, als er eine allzu eingehende Regelung vermieden und sich auf die Feststellung der Grundlinien des Rechtsinstitutes beschränkt hat. Hingegen glaube ich, daß man sich in bezug auf die Art der Problemstellung sowie in bezug auf die Formulierung der Rechtssätze ziemlich weit und nicht zum Vorteile der Sache von dem Vorbilde des ABGB. entfernt hat.

Die allgemeinen Bestimmungen über die Schuldübernahme lauten:

„§ 258: Wer einem Schuldner verspricht, die Leistung an dessen Gläubiger zu bewirken (Erfüllungsübernahme), haftet dem Schuldner dafür, daß der Gläubiger ihn nicht in Anspruch nehme. Dem Gläubiger erwächst daraus unmittelbar kein Recht.

§ 259: Wer einem Schuldner erklärt, seine Schuld zu übernehmen (Schuldübernahme), tritt als Schuldner an dessen Stelle, wenn der Gläubiger einwilligt. Bis diese Einwilligung erfolgt, oder falls sie verweigert wird, haftet er, wie bei der Erfüllungsübernahme. Die Einwilligung des Gläubigers kann entweder dem Schuldner oder dem Übernehmer erklärt werden.

§ 260: Auch ohne Vereinbarung mit dem Schuldner kann ein Dritter durch Vertrag mit dem Gläubiger die Schuld übernehmen.

Im Zweifel ist aber die dem Gläubiger erklärte Übernahme der Haftung als Haftung neben dem bisherigen Schuldner, nicht an Stelle des bisherigen Schuldners zu verstehen".

Zunächst steht die Art und Weise, wie in dem Entwurfe Erfüllungsübernahme und Schuldübernahme auseinandergehalten werden, mit dem Charakter des ABGB. kaum im Einklange. Die schöne Resolution Maria Theresias v. 4. August 1772 hebt als erstes gesetzestechnisches Prinzip hervor: „Soll das Gesetz- und Lehrbuch nicht miteinander vermengt, mithin alles Jenes was nicht in den Mund des Gesetzgebers, sondern ad cathedram gehört, aus dem Gesetzbuch weggelassen werden." Daß die doktrinäre Gegenüberstellung von Erfüllungsübernahme und Schuldübernahme ad cathedram gehört, ergibt sich schon daraus, daß die Frage, ob Erfüllungsübernahme oder Schuldübernahme vorliegt, für den Gesetzgeber überhaupt nicht lösbar und im Entwurf auch nicht gelöst ist. Da es auf den Wortlaut der abgegebenen Parteierklärung nicht ankommt, so ist es ohne weiteres möglich, daß im konkreten Falle eine

Schuldübernahme vorliegt, obwohl der Dritte nur versprochen hat, „die Leistung an den Gläubiger zu bewirken" und ebenso ist es umgekehrt möglich, daß eine bloße Erfüllungsübernahme anzunehmen ist, obwohl der Dritte dem Schuldner erklärt hat, „seine Schuld zu übernehmen". Die Entscheidung dieser Frage kann nicht an imaginäre Parteierklärungen geknüpft, sondern nur aus den gesamten Umständen und der Interessenlage des konkreten Falles gewonnen werden.

Der Gesetzgeber muß sich daher darauf beschränken, die Rechtsfolgen der Schuld- und Erfüllungsübernahme zu normieren, ohne die Frage, wann das eine oder das andere vorliege, zu entscheiden. Den entsprechenden Weg dafür hat bereits das deutsche BGB. gewiesen. Die Rechtsfolgen der bloßen Erfüllungsübernahme sind, soweit sie das Verhältnis zwischen den Vertragsparteien betreffen, gelegentlich der vom Gläubiger nicht genehmigten Schuldübernahme zu regeln und soweit das Verhältnis zum Gläubiger in Frage kommt, bei den Verträgen zugunsten Dritter (§§ 329 und 415 BGB.) [24]).

---

[24]) Einen ganz anderen Weg hat im Anschluß an die Ausführungen von v. Blume (Iherings J. 39 S. 403 ff., 410; 40 S. 111, 122 ff.) und Hellwig (Verträge auf Leistung an Dritte S. 161 ff., 182 ff.) das schweizerische Obligationenrecht Art. 175 eingeschlagen. Es erblickt in der zwischen Schuldner und dem Dritten vereinbarten Schuldübernahme die Übernahme der Verpflichtung, den Schuldner „von der Schuld zu befreien, sei es durch Befriedigung des Gläubigers oder dadurch, daß er sich an seiner Statt mit Zustimmung des Gläubigers zu dessen Schuldner macht". Es ist demnach bei der Schuldübernahme dem Übernehmer die Wahl gelassen, ob er Schuldner des Gläubigers werden will oder nicht. Daneben ist in Abs. 3 eine Verpflichtung des Übernehmers zur Sicherstellung statuiert, „wenn die Befreiung des alten Schuldners unterbleibt". In welchem Zeitpunkt dieser Sicherstellungsanspruch existent wird, ist unklar.

Einen Fortschritt vermag ich in dieser Regelung nicht zu erkennen. Trotz der Bestimmung des Art. 175 wird man auch im schweizerischen Rechte kaum umhin können, die Fälle, in denen der Übernehmer an Stelle des Altschuldners in das Schuldverhältnis eintreten soll, von den Fällen zu unterscheiden, wo die Parteiabsicht lediglich auf Erfüllungsübernahme geht. (Vgl. dazu Regelsberger, Iherings J. 39 S. 464 ff., Protokolle zum Entwurf des deutschen BGB. I S. 410 f. und Strohal, Schuldübernahme S. 171 ff.) Zu dieser Unterscheidung zwingen schon die Art. 832 u. 834 des schweizerischen ZGB., welche von der Schuldübernahme durch den Erwerber eines mit einer Grundpfandverschreibung belasteten Grundstücks handeln und welche unter Schuldübernahme die Übernahme der „Schuldpflicht für die Pfandforderung" verstehen. Sie können daher nicht zur Anwendung kommen, wenn es dem Übernehmer freisteht, seiner Verpflichtung auch im Wege der Erfüllungsübernahme nachzukommen.

Was die Schuldübernahme selbst anlangt, so haben die neueren Untersuchungen über dieses Rechtsinstitut doch das eine mit Sicherheit herausgestellt, daß der Ausgangspunkt der ganzen Lehre in dem Vertrage zwischen Übernehmer und Gläubiger gelegen ist [25]). Schon das deutsche BGB. stellt diesen einfachsten und klarsten Fall an die Spitze (§ 414) und die Angebotstheorie, sowie die Stellvertretungstheorie Strohals kommen wenigstens darin überein, daß sie die Schuldübernahme, welche aus dem Vertrage zwischen Altschuldner und Übernehmer entsteht (§ 415 BGB.), auf irgendeine Weise auf den Fall des § 414 BGB. zurückführen. Bei der Angebotstheorie trifft dies insofern zu, als sie die Verständigung des Gläubigers von dem zwischen Altschuldner und Übernehmer geschlossenen Vertrag als einen Antrag zur Schuldübernahme im Sinne des § 414 auffaßt [26]), bei der Theorie Strohals insofern, als er den Altschuldner als vollmachtlosen Vertreter des Gläubigers betrachtet, so daß der Vertrag auch nach dieser Ansicht zwischen Gläubiger und Übernehmer zustande kommt [27]).

Es dürfte sich daher empfehlen, den § 260 Entw. an die Spitze der Normen über die Schuldübernahme zu stellen. Ferner wäre die Vermutung für die kumulative Schuldübernahme wegzulassen. Sie ist an sich von sehr zweifelhaftem Werte [28]) und es ist überdies wenig verständlich, warum diese Vermutung nur im Falle des § 260 zur Anwen-

---

Die Vereinigung der Art. 832 u. 834 ZGB. mit Art. 175 f. OblR. dürfte überhaupt beträchtliche Schwierigkeiten bereiten, da das ZGB. auf dem theoretischen Standpunkte des deutschen BGB., das Obligationenrecht hingegen auf dem einer extremen Angebotstheorie steht.

Gegen die Angebotstheorie vgl. neuestens Strohal a. a. O. S. 204 ff. und Gierke, Schuldnachfolge und Haftung in der Festschrift d. Berliner Juristenfakultät für F. v. Martitz S. 54 ff.

[25]) Dazu Strohal, Schuldübernahme S. 1 ff. (Abdruck aus Iherings J. 57, S. 231 ff.). Daß die Schuldübernahme praktisch häufiger in der Form des schuldnerischen Übernahmevertrages vorkommt, ist kein durchschlagender Einwand. Anders Gierke a. a. O. S. 53.

[26]) Vgl. v. Blume a. a. O. S. 413 ff., Hellwig a. a. O. S. 161 ff., dazu neuestens Lippmann, Beiträge zur Theorie der Schuldübernahme, ArchZivPrax 107 S. 1 ff.

[27]) a. a. O. S. 209 ff.; gegen die Konstruktion Strohals Hellmann KrVJSchr. 49 S. 524 ff. und Gierke a. a. O. S. 55.

[28]) v. Blume a. a. O. S. 426 ff., Enneccerus Lehrbuch 1 § 308 A. 11, v. Tuhr KrVJSchr. 43 S. 560. Anderseits freilich Hellwig a. a. O. S. 179 und Reichel, Schuldmitübernahme S. 245 ff.

dung kommen soll, dagegen aber nicht gilt, wenn die Schuldübernahme zunächst zwischen Altschuldner und Übernehmer vereinbart wurde [29]).

Noch gewichtigeren Bedenken unterliegt der § 259 Entw. Er läßt die zwischen Altschuldner und Übernehmer vereinbarte Schuldübernahme durch Einwilligung des Gläubigers perfekt werden, selbst wenn der Gläubiger von dieser Vereinbarung gar nicht verständigt wurde [29a]). Auch das gehört zu den wenigen gesicherten Ergebnissen der neueren Theorie, daß ein Zustandekommen der Schuldübernahme ohne Mitteilung an den Gläubiger abzulehnen ist. Nicht bloß um theoretische und konstruktive Erwägungen handelt es sich hier; das zeigt sich am klarsten darin, daß das Erfordernis der Mitteilung an den Gläubiger auch von denjenigen Gesetzgebungen und Schriftstellern festgehalten wird, von deren theoretischen Standpunkte aus eine solche Mitteilung entbehrlich wäre. — Für die Redaktoren des deutschen BGB., welche von der Verfügungstheorie ausgingen, d. h. von der Auffassung, daß im Vertrage zwischen Altschuldner und Übernehmer eine Verfügung über Rechte des Gläubigers gelegen sei, wäre es außerordentlich naheliegend gewesen, aus dieser Konstruktion die Folgerung zu ziehen, daß die Möglichkeit einer Genehmigung des Berechtigten, wie in anderen Fällen (§ 185 BGB.) so auch hier von einer Mitteilung an den Gläubiger unabhängig sei [30]). Obwohl die Redaktoren des I. Entwurfes des BGB. praktischen Erwägungen sonst nicht sehr zugänglich waren, hielten sie es doch aus praktischen Gründen für unzulässig, die Konsequenz ihrer theoretischen Auffassung zu ziehen. Auch Strohal, der in der Schuldübernahme zwischen Altschuldner und Übernehmer einen vom Altschuldner im Namen des Gläubigers geschlossenen und durch dessen Genehmigung wirksam werdenden Vertrag erblickt, erhebt de lege ferenda gegen die Notwendigkeit einer Mitteilung keine Einwendung, obwohl sie vom Standpunkte seiner Theorie mit Rücksicht auf § 177 BGB. nicht nur entbehrlich ist, sondern ihn sogar zu beträchtlichen Komplikationen zwingt [31]).

---

[29]) So auch Last a. a. O. S. 72.

[29a]) Anders noch der Regierungsentwurf § 187, der auf dem Standpunkt der Angebotstheorie steht.

[30]) Dazu Strohal a. a. O. S. 210; Regelsberger a. a. O. S. 474 f., Lippmann a. a. O. S. 93 f.

[31]) Vgl. die Definition a. a. O. S. 212.

Für diejenigen Gesetzgebungen [32]) und Schriftsteller [33]), welche der Angebotstheorie folgen, ist die Mitteilung an den Gläubiger etwas begriffsnotwendiges, denn für sie bedeutet diese Mitteilung einen Antrag auf Schuldübernahme, ohne welchen die Schuldübernahme gar nicht zustande kommen kann.

Schon aus dieser Stellung der verschiedenen Theorien zur Frage der Mitteilung ergibt sich, daß zwingende praktische Gründe dafür vorhanden sein müssen, die Perfektion der Schuldübernahme von einer Verständigung des Gläubigers abhängig zu machen. Zum Teil sind diese Gründe schon in den Motiven zum I. Entwurf des deutschen BGB. erkannt[34]). „Es wäre bedenklich" — so wird dort ausgeführt — „dem Gläubiger das Recht zur Genehmigung, auch ohne daß ihm vom Vertrage durch die Vertragschließenden Mitteilung gemacht worden, zu erteilen. In vielen Fällen wird ein solches unbeschränktes Zugriffsrecht des Gläubigers dem Willen der Vertragschließenden keineswegs entsprechen. Sehr häufig wird denselben nichts ferner liegen, als die Absicht, dem Gläubiger das Recht beizulegen, durch eine von ihnen gar nicht veranlaßte Genehmigung in das zwischen ihnen beredete Vertragsverhältnis einzugreifen und ihrem Rechte zur nachträglichen Änderung oder Aufhebung des Vertrages zu präjudizieren. Die Vertragschließenden könnten auch durch das unbeschränkte Zugriffsrecht des Gläubigers in große Ungelegenheiten geraten, z. B. wenn sie in Unkenntnis von der erteilten Genehmigung den Vertrag unter sich wieder aufhöben oder änderten. Nicht minder käme selbst der Gläubiger in eine mißliche Lage, wenn er zu einer Zeit genehmigte, in welcher der Vertrag, ohne daß er davon Kenntnis hatte, bereits wieder aufgehoben oder abgeändert war."

Das Erfordernis der Mitteilung an den Gläubiger hat aber auch noch in einer anderen Beziehung eine wichtige zivilpolitische Funktion. Die Mitteilung an den Gläubiger ist eines der wenigen sicheren Symptome, welche dafür sprechen, daß die Parteien nicht eine bloße Erfüllungsübernahme, sondern eine Schuldübernahme gewollt haben. Wenn seitens der Vertragsparteien eine Verständigung des Gläubigers nicht erfolgt ist, so wird gewöhnlich eine Schuldübernahme gar nicht

---

[32]) Ungarischer Entw. § 1268, Schweiz. OblR. A. 175, österr. Regierungsentwurf § 187.

[33]) Vgl. oben S. 377 A. 26.

[34]) II S. 144.

beabsichtigt sein. Es müßte zu den größten Verwirrungen führen, wenn man angesichts der Schwierigkeiten, welche die Interpretationsfrage, ob Erfüllungs- oder Schuldübernahme, bietet [35]), auf dieses äußere Moment vollständig Verzicht leisten wollte. Insbesonders wäre damit die Möglichkeit gegeben, daß der Gläubiger, der irgendwie eine angebliche Schuldübernahme in Erfahrung gebracht hat, seine Einwilligung erteilt und nun jede der Parteien eine andere Auffassung hinsichtlich des genehmigten Rechtsgeschäftes vertritt.

Von dem Erfordernis der Mitteilung an den Gläubiger darf daher nicht abgesehen werden. Fraglich kann nur sein, ob diese Mitteilung sowohl vom Schuldner als vom Übernehmer ausgehen kann, wie das nach § 415 des deutschen BGB. der Fall ist. In dieser Beziehung ist wieder abgesehen von jeder Konstruktion klar, daß die Mitteilung durch den Altschuldner für den Gläubiger nicht dieselbe Bedeutung hat, wie die Mitteilung durch den Übernehmer [36]). Geht die Mitteilung vom Übernehmer aus, so wird sich der Gläubiger darauf verlassen dürfen, daß ein Schuldübernahmevertrag tatsächlich abgeschlossen worden ist, denn der Übernehmer hat kein Interesse daran, eine Schuldübernahme zu behaupten, die nicht stattgefunden hat oder die lediglich im Sinne einer internen Erfüllungsübernahme gemeint war. Und selbst wenn die Mitteilung unrichtig wäre, würde man sie als einen Antrag zur Schuldübernahme (nach § 260 Entw. bzw. § 414 BGB.) auffassen dürfen [37]), so daß der Gläubiger — wie auch das interne Verhältnis zwischen dem Schuldner und dem Mitteilenden beschaffen sein möge — durch seine Zustimmung die Schuldübernahme unter allen Umständen zur Perfektion bringt.

Geht hingegen die Mitteilung vom Schuldner aus, der an der Befreiung von seiner Haftung interessiert ist, so hat der Gläubiger keine

---

[35]) Dazu neuestens Strohal a. a. O. S. 171 ff.

[36]) Vgl. Strohal a. a. O. S. 232; Lippmann a. a. O. S. 117 ff.

[37]) So die Vertreter der Angebotstheorie, aber auch Dernburg, Bürgerl. R. 2, § 156 III, Oertmann, Komm. zu § 415, 4, Staudinger, Komm. zu § 415, 8; Crome System II § 202, 3 b. Dagegen Strohal, der darauf abstellt, ob „die auf die Schuldübernahme sich beziehende Mitteilung des Dritten so gefaßt ist, daß sie sich tatsächlich als Antrag zum Abschlusse einer Schuldübernahme nach § 414 darstellt". So auch Planck, Komm. zu § 415, 4 u. 5. Diese Unterscheidung scheint mir praktisch nicht durchführbar zu sein; vgl. auch die richtige Bemerkung bei Crome a. a. O.: „Wo das Leben zwei Erklärungen nicht unterscheiden kann, dürfen auch juristisch keine verschiedenen Wirkungen daran geknüpft werden."

sichere Grundlage für seine Genehmigung, da es möglich ist, daß eine Schuldübernahme gar nicht stattgefunden hat, daß es sich um eine bloße Erfüllungsübernahme handelte usw.

Diese Gründe scheinen demnach dafür zu sprechen, daß eine rechtswirksame Mitteilung von der Schuldübernahme vom Übernehmer auszugehen habe. Dafür spricht noch die weitere Erwägung, daß die Schuldübernahme sehr häufig Bestandteil eines gegenseitigen Vertrages, insbesonders eines Kaufvertrages ist und es hier den allgemeinen Grundsätzen entspricht, daß der Käufer die Gegenleistung (die Übernahme der Schuld) erst zu machen hat, wenn der Verkäufer den ihm obliegenden Verpflichtungen nachkommt. Gibt man dem Altschuldner die Möglichkeit, durch Mitteilung an den Gläubiger die Schuldübernahme zur Perfektion zu bringen, so beraubt man dadurch den Übernehmer in solchen Fällen seiner Einrede des nicht erfüllten Vertrages[38]).

Diese Argumente haben zu Versuchen einer verschiedenen konstruktiven und legislativen Behandlung der Mitteilung des Übernehmers einerseits und der des Altschuldners anderseits geführt. Sie bilden die rationelle Grundlage und die wichtigste Stütze der Angebotstheorie, da nach dieser die Schuldübernahme immer nur durch Vertrag zwischen Übernehmer und Gläubiger zustande kommen kann und für sie daher die vom Übernehmer ausgehende „Mitteilung" ein unentbehrliches Erfordernis ist, während die Mitteilung des Altschuldners nach dieser Theorie nur unter dem Gesichtspunkte einer Stellvertretung des Übernehmers in Betracht kommen könnte.

Auch in den neueren Gesetzgebungen tritt, unter teilweisem oder vollständigem Anschluß an die Angebotstheorie, das Bestreben hervor, die Mitteilung des Übernehmers und des Altschuldners verschieden zu werten. Der ungarische Entwurf bestimmt in § 1268:

> „Eine dritte Person, die mit dem Schuldner vereinbart, daß sie seine Schuld übernehme, verpflichtet sich hiedurch dazu, daß sie dem Gläubiger die Schließung eines Schuldübernahmevertrags antragen werde.
>
> Teilt sie diese mit dem Schuldner getroffene Vereinbarung dem Gläubiger mit, so gilt dies als ein solcher Antrag.

---

[38]) v. Blume a. a. O. 39 S. 412, 40 S. 115 ff.; Hellwig a. a. O. S. 185, 207; Regelsberger a. a. O. S. 478 ff.; Strohal a. a. O. S. 180; Planck, Komm. zu § 415, 1; Lippmann a. a. O. S. 125 ff.

Den Antrag kann auch der Schuldner statt der dritten Person stellen, vorausgesetzt, daß diese sich ohne Bedingen einer Gegenleistung zur Schuldübernahme verpflichtet oder daß sie die bedungene Gegenleistung schon erhalten oder dem Schuldner krediticrt hat."

In dieser Bestimmung kommt das Bestreben zum Ausdruck, die Interessen des Übernehmers zu sichern, aber Bedenken erregt die Vernachlässigung der Interessen des Gläubigers; denn ob die Voraussetzungen, unter denen der „stellvertretende Antrag" des Schuldners wirksam ist, vorliegen oder nicht, ist für den Gläubiger vollkommen unübersehbar. Er ist nach erfolgter Genehmigung den verschiedensten Einwendungen aus dem Rechtsverhältnis zwischen Altschuldner und Übernehmer ausgesetzt [39]).

Der schweizerische Entwurf eines OblR. v. 1905 verlangt in A. 1205 „gemeinsames Anerbieten seitens des Schuldners und Übernehmers", nimmt also dem Schuldner die Möglichkeit, die Schuldübernahme allein zur Perfektion zu bringen. Der Entwurf vom Jahre 1909 geht noch weiter und bestimmt in A. 1205:

„Der Gläubiger ist auf schriftliche Anzeige der Schuldübernahme durch den neuen Schuldner berechtigt, diesen an Stelle des bisherigen als Schuldner anzunehmen."

Nach diesem Entwurfe ist demnach die Mitteilung des Altschuldners vollständig ausgeschaltet, sein Einfluß auf das Zustandekommen der Schuldübernahme ist nur ein indirekter: er kann vom Übernehmer verlangen, daß dieser seine Verpflichtung zur Schuldübernahme erfülle und „der Übernehmer kann zur Erfüllung dieser Pflicht vom Schuldner nicht angehalten werden, so lange dieser nicht ihm gegenüber den Verpflichtungen nachgekommen ist, die dem Schuldübernahmevertrag zugrunde liegen". (A. 1204.)

Durch diese Regelung scheint nun allen oben ausgeführten Erwägungen in ausreichendem Maße Rechnung getragen zu sein. Der

[39]) Zu demselben Resultat führt § 187 des Regierungsentwurfs zur österr. Zivilgesetznovelle, der im wesentlichen auf dem Standpunkte der Angebotstheorie steht und in Abs. 2 bestimmt: „Im Zweifel gilt der Schuldner als ermächtigt, die Einwilligung des Gläubigers im Namen des Übernehmers einzuholen." Die Erläuterungen zum Regierungsentwurf S. 156 haben diese Bestimmung mißverstanden, was leicht begreiflich ist, da die Erläuterungen auf dem Standpunkt der Verfügungstheorie stehen.

Übernehmer ist nicht der Gefahr ausgesetzt, Schuldner zu werden, bevor der Altschuldner seinerseits die ihm obliegenden Verbindlichkeiten erfüllt hat und der Gläubiger hat in der schriftlichen Anzeige des Übernehmers eine sichere Grundlage für seine Entscheidung. Aber die Kehrseite der ganzen Gestaltung ist doch sehr wenig erfreulich. Die Kehrseite besteht nämlich darin, daß die Genehmigung des Gläubigers unter allen Umständen wirkungslos ist, wenn sie erfolgt auf Grund einer Mitteilung des Altschuldners oder einer mündlichen Mitteilung des Übernehmers, ja sogar, wenn sie erfolgt auf Grund einer gemeinschaftlichen Mitteilung beider Parteien. Der Altschuldner bleibt also trotz des Einverständnisses aller drei Parteien Schuldner und der Gläubiger müßte mit seiner Klage gegen den Übernehmer abgewiesen werden, wobei ihm die Versicherung wenig einleuchten würde, daß die Rechtsnorm des A. 1205 seine Interessen zu schützen bestimmt sei. — Es sind das die unangenehmen Konsequenzen aller jener Formvorschriften, die einer allzuweitgehenden Berücksichtigung pathologischer Fälle ihre Entstehung verdanken, und die daher unverständlich und zwecklos werden, wenn es sich um die Normalfälle handelt.

Überdies ist der schweizerische Entwurf durch die Bestimmung des A. 1205 in einen praktisch unlösbaren Widerspruch mit A. 1207 gelangt, der nach wie vor eine Schuldübernahme durch formlosen Vertrag zwischen Übernehmer und Gläubiger zuläßt. Theoretisch läßt sich ja die Offerte zur Schuldübernahme von der Mitteilung der Schuldübernahme auseinanderhalten, aber praktisch ist diese Unterscheidung nicht durchführbar und daher ist es auch für den Gesetzgeber unstatthaft, für die Anzeige Schriftlichkeit zu verlangen, für die Offerte dagegen nicht[40]).

Das schweizerische Obligationenrecht v. 30. März 1911 hat daher die Auffassung des Entwurfs von 1909 mit Recht fallen gelassen. A. 176 steht völlig auf dem Standpunkt der Angebotstheorie:

> „Der Eintritt eines Schuldübernehmers in das Schuldverhältnis an Stelle und mit Befreiung des bisherigen Schuldners erfolgt durch Vertrag des Übernehmers mit dem Gläubiger.
>
> Der Antrag des Übernehmers kann dadurch erfolgen, daß er, oder mit seiner Ermächtigung der bisherige Schuldner, dem Gläubiger von der Übernahme der Schuld Mitteilung macht."

Da ausdrückliche Ermächtigungen des Schuldners durch den Übernehmer im praktischen Leben kaum vorkommen dürften, so spitzt sich

---

[40]) Vgl. oben S. 380 A. 37.

die Frage nach der Wirksamkeit der schuldnerischen Mitteilung dahin zu, ob und inwiefern in dem zwischen Schuldner und Übernehmer geschlossenen Schuldübernahmevertrag eine stillschweigende Ermächtigung des Schuldners zur Mitteilung gelegen sei. Der Annahme einer solchen stillschweigenden Ermächtigung steht nun jedoch der Umstand entgegen, daß der A. 175 dem Übernehmer die Wahl läßt, seiner Verpflichtung aus dem Übernahmevertrage entweder durch Eintritt in die Schuld oder durch Befriedigung des Gläubigers (bloße Erfüllungsübernahme) nachzukommen[41]), so daß die Annahme einer stillschweigenden Ermächtigung des Schuldners überhaupt nur dann in Betracht kommen könnte, wenn die zweite Alternative im Übernahmsvertrage ausgeschlossen worden wäre. Eine solche Ermächtigung könnte überdies nach A. 175 Abs. 2 nur dann angenommen werden, wenn der Schuldner den ihm nach dem Übernahmsvertrage obliegenden Verbindlichkeiten nachgekommen ist.

Besonders befriedigend scheint mir auch diese Regelung nicht zu sein. Die Mitteilung des Schuldners ist für den Gläubiger nahezu wertlos, da ihre Wirksamkeit von einer Reihe sehr fraglicher Voraussetzungen abhängt. Die Interessen des Übernehmers sind in einem, wie ich glaube übertriebenen Maße geschützt, den Interessen des Altschuldners und Gläubigers ist dagegen kaum genügend Rechnung getragen.

Einen anderen Vorschlag hat neuestens Strohal[42]) gemacht, der die Regelung des deutschen BGB. zum Ausgangspunkt nimmt. Er hält daran fest, daß der Altschuldner, als der an der Schuldübernahme zunächst interessierte, berechtigt sein müsse, durch seine Mitteilung an den Gläubiger die Schuldübernahme zur Perfektion zu bringen. Um jedoch die Interessen des Übernehmers zu schützen und dem Gläubiger eine ausreichende Grundlage für seine Genehmigung zu bieten, stellt er de lege ferenda das Erfordernis auf, daß der Übernehmer im Falle des § 415 BGB. „nur durch eine von ihm, zur offensichtlichen Verwendung gegenüber dem Gläubiger schriftlich erteilte Erklärung gebunden werden" sollte. Darnach könnte also eine wirksame Mitteilung nur vom Altschuldner ausgehen und die Wirksamkeit dieser Mitteilung wäre überdies abhängig davon, daß der Altschuldner eine formgerechte Übernahmserklärung vorzuweisen vermag.

---

[41]) Vgl. oben S. 376 A. 24.

[42]) a. a. O. S. 178 ff., 232 ff.

Durch diese Regelung wäre allerdings sehr Erhebliches gewonnen. Die Schwierigkeiten in bezug auf die Interpretation der Parteiabsicht würden dadurch beseitigt werden, die Parteien wären genötigt, sich darüber klar zu werden, ob eine wahre Schuldübernahme oder nur eine Erfüllungsübernahme beabsichtigt sei, dem Übernehmer würde durch das Erfordernis der Ausstellung einer für den Gläubiger bestimmten Erklärung ad oculos demonstriert werden, daß er durch den Übernahmsvertrag in eine von seinem Verhältnis zum Altschuldner völlig unabhängige Verpflichtung gegenüber dem Gläubiger eintrete, der Gläubiger hätte eine sichere Grundlage für seine Entscheidung. Der Übernehmer wäre endlich in der Lage mit der Ausstellung der Urkunde solange zurückzuhalten, als der Altschuldner denjenigen Verpflichtungen nicht nachgekommen ist, die sich aus dem der Schuldübernahme zugrunde liegenden Rechtsverhältnisse ergeben [43]).

Trotz dieser Vorteile halte ich eine derartige Formvorschrift für zu weitgehend, wenigstens soweit das allgemeine Recht der Schuldübernahme in Frage steht [44]). Das Hauptbedenken streift Strohal selbst, indem er bemerkt, daß sich „eine ungebürliche Erschwerung der Freiheit des Verkehrs aus der Geltung einer Vorschrift des angegebenen Inhaltes nicht ergeben dürfte". Ich meine jedoch, und für unsere österreichischen Verhältnisse glaube ich das mit Sicherheit behaupten zu können, daß sich der Verkehr um eine derartige komplizierte Formvorschrift gar nicht kümmern würde. Schuldübernahmen werden von Laien auch ohne Zuziehung von Rechtsfreunden geschlossen und selbst wenn die Parteien von dem Bestande einer solchen Vorschrift Kenntnis erlangen würden, ist bei uns die Neigung zur Ausstellung schriftlicher Urkunden schon aus Gebührenrücksichten keine große. Das Resultat wäre dann auch hier, daß ordnungsmäßig zustande gekommene Schuldübernahmen wegen formaler Mängel als ungültig erklärt werden müßten, wenn die Mitteilung des Schuldners ohne Vorweisung einer Urkunde erfolgt oder die Urkunde nicht formgerecht wäre. Die Schuldübernahme auf Grund einer mündlichen Mitteilung des Übernehmers könnte allerdings auf dem Wege des § 414 BGB. (§ 260 Entw.) gerettet werden, nach Strohals Auffassung jedoch nur dann, wenn sich diese Mitteilung „als Antrag darstellt" [45]).

---

[43]) Strohal a. a. O. S. 183.

[44]) In bezug auf die Hypothekenübernahme wird die Frage unten erörtert werden.

[45]) Oben S. 380 A. 37.

Der Vorteil der Klarheit der Rechtslage scheint mir demnach zu teuer erkauft zu sein und ich fürchte, daß auf dem angegebenen Wege größere Übelstände für den Verkehr herbeigeführt werden würden, als diejenigen sind, welche beseitigt werden sollen.

Ich glaube, daß man in dieser Frage bei der Regelung des deutschen BGB. stehen bleiben, daß also die formlose Mitteilung des Altschuldners oder Übernehmers als genügend erklärt werden sollte. Die Mitteilung des Gläubigers muß mit Rücksicht auf die Möglichkeit der Expromission als ausreichend betrachtet werden und die praktischen Bedenken, welche gegen eine Mitteilung des Altschuldners sprechen, sind bei näherer Betrachtung doch nicht allzu schlimm.

Was zunächst die Einwendung anlangt, daß der Gläubiger keine genügende Grundlage für seine Entscheidung habe, so ist zu bedenken, daß dem Gläubiger doch — von Ausnahmsfällen abgesehen — das sehr einfache Mittel zu Gebote steht, sich durch eine Anfrage bei dem angeblichen Übernehmer über die erfolgte Schuldübernahme zu vergewissern. Daß der Gläubiger, dem der Schuldner mitteilt, ein anderer habe die Schuld übernommen, sich beim dritten über die Wahrheit dieser Angabe erkundigt, ist etwas auch für den Laien so selbstverständliches, daß auch ein nicht besonders vorsichtiger Gläubiger seine Genehmigung erst nach erfolgter Anfrage erteilen wird. Hat aber der Schuldner ausnahmsweise ein dringendes Interesse an dem sofortigen Zustandekommen der Schuldübernahme, so wird ihm auch klar sein, daß er dem Gläubiger die Wahrheit seiner Angabe irgendwie glaubhaft machen müsse. Die Sachlage ist hier ähnlich wie bei der Zession. Wie es dem Schuldner niemals einfallen wird, jemandem, der sich ihm als Zessionar vorstellt, ohne eine Legitimation zu leisten, so wird es auch kaum einen Gläubiger geben, der eine Schuldübernahme genehmigt, bevor er sich von der Richtigkeit der Angaben des Altschuldners überzeugt hat. Durch diese Anfrage des Gläubigers wird sich auch eine Klarstellung der ganzen Rechtslage ergeben. Daß dabei Differenzen in der Auffassung des Altschuldners einerseits und des Übernehmers anderseits zutage treten können, ist allerdings möglich, aber dieser Schwierigkeit läßt sich durch gesetzliche Bestimmungen kaum beikommen [46]).

---

[46]) Auch der Vorschlag Strohals würde nur eine Zurückverlegung der Schwierigkeiten auf einen früheren Zeitpunkt, nämlich den der Ausstellung der für den Gläubiger bestimmten schriftlichen Erklärung des Übernehmers bedeuten.

Was den weiteren Einwand gegen ein Mitteilungsrecht des Schuldners anlangt, daß es dadurch dem Schuldner ermöglicht werde, die Schuldübernahme zur Perfektion zu bringen, bevor er seinen eigenen Verbindlichkeiten gegen den Übernehmer nachgekommen ist, so ist es zunächst zweifellos möglich, daß dies der Parteiabsicht im konkreten Falle gar nicht widerspricht. Wenn die Sachlage aber so geartet ist, daß nach dem Parteiwillen eine Bindung des Übernehmers gegenüber dem Gläubiger erst erfolgen soll, wenn der Altschuldner die ihm obliegende Leistung bewirkt, dann besteht kein Hindernis, mit einer bedingten Schuldübernahme zu helfen, die der Gläubiger auch nur als solche genehmigen kann [47]).

Dieses Auskunftsmittel einer „stillschweigenden Bedingung" mag vielleicht wenig erfreulich erscheinen, aber ich halte es doch für besser und richtiger, wenn Theorie und Praxis sich derartiger Krücken bedienen, um die sich in gewissen Fällen ergebenden Härten auszugleichen als wenn das Gesetz selbst sich solcher Konstruktionen bedient, wie es das schweizerische Obl.R. tut, das mit Hilfe der stillschweigenden Ermächtigung des Schuldners von der entgegengesetzten Seite aus zu demselben praktischen Ergebnisse zu gelangen sucht.

Der § 259 des österr. Entwurfes enthält ferner im Gegensatz zu § 415 BGB. und A. 177 SchwOblR. auch keine Bestimmung über die Frage, ob die Vertragsparteien dem Gläubiger eine Frist für die Einwilligung setzen können. Die Verfasser der Entwürfe scheinen auf dem Standpunkte zu stehen, daß bei dieser Frage der beste Teil der Weisheit des Gesetzgebers in seinem Schweigen bestehe; es schweigen nicht nur die Entwürfe, sondern auch die Erläuterungen zum Regierungsentwurfe. Nun läßt sich ja für diese Auffassung tatsächlich einiges anführen. Die Ergebnisse, zu denen die Regelung des deutschen BGB. geführt hat, das sowohl dem Altschuldner als dem Übernehmer ein selbständiges Fristsetzungsrecht gewährt, sind nichts weniger als befriedigend [48]). Ferner mag der schweigende Gläubiger, der auf eine Mitteilung hin weder ja noch nein sagt, in der Theorie häufiger vorkommen als in der Praxis.

---

[47]) So schon v. Blume a. a. O. S. 413 und insbesonders Planck, Komm. zu § 415, 1.

[48]) Vgl. die Kritik Strohals a. a. O. S. 238: Die Regelung des BGB. „macht schon von vornherein den Eindruck des unsicheren Experimentierens und erweist sich, sobald man ihr kritisch näher tritt, als praktisch unbrauchbar".

Auch das Schweiz. OblR. A. 177 gibt sowohl dem Übernehmer als dem Altschuldner ein selbständiges Fristsetzungsrecht, obwohl nach Art. 176 nur der Übernehmer ein selbständiges Mitteilungsrecht hat.

Aber es ist doch immerhin möglich, daß sich der Gläubiger die Überlegung vorbehält und schließlich zur Erkenntnis kommt, daß er sich in diesem Zustande sehr wohl befinde, da er seine Entscheidung bis zum kritischen Momente (der Fälligkeit der Forderung) hinausschieben kann. Es würden dann die unerfreulichen Fragen auftauchen, ob mangels einer besonderen gesetzlichen Bestimmung die Frist für die Annahme einer Offerte maßgebend sei (Angebotstheorie) oder ob die Bestimmung des § 865 analog zur Anwendung zu bringen sei, wonach eine „angemessene Frist zur Erklärung" „verlangt" werden kann. Dabei wäre weiter zweifelhaft, ob hier die Setzung der Frist durch die Parteien zulässig ist oder ob die Parteien nur eine Fristsetzung durch den Richter begehren können [49]), ob dieses Recht beiden Parteien oder nur einer oder beiden gemeinschaftlich zukomme, wie es bei einer verschiedenen Fristsetzung durch die Parteien steht, usw. Es wäre daher doch zu erwägen, ob nicht eine gesetzliche Frist zu statuieren wäre, nach deren Ablauf die Genehmigung als verweigert gilt [50]).

Sollte man aber gegen die Statuierung einer gesetzlichen Befristung Bedenken hegen, so gibt es doch noch einen anderen Weg, der in der großen Mehrzahl der Fälle zu einer baldigen Entscheidung über die Stellung des Gläubigers zur Schuldübernahme führt. Wenn dem Gläubiger die Schuldübernahme mitgeteilt wurde und nun der Übernehmer Zinsen oder Abschlagszahlungen auf das Kapital leistet, so wird man vom Gläubiger billig verlangen dürfen, daß er bei Annahme dieser Zahlungen die naheliegende Folgerung zurückweise, daß er die Schuldübernahme genehmige. Es würde sich daher empfehlen nach dem Muster des schweizerischen OblR. A. 176 die Bestimmung aufzunehmen, daß die Einwilligung des Gläubigers als erteilt gilt, wenn dieser nach erfolgter Mitteilung ohne Vorbehalt vom Übernehmer eine Zahlung annimmt oder einer anderen schulderischen Handlung zustimmt.

Eine solche Bestimmung würde ich dann für praktisch besonders wertvoll halten, wenn man den Fall der Hypothekenübernahme, wie es der Entwurf tut, auf dem allgemeinem Recht der Schuldübernahme aufbaut. Denn damit würde das Zustandekommen der Schuldübernahme in jenen Fällen gefördert werden, wo zwar eine Mitteilung an den Gläubiger

[49]) Vgl. Krasnopolski, Lehrb. III. S. 88, Krainz-Ehrenzweig II S. 49, Schey in der Festschr. zur Jahrhundertf. des ABGB. I S. 519 u. 522.

[50]) So Strohal a. a. O. S. 240 f.

ergangen ist, die Mitteilung aber nicht jenen Formen entspricht, welche der Entwurf für den Eintritt der Genehmigungsfiktion voraussetzt.

Auf Grund meiner Ausführungen würde sich der Vorschlag ergeben, an Stelle der §§ 258—260 des Entwurfes folgende zwei Paragraphen aufzunehmen:

„§ a. Eine Schuld kann von einem Dritten durch Vertrag mit dem Gläubiger in der Weise übernommen werden, daß der Dritte an Stelle des bisherigen Schuldners tritt.

§ b. Wird die Schuldübernahme zwischen dem Schuldner und dem Dritten vereinbart und dem Gläubiger mitgeteilt, so hängt ihre Wirksamkeit von der Einwilligung des Gläubigers ab. Sie gilt als erteilt, wenn der Gläubiger vom Dritten ohne Vorbehalt eine Zahlung annimmt oder einer anderen schuldnerischen Handlung zustimmt.

Bis die Einwilligung erfolgt oder wenn sie verweigert wird, haftet der Dritte dem Schuldner dafür, daß der Gläubiger ihn nicht in Anspruch nehme [51]).“

IV. Die Hypothekenübernahme im Entwurfe der Novelle zum ABGB.

Der § 262 des Entwurfes bestimmt:

„Übernimmt bei Veräußerung einer Liegenschaft der Erwerber ein auf ihr haftendes Pfandrecht, so ist dies im Zweifel als Schuldübernahme zu verstehen. Der Veräußerer kann, nach vollzogener Übertragung des Eigentums, den Gläubiger zur Annahme des neuen Schuldners an seiner Stelle schriftlich mit der Wirkung auffordern, daß die Zustimmung als erteilt gilt, wenn sie nicht binnen sechs Monaten versagt wird. Auf diese Wirkung muß in der Aufforderung ausdrücklich hingewiesen sein.“

Die Eingangsworte der Bestimmung sind auf den ersten Blick kaum verständlich [52]). Da der Erwerber die auf der Liegenschaft haftenden Pfandrechte kraft Gesetzes übernimmt (§ 443), so scheint es, als ob an die bloße Tatsache der Veräußerung einer mit Hypotheken belasteten

---

[51]) Die übrigen Bestimmungen des Entwurfs über die Schuldübernahme stehen in keinem unmittelbaren Zusammenhange mit der diesem Gutachten zugrunde liegenden Frage. Soweit der § 261 für die Übernahme von Schulden in Betracht kommt, für welche Simultanhypotheken bestehen, werde ich unter V im Vergleich mit § 418 BGB. darauf zurückkommen.

[52]) Vgl. auch Last a. a. O. S. 81.

Liegenschaft die Vermutung für die Übernahme der persönlichen Schuld geknüpft wäre. Dem ist jedoch, wie sich aus der Entstehungsgeschichte ergibt, nicht so. Der Regierungsentwurf (§ 190) hatte die Frage so gefaßt, wie sie in der Praxis fast ausnahmslos auftaucht, nämlich ob in der Übernahme von Hypotheken in Anrechnung auf den Kaufpreis eine Schuldübernahme zu erblicken sei und stellte für diesen Fall die Vermutung der Schuldübernahme auf. Der Herrenhausentwurf will [53]) nun alle Fälle der Veräußerung einer Liegenschaft (Tausch, Schenkung) decken und die Vermutung für die Schuldübernahme nur in jenen Fällen ausschließen, wo sich der Veräußerer zur Befreiung des Grundstückes von den darauf haftenden Hypotheken verpflichtet hatte. Hatte hingegen der Erwerber die Hypotheken übernommen, so soll die Vermutung für die Schuldübernahme eingreifen. Das „übernimmt" des § 262 bedeutet also eine destillierte Parteierklärung. Einen Fortschritt gegenüber der konkreteren Ausdrucksweise des Regierungsentwurfes kann ich in dieser Änderung nicht erblicken, zumal die analoge Anwendung der Bestimmung des Regierungsentwurfes auf Tausch und Schenkung keine allzugroßen Anforderungen an den juristischen Scharfsinn gestellt hätte [54]).

Wie dem aber auch sein möge, ich halte die Vermutung von der Hypothekenübernahme auf die Schuldübernahme überhaupt für viel zu weitgehend. Meist liegt die Sache so, daß sich die Parteien über die persönliche Haftung überhaupt keine Gedanken machen und an diese Gedankenlosigkeit der Parteien ohne weiteres die Vermutung für die Übernahme der persönlichen Schuld zu knüpfen, scheint mir etwas gewaltsam zu sein. Unser oberster Gerichtshof, dessen Rechtsprechung zwar sehr häufig theoretisch nicht einwandfrei ist, dem man aber ein gesundes Rechtsgefühl gewiß nicht absprechen darf, hat in der weitaus größten Mehrzahl von Fällen, in den letzten 10 Jahren konstant, eine derartige „Auslegung" des Parteiwillens abgelehnt [55]).

Dazu kommt noch, daß der Entwurf dem Gläubiger die Möglichkeit gibt, solche vermutete Schuldübernahme zu genehmigen, ohne daß ihm eine Mitteilung der Parteien zugekommen ist [56]). Er kann also, sobald er von der Veräußerung des Grundstücks Kenntnis erlangt, die ver-

[53]) Im Anschluß an die Kritik Ehrenzweigs in dem Gutachten über den Entwurf eines Nachtragsgesetzes zum ABGB. S. 16 f.

[54]) Anderer Ansicht ist freilich Ehrenzweig a. a. O.

[55]) Vgl. oben S. 371.

[56]) Daran wird durch die den Parteien eingeräumte Befugnis, den Gläubiger zur Einwilligung aufzufordern, natürlich nichts geändert.

mutete Schuldübernahme genehmigen, und zwar auch durch Mitteilung an den Veräußerer, so daß der Übernehmer persönlicher Schuldner werden kann, ohne auch nur jemals von dieser Frage etwas gehört zu haben. Der Gläubiger kann aber auch bis zum kritischen Augenblick warten und, wenn das Grundstück bis dahin durch die Hände mehrerer Erwerber gegangen ist, nunmehr die vermuteten Schuldübernahmen bis zu demjenigen Erwerber genehmigen, der ihm als persönlicher Schuldner paßt. Das vom Gläubiger erkorene Opfer wird nun freilich versuchen, den Gegenbeweis gegen jene Vermutung zu führen. Das wird ihm aber kaum jemals gelingen, denn er wird nichts anderes nachzuweisen vermögen, als die Übernahme der Hypotheken, an welche eben das Gesetz die Vermutung für die Schuldübernahme knüpft. Die Führung dieses Gegenbeweises wäre überdies noch dadurch gefährdet, daß alle anderen in Betracht kommenden Personen ein dringendes materielles Interesse daran haben, daß die persönliche Haftung nicht auf ihnen, sondern auf dem in Anspruch genommenen sitzen bleibe.

Ich glaube daher, daß man ohne Schädigung der Parteiinteressen an die Hypothekenübernahme nicht ohne weiteres die Vermutung für die Schuldübernahme knüpfen kann und ferner, daß hier noch entschiedener als für das allgemeine Recht der Schuldübernahme daran festgehalten werden muß, daß der Gläubiger nur genehmigen kann, wenn ihm die Schuldübernahme mitgeteilt wurde. Die Vermutung für die Schuldübernahme und der Verzicht auf die Mitteilung an den Gläubiger sind daher auch nicht die richtigen legislativen Mittel, um das Auseinandergehen von dinglicher und persönlicher Haftung bei der Veräußerung von hypothekarisch belasteten Liegenschaften hintanzuhalten.

Anders steht die Sache mit dem 2. Satze des § 262 Entw., der im Anschluß an die neueren Gesetzgebungen den Parteien selbst ein Mittel an die Hand gibt, das den Übergang der persönlichen Haftung auf den Erwerber zu fördern geeignet ist.

Das Bestreben der modernen Gesetzgebung, durch besondere Rechtsnormen den Übergang der persönlichen Schuld auf den Grundstückserwerber zu erleichtern, beruht im wesentlichen auf folgenden zivilpolitischen Erwägungen. Bei der Gewährung von Realkredit spielt die persönliche Haftung des Schuldners gewöhnlich keine Rolle. Während juristisch die Hypothek ein Akzessorium der persönlichen Schuld bildet, ist wirtschaftlich die persönliche Haftung in der Regel ein Akzessorium der Hypothek. Dieser Zwiespalt zwischen juristischer Konstruktion und wirtschaftlicher Sachlage führt nun bei der Veräußerung von Grundstücken, welche mit

Hypotheken belastet sind, zu sehr unerfreulichen Ergebnissen. Bei der Veräußerung solcher Liegenschaften übernimmt herkömmlich der Erwerber die Hypotheken in Anrechnung auf den Kaufpreis, ohne daß der persönlichen Haftung überhaupt gedacht würde. In diesen Fällen bleibt der Veräußerer persönlicher Schuldner, obwohl er jeder Haftung durch die Abrechnung des der Hypothek entsprechenden Betrages vom Kaufschillinge ledig zu sein glaubt; der Erwerber wird nicht persönlicher Schuldner, obwohl er den Gegenwert für die übernommene Passivpost durch Abzug vom Kaufpreise erhalten hat, obwohl er die Zinsen an den Gläubiger bezahlt usw. Der Gläubiger wird gewöhnlich erst dann auf diese Sachlage aufmerksam, wenn er mit seiner Hypothek bei der Zwangsversteigerung der belasteten Liegenschaft ganz oder zum Teile durchfällt und nun durch einen Rechtsfreund zur Suche nach dem persönlichen Schuldner angeregt wird. Es werden dann etwa die Erben eines längst verstorbenen Vorbesitzers der belasteten Liegenschaft als persönliche Schuldner ausfindig gemacht und zur Zahlung verhalten. Diesen Erben bleibt es nun überlassen, von dem Besitznachfolger (bzw. dessen Erben) auf Grund der Hypothekenübernahme Regreß zu holen, der seinerseits wieder von seinem Nachmanne Ersatz verlangen kann. Durch Vermittlung eines mehr oder minder komplizierten Räderwerkes soll also der Regreß theoretisch wieder bis zum letzten Eigentümer des belasteten Grundstückes herabgehen. Wenn eines dieser Räder praktisch versagt, bleibt die Leistungspflicht auf dem persönlichen Schuldner oder einem seiner Nachmänner haften.

Die Mittel, deren sich die Gesetzgebung bedient, um diese unerwünschten Folgen des Auseinandergehens dinglicher und persönlicher Haftung zu vermeiden, sind verschieden [57]). Der Entwurf schließt sich

[57]) In eigenartiger Weise ordnete § 41 des preußischen Gesetzes v. 5. Mai 1872 die Frage der persönlichen Haftung. Der Gläubiger erhielt, wenn der Erwerber die Hypothek in Anrechnung auf den Kaufpreis übernahm, ohne weiteres die persönliche Klage gegen den Erwerber, ohne daß jedoch der Veräußerer von seiner persönlichen Schuld frei wurde. Eine solche Befreiung des Verkäufers trat nur ein, wenn er dem Gläubiger die Schuldübernahme mitteilte, wenn ferner nicht eine Kündigung innerhalb eines Jahres nach der Mitteilung (bzw. der Kündbarkeit der Hypothek) erfolgte und wenn endlich der Gläubiger nicht binnen sechs Monaten nach Fälligkeit der Schuld die Klage auf Zahlung erhob. Gegen diese Regelung vgl. Dernburg, Bürgerl. R. II § 159 II, Protokolle zum deutschen BGB. I S. 413 ff.; Blume, Novation S. 162 ff.

Vgl. auch das Lübecker Ges. v. 26. Juli 1879 bei Stobbe, DPrR. 2 § 150 A. 17.

denjenigen neueren Gesetzgebungen an [58]), welche die Übernahme der persönlichen Schuld durch den Grundstückserwerber dadurch fördern wollen, daß die Zustimmung des Gläubigers zur Schuldübernahme unter gewissen Voraussetzungen fingiert wird. Wenn sich der Gläubiger auf die Mitteilung der Schuldübernahme hin nicht rührt, wird er als zustimmend behandelt. „Die vis inertiae wird in den Dienst des Zweckes gestellt, die Wirksamkeit der Schuldübernahme zu erleichtern." [58a]).

Ich will vorläufig die Richtigkeit dieses Gedankenganges dahingestellt lassen und zunächst nur die Art und Weise erörtern, wie der Entwurf — er folgt in diesem Punkte im wesentlichen dem deutschen BGB. — diesen Gedanken durchführt.

Ich habe schon in meiner Kritik des Regierungsentwurfes [59]) darauf hingewiesen, daß dem Gläubiger keine sichere Grundlage für seine Entscheidung geboten ist. Die schriftliche Mitteilung des Veräußerers gibt ihm keinerlei Gewähr dafür, daß eine Schuldübernahme wirklich stattgefunden habe. Der schweigende Gläubiger ist daher der Gefahr ausgesetzt, daß ihm der Erwerber seinerzeit einwendet, daß eine Schuldübernahme gar nicht erfolgt sei und der Altschuldner, daß die Schuldübernahme durch das Stillschweigen des Gläubigers perfekt geworden sei.

Der Entwurf und das deutsche BGB. spekulieren demnach nicht nur auf die Trägheit, sondern vorwiegend auf die Dummheit des Hypothekengläubigers, wenn sie annehmen, daß er sich angesichts dieser Sachlage schweigend verhalten werde. Diese legislative Verwertung der Dummheit scheint mir aber aus sozialpolitischen Gründen nicht empfehlenswert zu sein, weil dadurch gerade die wirtschaftlich schwächsten Kreise getroffen werden. Die gewerbsmäßigen Geldgeber, die Hypothekenbanken usw. werden ihr Interesse zu wahren wissen — hier ist ja schon die Hoffnung auf die vis inertiae vergeblich —, nur die kleinen und geschäftsunkundigen Hypothekargläubiger, die Gläubiger aus bäuerlichen Erbabfindungen und Gutsübergaben, aus Verwandtendarlehen usw. werden ab und zu hineinfallen.

Ich habe ferner darauf aufmerksam gemacht, daß schon der ungarische Entwurf von 1901 in Erkenntnis dieser prekären Situation des

---

[58]) Bayrisches Gesetz v. 29. Mai 1886 A. 1 Nr. 2. § 416 BGB. § 1269 ungar. Entw.; A. 832 u. 834 Schweiz. ZGB.

[58a]) Planck zu § 416, 1.

[59]) Kritische Bemerkungen zur Zivilgesetznovelle S. 32 f. (Sonderabdruck aus der ÖAGZ. 1908 Nr. 9—12).

Gläubigers in § 1269 bestimmt, daß eine Genehmigungsfiktion nur dann eintritt, wenn die Mitteilung an den Gläubiger „unter Übermittlung einer eine unbedingte Übernahmeerklärung enthaltenden öffentlichen Urkunde im Wege eines königlichen öffentlichen Notars" erfolgt[60]).

Neuestens hat auch Strohal[61]) de lege ferenda mit großer Entschiedenheit die Ansicht vertreten, „daß an das Schweigen des Gläubigers innerhalb einer bestimmten Frist das Präjudiz des Einverständnisses mit der Schuldübernahme nur geknüpft werden darf, wenn hinreichend sichergestellt ist, daß es an der zum Wirksamwerden der Schuldübernahme erforderlichen Grundlage nicht fehlt." Für das deutsche bürgerliche Recht erscheint ihm als das geeignete Mittel die von ihm auch für das allgemeine Recht der Schuldübernahme empfohlene[62]) Vorlegung einer vom Übernehmer für den Gläubiger ausgestellten Übernahmserklärung. Die Erklärung müßte hier weiters öffentlich beglaubigt sein, beim Grundbuchgerichte eingereicht werden und dort im Original verbleiben. Die Mitteilung an den Gläubiger hätte in Verbindung mit einer beglaubigten Ausfertigung jener Urkunde durch das Grundbuchamt zu erfolgen.

Es ist gewiß, daß auf diese Weise sehr wesentliche Mängel des deutschen BGB. und des österr. Entwurfes beseitigt werden könnten. Ich muß jedoch gestehen, daß ich mir auch von derartigen Verbesserungen nicht allzuviel verspreche und daß meiner Meinung nach das Ziel, welches sich die neuere Gesetzgebung bei der Hypothekenübernahme gesteckt hat, auf dem eingeschlagenen Wege wohl überhaupt unerreichbar ist. Die moderne Gesetzgebung, die in so schlauer Weise auf die Trägheit des Gläubigers spekuliert und diese, wie ich glaube, etwas überschätzt, vergißt anderseits vollständig die Trägheit der beiden anderen Vertragsparteien. Das ist um so merkwürdiger als diese Gesetzgebungen selbst davon ausgehen, daß die persönliche Haftung neben der dinglichen im Verkehre meist keine

---

[60]) Nach dem Schweizerischen ZGB. A. 832 u. 834 erfolgt die Verständigung von der Schuldübernahme durch den Grundbuchverwalter, der, wie es scheint, zu prüfen hat, ob eine genehmigungsreife Schuldübernahme vorliege oder nicht. Vgl. dazu Strohal a. a. O. S. 242 A. 283. Eine ausreichende Grundlage für diese Prüfung scheint die schweizerische Theorie dadurch gewinnen zu wollen, daß sie die Schuldübernahme als einen Bestandteil des Veräußerungsvertrages erklärt, der nach A. 657 Abs. 1 der öffentlichen Beurkundung bedarf. So insbesondere Wieland (Komm. zu A. 832, 2d) der vorsorglich hinzufügt, daß auch die Bedingungen der Übernahme, Gegenverpflichtungen usw. genau festzustellen seien.

[61]) a. a. O. S. 258 f.

[62]) Vgl. oben S. 384.

Rolle spielt und von den Parteien gewöhnlich vollständig übersehen wird. Trotzdem knüpft man die ganze Aktion, welche das Auseinandergehen dinglicher und persönlicher Haftung verhindern soll, an die Übernahme der persönlichen Schuld durch die Vertragsparteien, ja noch mehr, man mutet ihnen zu, mehr oder minder komplizierte Mitteilungen an den Gläubiger zu richten, um die Frage der persönlichen Haftung zu regeln, an die sie vorausgesetztermaßen gar nicht denken.

Für die österreichischen Verhältnisse ist es doch überaus charakteristisch, daß trotz der konstanten Praxis des obersten Gerichtshofes, welche ohne Zuziehung des Gläubigers zum Vertrage das Zustandekommen einer Schuldübernahme (vollständige Assignation) ablehnt, doch eine Verständigung des Gläubigers kaum je vorkommt. Bei uns wie in Deutschland [63]) schleppt sich seit alter Zeit von Vertrag zu Vertrag die stereotype Formel fort, daß die Hypotheken in Anrechnung auf den Kaufpreis übernommen werden, ohne daß man sich um die Frage der persönlichen Haftung kümmert. Das trifft selbst dort zu, wo — wie in den deutsch-österreichischen Ländern — der größte Teil der Veräußerungsverträge über Liegenschaften von rechtskundigen Personen (Advokaten und Notaren) verfaßt wird. Der Zweck, den die Sondergesetzgebung über die Hypothekenübernahme verfolgt, kann daher in den meisten Fällen einfach deshalb nicht erreicht werden, weil die Voraussetzungen, an welche dieses Sonderrecht anknüpft, in der Praxis nicht gegeben sind.

Eine Abhilfe kann meiner Ansicht nach nur dadurch erreicht werden, daß man den Übergang der persönlichen Schuld unmittelbar an den Erwerb des belasteten Grundstücks knüpft und den Parteien nur die Möglichkeit gibt, diesen Übergang auszuschließen.

Eine solche Regelung läßt sich für das österreichische Recht zunächst in der Weise denken, daß man für den Veräußerungsvertrag nach dem Muster des deutschen BGB. (§ 313) und des schweizerischen ZGB. (A. 657) die Form der öffentlichen Urkunde verlangt. Auf dieser Grundlage könnte dann weiter bestimmt werden, daß mit dem Erwerbe des belasteten Grundstücks auch die persönliche Haftung auf den Erwerber übergehe, sofern dies im Veräußerungsvertrage nicht ausdrücklich ausgeschlossen wurde. Dadurch würde erreicht werden, daß die Parteien bei dem Abschlusse eines Vertrages, den sie notwendig schließen müssen, um die Übereignung des Grundstücks zu erwirken, zugleich gezwungen sind, sich über die Frage der

---

[63]) Vgl. dazu insb. den charakteristischen „Notschrei aus der Praxis" von Hallbauer im SächsArchR. 3 S. 97 ff.

Schuldübernahme klar zu werden. Dieses Verlangen kann aber bei einem Vertrage, der durch eine mit öffentlichem Glauben versehene, rechtskundige Person verfaßt wird, billig gestellt werden, ohne daß eine Schädigung von Parteiinteressen zu befürchten wäre. Die Interessen des Gläubigers könnten dann dadurch gewahrt werden, daß das Grundbuchgericht, sofern jener ausdrückliche Ausschluß in der Veräußerungsurkunde nicht enthalten ist, den Hypothekengläubiger von der Eintragung des Erwerbers und dem Übergange der persönlichen Haftung mit dem Beisatze verständigen müßte, daß er innerhalb einer bestimmten Frist Widerspruch erheben könne.

Bei uns scheint jedoch wenig Neigung vorhanden zu sein, das Erfordernis der öffentlichen Beurkundung für Veräußerungsverträge über Grundstücke zu akzeptieren, da schon mein Vorschlag, für solche Verträge Schriftlichkeit zu verlangen [63a]), keinen Erfolg gehabt hat. Auch ist zuzugeben, daß die Verhältnisse in den kulturell weniger entwickelten Kronländern zum Teile so geartet sind, daß die Forderung nach öffentlicher Beurkundung wenig aussichtsvoll erscheint [64]).

Der andere Weg, um für das österreichische Recht zu einer befriedigenden Lösung zu gelangen, wäre der, daß man die Frage des Überganges der persönlichen Haftung auf den Erwerber von dem zwischen Veräußerer und Erwerber geschlossenen Vertrage vollständig unabhängig macht: die persönliche Schuld geht auf den Erwerber über, sofern nicht der Erwerber oder der Gläubiger dagegen Widerspruch erhebt. Der Grundbuchrichter hätte nach Vollzug der Eigentumsübertragung im Grundbuche den Erwerber und den Hypothekengläubiger von der Übertragung mit dem Beisatze zu verständigen, daß der Erwerber auch in die persönliche Schuld eintrete, sofern der Erwerber oder der Hypothekengläubiger nicht binnen bestimmter Frist Widerspruch erheben. Von dem Ergebnisse und den etwa eingelaufenen Widersprüchen hätte der Grundbuchrichter nach Ablauf der Frist dem Veräußerer, dem Erwerber und dem Hypothekengläubiger Mitteilung zu machen.

Diese Regelung würde ein Zusammenbleiben von dinglicher und persönlicher Haftung gewährleisten, soweit dies überhaupt ohne Schädigung von Parteiinteressen erreichbar ist. Sie bedeutet ein Abgehen von

---

[63a]) Kritische Bemerkungen S. 15.

[64]) Es ist ja selbst in Deutschland die Zweckmäßigkeit des § 313 BGB. nicht unangefochten geblieben; vgl. die Verhandlungen des 28. D. Juristentages III S. 21 ff.

dem in der neueren Zivilgesetzgebung festgehaltenen Standpunkte, den Übergang der persönlichen Haftung beim Erwerbe belasteter Grundstücke abhängig zu machen von einem zwischen Veräußerer und Erwerber geschlossenen Schuldübernahmevertrage, sie versucht, diese Frage unter dem Gesichtspunkte der Expromission, der durch Vertrag zwischen Gläubiger und Übernehmer zustande kommenden Schuldübernahme zu lösen. Dadurch rechtfertigt sich auch ohne weiteres die durch meinen Vorschlag gegebene Möglichkeit, daß die Schuldübernahme ohne Wissen und Willen des Veräußerers zustande kommen kann.

Der Gläubiger ist ferner bei dieser Gestaltung gegen unliebsame Überraschungen, die ihm sonst aus dem internen Verhältnisse zwischen Veräußerer und Erwerber drohen, völlig gesichert. Der Gläubiger behält entweder seinen alten Schuldner oder er erlangt im Falle der Unterlassung des Widerspruches einen neuen, der ihm bloß auf Grund des unterlassenen Widerspruches ohne Rücksicht auf sein Verhältnis zum Veräußerer haftet.

Gegen meinen Vorschlag liegt nun der Einwand nahe, daß der an der Schuldübernahme zunächst interessierte Veräußerer nicht in der Lage ist, die Schuldübernahme unmittelbar zur Perfektion zu bringen, wie das nach § 262 Entw. und § 416 BGB. der Fall ist. Dagegen ist folgendes zu bemerken. Mein Vorschlag ist zugeschnitten auf die Normalfälle, in denen die Parteien selbst der Frage der persönlichen Haftung keine Beachtung geschenkt haben. In diesen Fällen kann von einem schutzwürdigen Interesse des Veräußerers, den Übergang der persönlichen Schuld auf den Erwerber unmittelbar herbeiführen zu können, überhaupt keine Rede sein. In diesen typischen Fällen besteht die Aufgabe der Gesetzgebung lediglich darin, auf eine Klärung der Rechtslage hinzuwirken und den aus allgemeinen Gründen wünschenswerten Übergang der persönlichen Haftung auf den Erwerber tunlichst zu fördern. Ein schutzwürdiges Interesse des Veräußerers am Zustandekommen der Schuldübernahme ist nur dann gegeben, wenn bei der Veräußerung des Grundstücks die Übernahme der persönlichen Schuld durch den Erwerber vereinbart wurde. Diese Ausnahmefälle bedürfen meiner Ansicht nach überhaupt keiner besonderen Regelung. Es greift hier das allgemeine Recht der Schuldübernahme ein, das dem Veräußerer die Möglichkeit gibt, durch Mitteilung an den Gläubiger die Schuldübernahme zustande zu bringen. Daran wird ja durch die vorgeschlagene Sondernorm nichts geändert. Ebenso ist klar, daß in derartigen Fällen eine Verpflichtung des Erwerbers gegenüber dem Veräußerer besteht, einen Widerspruch gegen den Übergang der persönlichen Schuld zu unterlassen, bzw. daß ein solcher Widerspruch wirkungslos wäre, wenn die

Schuldübernahme auf Grund der Mitteilung des Veräußerers bereits zustande gekommen ist.

Die vorgeschlagene Regelung empfiehlt sich für das österr. Recht auch deshalb, weil sie sich an die für den Erwerb hypothekarisch belasteter Liegenschaften im Wege der Zwangsversteigerung bereits bestehende Sondernorm des § 171 EO. anschließt, die ja ebenfalls auf der Rechtsform der Expromission beruht[65]).

Ein weiterer wichtiger Vorteil der vorgeschlagenen Rechtsnorm besteht darin, daß — ebenso wie im Falle des § 171 EO.[66]) — der Übergang der persönlichen Schuld auf den Erwerber selbst dann möglich ist, wenn der Veräußerer gar nicht persönlicher Schuldner war. Die bisherige Sondergesetzgebung über die Hypothekenübernahme, welche an den Schuldübernahmevertrag zwischen Veräußerer und Erwerber anknüpft, versagt naturgemäß überall dort, wo der Veräußerer nicht persönlicher Schuldner ist. Hatte der Veräußerer etwa seinerzeit zwar die Hypotheken in Anrechnung auf den Kaufschilling übernommen, ist es aber zur Schuldübernahme aus irgend einem Grunde nicht gekommen, so ist der Veräußerer nicht Personalschuldner. Damit ist aber auch die Voraussetzung für das Eingreifen der Sondernormen, welche ein Zusammenhalten von dinglicher und persönlicher Haftung bezwecken, endgültig weggefallen. Eine einzige Veräußerung, bei der eine Schuldübernahme nicht zustande gekommen ist, vereitelt für alle Zukunft jenes Ziel, das die Gesetzgebung anstrebt. Diese Schwierigkeit fällt bei einem Vorschlage, welcher den Übergang der persönlichen Haftung nur von der Einwilligung des Erwerbers und Gläubigers abhängig macht, weg, denn es ist durchaus keine Voraussetzung für das Zustandekommen dieser Schuldübernahme, daß der Erwerber weiß, wessen persönliche Schuld er übernimmt. Nur in bezug auf die Höhe seiner persönlichen Haftung wird man als oberste Grenze die Hypothek feststellen müssen, da es denkbar ist, daß die persönliche Schuld über die Hypothek hinausreicht.

Aus dem Ausgeführten ergibt sich auch die weitere erwünschte Folgerung, daß auf die nach unserem geltenden österr. Rechte oft kaum lösbare Frage, ob der Veräußerer persönlicher Schuldner ist oder nicht, gar nicht eingegangen zu werden braucht, was besonders für die Übergangszeit

---

[65]) Vgl. oben S. 369 A. 8a.

[66]) Vgl. dazu Tilsch, Einfluß der Zivilprozeßgesetze S. 302; Czoernig, Vorlesungen S. 162; Krainz-Ehrenzweig II § 335; Neumann, System der EO. S. 261, Kommentar S. 534.

vom alten zum neuen Rechte von großer praktischer Bedeutung sein dürfte.

Die Möglichkeit, daß die Schuldübernahme selbst dann zustande kommen kann, wenn der Veräußerer nicht persönlicher Schuldner ist, bedeutet ferner gegenüber dem bisherigen Rechte eine beträchtliche Vereinfachung der Rechtslage, wie sich aus folgendem typischen Beispiele ergibt: A. hat für eine Darlehnsforderung von 10 000 K. eine Hypothek an seiner Liegenschaft bestellt und später die Liegenschaft an B. verkauft. B. hat die Hypothek in Anrechnung auf den Kaufpreis übernommen; zu einer Übernahme der persönlichen Schuld ist es aus irgendeinem Grunde nicht gekommen. B. verkauft die Liegenschaft in derselben Weise an den C. C. würde nun auf Grund der von mir vorgeschlagenen Bestimmung persönlicher Schuldner werden, wenn er keinen Widerspruch erhebt, d. h. er würde dem A. dessen persönliche Schuld abnehmen. Daß A. dadurch keinen ungerechtfertigten Vorteil erlangt, ist deshalb klar, weil er für diese Schuld schon dadurch aufgekommen ist, daß er einen um 10 000 K. geringeren Kaufpreis erhalten hat.

Nach dem bisherigen Rechte — und daran würde auch durch die Bestimmungen des Entwurfes nichts geändert — würde sich folgendes Resultat ergeben. A. ist persönlicher Schuldner geblieben, C. haftet nur dinglich als sogen. Hypothekarschuldner. Zahlt der C., so müßte er, da er eine fremde Schuld bezahlt, gem. § 1358 in die Rechte des befriedigten Gläubigers eintreten [67]). Trotzdem ist sicher, daß C. auf diesem Wege zu einem Ersatze nicht gelangen kann und nicht gelangen darf, da er den Ersatz der bezahlten Schuld schon durch Anrechnung der Hypothek auf den Kaufschilling erhalten hat. Die juristische Begründung dieses notwendigen Resultates ist nun im österr. Rechte sehr zweifelhaft. Krasnopolski [68]) lehnt ohne Beweis für diese Fälle die Anwendung des § 1358 überhaupt ab. Koban [69]) nimmt an, daß der Eigentümer zwar in die Gläubigerrechte eintrete, daß er dieselben jedoch, da sie ihm nur zu Regreßzwecken überlassen seien, nicht geltend machen dürfe. Man könnte ferner etwa daran denken, dem beklagten Personalschuldner A.

[67]) Vgl. § 248 Entw., durch welchen die Bestimmung des § 1358 beschränkt werden soll auf die Fälle, in denen jemand eine fremde Schuld bezahlt, „für die er persönlich oder mit bestimmten Vermögensstücken haftet". Dagegen soll nach § 249 auch für die Fälle der freiwilligen Drittzahlung (§ 1422) der ipso iure Eintritt in die Rechte des Gläubigers statuiert werden.

[68]) Lehrb. III S. 295.

[69]) Der Regreß des Bürgen und Pfandeigentümers S. 94 f.

gegenüber dem Eigentümer C. eine Einwendung aus der Erfüllungsübernahme zwischen A. und B. zuzugestehen, eine Auffassung, die in den Protokollen zum deutschen BGB. als selbstverständlich hingestellt [70]) von der deutschen Theorie aber mit Recht abgelehnt wird [71]). Wollte man keine der angeführten Ansichten akzeptieren, so müßte A. als persönlicher Schuldner die Schuld an C. bezahlen, könnte dann auf Grund der Erfüllungsübernahme von B. Regreß nehmen der sich nun seinerseits wieder an C. halten könnte, ein höchst unerfreulicher Umweg, der überdies im Falle der Insolvenz des B. oder C. versagt.

Zahlt hingegen der Personalschuldner A., so steht ihm der Regreß gegen B. und diesem gegen C. offen. Ob dem A. ein direkter Ersatzanspruch gegen C. aus § 1358 zugestanden werden kann, ist sehr zweifelhaft und muß hier dahingestellt bleiben [72]).

Es ist daher gewiß wünschenswert, daß in derartigen Fällen die Vereinigung dinglicher und persönlicher Haftung in der Person des C. möglichst gefördert wird, wie das bei meinem Vorschlage zutrifft.

Meiner Ansicht nach wäre demnach an Stelle des § 262 Entw. folgende Bestimmung zu setzen:

„Wird eine Liegenschaft veräußert, welche mit einer Hypothek belastet ist, so tritt der Erwerber bis zur Höhe der Hypothek auch in die persönliche Schuld ein, sofern der Erwerber oder der Gläubiger nicht dagegen Widerspruch erhebt.

Das Grundbuchgericht hat den Erwerber und den Gläubiger von der vollzogenen Übertragung des Eigentums mit dem Beisatze zu verständigen, daß sie gegen den Übergang der persönlichen Schuld auf den Erwerber binnen 3 Monaten Widerspruch erheben können.

Nach Ablauf der Fristen, die von der Verständigung an zu rechnen sind, hat das Grundbuchgericht dem Veräußerer, dem Erwerber und dem Gläubiger das Ergebnis mitzuteilen.“ [73])

---

[70]) Prot. II S. 608.

[71]) Planck zu § 1143 3b. Staudinger zu § 1143 I. 1.

[72]) Vgl. § 1164 d. deutschen BGB. Die Formel v. Scheys (Regreßrecht S. 14), daß § 1358 auf alle Fälle Anwendung finde, in denen jemand eine formell eigene, materiell fremde Schuld bezahlt, dürfte auch den obigen Fall decken. Vgl. auch Entsch. GlUNF. 1828 oben S. 372.

[73]) Im Anschluß an das preußische Recht (vgl. oben S. 392 A. 57) noch weiter zu gehen und etwa den Widerspruch des Gläubigers als unwirksam zu erklären, wenn er die Hypothek binnen bestimmter Frist nicht einklagt (vgl. Prot. zum deutschen BGB. I S. 413 Zusatzantrag *a*) scheint mir nicht empfeh-

V. Die Hypothekenübernahme nach dem deutschen BGB.

Es besteht in der deutschen Literatur kein Zweifel darüber, daß die Bestimmung des § 416 BGB. wenig gelungen ist[73a]). Die Unklarheiten der Rechtsnorm ergeben sich im wesentlichen daraus, daß man einerseits die Tendenz verfolgte, die Schuldübernahme in den hierher gehörigen Fällen möglichst zu erleichtern, daß man aber anderseits, um bestimmten Interessen Rechnung zu tragen, gewisse Erschwerungen gegenüber dem allgemeinen Rechte der Schuldübernahme statuieren zu müssen glaubte. Infolge dieser Zusammenkoppelung zweier sich widersprechender Gedanken ergibt sich nun eine Reihe von zweifelhaften Fragen nach der Richtung, ob die einzelnen im Gesetze enthaltenen Erschwerungen Voraussetzungen für das Zustandekommen der Schuldübernahme oder nur Voraussetzungen für die hier eintretenden Erleichterungen, d. h. Voraussetzungen für den Eintritt der Genehmigungsfiktion bilden.

Die deutsche Jurisprudenz hat diese Schwierigkeiten nach einigen Schwankungen[74]), zum Teile unter Heranziehung des § 414, zu überwinden gewußt.

Gleichwohl bestehen auf dem Gebiete der Hypothekenübernahme eine Reihe von Rechtssätzen, welche praktisch bedenklich sind, über welche auch mit den Hilfsmitteln der juristischen Technik nicht hinwegzukommen ist und welche daher die Frage nach einer Änderung des Gesetzes nahelegen. Von diesen Mängeln der gesetzlichen Regelung gehören einige dem allgemeinen Rechte der Schuldübernahme an und kommen für den Fall des § 416 nur indirekt zur Geltung, insofern die Regelung dieses Falles auf dem allgemeinen Recht der Schuldübernahme beruht. Die Erörterung dieser Mängel fällt außerhalb des Rahmens dieses Gutachtens, jedoch dürfte es sich empfehlen, auf die praktisch wichtigsten der-

---

lenswert zu sein. Abgesehen davon, daß die Durchführung dieses Gedankens eine ziemlich komplizierte Regelung nötig machen würde, würde damit auch ein sehr einschneidender und kaum zu rechtfertigender Eingriff in die Rechte des Hypothekengläubigers verbunden sein, der den Realkredit schädigen könnte.

Auch von dem Widerspruchsrechte des Erwerbers kann nicht abgesehen werden, da sich daraus die Unverkäuflichkeit überschuldeter Liegenschaften ergeben würde, die vom volkswirtschaftlichen Standpunkt bedenklich wäre.

[73a]) Für nicht zutreffend halte ich jedoch die Kritik Reichels Schuldmitübernahme S. 98 ff.; dagegen auch Gierke a. a. O. S. 50 A. 4.

[74]) Vgl. in dieser Beziehung insbesonders das Urteil des RG. bei Gruchot 49 S. 354 ff. und dazu die ergötzliche Kritik Strohals a. a. O. S. 245.

selben in Kürze hinzuweisen, um zu zeigen, daß die Änderung des Sonderrechtes der Hypothekenübernahme allein ein allseitig befriedigendes Ergebnis nicht zu liefern vermag, zumal dann, wenn man an dem in § 416 BGB. eingeschlagenen Wege prinzipiell festhalten wollte.

Hierher gehört zunächst die Bestimmung des § 415 Abs. 1 Satz 3, zufolge welcher die Parteien den Schuldübernahmevertrag trotz erfolgter Mitteilung an den Gläubiger bis zur Genehmigung des Gläubigers ändern oder aufheben können. Dadurch ist die Möglichkeit gegeben, daß dem Gläubiger, der nach erfolgter Genehmigung auf das Zustandekommen der Schuldübernahme vertraut, nachträglich eine der Genehmigung vorausgegangene Aufhebung oder Änderung des Schuldübernahmevertrages entgegengehalten wird [75]).

Auf einem Mangel im allgemeinen Rechte der Schuldübernahme beruht aber, wie ich glaube, auch der durch die Genehmigung eintretende Verlust von Gesamthypotheken. Schon Strohal [76]) hat darauf hingewiesen, daß die Genehmigungsfiktion des § 416 den Gläubiger der Gefahr aussetzt, durch sein bloßes Schweigen Sicherungsrechte, die ihm bisher zustanden, infolge der Bestimmung des § 418 Abs. 1 zu verlieren. Praktisch wichtig ist diese Folgerung insbesonders bei Gesamthypotheken; der Gläubiger verliert nämlich, wenn er gegenüber einer Mitteilung im Sinne des § 416 schweigt, seine Hypothek an den übrigen gesamthaftenden Grundstücken, falls diese im Eigentum eines Dritten stehen. Strohal erblickt hierin mit Recht eine schwere Ungerechtigkeit gegen den Gläubiger und will durch den Vorschlag Abhilfe schaffen, daß die Genehmigungsfiktion in diesen Fällen nur dann einzutreten hätte, wenn dem Gläubiger zugleich mit der Mitteilung die Einwilligung des Dritteigentümers in die Schuldübernahme beigebracht worden ist.

Ich meine nun, daß diese Ungerechtigkeit nicht nur dann vorliegt, wenn die Schuldübernahme durch das Schweigen des Gläubigers zustande kommt, sondern auch dann, wenn die Schuldübernahme durch ausdrückliche Genehmigung des Gläubigers perfekt wird. Denn daß in Fällen, wo der Gläubiger die Schuldübernahme durch den Erwerber eines der gesamthaftenden Grundstücke genehmigt, das Gleiche eintritt

---

[75]) Strohal a. a. O. bezeichnet dies mit Recht als eine „grobe Unbilligkeit" gegenüber dem Gläubiger. Vgl. auch Hellmann KrVJSchr. 49 S. 527. Hellwig a. a. O. S. 167 f. will auch über diese Schwierigkeit mit Hilfe des § 414 hinwegkommen, hat aber damit wenig Nachfolge gefunden.

[76]) a. a. O. S. 259 f.

wie wenn der Gläubiger auf die Haftung der übrigen Grundstücke verzichtet hätte (§ 418 Abs. 1 S. 2), ist eine so verblüffende Konsequenz, daß kaum irgend jemand, der in die Geheimnisse des Gesetzes nicht sehr tief eingeweiht ist, darauf gefaßt sein dürfte. Ob dieses unerwartete Resultat infolge der Unterlassung des Widerspruches des Gläubigers oder infolge seiner Genehmigung eintritt, scheint mir nicht von Belang zu sein [77]). Der Fehler dürfte daher in der Rechtsnorm des § 418 Abs. 1 selbst gelegen sein.

Der Grundsatz des § 418, daß Bürgschaften und Pfandrechte mit der Schuldübernahme erlöschen, wird gewöhnlich damit begründet, daß es für den Bürgen und Pfandbesteller nicht gleichgültig sei, für wessen Schuld sie haften. Der § 418 gilt aber nun nicht nur für die Fälle, in denen jemand für die Schuld eines anderen eine Hypothek bestellt, sondern auch dann, wenn jemand für seine eigene Schuld eine Hypothek an seinem Grundstück bestellt und dann das belastete Grundstück veräußert hat. In diesen Fällen nun ist die Sachlage doch eine wesentlich andere, als in den Normalfällen. Hat z. B. A. für seine Schuld eine Hypothek an seinem Grundstück bestellt und dann die belastete Liegenschaft an den B. veräußert (ohne daß eine Schuldübernahme erfolgt wäre), so kommt dies im praktischen Leben nicht anders vor, als daß B. sich für die Übernahme der Hypothek durch einen entsprechenden Abzug vom Kaufschilling schadlos hält [78]). Würde es später zu einer Übernahme der persönlichen Schuld durch den X. kommen, so ist nicht erklärlich, warum der die Schuldübernahme genehmigende Gläubiger seine Hypothek an dem Grundstücke des B. verlieren soll, da die angeblich zu schützenden Interessen des B. in keiner Weise gefährdet sind. Die Frage, ob A. oder X. persönlicher Schuldner ist, kann ihm völlig gleichgültig sein, da er sich gegen die Gefahr, für die Zahlung der Schuld aufkommen zu müssen,

---

77) Die Redaktoren haben daher von ihrem Standpunkt aus Recht, wenn sie finden, daß dem Gläubiger durch den Verlust der Hypothek auch im Falle der Genehmigungsfiktion kein Unrecht geschehe, weil sich die Schuldübernahme nur vollziehe, wenn der Gläubiger derselben nicht widerspricht. Vgl. Prot. I S. 424.

78) Es ist allerdings möglich, daß sich der A. dem B. gegenüber zur Beseitigung der Hypothek verpflichtet hat. Auch hier sichert sich jedoch der Erwerber nach unserer Praxis — und in Deutschland dürfte die Sache kaum anders liegen — in der Weise, daß er den entsprechenden Teil des Kaufpreises zurückbehält oder bei einem Rechtsfreunde hinterlegt, bis der Veräußerer seiner Verpflichtung nachgekommen ist.

bereits durch Anrechnung der Hypothek auf den Kaufpreis selbst gesichert hat. Die Rechtsordnung konfisziert also dem Gläubiger eine Hypothek, um Interessen zu schützen, die eines Schutzes nicht bedürfen, weil es durchaus verkehrsüblich ist, daß sich der Erwerber selbst schützt [79]).

Daß dem so ist, zeigt sich auch dann, wenn man den Grundgedanken des § 418 Abs. 1 aus dem Gebiete der Interessenabwägung auf das Gebiet der juristischen Konstruktion überträgt. Der juristische Grund für das Erlöschen von Bürgschaft und Pfandrecht infolge der Schuldübernahme liegt darin, daß der Bürge und der dritte Eigentümer der Pfandsache eine feste Anwartschaft darauf hat, daß er im Falle der Befriedigung des Gläubigers in die Rechte desselben gegen den persönlichen Schuldner eintritt (§§ 774, 1143, 1225). Dieses Anwartschaftsrecht würde nun in einem wesentlichen Punkte modifiziert werden, wenn an Stelle des ursprünglichen Personalschuldners im Wege der Schuldübernahme ein anderer tritt. Denn nun würde es sich nicht mehr um den Eintritt in die Rechte des Gläubigers gegen den Altschuldner, sondern in die Rechte des Gläubigers gegen den Übernehmer handeln, der vielleicht nicht zahlungsfähig ist. Aus diesem Grunde müssen die Sicherungsrechte erlöschen, sofern der Eintrittsberechtigte nicht zustimmt [80]).

Auch diese Argumentation ergibt in dem uns interessierenden Falle keinen Beweis für die Notwendigkeit des Erlöschens der Hypothek. Denn wenn man selbst mit der herrschenden Lehre annimmt, daß B. gemäß § 1143 in die Rechte des befriedigten Gläubigers gegen A. eintritt, so würde ihm doch die Einrede aus der Erfüllungsübernahme entgegenstehen, zufolge welcher B. verpflichtet ist, für die Bezahlung der Hypothek aufzukommen [81]). Das Recht des B., welches das Gesetz schützen zu müssen glaubt, ist also vielleicht ein juristisches Etwas — eine durch Einrede paralysierte Forderung — jedenfalls aber ein praktisches Nichts.

---

[79]) Die Rechtsordnung darf jedenfalls ihre Rechtsnormen nicht auf diejenigen Fälle zuschneiden, wo eine solche Selbstsicherung ausnahmsweise unterblieben ist, da sie sonst in Gefahr gerät, in den Normalfällen zu unbefriedigenden Folgerungen zu gelangen.

[80]) So insbesonders Strohal a. a. O. S. 116 ff. Dazu neuestens Gierke a. a. O. S. 58 f.

[81]) Einige lehnen bei dieser Sachlage den Forderungsübergang überhaupt ab; so Biermann, Komm. Erl. 1b zu § 1143, Siber, Jherings J. 50 S. 158 f., Kindel in der Festschr. f. R. Koch S. 99. Nach Koban (Regreß des Bürgen und Pfandeigentümers) tritt der Eigentümer zwar in die Rechte des Gläubigers ein, darf sie aber nicht ausüben (S. 98 u. 79 ff.).

Derartige Fälle der Übernahme von Schulden, welche hypothekarisch sichergestellt sind durch dritte Personen, werden praktisch freilich kaum vorkommen, aber die in diesen Fällen auftauchende Frage wird von Wichtigkeit bei Gesamthypotheken, weil hier der Gläubiger, der die Übernahme der Schuld durch den Erwerber eines der gesamthaftenden Grundstücke genehmigt, die Hypothek an den übrigen Grundstücken verliert, wenn diese im Eigentum dritter Personen stehen.

Die Regelung des § 418 Abs. 1 scheint mir demnach für diejenigen Fälle nicht zutreffend, wo das Auseinandergehen von persönlicher und dinglicher Haftung im Wege des Erwerbes der mit der Hypothek belasteten Liegenschaft entstanden ist. Ich betrachte es daher schon als einen Fortschritt, daß sowohl das neue schweizerische Obligationenrecht (A. 178) als der österreichische Entwurf (§ 261) die Erlöschung von Pfandrechten nur für den Fall der von dritten Personen bestellten Pfänder statuieren, so daß das Pfandrecht bestehen bleibt, wenn der Pfandgegenstand im Wege der Veräußerung auf einen neuen Eigentümer übergegangen ist[82]).

Diese kurzen Andeutungen dürften genügen, um zu zeigen, daß es sich hier um Mängel handelt, die dem allgemeinen Rechte der Schuldübernahme angehören.

Was das Sonderrecht der Hypothekenübernahme anlangt, so kann ich in dieser Beziehung im wesentlichen auf das verweisen, was in bezug auf die Reform des österreichischen Rechtes ausgeführt wurde. Nur folgendes möchte ich beifügen.

Das Zurückbleiben der persönlichen Haftung beim Veräußerer ist nach deutschem Rechte noch weit bedenklicher als nach österreichischem Rechte, weil das deutsche Recht ein dem Mindestgebote der österr. EO. (§ 151) entsprechendes Rechtsinstitut nicht kennt, das den persönlichen Schuldner wenigstens bei pupillarsicheren Hypotheken gegen die Gefahr eines Ausfalles der Hypothek bei der Zwangsversteigerung sichert. Nach deutschem Rechte ergibt hingegen das geringste Gebot einen um so kleineren Betrag, je besser die Rangstellung des betreibenden Gläubigers ist, so daß auch bei „guten" Hypotheken die Gefahr, daß die Hypothek nicht zur Deckung gelangt und der persönliche Schuldner zur Zahlung des Ausfalles herangezogen wird, eine große ist.

Die Frage der Reform des § 416 steht daher in Zusammenhang mit der dem Juristentage gleichfalls vorliegenden Frage, ob sich gesetzgeberische Maßnahmen empfehlen, durch welche die Haftung des per-

---

[82]) Vgl. dazu auch Prot. zum deutschen BGB. I S. 421 ff.

sönlichen Schuldners für den Hypothekenausfall beschränkt wird, wenn der Gläubiger seine Hypothek nicht ausgeboten und das Grundstück weit unter dem Werte erstanden hat [83]). Ist doch bereits der Vorschlag gemacht worden, diese Frage durch eine Abänderung des § 416 im Sinne des § 41 des preußischen Eigentumserwerbsgesetzes zu lösen [84]). Eine durchgreifende Abhilfe kann nun auf diesem Wege freilich nicht erreicht werden [85]), wohl aber würden durch eine Reform des § 416, welche den Übergang der persönlichen Haftung auf den Erwerber in höherem Maße als bisher gewährleistet, die Fälle, in denen es zu einer ungehörigen Bereicherung des Gläubigers auf Kosten des Personalschuldners kommen kann, beträchtlich verringert werden.

Die Bestimmung des § 416 leidet, wie oben [86]) ausgeführt wurde, an dem Mangel, daß das Gesetz den Übergang der persönlichen Haftung auf den Erwerber an Voraussetzungen knüpft, die in der Praxis höchst selten gegeben sind. Die Verhältnisse dürften in dieser Beziehung im Deutschen Reiche nicht wesentlich anders liegen als in Österreich. Auch dort werden die Hypotheken gewöhnlich in Anrechnung auf den Kaufpreis übernommen, ohne daß den Parteien die Frage der persönlichen Haftung zum Bewußtsein kommt, und ohne daß irgendwelche Mitteilungen an den Gläubiger ergehen [87]). Meine Umfrage bei einer Reihe von Hypothekenbanken und Rechtsanwälten [88]) hat in dieser Beziehung folgendes Resultat ergeben. Häufig sind Mitteilungen im Sinne des § 416 nur in Bayern, was sich daraus erklärt, daß schon die ältere Gesetzgebung eine ähnliche Bestimmung kannte und daß dort die Klarstellung der Schuldübernahme und die Verständigung des Gläubigers durch den Notar im Anschluß an den Veräußerungsvertrag (§ 313) zu geschehen pflegt.

In den übrigen Ländern, namentlich in Preußen, kommen Verständigungen des Gläubigers, insbesonders formgerechte Verständigungen im Sinne des § 416 selten vor. Bei öffentlichen Kreditinstituten, bei denen die im § 416 vorausgesetzte inertia des Gläubigers natürlich überhaupt nicht zutrifft, pflegt es sogar zu geschehen, daß das an der

---

[83]) Vgl. auch die Verhandlungen des 30. D. Juristentages I S. 3 ff., 20 ff.; II S. 26 ff.

[84]) Zelter, PosMSchr. 1910 S. 95 f.

[85]) Dazu Friebe in Iherings J. 60 S. 266.

[86]) S. 324 f.

[87]) Vgl. Hallbauer, SächsArchR. 3 S. 97 ff.; Friebe a. a. O.

[88]) Insbesonders bin ich dem Deutschen Anwaltverein in Leipzig für seine Auskünfte zu Dank verpflichtet.

Schuldübernahme im konkreten Falle interessierte Institut den Veräußerer zur Mitteilung auffordert, um die Schuldübernahme genehmigen zu können.

Unter diesen Umständen dürfte es ziemlich aussichtslos sein, auf dem in § 416 eingeschlagenen Wege fortzuschreiten und etwa nach dem Vorschlage Strohals die Voraussetzungen für die Mitteilung an den Gläubiger noch weiter zu verschärfen [89]). Mir schiene es richtiger zu sein, die Parteien zu zwingen, sich über den Übergang der persönlichen Haftung klar zu werden und die Verständigung des Gläubigers auf Grund dieser Klarstellung von Amts wegen herbeizuführen. Den Anknüpfungspunkt für diese Regelung würde § 313 bieten [90]). Es wäre demnach zu bestimmen, daß mit dem Erwerbe des belasteten Grundstücks der Erwerber auch die persönliche Schuld übernimmt, sofern dies in der Urkunde über den Veräußerungsvertrag (§ 313) nicht ausdrücklich ausgeschlossen ist. Diese Urkunde wäre dem Grundbuchamte vorzulegen, was nach einer Reihe von Ausführungsgesetzen zur GBO. schon heute gefordert wird [91]) und auf Grund dieser Urkunde hätte dann das Grundbuchamt den Gläubiger von der Schuldübernahme mit dem Hinweise zu verständigen, daß seine Genehmigung als erteilt gilt, wenn er nicht binnen bestimmter Frist beim Grundbuchamte Widerspruch erhebt.

Eine noch radikalere Lösung würde der Vorschlag bedeuten, den ich für das österreichische Recht gemacht habe [92]), nämlich die Schuldübernahme beim Erwerbe hypothekarisch belasteter Grundstücke an den Fall des § 414 anzuschließen, und zwar in der Weise, daß der Übergang der persönlichen Schuld unmittelbar an den Erwerb des Grundstücks geknüpft und lediglich dem Erwerber und dem Gläubiger ein Widerspruchsrecht eingeräumt wird [93]).

So wenig ich nun verkenne, daß die Rechtsnorm des § 416 reformbedürftig ist und so sehr ich glaube, daß auf einem der angegebenen Wege eine Besserung erreicht werden könnte, so kann ich mich doch nicht dazu entschließen, dem Juristentage eine Änderung des BGB. zu

---

[89]) Vgl. oben S. 384.

[90]) Vgl. oben S. 395 f.

[91]) Vgl. § 98 GBO. und dazu Oberneck, Reichsgrundbuchrecht I S. 473 f.

[92]) Oben S. 396 f.

[93]) Dagegen scheint mir ein Zurückkehren zu der Regelung des § 41 des preußischen Gesetzes v. 5. Mai 1872 nicht empfehlenswert zu sein. Vgl. dazu oben S. 400 A. 73.

empfehlen. Der Juristentag hat seit der Geltung des BGB. mit vollem Rechte daran festgehalten, das Gesetz nicht anzurühren, sofern nicht zwingende Gründe vorhanden sind. Diese Zurückhaltung des Juristentages zu würdigen, scheint mir für einen österreichischen Gutachter besonders geboten zu sein. Auch halte ich es nicht für ausgeschlossen, eine Besserung der Sachlage auf einem außergesetzlichen Wege — wir Österreicher würden sagen via facti — zu erreichen. Es dürfte doch möglich sein, Mittel zu finden, um die mit der Abfassung des Veräußerungsvertrages betrauten öffentlichen Organe zu veranlassen, die Parteien über die Frage der persönlichen Haftung und die Voraussetzungen für das Zustandekommen der Schuldübernahme aufzuklären [94]). Dadurch würde der wesentlichste Mangel des § 416 allmählich behoben werden können, wie insbesonders die Verhältnisse in Bayern beweisen, wo die zur Verfassung des Veräußerungsvertrages berufenen Notare schon derzeit jenen Anforderungen nachzukommen scheinen.

Ferner würden einige besonders unerfreuliche Folgeerscheinungen des Auseinandergehens von persönlicher und dinglicher Haftung durch eine gedeihliche Lösung der dem Juristentage vorliegenden Frage betreffend die Haftung des persönlichen Schuldners für den Hypothekenausfall beseitigt werden können.

Ich komme demnach zu dem Vorschlage, für das deutsche Recht die vorgelegte Frage zu verneinen, für das österreichische Recht hingegen mit dem Beisatze zu bejahen, daß es sich empfiehlt, den Übergang der persönlichen Schuld unmittelbar an den Erwerb des mit der Hypothek belasteten Grundstücks zu knüpfen und dem Gläubiger sowie dem Erwerber ein Widerspruchsrecht gegen den Schuldübergang einzuräumen.

---

[94]) Vgl. dazu Sieke, SächsArch. 1908 S. 230 f.; Herold, ebenda S. 253 N. 64. Vgl. auch Oberneck a. a. O. II S. 293 u. 295, der die allerdings kaum haltbare Ansicht vertritt, daß der Schuldübernahmevertrag als Bestandteil des Veräußerungsvertrages der Form des § 313 bedürfe und daher in die Veräußerungsurkunde aufgenommen werden müsse. Dieselbe Ansicht für das schweizerische Recht bei Wieland vgl. oben S. 394 A. 60.

IX.

Gutachten des Herrn Oberlandesgerichtsrat Dr. Salinger in Breslau

über die Frage:

Empfehlen sich gesetzliche Maßnahmen in bezug auf die Sicherungsübereignung?

I.

Die Sicherungsübereignung ist ein Kind des Verkehrs. Aber ein illegitimes, denn es kann sich auf die Vaterschaft des Gesetzes nicht berufen. Das hat ihr zum Nachteil gereicht. Einmal schon aus dem äußeren Grunde, weil ihr der Makel unechter Geburt anklebt. Mehr aber noch deshalb, weil der Mangel der gesetzlichen Regelung sie wild hat aufwachsen lassen. Die kundige Hand des Gesetzgebers versteht zu ordnen. In dem gerechten Ausgleich zwischen Bedürfnis und Erfüllung sucht er sein Ziel, indem er sorgsam die Interessen aller wägt und wägen muß als Glied der Staatsmaschine. Das richtige Greifen aber zwischen Zweck und Mittel verbürgt ihm, wenn nichts anderes, schon der Zwang juristischer Technik. Das letztere mag den Gegnern der Begriffsjurisprudenz der Weisheit bester Ring nicht dünken. Aber wahr bleibt doch, daß schrankenlose Freiheit dem Verkehr leicht schädlich wird und nur die Norm vor dem Betreten schwanken Bodens sichert.

Schon das allein müßte eigentlich genügen, das Institut der Sicherungsübereignung oder richtiger wohl das Feld derselben einer gesetzlichen Regelung zu unterziehen. Besonders weil sie im Laufe der Zeit ein überaus häufiges Kreditmittel geworden ist, das ernstlich Miene macht, dem Pfandrecht ganz das Leben auszublasen, wenn ihr ein „Quos ego“ nicht zugerufen wird.

Die Frage, wie die Sicherung eines Gläubigers nicht allein vom Standpunkt seiner eigenen Interessen, sondern auch mit Rücksicht auf die Interessen des Schuldners und im Verkehrsinteresse am vollkommensten zu gestalten ist, hat den Gesetzgeber seit den Uranfängen des eigentlichen Sicherungsgeschäftes viel beschäftigt. Dabei ist die Lösung des Problems mit mannigfachster Verschiedenheit versucht worden. An legislativhistorischer Erfahrung hat es darum bei Schaffung des Bürgerlichen Gesetzbuches nicht gemangelt. Trotzdem hat das Bürgerliche Gesetzbuch auf dem volkswirtschaftlich so bedeutenden Gebiete des Mobiliarsicherungsrechts den erwünschten Rechtszustand nicht geschaffen. Es hat zwar dem Pfandrecht an beweglichen Sachen die gesetzliche Regelung zu Teil werden lassen, ist aber an der Frage, ob die Normen seines Pfandrechts den Verkehrsbedürfnissen genügen, vorbeigegangen. Zum mindesten hat es sie nicht erschöpfend behandelt. Und gerade darin liegt der Grund, warum die Sicherungsübereignung so emporgewuchert ist.

Nachdem die neue Rechtsentwickelung mit großer Entschiedenheit und unleugbar auch mit Erfolg bemüht gewesen war, die wirtschaftlichen Nachteile der römischen Mobiliarhypothek zu beseitigen und insbesondere die Unerkennbarkeit des Vertragspfands dessen Lebensunbrauchbarkeit und Verkehrsschädlichkeit auf das schlagendste erwiesen hatte, war es fast selbstverständlich, daß das Bürgerliche Gesetzbuch sich auf dem Gebiete der Mobiliarsicherung zum Faustpfandsprinzip bekannte.

Schon die Motive zu § 40 der Konkursordnung hatten darauf hingewiesen, daß, wo immer ein Staat in dem letzten Jahrhundert das Pfandrecht an Mobilien gesetzlich normiert habe, die gemeinrechtliche Hypothek abgeschafft worden sei und zuletzt nur noch auf einem Gebiet von etwa 500 Quadratmetern ihre Geltung behalten habe. Indem die Konkursordnung ihr die dingliche Wirkung im Konkurse versagte, verschwand sie ganz. Auf diese Weise war dem Bürgerlichen Gesetzbuch in der Form der Verpfändung durch die Konkursordnung grundsätzlich schon vorgearbeitet und der Redaktor des Entwurfs konnte sich mit der kurzen Bemerkung begnügen, daß die Annahme des Faustpfandsprinzips einer weiteren Begründung nicht bedürfe. In der Tat bestand auch kein Anlaß, den Strom der Entwickelung in das verlassene Bett wieder zurückzuleiten. Es war nicht bloß nationale Pflicht, die Rechtsentwickelung, welche auf der Grundlage deutscher, der Natur der beweglichen Sachen entsprossener Rechtsgedanken zur Beseitigung der Mobiliarhypothek geführt hatte, zu respektieren. Der Publizitätsgedanke des deutschen Rechts, der als Bedürfnis erkannt hat, die gegen alle wirkenden dinglichen Rechte auch für alle erkennbar zu machen, und dementsprechend die Pflicht, das Recht des anderen zu achten, dem Dritten nur dann aufzwingt, wenn er die Möglichkeit gehabt hat, sich über den Bestand des Rechts zu unterrichten, ist für ein verfeinertes Rechtsgefühl weit erhaben über die Starrheit des römischen Dinglichkeitsbegriffs. Indem er dessen Wirkung auf das richtige Maß zurückführt, eignet er sich für die Normbestimmung eines Sicherungsrechts weit mehr, als dieser. Vom Standpunkte des Gläubigers, der an der möglichst ausgedehnten Wirkung seines Rechts Interesse hat, vielleicht nicht ganz. Doch da auch dieser damit rechnen muß, daß guter Glaube des Erwerbers ungeahnt sein Recht verkümmert, so ist es schließlich auch für ihn von Wert, durch Publizität des Pfandrechts diesen Glauben zu zerstören. Daraus darf übrigens nicht gefolgert werden, daß es auch sonst die Rücksicht auf den guten Glauben ist, die für das Bedürfnis nach Erkennbarkeit des Pfandrechts streitet. Mag auch der Schutz des guten Glaubens selbst im Publizitätsgebote wurzeln, die Kundbarkeit des Pfandrechts ist prinzipiell für ihn belanglos. Das heißt für den Erwerber. Denn er hat Schutz, wenn er vom Pfandrecht beim Erwerb nichts weiß, und braucht darum nicht Mittel, seine Kenntnis zu begründen. Dabei ist's gleich, worauf sich der Erwerb bezieht. Denn nicht allein beim Eigentumserwerb, sondern auch bei dem Erwerb beschränkter dinglicher Rechte schützt der gute Glaube. Den Schutz des guten Glauben aber hat nicht jeder. Ihn hat nur der, der dinglich durch Erwerb in Rechtsbeziehungen zu der Sache tritt. Wer nur persönliche Beziehungen zum Eigentümer einer Sache hat, der kann sich auf den Mangel seiner Kenntnis von dem Pfandrecht nicht berufen. Ihm nützt daher die Kenntlichmachung der Verpfändung ganz besonders. Denn wenn sie fehlt, so wird er leicht getäuscht, weil er für unbeschränktes Eigentum des Schuldners halten kann, worauf bereits ein anderer Gläubiger seine Hand gelegt hat. Die Folge aber ist, daß er ihm im Vertrauen, daß seine Habe ihm Befriedigung sichert, kreditiert, um in der Zwangsvollstreckung zu erfahren, daß alle Werte durch Verpfändung längst verbraucht sind. Ein solches Resultat ist ungesund. Das Gesetz kann zwar dem Schuldner nicht verwehren, auch dann noch um Kredit zu bitten und Kredit zu nehmen, wenn er die Sicherungswerte seiner Habe zugunsten anderer Gläubiger schon vergeben hat. Es kann jedoch verhindern, daß er seinen Vermögensstand verschleiert. Ihm selbst die Offenbarungspflicht darüber aufzulegen, daß sein Besitz kein Unterpfand mehr bietet, wäre zu viel verlangt. So weit ist die Treue im Verkehr niemals gegangen und kann sie auch nicht gehen, will man den Begriff der Redlichkeit nicht überspannen. Darum bleibt kein anderes Mittel übrig, als gesetzlich festzulegen, daß die dem Schuldner gehörigen Objekte, die dem Gläubiger nicht genügend Sicherheit mehr bieten, weil sie schon mit dem vorzugsweisen Befriedigungsrecht eines anderen Gläubigers belastet sind, als solche sich auch kenntlich machen müssen. Und darin steckt der Zweck des Faustpfands, aber auch sein Wert.

An sich kann das Gesetz den Publizitätsgedanken auf zwei verschiedene Arten betätigen. Es kann bestimmen, daß die Wirkung gegen Dritte von der Kundbarmachung abhängt, kann aber auch die Rechtsentstehung selbst an diese knüpfen. Für den erstrebten Zweck ist beides gleich. Für das Prinzip der Dinglichkeit zwar nicht. Es wird im letzterwähnten Falle mehr gewahrt, als wie im ersten, gelangt jedoch auch hier nicht lückenlos zur Wirkung, weil es zum Teil der Schutz des guten Glaubens noch durchbricht. Inwieweit das möglich ist, hängt von der Kraft der Kundbarmachung ab. Die aber nimmt ihr Maß vom Mittel, das die Kundbarmachung anstrebt.

Die Mittel, die auf diese zielen, sind verschieden und müssen es auch sein, weil die natürliche Verschiedenheit des Sicherungsgegenstandes die Gleichheit in der Wahl derselben ausschließt. Die Eintragung in öffentliche Bücher, die am vollkommensten die Offenkundigkeit des Pfandes garantiert und sich beim unbeweglichen Vermögen aufs trefflichste bewährt, ist für das Mobiliarpfand wegen der Beweglichkeit des Pfandobjekts zum mindestens nicht voll verwertbar. Darum mußte das Gesetz hier denn zum Faustpfand seine Zuflucht nehmen, bei dem durch Übergabe an den Gläubiger das Pfandrecht zur Entstehung kommt. Dabei ist aber festzuhalten, daß diese Übergabe nicht etwa dazu dient, den Inhalt des Geschäfts ersichtlich zu verkörpern. Worauf es ankommt, ist vielmehr, das Pfandstück dem Besitz des Schuldners zu entziehen. Denn wird es der Verfügungsmacht des Schuldners ganz entrückt, so wird nicht nur den Zweifeln vorgebeugt, die aus der Möglichkeit mehrfacher Verpfändung leicht entstehen können, sondern auch eine Ausdrucksform gewonnen, die Dritte vor der Täuschung über die Verhältnisse des Schuldners sichert. Und gerade darin liegt das Ziel des Faustpfands. Es mag sein, daß mit diesem Zweck allein das Faustpfand hinter der Bedeutung der grundbuchlichen Eintragung wesentlich zurückbleibt, und daß die Übergabe zum Vergleich mit dieser nicht ganz paßt, weil die Eintragung in ein öffentliches Buch, indem sie die Verpfändung dauernd feststellt, zugleich auch plastisch wirkt. Im Kernpunkt jedenfalls berührt der Unterschied die Gleichheit nicht, die hier und dort im Zweck liegt. Auch nicht, wenn man zugibt, daß nicht sowohl die Eintragung, als vielmehr das Eingetragensein das sichernde Moment ist und bei der Übergabe, die, wenn sie selbst von vornherein erkennbar war, nicht immer auch erkennbar bleibt, ein gleiches Bleibestadium mangelt. Denn in Wahrheit ist es auch beim Faustpfand der Dauerzustand der Besitzentziehung und nicht der Übertragungsakt, der hier die Publizität ins Leben ruft und sichert. Darum schadet es auch nichts, wenn sich der Gläubiger des Besitzes entschlägt. Nur dem Verpfänder darf er sie nicht wiedergeben, weil er damit die Kundbarmachung seines Pfandes aufhebt. In diesem Falle aber endet auch sein Pfand.

Es läßt sich nicht bestreiten, daß es für den Gläubiger ein besseres Pfand, als das der Faustverpfändung, schwerlich gibt. Denn nichts vermag ihn mehr zu sichern, als ein Pfand, das er besitzt. Einmal hat er, sofern er nicht befriedigt wird, behufs Verwertung gleich das Pfandobjekt zur Hand. Dann aber schützt ihn der Besitz des Pfandes auch vor unberechtigten Verfügungen des Schuldners, was desto mehr von Wert ist, als es am strafrechtlichen Schutz hiergegen prinzipiell gebricht Und nicht bloß gegen sie allein. Er ist auch sicher, daß sich andere Gläubiger aus der verpfändeten Sache ihn zum Nachteil nicht befriedigen, was leicht geschehen kann, wenn er nicht im Besitz des Pfandes ist und mangels Kenntnis von der Pfändung es unverschuldet unterläßt, sein Recht zu wahren.

In seinem eigentlichen Zweck, den Dritten, der Kredit gewährt, vor Täuschung zu beschützen, wirkt das Faustpfand ebenfalls vollkommen. Zwar nicht in der Art, daß es diesem positiv die Kenntnis der Verpfändung bringt und läßt. So war es wohl gedacht, als man befangen in der Lehre vom titulus und modus den letzteren in der Form der Übergabe suchte. Aber diese Theorie ist längst verlassen. Und wenn man festhält, daß die Übergabe, mag sie auch Form für die Entstehung jeden Faustpfands sein, doch niemals Selbstzweck ist, sondern nur Mittel, um den Besitz dem Schuldner zu entziehen, so wird man schwerlich fehlgehen, wenn man annimmt, daß in dem Wissen von dem Pfand der Wert der Faustpfandwirkung gar nicht liegt. Nur daß der Dritte Nichtverpfändung annimmt, soll verhütet werden. Hierzu bedarf es aber keiner Kenntnis der Verpfändung, die auch das Faustpfand nur beim Gläubiger sichtbar machen könnte, wo die Erkennungsmöglichkeit nichts nützt. Es mag zwar richtig sein, daß mit dem Wissen von dem Pfandrecht am wirksamsten der Glaube an das Nichtbestehen des Pfandrechts ausfällt. Allein der Irrtum kann durch Mittel, die die Gelegenheit zum falschen Glauben unterbinden, auch präventiv gehindert werden. In diesem Sinne aber wirkt das Faustpfand. Denn ein Sache, die nicht im Besitz des Schuldners ist, wird niemals die Vermutung nahe legen, als sei sie frei vom Pfand.

Schon darum nicht, weil man sie gar nicht sieht, und, was man nicht zu sehen bekommt, auch nicht erst wertet.

Ist aber gerade die Besitzentziehung der eigentliche Zweck des Faustpfands, so folgt von selbst, daß nur die körperliche Übergabe der zum Pfand gegebenen Sache diesen Zweck erfüllt. Denn nur durch diese wird de facto der Besitz entzogen. Die anderen Übergabearten sind Fiktionen. Von diesem Standpunkt war schon die symbolische Übergabe, die nach allgemeinem Landrecht für den Pfandbesitz ganz ebenso genügte, wie beim Eigentumserwerb, ein unvollkommenes Mittel, um den Wechsel des Besitzes kund zu geben. Noch weniger aber reicht das constitutum possessorium dazu aus. Denn da bei ihm die Übergabe so geschieht, daß der Veräußerer im Besitze bleibt und nur zum unmittelbaren Besitz desselben der mittelbare des Erwerbers unsichtbar hinzutritt, so bleibt der tatsächliche Besitzzustand derselbe, wie bisher. Beim Eigentumserwerb mag das nichts schaden. Wenn der Erwerber selbst damit zufrieden ist, daß ihm die volle Sachbeherrschung fehlt, so ist das seine Sache. Dritte Interessen sind hier nicht zu wahren. Wenigstens so lange nicht, als der Erwerb nur Umsatzzwecken dient. Denn die betreffen im Prinzip nur die Partei. Damit ist freilich nicht gesagt, daß aus der Heimlichkeit des Konstituts nicht schwere Schäden auch in diesem Fall erwachsen können, sobald mit dem erworbenen Eigentum die Rechte Dritter kollidieren. Doch das geschieht nicht mehr, als sonst durch den Besitz von fremdem Eigentum geschieht, und zwingt nicht zu dem Schluß, daß es auch hier geboten ist, dem Konstitut die Anerkennung zu versagen. Im Gegenteil, es gibt hier Fälle, in denen es geradezu Bedürfnis ist, den Eigentumserwerb mit seiner Hilfe zu erleichtern. Beim Pfandrecht aber ist das anders. Muß man sich einmal auf den Standpunkt stellen, daß mehr, als die bezweckte Sicherheit des Gläubigers, das Schutzinteresse des Verkehrs es fordert, das Pfand zu übergeben, so muß auch diese Übergabe eine volle sein. Denn da es darauf ankommt, die pfandbestimmte Sache aus dem Kreis des Dritten sichtbaren Vermögens des Verpfänders auszuscheiden, so kann allein ein Mittel greifbarer Natur den Zweck erreichen helfen. Das Konstitut hat hierzu nicht die Kraft. Es würde dem Verpfänder den Besitz der Sache lassen und, weil es den Besitz ihm läßt, in Wahrheit keine andere Wirkung haben, als das vertriebene Pfandrecht durch Vertrag. Denn ein Besitz, der die verpönte Heimlichkeit des Pfandes nicht in geringerem Maß begünstigt, als diese ohne ihn gefördert werden würde, ist für das Mobiliarpfand nur ein Schemen und reicht nicht aus, um die Gefährdung Dritter zu vereiteln.

Aus diesem Grunde war es Konsequenz und Zwang, daß das Gesetz das Konstitut als für die Pfandbestellung ungeeignet ausschloß und nur der körperlichen Übergabe Macht und Kraft verlieh, das Pfandrecht zu begründen. Jedoch wo Licht ist, ist auch Schatten. Es mag zwar nicht bestritten werden können, daß das Erfordernis der körperlichen Übergabe dem Gläubiger und dem Dritten, der dem Pfandrechtsschuldner kreditieren will, ein sicherer Schutz ist, um Gefahren zu entgehen. Auf der anderen Seite aber ist es ebenso unleugbar, daß die Notwendigkeit der Übergabe die Möglichkeit der Pfandbestellung wesentlich beschränkt. Und hierin liegt ein Nachteil für den Schuldner. Daß statt der Übergabe auch der Mitbesitz genügt, sobald das Pfand in Mitverschluß des Gläubigers kommt, behebt den Nachteil nicht. Denn dieser Vorschrift fehlt das Leben. Sie ist zu unbequem, um in Gebrauch zu sein. Und darum bleibt die Not, mit der die Pfandbestellung kämpft, auch trotz derselben.

In seinem „Kampf ums Recht" sagt Jhering zwar, daß es das Hauptziel jeden Schuldrechts sein muß, das Recht des Gläubigers obenan zu stellen. Ob dieser Satz auch heute noch auf Beifall rechnen darf, wo die soziale Schwärmerei fast übers Ziel dem Schwachen ihre Neigung schenkt, mag, da es hier nicht interessiert, auf sich beruhen. Soviel aber ist gewiß, daß ein Kreditrecht, das allein den Strang des Gläubigers zieht und nicht auch in Erwägung nimmt, wie es vom Schuldnerstandpunkt ausgestaltet werden muß, ein totgeborenes Kind ist. Denn zu bedenken, wie der Gläubiger wohl am besten fährt, und unbedacht zu lassen, ob auch der Schuldner leisten kann, was jenem nützt, ist leergedroschenes Stroh. Bevor der Schuldner sichert, muß er erst Kredit erlangen. Die erste Frage ist deshalb, wie ist der Weg, auf dem man nach Bedarf Kredit gewinnt. Für die Entscheidung dieser Frage ist die Rücksicht auf den Gläubiger allerdings nicht auszuschalten. Denn ob der Schuldner den ihm nötigen Kredit erlangt, hängt davon ab, ob ihn der Gläubiger, wie der Schuldner will, gewährt. Daraus entsteht nicht gerade nötig ein Interessenwiderstreit, der billig auszugleichen ist. Doch immerhin bleibt festzuhalten, daß sich die Pfandrechtsnorm, wenn sie genügen will, nicht bloß danach entscheiden darf, ob sie den Sicherungszweck erfüllt. Vielmehr wird sie auch darauf Rücksicht nehmen müssen, daß sie, so gut es geht, dem Schuldner frommt. Für letzteres aber spricht nicht nur die Frage mit, wie die bezweckte Sicherstellung am wenigsten den Schuldner drückt, sondern vor allem die, ob deren Norm auch unbegrenzt geeignet ist, das waltende Bedürfnis nach Kredit zu decken. Ob das Kreditbedürfnis mehr zu werten ist, als das nach Sicherung, ist schwer zu sagen. Wirtschaftlich steht ersteres jedenfalls im Vordergrund. Denn wer sich nicht genug gesichert fühlt, kann den Kredit verweigern. Wer aber den Kredit bedarf, ist unfrei und gezwungen, sich zu helfen. Aus diesem Grunde kommt es darauf an, soviel es geht, ihm wenigstens die Möglichkeit hierzu zu geben. Von diesem Standpunkt aber ist das Faustpfand geradezu ein Hemmschuh.

Nicht alle Sachen können übergeben werden. Teils weil sie sich dazu nicht eignen, teils weil der Schuldner ihrer unbedingt bedarf. Im ersterwähnten Fall ist es die Schwierigkeit der räumlichen Veränderung, die die Übergabe hindert, im letzteren die Not, sich wirtschaftlich zu halten. Mitunter werden es auch beide Gründe sein. Theoretisch mag es richtig sein, daß alles, was beweglich ist, auch fortgegeben werden kann. Im Leben aber ist es anders. Wer Vorräte an Waren oder Rohprodukten hat, mag im Prinzip zwar nicht gehindert sein, auch diese Sachen aus der Hand zu geben. Gibt er zur Sicherung letztere aber fort, dann hält er den Betrieb, dem diese dienen, mit seiner anderen Hand gleich still. Und dies ist ein zu teurer Preis, sich den Kredit zu schaffen. Das um so mehr, als in den meisten Fällen der Kredit hier gerade dem Betriebe dienstbar werden soll, und ihn zu suchen zwecklos wäre, wenn die Gelegenheit, den letzteren fortzusetzen, mangelt. So setzen wirtschaftliche Gründe dem Können in concreto einen Damm. Die Übergabe aber ist auch faktisch undurchführbar. Der Schuldner, der zum Pfand sein Warenlager einem Gläubiger übergeben will, kann diesem den Besitz nicht anders schaffen, als daß er ihn statt seiner ins Geschäft setzt oder die Waren ausnahmslos zu ihm herüberbringt. Das erstere kann ihm ernstlich wohl nicht zugemutet werden, weil solche Übergabe zwar für die Veräußerung paßt, den Rahmen eines Pfandgeschäftes aber übersteigt. Sie würde denkbar sein, wenn die Verpfändung des Geschäfts, wie das französische Recht sie kennt, in Frage stehen würde. Wo es sich aber bloß um Pfandrecht an den Waren handelt, gibt sie dem Gläubiger zweifellos zu viel. Es bleibt daher nichts anderes übrig, als alle Waren zu dem Gläubiger selbst zu schaffen. Das aber geht nicht an, weil es, ganz abgesehen von Mühe und Kosten, dem Gläubiger schon an Raum gebricht, die Waren aufzunehmen. Das gleiche gilt, sobald in Frage kommt, Erzeugnisse der Landwirtschaft in Pfand zu geben. Denn auch in diesem Fall hat jeder nicht die Scheunen, Böden, Keller, die nötig sind, um die Produkte aufzuspeichern. Und wenn er sie auch hat, wird er die Mühen der Verwahrung schwerlich auf sich nehmen, besonders wenn mit ihr die Pflicht zu der Erhaltung des gegebenen Pfands verbunden ist. Denn diese ist nicht immer leicht, weil sie die sachverständige

Wahl der richtigen Mittel fordert, und außerdem auch drückend, weil sie dem Gläubiger Kosten auferlegt, die progressiv die Schuld vergrößern. Damit wird Wohltat Plage. Die Folge aber ist, daß jedermann ein solches Faustpfand ablehnt und damit dann zugleich auch den Kredit. Wo Inventar des Guts verpfändet werden soll, liegt es oft noch schlimmer. Denn wenn das lebend ist, verlangt die Pflicht der Wartung ganz besondere Sorgfalt von dem Gläubiger, auch wenn er selber die Gefahr nicht trägt. Vor allem aber wird der Schuldner nicht in der Lage sein, das Inventarstück fortzugeben. Denn wenn es diesem auch nicht schadet, wenn seine Wirtschaft Inventar entbehrt, das er nicht nötig braucht, so kann er, will er den Betrieb nicht stören, doch niemals sich von solchen Stücken trennen, deren er zur Wirtschaft unbedingt bedarf. Und damit schmilzt der Kreis der Sachen, die ihm zum Faustpfand ernstlich zur Verfügung stehen, sowohl beim lebenden als toten Inventar. Denn hier und dort kann nur, was überflüssig ist, zum Pfand gegeben werden. Ganz ähnlich aber steht es mit den Sachen, die dem Gewerbebetrieb des Schuldners dienen. Denn auch diese kann der Schuldner seinem Gläubiger in der Regel nicht zum Faustpfand geben, weil er sie braucht. Und zwar gleichviel, ob es Maschinen sind oder bloß Handwerkszeug. Denn seiner Produktion ist eins so nötig wie das andere. Die Art und Größe des Betriebes spricht gar nicht mit. Denn ihm entsprechend sind auch jedesmal die Mittel des Betriebes. Ihn etwa einzuschränken, um die Mittel für das Faustpfand zu gewinnen, ist kaum ein Weg. Denn dazu wird sich wohl der Schuldner nicht entschließen, wenn er nicht rückwärts schreiten will. Auch nicht entschließen dürfen, sofern es darauf ankommt, sich des Kredites wert zu zeigen. Wird dieser gar gesucht, um den Betrieb zu halten oder zu vergrößern, so würde es direkten Widerspruch bedeuten, um seinetwillen das Gewerbe einzuschränken. Wo Hausgerät verpfändet werden soll, da wäre die Beschränkung des Bedarfs wohl eher möglich. Jedoch besteht auch hier die Schranke, daß das Unentbehrliche nicht fortgegeben werden kann. Und da der Umfang dieser Unentbehrlichkeit im Einzelfall verschieden ist und auch sehr groß sein kann, wenn es die Aufrechthaltung eines angemessenen Hausstands fordert, so findet auch in diesem Fall die Faustverpfändung ernstlich Widerstand.

Auf diese Weise ist ihr Kreis erheblich eingeschränkt und dadurch geht der Nutzen der Verpfändung weiten Kreisen ungerecht verloren. Wenn nicht gewichtige Gründe dafür sprechen, einen solchen Mangel hinzunehmen, muß man den Zustand unvollkommen nennen. Denn so wie jetzt das Pfandrecht ist, hemmt es erheblich den Kredit, anstatt ihn zweckgemäß zu fördern. Es mag zwar sein, daß das bewegliche Vermögen, weil es zum größten Teil dem Umsatz dient, zum Pfand sich weniger eignet, als die Immobilien, die bei dem Schuldner dauernd bleiben. Daraus darf aber keineswegs entnommen werden, daß sie schlechtweg nicht als Kreditobjekte taugen. Es läßt sich allerdings nicht leugnen, daß niemand gerne den Kredit auf Sachen stützt, die in den Fluten des Verkehrs in jedem Augenblick versinken können, und daß aus diesem Grunde auch das Pfand am Mobile viel seltener ist, als die Bestellung einer Hypothek am unbeweglichen Vermögen. Aber trotzdem würde der Gläubiger sich im Lichte stehen, wenn er von selber auf das ersterwähnte Pfand verzichtet. Nicht alle Mobilien sind dazu bestimmt, im Leben hin und her zu gehen. Die Sachen, die verbraucht, veräußert und verarbeitet werden sollen, sie mögen sich im steten Strom von einer in die andere Hand bewegen, wiewohl auch hier ein Dauerzustand möglich ist, so lange nicht ihr Zweck erfüllt ist. Andere Mobilien aber haben stetigen Charakter. Erzeugnisse der Kunst und Industrie, desgleichen auch der Technik und des Handwerks sind zwar beweglich, so lange sie Objekt des Handels bilden. Sobald sie sich jedoch in fester Hand befinden, um dem Besitzer für sein Haus, Beruf, Betrieb zu dienen, sind sie dauernd. In diesem Stadium aber können sie als Unterpfand ganz ebenso verwendet werden, wie das unbewegliche Vermögen. Daß ihre Lebensdauer nicht so ewig ist, wie die des Grundbesitzes, tut nichts zur Sache. Denn jedenfalls bestehen sie so lange, als der bewilligte Kredit es fordert. Gewöhnlich ist der letztere kurz mit Rücksicht auf die Forderung und den Zweck, dem er genügt. Denn Kapitalsanlagen, wie bei der Grundstückshypothek, sind hier nicht üblich. Meist sind es Kaufpreisforderungen oder Werklohn, die gestundet werden, oder auch Darlehne mit kurzer Frist, die das Kreditverhältnis bilden. Sie aber wird die Existenz der Sache überdauern und meist auch der Besitz des Schuldners an den Sachen, da sie gemeinhin erst, nachdem sie abgenutzt, von diesem abgestoßen werden. Aus diesem Grunde werden sich Maschinen, Hausgerät und Handwerkszeug sowie das Inventar der Landwirtschaft ihrem Charakter nach zum Pfande bestens eignen. Nicht minder aber trifft das auch von den Objekten zu, die, wie die Rohprodukte, Fabrikate, Zuchtvieh, erst nach geraumer Zeit dem Zweck, dem sie gewidmet sind, erliegen. Bei den Mobilien, die zum täglichen Verkauf bereit gehalten werden, wie die Waren, mag die Verwendung für das Pfand schon mehr Bedenken haben, weil die Gewißheit längeren Besitzes bei solchen Sachen der Natur nach fehlt. Schlechthin jedoch entbehren selbst auch diese nicht der Brauchbarkeit zur Pfandbestellung. Denn mögen auch die Stücke eines Warenlagers ständig wechseln, in der Gesamtheit bleibt das letztere doch bestehen und hieran kann die Möglichkeit, es zu verpfänden, knüpfen.

Müßte der Schuldner sich bei den erwähnten Sachen die Ausnutzung zum Sicherungszweck versagen, weil ihm der Weg fehlt, diese zu betätigen, so genießt er mindestens nicht voll die Werte seiner Habe. Denn der Vollwert einer Sache kommt erst dann zur Geltung, wenn alle Werte einer Sache sich entfalten. Zu ihnen aber rechnet auch der Sicherungswert, den eine Sache hat. Da dieser sich nicht bloß nach dem Verkaufswert einer Sache richtet, sondern vor allem davon abhängt, ob die Sache fähig ist, als Basis des Kredits zu dienen, so kommt es wesentlich darauf an, die Bahn zu der Verwendbarkeit hierzu so breit wie möglich zu gestalten. Denn je mehr der Schuldner unvermögend ist, was er besitzt, zum Pfand zu geben, desto geringer ist für ihn die Aussicht auf Kredit. Wäre dieser, wie es dereinst in Rom war, auch heute noch auf die Person gestellt, dann hätte die Beschränkung der Verpfändungsmöglichkeit freilich nicht viel zu sagen. Aber im heutigen Verkehr hat der Realkredit die Oberhand gewonnen. Ihn wiederum zurückzudrängen, ist nicht ratsam. Denn in dem Übermaß, in dem sich heute die Geschäftsbeziehungen weiten, ist es nicht möglich, die Person des Schuldners richtig zu erkennen. Schon darum nicht, weil der Geschäftsverkehr zum größten Teil nach großen Städten führt und hier, wo einer nicht den anderen kennt und Lug und Trug so gut gedeiht, es gar nicht möglich ist, Verhältnisse zu überschauen. Wenn sich der Handel über diesen Mißstand wegsetzt und meist auf die Person dem Schuldner kreditiert, so tut er das aus Not. Er kann es auch vielleicht am ehesten, weil sein Kredit gewöhnlich nur von kurzer Frist ist. Aber auch bei ihm dringt immer mehr die Überzeugung durch, daß die Gefahr des Personalkredits zu groß ist, und nach und nach beginnt auch er für die Kredite, wenn sie hoch sind, Sicherheit zu fordern. Ob er damit Erfolge haben wird oder nicht besser tut viel mehr als jetzt auf Bargeschäfte hinzuwirken, ist hier nicht zu entscheiden. Jedenfalls bleibt noch ein weites Feld, wo der Realkredit die Herrschaft hat, so daß es darauf ankommt, ihm weit hinaus den Weg zu ebnen.

Wer freilich auf dem Standpunkt steht, daß es nicht Aufgabe des Gesetzes ist, nach Möglichkeit Kreditgewinnung zu erleichtern, und wer Enthaltsamkeit das Wort spricht, weil die Erweiterung der Kreditgelegenheit dem Schuldner oft zwar nützt, doch viel auch schadet, der wird in der Beschränkung, die das Faustpfand bringt, fast einen Segen finden. In Wahrheit aber ist das Ziel, das dem Gesetze vorzuschweben hat, ein anderes. Natürlich wird der Schuldner, wenn er leicht Kredit gewinnen kann, auch diesen leicht benutzen. Aber wo ein Recht geschaffen wird, das ausgesprochenermaßen auf Kreditbeschaffung abzielt, kann es nicht Pflicht sein, sie in gleichem Atem zu erschweren. Will man den Schuldner vor dem Leichtsinn schützen, so kann das nur auf einem anderen Blatt geschehen. Zum mindesten geht es zu weit, ihm Quellen des Kredits zu stopfen, bloß weil er diese auch mißbrauchen kann. Denn in dem anderen Fall kann er sie ohne Mißbrauch wieder brauchen.

Darum muß vom Schuldnerstandpunkt aus die Pfandform grundsätzlich in den Dienst des weitesten Kredits gestellt sein, und was sie hierin hemmt, das ist von Übel. Besonders wenn es den Erfolg hat, daß es dem Schuldner jede Möglichkeit benimmt, sich den benötigten Kredit zu schaffen. Denn oftmals sind sein Hausgerät, sein Inventar und Handwerkszeug, die Vorräte an Material und Waren die einzigen Werte, welche er besitzt. Und macht das Faustpfand ihm die Pfandverwertung dieser Sachen geradezu unmöglich, so bleibt er ohne den Kredit, den seine Existenz erfordert. Das trifft den kleinen Mann, der auf persönlichen Kredit zumeist verzichten muß, besonders hart. Es kann jedoch nicht minder hart auch Große treffen. Beim Landwirt mag das Pfand mit dem beweglichen Vermögen zwar weniger eine Rolle spielen. Meist wird die Hypothek bei ihm das Mittel zur Kreditgewinnung bieten. Und da sie nicht allein den Grund und Boden, sondern auch Erzeugnisse und Zubehör erfaßt, so wird für die Verpfändung des beweglichen Bestandes in diesem Fall kaum noch Raum sein. Schlechtweg jedoch kann auch die Landwirtschaft den Mobiliarkredit nicht missen. Besonders ist er Pächtern eines Guts Bedürfnis. Denn da ein Pächter sich der Hypothek, weil ihm das Eigentum am Grundstück fehlt, niemals bedienen kann, so bleibt ihm nur die Mobiliarverpfändung übrig. Wird er in dieser aber durch das Faustpfand eingeengt, weil er mit Rücksicht auf die Art des Pfandobjekts sich des Besitzes an demselben nicht begeben kann, so geht auch dieses Pfandrecht ihm verloren. Auf diese Weise steht er schlechter, wie der Eigentümer eines Landguts, und dafür läßt sich ein vernünftiger Grund nicht finden. Denn wenn es möglich ist, zugleich mit Grund und Boden auch den beweglichen Teil der Gutswirtschaft in Pfand zu geben, so muß es ebenso auch möglich sein, die letzterwähnten Sachen für sich selbst zu verpfänden. Ist das nicht durchführbar, so bleibt ein Kapital, das oft nicht unbedeutend ist, ganz unverwertet liegen. Und das ist wirtschaftlich ein Fehler, nicht bloß weil es dem Einzelnen die Macht abschneidet, sich zu helfen, sondern weil auch die Allgemeinheit das Interesse hat, daß produktive Werte schaffend wirken. Von diesem Standpunkt aus gereicht es auch zum Schaden, wenn es an Wegen fehlt, Betriebseinrichtungen oder Teile solcher zu verpfänden, und zwar gleichviel, ob sie Fabriken zugehören oder anderen Stätten des Gewerbes. Denn auch in diesem Fall bleibt ein Vermögen brach, das ausnutzbare Werte in sich birgt und an sich selbst verliert, wenn es nicht möglich ist, sie wirklich zu benützen. Ob dieser Mangel sich in einem Fall nur für den Konsumtivkredit bemerkbar macht, im anderen aber dem Kreditbedürfnis schadet, das für den produktiven Zweck besteht, ist für die Schwere dieses Mangels ohne Einfluß. Die Existenz des Schuldners spricht in beiden Fällen mit und kommt selbst dann in Frage, wenn es gilt, mit Hilfe des Kredits sich zu vergrößern.

Hieraus ergibt sich, daß die Schwächen, die im Faustpfand liegen, sich wirtschaftlich in aller Schärfe äußern und daß in diesem Falle das Gesetz den richtigen Weg von dem Bedürfnis zur Erfüllung leider nicht gefunden hat. Das braucht nicht dazu führen, das Faustpfand als System des Mobiliarpfands einfach zu verwerfen. Aber immerhin bleibt doch bestehen, daß in Verfolg desselben der Zweck des Pfandrechts nicht erreicht wird oder nur unvollkommen. Denn der Kreis, in dem es möglich ist, mit seiner Hilfe das Bedürfnis nach Kredit zu decken, ist viel zu eng, um für das Wirtschaftsleben zu genügen. Und damit steht auf jeden Fall die Unzulänglichkeit der Faustverpfändung fest. Sie war schon kein Geheimnis mehr, bevor man diese zum Gesetz erhob und hat in Wort und Schrift mit scharfen Gründen für das Vertragspfand oder die Gewähr des Konstituts gewichtige Gegner sprechen lassen [1]). Aber der Wert des Faustpfands, dessen Publizitätswirkung im Verkehrsinteresse unentbehrlich schien, hat schließlich alle Zweifel überwunden. Und so wurde die Bestimmung, daß nur durch körperliche Übergabe ein Pfandrecht an beweglichen Sachen begründet werden kann, Gesetz, nachdem sich u. a. auch der 15. Juristentag fast einstimmig gegen die Zulassung der Mobiliarhypothek ausgesprochen hatte.

II.

Die Verhältnisse jedoch sind stärker, als Prinzipien. Würde das Gesetz besorgt gewesen sein, neben dem Faustpfand noch eine andere Sicherungsmöglichkeit dem Mobiliarverkehr zu schaffen, so hätte man

---

[1]) Vgl. besonders Leonhardt in Gruchots Beiträgen Bd. 25 S. 177 ff. Scholler: „Gutachten aus dem Anwaltsstande über die erste Lesung des Entwurfs eines BGB." S. 371 ff. Wernick ebenda S. 376 ff.

die Lücken, die im Faustpfand liegen, nicht wesentlich gemerkt oder verschmerzt. Aber es hat, obwohl auf dem Gebiet des Schuldrechts vielgestaltig, die Mittel, dinglich eine Schuld zu sichern, nur sehr enthaltsam ausgebildet. Beim eng begrenzten Kreis dinglicher Rechte ist das erklärlich. Zumal wenn man bedenkt, daß abgesehen vom Pfandrecht ein Recht, bei dem die Sicherung Selbstzweck ist, sich auch kaum finden läßt. Doch daß es bei der Frage, ob nicht auch Rechte dinglicher Natur, die die Tendenz der Sicherung nicht verfolgen, von der Gewohnheit abseits in den Dienst des Sicherungszwecks zu stellen sind und wie, so wenig produktiv gewesen ist, bleibt eine Lücke. Ganz fremd ist der Gedanke dem Gesetz ganz sicher nicht gewesen. Schon die Motive weisen auf die Übung hin, zum Zweck der Sicherung Eigentum zu übertragen und reden diesem Pfandersatz das Wort [2]). Daß aber das Gesetz auch selbst an diese Übertragung denkt und sie für statthaft hält, obwohl es dies nicht ausspricht, ergibt der Absatz 2 des § 223 BGB. [3]). Mehr aber als die letzterwähnte Vorschrift bringt das Gesetz zu der in Rede stehenden Frage nicht. Und da auch sie kaum mehr als registriert, entbehrt die hier erwähnte Sicherungsart in Wirklichkeit der Regelung. Vielleicht nicht ohne Absicht. Denn da die Übertragung eines Rechts zum Zweck der Sicherung mit dem Prinzip des Faustpfands stark auf Kriegsfuß steht, so war es schwer, sie beide zu versöhnen. Es schien darum besser, aber auch genug, sie stillschweigend zu dulden, zumal ersichtlich die Gefahr bestand, durch das bequemere Surrogat die Pfandrechtsnormen stark herabzudrücken. So blieb nichts anderes übrig, als sich allein auf diesem Weg zu helfen. Ob das in Widerspruch geschah mit dem, was das Gesetz erstrebte, hat den Verkehr nicht viel gekümmert. Ihm war es bloß darum zu tun, die Lücken auszufüllen, die das Gesetz mit dem System des Faustpfands offen ließ. Und dabei war nur von Belang, daß das Gesetz ihm nicht den Weg zu diesem Ziel versperrte.. Ob er mit diesem Weg Prinzipien brach, das waren Skrupel, die die Not besiegte. Sie tauchten recht auch gar nicht auf, weil die Vertragsparteien im Regelfall nicht die Personen sind, die durch den Bruch mit dem Prinzip des Faustpfands leiden.

Es ist unleugbar richtig, daß der natürlichste Weg, die Sicherung zu erreichen, die Pfandbestellung ist. Doch daß das Pfand das einzige Mittel sein soll, um mit Mobilien Sicherheit zu geben, ist aus dem Gesetz nicht zu entnehmen. Der § 223 Abs. 2 des BGB. beweist, wie schon gesagt,

---

[2]) Vgl. Bd. III S. 337.

[3]) Vgl. auch Entsch. des RG. Bd. 57 S. 177.

das Gegenteil. Er zeigt sogar den Weg der anderen Sicherungsart, indem er von der Übertragung eines Rechts zum Zweck der Sicherung spricht. Daß das so ganz versteckt und fast aus Zufall bloß geschieht, ist bei dem Mangel prinzipieller Regelung nicht befremdlich. Trotzdem verliert die Vorschrift nicht an Wert, weil sie in jedem Fall die Sicherungsübereignung sanktioniert oder, falls mehr nicht, ihr doch den Passierschein gibt. Für ihre Existenzberechtigung immerhin doch etwas, wenn auch im übrigen nicht allzuviel.

Daß man das Eigentum zum Zweck der Sicherung überträgt, ist nicht erst mit dem Bürgerlichen Gesetzbuch in Gebrauch gekommen. Es war auch früher schon üblich, wenn auch in dem Maß nicht, wie jetzt. Der letzte Ursprung des Gedankens liegt schon im römischen Recht. Daß hier die Ungelenkigkeit des jungen Rechtsverkehrs, dem die beschränkte Sachherrschaft noch fremd war, den Grund gebildet hat, zur Sicherung Eigentum zu übertragen, mag die fiducia Roms von der modernen Sicherungsübereignung unterscheiden. Doch einen Wesensunterschied bedingt das nicht. Es ist nur rechtsgeschichtlich interessant, die gleiche Rechtsform einmal im Gebrauch zu sehen, weil es am Pfandrecht fehlt, das andere Mal, weil dies nicht ausreicht.

Wo Eigentum zum Zweck der Sicherung übertragen wird, geht das juristische Mittel weiter, als der wirtschaftliche Zweck. Denn Eigentumsveräußerung dient an sich dem Umsatz, und Sicherung fordert diesen Wechsel nicht. Aber dem subjektiven Willen steht es frei, den wirtschaftlichen Zweck in jeder Rechtsform zu erstreben. Und darum ist es statthaft, daß man ein wirtschaftliches Ziel auch mittels eines Rechtsgeschäfts verfolgt, das dem gesuchten Zweck sonst nicht zu dienen pflegt. An dieser Freiheit wird auch dadurch nichts geändert, daß dieses Rechtsgeschäft dem anderen Teil weit mehr gewährt, als der Geschäftszweck heischt. Denn das sind Sorgen, die den Geber kümmern und überwunden sind, sobald er sich zu dem Geschäft entschließt. Damit sind es noch freilich die Gefahren nicht, die in der Übergabe des Zuvielwerts liegen. Aber auch das trifft nur den Geber, der sich, so gut es geht, hiergegen durch Kautelen sichern muß und sichern wird, die ihn vorm Übermaß der Wirkung schützen. Und so liegt auch der Fall, wo man das Eigentum zum Pfandzweck überträgt. Da die Funktion der Sicherung sich dem Wesen nach im Anspruch, der gesichert wird, erschöpft, so kann der Gläubiger nur solange das Eigentum besitzen, als er vom Schuldner nicht befriedigt ist. Und da das Eigentum, das er empfing, nur Sicherungszwecken dient, so darf er es nach anderer Richtung, als nach dieser, auch in der Schwebezeit niemals benutzen.

Dem Wesen der Veräußerung aber liegen beide Schranken fern. Es bleibt darum nur übrig, sie besonders festzulegen. Es läge nahe, angesichts des Sicherungszwecks das Eigentum dem Gläubiger nur bedingt zu übertragen. Jedoch die Praxis tut das nicht. Sie zieht es vor, den Gläubiger nur vertraglich zu verpflichten, den Sicherungszweck zu respektieren, obwohl damit der Schuldner offenbar viel schlechter fährt, als in dem anderen Falle. Zum mindesten dem Dritten gegenüber, der von dem ungetreuen Gläubiger die Sicherungssache durch Vertrag erwarb. Denn die Bedingung steht auch diesem einwandslos entgegen, wenn er sie kennt und kennen muß. Lag auf des Gläubigers Schultern aber nur die Schuldpflicht, das Eigentum zurückzuübertragen, sobald die Schuld erloschen war, dann hindert selbst die Kenntnis dieser Pflicht den Dritten nicht, die Sache wirksam zu erwerben. Es wird nun freilich die Gefahr des Schuldners, die sich im Fall der Zwangsvollstreckung Dritter, wo die Bedingung immer wirkt, sogar noch schärfer zeigt, ganz wesentlich durch das Moment gemildert, daß die zur Sicherung übertragene Sache meist im Besitz des Schuldners bleibt. Und offenbar ist dies auch wohl der Grund, warum man sich begnügt, den Gläubiger nur vertraglich zu verpflichten, das ihm zur Sicherung übertragene Eigentum mit dem Erlöschen seiner Forderung dem Schuldner wieder zu verschaffen. Doch wie es auch sei, in jedem Fall ist diese Art, den Sicherungszweck zu zeichnen, die allgemeine Regel und, weil sie üblich ist, so fest zur Norm geworden, daß sie im Einzelfall auch unbesprochen als vereinbart gilt. Vielleicht sogar noch mehr. Denn im Prinzip nimmt wohl die Praxis an, daß es im Sinn der Sicherungsübereignung liegt, nur mit der Schranke, die der Sicherungszweck erheischt, dem Gläubiger Eigentum zu geben, so daß, wenn dieser Zweck erfüllt ist, die Pflicht zur Rückgewähr schon aus dem Wesen dieser Übereignung folgt.

Dies und der Umstand, daß die Sache im Besitz des Schuldners bleibt und er sie nutzt, als wäre nichts geschehen, hat früher dazu geführt, die Ernstlichkeit der Eigentumsübertragung zu verneinen. Seitdem jedoch das fiduziarische Geschäft in den Begriffsschatz unserer Rechtsideen aufgenommen ist, nimmt man ein Scheingeschäft hier nicht mehr an. Und ganz mit Recht, mag man auch hier und da beklagen, daß die beneidenswerten Zeiten, wo man mit Konstruktionen Schäden totgeschlagen hat, damit vorüber sind [4]). Zum Schein gehört, daß beide Teile das Geschäft nicht ernstlich wollen und daß der Rechtserfolg, den dieses schafft, in ihrer

---

[4]) Vgl. Willutzky DJZ. 1901 S. 21.

Absicht gar nicht liegt. Ganz rein ist dieses Scheingeschäft zwar nur, wenn Rechtseffekte gänzlich unterbleiben sollen. Doch nimmt es dem Geschäft den Scheincharakter nicht, wenn hinter ihm versteckt ein anderes liegt, das beide Simulanten ernstlich wollen. Nur unter letzterer Flagge kann die Scheinnatur der Sicherungsübereignung segeln, wenn diese überhaupt als Scheingeschäft zu gelten hat. In Wahrheit aber wollen die Parteien bei dieser anderes nicht, als sie nach außen zeigen. Besonders wollen sie kein Pfandgeschäft, wenn sie von Sicherungsübereignung sprechen. Denn läge das in ihrer Absicht, so dürften sie dem Schuldner niemals den Besitz der Sache lassen, weil für den Gläubiger solchenfalls kein Pfand entsteht. Um das zu können, wählten sie die Sicherungsübereignung gerade. War diese aber Mittel, um den ernstgewollten Sicherungszweck zu tätigen — und gar das einzige bloß — so mußte sie auch selbst von Haus aus ernstlich sein. Wenn man trotzdem für möglich hält, daß sie ein Pfandgeschäft verschleiert [5]), so kann sich das, vom Einzelfall natürlich abgesehen [6]), auf solche Fälle nur beziehen, wo der Besitz dem Gläubiger übertragen ist. Jedoch auch hier bleibt festzuhalten, daß man zu ihr sich auch aus ernstem Grund in diesem Fall entschließen kann. Im Bankverkehr besonders hat sie oft den Vorzug vor dem Pfande, weil sie der Unbequemlichkeiten, die der Pfandverkauf enthält, zum Nutzen der Verkehrserleichterung angenehm enthebt.

Wenn sie in früherer Zeit so oft als Scheingeschäft gegolten hat, so war dafür wohl wesentlich ein Grund, daß sie in Form des Sicherungskaufes aufzutreten pflegte. Denn eine Ernstlichkeit des Kaufs, bei dem die Schuld durch die Verrechnung mit dem Kaufpreis unterging und für die Sicherung gar nichts übrig blieb, wenn man den Kaufpreis nicht gestundet ließ, hat in der Tat gewichtige Bedenken. Und daß das auch auf die Veräußerung selbst nicht ohne Einfluß blieb, ist klar, wenn man bedenkt, daß man den dinglichen Vertrag ganz streng erst neuerdings von dem Kausalgeschäft zu trennen weiß. Doch heute hat der Sicherungskauf die Rolle, die er einst gehabt, so gut wie ausgespielt. Denn seit das Bürgerliche Gesetzbuch mit seiner Theorie vom dinglichen Vertrag es möglich macht, auch ganz abstrakt das Eigentum zu übertragen, ist kein Bedürfnis mehr für ein Produkt, das mit dem Ausgleich zwischen Schuld und Preis, dem Mietvertrag und Rückkaufsrecht zum mindesten recht

[5]) Vgl. DJZ. 1904 S. 1041. Entsch. des RG. Bd. 62 S. 127.

[6]) Vgl. Urteil des Reichsgerichts vom 22. Oktober 1910 im Bank-Archiv Bd. 10 S. 203.

unnatürlich wirkt. Man überträgt dem Gläubiger jetzt ganz einfach bloß das Eigentum zum Zweck der Sicherung, wozu nicht mehr gehört, als daß sich die Parteien einig sind, das Eigentum zu übertragen, und daß die Sache — meist durch Konstitut — dem Gläubiger übergeben wird. Dabei vollzieht sich dann der Übergang des Eigentums, für den der Grund schon in der nackten Pflicht zur Sicherung liegt und nicht erst mit juristischem Eiertanz im Kauf gesucht zu werden braucht, ganz unabhängig von der causa, so daß auch deren Eigenart den Übergang des Eigentums nicht stört. Sie zeichnet nur den wirtschaftlichen Zweck, der Anlaß gibt, das Eigentum zu übertragen. Wozu man aber eine Sache übereignet, bleibt dem Effekt der Übertragung gleich. Aus diesem Grunde folgt auch aus dem Sicherungszweck an sich die Scheinnatur der Sicherungsübereignung nicht[7]). Auch nicht, wenn sie dem Gläubiger rechtlich mehr gibt, als dem Zweck entspricht. Denn das macht sie in Wahrheit bloß zum fiduziarischen Geschäft, in dessen Art es liegt, über den Zweck hinaus mit überschüssigen Mitteln anderen Werte zu vertrauen, die diese nur im Zweckgebiet gebrauchen sollen. Trotzdem bleibt es ein volles Eigentum, das hier der Schuldner auf den Gläubiger überträgt. Denn dessen Inhalt liegt gesetzlich fest und wird durch Zweckbestimmung nicht geändert. Der Wille der Partei kann nur vertraglich Schranken schaffen. Deshalb darf man nach außen und nach innen auch nicht scheiden, wenn dieses Eigentum in Frage kommt. Denn solchen Januskopf, bestimmt nach der Person, die gegenübersteht, erträgt kein Recht. Es kann deshalb auch hier das Recht des Gläubigers nicht Eigentum bloß gegen Dritte sein und im Verhältnis zu dem Schuldner Pfand. Vielmehr ist es ein Eigentum nach innen und nach außen, und daß der Schuldner es fiduciae causa gab, erzeugt nur Schuldverbindlichkeiten bei dem Gläubiger.

Wie jedes Eigentum, so kann auch das zur Sicherung dem Gläubiger übertragen werden, indem der Schuldner ihm real die Sache übergibt. Bei weitem häufiger aber ist die Übergabe durch Konstitut. Daß sie im Gegensatz zur Pfandbestellung in diesem Falle statthaft ist, ist wohl mit Fug nicht zu bestreiten. Denn da es sich gegebenenfalls um Übergang von Eigentum und nicht bloß Pfandbegründung handelt, kann nur die Form, die das Gesetz für ersteren kennt, zur Wirkung des Geschäfts geboten sein. Um Eigentum zu übertragen aber reicht das Konstitut.

---

[7]) Vgl. Entsch. des RG. Bd. 2 S. 168; Bd. 13 S. 200; Bd. 57 S. 178; Bd. 59 S. 147.

Da dieses möglich macht, dem Schuldner den Besitz zu lassen, so liegt bei ihm der Anstoß zu der Sicherungsübereignung. Denn gerade weil das Konstitut beim Faustpfand fehlt und die Realhingabe vielfach undurchführbar ist oder doch unbequem, greift man zur Sicherungsübertragung. Daraus erklärt sich aber auch, warum das Konstitut bei dieser so gebräuchlich ist. Und gerade das macht ihr die Gegner.

Da das Gesetz, indem es für das Pfandrecht körperliche Übergabe fordert, den Zweck verfolgt, zum Schutze des Prinzips die Heimlichkeit des Pfandes zu beseitigen, so schlägt es eine Bresche in das Ziel, wenn ohne solche Übergabe die Sicherungsübereignung Macht gewinnen kann. Das aber fördert die Gefahr, der zweckbewußt das Faustpfand steuern sollte, und führt die Zustände zurück, die das Vertragspfand dem Verkehr so feindlich machte. Infolgedessen wird der Vorwurf laut, daß das Gesetz umgangen wird, wenn man sich dergestalt Ersatz des Faustpfands sucht. Der Vorwurf aber trifft die Sicherungsübereignung um so schwerer, als sie der Nichtigkeit verfallen ist, wenn die Partei mit ihr in fraudem legis handelt. Zwar spricht es das Gesetz an keiner Stelle aus, daß die Umgehung des Gesetzes diese Folge hat. Aber nur weil es den Unterschied zwischen dem Handeln contra legem und in fraudem legis, der im System der römischen Aktionen ruht und jetzt verwischt ist, nicht mehr macht. Auch nicht zu machen braucht. Denn wer Gesetz umgeht, verletzt auch das Gesetz, da er dem Willen, der in diesem steckt, zuwiderhandelt. Mithin bedarf es auch in diesem Punkt der Scheidung nicht, und die Bestimmung, daß ein Rechtsgeschäft, das gegen ein Verbotsgesetz verstößt, als nichtig anzusehen ist, gilt ohne Unterschied für beide Arten der Verfehlung.

Doch gegen ein gesetzliches Verbot muß der Verstoß gerichtet sein, um die Umgehung des Gesetzes zu begründen. Und hieran mangelt es im Fall der Sicherungsübereignung. Man legt ihr zwar zur Last, daß sie auf Grund des Konstituts gegen das Verbot der Mobiliarhypothek verstößt. In Wahrheit aber geht das fehl, weil das Gesetz ein solches nicht enthält. Wenn man es früher im § 14 des EG. zur KO. gesehen hat und jetzt im § 1205 des BGB. zu finden glaubt, verkannte und verkennt man deren Sinn. Denn beiden Stellen fehlt Verbotscharakter. Zwar ist es richtig, daß es auf Beseitigung des Vertragspfands zielte — und was ihm gleichsteht, auch des Pfands mit Konstitut — wenn im Konkurs, auch als noch nicht die Übergabe nötig war, nur Pfandrecht mit Gewahrsam das Recht auf abgesonderte Befriedigung gab. Und auf dasselbe geht es auch hinaus, wenn das Gesetz bestimmt, daß nur durch körperliche

Übergabe das Pfandrecht zur Entstehung kommen soll. Aber in beiden Fällen wird der Kampf gegen die Mobiliarhypothek nicht mit dem Mittel des Verbots geführt, selbst wenn man zugibt, daß der Wortlaut des Gesetzes nicht entscheidet. Denn hier und da setzt das Gesetz nur Normen fest, deren Erfüllung zum gewünschten Rechtserfolg gehört [8]). Hiermit allein jedoch ist ein Geschäft, das nicht den festgelegten Tatbestand enthält, noch nicht verboten. Fehlte dem Gläubiger früher der Besitz, genoß er nur die Absonderung auf Grund des Pfandrechts nicht. Und wird ihm jetzt das Pfand nicht wirklich übergeben, so wird das Pfandrecht für den Gläubiger nicht entstehen. Allein der Zwang der Übergabe, so sehr er auch sein Ziel verrät, hat der Mobiliarhypothek nur mittelbar den Todesstoß gegeben. Denn nur weil sie nicht mehr geeignet ist, dingliche Sicherheit zu schaffen, nicht weil sie vom Gesetz verboten ist, hat sie die Wirksamkeit verloren.

Wäre es der Wille des Gesetzes, nur in der Form des Faustpfands Sicherung zu gestatten, dann könnte das zwar ein Verbot bedeuten, durch das die Sicherungsübereignung ausgeschlossen ist. Aber, wie an anderer Stelle schon bemerkt, hat das Gesetz den vorerwähnten Standpunkt nicht. Es sagt an keiner Stelle, daß die Voraussetzungen, die zur Entstehung eines Pfandrechts nötig sind, auch dann erfüllt sein müssen, wenn man ein anderes Rechtsgeschäft zum Zweck der Sicherung wählt, und schließt auch ebenso das letztere selbst nicht aus. Ob das geraten war, ist gleich. Tatsächlich steht fest, daß es an eine Regelung, die über das Gebiet des Pfandrechts geht und auch hinausgehen soll, auf keinen Fall gedacht hat. Und deshalb kann der Zweck, den das Gesetz verfolgt, auch über dieses Ziel hinaus nicht Wellen schlagen.

Nun sagt man zwar, daß die Bestimmung, wonach ein Pfandrecht am beweglichen Objekt die körperliche Übergabe fordert, im Grunde wirtschaftliche Zwecke hat und das Ergebnis hindern will, daß sich ein Gläubiger eines Vorzugsrechts an Sachen freut, die im Besitz des Schuldners bleiben [9]). Aber auch hieraus läßt sich nicht der Schluß gewinnen, daß, wenn man Eigentum zum Zweck der Sicherung überträgt und trotzdem den Besitz behält, man ein gesetzliches Verbot umgeht. Gibt man auch zu, daß ein Verbot, das einen wirtschaftlichen Mißstand

---

[8]) Entsch. des RG. Bd. 13 S. 200; Bd. 26 S. 180.

[9]) Vgl. Bähr: „Kritische Vierteljahrsschrift für Gesetzgebung" Bd. 32 S. 367. Bähr: „Urteile des Reichsgerichts" S. 57 ff. Hellwig: „Archiv f. zivilistische Praxis" Bd. 64 S. 369 ff.

niederhalten soll, an seiner allgemeinen Wirkung dadurch nicht verliert, daß es sich blos gegen jene Rechtsform richtet, mit der im Regelfall das Resultat verbunden ist, das es bekämpft, so bleibt die Frage doch: Steht im Gesetz denn ein Verbot von dieser Art? Gewöhnlich hat das Gesetz — wenigstens das privatrechtliche — nicht die Absicht, wirtschaftliche Erfolge zu verhindern oder herbeizuführen. Es ist nur Mittel, diesen Zweck zu fördern, ganz unbeschadet allerdings der Macht, kraft seiner Souveränität auch ausnahmsweise hin und wieder den wirtschaftlichen Erfolg zu suchen und zu treffen. Dann muß es dieses aber auch erkennen lassen [10]. Und daran fehlt es im gegebenen Falle. Gewiß ist richtig, daß das Gesetz ein Sicherungsrecht, bei dem der Schuldner im Besitz der Sache bleibt, an sich nicht billigt und daß darum auch die Sicherungsübereignung, wenn sie mit Konstitut geschieht, dem Grundsatz des Gesetzes nicht entspricht. Jedoch die Mißbilligung derartiger Sicherungsweise ist nur Motiv geblieben. Zur Norm hat das Gesetz sie nicht erhoben. Und daran scheitert der Versuch, sie zum Verbotsgesetz zu stempeln. Denn ist sie keine Norm, kann sie auch nicht Verbotsnorm sein. Wie wenig das Gesetz auch selbst daran gedacht hat, die Sicherungsübereignung als Gesetzesumgehung anzusehen, beweist der Umstand, daß sowohl die Motive, als auch die Protokolle der zweiten Kommission [11] sie neben dem Faustpfand ausdrücklich erwähnen. Aber nicht, um sie als unzulässig hinzustellen, sondern im Gegenteil, um zu betonen, daß sie statthaft ist. Vielleicht nur ungern, aber jedenfalls in der Erkenntnis, daß das Gesetz sie nicht verpönt. Man hat auch trotz des Faustpfands keinen Grund gesehen, sie zu verbieten. Offenbar weil man ganz richtig bei Entstehung des Gesetzes schon erkannte, daß sie mit Rücksicht auf die schwere Möglichkeit des Faustpfands ein wirtschaftliches Bedürfnis werden würde. Ob deshalb das Gesetz zu schelten ist, weil seine Art der Weisheit jenes Mannes gleicht, der an dem Garten seines Hauses zwar eine wohl verschlossene Tür errichtet, den Zaun daneben aber sperrweit offen läßt [12], muß mindestens bedenklich scheinen. Wenn man zuvor sich fragt, welches Gebiet gegebenenfalls umzäunt ist, ist wohl der Standpunkt des Gesetzes nicht so sinnlos, wie es scheint. Er ist sogar bedacht. Denn das Gesetz, das Strenge mildert oder mildern läßt, weil das Verkehrsbedürfnis es erfordert, verfährt ganz zielbewußt und ohne Widerspruch, wenn man nur richtig sein Prinzip

[10] Vgl. Lindelmann: „Archiv f. bürg. Recht" Bd. 7 S. 209 ff.
[11] Bd. III S. 196 ff., 200 ff.
[12] Vgl. Bähr: „Kritische Vierteljahrsschrift" Bd. 32 S. 369.

begrenzt. Und höchstens darin liegt sein Fehler, daß es nicht weit genug gesehen und nicht erkannt hat, wohin es führt, wenn man in unbeschränktem Maß die Sicherungsübereignung zuläßt. Doch das ist nur Berechnungsfehler, der an der Gültigkeit der letzteren jedenfalls nichts ändert und darum auch nicht damit ausgeglichen werden kann, daß man sie als Umgehung des Gesetzes zeichnet. Denn wie die Sache liegt, ergänzt sie das Gesetz, wo dieses Lücken ließ, und dieser Zweck entspricht nicht der Tendenz, Gesetze zu umschleichen.

Und weil es auch auf diesem Weg nicht glückt, die Sicherungsübereignung zu verdrängen, so hat man endlich auch versucht, sie auf Grund des Verbots der Verfallklausel für nichtig zu erklären [13]). Auch hier jedoch vergißt man mit dem Wunsch, auf irgend eine Art ihr den Garaus zu machen, zu leicht die Kraft der Mittel. Schon der Wortlaut des § 1229 BGB., wonach eine Vereinbarung, laut der dem Pfandgläubiger im Falle der Nichtbefriedigung das Eigentum an der Sache zufallen soll, als nichtig gilt, paßt auf den Fall der Sicherungsübereignung nicht. Die Vorschrift gilt nur für das Pfandrecht und solches ist die Sicherungsübereignung nicht. Aber auch wenn man diese dem ersteren gleichstellt, weil ihr ein Pfandzweck innewohnt, bleibt doch ihr Tatbestand noch unerfüllt. Denn daß das Eigentum dem Gläubiger erst verfallen soll, wenn er vom Schuldner nicht befriedigt wird, entspricht zum mindesten der regelmäßigen Art der Sicherungsübereignung nicht. Bei ihr wird für gewöhnlich schon das Eigentum dem Gläubiger übertragen, wenn es zur Sicherung kommt und nicht erst dann, wenn die Befriedigung ausbleibt. Und nur wenn suspensivbedingt das Eigentum dem Gläubiger übereignet wird, vollzieht sich der Erwerb auch hier infolge der Nichttilgung seiner Forderung. Jedoch auch dann kann man in Wahrheit vom Verfall des Eigentums zugunsten des in Frage stehenden Gläubigers schwerlich sprechen. Denn wenn der Gläubiger mit dem Eintritt der Bedingung das Eigentum erworben hat, steht er nicht anders, wie im Fall, wo er von vornherein das Eigentum schon hatte. Er muß deshalb auch hier zum Zwecke der Befriedigung ganz regelrecht das Eigentum verwerten und den Erlös, der seine Forderung übersteigt, dem Schuldner geben, der umgekehrt ihm auch in Haftung bleibt, soweit er durch die Sache nicht gedeckt wird. Das aber ist es gerade, was mit der **lex commissoria** so unvereinbar ist, daß, wenn der Schuldner eine Sache zum Zwecke der Sicherung überträgt, er nicht daran denkt, dem Gläubiger, den er nicht befriedigt, die Sache für die

---

[13]) Vgl. Nathan: „Die Eigentumssicherung". S. 18 ff.

Forderung zu belassen, sondern daß es Pflicht des Gläubigers ist, dieselbe zu verwerten. Mit letzterem aber schwindet auch das Glied, das den Gedanken des Verfallverbots der Sicherungsübereignung anzuknüpfen sucht. Denn was zu dem Verbote Anlaß gab: vom Schuldner die Gefahr zu wenden, daß er in Hoffnung auf die künftige Leistungsfähigkeit sich unbedacht dem Gläubiger durch sein Wort verschreibt, trifft für die Sicherungsübereignung gar nicht zu, weil er bei dieser nur im Wert der Schuld die Sicherungssache seinem Gläubiger opfert. Geht aber ausnahmsweise der Vertrag im Einzelfall dahin, daß, falls der Schuldner nicht erfüllt, der Gläubiger für die Schuld die Sache ganz behalten soll, dann ist sie eher wohl an Zahlungsstatt gegeben, als wirklich als verfallen zu betrachten [13a]). Am Ende aber kann auch das auf sich beruhen, da das Verfallverbot doch immer nur das nichtig macht, was über den Verfall vereinbart ist, nicht aber den Vertrag im ganzen. Denn ist die Nichtigeit auf dieses Maß beschränkt, kann auch zufolge des Verbots die Sicherungsübereignung selbst nicht schlechthin nichtig sein. Man könnte ihm durch Umdeutung bloß Rechnung tragen, die aber schlimmstenfalls nur dazu führt, den Gläubiger zur Verwertung zu verpflichten.

III.

Das Fazit also ist, daß man die Wirksamkeit der Sicherungsübereignung mit keinem triftigen Grund bekämpfen kann. Gerade aber, weil sie gültig ist, ist sie gefährlich.

Es ist ihr Vorzug, daß sie Lücken stopft, die bei der engen Möglichkeit des Faustpfands sich im Verkehr empfindlich fühlbar machen, und daß sie mit der Dinglichkeit der Sicherung auch den Verbleib der Sache bei dem Schuldner wünschenswert vereint. Doch der Triumph, den sie damit erlebt, wird durch die Schwächen, die ihr innewohnen, ganz wesentlich verkleinert. Und gerade hierin liegt der Grund, warum man gegen sie so laut nach Hilfe schreit.

Daß sie ein unvollkommenes Mittel ist, dem Schuldner auszuhelfen, zeigt das Verhältnis zwischen ihm und Gläubiger. Man wird zwar nicht behaupten können, daß die Sicherungsübereignung ihrem Wesen nach auf Ausbeutung des Schuldners abzielt oder sie nahelegt. Aber immerhin bleibt doch bestehen, daß sich der Schuldner seines Eigentums begeben hat und daß sich seine Sicherheit im Regelfall nur in Verpflich-

---

[13]) Rechtspr. der OLG. Bd. 20 S. 169.

tungen des Gläubigers zu erschöpfen pflegt. Das aber ist für ihn auf keinen Fall gefahrlos. Denn ist der Gläubiger Eigentümer der ihm zur Sicherheit gegebenen Sache, so kann er auch als solcher über sie verfügen und, wie an anderer Stelle schon bemerkt, mit solcher Macht, daß selbst die Kenntnis von dem Sicherungseigentum dem Dritten beim Erwerb nichts schadet. Das würde ein besonders großer Nachteil für die Schuldnerlage sein, wenn es in Übung wäre, die zur Sicherung übertragene Sache dem Gläubiger körperlich zu übergeben. Da dieses aber meistens nicht geschieht, ist die Verfügungsmöglichkeit freilich nicht so günstig für den Gläubiger. Doch ausgeschlossen ist sie nicht, auch wenn die Sache im Besitz des Schuldners bleibt. Denn auch in diesem Falle ist es möglich, daß der Gläubiger unbefugt die Sache weiter überträgt, da er die Übergabe an den Dritten durch Abtretung des Anspruchs auf Herausgabe rechtswirksam ersetzen kann. Allerdings steht dem Schuldner auf Grund des Rechtsverhältnisses, zufolge dessen er besitzt, das Recht zu, die Herausgabe der Sache zu verweigern. Aber dieser Umstand steht der Eigentumsübertragung an einen Dritten nicht entgegen. Das ergibt sich deutlich aus § 931 Abs. 2 des BGB., wonach der Besitzer einer Sache, die durch Abtretung des Herausgabeanspruchs veräußert worden ist, auch dem neuen Eigentümer die ihm gegen den abgetretenen Anspruch zustehenden Einwendungen entgegensetzen kann. Daß er das kann, schützt zwar den Schuldner wesentlich vor den erworbenen Rechten Dritter, zumal wenn man erwägt, daß er auch nach Bezahlung seiner Schuld sich weigern darf, die Sache auszuhändigen. Aber immerhin ist doch der Dritte unbeschränkter Eigentümer, und wenn derselbe auch die Sache von dem Schuldner nicht herausverlangen kann, so kann doch umgekehrt auch dieser nicht von ihm das Eigentum an der besessenen Sache fordern. Denn zu der Rückgewähr des fortgegebenen Eigentums war zwar der Gläubiger nach Bezahlung seiner Forderung dem Schuldner selbst verpflichtet. Doch diese Pflicht, die rein vertraglich war, ging auf den Dritten beim Erwerb nicht über. Auf diese Weise lebt ein Zustand fort, der mindestens verwirrend wirkt, weil sich das Recht der Tatherrschaft nicht anschließt, vor allem aber unbefriedigend ist, weil er den Rechten keines ganzen spricht. Denn nur ein Eigentum zu haben, ohne die Möglichkeit, sich auch die Herrschaft über die Sache zu verschaffen, und außerdem mit der Gefahr, durch unberechtigte Verfügungen des Schuldners das Recht vielleicht auch selbst noch zu verlieren, ist für den Dritten bloß ein leeres Recht. Und auch dem Schuldner nützt es nichts, wenn er die Sache bloß besitzt und mangels Eigentums an ihr nicht in der Lage ist, berechtigt über diese zu verfügen. Denn damit kommt er selbst auch dann noch oft zu kurz, wenn er bislang die Schuld dem Gläubiger nicht bezahlt hat und auch nicht zu bezahlen braucht, so lange dieser nicht imstande ist, das Eigentum ihm wieder zu verschaffen. Ganz anders ist das Rechtsverhältnis zwar, wenn auflösend bedingt das Eigentum dem Gläubiger übertragen wurde, da solchenfalls das Eigentum, sobald die Schuld bezahlt ist, ohne weiteres wieder an den Schuldner fällt, auch wenn ein Dritter es erworben hat. Aber selbst in diesem Falle ist der Schutz des Schuldners ungenügend, weil, wenn der Dritte nichts von der Bedingung weiß, er auch beim Eintritt der Bedingung weiterhin das Eigentum behält (§ 161 BGB.), mag allerdings auch hier dann wiederum das Recht auf den Besitz den Schuldner vor der Pflicht, die Sache ihm herauszugeben, wahren. Auf diese Weise fährt der Schuldner noch am besten, wenn er aufschiebend bedingt, das Eigentum dem Gläubiger überträgt, was in der Praxis freilich selten ist. Denn solchenfalls behält er wenigstens sein Eigentum, wenn die Bedingung ausfällt, da auch der Dritte von dem Gläubiger nur bedingt erwerben kann, und auch nicht guter Glaube ihm das volle Eigentum verschafft, so lange er nicht auch die Sache selbst bekommen hat (§ 934 BGB.). Doch mit dem Eintritt der Bedingung wird der Dritte Eigentümer, ohne daß der Schuldner die Verwertung für die Schuld von diesem fordern kann. Und damit läuft er wiederum Gefahr, an Werten zu verlieren, weil seine Forderung viel geringer sich beziffern kann, als die in Rede stehende Sache wert ist.

Wie also auch die Sache liegt, in jedem Fall ist die Verfügungsmöglichkeit des Gläubigers ihm gefährlich. Gefährlicher als es beim Faustpfand ist, weil hier doch wenigstens das Strafgesetz den Gläubiger noch zurückhält. Und nur der Umstand, daß wohl ein Dritter selten zum Erwerbe einer Sache neigt, die er nicht im Besitz des Gläubigers sieht, und daß er sich dazu erst recht wohl nicht entschließen wird, wenn ihn der vorgelegte Sicherungsakt das unvollkommene Recht des Gläubigers klar erkennen läßt und damit auch zugleich die Möglichkeit des eigenen Kollusionsverdachts, schwächt die Gefahr, die im Prinzip dem Schuldner droht. Sie wird auch dadurch nicht um viel vergrößert, daß zwangsweise Verfügungen gegen den Gläubiger dem Schuldner Schaden bringen können. Denn auch in dem Fall ist der Schuldner einer Schädigung meist nur ausgesetzt, sofern der Gläubiger den Besitz der Sache hat und dessen regelrechtes Eigentum den Pfändungswiderspruch des Schuldners ausschließt. Wenn aber, wie es gewöhnlich ist, der Schuldner den Besitz behalten hat, dann können gegen seinen Willen Dritte, die des Gläubigers Gläubiger sind, die Sache gar nicht pfänden. Vielmehr steht ihnen nur die Pfändung des dem Gläubiger gegen den Schuldner zustehenden Herausgabeanspruchs frei, durch die der Schuldner nicht geschädigt wird, so lange er dem Gläubiger selbst die Sache vorenthalten darf. Nur wenn er pünktlich seine Schuld nicht zahlt und damit dann des Rechts auf den Besitz verlustig geht, hat er die Pflicht, die Sache auszuhändigen. Und weil nun die Verwertung dieser Sache nicht auf seine Rechnung geht, sondern erfolgt, um seines Gläubigers Schuld zu decken, kann er die Sache, deren Wert die eigene Schuld vielleicht erheblich übersteigt, auch hier in ganzer Höhe opfern müssen.

Überhaupt liegt darin meist das Übel für den Schuldner, daß er in dem Fall, wo seine Schuld den Wert der Sache nicht erreicht, zuviel dem Gläubiger anvertraut. Das läßt sich, wenn und weil die Sache, die er dem Gläubiger überträgt, nicht teilbar ist, nur schwer vermeiden, fällt aber gerade darum ins Gewicht. Denn einmal wird auf diese Art dem Schuldner wirtschaftlich ein Wert entzogen, den er auch außerdem noch nutzen könnte, und dann wird auch den anderen Gläubigern die Möglichkeit entrückt, sich aus der Sache zu befriedigen, obwohl sie auch für sie noch Werte birgt. Zwar können sie den Überschuß, auf den der Schuldner nach Verkauf der Sache Anspruch hat, auf Grund des Titels, den sie haben, pfänden lassen. Aber das ist doch ein viel geringeres Recht als das, sich aus der Sache selbst bezahlt zu machen. Sie würden freilich auch im letzteren Fall am Ende nur den Überschuß bekommen, der nach Befriedigung besserer Rechte von dem Erlöse für sie selbst noch übrig bleibt. Allein sie können diesen bald erreichen, weil sie imstande sind, nach eigenem Willen die Versteigerung zu betreiben. Sind sie dagegen auf den Überschuß verwiesen, der sich ergibt, wenn sich der Sicherungsgläubiger selbst aus ihr befriedigt, so müssen sie in jedem Falle auf dessen Vorgehen warten. Und das drückt sie und auch den Schuldner, der an der baldigsten Befriedigung der Gläubiger auch seinerseits ein dringendes Interesse hat. Aus diesem Grunde sagt es für den Schuldner selbst denn auch nicht viel, daß er durch Abtretung des Anspruchs auf den Überschuß den Wert noch nutzen kann, den er dem Sicherungsgläubiger ohne Grund zuviel gegeben hat. Denn für den Erwerb eines solchen Anspruchs wird sich niemand finden oder bei weitem schwerer doch, als wenn es eine Sache, die nur mit Pfand belastet ist, erwerben heißt. Und auch zur Sicherung anderer Gläubiger ist er nicht geeignet, weil er zu wenig greifbar ist und sich auch viel zu ungewiß verwirklicht. Daraus ergibt sich aber klar, um wieviel schlechter doch der Schuldner steht, wenn er die Sache sicherungshalber übereignet, als wenn er nur ein Pfand mit ihr bestellt. Denn in dem letzteren Fall kann er durch Schaffung eines Mitbesitzes dieselbe Sache mehreren verpfänden und diese auch veräußern, das Eigentum jedoch läßt sich nur e i n m a l übertragen.

An sich verliert der Schuldner auch den Fruchtgenuß, wenn er das Eigentum dem Gläubiger übereignet. Denn da das Sicherungseigentum als volles Eigentum zu werten ist, so muß es auch in diesem Punkt des letzteren Folge haben. Es wäre aber ungerechter Vorteil, dem Gläubiger Früchte zuzusprechen, die er nicht auf die Schuld zu rechnen braucht. Und deshalb pflegt der Gläubiger, was ohne weiteres als vereinbart gilt, dem Schuldner durch Vertrag die Früchte zu belassen. Da dann der Schuldner mit der Trennung ebenso das Eigentum erwirbt, als wenn ihm selbst die Sache noch gehörte, und ihm auch fremde Gläubiger die Früchte vor der Trennung nicht entziehen können, so schadet ihm insoweit jedenfalls die Sicherungsübereignung nicht.

Sie läßt es auch bezüglich der Verbesserungen und Verwendungen mit Hilfe der vertraglichen Vereinbarung beim alten. Sonst würde auch das Eigentum den Gläubiger leicht beschweren können, da, sollte er Erhaltungskosten tragen, sich seine Forderung ungewollt vergrößern würde. Es wird jedoch in Frage kommen, ob es genügend den gewollten Zustand sichert, wenn nur v e r t r a g l i c h e Verpflichtungen der Grund für seine Geltung sind. Und das hat freilich mancherlei Bedenken, sobald der Gläubiger wider den Vertrag das Eigentum an Dritte w e i t e r ü b e r t r ä g t.

Auch die Gefahr müßte der Gläubiger strenggenommen tragen, da diese an das Eigentum sich knüpft. Aber auch sie behält der Schuldner durch Vertrag zurück, weil es der Billigkeit entspricht, sie nicht dem Gläubiger aufzubürden. In Wahrheit theoretisch mehr als praktisch wichtig, da, wenn der Gläubiger selbst sie tragen würde, doch am Bestand der Forderung sich nichts ändert, falls die zur Sicherung übertragene Sache durch Zufall sich verschlechtert oder untergeht. Es könnte höchstens für die Frage, ob er im letzteren Fall auch andere Sicherung fordern kann, erheblich sein, wer die Gefahr trägt, ohne daß jedoch, da beide Fragen sich im Grunde nicht bedingen, die Tragung der Gefahr hierfür den Ausschlag geben kann.

Aber mag es selbst auch möglich sein, in diesem und in jenem Punkt durch den Vertrag die Konsequenz des Eigentums zu mildern, schlechthin und überall gelingt es nicht, das Recht des Gläubigers von den Folgen seiner Eigentumsnatur dem Zweck entsprechend frei zu machen. Das zeigt sich ganz besonders im Konkurs, und zwar sowohl des Gläubigers als des Schuldners. Hält man im Grundsatz daran fest, daß auch dem Schuldner gegenüber der Sicherungsgläubiger Eigentümer ist, so kann man im Konkurs des Gläubigers dem Schuldner auch das Recht nicht zugestehen, die Sache, die er sicherungshalber übereignet hat, als ihm gehörig auszusondern. Denn da der Gläubiger Eigentümer ist und Aussonderung nur dann in Frage kommt, wenn der in Rede stehende Gegenstand dem Gemeinschuldner nicht gehört, so fehlt die Unterlage für das Recht des Schuldners. Nun sucht man zwar den Ausweg so zu finden, daß man die Sicherungssache nur formal juristisch als Eigentum des Gläubigers anerkennt, sie aber in materiell-wirtschaftlicher Beziehung zu dem dem Schuldner gehörigen Vermögen rechnet [14]). Ob man nicht damit Recht und Wirtschaft ungesund vermengt, was für die Festigkeit des Rechts gefährlich ist, mag ganz dahinstehen. In jedem Fall verfällt man durch die Scheidung in den Fehler, ein Doppeleigentum zu prägen. Und schließlich nützt die Unterscheidung nichts, so lange nicht feststeht, daß für das Recht auf Aussonderung die wirtschaftliche Zugehörigkeit entscheidend ist. Das aber kann aus dem Gesetze nicht entnommen werden. Denn wenn vielleicht auch die Entstehungsgeschichte des § 43 KO. darauf hinweist, daß das fiduziarische Eigentum des Gemeinschuldners dem Zugriff der Konkursgläubiger nicht unterliegen sollte [15]), so sagt doch das Gesetz das nicht. Und da man das Gesetz so lesen muß, wie es der Rechtssprache entspricht, und deshalb das „Gehören" sowohl im § 43 wie im § 1 KO. nur so verstehen kann, daß es ein rechtliches Gehören ist, so wird man auch die zur Sicherung übertragene Sache als Gut des Gläubigers achten müssen. Das aber nimmt dem Schuldner jedenfalls das Aussonderungsrecht. Auch selbst in dem Fall, wo er schon die Schuld bezahlt hat oder zu zahlen willens ist, wenn durch die Zahlung nicht von selbst das Eigentum zurückfällt. Denn daß sich auch der obligatorische Anspruch auf Rückgewähr durch den Konkurs zum Recht gestaltet, das zu der Aussonderung berechtigt, dafür fehlt es an Grund. Er ist bloß ein Konkursanspruch, wie er es auch bedingt schon ist, so lange noch die Schuld vom Schuldner nicht beglichen ist. Damit wird wenigstens ein

---

[14]) Vgl. Entsch. des RG. Bd. 24 S. 45, Bd. 45 S. 84. Jaeger: „Konkursordnung" Note 38, 39, 44 zu § 43.

[15]) Protokolle S. 28 ff., 127 ff., 163, 172. Stenograph. Berichte von 1876 Bd. I S. 570.

klarer Rechtszustand geschaffen, mag er dem Schuldner auch nicht günstig sein. Viel klarer jedenfalls, als wenn man ihm das Recht gibt, auszusondern. Denn steht ihm dieses zu, so muß er es auf Grund des wirtschaftlichen Eigentums auch haben, wenn er die Schuld noch nicht bezahlt hat und nicht bezahlen kann. Und wie er es in diesem Fall betätigen soll, ohne sich selbst zuviel zu nehmen und dem Gläubiger wiederum zu wenig zu belassen, ist, zum mindesten eine zweifelhafte Frage.

Gerät der Schuldner in Konkurs, so steht dem Gläubiger auf Grund des Eigentums der Anspruch zu, die Sache auszusondern. Aber unklar bleibt, wie sich sein Recht gestaltet, wenn er davon Gebrauch macht. Ihm, wenn die Sache im Besitz des Schuldners blieb, die Macht zu geben, selbst den Besitz zu fordern, hat keinen Schein des Rechts. Denn warum der Konkurs die Sicherungsübereignung ohne den Besitzverlust in eine solche wandeln soll, bei der Gläubiger den Besitz bekommt, wäre nicht einzusehen. Schon darum nicht, weil solches dem Vertrag zuwiderläuft, durch den der Schuldner den Besitz behalten hat, und ohne Grund dem Gläubiger Vorteil bringt. Ganz ebenso fehlt die Erklärung dafür, daß man den Gläubiger trotz des Aussonderungsrechts nur so behandeln will, als wenn er Absonderungsberechtigter wäre. Es mag zwar sein, daß das der Billigkeit entspricht, weil alle anderen Gläubiger das Interesse haben, den Überschuß der Masse zu gewinnen. Auch mag der Gläubiger selbst mit dieser Regelung wohl am besten fahren, wenn man ihm etwa sonst das Recht nimmt, seine Forderung zum Konkurse anzumelden. Da hierzu aber Anlaß fehlt und man im Gegenteil, wenn man dem Wortlaut des Gesetzes folgt (§ 64 KO.), ihn unbeschränkt berechtigt halten muß, die Forderung anzumelden, so kürzt es unbedingt sein Recht, wenn man ihn bloß auf Absonderung verweist. Denn zweifellos besitzt er bessere Aussicht auf Befriedigung, wenn er die volle Quote im Konkurs bekommt und sich des Restes wegen an die Sache hält, als wenn er umgekehrt die Sache erst verwerten muß und wegen seines Ausfalls am Konkurse teilnimmt. Auf der anderen Seite aber wäre es ein großer Vorzug, wenn er, sofern er im Konkurse nicht befriedigt wird, die Sache weiter noch behalten dürfte, und schwerfällig, wenn der Überschuß, der für den Schuldner noch herauskommt, erst einer Nachverteilung vorbehalten bleiben müßte. Und darum greift die Praxis zu dem Mittel, den Gläubiger so zu stellen, als wenn er nur das Recht auf abgesonderte Befriedigung hätte. Dem Sinn und Zwecke des Konkurses sicherlich entsprechend, aber doch in gar zu freier Dehnung des Gesetzes und auch nicht folgerichtig, wenn man vom Eigentum des Gläubigers · Ausgang nimmt. Aber das ist es eben, was den ganzen Rechtszustand so unklar macht, daß man auf der einen Seite so laut betont, die Sicherungsübereignung sei nicht gleich dem Pfandrecht und auf der anderen sie wie dieses behandelt. Man hält es offenbar für schmerzloser, ihr Stück für Stück die Glieder abzuschneiden, als sie mit einem Mal zu töten. Und doch ist sie als Bastard noch viel schlimmer, als wenn sie ihre Eigenart behält. Denn ist sie im Verkehr halb Fleisch, halb Fisch, weiß niemand recht, woran er mit ihr ist, zumal wenn das Gesetz ihn so, wie hier, im Stiche läßt.

Das zeigt sich auch, wenn zu entscheiden ist, wie sich bei Fälligkeit der Schuld der Gläubiger aus der Sache zu befriedigen hat. Indem man annimmt, daß er sie nach Pfandrechtsart verwerten muß [16]), drückt man auch hier die Sicherungsübereignung nur zum Pfand herab. In Wahrheit aber fehlt der Grund, den Gläubiger derart zu beschränken. Denn mag es auch die Pflicht des letzteren sein, mit Sorgfalt und nach Treu und Glauben die Sache zu verwerten, so folgt daraus doch nicht, daß man auch hier sie noch in Formen zwängen muß, die im Verkehr oft lästige Fesseln sind [17]). Wählt man doch darum gerade beim Lombardgeschäft die Sicherungsübereignung lieber als das Pfand, weil sie den Gläubiger freier stellt als dieses. Denn da das Gegenteil gesetzlich nicht verbrieft ist und auch nicht ohne weiteres als vereinbart gelten kann, steht es dem Gläubiger frei, die Sache zu verwerten, wie er will. Er kann sie öffentlich versteigern lassen und auch aus freier Hand verkaufen, ohne daß für Zeit und Ort besondere Schranken sind. Auch sie zum angemessenen Preise selbst behalten vermag er, wenn es ihm beliebt. Vielleicht ist das sogar die einfachste Verwertungsart. Also ein großes Maß von Freiheit. Aber darum gerade voll Gefahr. Denn mag der Gläubiger auch verpflichtet sein, die Interessen des Schuldners möglichst zu beachten, so ist es doch nur seine Pflicht. Vergißt er sie, so ist der Schuldner machtlos. Er kann zwar geltend machen, daß sich der Gläubiger auf jeden Fall den angemessenen Preis entgegenhalten lassen muß. Aber die Veräußerung selbst entbehrt der Gültigkeit ihm gegenüber nicht. Auch wenn die Sache selbst verschleudert ist. Und darin liegt ein Nachteil für den Schuldner, wenn deren Wert die Forderung überstieg. Besonders wenn er dieserhalb den Gläubiger gar nicht haftbar machen kann. Und hiermit hat er sicherlich

---

[16]) Vgl. Düringer-Hachenburg: „Handelsgesetzbuch" Bd. II S. 707.

[17]) Vgl. Hallbauer: „Aphorismen aus dem Gebiet der Sicherungsübereignung" im Sächs. Archiv für Rechtspflege 1907 S. 74.

zu rechnen, da es nicht selten Zweifel haben wird, ob der Erlös ein angemessener war, und dann den Gläubiger kein Verschulden trifft, das ihn zum Schadensersatz verbindet.

Ganz ähnliche Gefahren steht der Schuldner aus, sofern der Gläubiger beim Verkauf der Sache den Kaufpreis kreditiert. Auch das kann er zwar nur, soweit es zweckentsprechend ist. Wenn es das aber ist, geschieht es auf Gefahr des Schuldners. Und das eröffnet auch in diesem Falle Streit, weil oft in Frage kommen wird, ob der Kredit ein pflichtgemäßer war. Besonders wenn der Kaufpreis später nicht beglichen wird und nun der Gläubiger von dem Schuldner Zahlung fordert. Gegen diese mag sich letzterer wehren können, wenn der Kredit ein unvorsichtiger war oder die Einziehung der Schuld nicht sorgfältig betrieben wurde. Wenn ein Versehen des Gläubigers aber fehlt, dann muß er seine Schuld ihm voll bezahlen und dabei zeigt sich, um wieviel schlechter er in diesem Falle steht, als bei der Pfandverwertung, ganz abgesehen davon, daß diese auch viel schneller das Schuldverhältnis abzuwickeln pflegt.

Auf diese Weise liegen schon in dem Verhältnis zwischen dem Gläubiger und dem Schuldner viel Gefahren, vor denen das G e s e t z nur schützen kann. Zum mindesten aber bestehen Unklarheiten, die nur gesetzlich ganz zu heben sind. Aber auch gehoben werden müssen, wenn man der Sicherungsübereignung weiter noch das Leben läßt. Denn nichts ist schlimmer für die Sicherheit im täglichen Verkehr, als wenn die Folgen eines Instituts im Ungewissen liegen und sich das Bild von Recht und Pflicht im Kopf des einzelnen verschieden malt.

Aber doch ist es im wesentlichen das I n n e n v e r h ä l t n i s nicht, um dessentwillen man die Hilfe des Gesetzes ruft. Was sie verpönt, sind ihre Wirkungen nach a u ß e n. Da sie in Übung ist, um die Besitzentschlagung, die das Faustpfand fordert, zu vermeiden, so folgt von selbst, daß sie zumeist mit Konstitut erfolgt. Wie schon erwähnt, ist es gerade dieser Umstand, der im Kreditverkehr sie nützlich macht. Denn braucht der Schuldner die Sache, mit der er Sicherheit bestellt, dem Gläubiger nicht zu übergeben, so kann er auch in dem Fall Sicherheit gewähren, wo er es mit dem Faustpfand nicht vermag. Und das erweitert den Kredit. Denn nun kann auch der Unbemittelte das Wenige, was er hat, für den Kredit verwenden, da er sein Hausgerät und Handwerkszeug dem Gläubiger unbeschränkt zur Sicherung geben kann. Es kann der Landwirt auch die Ernte und selbst die Früchte auf dem Halm als Unterpfand benutzen, ohne den Zwang, zur ungelegenen Zeit Produkte zu verkaufen. Auch Inventar und Vieh, das zum Verkauf gezogen wird, kann Gegenstand der Sicherung sein. Vor allem aber steht der Industrie sowie dem Handel und Gewerbe, wo das Kreditbedürfnis sich am meisten zeigt, ganz unbegrenzt die Möglichkeit nun offen, das Inventar, das dem Betriebe dient, insonderheit Maschinen, sowie die Rohstoffe und Waren auch in den Dienst des nötigen Kredits zu stellen.

Voraussetzung ist freilich überall, daß sich ein Rechtsverhältnis finden läßt, das auch das Konstitut ermöglicht. Denn ein abstraktes constitutum gibt es nicht. Aber fast ausnahmslos läßt sich ein solches Rechtsverhältnis finden. Gewöhnlich sind es Leihe und Verwahrung, die den Besitzverbleib vermitteln. Es kann jedoch auch Miete, Nießbrauch, Kommission oder ein ähnliches Verhältnis sein. Daß nur bei Sachen des Gebrauchs das constitutum durchzuführen ist, ist wohl zu eng gedacht. Denn auch bei Sachen, die dem Verbrauch dienen oder zur Veräußerung bestimmt sind, bleibt für dasselbe Raum. Erfordernis ist nur, daß statt der Sachen, die verbraucht oder veräußert werden, auch die Ersatzstücke in dasselbe Rechtsverhältnis treten, dem erstere unterstanden. Ob dazu erst der Weg des Selbstkontrahierens nötig ist, derart, daß beim Ersatz der Schuldner mit sich selbst das constitutum schließt [18]), kann fraglich sein. Es kann wohl auch im voraus schon vereinbart werden, daß er, sobald er den Besitz des neuen Stücks erlangt, denselben nach dem gleichen Recht, wie bei der früheren Sache, üben soll, so daß er dadurch dann das Eigentum auch an der neuen Sache dem Gläubiger überträgt. Dabei ist nicht erforderlich, daß er in jedem Einzelfall die Absicht, dem Vertrag gemäß zu handeln, nach außen zu erkennen gibt, vielmehr genügt es, wenn er allgemein den Willen zeigt, nach Maßgabe des bisherigen Rechtsverhältnisses auch die neue Sache als Eigentum des Gläubigers zu besitzen [19]).

Von diesem Standpunkt aus wird auch bei der Sicherungsübereignung eines Warenlagers oder anderer Sachgesamtheiten, deren Teile dem Wechsel unterliegen, das Konstitut nicht undurchführbar sein, so sehr man auch in neuerer Zeit das Gegenteil verficht [20]). Es mag nicht unbedenklich sein,

---

[18]) Entsch. des RG. vom 3. Januar 1903 in der DJZ. 1903 S. 153, RG. Bd. 73 S. 418.

[19]) Vgl. DJZ. 1911 S. 1385; JW. 1903 Beil. S. 143; 1907 S. 747. Urteil des RG. vom 15. Juni 1911 in der Leipziger Zeitschrift für Handelsrecht usw. 1911 S. 705. Entsch. des RG. Bd. 56 S. 54. „Recht" 1909 Beil. Nr. 73.

[20]) Vgl. Hoeniger: „Die Sicherungsübereignung von Warenlagern". Hallbauer im Bank-Archiv 1911 S. 307. Düringer in der Leipziger

ob die Vorschrift des § 1048 BGB., wonach ein Nießbrauch an einem Grundstück nebst Inventar dem Nießbraucher das Recht gibt, über die Inventarstücke innerhalb der Grenzen einer ordnungsmäßigen Wirtschaft zu verfügen, wofür er die Ersatzstücke dem Eigentümer zuzuführen hat, auch auf das Warenlager auszudehnen ist. Vertraglich kann es mindestens geschehen. Es sagen die Motive zwar, daß das Gesetz mit jener Vorschrift absichtlich nur das Grundstücksinventar in Rücksicht zieht, weil die Parteien bei anderen Inbegriffen, deren Bestand dem Wechsel unterworfen ist, einen uneigentlichen Nießbrauch zu bestellen pflegen. Doch soll damit nicht ausgeschlossen sein, nach dem Prinzip des § 1048 auch sonst den Nießbrauch festzulegen. Dabei kann zwar der Eigentumserwerb der neuen Stücke nicht durch Vereinbarung geregelt werden. Aber immerhin bleibt doch bestehen, daß für das Konstitut der Nießbrauch selbst in der erwähnten Art verwendbar ist und darum auch für die Sicherungsübereignung eines Warenlagers in Betracht gezogen werden kann, zumal ein uneigentlicher Nießbrauch hier schlechthin ausgeschlossen ist. Aber man braucht den Nießbrauch gar nicht. Der Gläubiger, dem das Warenlager zur Sicherung übereignet wird, kann auch durch Kommissionsvertrag dem Schuldner den Besitz belassen. Es steht dem nicht entgegen, daß solchenfalls der Schuldner trotz eigener Interessen nur für des Gläubigers Rechnung die Waren zur Veräußerung bringen kann. Denn mag es auch richtig sein, daß der Kommissionär grundsätzlich nur für fremde Rechnung handelt, so folgt daraus doch nicht, daß er nicht auch zugleich im eigenen Interesse seine Tätigkeit entwickeln darf [21]). Daß das geschieht, das lehrt die Praxis täglich. Denn wer Waren in Kommission bekommen hat, betreibt trotz aller Theorie auch das Geschäft für sich. Da er aus ihm Gewinn beziehen will, kann er es gar nicht anders. Trotzdem ist das Verhältnis zwischen ihm und Lieferant im Sprach- und Rechtssinn Kommission und bleibt es auch, wenn das Bewußtsein, für fremde Rechnung zu veräußern, selbst noch so sehr zurücktritt. Sogar wenn der Kommissionär den Erlös für sich behält und ohne Rechnungslegungspflicht sich später mit dem Kommittent verrechnet. Auch das tut freilich bei der Sicherungsübereignung eines Warenlagers der Schuldner nicht einmal. Aber da

---

Zeitschrift für Handelsrecht usw. 1908 S. 105. Entsch. des RG. in der DJZ. 1903 S. 153. Oertmann DJZ. 1911 S. 1182. Korrespondenz der Ältesten der Kaufmannschaft von Berlin 1911 S. 141, 176.

[21]) Vgl. Düringer in der Leipziger Zeitschrift für Handelsrecht usw. 1911. S. 418. Bericht des Deutschen Handelstages über die Sitzung vom 9. Oktober 1911 (Jahrgang 51 Nr. 24) S. 13.

anstatt der abgegangenen Stücke die neuen in das Eigentum des Gläubigers treten, wird die Verrechnung ganz mit Grund entbehrlich. Daß damit von der Rechtsnatur der Kommission, besonders da der Schuldner auch das Risiko sowie die Spesen des Geschäftes trägt, fast nur ein Schatten bleibt, soll nicht geleugnet werden. Aber die Vertragsfreiheit gibt Änderungen ein weites Feld und, solange nicht ein Scheingeschäft beweisbar ist, geschieht der Grundart des Geschäfts kein Abbruch. Zum mindesten liegt ein Verhältnis vor, das ähnlich ist der Kommission, vielleicht ein Auftrag, der an den früheren Trödelvertrag erinnert. Und da auch ähnliche Verhältnisse, wie die im § 868 BGB. aufgezählten für das Konstitut genügen, so schwinden damit schon die Zweifel, die man der Sicherungsübereignung eines Warenlagers vermittels Konstituts entgegenbringt [22]. Im schlimmsten Falle kann der Gläubiger auch die Waren zur Verwahrung dem Schuldner überlassen, mit der Berechtigung, zum Betriebe des Geschäfts von ihnen zu verkaufen, und mit der Verpflichtung, die verkauften durch andere zu ersetzen. Dabei nimmt das Veräußerungsrecht des Schuldners dem Rechtsverhältnis den Charakter der Verwahrung nicht. Denn die Befugnis zu veräußern ist letzterer nur hinzugefügt und mag sie zur Beendigung bringen, sobald die Waren ihr gemäß veräußert sind. Bis dahin aber besteht auch die Verwahrung, die jedenfalls das Konstitut begründete [23]. Daß damit leicht der Gläubiger übel fahren kann, mag sein. Das aber ändert an dem Wesen des Geschäftes nichts. Es stellt nur fest, daß sich der Gläubiger mit einer mangelhaften Sicherheit begnügte. Auch das jedoch schwächt noch der Umstand ab, daß an die Stelle der veräußerten die neuen Waren treten. Das letztere übrigens gewährt die Möglichkeit, als Gegenstand der Verwahrung auch das Warenlager im jeweiligen Bestande anzusehen, wobei es nicht darauf ankommt, daß der Schuldner an sich vertraglich nur verpflichtet ist, für den Ersatz zu sorgen, und diese Pflicht versäumen kann. Vielleicht ist diese Konstruktion sogar noch richtiger, als die, bei der man nur vom ursprünglichen Bestand des Warenlagers Ausgang nimmt. Auf jeden Fall ist sie bequemer, da, wenn man sich zu ihr entschließt, das Recht des Schuldners, zu veräußern, fast gänzlich an Bedeutsamkeit verliert.

---

[22]) Kleinrath in der Leipziger Zeitschrift für Handelsrecht 1911 S. 107. JW. 1903 S. 129. „Recht" 1909 Beil. Nr. 73 S. 1998. Entsch. des RG. Bd. 49 S. 173.

[23]) Das wird in der Entscheidung des RG. vom 3. Januar 1903 (JW. 1903 S. 153) nicht genügend berücksichtigt.

Hiernach erscheint die Meinung, daß sich kein Rechtsverhältnis finden läßt, das bei der Sicherungsübereignung eines Warenlagers dem Konstitut zugrunde liegen könnte, wohl schwerlich richtig. Sie teilt auch nicht das Reichsgericht, wie dessen Rechtsprechung ergibt, mag es auch sonst vielleicht für diese Sicherungsübereignung wenig übrig haben [24]). Dabei soll nicht bestritten werden, daß es zum Wesen solchen Rechtsgeschäfts gehört, daß dem mittelbaren Besitzer ein Herausgabeanspruch gegen den unmittelbaren Besitzer zusteht. Denn auch an diesem Anspruch fehlt es nicht, wenn man berücksichtigt, daß der Gläubiger die jeweils vorhandenen Waren ja herausverlangen kann und diese schlechterdings auch nur den Gegenstand der Sicherung bilden.

IV.

Es würde dem gegen die Sicherungsübereignung geführten Kampfe wesentlichen Abbruch tun, wenn sie beim Warenlager undurchführbar wäre. Denn gerade dieses ist sehr oft ihr Gegenstand, wie sie überhaupt im kaufmännischen Verkehr sich ganz besonders häufig zeigt. Viel häufiger jedenfalls, als bei der Landwirtschaft, wo meist der Immobiliarkredit nur eine Rolle spielt und sonst durch Vorschüsse auf spätere Lieferungen, die im persönlichen Vertrauen gegeben werden, Kredit gesucht zu werden pflegt. Darum sind auch gerade aus kaufmännischen Kreisen die Klagen über die Sicherungsübereignung besonders laut geworden. Sie setzen alle darin ein, daß die Sicherungsübereignung wegen des Konstituts, das bei ihr üblich ist, nicht hinreichend erkennbar ist und dadurch die Verkehrssicherheit Gefahr läuft. Und in der Tat liegt in dem Mangel an Erkennbarkeit denn auch ihr größter Fehler. Es ist an anderer Stelle schon bemerkt, daß es Bedürfnis für ein Pfandrecht ist, daß Dritte es erkennen können. Gerade darin lag der Grund, warum sich allgemein das Faustpfand Bahn gebrochen hat. Und das war auch bestimmend, das Konstitut fürs Pfandrecht auszuschließen. Der Zweck, den man damit verfolgt, wird aber ganz vereitelt, wenn man der Sicherungsübereignung mit Konstitut den freien Spielraum läßt. Denn wenn der Schuldner dieser sich bedient, wird schließlich doch verdeckt, was ihm noch frei gehört, und Dritte, die ihm kreditiert, verfallen fast ausnahmslos der Täuschung, vor der das Faustpfand sie bewahren sollte. Die Wirkung dieses Miß-

---

[24]) Vgl. Urteil vom 3. Januar 1903 (DJZ. 1903 S. 153). Urteil vom 22. Oktober 1910 (Bank-Archiv Bd. 10 S. 203). Urteil vom 3. Januar 1911 (DJZ. 1911 S. 324). Urteil vom 5. Mai 1911 (JW. 1911 S. 576).

erfolgs ist um so schlimmer, als nicht bloß in den Fällen, wo das Faustpfand undurchführbar ist, die Sicherungsübereignung angewendet wird, sondern auch dort, wo man an sich ein Faustpfand geben könnte. Denn auch in diesem Falle wird zu ihr gegriffen, weil sie dem Schuldner den Besitz beläßt und darum viel bequemer für ihn ist, als die Bestellung eines Faustpfands. Bei einer derartigen Verbreitung der Sicherungsübereignung ist es natürlich, daß ihre Nachteile jetzt greller zutage treten, wie bisher, und jedenfalls in einem Umfang, den man bei Einführung des Bürgerlichen Gesetzbuchs wohl kaum vorausgesehen hat, obwohl man damals die Gefahr, die von ihr drohte, dem Anschein nach schon ernster nahm, als eine Zeit vorher. Zum mindesten als bei Beratung der Konkursordnung, wo man einen Schutz gegen die Sicherungsübereignung nicht für nötig hielt, weil sie nur selten sei [25]). Man wird nicht sagen können, daß die Schuldner heute schlechter sind, wie früher, und es auf Täuschung ihrer Gläubiger eher absehen, als die früheren Schuldner. Und so liegt in der Steigerung des Verkehrs wohl hauptsächlich der Grund, warum die Schäden, die die Sicherungsübereignung bringt, sich heute umfangreicher zeigen, als vor 30 Jahren. Denn mit dem steigenden Verkehr ist das Bedürfnis nach Kredit gewachsen und der Gebrauch der Mittel, es zu decken, auch zwingender geworden, als er es war. Daß dabei aber gerade die Sicherungsübereignung dem Schuldner Dienste leisten mußte, ist klar, wenn man bedenkt, daß sie zumeist der e i n z i g e Weg bloß ist, dem Gläubiger Sicherung zu bestellen, und auch dem Schuldner das bequemste Sicherungsmittel ist.

Allein Gelegenheit macht Diebe. Und so hat man auch bald erkannt, daß durch die Sicherungsübereignung Gelegenheit geboten sei, auf Kosten seiner Gläubiger Schiebungen zu machen. Da der Schuldner die zur Sicherheit übereigneten Sachen nicht herauszugeben braucht, so kann er sich sehr leicht entschließen, sein Inventar und seine Waren oder sein Hausgerät und andere Sachen mehr durch Sicherungsübereignung dem Dritten zu überlassen. Auch ohne daß ein Sicherungszwang besteht. Ihn leitet nur die Absicht, seine Sachen dem allgemeinen Zugriff zu entziehen und sich, soweit es möglich ist, sie zu erhalten. Und zwar nicht bloß den gegenwärtigen Gläubigern gegenüber, sondern vor allen denen, die erst neu hinzugewonnen werden. Denn besonders gegen letztere richtet sich der Raubzug, da es in erster Linie darauf abgesehen ist, soviel es geht, von Dritten sich Kredit zu schaffen und seine Schulden dann nicht zu be-

[25]) Vgl. W e w e r s: „Beitrag zur Lehre vom Sicherungskauf" S. 9.

zahlen. Das ist nicht gar zu schwer, weil, wenn nach außen hin sich nichts verändert, es regelrecht den Anschein hat, als ob die Sachen dem Schuldner noch gehören. Und im Vertrauen hierauf wird der Kredit gewährt. Daß damit die Sicherungsübereignung zu einer Waffe des unreellen Geschäftsverkehrs geworden ist, die nie versagt [26]), mag wohl zu weit gegangen sein. Zu weit ging es auch wohl, wenn auf dem 15. Juristentag behauptet wurde, daß von 100 Sicherungsverträgen, bei denen die Sicherungssache im Besitz des Schuldners bleibt, wenigstens 99 fraudulös geschlossen sind [27]). Statistische Unterlagen für diese Meinung fehlen jedenfalls. Sie lassen sich mit Zuverlässigkeit auch kaum beschaffen. Denn da die Sicherungsübereignung keiner Form bedarf und vielfach nur privatschriftlich geschlossen wird, kommt eine große Anzahl dieser Übereignungen — vielleicht sogar die größte — gar nicht zur anderweiten Kenntnis. Die Praxis der Gerichte aber liefern auch kein zuverlässiges Bild. Denn vor den Richter kommen nur die kranken Fälle. Oder es sind doch nur Erfahrungen des Prozeßgerichts, die hier gesammelt werden, und sie sind lückenhaft. Darum ist auch kein erhebliches Gewicht darauf zu legen, daß von den Widerspruchsklagen, die gegen die Zwangsvollstreckung Dritter auf Grund des § 771 ZPO. erhoben werden, ein großer Prozentsatz — im Leipziger Amtsgerichtsbezirk sollen es etwa 40% sein [28]) — auf Sicherungsübereignungen gegründet wird. Denn diese Sicherungsübereignungen sind ein verschwindend kleiner Teil des Sicherungseigentums, das überhaupt getätigt wird. Im schlimmsten Fall beweisen sie auch nur die Häufigkeit der Sicherungsübertragung und nicht auch, daß sie fraudulösen Ursprungs ist. Ganz ebenso wie auch der Umstand, daß ein sehr großer Teil der Zwangsvollstreckungen infolge von Sicherungsübereignungen erfolglos ist, doch nur fürs erste spricht. Wenn übrigens behauptet wird, daß nach statistischen Feststellungen in Berlin 95% aller Zwangsvollstreckungen fruchtlos sind, weil in den meisten Fällen sich der Schuldner aller in seinem Besitz befindlichen beweglichen Habe durch Sicherungsübereignung entäußert hat [29]), so dürfte das wohl unzutreffend sein. Gewiß, soweit die Pfändungen beim kleinen Mann in Frage stehen. Denn dessen Sicherungsübertragungen betreffen in der Regel nur das Hausgerät, das unentbehrlich ist und darum ohnehin schon nicht gepfändet

[26]) Vgl. Willutzky in der JW. 1901 S. 710.

[27]) Boyens in den Verhandlungen des 15. Juristentages S. 119.

[28]) Vgl. Bericht des Deutschen Handelstages über die Sitzung vom 27. Oktober 1910 (50. Jahrg. Nr. 25) S. 7.

[29]) Zeitschrift für Handel und Gewerbe Bd. 17 S. 488.

werden kann. Eher schon klingt es richtig, daß von 3 Millionen durch die Gerichtsvollzieher vorgenommene Pfändungen in Deutschland mindestens 1/4 bis 1/5 infolge der Sicherungsübereignung aufgehoben werden müssen[30]).

Aber wie dem auch sei, in jedem Fall bleibt wahr, daß die Sicherungsübereignung wie ein Schlinggewächs an Häufigkeit beständig zugenommen hat und daß sie auch gefährlich ist, selbst wenn man ihre fraudulösen Zwecke ganz beiseite läßt. Denn mag das constitutum auch in vielen Fällen dazu gemißbraucht werden, um fraudulöse Rechtsgeschäfte in die Welt zu setzen, seine Schwächen zeigt es auch, wo solche Absicht fehlt und die Sicherungsübereignung redlichen Charakter hat. Steckt in ihm selber doch der Grund zur Heimlichkeit, in der der wunde Punkt der Sicherungsübereignung liegt, und gilt doch eigentlich der Kampf, den man so heftig gegen diese führt, im Grunde nur dem Konstitut allein. Gewiß kennt das Gesetz noch andere Fälle, in denen sich der Gläubiger auf den Besitzstand seines Schuldners nicht verlassen kann. Denn häufig ist das Eigentum und der Besitz getrennt, und dann ist für den Gläubiger die Gefahr die gleiche, wie in dem Fall, wo Eigentum zur Sicherung übertragen ist. Man denke nur an Miete, Leihe, Nießbrauch und den Besitz des Ehemanns am eingebrachten Gut. Besonders aber an den Kauf mit vorbehaltenem Eigentum, wie er beim Abzahlungsgeschäft gebräuchlich ist und wo die Art der Sachen, die den Gegenstand des Kaufes bilden, zu einem Rückschluß vom Besitz aufs Eigentum fast zwingt. Aber daß es im Verkehr noch andere Situationen gibt, in denen Täuschungsmöglichkeit besteht, beseitigt nicht den Übelstand, der in dem Konstitut der Sicherungsübereignung liegt. Zum mindesten verpflichtet dieses nicht, den letzteren zu dulden. Das um so weniger, als zwischen diesem und den anderen Fällen doch immerhin ein wesentlicher Unterschied besteht. Denn bei der Sicherungsübereignung befindet der getäuschte Gläubiger sich in einziger Konkurrenz mit anderen Gläubigern, deren Bevorzugung er als ungerecht empfindet, weil es im Wesen der Dinglichkeit nicht liegt, auch ohne den Besitz den Vorzug der Befriedigung zu genießen. Das aber fällt hinweg, wenn er infolge Miete, Leihe, Nießbrauch und dgl. die Sachen seines Schuldners nicht in Anspruch nehmen kann. Höchstens der Fall, wo im Besitz des Schuldners Sachen sich befinden, die zufolge Vorbehalts des Eigentums noch den Verkäufern angehören, hat Ähnlichkeit mit dem der Sicherungsübereignung. Jedoch auch hier besteht der Unterschied, daß diese Sachen

---

[30]) Vgl. Bericht des Deutschen Handelstages über die Sitzung vom 9. Oktober 1911 (Jahrg. 51 Nr. 24) S. 20.

noch bisher nicht Eigentum des Schuldners waren und darum jedenfalls den anderen Gläubigern zwecks Befriedigung nicht entzogen sind. Vor allem aber der, daß es ganz billig scheint, wenn jeder Gläubiger, der dem Schuldner einen Gegenstand geliefert hat, ihn auch zu seiner Deckung vorzugsweise nimmt. Denn das ist es gerade, was bei der Sicherungsübereignnug so unbillig in die Erscheinung tritt, daß hier ganz umgekehrt, wie im vorerwähnten Fall, der Sicherungsgläubiger auch aus Sachen, die von anderen Gläubigern stammen, vor diesen die Befriedigung findet. Wird doch, wie schon erwähnt, in vielen Fällen ausdrücklich vereinbart, daß auch die neuen Stücke in das Eigentum des Sicherungsgläubigers treten sollen. Und dadurch kommt es ganz besonders leicht, daß Gläubiger, die mit Rücksicht auf die vollgefüllten Lager dem Schuldner auf Kredit noch neue Waren liefern, in Wahrheit nur die Sicherheit des Gläubigers, der schon bevorzugt ist, erhöhen, nicht aber den Betrieb des Schuldners stärken. Das hat in gleichem Maße übrigens auch der zu fürchten, der zum Betriebe des Geschäfts dem Schuldner bares Geld geliehen hat. Denn auch für ihn besteht die Aussicht, daß dieses nur dem Gläubiger, dem der Schuldner seine Habe zur Sicherheit verschrieben hat, zugute kommt und er, wenn er Befriedigung sucht, dann leer ausgeht.

Aber mögen diese Fälle auch vereinzelt sein, so viel bleibt doch zum mindesten bestehen, daß durch die Sicherungsübereignung des Pfändbare zugunsten einzelner Gläubiger dem allgemeinen Zugriff tatsächlich entzogen wird, worauf auch schon die im Jahre 1907 dem preußischen Abgeordnetenhaus vorgelegte Denkschrift über das Gerichtsvollzieherwesen hingewiesen hat. Nun mag zwar, wer Kredit gewährt, auch damit rechnen müssen, daß er verliert, was er zu fordern hat. Wenn man jedoch bedenkt, daß nur durch Täuschung der Kredit veranlaßt ist, weil es die Heimlichkeit des Konstituts nicht klar erkennen ließ, daß dem Schuldner von dem, was er besaß, fast nichts gehörte, dann wird der Mißstand ernst. Zumal der Gläubiger solchenfalls nicht einmal Schutz vom Strafgesetz genießt. Denn an dem Tatbestande des Betruges wird es zumeist wohl mangeln, da grundsätzlich der Schuldner nicht die Rechtspflicht hat, die Sicherungsübereignung Dritten mitzuteilen [31]). In vielen Fällen folgt sie dem Kredit des Dritten auch erst nach. Dann ist es zwar die Täuschung nicht, die die Gewährung des Kredits begünstigt. Aber Enttäuschung wird dem Gläubiger auch in diesem Fall zuteil. Denn hat er bei dem Richter den

[31]) Kleinrath in der Leipziger Zeitschrift für Handelsrecht 1911 S. 105.

Prozeß auch glatt gewonnen, belehrt ihn der Gerichtsvollzieher doch, daß alle Mühen umsonst gewesen sind, weil es infolge einer Sicherungsübereignung an pfändbaren Objekten bei dem Schuldner fehlt. Zwar steht ihm dann das Recht noch zu, die Sicherungsübereignung anzufechten. Aber abgesehen davon, daß es nicht jedermanns Sache ist, nach einem noch den zweiten Prozeß zu führen, ist auch die Aussicht auf Erfolg nur schwach, weil bei Geschäften, die zur Sicherung vorgenommen sind, die Absicht der Benachteiligung nur ausnahmsweise angenommen wird und darum mit der Anfechtung nur selten durchzukommen ist.

So kommt es denn, daß man der Sicherungsübereignung fast allgemein nicht freundlich gegenübersteht, vielleicht sogar noch weniger. Denn die Bezeichnungen, mit denen man sie belegt, sind wenig schmeichelhaft. „Landplage" nennt man sie, die „wahre Pest", „Krebsschaden im Wirtschaftsleben" und ähnlich mehr. Das geht natürlich viel zu weit, aber es bezeichnet doch die Stimmung. Wie oft im Leben geht's auch hier. Man sieht zwar stets das Schlechte, das Gute aber wird vergessen. Nur die Gefahren, die die Sicherungsübereignung bringt, zieht man in Rücksicht. Zum Urteil über sie gehört doch aber auch, daß man den Nutzen, den sie schafft, beachtet. Und der ist nicht gering. Auch dann nicht, wenn man festhält, daß sie zum Teil gemißbraucht wird. Denn mag man ihre Schäden noch so sehr beklagen, das kann doch nicht hinweggeleugnet werden, daß sie in hohem Maße dem Kredit auch Dienste leistet, ja unentbehrlich ist, wie das Gesetz im Augenblicke liegt. Doch anderseits darf letzteres auch nicht blenden. Denn immerhin bleibt fest bestehen, daß der Verkehr in seiner Sicherheit durch sie erheblich leidet und daß sie einen Zustand großgezogen hat, der immer weiter zur Gefahr auswächst. In diesem Sinne mag es richtig sein, daß man auch sie zu jenen Fällen zählt, für die man neuerdings den Ausdruck „Gläubigernot" geprägt hat [32]). Denn soviel stimmt, daß viele Gläubiger ihr zum Opfer fallen und daß bisher das Recht noch nicht den Weg gefunden hat, mit kraftvoller Hand derartiger Not zu steuern. Vielleicht nicht bloß zum Schaden jener Gläubiger, sondern am letzten Ende auch der Schuldner selbst. Denn bleibt die Sicherungsübereignung weiter noch das Schreckensbild der Gläubiger, ist eine Lähmung des Kredits zu fürchten, da jedermann besorgen wird, zu kreditieren, wenn er nicht Aussicht hat, Befriedigung zu erlangen. Ein solcher Umschlag in der Wirkung aber würde schwerlich dazu führen, die Schäden ganz von selbst zu regulieren. Denn bestenfalls reißt er mit allen Nachteilen der Sicherungsübereignung zugleich auch deren Vorteile hinweg.

[32]) Vgl. Hellwig in „Recht und Wirtschaft" 1911 S. 25.

V.

Vereinzelt freilich meint man, daß es auch jetzt schon Mittel gibt, die die Gefährlichkeit der Sicherungsübereignung mildern, und hält die Rechtsprechung imstande, dazu das ihrige zu tun. In Wahrheit aber überschätzt man die Bedeutung dieser Mittel. Sie laufen großenteils darauf hinaus, die Sicherungsübereignung einzuschränken, und sind schon darum nicht der richtige Weg, den Mißstand zu bekämpfen. Denn nicht in dem Punkt liegt das Ziel, die Sicherungsübereignung einzudämmen, sondern darin, ihre Schäden abzustellen, da, wenn man sie zurückdrängt, ihr Nutzen auch verloren geht.

Es mag zwar in der Tat eine Anzahl Fälle geben, in denen Nichtigkeit der Sicherungsübereignung festzustellen ist. Aber für diese sich häufiger zu erklären, als es bisher geschehen ist, bloß um den Gläubigern derartige Sicherungsübereignungen zu verleiden, kann Aufgabe der Rechtsprechung unmöglich sein. Denn mag es in gewissem Sinn auch dienlich sein, die Härten des Gesetzes an dem Bedürfnis des Verkehrs in billiger Weise abzuschleifen, Gefahren vorzubeugen kann niemals Zweck des Richterspruches sein. Das Urteil ist nur den Parteien bestimmt und deshalb muß es nur am Fall sich halten, wenn es Gerechtigkeit enthalten soll. Und da wird mit der Nichtigkeit der Sicherungsübereignung verhältnismäßig wenig auszurichten sein. Daß sie als nichtiges Scheingeschäft nicht angesprochen werden kann, mit den Begründen, daß sie ein Pfandgeschäft verschleiert, ist früher schon hervorgehoben worden. Auch daß sie nicht Umgehung des Gesetzes ist, ist schon gesagt. Sie könnte darum nur wegen Verstoßes gegen die guten Sitten als nichtig angesprochen werden. An sich ist das zwar möglich. Denn auch das fiduziarische Geschäft kann nichtig sein, wenn es nicht sittlich ist [33]). Aber ein solcher Tatbestand ist doch in Wirklichkeit nur selten. Zu ihm gehört, daß sowohl der Sicherungsgläubiger als der Schuldner, wenn auch nicht direkt, so doch mittelbar den Vorsatz haben, das Recht der anderen Gläubiger hintenan zu stellen, und daß sie dementsprechend darauf ausgehen, durch arglistige Verschleierung der die anderen Gläubiger schädigenden Machenschaften sie zu täuschen und zu schädigen [34]). So aber liegen meist die Fälle nicht, und wo sie ähnlich liegen, da geht der Sachverhalt über den Tatbestand der Anfechtung ge-

---

[33]) Vgl. JW. 1907 S. 162. Gruchot Bd. 49 S. 352.

[34]) Vgl. Entsch. des RG. vom 5. Mai 1911 in der JW. 1911 S. 576 und vom 18. Mai 1911 ebenda S. 650. JW. 1912 S. 66. RG. Bd. 74 S. 224.

wöhnlich nicht hinaus. Mit letzterem aber ist die Anwendung des § 138 BGB. grundsätzlich nicht vereinbar [35]), mag es auch hin und wieder möglich sein, einen Schadensersatzanspruch aus § 826 BGB. in solchem Falle zu begründen [36]).

Mit diesem operiert das Reichsgericht jetzt auch bei Sicherungsübereignungen von Warenlagern[37]). Der Fall, den es entschied, lag so, daß sich der Schuldner zur Sicherung einer Gläubigerin verpflichtet hatte, ihr seine sämtlichen Außenstände abzutreten. Später hatte er ihr zur weiteren Sicherung noch sein gesamtes Lager an Teppichen und Läuferstoffen übereignet und anerkannt, daß er alle Teppiche und Läuferstoffe, die er weiterhin erwerben würde, auch wenn der Erwerb auf eigenen Namen geschehen sollte, tatsächlich nur für sie erwerben wolle. Darauf hatte ein anderer Gläubiger dem Schuldner Waren kreditiert. Bevor der letztere zur Befriedigung kam, geriet der Schuldner in Konkurs und, da mit Rücksicht auf die Sicherungsübereignung an die frühere Gläubigerin die Masse nur gering war, blieb er fast ungedeckt. Das Reichsgericht erblickte hier in dem Verhalten der Sicherungsgläubigerin einen Verstoß gegen die guten Sitten, weil sie durch ihre Abmachungen mit dem Schuldner in diesem eine Existenz geschaffen hatte, deren schädigende Einwirkung auf den redlichen Geschäftsverkehr ihr von vornherein klar gewesen sei oder zum mindesten habe klar sein müssen. Und demgemäß erkannte es einen Schadensersatzanspruch des späteren Gläubigers gegen die Sicherungsgläubigerin dem Grund nach als berechtigt an. Ob diesem Standpunkt beizutreten ist und auch dem weiteren, daß, wenn die dritten Lieferanten die Möglichkeit des vorerwähnten Sachverhalts nicht gut voraussehen konnten, vielmehr nach Treu und Glauben anzunehmen war, daß ihre Waren einzeln im gewöhnlichen Geschäftsbetrieb veräußert werden würden, auch ein Betrug des Schuldners noch in Frage kommt, zu dem der Sicherungsgläubiger mitwirkt, ist mindestens sehr zweifelhaft [38]). Das Reichsgericht hat daran selbst nicht festgehalten. Denn in einer späteren Entscheidung desselben Senats [39]) kommt es auf diese Gründe nicht zurück, wie wohl an sich auch da Gelegenheit geboten war, sie zu verwerten. Es folgt daraus, daß der Entscheidung über den konkreten Fall hinaus wohl

---

[35]) Vgl. JW. 1908 S. 444.
[36]) Vgl. JW. 1910 S. 940.
[37]) Vgl. JW. 1911 S. 324.
[38]) Vgl. auch Hallbauer im Bank-Archiv 1911 S. 308.
[39]) Leipziger Zeitschrift für Handelsrecht 1911 S. 706.

kaum Bedeutung beizumessen ist [40]). Zum mindesten geht es zu weit, wenn man in ihr ein schützend Wehr gegen die Auswüchse der Sicherungsübereignung ganz allgemein zu finden glaubt. Denn mag in solchem Fall der dritte Gläubiger auch dem Nachteil der Sicherungsübereignung, wenigstens im Prinzip, nicht schutzlos gegenüberstehen und mag die Furcht vor der Verpflichtung zum Ersatz des Schadens oder der Nichtigkeit auch vielfach eine solche Sicherungsübereignung hindern, es bleibt doch immer nur ein Tropfen von dem Gift, den man auf diese Art dem Übelstand entzieht. Und das allein schwächt nicht die Kraft, die so verderbend wirkt, gleichviel ob man die Nichtigkeit der Sicherungsübereignung oder die Pflicht zum Schadensersatz als Gegenmittel braucht. Denn schließlich werden doch nur die Sicherungsübereignungen von Warenlagern auf diese Art getroffen. Sie aber bilden nur einen Teil der vorkommenden Sicherungsübereignungen.

Auch damit ist nur wenig auszurichten, daß man den Sicherungsgläubiger Dritten gegenüber auf Grund des § 419 BGB. haftbar machen will [41]). Denn mag es auch richtig sein, daß zur Vermögensübernahme nicht gehört, daß der Veräußerer sein Vermögen als Ganzes auf den anderen überträgt, so ist doch jedenfalls erforderlich, daß von verschwindend Wenigem abgesehen auf den Erwerber die gesamte Habe des Veräußerers übergeht [42]). Und daran wird es in den meisten Fällen fehlen. Denn wenn der Schuldner wirklich auch den Grundstock des Vermögens dem Sicherungsgläubiger überläßt, behält er in der Regel doch noch selbst so viel, daß von Entäußerung des Gesamtvermögens nicht gut gesprochen werden kann, zumal es auch in seiner Absicht gar nicht liegt, dem Sicherungsgläubiger sein Vermögen zu übertragen. Auch dieser selbst will solches nicht. Und weil hiernach im höchsten Fall nur ein Komplex aus dem Vermögen des schuldenden Veräußerers dem Sicherungsgläubiger übereignet wird, ist selten Raum dafür, aus der Vermögensübernahme seine Haftung zu begründen. Im besten Falle aber ist es nur ein kleines Mittel, die Schäden, die die Sicherungsübereignung bringt, erfolgreich abzuwenden. Und solche Mittel helfen wenig, auch wenn sie selbst mit anderen dieser Art zusammentreffen.

Zu ihnen zählt auch der Versuch, dem Sicherungsgläubiger durch Beschwerung mit Prozeßkosten den Vorzug zu verbittern [43]). Es wird

[40]) Vgl. auch Bericht des Deutschen Handelstages über die Sitzung vom 9. Oktober 1911 S. 14.

[41]) Vgl. Asch in der JW. 1912 S. 66.

[42]) RG. Bd. 69 S. 416; Bd. 76 S. 1.

[43]) Vgl. Hellwig in „Recht und Wirtschaft" 1911 S. 30.

mit Recht besonders hart empfunden, daß auch der Dritte noch die Kosten tragen muß, wenn der Sicherungsgläubiger gegen seine Pfändung Widerspruch erhebt und im Prozeß sein Eigentum beweist. Er kann sich zwar hiergegen schützen, indem er dessen Anspruch anerkennt. Aber da das dann sofort erfolgen muß und ihm nicht zugemutet werden kann, das Anerkenntnis abzugeben, bevor der Kläger noch sein Recht zum Widerspruch bewiesen hat, so bleibt für ihn die Wohltat des § 93 ZPO. so gut wie außer Kraft. Auch dann, wenn man sich dahin schlüssig macht, daß der Widerspruchskläger seinen Anspruch vor der Klage glaubhaft machen muß. Denn das ist für die Frage, ob Veranlassung zur Klage war, zum höchsten von Bedeutung, entbindet aber niemals von der Pflicht, sofort den Anspruch anzuerkennen, wenn man von Kosten frei sein will. Aus diesem Grunde schlägt man vor, mit Hilfe des § 94 ZPO. den Sicherungsgläubiger mit den Kosten zu belasten. Aber in Wahrheit paßt die Vorschrift nicht. Und zwar schon darum nicht, weil in beregtem Fall der Sicherungsgläubiger gar nicht einen durch die Sicherungsübereignung auf ihn übergegangenen Anspruch geltend macht — es könnte dies das Eigentum nur sein —, sondern ein ihm durch die Sicherungsübereignung unmittelbar erwachsenes Widerspruchsrecht verfolgt, das nie dem Schuldner zugestanden hat [44]. Und darum nützt auch die Erwägung nichts, daß es vernünftig ist, wenn derjenige geschützt wird, der sich darauf verläßt, daß der bestehende Rechtszustand noch gerade so ist, wie er bisher gewesen war, ganz abgesehen davon, daß der betreffende Gläubiger doch auch erst nach der Sicherungsübereignung sein Recht erworben haben kann. Denn ein Rechtssatz, der solchen Schutz gewährt, den gibt es im Gesetze nicht. Wenigstens nicht allgemein. Ihn daraus herzuleiten, daß § 413 BGB. die Bestimmungen über die Übertragung von Forderungen auf die von anderen Rechten ebenfalls für anwendbar erklärt, geht viel zu weit und könnte jedenfalls auch niemals dazu führen, den Dritten kostenfrei zu lassen, wenn er in Unkenntnis vom Eigentum des Sicherungsgläubigers pfändet. Im übrigen was nützt dem Dritten groß, wenn er von Kosten frei geblieben ist? Auf jeden Fall bleibt er doch unbefriedigt, wenn es zur Sicherungsübereignung einmal kam. Daß diese aber seltener werden wird in der Besorgnis, daß sie Kosten machen könnte, ist wohl ein eitler Traum.

Viel mehr hat es schon für sich, wenn man den Dritten durch Ausdehnung des § 805 ZPO., soweit es geht, zu schützen sucht [45]. Es ist an

---

[44]) Vgl. Boschan in der JW. 1912 S. 8.

[45]) Hellwig in „Recht und Wirtschaft“ 1911 S. 31.

anderer Stelle schon hervorgehoben worden, daß es die anderen Gläubiger ungerecht beschwert, wenn sie sich nur durch Pfändung des Anspruchs auf Herausgabe des Überschusses den Mehrwert sichern können, den der Sicherungsgläubiger inne hat. Denn pfänden sie die Sache selbst, so kann der Sicherungsgläubiger der Pfändung widersprechen. Die Folge aber ist, daß ihm die Sache völlig frei zu geben ist, wiewohl vielleicht die Forderung, die er hat, den Wert derselben lange nicht erreicht. Das macht die Sicherungsübereignung dem Dritten noch gefährlicher, als das Vertragspfand ihm gewesen ist, da er bei diesem wenigstens die Zwangsvollstreckung auch in die Sache selbst betreiben konnte. Aus diesem Grunde allerdings erscheint es wünschenswert, dem Sicherungsgläubiger nur das Recht auf vorzugsweise Befriedigung aus der Sache zu gewähren. Denn damit kommt der Dritte in die Lage, sich auch schon aus der Sache zu befriedigen und braucht auf die Verwertung durch den Sicherungsgläubiger nicht zu warten. Das Recht des letzteren derart zu beschränken, wird freilich nach dem Wortlaut des § 805 ZPO., der nur von Pfand- und Vorzugsrechten spricht, zurzeit kaum möglich sein. Mithin würde nur übrig bleiben, unter Berücksichtigung der Sicherungsübereignung die Vorschrift abzuändern. Aber der Nutzen dieses Schrittes, der mit dem Grundsatz, daß nur des Schuldners eigene Sache zulässig gepfändet werden kann, der Form nach brechen würde, ist schließlich nur gering. Denn mag er auch den dritten Gläubiger besser stellen, als bisher, den Kernpunkt in der Schädlichkeit der Sicherungsübertragung d. h. den Übelstand, den sie durch ihre Heimlichkeit für den Kredit zur Folge hat, den trifft er nicht. Die dritten Gläubiger retten sich den Überschuß zwar sicherer und auch schneller. Aber daß unerwartet der Hauptwert ihnen verloren geht, weil der Sicherungsgläubiger bessere Rechte hat, als sie, bleibt doch bestehen. Vor allem aber würde es den Wert der Sicherungsübereignung für den Schuldner wesentlich beschränken, wenn man dem Dritten auch das Recht zur Zwangsvollstreckung in die Sache geben würde. Denn wenn der Schuldner trotz der Sicherungsübereignung die Versteigerung der in seinem Besitz befindlichen Sache zu besorgen hätte, so wäre der mit der Übereignung verfolgte Hauptzweck, sich die veräußerte Sache im Interesse seiner Existenz möglichst dauernd zu erhalten, zum großen Teil verfehlt.

Wenn man darum die Gesetzgebungsmaschine in Bewegung setzt, wird es in anderer Art geschehen müssen.

Es wäre ein bequemer Weg, die Sicherungsübereignung einfach zu verbieten. Aber wer dieses Mittel als Rezept verschreibt, der gleicht dem Arzt, der einen Kranken sterben läßt, um seine Krankheit zu beenden. Gewiß würden die Schäden, die die Sicherungsübereignung bringt, mit einem Schlag beseitigt sein, wenn man sie schlechterdings verböte. Oder vielleicht nicht einmal ganz verbieten würde, sondern nur dem Dritten gegenüber für unwirksam erklärte, ähnlich wie man in Braunschweig im § 19 des Gesetzes vom 8. März 1879 auch der Veräußerung einer beweglichen Sache mit constitutum possessorium dem Dritten gegenüber Wirksamkeit versagte [46]) oder wie es auch das neue schweizerische Zivilgesetzbuch im Art. 717 tut. Aber damit entschwinden auch die Vorteile, die der Sicherungsübereignung zuzusprechen sind, wie sie eben bei allen Mitteln, die deren Zurückdrängung bezwecken, notwendig auch ins Schwinden kommen müssen. Und das ist doch ein zweifelhafter Sieg. Es mag nicht viel daran gelegen sein, wenn Vorteile verloren gehen, die hinter dem Maß der Nachteile weit zurückstehen. Aber wo beide sich die Wage halten, ist die Beseitigung eines Instituts schon schlimmer. Und im gegebenen Fall ist gar nicht einmal ausgemacht, ob nicht der Nutzen, den die Sicherungsübereignung bringt, die Schäden weitaus übersteigt. Denn immer bleibt doch festzuhalten, daß bei der engen Möglichkeit des Faustpfands, solange nicht ein anderer Weg gefunden ist, die Sicherungsübereignung als Bedürfnis anzusehen ist. Und darum würde es den Nöten des Kredits recht tiefe Wunden schlagen, wenn man sich rücksichtslos dazu entschließt, die Sicherungsübereignung einfach zu verbieten [47]).

Man fühlt es denn auch wohl, daß mit dem Bad zugleich das Kind auch ausgeschüttet wird, wenn man so radikal verfährt. Und darum sinnt man denn auf Mittel, die nur die unreelle Sicherungsübereignung treffen sollen. Zu diesem Zwecke schlägt man vor, die Schranken des Anfechtungsgesetzes zu erweitern. Und zwar in mannigfacher Art. Es wird für zweckgemäß gehalten, den Sicherungsvertrag für anfechtbar zu erklären, soweit in unbilliger Weise die Gläubiger durch ihn Nachteil haben [48]). Es soll in diesem Falle also das subjektive Moment gänzlich ausgeschaltet werden und nur der objektive Nachteil Maßstab sein. Der aber soll auch schon in der Verletzung des Rechts auf anteilmäßige Befriedigung liegen. Das klingt sehr einfach und auch sehr verlockend. Aber abgesehen davon, daß es ein Recht auf anteilmäßige Befriedigung außerhalb des Konkurses gar nicht gibt, ist auch die vorgeschlagene Norm wohl viel zu weit und un-

---

[46]) Vgl. Kaspari: „Sicherungsübereignung“ S. 15.

[47]) Vgl. auch Beschlüsse der Kommission für die zweite Lesung eines Entwurfs zum BGB. Protokolle Bd. III S. 196, 200. Bericht des Deutschen Handelstages über die Sitzung vom 27. Oktober 1910. S. 7.

[48]) Vgl. Rehbein in der JW. 1910 S. 605.

bestimmt, um eine sichere Grundlage für die Anfechtung zu bilden. Vor allem aber ist sie ungerecht dem Sicherungsgläubiger gegenüber. Denn diesen dafür zu bestrafen, daß er sich sicherungsweise Sachen übereignen ließ, auch wenn er ganz im guten Glauben war, ist viel zu hart und widerspräche jedenfalls der Grundtendenz des Rechts zur Anfechtung. Zumal auch nicht die fraus des Schuldners einmal vorzuliegen braucht. Und damit träfe die Bestimmung nicht bloß die unreelle Sicherungsübereignung. Denn daß die Sicherungsübereignung unbillig für die anderen Gläubiger ist, ist in der Regel wohl der Fall. Die Folge aber würde sein, daß sie der Anfechtung fast immer unterliegen würde.

Deshalb ist es wohl zweckentsprechender, wenn man die Anfechtung, anstatt sie zu erweitern, nur erleichtern will, indem man eine Umkehrung der Beweislast bei allen in den letzten 6 Monaten oder dem letzten Jahre vor der Anfechtung geschlossenen Sicherungsverträgen in Vorschlag bringt[49]). Das kommt darauf hinaus, daß man die im § 30 Ziff. 2 KO. getroffene Bestimmung auch für das Anfechtungsgesetz entsprechend treffen will. Dagegen würde wohl an sich nichts einzuwenden sein, weil in der Tat nicht einzusehen ist, warum ein Gläubiger, der sich eine Sicherung hat gewähren lassen, auf die er keinen Anspruch hat, besser gestellt sein soll, wenn es infolge Massemangels oder aus sonstigem Grunde nicht zum Konkurse kommt, als wenn Konkurs eröffnet ist. Denn ohnedies ist der Beweis, daß der Schuldner die Absicht der Benachteiligung besessen hat und daß der Sicherungsgläubiger diese kannte, doch nur sehr schwer, zumal bei Sicherungsgeschäften der Regel nach die faktische Vermutung doch für den Mangel fraudulösen Handelns spricht. Der Schuldner aber, wenn er als Zeuge über diesen Punkt vernommen wird, pflegt meistens zu bekunden, daß fraudulöse Absicht nicht vorhanden war, und so ist denn die Anfechtung fast immer aussichtslos. Aus diesem Grunde mag es angemessen sein, sie durch Vermutung zu erleichtern, wiewohl auch viele einwandsfreie Sicherungsübereignungen getroffen werden können, wenn die Vermutung fraudulöser Absicht allgemein besteht und ungeachtet der Person des Sicherungsgläubigers Platz greift. Denn wie es schwer ist, diese Absicht zu beweisen, so ist es umgekehrt auch schwer, das Gegenteil zu widerlegen. Und ob das letztere damit schon gelingt, daß der Sicherungsgläubiger in vollem Umfange seine geschäftlichen Beziehungen zum Schuldner offen legt und die Veranlassung zur Sicherung zeigt[50]) oder daß der Schuldner das

---

[49]) Vgl. Przibilla in der JW. 1911 S. 301 und Asch ebenda S. 304.
[50]) Vgl. Boschan in der JW. 1912 S. 9.

Nichtvorhandensein der Benachteiligungsabsicht bestätigt [51]), ist mindestens sehr zweifelhaft. Ist aber zu besorgen, daß auch reelle Sicherungsübereignungen infolge der verschärften Anfechtung der Unwirksamkeit verfallen können, so geht der Vorschlag, durch eine Änderung des Anfechtungsgesetzes die Schäden der Sicherungsübereignung zu beseitigen, doch übers Ziel hinaus [52]). Es sei denn, daß man darin die Zweckaufgabe sieht, der Sicherungsübereignung möglichst den Garaus zu machen. Daß aber das der Weg nicht ist, um ihren Nachteil zu verhüten, ist mehrfach schon hervorgehoben. Gelänge es aber selbst durch die verschärfte Anfechtung tatsächlich nur die fraudulöse Sicherungsübereignung fernzuhalten, so wäre sie, ganz abgesehen davon, daß sie auch immer erst nach eingetretenem Schaden helfen kann, auf keinen Fall ein generelles Mittel, um den Gefahren der Sicherungsübereignung zu begegnen. Denn schließlich trifft sie dann doch nur das anfechtbare Rechtsgeschäft. Dagegen dämmt sie nicht auch die Gefahren ein, die mit der Sicherungsübereignung prinzipiell verbunden sind. Denn nicht, daß sie zum fraudulösen Zweck gemißbraucht wird, ist das Gefährliche bei dieser, sondern daß sie durch ihre mangelnde Erkennbarkeit die Sicherheit, die der Verkehr erfordert, ernst bedroht, ist grundsätzlich ihr Fehler. Und der ist ganz naturgemäß auch da vorhanden, wo Anfechtbarkeit gar nicht in Frage kommt. Auf diese Weise aber ist die Wirkung einer Vorschrift, die nur die Anfechtung betrifft, auf keinen Fall genügend, um von Grund auf mit den Gefahren, die durch die Sicherungsübereignung dem Verkehr entstehen, tatsächlich aufzuräumen. Denn sie trifft die wunde Stelle der Sicherungsübereignung nicht und ist im besten Falle nur ein Schutz gegen einen Teil der Sicherungsübereignungen. Oder sie dürfte es nur sein. Denn schon von vornherein ist es verfehlt, die Anfechtung als Waffe gegen die Sicherungsübereignung als solche zu gebrauchen. Das geht selbst dann zu weit, wenn die vorkommenden Sicherungsübereignungen überwiegend fraudulös geschlossen werden würden. Dafür jedoch fehlt der Beweis. Und würde er erbracht, dann dürfte man zum wenigsten wohl sagen, daß gegen die Sicherungsübereignung selbst zu Feld zu ziehen ist, wie man auch niemals daran denkt, gegen Schenkung oder Kauf zum Kampf zu rufen, weil diese häufig anfechtbar geschlossen werden.

---

[51]) Vgl. Bericht des Deutschen Handelstages über die Sitzung vom 9. Oktober 1911 S. 6.

[52]) Vgl. Bericht des Deutschen Handelstages über die Sitzung vom 7./8. Dezember 1910 (Jahrg. 51 Nr. 1) S. 53 und über die Sitzung vom 9. Oktober 1911 S. 6.

Und doch darf nicht verschwiegen werden, daß sehr gewichtige Stellen gerade in der Verschärfung der Anfechtbarkeit das Heilmittel gegen die Mißstände der Sicherungsübereignung zu finden glauben. So hat in seiner Sitzung vom 9. Oktober 1911 u. a. auch der Deutsche Handelstag die Resolution beschlossen, daß die Konkursordnung und das Anfechtungsgesetz dahin zu ergänzen sind, daß die innerhalb einer bestimmten Zeit vor der Zahlungseinstellung oder Anfechtung vorgenommenen Sicherungsübereignungen für anfechtbar erklärt werden und dem begünstigten Gläubiger der Beweis aufzuerlegen ist, daß ihm zur Zeit des Vertragsschlusses eine Absicht des Schuldners, die übrigen Gläubiger zu benachteiligen, nicht bekannt gewesen ist [53]). Besonders aber sind es die Ältesten der Kaufmannschaft von Berlin, die diesem Schutzmittel nachdrücklich das Wort reden [54]).

Aber wenn man den Schäden, die die Sicherungsübereignung bringt, ernstlich zu Leibe gehen will, darf man sich nicht begnügen, nur gegen die schlimmsten Auswüchse derselben einen Schutz zu schaffen. Vielmehr muß man ein Mittel finden, das ihren Grundfehler — den Mangel an Erkennbarkeit — erstickt. Das kann, da man den Weg des **Reputed Ownership**, wonach alle im Besitz des Schuldners befindlichen Sachen den Gläubigern gegenüber als sein Eigentum gelten, wohl schwerlich gehen kann, entweder so geschehen, daß man sie selbst auf irgend eine Art erkennbar macht oder daß man eine Pfandform findet, die ohne, daß dem Schuldner der Besitz des Pfandobjekts entzogen wird, sowohl die Interessen des Pfandgläubigers als die der dritten Gläubiger sichert. Im letzteren Fall würde das Pfandrecht zwar die Sicherungsübereignung nach und nach verdrängen. Das aber schadet nichts, da es dem Schuldner die Vorteile der Sicherungsübereignung ebenfalls gewährt und so genügt, um das Bedürfnis nach Kredit zu decken.

VI.

Wenn das Problem darin besteht, ein Pfandrecht mit Besitz des Schuldners und Erkennbarkeit zu schaffen, so muß man sich vom Faustpfand nötig trennen. Zwar nicht derart, daß man das Faustpfand nun schlechthin verwirft, aber doch so, daß man zu ihm noch eine andere Pfand-

---

[53]) Vgl. Bericht des Deutschen Handelstages über die Sitzung vom 9. Oktober 1911 S. 23.

[54]) Vgl. Korrespondenz der Ältesten der Kaufmannschaft vom 31. Oktober 1910 Nr. 10 S. 249, vom 30. Juni 1911 Nr. 6 S. 145 und vom 28. Februar 1911 Nr. 2 S. 52.

form fügt. Das Exekutionspfand an Mobilien durchbricht die Ausschließlichkeit des Faustpfands auch schon jetzt. Warum es nicht gestattet sein soll, auch noch in anderen Fällen das Pfandrecht vom Besitz des Gläubigers loszulösen, ist gar nicht einzusehen, zumal wenn man bedenkt, daß in dem Faustpfand, das den Kreditbedürftigen so oft im Stiche läßt, ein Stück sozialen Unrechts liegt [55]). Man braucht und darf dabei natürlich nicht zu dem Vertragspfand seine Rückkehr nehmen. Denn damit wäre nichts gewonnen, weil diesem die Erkennbarkeit ja fehlt, auf die es gerade in erster Linie ankommt. Auch nicht, wenn man vielleicht die gerichtliche oder notarielle Form für den Pfandvertrag noch vorschreibt. Denn diese mag zwar vor der Vordatierung schützen, sie macht das Pfandrecht aber nicht bekannt.

Um letzteres zu erreichen, hat man besonders in der früheren Zeit oft vorgeschlagen, das Siegelpfand für die Verpfändung von Mobilien einzuführen [56]). Im Grund erinnert das an die naive Zeit, wo man noch Hypotheken durch Marken an dem Grundstück sichtbar machte. Daß aber die Anlegung von Zeichen an den Gegenstand des Pfands in Wirklichkeit geeignet ist, die Publizität des Pfandrechts zu verbürgen, wird man wohl kaum behaupten können. Denn mag die Siegelung auch beim Pfändungspfand gebräuchlich sein, so paßt sie doch nicht für den Fall, wo der Schuldner freiwillig eine Sache in Pfand gegeben hat. Und zwar schon darum nicht, weil in dem letzteren Fall der Gegenstand des Pfandes viel länger mit dem Siegel behaftet bleiben müßte, als bei der Pfändung. Denn ehe die Schuld, zu deren Sicherung das Pfand bestellt ist, fällig ist oder bezahlt, dauert oftmals lange. Auf diese Weise aber würden des Schuldners Schulden viel zu sehr bekannt und das Ergebnis wäre, daß sich die Publizität des Pfandrechts zu einer Publikation desselben auswächst, die dem Kredit des Schuldners sicherlich nicht nützlich wäre [57]). Es kommt hinzu, daß es auch schwierig wäre, einen größeren Komplex von Sachen, wie z. B. Warenlager mit Siegel zu versehen, und noch viel schwerer, bei Sachen, die im Gebrauch sind oder der Veräußerung dienen, die Siegel zu erhalten. Wie aber das Pfandrecht sich gestalten soll, wenn zufällig oder böswillig die Siegel vom Pfandobjekt zur Ablösung gekommen sind, ist eine heikle Frage. Nicht bloß weil dann

---

[55]) Vgl. Krückmann im Archiv f. bürgerl. Recht Bd. 8 S. 167.

[56]) Vgl. Krückmann a. a. O. S. 168. Bericht des Deutschen Handelstages über die Sitzung vom 27. Oktober 1910 (Jahrg. 50 Nr. 25) S. 12.

[57]) Vgl. auch Schöndorf in Goldschmidts Zeitschr. f. Handelsrecht Bd. 68 S. 513.

der gute Glaube des Erwerbers seine Rechte fordert, sondern mehr vielleicht noch für die Fälle, wo dieser keine Rolle spielt. Und wenn man diese Frage dadurch lösen will, daß man die Ausstellung von Pfandscheinen in Vorschlag bringt, deren Besitz das Pfandrecht lassen soll, auch wenn das Siegel selbst am Pfande nicht mehr klebt, so wird die angestrebte Publizität des Pfandrechts wiederum durchlöchert. Das aber dadurch wett zu machen, daß auch ein Exemplar des Pfandscheins an öffentlicher Stelle zu hinterlegen ist, um Dritten Kenntnis von dem Pfandrecht zu verschaffen, ist nur ein schüchterner Versuch zum Pfandregister, der unbeholfen wirkt und auch nicht praktisch scheint. Vielleicht aber noch besser ist, wie der in der Sitzung des Deutschen Handelstages vom 9. Oktober 1911 gemachte Vorschlag [58]), ähnlich der polizeilichen An- und Abmeldepflicht dem Schuldner die Verpflichtung aufzulegen, bei Vermeidung der Nichtigkeit Sicherungsübereignungen beim Gerichtsvollzieher des Wohnbezirks zur Anmeldung zu bringen und diesen anzuweisen, hierüber Karten anzulegen, die beim Wechsel der Wohnung des Schuldners an den zuständigen Bezirksgerichtsvollzieher abzugeben sind. Denn abgesehen davon, daß es wohl ungewöhnlich wäre, den Gerichtsvollzieher als Auskunftsstelle über die Kreditfähigkeit des Schuldners zu benutzen, so würde ein solches Kartensystem auch undurchführbar sein, weil es die Übersicht erschwert. Auch wenn die Karten auf die Person des Schuldners zur Ausstellung gelangen. Denn schon die Vielheit der vorhandenen Karten stört den Gebrauch, zumal wenn man berücksichtigt, daß sie öfteren Einschreibungen dienen müssen. Im besten Falle würden sie kaum mehr, als ein Informationsmittel der Gerichtsvollzieher selber sein, was freilich manche fruchtlose Zwangsvollstreckung vermeiden lassen würde, aber doch nicht der Zweck ist, um dessentwillen man die Kundbarmachung der Sicherungsübereignung wünscht und auch erstreben muß.

Und so drängt alles darauf hin, durch Einführung von Registern dem Notstand abzuhelfen. Überwiegend spricht man zwar davon, daß die Sicherungsübereignung selber in ein Register einzutragen ist. Viel näher aber scheint es doch zu liegen, dem Pfandrecht das Register zu eröffnen. Denn wenn man einmal sich entschließt, die Registrierung in den Dienst des Sicherungszwecks zu stellen, so ist es wohl am einfachsten und besten, mit ihrer Hilfe die Bestellung eines Pfandrechts zu erleichtern, das seinem Zweck nach das gegebene Sicherungsmittel ist. Denn falls man so verfährt, gräbt man der Sicherungsübereignung, die nur so üppig auf-

---

[58]) Vgl. Bericht des Deutschen Handelstages über diese Sitzung S. 21.

gekommen ist, weil das bestehende Pfandrecht unzulänglich ist, mit einem Schlag den Boden ab. Und das ist von Bedeutung, weil ja nicht bloß die Heimlichkeit der Sicherungsübereignung ein Schaden für das Wirtschaftsleben ist, sondern auch das innere Verhältnis zwischen Gläubiger und Schuldner in solchem Maße Unzuträglichkeiten birgt, daß nur das gänzliche Verschwinden der Sicherungsübereignung von dem Alp befreit, der den Verkehr bedrückt. Dabei fällt auch besonders ins Gewicht, daß eine Sache mehrfach zwar verpfändet, aber einmal nur als Eigentum veräußert werden kann, so daß der Schuldner an dem Pfandrecht mehr Interesse hat, als an der Sicherungsübereignung.

Daß man, wenn man das Pfandrecht auch durch Eintragung entstehen läßt, zur Mobiliarhypothek zurückkehrt, die glücklich überwunden schien, darf nicht bestürzen. Denn die Mobiliarhypothek in dieser Gestalt ist etwas anderes, als das römische Vertragspfand. Aus dem Grunde schon, weil es den Fehler der mangelnden Erkennbarkeit nicht hat, sondern im Gegenteil grundsätzlich die Tendenz verfolgt, das Pfandrecht nach außen hin erkennbar zu gestalten. Daß die Besitzeinräumung an den Gläubiger fehlt, kann seinen Wert ihm keinesfalls verkürzen. Denn allein seligmachend ist das Faustpfand nicht. Wenn bei dem letzteren der Besitz des Pfandes durch die Gläubiger als wesentlichstes Merkmal des bestehenden Pfandrechts gilt, so wird damit doch nur das Ziel erstrebt, die als notwendig zu erachtende Publizität des Pfandrechts wenigstens mittelbar zu sichern. Daß aber gerade im Besitz des Pfandes ein essentielles Stück des Mobiliarpfands liegt, folgt daraus nicht. Und darum kann für ein System des Pfandrechts auch wohl ein Pfand, das nicht Besitzpfand ist, genügen, wenn es dem Publizitätsgedanken erschöpfend Rechnung trägt. Dabei kann freilich nicht davon die Rede sein, das Faustpfand aus seiner herrschenden Stellung fortzudrängen oder es zugunsten des Registerpfandes gar gänzlich abzuschaffen. Denn schließlich bleibt doch immer noch das Faustpfand nicht nur die beste Sicherung für den Gläubiger selbst, sondern auch der sicherste Schutz des Dritten gegen Täuschung. Aber für die vielen Fälle, wo ein Faustpfand nicht gegeben werden kann, füllt das Registerpfand die Lücke. Und darauf kommt es an.

Der Gedanke, Mobilien durch Eintragung zu verpfänden, ist nicht neu. Besonders waren es schweizerische Kantone, die schon im Mittelalter die „Pfandverschreibung“ an Mobilien kannten [59]). Aber auch in

[59]) Vgl. Huber: „System und Geschichte des schweizerischen Privatrechts“ Bd. 4 S. 818. Rahn in der Zeitschrift f. schweiz. Recht Bd. 2 S. 5 ff. Daenicker: „Die Mobiliarhypothek im modernen schweizerischen und französischen Recht“ S. 13 ff.

deutschen Rechtsgebieten war es nicht fremd, die Fahrnis wie eine unbewegliche Sache zu verpfänden und statt der Übergabe die Eintragung in ein Pfandbuch zuzulassen. Besonders wo es schwierig war, dem Gläubiger den Besitz zu übertragen und der Schuldner auch nur schwer das Pfand entbehren konnte [60]). Nach und nach verschwand freilich die jüngere Satzung an der Fahrnis, um ganz dem Faustpfand Platz zu machen. Aber in Schleswig-Holstein beispielsweise hat sich das Buchpfand am beweglichen Vermögen noch bis zum Inkrafttreten des Schleswig-Holsteinischen Grundbuchgesetzes vom 27. Mai 1873 aufrecht erhalten. Jeder Einwohner konnte sich hier, ohne Rücksicht darauf, ob er Grundbesitz hatte, in dem „Schuld- und Pfandprotokoll" seines Wohnorts ein Personalfolium einrichten lassen, auf dem er unter Verpfändung seines ganzen Vermögens, also auch der beweglichen Sachen, Hypotheken eintragen lassen konnte, die vor allen nichtprotokollierten Forderungen ein Vorrecht hatten [61]). Auch in Oldenburg hat das Registerpfand — und zwar besonders mit Rücksicht auf den starken Mißbrauch der Sicherungsübereignung — bis in die neuere Zeit gegolten [62]). Und als man daran ging, ein einheitliches bürgerliches Recht für Deutschland zu schaffen, da hat man die Eintragung in öffentliche Bücher für die Mobiliarverpfändung ebenfalls erwogen. Der Redaktor des Entwurfs erklärte sie zwar wegen der Veränderlichkeit der beweglichen Sachen und der schwierigen Feststellung ihrer Identität als Pfandform nicht geeignet und hielt ausschließlich an dem Faustpfand fest [63]). Bei den gutachtlichen Äußerungen über den Entwurf wurde aber angesichts der Unzulänglichkeit des Faustpfands vielfach das Gegenteil empfohlen. Der Kongreß deutscher Landwirte vermißte eine Bestimmung, die den Eigentümer und namentlich den Pächter landwirtschaftlicher Grundstücke in die Lage setzte, sich durch Verpfändung der hängenden und stehenden Früchte oder des Inventars vorübergehenden Kredit zu schaffen. Es wurde deshalb die Einrichtung eines Pfandregisters

---

[60]) Vgl. Meyer: „Das Publizitätsprinzip im deutschen bürgerlichen Recht" S. 37. Schöndorf a. a. O. S. 487.

[61]) Vgl. §§ 1, 2, 5 der generellen und uniformen Konstitution wegen der Schuld- und Pfandprotokolle vom 10. September 1734 (Esmarch-Sammlung II S. 230). Seestern-Pauly: „Grundbuchrecht für die Provinz Schleswig-Holstein". Ziese: „Zeitschrift des deutschen Notarvereins" 1905 S. 648.

[62]) Bericht des Deutschen Handelstages über die Sitzung vom 9. Oktober 1911 S. 53.

[63]) Vorlage des Redaktors zum Sachenrecht Bd. III S. 1806 ff.

vorgeschlagen [64]). Ihm redeten besonders auch Gierke [65]) und in dem Gutachten aus dem Anwaltstande Wernick und Scholler nachdrücklich das Wort [66]). Auch die landwirtschaftliche Presse. In dem preußischen Landesökonomiekollegium aber verneinte man das Bedürfnis für die Einführung des gewünschten Rechtsbehelfs. Man hatte Bedenken gegen die Durchführbarkeit des Registers. Der Grundsatz: „Hand wahre Hand", so meinte man, müsse gewahrt werden, auch wenn das Pfandrecht in ein Pfandbuch eingetragen sei, denn der redliche Erwerber sei auf jeden Fall zu schützen. Man hielt die Handhabung des Registers auch durch eine Domizilveränderung des Schuldners und die Schwierigkeit des Identitätsnachweises wesentlich erschwert. Und man befürchtete endlich auch, daß die Eintragung in das Pfandbuch dem ungesunden Kredit und der wucherischen Ausbeutung des Schuldners gefährlichen Vorschub leisten würde. In ähnlicher Weise wies man auch in Handelskreisen das Register von der Hand, indem insbesondere die Handelskammern von Leipzig, Lübeck, Landeshut und Chemnitz die Einführung eines Registerpfandrechts im Interesse des gesunden Geschäftsverkehrs nicht förderlich erachteten [67]). Die Plauener Handelskammer aber erklärte sich in ihrem Jahresbericht von 1887 mit anderen Kammern für das Registerpfandrecht. Auf dem 15. Juristentag waren die Stimmen ebenfalls geteilt. Leonhard und Wiener sprachen für das Registerpfand, Brunner und Boyens unbedingt dagegen. Ersterer weil es genug Register gäbe, letzterer, weil das Register die in Betracht kommenden Pfandgeschäfte vielfach zu Unrecht mit dem Schein der Reellität und Realität umgeben würde [68]). Und so verblieb schließlich die gesetzliche Einführung des Registerpfandrechts zugunsten der Alleinherrschaft des Faustpfands.

Erst die Mißstände, welche die Sicherungsübereignung brachte, ließen die Frage von neuem in Fluß geraten. Zunächst verwies man in der juristischen Fachliteratur wieder auf das Register [69]). Dann aber bemächtigten sich die Interessentenkreise der Angelegenheit. Und zwar

---

[64]) Gutachtliche Äußerungen zum Entwurf des BGB. Bd. III S. 375 ff.

[65]) Gierke: „Entwurf des BGB." S. 388.

[66]) Gutachten aus dem Anwaltsstande zum Entwurf des BGB. S. 371 ff.

[67]) Gutachtliche Äußerungen zum Entwurf des BGB. Bd. III S. 375.

[68]) Verhandlungen des 15. Juristentages S. 98 ff.

[69]) Vgl. Linckelmann: „Archiv für bürgerliches Recht" Bd. 7 S. 209. Geiger: DJZ. 1907 S. 590. Ziese: „Zeitschrift des deutschen Notarvereins" 1905 S. 648. Bollenbeck ebenda 1910 S. 183.

besonders aus dem Handelsstand, wo man den Krebsschaden der Sicherungsübereignung naturgemäß am meisten merkte. Zuerst wandte sich Anfang März 1910 der Verein der Großhändler der Manufakturwaren und verwandten Branchen in Hamburg mit einer Umfrage an die verschiedenen kaufmännischen Interessentenvereinigungen und trat für die äußere Erkennbarkeit der Sicherungsübereignung durch deren Eintragung in ein beim Amtsgericht zu führendes Register ein. Die Bestrebungen des Hamburger Vereins wurden von der Handelskammer in Leipzig, der Vereinigung deutscher Zuckerwaren- und Schokoladenfabrikanten in Braunschweig und dem Verband der deutschen Zigaretteindustrie in Dresden unterstützt, die sich sämtlich an den Deutschen Handelstag mit der Bitte wandten, die Frage weiter zu verfolgen. Der Ausschuß des Deutschen Handelstages beschloß darauf in der Sitzung vom 14. Juni 1910, die Angelegenheit einer Kommission zu überweisen und als Unterlage für die Kommissionsverhandlungen Äußerungen seiner Mitglieder einzuholen. Solche Äußerungen erfolgten dann in großer Zahl. Fast überall wurde die Eintragung in ein öffentliches Register aufs wärmste befürwortet, u. a. von den Handelskammern in Bayreuth, Chemnitz, Düsseldorf, Elberfeld, Gießen, M.-Gladbach, Graudenz, Harburg, Hirschberg, Insterburg, Krefeld, Lauban, Mainz, Mannheim, München, Nürnberg, Offenbach, Pforzheim, Posen, Regensburg, Rostock, Rottweil, Saalfeld, Sorau, Trier, Weimar und Worms sowie der Sonderkommission des mitteldeutschen Handelskammerverbandes. Skeptisch gegenüber dem Register verhielt sich die Handelskammer von Berlin und gänzlich ablehnend die dortigen Ältesten der Kaufmannschaft, die in einer Eingabe vom 20. Oktober 1910 zur wirksamen Bekämpfung der bestehenden Mißstände den Ausbau der Bestimmungen des Anfechtungsgesetzes und der Konkursordnung für ausreichend erachteten. Auf Grund dieses reichen Materials fand am 27. Oktober 1910 eine Sitzung der Kommission statt, die den Beschluß faßte, daß die Sicherungsübereignung gesetzlich zu regeln sei und daß zu ihrer Wirksamkeit die Eintragung in ein Register verlangt werden müßte, daneben aber auch das Anfechtungsgesetz und die Konkursordnung durch Umkehrung der Beweislast in bezug auf die Benachteiligungsabsicht bei Sicherungsübereignungen zu ändern seien. Über diese Vorschläge verhandelte am 8. Dezember 1910 der Ausschuß des Deutschen Handelstages, ohne jedoch zur Beschlußfassung zu kommen. Die in den Eingaben der Ältesten der Kaufmannschaft und der Handelskammer zu Berlin hervorgehobenen Bedenken gegen die Registerpflicht und weiter auch die inzwischen bekannt gewordene Rechtsprechung des Reichsgerichts in bezug auf die Sicherungsübereignung von Warenlagern ließen die Frage noch nicht spruchreif erscheinen. Bei einer erneuten Umfrage erhoben u. a. die Handelskammern von Braunschweig, Erfurt, M.-Gladbach, Göttingen, Liegnitz, Mainz, Offenbach, Solingen, Stolp und Stuttgart, die Kammer für Kleinhandel zu Bremen, der Verband des Vereins Kreditreform und der Verband mitteldeutscher Handelskammern noch einmal ihre Stimme für das Register. Die Handelskammer in Laubau und einige andere Handelskammern aber schlossen sich dem Standpunkt der Ältesten der Kaufmannschaft von Berlin an, die sich in zwei weiteren Eingaben vom 13. Februar 1911 und 15. Juni 1911 nochmals gegen das Register gewandt hatten [70]).

Inzwischen hatte sich auch der Reichstag mit der Frage der Registerpflicht zu befassen gehabt. Der Zentralverband der städtischen Haus- und Grundbesitzervereine Deutschlands hatte sich mit einer Petition um Einführung des Registers an den Reichstag gewandt, über welche die Petitionskommission am 6. Dezember 1910 verhandelte. Bei den Verhandlungen führte der Vertreter des Reichsjustizamts nach einem in der deutschen Gemeindezeitung vom 11. März 1911 wiedergegebenen Bericht unter Verweisung auf die von den Ältesten der Kaufmannschaft und der Handelskammer in Berlin erhobenen Bedenken aus, daß es sich bei dem Vorschlage auf Einführung des Registerzwangs um eine recht verwickelte, die Interessen weitester Kreise berührende Angelegenheit handele, zu der sich nicht ohne sorgfältige Berücksichtigung und Würdigung aller in Betracht kommenden Verhältnisse Stellung nehmen lasse. Die Petition wurde auf einstimmigen Beschluß der Kommission dem Reichskanzler als Material überwiesen. Im Reichstage selbst kam die Frage in der Sitzung vom 22. Februar 1911 zur Sprache, wo auf eine Rede des Abgeordneten Junck der Staatssekretär des Reichsjustizamts erklärte, daß die noch weit auseinander gehenden Äußerungen der nächstbeteiligten Kreise Gegenstand andauernder aufmerksamer Beobachtung und Erwägung seien, man aber darauf Acht geben müsse, daß nicht das Heilmittel größere Schäden anrichte, als das Übel selber.

Das ist allerdings ein wohl zu beachtender Punkt. Denn ist der Schaden des Registers größer als der Nutzen und größer noch als es vielleicht der

---

[70]) Vgl. Schultzenstein in der „Deutschen Wirtschaftszeitung" 1911 Nr. 17 S. 523 ff. Bericht des Deutschen Handelstages über die Sitzung vom 9. Oktober 1911 S. 3—7. Zeitschrift für Handel und Gewerbe 1911 S. 577, 747, 818; 1912 S. 66. Korrespondenz der Ältesten der Kaufmannschaft 1911 Nr. 2 S. 52; Nr. 6 S. 141.

Nachteil ist, den dem Verkehr die Sicherungsübereignung bringt, muß man die Hand von diesem Mittel lassen, weil es in Wirklichkeit die Schäden gar nicht heilt.

Die Frage ist darum: Ist nach dem Für und Wider die Eintragung ins Register denn ein Heilungsmittel?

Die Jetztzeit ist dem Formalismus abgeneigt. Und da die Einführung des Registerzwangs dem Formenwesen Zuschub leisten würde, mag dieses Moment ganz unbesehen schon gegen das Register voreinnehmen. Ein solcher Standpunkt aber wäre selber formalistisch. Denn wenn man eine Sicherheit, die heute fehlt, auch erst durch eine Form erkaufen muß, so fährt man jedenfalls doch besser, wenn man zu letzterer sich entschließt, als die vorhandenen Schäden weiter hinzunehmen. Gewiß ist richtig, daß es zurzeit schon viele Register gibt. Wir haben die Grundbücher, Handels- und Genossenschaftsregister, Vereinsregister, Schiffsregister, Güterrechtsregister, die Personenstandsregister, die Patentrolle u. a. m. Aber daß es, wie Brunner vor 31 Jahren auf dem 15. Juristentag bemerkte [71]), schließlich so viele Register geben würde, daß es nicht möglich sei, sie alle einzusehen, und sie sich gegenseitig illusorisch machen würden, scheint doch zu weit zu gehen. Die Hinzufügung des einen Pfandregisters würde an sich schon auf das Bild nur wenig Einfluß haben. Vor allem aber fällt doch ins Gewicht, wie Schöndorf schon mit Recht hervorgehoben hat [72]), daß d e Register nicht etwa parallel mit einander praktisch sind, sondern in verschiedenen Richtungen dem Rechte ihre Dienste leisten. Das aber schwächt die Wirkung dieser Vielheit ab. Denn wenn jemand von seinem Schuldner sich ein Pfand bestellen läßt, so wird er es nicht nötig haben, die Register über Geburt, Ehe, Patente usw. einzusehen. Es ist ihm deshalb gleich, wie viele Register sonst noch da sind, welcher Art sie sind und welchem Zweck sie dienen. Denn von Interesse sind für ihn nur die Register, welche die Vermögenslage seines Schuldners für den Sicherungszweck beleuchten. Die große Anzahl der Register drückt ihn also nicht und darum wird der praktische Nutzen der einzelnen Register durch alle anderen nicht gemindert.

Es haben denn auch andere Länder die Register eingeführt, als sich in ihnen, wie bei uns, die Unzulänglichkeit des Faustpfands zeigte und sich die Sicherungsübereignung ohne Übergabe der Lücke mit Gefahr bemächtigte.

---

[71]) Vgl. Verhandlungen des 15. Juristentages S. 111.

[72]) Goldschmidts Zeitschrift f. Handelsrecht Bd. 68 S. 511.

In England, wo für gewisse Fälle die Mobiliarhypothek als Ausnahme vom „pledge“ zwar schon bestand, jedoch ohne dinglichen Charakter, herrschten bis zum Jahre 1878 bezüglich des Mobiliarkredits ähnliche Zustände wie in Deutschland. Gesetze von 1854 und 1866 vermochten dem Übel, das in der Heimlichkeit der Sicherungsübereignung lag, nicht ausreichend zu steuern. Deshalb entschloß man sich durch das Gesetz vom 22. Juni 1878 und die ergänzenden Amendement Acts vom 18. August 1882, 18. August 1890 und 21. Juni 1891 umfassend einzugreifen, und zwar mit dem in der Einleitung des Gesetzes ausdrücklich ausgesprochenen Zweck, Betrügereien gegen Gläubiger durch geheime Verkäufe von Mobilien zu verhüten. Auf diese Gesetze, die unter dem Namen Bills of Sale bekannt sind [73]), ist in der deutschen Literatur, besonders aber auch in den Interessentenvereinigungen wiederholt hingewiesen worden. Man erblickt in ihnen, von Einzelheiten abgesehen, zwar nicht einen vollkommenen, aber doch glücklichen Schritt zu der Gesundung des Mobiliarkreditverkehrs. Ursprünglich nur für die Sicherungsübereignungen berechnet sind sie nach und nach auch auf die Verpfändung ohne Besitzübergabe angewendet worden, so daß sie schließlich für jeden Akt galten, durch den bewegliche Sachen für eine Schuld dem Gläubiger ohne sichtbare Besitzübertragung verschrieben wurden [74]). Sie setzen für dergleichen Sicherungsakte genau bestimmte Förmlichkeiten fest, indem sie verlangen, daß

a) die Akte nach einem dem Gesetz vom 18. August 1882 beigefügten Vertragsformular abgefaßt werden (Art. 9 des Gesetzes von 1882);
b) die Unterschrift des Schuldners unter dem Akt von einem oder mehreren Zeugen (ursprünglich von einem sollicitor des obersten Gerichts) beglaubigt wird (Art. 10 des Gesetzes von 1882);
c) die Zeit der Errichtung eidlich bescheinigt wird (Art. 10 Nr. 2 des Gesetzes von 1878).

Ihr Kernpunkt aber liegt in der Bestimmung, daß jede Bill of Sale, die ein Objekt von mehr als 30 Pfund betrifft, binnen 7 Tagen nach außen hin durch eine Registereintragung kenntlich zu machen ist, die nach 5 Jahren unter der eidlichen Versicherung: That the bill of sale is still a subsisting security erneuert werden muß.

---

[73]) Vgl. Wertheim: „Wörterbuch des englischen Rechts“ S. 81. The Bills of Sale Acts by Herbert Reed. London 1909.

[74]) Vgl. Schöndorf a. a. O. S. 554. Bericht des Deutschen Handelstages über die Sitzung vom 9. Oktober 1911 S. 10.

In das Register sind der Name, Wohnort und Beruf des Schuldners, der Name des Gläubigers, das Datum der Urkunde, der Eintragung und der eidlichen Versicherung sowie die Tilgung der Schuld einzutragen, und zwar nach Maßgabe des Folgenden im Gesetze von 1878 beigefügten Formulars:

Tilgung der Schuld	Nr.	Schuldner			Gläubiger	Art der Urkunde	Datum der Urkunde	Datum der Eintragung	Datum der eidlichen Versicherung bei Erneuerung
		Name	Wohnort	Beruf					

Die Einsicht des Registers, für das mit Verweisung auf die Nummer der Eintragung ein besonderes alphabetisches Namensverzeichnis der Schuldner besteht, ist gegen Zahlung einer Gebühr von einem Schilling jedermann gestattet. Jeder kann auch eine Abschrift des der Registereintragung zugrunde liegenden Akts gegen Gebühr verlangen.

Ein ähnliches Register besteht auch in Frankreich. Da Ackerbau und Weinbau in diesem Lande eine besondere Bedeutung haben, so stellte sich dort zunächst für die Landwirtschaft das Bedürfnis heraus, die Verpfändung von der Fessel der Besitzübergabe zu befreien. Deshalb wurde hier schon seit den 40 er Jahren des vorigen Jahrhunderts das Bestreben laut, für den landwirtschaftlichen Kredit ein Pfand ohne Übergabe der Sache (gage sans déplacement) zu schaffen. Nach zwei ergebnislosen Entwürfen aus den Jahren 1856 und 1866 wurde im Jahre 1882 dem Parlament ein von einer Kommission ausgearbeiteter Entwurf vorgelegt, der ein nantissement sans déplacement du gage für die Verpfändung von Getreide auf dem Halm, der Ernte, eines zur Abholzung bestimmten Waldes, landwirtschaftlicher Maschinen und sonstigen Inventars bezweckte. Im Senat, wo der Entwurf verhandelt werden sollte, wurde zur Begutachtung desselben eine Kommission gewählt, die seine Grundlagen nicht nur billigte, sondern darüber hinaus auch noch in Vorschlag brachte, das hypothekarische Prinzip auf den industriellen, ja sogar häuslichen Kredit auszudehnen. Ihr Vorschlag fiel und mit ihm der ganze Entwurf, dessen Grundgedanke es gewesen war, das Pfandrecht durch die Eintragung in ein Register zu begründen. Damit lief dann der Zustand der Kreditnot weiter, den Josseau[75]) richtig schildert, wenn er sagt: „Dans l'impossiblité, où les met la loi d'offrir aux capitalistes un crédit réel, ils ne peuvent le plus souvent obtenir aucune sorte de crédit." Erst im Jahre 1897 wurden der Kammer zwei Entwürfe vorgelegt, die wiederum den Zweck verfolgten, der Landwirtschaft ein Pfandrecht ohne Besitzübertragung in die Hand zu geben. Aus ihnen wurde das Gesetz „Sur le warrant agricole" vom 18. Juli 1898, das den Landwirten eine Verpfändung ihrer Produkte durch Eintragung in ein Register dergestalt gestattete, daß der Registerauszug als Warrant galt, auf Grund dessen sich der Schuldner den Kredit verschaffen konnte. Durch ein Gesetz vom 30. April 1906 wurde dieses landwirtschaftliche Warrantrecht erweitert und verbessert, so daß die Idee der Mobiliarhypothek, wenn auch in der verkappten Form eines Warrantrechts, doch wenigstens für die Kreditbedürfnisse der Landwirtschaft festen Boden hatte. Aber auf dem Gebiete des Handelskredits ließ ihre Verwirklichung auch nicht lange auf sich warten. Durch das Gesetz „Sur le nantissement des fonds de commerce" vom 1. März 1898 wurde für die Verpfändung eines Handelsunternehmens ebenfalls das Registerpfandrecht eingeführt. Es enthielt nur einen Paragraphen des Inhalts: „Jede Verpfändung eines Handelsunternehmens muß, um nicht Dritten gegenüber ungültig zu sein, in ein öffentliches Register eingetragen werden, das bei dem Handelsgericht geführt wird, in dessen Bezirk das Unternehmen sich befindet." Die Kürze des Gesetzes, das als besonderer Absatz dem Artikel 2075 Code civil hinzugefügt wurde, erzeugte in der Praxis zahlreiche Schwierigkeiten, die schließlich dazu führten, es durch die loi relative à la vente et au nantissement des fonds de commerce vom 17. März 1909 zu ändern. Dieses Gesetz erklärt es für zulässig, durch Eintragung in ein beim Handelsgericht geführtes Register ein Handelsunternehmen zu verpfänden, jedoch mit der Maßgabe, daß Gegenstand des Pfandes nur Firma und Etablissementsbezeichnung, Mietkontrakt und Kundschaft, Betriebseinrichtungen und die mit dem Unternehmen zusammenhängenden Rechte des geistigen

[75]) Vgl. Coste: „Les questions sociales contemporaines (Neuvième étude. L'hypothèque mobiliaire) S. 345.

und gewerblichen Eigentums bilden, nicht aber die Waren (Art. 9). Die Eintragung muß binnen 15 Tagen geschehen (Art. 11) und nach Ablauf von 5 Jahren erneuert werden (Art. 28). Sie erfolgt auf Grund des dem Handelsgericht vorzulegenden Pfandvertrages und zweier Bordereaux, die den Namen des Gläubigers und des Schuldners, die Angabe der Schuldsumme, der Zins- und Zahlungsmodalitäten, die Bezeichnung des Handelsunternehmens sowie die Angabe der dieses bildenden Elemente enthalten müssen und damit die Grundlage für den Inhalt der Eintragung bilden (Art. 25: **le greffier transcrit sur son register le contenu des bordereaux**). Das Recht zur allgemeinen Einsicht des Registers ist zwar nicht ausdrücklich ausgesprochen, die Handelsgerichte müssen jedoch allen, die es verlangen, über den Stand der Eintragung oder das Fehlen solcher Bescheinigungen ausstellen, so daß auf diese Weise die Publizität des Registers jedenfalls verbürgt ist (Art. 32)[76]).

Auch in der Schweiz besteht ein Registerpfandrecht. Sie ist eigentlich der klassische Boden des ganzen Instituts. Denn wie an anderer Stelle schon bemerkt, war dort bereits im Mittelalter die Hypothek an beweglichen Sachen stark verbreitet. Nicht überall in gleicher Art, aber jedenfalls doch so, daß man die Fahrnisverschreibung — so nannte man sie dort — in einer Reihe von Kantonen kannte. Die Entwicklung war freilich wechselvoll[77]). Bald hatten Strömungen die Oberhand, welche die Fahrnisverschreibung in weitestem Umfange anerkannten und bald kamen wieder Gegenströmungen, die allein mit dem Faustpfand eine gültige Verpfändung an Fahrhabe zugestehen wollten. Das schweizerische Obligationenrecht stand auf dem Standpunkt, daß Fahrnis grundsätzlich nur durch Faustpfand verpfändet werden könne. Nur für die Verpfändung von Vieh erklärte es im Art. 210 die Eintragung in ein Register zur Begründung des Pfandrechts für ausreichend, überließ dieses Registerpfand jedoch der kantonalen Gesetzgebung zur Ausbildung. Gegenüber dieser Ordnung wuchsen aus der Praxis allmählich Bedenken hervor. Das eine ging dahin, daß infolge des Faustpfands namentlich die Eigentümer von wertvollen Betriebseinrichtungen und die Handwerker oder Mechaniker, die eine Inventareinrichtung besäßen, deren Wert unter Umständen in

---

[76]) Vgl. Schöndorf a. a. O. S. 545. „**De la vente et du nantissement des fonds de commerce**" par **Montier-Faucon. Rouen 1909.**

[77]) Vgl. Amtliches stenograph. Bulletin der schweiz. Bundesversammlung zu den Beratungen des neuen schweiz. Zivilgesetzbuchs S. 700. §§ 403—411 des neuen Züricher Zivilgesetzbuchs. §§ 249—254 des Zuger Gesetzbuchs. §§ 805—816 des Schaffhausener Gesetzbuchs.

die Tausende ginge, nicht in die Lage kämen, diese Dinge pfandrechtlich zu verwerten. Und das andere entstand daraus, daß besonders in der Hotelindustrie das Bedürfnis empfunden wurde, die aufgespeicherten Vorräte und Waren für den Kredit zu gebrauchen. Man half sich wie bei uns in dieser peinlichen Lage zwar durch Sicherungsübereignung, die hier aber auf die Schwierigkeit stieß, daß Art. 202 des Obligationenrechts dem Eigentumserwerb ohne Besitzübertragung im gewissen Umfange Dritten gegenüber die Wirksamkeit versagte. So erzeugte sich allmählich die Strömung, es möchte in dem neuen schweizerischen Zivilgesetz wieder die Fahrnisverschreibung in größerem Umfange zugelassen werden. Der Departementalentwurf von 1900 schlug dementsprechend vor, die Fahrnisverschreibung wieder aufzunehmen: für Vieh, bewegliche Betriebsgegenstände, Warenlager und Vorräte, wenn diese Sachen ihrem Eigentümer zur Ausübung seines Berufs oder Gewerbes dienen (Art. 884). Die Verschreibung sollte durch Eintragung in Protokolle nach außenhin kenntlich gemacht werden. An diesem Entwurf nahm der Bundesrat auf Grund der Beratungen der großen Expertenkommission die Änderung vor, daß er die Fahrnisverschreibung, wie sie vorgeschlagen war, zwar ließ, aber für Vieh, Vorräte und Warenlager nur zugunsten obrigkeitlich ermächtigter Geldinstitute und Genossenschaften für zulässig erklärte (Art. 890). Doch auch so wurde der Entwurf noch nicht Gesetz. Gegen das geplante Registerpfand begann sich ein Widerstand zu regen, und zwar besonders aus der Kaufmannswelt gegen die Verschreibung von Warenlagern. Die Folge davon war, daß der Nationalrat in seinen Beschlüssen vom Juni 1906 die Fahrnisverschreibung nur wegen Kaufpreisforderungen und ferner nur für Vieh, bewegliche Betriebseinrichtungen und Gebrauchsgegenstände gestattete, für Warenlager und Vorräte aber ausschloß (Art. 890). Der Ständerat aber ging in seinen Beschlüssen vom Dezember 1906 noch weiter zurück und ließ die Fahrnisverschreibung nur für Vieh zu. Und so entstand denn schließlich der Art. 885 des mit dem 1. Januar 1912 in Kraft getretenen schweizerischen Zivilgesetzbuchs wonach

> zur Sicherung von Forderungen der Geldinstitute und Genossenschaften, die von der zuständigen Behörde ihres Wohnsitzkantons dazu ermächtigt sind, solche Geschäfte abzuschließen, ein Pfandrecht an Vieh auch ohne Übertragung des Besitzes durch Eintragung in ein Verschreibungsprotokoll und Anzeige an das Betreibungsamt bestellt werden kann.

Und zwar ohne zeitliche Schranke. Die nähere Regelung des Registers wurde einer Verordnung des Bundesrats überlassen. Im ganzen also ein kümmerlicher Überrest der einst so häufigen Fahrnisverschreibung [78]), der um so bedauerlicher ist, als Art. 717 des neuen Zivilgesetzbuches bestimmt, daß

> wenn eine veräußerte Sache infolge eines besonderen Rechtsverhältnisses beim Veräußerer bleibt, die Eigentumsübertragung Dritten gegenüber unwirksam ist, wenn damit ihre Benachteiligung oder eine Umgehung der Bestimmung über das Faustpfandrecht beabsichtigt worden ist, worüber der Richter nach freiem Ermessen entscheidet.

Denn auf diese Weise ist auch die Sicherungsübereignung so gut wie unterbunden, und damit der Mobiliarkredit, der gerade für den kleinen Mann ein dringendes Bedürfnis ist, auch mit dem letzten Rest aufs Trockene gesetzt.

Es steht nicht zu befürchten, daß man in Deutschland diesen Weg auch gehen wird. Denn daß man für einen großen Kreis Kreditbedürftiger — und nicht die schlechtesten Kräfte unseres Wirtschaftslebens — die einzige Quelle des Kredits verstopft, wenn das Ventil der Sicherungsübereignung verschlossen wird, ohne Ersatz zu schaffen, darüber ist man allgemein wohl klar. Die Zweifel beziehen sich nur darauf, ob das Register mit Erfolg die Sicherungsübereignung ablösen kann und wird, wenn man, um die Gefahren dieser zu beseitigen, die Sicherungsübereignung ganz verbietet. Und da ist im Prinzip nicht einzusehen, warum man denn bei uns nicht ebenso wie anderswo mit dem Registerpfand es auch versuchen will. Ein Sprung ins Dunkle ist das nicht, nachdem auch andere Länder sich zu ihr entschlossen haben, zu denen außer England, Frankreich und der Schweiz auch Dänemark gehört. Denn auch hier kennt man auf Grund einer Verordnung vom 28. Juli 1841 die Hypothek an Mobilien mit der Bestimmung, daß über eine solche Verpfändung ein „**Tinglaesning**" stattzufinden hat, zu dem namentlich auch die Eintragung in ein öffentliches Register gehört. Von solchen „**Möbellan**" wird in der Praxis ziemlich stark Gebrauch gemacht, ein Zeichen, daß sie sich bewähren. In England üben die Juristen an den **Bills of Sale** zwar scharf Kritik. Aber im wesentlichen betrifft der Tadel nur das Übermaß der Förmlichkeit, womit noch gegen das Register selbst nichts ausgesprochen ist. Daß man in Wahr-

---

[78]) Vgl. Daenicker: „Die Mobiliarhypothek im modernen schweizerischen und französischen Recht S. 159. Schöndorf a. a. O. S. 552.

heit auch in England die Register für durchaus notwendig und nützlich hält, geht aus einer im Herbst 1910 von der Londoner Handelskammer dem deutschen Handelstag erstatteten Auskunft hervor [79]). Sie besagt, daß zwar die Frage entstanden sei, ob man die Bills of Sale in Zukunft schlechthin verbieten solle. Viele Kaufleute wünschten die Ungültigkeit derartiger Sicherungsübereignungen. Wenn sie jedoch weiter anerkannt bleiben sollte, so müsse vernunftgemäß auf jeden Fall auch das Register bleiben. Auch in Frankreich sind die Erfahrungen mit dem Register keine schlechten. Schon der Umstand, daß man in den einzelnen Gesetzen und Gesetzentwürfen immer wieder auf das Register zurückgekommen ist, beweist das deutlich. Wenn man gegen das Gesetz vom 1. März 1898 in kaufmännischen Kreisen eiferte, so war damit keine Mißbilligung des Registers verbunden. Was zu den Klagen Anlaß gab, war der Umstand, daß durch die Verpfändung des Handelsunternehmens oftmals das ganze Vermögen des Schuldners zugunsten eines Gläubigers den anderen Gläubigern entzogen würde [80]). Das veranlaßte den Gesetzgeber n dem Gesetze vom 17. März 1909, die Waren und Außenstände von der Pfandhaft auszunehmen. Aber das war lediglich eine Rücksichtnahme auf die anderen Gläubiger. Die Publizität des Pfandrechts sorgte für deren Schutz noch nicht genügend. Auch nicht, wenn selbst zu ihr noch eine Veröffentlichung der Eintragung hinzutrat. Denn auch bei Kenntnis von dem Pfandrecht hört die Kreditgewährung anderer Gläubiger noch nicht auf, weil jeder Gläubiger hofft, daß im geordneten Geschäftsbetrieb dem Schuldner die Befriedigung aller Gläubiger möglich werden würde und schließlich ja auch schon die nackte Konkurrenz mit anderen Gläubigern, mit der in jedem Fall ein Gläubiger rechnen muß, wenn er dem Schuldner kreditiert, ihn der Gefahr aussetzt, Verlust zu haben. Es kam hiernach nur darauf an, die anderen Gläubiger durch das Pfandrecht nicht völlig leer zu stellen. Und deshalb ließ man denn die Waren und die Außenstände zu ihren Gunsten von der Pfandhaft frei. Ob man damit den Wert des Pfandrechts an dem Handelsunternehmen, mit dem man dem Kredit zu dienen willens war, nicht wesentlich verminderte, ist hier nicht zu erörtern. Es bleibt nur festzuhalten, daß das Register nicht der Grund gewesen ist, die Waren von der Pfandhaft auszunehmen, etwa weil es für diese sich nicht durchführbar erwies, sondern lediglich das materielle

---

[79]) Vgl. Bericht des Deutschen Handelstages über die Sitzung vom 9. Oktober 1911 S. 10.

[80]) Vgl. Annales de droit commercial 1905 S. 240; 1907 S. 79.

Schutzinteresse für die Gläubiger. Wie wenig man in jedem Fall daran gedacht hat, grundsätzlich das Registerpfandrecht abzulehnen, beweist der Umstand, daß es beibehalten wurde. Wenn man sich in der Schweiz darauf beschränkte, die Mobiliarhypothek nur für die Verpfändung von Vieh gesetzlich einzuführen und Warenlager, Vorräte, Betriebseinrichtungen, obwohl man deren Unterstellung unter das Registerpfand ursprünglich auch geplant, von diesem ausgeschlossen hat, so haben dazu andere Gründe allerdings geführt, als die, von denen eben erst gesprochen ist. Denn hier war es in Wahrheit das Register selbst, aus dem man die Bedenken nahm, es weiter, als geschehen, auszudehnen. Es war, wie schon gesagt, die Handelswelt besonders, die gegen das Register laut ihr Wort erhob, und zwar am meisten gegen das Registerpfand am Warenlager. Der Jahresbericht der Handelskammer von Basel für das Jahr 1904 wies darauf hin, daß aus der beständigen Unsicherheit über den jeweiligen Eigentümer des Lagers und der Flüssigkeit und Wandelbarkeit der Pfandobjekte notwendig Unzuträglichkeiten folgen würden, daß die Verpfändung von Warenlagern aber auch eine ungesunde Übertreibung der Krediterleichterung sei, die eine Gefährdung und Untergrabung des warengeschäftlichen Kredits bald nach sich ziehen müßte. Auf diese Weise würde die Kreditfähigkeit des Kreditbedürftigen nicht gestärkt. Im Gegenteil. Der Kreditgeber würde unter solchen Umständen zu weit größerer Vorsicht und Zurückhaltung gezwungen und der Kredit somit eher erschwert, als erleichtert werden [81]). Ähnlich sprach sich auch die Züricher Handelskammer in den Anträgen zum Departementalentwurf aus, indem sie ausführte: „Im Kanton Zürich habe es die überwiegende Mehrheit der Bevölkerung als einen wirklichen Fortschritt betrachtet, als das Obligationenrecht der vorher zugelassenen Pfandverschreibung ein Ende bereitete. Letztere Einrichtung habe nicht nur zu leichtsinniger Kreditgewährung, sondern auch zu allerlei fingierten Pfandbestellungen und Machenschaften geführt. Der Sachkredit sei fast immer von Leuten in Anspruch genommen worden, bei denen die Gewährung des Kredits eine Überspannung des Kredits bedeutet habe. Die Fahrnisverschreibung stehe auch im Widerspruch zum Konkursprinzip, das auf einem raschen Rechtsbetrieb gegenüber dem handeltreibenden Schuldner im Interesse einer gleichmäßigen Befriedigung aller Gläubiger beruhe, während die Fahrnisverschreibung zu einer Privilegierung einzelner

[81]) Vgl. Schöndorf a. a. O. S. 506. Zeitschrift für schweiz. Recht 1905 S. 490.

Kreditoren führe." Diesem abschätzigen Urteil stand allerdings die Meinung des Züricher Vertreters in der Expertenkommission strikte entgegen, der die Erfahrungen, die man im Kanton Zürich mit der Fahrnisverschreibung gemacht hatte, geradezu als sehr gute bezeichnete [82]). Überhaupt gingen die Meinungen sowohl bei den gutachtlichen Äußerungen zu den Entwürfen, als bei der Beratung des neuen schweizerischen Gesetzbuchs erheblich auseinander. Das kaufmännische Direktorium in St. Gallen stimmte der Fahrnisverschreibung freudig zu und begrüßte die in Aussicht genommene gesetzliche Regelung als eine wahre Wohltat. Der Grossistenverband dagegen protestierte gegen die Pfandverschreibung, weil sie bei der Lieferung von Waren im Großhandel gar nicht nützlich sei und den Grossisten nicht nur nichts nützen würde, sondern im Gegenteil gefährlich sei, weil sie befürchten müßten, daß die von ihnen gelieferten Waren an Dritte verpfändet und damit ihrem Zugriff ganz entzogen würden [83]). Den gleichen Standpunkt vertraten auch zwei Eingaben des schweizerischen Handels- und Industrievereins sowie der Züricher Handelskammer an den Nationalrat, in denen noch darauf hingewiesen wurde, daß es für die Geschäftswelt eine arge Zumutung sei, von den Protokollen über die Verpfändung jedesmal Einsicht zu nehmen [84]). Bei den Beratungen im Plenum des Nationalrats suchte man diese Bedenken zwar von mehreren Seiten zu zerstreuen, aber schließlich gewann doch die Ansicht die Oberhand, daß der Verschreibung von Waren und Vorräten große wirtschaftliche Bedenken entgegenständen. Und so wurde schließlich die Mobiliarhypothek für diese Gegenstände gestrichen, um dann im Ständerat noch weiter eingeschränkt zu werden. Aber schon daß das Register für das Pfand am Vieh geblieben ist, was angesichts der Viehzucht in der Schweiz schon viel bedeutet, spricht wesentlich dafür, daß der Gedanke des Registerpfands gesund und auch verwertbar ist. Und wenn man noch berücksichtigt, daß die Gesetzentwürfe selbst das Registerpfand in sehr viel weiterem Umfange vorgeschlagen haben und dieser Standpunkt vielseits auch gebilligt ist, besteht zum mindesten kein Grund, es nun für Deutschland rundweg abzuschlagen.

Denn daß bei uns und ebenso in Österreich, wo auch die Sicherungsübereignung stark ihr Wesen treibt, von einem neuen Zug des Mobiliarkredits bisher noch nichts zu spüren ist, kann leicht den Vorwurf eines

---

[82]) Amtliches stenograph. Bulletin der ständerätlichen Kommission S. 1351.

[83]) Amtliches stenograph. Bulletin der Beratungen des Nationalrats S. 566.

[84]) Ebenda S. 704 ff.

Rückstands auf sich ziehen, nachdem sich andere Länder hier bereits geregt. Zumal doch unverkennbar ist, daß das Bedürfnis nach Kredit den Wechsel unseres Pfandsystems zum Teil erfordert, wenn der Kreditverkehr der kranken Sicherungsübereignung nicht schließlich ganz erliegen soll. Bei uns vielleicht noch mehr als wie in Österreich, wo wenigstens die nach dem Allg. BGB. zulässige symbolische Übergabe noch eine gewisse Abhilfe bietet, im weiteren aber auch der Umstand, daß das Pfandrecht durch die Rückgabe des Pfandes an den Schuldner nicht unbedingt erlischt, die Härten einer Faustverpfändung mildert.

Wenn man auf frühere Zeiten Rücksicht nimmt — und ein gesunder Fortschritt kann auch in der Rückkehr zu dem Alten liegen — so ist am Ende das Register ja auch für Deutschland gar kein unbeschriebenes Blatt. Zum wenigsten darf jedenfalls der hergebrachte horror vor der Mobiliarhypothek bei der Entscheidung über das Registerpfand bestimmend sein. Denn wenn dieselbe mit den Garantien einer Publizität wieder ins Leben gerufen wird, so ist sie nicht verkehrsbedrohend und keinesfalls so schlimm, wie man es machte, als man auf dem 22. Juristentag erklärte: „Die Einführung der Mobiliarhypothek bedeutet die Zerstörung der Grundlagen der deutschen Kreditverhältnisse und würde namentlich für die Landwirtschaft ein Schlag sein, der für sie ärger ist, als 10 Handelsverträge mit Rußland."[85]) Auch diese sind gekommen, ohne daß die Landwirtschaft zugrunde gegangen ist, für die man übrigens, abgesehen von Frankreich, auch in Belgien durch das Gesetz „Sur les prêts agricoles" vom 15. August 1884, in Italien durch den Entwurf vom 29. November 1884, in Holland durch das für die Kolonien erlassene Gesetz vom 24. Januar 1886 das Bedürfnis einer Mobiliarhypothek besonders anerkannte. Es ist im geltenden Recht in Deutschland auch gar nicht einmal fremd, auch an Mobilien das Nichtbesitzpfand rechtens sein zu lassen. Denn abgesehen vom Pfändungsrecht, das auch entsteht, wenn der Besitz dem Schuldner bleibt, kommt auch das Hypothekenrecht am Zubehör des Grundstücks im Grund darauf hinaus, daß an Mobilien ohne den Besitz ein Pfandrecht gangbar ist. Und wohl den schlagendsten Beweis hierfür bietet das Schiffspfandrecht.

Es mag zwar sein, daß man der Regel nach Register wenig einsieht. Und da dieselben nicht bloß dem Schutz derjenigen Gläubiger dienen sollen, die selber gegen Sicherung dem Schuldner kreditieren, sondern vor allem auch der Gläubiger, die ohne Sicherung den Kredit gewähren, so könnte

---

[85]) Vgl. Verhandlungen des 22. Juristentages Bd. 4 S. 164.

man daraus die Lehre ziehen, daß das Register doch am Ende nutzlos ist. Aber schließlich ist es schon genug, wenn nur die Möglichkeit besteht, sich zu vergewissern. Und wenn ein Gläubiger die Mittel nicht gebraucht, sich klar zu unterrichten, so hat er sich den Schaden, der ihm entsteht, auch ganz allein nur zuzuschreiben. Im übrigen braucht nicht besorgt zu werden, daß die Registereinsicht dem Kredit viel Unbequemlichkeiten macht. Denn für die kleinen Geschäfte des Alltagslebens, auch wenn sie auf Kredit erfolgen, wird eine Einsicht des Registers kaum in Frage kommen, da die Beträge, um die es sich hier handelt, eine solche Einsicht nicht erst lohnen [86]). Sie ist nur angebracht, wo größere Summen für den Gläubiger auf dem Spiele stehen oder die Eröffnung einer laufenden Kreditverbindung in Betracht kommt. Hier aber kann der Gläubiger, wenn er sich selbst zur Einsicht nicht entschließen will oder wegen seines anderen Wohnorts zu ihr nicht gut imstande ist, sich eines Mittelmannes bedienen. Er kann besonders Auskunfteien in Anspruch nehmen, zumal wenn diesen auch aus eigenem Recht die Einsicht des Registers freigegeben wird. Und das wird notwendig geschehen müssen, weil sie auch selber ein Interesse an der Einsicht haben. Denn gerade solche Auskunftsstellen, die im Geschäftsverkehr ganz unentbehrlich sind, gebrauchen sichere Unterlagen, um ihre Auftraggeber zuverlässig zu bedienen. Und da sie diese besser finden können, wenn sie auf öffentliche Akte sich zu stützen in der Lage sind, als wenn sie im geheimen forschen und sich auf unverbürgte Mitteilungen verlassen, so wird es im Interesse des Kreditverkehrs fast unerläßlich sein, auch ihnen Einsicht des Registers zu gewähren. Und zwar auch ohne daß sie vorher vom Schuldner sich Genehmigung holen. Denn daß sie Mißbrauch mit der Einsicht treiben werden, ist, weil gewöhnlich ganz bekannte und auch solide Institute nur in Frage kommen werden, grundsätzlich nicht zu fürchten und auch schon darum ausgeschlossen, weil ja dem Dritten nur die Wahrheit auf Grund des Pfandregisters kundgegeben wird. Das Recht zur Einsicht des Offenbarungseidregisters hat in dieser Beziehung auch zu Schädlichkeiten nicht geführt. Von ihr wird von den Auskunfteien recht viel Gebrauch gemacht [87]). Es ist darum nicht minder zu erwarten, daß sie vom Pfandregister ebenfalls recht häufig Einsicht nehmen werden. Aus allen diesen Gründen aber wird man wohl schwerlich sagen können, daß das Register nur eine papierene Publizität bedeutet [88]). Besonders wenn

[86]) Vgl. Schöndorf a. a. O. S. 512. Oser: „Zeitschrift f. schweiz. Recht“ 1905 S. 493.

[87]) Bericht des Deutschen Handelstages über die Sitzung vom 9. Oktober 1911 S. 23.

[88]) Hoeniger: „Die Sicherungsübereignung von Warenlagern“ S. 3.

man festhält, daß das Registerpfand doch nur dem außerordentlichen Kredit zur Hilfe kommen soll und wird. Denn ist sein Dienst durch diesen Zweck begrenzt, so wird es schließlich nicht so häufig sein, daß Hypotheken auf Mobilien eingetragen werden und jedenfalls nicht häufiger, als heute Sicherungsübereignungen geschlossen werden. Und darum wird es sicherlich nicht nötig sein, bei jedem Schuldner vor Gewährung des Kredits zu forschen, ob eine Pfandschuld für ihn eingetragen ist. Das aber wird dann weiter auch die Folge haben, daß das Register nicht belästigend wirkt und so auch den Kredit nicht selbst erschwert.

Nun hält man zwar entgegen, daß das Register den Schutz, den es gewähren soll, doch niemals voll gewährt, weil oft nach seiner Einsicht erst Verpfändungen zur Eintragung gelangen oder noch gelangen können. Aber das kann nie ein Grund sein, das Register schlechthin als nutzlos zu betrachten. Denn mag es selbst auch unvollkommen sein, zum mindesten gibt es die Sicherung kund, die bei der Einsicht schon besteht, und das allein ist schon ein wesentlicher Vorteil vor der Heimlichkeit der Sicherungsübereignung. Im übrigen ist doch kein Gläubiger davor sicher, daß sich, nachdem er den Kredit gewährt, die Vermögenslage seines Schuldners nach und nach verschlechtert. Er muß ja sogar dulden, daß der Schuldner die Waren, die ihm kreditiert, veräußert und den Erlös verbraucht. Es wäre darum auch zuviel verlangt, wenn das Register die Gewähr für den Vermögensstand des Schuldners auch für spätere Zeiten bieten sollte, ganz abgesehen davon, daß es sich damit selbst den Tod bereiten würde. Es muß genug sein, wenn es dem Gläubiger offen steht, daß er Verpfändungen, die bald, nachdem er den Kredit gewährt, zu seinem Nachteil eingetragen werden, durch Anfechtung beseitigen kann. Ihm mehr zu geben, hieße die Pfandbestellung anders werten, als jedes andere Rechtsgeschäft. Und dazu liegt kein Grund vor, zumal ja Sicherungen, auf die kein Recht besteht, ohnehin schon ungünstiger in bezug auf die Anfechtung beurteilt werden, als andere Geschäfte, und ihr durch Änderung der Gesetzgebung eventuell auch noch schärfer unterworfen werden können, als dies zurzeit der Fall ist. Auf diese Weise kann der Wirksamkeit nachträglicher Verpfändung auf jeden Fall gerechter und auch praktischer begegnet werden, als wenn man nach dem Vorschlag des Verbandes mitteldeutscher Handelskammern die Wirkung der Registrierung erst 4 Wochen nach der Eintragung eintreten läßt[89]). Denn abgesehen davon, daß damit das Registerpfand für die

[89]) Vgl. Bericht des Deutschen Handelstages über die Sitzung vom 9. Oktober 1911 S. 7.

Fälle ausgeschaltet werden würde, in denen einem schnellen und vorübergehenden Bedürfnis nach Kredit geholfen werden soll, würde damit auch nichts gewonnen sein, weil die Eintragung nach Ablauf der 4 Wochen doch Wirksamkeit bekommt und darum schließlich auch nur durch Anfechtung beseitigt werden kann. Im übrigen hat ja auch jeder Gläubiger in der Hand, sich vor späteren Eintragungen dadurch zu schützen, daß er sich selber ein Registerpfand bestellen läßt. Der Aufschub der Wirksamkeit der Eintragung würde also schließlich nur bewirken, in der Karenzzeit anderen Gläubigern, die bereits einen vollstreckbaren Titel gegen den Schuldner haben, die Zwangsvollstreckung in die verpfändeten Sachen zu ermöglichen oder die Sache zur Konkursmasse zu ziehen [90]). Und dazu bieten die Bestimmungen der Konkursordnung und des Anfechtungsgesetzes genügend Wege. Wo deren Voraussetzungen aber fehlen, da wäre die Bevorzugung vor dem Vertragspfandgläubiger keinesfalls gerecht.

Daß die Register dazu dienen werden, fraudulöse Verpfändungen zu sanktionieren, wie Boyens auf dem 15. Juristentag befürchtet hat [91]), ist schwerlich zu besorgen. Da jeder weiß, daß die Eintragung ins Register nur eine Form ist, die zur Begründung des betreffenden Pfandrechts nötig ist, so wird man aus der Eintragung allein, wenn man bedacht ist, niemals schließen dürfen, daß die Verpfändung wirklich einwandsfrei bewilligt ist, wie man aus ihr allein auch niemals schon entnehmen kann, daß nun das Pfandobjekt dem Schuldner auch gehört. Wird doch die Hypothek auf Immobilien durch die Eintragung allein mit dem Glorienschein der Ernstlichkeit und Redlichkeit auch nicht umgeben und jedenfalls nicht seltener angefochten und bestritten, als jedes andere Rechtsgeschäft.

Viel ernster schon ist jener Einwand, daß das Registerpfand die Vermögensverhältnisse des Schuldners nicht wünschenswert nach außen zieht. Schon bei Begutachtung des österreichischen Allgemeinen Gesetzbuchs [92]) waren Stimmen gegen eine Publikation der Verpfändung laut geworden, weil diese dem Kredit der Kaufleute und Gewerbetreibenden leicht schädlich werden könne. Und als man für das deutsche Bürgerliche Gesetzbuch die Art des Mobiliarpfands zur Debatte stellte, hatte man ähnliche Bedenken gegen das Registerpfand. Aber zwischen der durch die Eintragung in das Register bestehenden Publizität und einer Publikation des Pfandrechts

---

[90]) Vgl. auch Zeitschrift für Handel und Gewerbe 1910 S. 759.

[91]) Vgl. Verhandlungen des 15. Juristentages S. 122.

[92]) Vgl. Ofner: „Der Urentwurf und die Beratungsprotokolle des österr. allgem. BGB.“ Bd. I S. 291.

ist doch ein wesentlicher Unterschied. Es mag nicht zweckentsprechend sein, die Eintragungen ins Pfandregister in gleicher Weise zu veröffentlichen, wie es beim Handels- oder Güterrechtsregister zu geschehen hat. Denn daß Verpfändungen zur allgemeinen Kenntnis kommen, erfordert das Verkehrsinteresse nicht, wie das Gesetz auch nicht bestimmt, daß Eintragungen im Grundbuch öffentlich bekannt zu machen sind. Dazu sind diese zu diskret und jeder braucht es nicht zu wissen, welchen Kredit ein anderer gegen Pfand genommen hat. Nur dafür, daß diejenigen, die an der stattgefundenen Verpfändung interessiert sind, sie erfahren können, soll gesorgt sein. Und das schwächt doch die Wirkung des Registers ganz erheblich ab. Denn schließlich werden es nur die sein, die dem Schuldner kreditieren wollen, die das Register einsehen, und Auskunfteien. Und daß dann diesen der Vermögensstand des Schuldners so weit wie möglich offen liegt, ist keineswegs zu hart. In jedem Fall ist der Gesundung des Kredits recht wesentlich gedient, wenn die Verhältnisse des Schuldners klarer liegen, als sie es heute oftmals sind. Denn gerade weil sie jetzt so oft verschwommen sind und es auch im Verkehrsgetriebe schwierig ist, sie richtig zu erforschen, gehen große Summen ungeahnt verloren. Es mag an sich zwar richtig sein, daß ein Rechtsinstitut vorerst auf die Bedürfnisse derer zugeschnitten werden soll, für die es zweckgemäß bestimmt ist und daß es erst in zweiter Linie auf die von denen abzuzielen braucht, die ihre Gläubiger werden wollen [93]). Aber bezüglich des Mobiliarpfandrechts steht man nun einmal auf dem Standpunkt, die Interessen Dritter denen der Beteiligten voranzustellen, und gerade das hat den Entschluß zum Faustpfand ja gereift. Und deshalb wird der Schuldner, wenn er ein Pfand bestellt, sich auch gefallen lassen müssen, in eine Form zu willigen, mit der sich sein Vermögensstand dem Dritten zeigt. Warum das schlimmer sein soll, als der Zwang, von Sachen sich zu trennen, die er gern weiter noch besäße, beim Faustpfand aber nicht behalten kann, ist eigentlich nicht einzusehen. Denn schließlich ist das Schuldenmachen doch nicht Schande. Es ist durchaus nicht immer Zeichen vom Verfall, da oftmals der Kredit genommen wird, um dem Betrieb zu dienen, und weil der Schuldner Mittel nicht gleich flüssig machen kann. Das eben ist die Wohltat des Kredits. Und daß der Schuldner Sicherheiten gibt, beweist ja auch, daß er nicht ohne Mittel ist. Es braucht ihn darum peinlich gar nicht zu berühren, wenn er nach außen zeigt, daß er Kredit genommen hat, ohne den nun einmal der Geschäftsverkehr nicht leben kann. Besteht am Ende doch auch keine

---

[93]) Vgl. Oser in der Zeitschrift f. schweiz. Recht 1905 S. 550.

Scheu, Hypotheken auf ein Grundstück aufzunehmen, die ebenso wie das Registerpfand zur Eintragung gelangen und Dritten sichtbar sind. Hier ist die Einsicht zwar nur dem gestattet, der ein berechtigtes Interesse daran glaubhaft macht. Aber diese Grenze kann man gegebenenfalls auch beim Registerpfande ziehen, sofern man es mit Rücksicht auf den Schuldner nötig hält. Und so bestehen begründete Bedenken gegen das Register auch von diesem Standpunkt nicht, es sei denn, daß man das Verpfänden für so entwürdigend hält, daß man es Dritte überhaupt nicht wissen lassen möchte. Aber in solchen Kinderschuhen steckt die Kaufmannschaft, aus deren Kreis heraus man gegen die Öffentlichkeit des Registers besonders Argwohn hat, im allgemeinen nicht. Und darf sie auch nicht stecken, wenn sie nicht weltfremd heißen will. Denn wieder sei auch hier daran erinnert, daß man ganz ohne Scheu ja auch die Grundstücke verpfändet, um sich Kredit zu schaffen. Und warum die Verpfändung des beweglichen Vermögens, die doch das einzige Mittel der Kreditbeschaffung ist, wenn man ein Grundstück nicht besitzt, den Schuldner mehr diskreditieren soll, als Hypotheken auf dem Grundstück, ist schwerlich einzusehen[94]). Gibt das Lombardgeschäft, das im geschäftlichen Verkehr so überaus verbreitet ist, doch deutlichen Beweis dafür, wie unentbehrlich in der Handelswelt die Pfandbestellung ist. Sogar hinsichtlich der ausstehenden Buchforderungen strebt man sie an[95]). Sie kann darum auch nichts enthalten, was im Kreditverkehr des Schuldners Ruf verdunkelt. Und wenn man meint, daß das Register bald als „schwarze Liste" gelten würde[96]), so sieht man dabei viel zu schwarz. Ganz sicherlich wird die Gewohnheit bald das ihre tun, um sich mit dieser Art des Pfandes zu befreunden. Sowohl beim Schuldner als bei seinen Gläubigern. Und wenn die letzteren selbst sich häufiger, als jetzt geschehen kann, ein Pfand bestellen lassen, so ist auch das vielleicht gesund für den Kredit. Denn in gewissem Umfang bahnt es an, die Gläubiger nach dem Alter ihrer Forderung zu befriedigen, was um so billiger scheinen muß, als es ein Gleichmaß der Befriedigung, solange nicht Konkurs eröffnet ist, gesetzlich ja nicht gibt. Vielleicht ist es sogar ratsam, so zu handeln, damit ein rücksichtsloser Gläubiger, der den Schuldner zur Pfandbestellung drängt, oder ein Gläubiger, der ohne Pfand Kredit nicht geben will, ihm später nicht zuvorkommt und sich aus Waren, die er selbst geliefert hat,

---

[94]) Vgl. Zeitschrift f. Handel und Gewerbe 1910 S. 764. Bericht des Deutschen Handelstages über die Sitzung vom 9. Oktober 1911 S. 17.

[95]) Bericht des Deutschen Handelstages über die Sitzung vom 7./8. Dezember 1910 S. 20 und über die Sitzung vom 9. Oktober 1911 S. 15.

[96]) Schultzenstein in der Deutschen Wirtschaftszeitung 1911 S. 527.

vor ihm befriedigt. Wenn aber selbst auch das Register bloß den Zweck erfüllt, die dritten Gläubiger aufzuklären, wirkt es schon heilsam. Selbst auf die Gefahr hin, daß mit ihm der Öffentlichkeit ein weiter Einblick in die Verhältnisse des Schuldners zugestanden wird. Denn schließlich ist ja doch der Grund, warum man einer Heimlichkeit der Sicherung scharf entgegentritt, nur der, daß eine Täuschung über die Vermögenslage des Schuldners nach Möglichkeit vermieden werden soll. Und wenn man dazu Unterlagen hat, die über die Verhältnisse des Schuldners wenigstens nach einer Seite unterrichten, so ist das, mag es dem Schuldner selbst, zumal wenn er nicht redlich ist, vielleicht auch lästig sein, für die, von denen er Kredit verlangt, in hohem Maße nützlich. Die Allgemeinheit aber wird es sympathischer empfinden und darum auch viel eher wünschen, daß sich die Gläubiger vor dem Schaden wahren, als daß es durch Verschleierung der Vermögenslage dem Schuldner leicht gelingt, sich unverdient Kredit zu schaffen. Und ganz mit Recht. Denn für das Wirtschaftsleben ist es sicherlich ein Schaden, daß es dem Schuldner heute viel zu sehr ermöglicht wird, Kredit zu nehmen. Die Borgwirtschaft blüht dadurch viel zu sehr, und nicht allein durch Schuld des Schuldners, der seine eigenen Kräfte überschätzt, sondern auch der Gläubiger, die viel zu viel sich im Vertrauen wiegen. Und wenn ihr selbst auch nur ein kleiner Damm durch das Register wird, so ist das auch schon ein Gewinn.

Nun glaubt man freilich, daß im Gegenteil gerade der Leichtsinn bei dem Schuldenmachen mit dem Register einziehen wird, weil dieses die Verpfändung wesentlich erleichtert und darum den Entschluß zu borgen vielfach fördern wird. In gewissem Sinne ist das richtig. Aber immerhin bleibt zu erwarten, daß dieser Leichtsinn nur vereinzelt durch das Registerpfandrecht Nahrung finden wird. Und da es, wie an anderer Stelle schon bemerkt, Aufgabe eines Pfandrechts auch nur ist, Kredit zu schaffen, nicht aber Leichtsinn hintenanzuhalten, so wird man daraus wohl am wenigsten einen Grund, der gegen das Register spricht, entnehmen können. Auf keinen Fall wiegt er so schwer, daß er den Nutzen des Registers sowohl für Schuldner als für Gläubiger in den Schatten stellt. Ist es doch schließlich nicht die Aufgabe des Gesetzes, den Schuldner zu bevormunden. Es soll ihm nur die Wege öffnen, Rechtsbeziehungen zu knüpfen, die ihm Bedürfnis sind. Der Eingriff ins private Wirtschaftsleben wäre mitunter auch gewagt. Denn wenn sich jemand leicht entschließt, Kredit zu nehmen, so braucht er damit das erhaltene Geld noch gar nicht zu vergeuden, ohne die Aussicht seine Schuld zurückzuzahlen, sondern er kann auch produktiv das Geld verwenden, wenn auch unbedacht und unzweckmäßig. Im weiteren Sinne ist zwar auch dieses Leichtsinn. Aber in diesen Fällen die individuelle Entschließungsfreiheit des Schuldners durch Erschwerung des Kredits zu binden, ist zu verantwortlich und kann darum der Sorge des Gesetzes nicht empfohlen werden.

Man fürchtet weiter aber auch, daß die Tendenz, aus einer Trennung von Besitz und Recht dem Dritten keinen Schaden erwachsen zu lassen, vielleicht zu einer Überspannung des Registers führen könnte, indem man auch in anderen Fällen, wo der Berechtigte nicht den Besitz bekommt, die Eintragung verlangen würde. Von diesem Standpunkt aus wünschte die Handelskammer in Breslau nicht die Registerpflicht bei Sicherungsübereignungen, die bei Bevorschussung rollender oder schwimmender Güter durch Ausfolgung der Lager- oder Ladescheine, Konnossemente oder sonstiger Traditionspapiere an das den Transport finanzierende Bankhaus stattzufinden pflegen [97]. Und ähnliche Wünsche trug auch die Handelskammer in Hamburg vor [98]. Aber in allen diesen Fällen kann weder für die Eigentumsübertragung noch für die Verpfändung eine Registrierung wirklich in Frage kommen, weil der Besitz des Papiers den Besitz der Waren ja ersetzt und sich bisher hieraus auch keine Unzuträglichkeiten ergeben haben. Und auch für andere Fälle, wo der Besitz dem Recht nicht folgt und umgekehrt, ist die Registerpflicht noch nicht geboten, wenn sie fürs Pfandrecht vorgeschrieben ist. So lange sie auf dieses nur beschränkt bleibt, kann jedenfalls von einer Registrierung anderer Rechtsgeschäfte, als der Pfandbestellung, niemals die Rede sein. Und darum werden auch der Kauf mit Vorbehalt des Eigentums, der Kommissionsvertrag, das Konsignationsgeschäft u. a. m. tatsächlich nicht registerpflichtig sein, auch wenn das Pfandregister kommt. Ganz ohne Einfluß aber wird das Pfandregister auch auf sie nicht sein. Denn bei dem Faustpfand sind sie vielfach Lückenbüßer für das Pfandrecht. Besonders gilt das für den Vorbehalt des Eigentums. Aus diesem Grunde aber werden sie zum großen Teile kurslos werden, wenn für das Pfandrecht weiterer Spielraum ist. Vielleicht so weit, daß man den Vorbehalt des Eigentums ganz wird entbehren können, wie man auch in der Schweiz bei der Beratung des neuen Zivilgesetzbuchs ihn angesichts der Pfandverschreibung ganz verbieten wollte und schließlich nur aus dem Grund nicht verboten hat, weil das

---

[97]) Vgl. Bericht des Deutschen Handelstages über die Sitzung vom 9. Oktober 1911 S. 4.

[98]) Vgl. Bericht des Deutschen Handelstages über die Sitzung vom 7./8. Dezember 1910 S. 52.

Registerpfand so engen Raum gewann [99]). Für Recht und Wirtschaft wäre das kein Nachteil. Denn viele der Bedenken, die gegen die Sicherungsübereignung sprechen, bestehen auch beim Eigentumsvorbehalt, der deshalb in der Schweiz jetzt auch registerpflichtig ist. Und darum könnte es nur nützlich sein, wenn es gelänge, ihn gleichfalls fortzudrängen. Selbst auf die Gefahr hin, daß den Abzahlungsgeschäften damit das Fundament entrissen wird. Denn wenn die Herrschaft des Besitzpfands erst gebrochen ist, werden auch diese, die troß aller gesetzlichen Regelung noch immer reich an Schwächen sind, ihre wirtschaftliche Bedeutung zugunsten des Registerpfands wohl mehr und mehr verlieren.

Das hängt freilich davon ab, inwieweit man die Mobiliarhypothek gesetzlich zuläßt. Und das ist eine schwierige Frage. Zwar nicht insofern, als es Zweifel haben kann, für welche Forderungen das Registerpfand gesetzlich zu bewilligen ist. Denn hierin tut man wohl am besten, es allen Gläubigern frei zu geben. Die Beschränkung, die man in dieser Beziehung ursprünglich in der Schweiz zu machen willens war, wo man die Absicht hatte, für bewegliche Betriebseinrichtungen und hausrätliche Gegenstände nur zur Sicherung der Kaufpreisforderung die Fahrnisverschreibung zu gestatten [100]), ist wenig praktisch. Sie erwuchs aus dem Gedanken, nur für notwendige Kredite und solche Forderungen, für welche ein materieller Gegenwert in das Vermögen des Schuldners geflossen ist, die Pfandbestellung zu ermöglichen. Aber mit Recht wies schon die Züricher Handelskammer darauf hin, daß man damit den Bedürfnissen des Schuldners, der häufig in die Lage kommen wird, erst nach Anschaffung und Bezahlung der für die Fahrnisverschreibung in Betracht kommenden Sache auf dieselbe Kredit zu suchen, nur unvollkommen Rechnung tragen würde. Deshalb war es auch zu wenig, wenn man bei den Beratungen der Nationalratskommission beantragte [101]), die Pfandverschreibung nicht bloß für die Kaufpreisforderung, sondern auch zur Sicherung eines zu ihrer Bezahlung aufgenommenen Darlehns zuzulassen. Denn nicht immer ist es gerade ein Kaufgeschäft, aus dessen Anlaß man Kredit bedarf. Wirtschaftliche Gründe, die den Schuldner dazu nötigen, sich Kredit zu schaffen, gibt es viele. Besonders wo der Produktivkredit in Frage kommt. Sie richtig und erschöpfend zu umfassen, ist außerordentlich schwer, weil

[99]) Vgl. Entwurf der Expertenkommission und des Bundesrats von 1904. Amtliche stenograph. Bulletins der Verhandlungen des Nationalrats S. 566, 700.

[100]) Art. 890 des Entwurfs von 1904.

[101]) Vgl. Stenograph. Bulletins S. 698, 707.

es im Wirtschaftsleben nicht Schablonen gibt. Und darum scheint es richtig, auf die Natur der Forderung kein Gewicht zu legen.

Auch die Person des Gläubigers darf nicht Rolle spielen. Daß man in der Schweiz die Fahrnisverschreibung an Vieh nur für bestimmte Geldinstitute und Genossenschaften freigegeben hat, war lediglich ein Schutz gegen die Ausbeutung des Schuldners, der in der Besonderheit der schweizerischen Verhältnisse begründet lag [102]). Nachahmenswert ist diese Vorschrift keinesfalls, weil sie den Kreis, in dem der Schuldner sich Kredit beschaffen kann, in viel zu weitem Maße einengt und Bankkredit — besonders für die kleinen Leute — auch nicht so üblich ist, als daß man gerade ihn ins Auge fassen könnte. Sie würde das private Kapital auch ungerecht entwerten. Besonders aber trägt sie nicht dem Umstand Rechnung, daß Warenlieferanten Gläubiger sind. Es ist denn auch in Frankreich und in England für das Registerpfand ganz gleich, wer Gläubiger ist.

Desgleichen darf auch die Person des Schuldners für den Registerumfang nicht den Ausschlag geben. In Frankreich kann allerdings auf Grund des Gesetzes vom 17. März 1909 nur ein Kaufmann mittels Eintragung verpfänden. Aber das liegt daran, daß nur ein Handelsunternehmen als Gegenstand des Pfandes in Betracht kommt. Zieht man den Kreis der Pfandobjekte weiter, so besteht kein Grund, die Wohltat des Registerpfands allein dem Kaufmann zu gewähren. Zwar kommt er wohl am meisten in die Lage, Kredit zu brauchen, und das mag auch der Grund gewesen sein, warum man das Registerpfand am Handelsunternehmen in Frankreich neu geregelt hat. Aber die Unzulänglichkeit der heutigen Pfandform fühlt der Gewerbetreibende und Landwirt auch, wenn sie Kredit bedürfen. Sie würden froh sein, wenn sie nur selten sich gezwungen sähen, Kredit zu suchen. Die Wirklichkeit jedoch macht auch in ihre Rechnung oft ein Loch, das sie mit fremder Hilfe stopfen müssen. Überhaupt ist es nicht ratsam, das Bedürfnis nach Kredit nur am Beruf zu messen. Denn jeder Stand hat seine Sorgen, besonders in der heutigen Zeit, wo die Vermehrung der Bedürfnisse Einnahmen und Ausgaben oftmals nicht in Einklang stehen läßt. Wirtschaftlicher Niedergang, Ungunst der Konjunktur, außerordentliche Verluste können den Landwirt und den Kaufmann, den Fabrikanten und den Handwerker in völlig gleichem Maße treffen. Besondere Schäden den Landwirt, der oft mit Mißernten zu rechnen hat, vielleicht noch eher, als die anderen. Und darum

---

[102]) Vgl. Daenicker a. a. O. S. 43.

würde es wohl lückenhaft erscheinen, wenn man die Möglichkeit der Registrierung selbst nur dem kleinsten Teil der Schuldner nehmen würde. Denn schließlich ist doch viel zu sehr der Einzelfall bestimmend, als daß man das Kreditbedürfnis klassenweise stufen kann. Aus diesem Grunde aber spricht auch viel dagegen, nur dem gewerblichen und beruflichen Kredit das Register zu eröffnen, wie in der Schweiz es zwar geplant gewesen ist, jedoch zur Ausführung nicht kam. Denn abgesehen davon, daß die Kontrolle, wie der Schuldner das geliehene Geld verwendet, sich nicht als durchführbar erweist, kann auch der Kaufmann, Landwirt usw. Privatkredit gebrauchen, der ihn zur Pfandbestellung zwingt, und der Kredit auch solchen Leuten nötig sein, die kein Gewerbe haben. Deshalb war es ganz folgerichtig, wenn bei der Beratung des schweizerischen Zivilgesetzbuches der Nationalrat von der Vorschrift der Entwürfe, daß Vieh, bewegliche Betriebseinrichtungen, Vorräte und Warenlager durch Fahrnisverschreibung verpfändet werden können, wenn diese Sachen dem Eigentümer zur Ausübung des Berufs oder Gewerbes dienen, den letzterwähnten Zusatz strich, zumal auch dieser seinem Wortlaut nach gar nicht das traf, was er gerade treffen sollte. Und folgerichtig auch, daß er den Hausrat als Objekt der Pfandverschreibung anerkannte (Art. 890 der Beschlüsse des Nationalrats vom Juni 1906).

Auch daß die Höhe des Objekts gewissen Einfluß haben soll auf die Verpfändungsmöglichkeit durch Hypothek, ist weder zweckmäßig noch billig. Es würde eine Scheidung zwischen dem kleinen und dem großen Mann zur Folge haben, die unsozial empfunden werden würde und Unterschiede schafft, für die in diesem Fall der Grund fehlt. Denn auch der kleine Mann, den Krankheit, Arbeitsmangel und dergl. in Not gebracht, bedarf oft des Kredits, wenn er sich aufrecht halten will. Ihn aber kann er sich nicht anders schaffen, als daß er seine bewegliche Habe — das einzige, was er hat — verpfändet. Und da er den Besitz derselben nicht entbehren kann, ist das Registerpfand für ihn der einzige Rettungsanker. Man braucht nicht zu befürchten, daß die Register dadurch übermäßig schwellen werden. Denn immerhin sind es doch Ausnahmsfälle, in denen die Verpfändung praktisch werden wird. Man meint denn auch fast allgemein, daß die Vorschrift des englischen Gesetzes, wonach bei Objekten bis zu 30 Pfund Sterling die Registrierung ausgeschlossen ist (Art. 12 der Amendement Act von 1882), nicht zweckentsprechend ist und nicht empfehlenswert für uns, auch wenn man diese Summe unseren Verhältnissen entsprechend niedriger beziffert. Denn damit würde jedenfalls ein großer Teil des Volks, zumal wenn man zufolge des Registerpfands die Sicherungsübereignung ganz verbietet, schlechthin kreditlos werden. Das aber würde die Lage der weniger bemittelten Klassen wesentlich verschlechtern, da sie zurzeit doch wenigstens durch Sicherungsübereignung sich Hilfe schaffen können. Auf die Umfrage des Handelstages haben einige Handelskammern (Crefeld, Regensburg, Rostock, Leipzig, Worms) zwar geraten, die Sicherungsübereignung bei Werten unter 150 Mk. zu verbieten, da für sie kein Bedürfnis sei [103]). Andere wiederum (Insterburg, Chemnitz) vertraten die Meinung, daß ein solcher Ausschluß zu hart sei und auch zu Schwierigkeiten führen würde, weil die Abmessung des Wertes nicht immer leicht sei. Man wollte sie deshalb belassen. Jedoch zur Vermeidung der Überflutung des Registers und wegen der verhältnismäßig geringen Schäden sie nicht für eintragungspflichtig erklären [104]). Aber wie sehr man dabei im Dunklen tappte, ergibt sich daraus, daß man bei anderer Gelegenheit es wieder als Bedürfnis bezeichnete, Sicherungsübereignungen mit größeren Beträgen von der Eintragung zu befreien, da das Gegenteil dem Großverkehr leicht schädlich werden könne [105]). Überwiegend ging die Meinung dahin, auch die Sicherungsübereignung mit geringeren Beträgen als registerpflichtig zu erachten, zumal sonst auch durch Teilung des Objekts Umgehung zu befürchten sei. Für das Registerpfand trifft dieses Bedenken zwar nicht zu, weil, wenn man neben ihm die Sicherungsübereignung nicht mehr zuläßt, dem Schuldner gar kein weiterer Weg zur Sicherung offen steht. Aber gerade weil ihm dann ein solcher fehlt, ist es gefährlich, für geringere Objekte das Register zu verschließen, gleichviel ob man die Forderung, die zu sichern ist, oder den Wert der Sache, die verpfändet werden soll, zum Maßstab für die Wertbemessung macht.

Nach alledem erscheint es angebracht, bei Ausgestaltung des Registerpfands das Recht zur Pfandbestellung überhaupt nicht zu beschränken. Denn wenn man so verfährt, ist das Bedürfnis nach Kredit, bei wem und wo es nur zutage tritt, auf jeden Fall gewürdigt. Und das ist sachlich jedenfalls das einfachste und beste. Die Frage ist dann nur, welche Objekte fähig sind der Gegenstand der Hypothek zu sein. Und diese ist, weil sie zum Teil mit der sich deckt, ob das Register durchzuführen ist, und mittelbar auch das Bedürfnis nach Kredit berührt, die praktisch wichtigste von allen.

---

[103]) Vgl. Zeitschrift für Handel und Gewerbe 1910 S. 31, 487, 762, 764.

[104]) Ebenda S. 30, 754.

[105]) Vgl. Bericht des Deutschen Handelstages über die Sitzung vom 27. Oktober 1910 S. 11 und vom 7./8. Dezember 1910 S. 52.

VII.

Nach dem Vorbild des französischen Rechts, nur eine Hypothek am Handelsunternehmen gesetzlich festzulegen, wird wenig Freunde finden. Zum wenigsten wenn sie in der Art, wie das französische Gesetz sie kennt, geschaffen wird. Denn da sie hier nach Art. 9 des Gesetzes vom 17. März 1909 im wesentlichen nur unkörperliche Werte faßt — falls anderes nicht gesagt, nur: Firma, Mietrecht, Kundschaft, nicht aber auch die Waren des Geschäfts — fehlt ihr der lebensvolle Inhalt. Es mag viel für sich haben, daß der, der eines bedeutenden unversicherten Kredits für sein Geschäft bedarf, auch eine entsprechend unverpfändete Aktivmasse besitzen muß, Und wenn von diesem Standpunkt aus auch im französischen Gesetz die Waren des Geschäfts aus Sorge für die persönlichen Gläubiger diesem vorbehalten sind [106]), so ist das zweifellos sehr billig. Aber daß der Wert des Pfandrechts dadurch leidet, wird sich nicht leugnen lassen. Auch bei uns ist es zwar üblich, Geschäfte käuflich zu erwerben und dabei nicht bloß den Wert der Waren und der Einrichtung als Kaufpreis zu bezahlen, sondern auch den ideellen Wert, den das Geschäft durch seinen Ruf, sein Alter, seine Kundschaft usw. hat. Aber ein Recht nur an dem letzterwähnten Wert liegt den Begriffen, die bei uns bestehen und den realen Boden nicht gern vermissen, doch ziemlich fern. Zum wenigsten wird solch ein Recht als Gegenstand des Pfandrechts Anklang finden, wo es dem Gläubiger darauf ankommt, eine Sicherung seiner Forderung zu bekommen. Denn was ihm mit dem Pfand in solchem Fall gegeben wird, ist viel zu unbestimmt und ungewiß, um ihm genügend zu erscheinen. Im übrigen kommt noch hinzu, daß die Zerreißung, die die Trennung der vorhandenen Waren von anderen Teilen des Geschäfts naturgemäß zur Folge hat, auch Unzuträglichkeiten bringt, wie daraus schon erhellt, daß nach dem französischen Gesetz bei Verwertung des gestellten Pfands grundsätzlich auch die Waren mitversteigert werden, obwohl sie doch dem Pfandrecht gar nicht unterliegen, und daß der Gläubiger bei Veräußerung des Geschäfts sein Pfandrecht gegen den Erwerber geltend machen kann, als wenn ihm alle Teile hafteten [107]). Da er dann das, was vom Erlös auf die vom Pfandrecht freien Waren fällt, natürlich nicht behalten kann, muß er im

---

[106]) Vgl. Isay in der Leipziger Zeitschrift für Handelsrecht 1911 S. 289. Montier-Faucon: „De la vente et du nantissement des fonds de commerce" p. 150.

[107]) Vgl. Isay a. a. O. S. 289.

Regelfall sich auseinandersetzen, und zwar entweder mit dem Schuldner oder dessen Gläubigern bezw. dem Erwerber des Geschäfts (Art. 20). Das aber ist so umständlich und schwerfällig, daß eine Nachahmung wohl kaum empfohlen werden kann, und zwar ganz gleich, ob man die fragliche Verpfändung des Handelsunternehmens nur allein oder neben anderen Sachen in praktische Erwägung zieht.

Nur wie die Schweiz das Vieh als Gegenstand der Hypothek gesetzlich zuzulassen, scheint darum schon ganz ausgeschlossen, weil diese Vorschrift nur auf die Verhältnisse der Schweiz, wo Viehzucht ganz besonders blüht, ausdrücklich zugeschnitten ist. Damit ist freilich nicht gesagt, daß auch bei uns nicht das Bedürfnis ist, Verpfändungen von Vieh durch Eintragung zu tätigen. Nur ganz allein reicht diese Hypothek nicht aus, um die vorhandenen Lücken auszufüllen.

Man könnte meinen, daß wenn die Vorzüge der Hypothek vor einer Faustverpfändung so klar zu Buche stehen, man diese Form des Mobiliarkredits für alle Sachen gangbar machen müßte. Dies ist im wesentlichen auch der Standpunkt des englischen Rechts, das für die **Bills of Sale** fast alle beweglichen Sachen für geeignet hält (Art. 4 und 5 des Gesetzes von 1878). Jedoch es kommt nicht darauf an, das Faustpfand durch ein anderes Pfandrecht zu ersetzen oder außer ihm ein anderes noch zur Wahl zu stellen. Die Frage ist vielmehr, wie man es zweckmäßig ergänzt, wo es im Stiche läßt. Und deshalb sind für das Registerpfand nur solche Sachen in Betracht zu ziehen, die nicht zum Faustpfand hingegeben werden können, für die Kreditbeschaffung aber wertvoll sind. Auch dabei aber ist nicht zu vergessen, daß das Registerpfandrecht nur bestimmt sein soll, dem außerordentlichen Kredit zu dienen und über temporäre Krisen fortzuhelfen. Darum wird zweckgemäß darauf Bedacht zu nehmen sein, nicht gar zu sehr ein solches Pfandrecht zu erleichtern. Denn gibt man dieses ohne Wahl für alle Sachen frei, sind Mißbräuche des Schuldners zu befürchten, die nicht insofern bloß in Frage kommen, als er zu ausgiebig Gelegenheit zur Pfandbestellung hat, sondern auch darum, weil ein Registerpfand an allen Sachen die Sicherheit des Gläubigers leicht vereiteln kann. Im übrigen ist es in solchem Umfang auch nicht durchführbar, wenn es den Pfandzweck mit Erfolg erfüllen soll.

Es gibt eine Reihe von Mobilien, die zu verpfänden nicht gut möglich ist, weil sie bestimmt sind, von Hand zu Hand zu gehen, und damit schon von vornherein erkennen lassen, daß sie nicht im Besitz des Schuldners bleiben. Bei den meisten beweglichen Sachen ist aber außerdem auch schwer, sie zu individualisieren und ihre Identität festzustellen. Und zwar nicht bloß, soweit es sich um Gattungssachen handelt, sondern auch wenn eine Spezies in Betracht kommt. Es würde sicherlich zu Schwierigkeiten führen, müßte der Schuldner eine Kuh oder ein Pferd, das er verpfänden will, genau beschreiben, wie unerläßlich wäre, wenn die Eintragung des Pfandes Gewißheit schaffen soll. Sie aber muß vorhanden sein, da das Erfordernis der Spezialität des Pfandrechts auch für das Registerpfand nicht aufgegeben werden kann. Denn sie allein verbürgt den Gegenstand des Pfandrechts. Im anderen Fall würde gar nicht festzustellen sein, welches die Sache ist, an der das Pfand besteht. Und das gefährdet selbstverständlich sehr das Recht des Gläubigers. Auch wenn die Sache zu der Zeit, wo er das Pfandrecht verwirklicht, noch im Besitz des Schuldners ist. Mehr aber noch, wenn er sie nicht mehr hat und nun beim Dritten nachzuforschen ist, ob die von ihm besessene Sache identisch ist mit der, die mittels Eintragung verpfändet war. Wenn aber für den Gläubiger die Feststellung der Identität schon schwierig ist, ist sie noch schwieriger für den, der von dem Schuldner das Pfandobjekt erworben hat. Das aber ist zum mindesten für den guten Glauben des Erwerbers von Bedeutung. Denn daß ihm dieser schwerlich abgesprochen werden kann, wenn er nicht klar ersehen kann, daß die erworbene Sache pfandbelastet war, wird man nicht gut bestreiten können. Auch nicht, wenn man den Inhalt des Registers grundsätzlich als bekannt voraussetzt. Denn es hieße den Zusammenhang mit dem praktischen Leben vollständig verlieren, wenn man aus rein formalen Gründen die Eintragung des Pfandes auch als Beweis der Kenntnis dann genügen läßt, wenn der Erwerber nicht gewußt hat und auch nicht wissen konnte, daß sich die Eintragung gerade auf die erworbene Sache auch bezog. Wird doch auch ähnlich der gute Glaube des Erwerbers vom Gesetz geschützt, wenn er ein mit einer Hypothek belastetes Zubehörstück, das den Regeln einer ordnungsmäßigen Wirtschaft zuwider vom Grundstück entfernt ist, vom Eigentümer erwirbt, ohne die Ordnungswidrigkeit der Entfernung selbst zu wissen.

Überhaupt ist der Schutz des guten Glaubens ein wunder Punkt für unsere Frage. Im allgemeinen ist es die Bestimmung der Register, gewisse für das Publikum wichtige Rechtsverhältnisse mit der Wirkung zur allgemeinen Kenntnis zu bringen, daß sich niemand darauf berufen kann, sie nicht gekannt zu haben. Unter diesen Registern spielt besonders das Grundbuch eine Rolle, das als die älteste, wichtigste und vollendetste Form der Register anzusehen ist. In einer so vollendeten Geschlossenheit, wie hier, ist der Gedanke des Registers sonst aber nirgends mehr verwirklicht. Schon die zweite Hauptart des Registers, das Handelsregister, hat für die

Publizität die rechtliche Bedeutung nicht in gleicher Weise wie das Grundbuch, weil der Beweis der Nichtkenntnis der Eintragung dem Dritten offen steht (§ 15 Abs. 2 HGB.). Noch weniger aber ist sie den Registern zuzusprechen, bei denen nicht sowohl die Kundbarmachung als die Beurkundung des Rechtsverhältnisses die eigentliche Rolle spielt. Es wird darum auch schwerlich denkbar sein, die rechtlichen Beziehungen des Pfandregisters für Mobilien an die des Grundbuchs anzulehnen. Schon daß der öffentliche Glaube des Grundbuchs dem Pfandregister fehlen muß, hebt es erheblich von ihm ab. Er aber muß ihm fehlen, weil es die dinglichen Verhältnisse des Pfandobjekts erschöpfend nicht betrifft und nicht betreffen kann. Denn schon die Pfandrechte am eingetragenen Gegenstand gibt es nicht völlig an, weil außer dem Registerpfand auch noch ein Faustpfand an der Sache möglich bleibt. Und was das Eigentum betrifft, so fehlt ihm vollends die Bestimmung und die Möglichkeit, es anzuzeigen, weil dieses bei Mobilien viel zu häufig wechselt, um den Erwerb an Eintragung zu knüpfen. Nun geht zwar nicht der öffentliche Glaube des Registers notwendig Hand in Hand mit dem Prinzip, daß dessen Inhalt allgemein bekannt gilt, und letzteres kann auch ohne ihn bestehen. Aber immerhin hat doch der Umstand, daß die dinglichen Verhältnisse der Sache aus dem Register erschöpfend nicht ersichtlich sind, gewissen Einfluß auf den guten Glauben, schon weil man darum das Register weniger einsehen wird. Die Einsicht aber ist auch immer gar nicht möglich. Denn wenn man, falls man eine Sache kauft, sich jedesmal versichern soll, ob diese laut Register nicht verpfändet ist, so würde Umsatz und Verkehr so schwierig sich gestalten, daß die Belästigung für den Käufer ganz unerträglich wäre, ganz abgesehen davon, daß auch die Stelle, die das Register führt, darunter leiden würde. Denn nicht die Einsicht bloß der Eintragungen, die tatsächlich vorhanden sind, sondern bei weitem mehr die Fälle, wo sie fehlen, würden die Inanspruchnahme des Registers ungebührlich häufen. Und schließlich wäre der Erfolg der Einsicht doch nur unvollkommen. Denn da Mobilien ihren Standort häufig wechseln, so ist es möglich, daß das Pfandrecht, das auf ihnen ruht, an dem Ort gar nicht eingetragen ist, wo man es sucht, und daß es auch nicht leicht ist, zu erfahren, ob es an anderer Stelle eingetragen ist. Aus diesem Grunde aber wäre es zu hart, wenn man die Eintragungen im Pfandregister als allgemein bekannt vorauszusetzen hätte. Denn wenn dem Erwerber einer Sache gar nicht zugemutet werden kann, das Pfandregister regelmäßig einzusehen, oder es ihm sogar nicht möglich ist, die Eintragung des Pfandrechts zu erfahren, so ist auch für den Vorwurf bösen Glaubens gegen ihn nicht Raum. Und darum würde es, wenn das Register der Verpfändung von Mobilien ausnahmslos geöffnet wird, nur übrig bleiben, ihm den Charakter eines Publizitätsregisters überhaupt nicht erst zu geben oder es nach Art des Handelsregisters zu gestalten, wonach die Eintragung dem Dritten zwar bekannt zu gelten hat, ihm aber der Beweis des Gegenteils belassen wird. Der Unterschied besteht nur in der Frage des Beweises. Der Schwerpunkt aber liegt darin, daß durch das Pfandregister selbst der Schutz des guten Glaubens nicht schon aufgehoben wird.

Auf diesem Standpunkt steht auch England und die Schweiz. In den Bills of Sale wird dieser Grundsatz zwar nicht ausgesprochen, die Theorie und Praxis aber nimmt ihn an. In dem schweizerischen Gesetzbuch ist er besonders festgelegt, indem Art. 933 bestimmt, daß das Besitzpfandrecht dem Verschreibungspfande vorgeht, wenn der Erwerber in gutem Glauben war. Er findet auch bei uns Verfechter, und zwar sind es besonders Gierke und auch Wernick[108]), die lebhaft für ihn eingetreten sind, und zwar soweit, daß den Erwerber selbst auch grobe Fahrlässigkeit nicht treffen soll, wenn er sich aus dem Register nicht zu unterrichten sucht. Aber so billig diese Regelung auch erscheint, sie kann doch nicht befriedigen. Zunächst tut sie dem Werte des Registers Abbruch, weil sie die Wirkung dieses sehr erheblich schwächt. Dies dadurch wett zu machen, daß man die Eintragungen noch öffentlich bekannt macht, ist ausgeschlossen, da es, wie schon hervorgehoben ist, im Interesse des Kredits nicht liegt, urbi et orbi Verpfändungen bekannt zu geben. Von dem Gesichtspunkt freilich, daß das Registerpfand den Zweck verfolgt, den anderen Gläubigern über den Vermögensstand des Schuldners Klarheit zu verschaffen, kann man hierüber wohl hinwegsehen, da diese ja im Regelfall die Möglichkeit besitzen werden, das Register einzusehen. Viel schlimmer aber ist die Tatsache, daß auch der Wert des Pfandrechts selber leidet, wenn man dem guten Glauben des Erwerbers zu viel Spielraum läßt. Denn je mehr der letztere sich zur Geltung bringen läßt, desto beschränkter ist die Dinglichkeit des Pfandrechts. Ein solcher Mangel aber macht es minderwertig. Denn wenn der Gläubiger stets befürchten muß, infolge guten Glaubens eines anderen dinglichen Erwerbers sein Pfandrecht einzubüßen, fehlt ihm ein sicheres Recht, was nahegelegt, daß das Registerpfand nicht üblich werden könnte.

Aber sobald die Mobiliarhypothek auf alle beweglichen Sachen Anwendung findet, läßt sich nun einmal diese Folge nicht vermeiden. Darum

---

108) Gierke: „Entwurf eines BGB" S. 398. Wernick: „Gutachten aus dem Anwaltsstande" S. 377.

stellte sich auch der französische Senat gelegentlich des Entwurfs, der im Jahre 1882 über das **nantissement sans déplacement du gage** der Kammer vorgelegt wurde, auf den Standpunkt, daß das „**droit de suite**“ dem Registerpfandgläubiger nicht zu gewähren sei, was auch Coste[109]) in seinen „**Questions sociales contemporaines**“ mit dem Hinweis verteidigt, daß sonst kein Erwerber einer beweglichen Sache in seinem Eigentum geschützt sein würde. Aber als die Gesetze vom 1. März 1898 und 17. März 1909 die Verpfändung eines Handelsunternehmens durch Registereintragung einführten, sah man die Sache anders an und der Art. 22 des Gesetzes vom 17. März 1909 bestimmt ausdrücklich: „**Les privilèges du creancier gagiste suivent le fonds, en quelques mains qu'il passe.**“ Der Schlüssel zu diesem veränderten Standpunkt aber lag im Objekt der Hypothek.

In der Tat wird jede Schwierigkeit sowohl bezüglich der Publizität des Registers als auch des guten Glaubens und damit auch der vollen Dinglichkeit des Pfandrechts dadurch am wirksamsten behoben, daß man die Mobiliarhypothek auf solche Sachen einschränkt, die leicht zu individualisieren sind und aus der Hand des Schuldners schwer herausgehen. Denn je mehr man dieses Ziel verfolgt, desto mehr nähert sich das eingetragene Mobiliarpfand der Hypothek am unbeweglichen Vermögen, deren Kraft und Wirkung gerade in der Festigkeit und der Unterscheidbarkeit des Pfandobjekts die meiste Stütze findet. Dem Redaktor des Entwurfs zum Sachenrecht des Bürgerlichen Gesetzbuchs, der wegen Mangels dieser Eigenschaften das Hypothekenpfandrecht für Mobilien nicht geeignet hielt, scheint diese Möglichkeit nicht vorgeschwebt zu haben, an die auch der Franzose Baudry-Lacuntinerie[110]) ersichtlich nicht gedacht hat, wenn er die Frage aufwirft: „**Comment organiser d'une manière efficace la publicité des hypothèques sur les meubles, qui n'ont pas d'assiette fixe et dont il est souvent difficile, d'établir l'individualité?**“

Nun braucht die Festigkeit des Pfandobjekts aber nicht gerade körperlicher Art zu sein und auch die Unterscheidbarkeit nicht gerade mit dem Auge sich erfassen lassen. Es kann der ruhende Punkt in der Erscheinung Flucht auch in Begriffen liegen, die sich nicht wandeln, und der

---

109) S. 341.

110) Vgl. **Précis de droit civil III p. 694. Lyon-Caën et Renault Traité III p. 217.**

Begriff das Pfand so deutlich zeichnen, daß unverrückbar feststeht, was verpfändet ist. Beides trifft zu, wenn ein Gesamtbegriff den Gegenstand des Pfandrechts bildet. Und darum scheint die beste Lösung die, daß Hypotheken an Mobilien nur für das Pfand von Inbegriffen rechtens werden dürfen. Für die Verpfändung von Gesamtheiten ist ein Pfandrecht ohne den Besitz des Gläubigers auch am ehesten Bedürfnis. Deshalb war in den Entwürfen des schweizerischen Gesetzbuchs auch ganz mit Recht gerade für eine Anzahl von Gesamtheiten die Pfandverschreibung vorgesehen, an denen z. B. auch die Ostseeprovinzen eine Mobiliarhypothek kennen (Art. 1376 des swod der Zivilgesetze des baltischen Gouvernements). Und dieses Pfandrecht reicht auch aus. Denn wenn der Schuldner so das Inventar, die Ernte und den Viehbestand des Guts, sein Warenlager und die Vorräte an Rohstoffen, seine Betriebseinrichtung und sein Handwerkszeug und schließlich auch sein Hausgerät durch Eintragung verpfänden kann, wird dem Kreditbedürfnis voll genügt. Besonders dem für produktive Zwecke, das für die Hypothek in erster Reihe mitspricht [111]).

Ist aber Gegenstand des Pfands ein solcher Inbegriff, so braucht das nicht in Widerspruch zu stehen mit dem gesetzlichen Prinzip, daß es ein Recht an der Gesamtheit grundsätzlich nicht gibt. Es zwingt auch nicht dazu, daß das Gesetz den vorerwähnten Standpunkt aufgibt, wiewohl es das wohl leichten Herzens könnte, da nur der zweifelhafte Satz, daß Dinglichkeit reale Sachbeherrschung ist, zu seinem Schluß geführt [112]). Denn Gegenstand des Pfandrechts sind in Wahrheit die einzelnen in der Gesamtheit inbegriffenen Sachen, die nur der Kürze halber als Inbegriff bezeichnet werden. In diesem Sinne spricht das Gesetz auch von dem Nießbrauch an einem Inbegriff von Sachen, besonders am Vermögen (§§ 1035, 1085 BGB.). Und auch die Hypothek am Zubehör des Grundstücks ist lediglich in dem Sinn zu verstehen. Nun würden zwar an sich in solchem Fall nur die Sachen dem Pfandrecht unterliegen, die zur Zeit der Pfandbestellung der Gesamtheit angehörten. Aber es steht doch nichts im Weg, wenn man, wie auch der Art. 985 des schweizerischen Entwurfs von 1904 es vorschlug, die Sachen, die später in die Gesamtheit treten, dem Pfandrecht unterwirft [113]). Besonders wenn sie Ersatz für herausgegangene

---

[111]) Vgl. auch Ehrlich: „Juristische Blätter" 1891 S. 135. Schöndorf a. a. O. S. 509.

[112]) Vgl. Fuchs: „Das Wesen der Dinglichkeit" S. 79. Gierke a. a. O. S. 388.

[113]) Vgl. Wieland: „Sachenrecht des neuen schweiz. Zivilgesetzbuchs" Note 6 d zu Art. 884.

Stücke bilden. In dieser Weise hat das Gesetz, wie anderweits bereits erwähnt, ja auch den Fall geregelt, wo an einem Grundstück samt Inventar ein Nießbrauchrecht begründet worden ist. Und auch die Hypothek am Grundstückszubehör und den Erzeugnissen beruht auf solchem Wechsel. Gerade dieser Umstand sichert erst dem Pfandobjekt die Dauer. Und er ist es besonders auch, der die Gesamtheiten mit wechselndem Bestande für die Verpfändung ausnahmslos geeignet macht. Natürlich ist als Gegenstück dem Schuldner auch das Recht zu geben, über die der Pfandhaft unterworfenen Stücke in den Grenzen einer ordnungsmäßigen Wirtschaft zu verfügen, wie er es auch beim Nießbrauch an dem Grundstücksinventar besitzt und bei der Hypothek am Zubehör, den Früchten usw. noch unbeschränkter hat. Das aber kränkt die Rechte des betreffenden Gläubigers nicht, weil dafür auch die neuen Stücke in die Pfandhaft treten. Werden auf diese Weise aber die in den Grenzen einer ordnungsmäßigen Wirtschaft veräußerten Pfandstücke von der Haftung frei, so treten die Bedenken, die bezüglich des gutgläubigen Erwerbs im anderen Fall bestehen würden, schlechthin zurück. Der böse Glaube des Erwerbers kann nur in Frage kommen, wenn Stücke ordnungswidrig abveräußert sind und deshalb in der Pfandhaft bleiben oder wenn Rechte an dem Inbegriff, d. h. an allen Sachen, die ihn bilden, begründet werden. Die Fälle aber machen keine Schwierigkeiten.

Man wird den Schutz des guten Glaubens dem Erwerber nicht versagen können, wenn er ein Stück, das nach den Regeln einer ordnungsmäßigen Wirtschaft der Schuldner nicht veräußern darf, erwirbt, ohne das Pfandrecht an dem Stück zu kennen. Denn solchenfalls spricht nicht bloß mit, daß er vom Pfand an sich nicht Kenntnis hat, sondern auch der Umstand, daß ihm das Pfandrecht selber zwar bekannt sein kann, er aber nicht weiß, daß die Veräußerung unwirtschaftlich erfolgt ist. Gerade die Prüfung letzterer Frage ist oft schwer und darum muß der gute Glaube des Erwerbers in solchem Falle notwendig auch beachtet werden. Entschließt man sich zu dieser Regelung nicht, so ist es wohl am besten, das Einzelstück schlechthin von seiner Haftung zu befreien, sobald der Schuldner es veräußert und der Erwerber den Besitz erlangt, d. h. die Haftung ebenso zu gestalten wie bei der Hypothek am Grundstück (§ 1121 BGB.). Auf diese Weise mag an sich das Recht des Gläubigers zwar gefährdet werden können. Aber wenn man ihm mit Rücksicht hierauf dieselben Rechte gibt, wie sie in den §§ 1134, 1135 BGB. für den Hypothekengläubiger bestehen, so hat er Schutz genug.

Erwirbt jemand am ganzen Inbegriff, z. B. dem Warenlager, dem Inventar, der Bibliothek und ähnlichen Gesamtheiten ein Recht, so wird er sich das eingetragene Pfand auf jeden Fall entgegenhalten müssen. Denn wird die Mobiliarhypothek nur auf Gesamtheiten beschränkt, so kann der Inhalt des Registers als bekannt erachtet werden. Es ist in keinem Fall zuviel verlangt, wenn vom Erwerber hier gefordert wird, daß er sich unterrichtet. Bei der Verpfändung der Gesamtheit, für die er selber auch der Eintragung bedarf, ist die Gelegenheit zur Einsicht des Registers schon von selbst gegeben. Bezieht sich der Erwerb auf andere Rechte, was immerhin doch nicht so häufig vorkommt, ist diese Einsicht keine Last.

Schließt die Verpfändung eines Inbegriffs Verfügungen des Schuldners grundsätzlich nicht aus, so ist es ganz natürlich auch sein Recht, einzelne Stücke, die der Gesamtheit zugehören, durch Faustpfand noch an andere Gläubiger zu verpfänden, was auch im Einklang steht mit dem Prinzip, daß eine Sache mehreren verpfändet werden kann. Ob auch in diesem Fall es angezeigt erscheint, die Hypothek für allgemein bekannt zu halten, mag nicht bedenkenfrei erscheinen. Die Billigkeit verlangt es jedenfalls, daß das ältere Pfandrecht dem jüngeren nicht zu weichen braucht. Und darum ist es sachgemäß, durch die Publizitätskraft des Registers auch hier den guten Glauben des Erwerbers zu zerstören. Kann der Erwerber eines späteren Pfandrechts sich doch auch mühelos Gewißheit schaffen, ob im Register schon ein Pfandrecht eingetragen steht.

Auch wenn ein Gläubiger eine Sache, die der verpfändeten Gesamtheit angehört, im Wege der Zwangsvollstreckung pfändet, muß er das Pfandrecht sich entgegenhalten lassen, weil hier ein rechtsgeschäftlicher Erwerb nicht vorliegt und darum auch vom guten Glauben nicht gesprochen werden kann. Auf der anderen Seite aber wird es auch dem Pfandrechtsgläubiger nicht gestattet werden können, der Pfändung auf Grund seines Pfandrechts zu widersprechen. Vielmehr wird ihm in Gemäßheit des § 805 ZPO. nur ein Recht auf vorzugsweise Befriedigung einzuräumen sein. In Nachbildung des § 865 Abs. 2 ZPO. die Pfändung etwa zu verbieten, erscheint nicht angebracht. Denn die wirtschaftlichen Gründe, welche maßgebend gewesen sind, die Pfändung von Zubehörstücken eines Grundstücks zu untersagen, treffen hier nicht zu. Wenigstens nicht allgemein. Sie könnten allerdings in Frage kommen, wenn ein Pächter eines Grundstücks sein Inventar verpfändet hat. Da die Zwangsvollstreckung in dieses aber auch gestattet ist, wenn die Verpfändung nicht besteht, soweit nicht § 811 Ziff. 4 ZPO. entgegensteht, so würde es ganz folgewidrig scheinen, sie im Falle der Verpfändung schlechthin auszuschließen.

Auf diese Weise stößt die Hypothek am Inbegriff ersichtlich nicht auf Schwierigkeiten. Soweit man sie auch ausdehnt. Und das kann möglichst weit geschehen. Besonders wird die Ausdehnung auf Hausgerät sich auch empfehlen [114]), da dieses oft das einzige Wertobjekt des Schuldners ist. Daß es, soweit es unentbehrlich ist, vom Gläubiger nicht gepfändet werden kann, steht der Verpfändung nicht entgegen. Im öffentlichen Interesse mag es liegen, daß dem Schuldner wider seinen Willen das Unentbehrliche nicht genommen werden kann. Aber wenn es sein eigener Wille ist, dem Gläubiger auch das Unentbehrliche zu opfern, hat das Gesetz nicht Grund, es zu verhindern, wie es dem Faustpfand darin auch ja keine Schranke setzt. Es wird auch nicht im Wege stehen, die Früchte auf dem Halm der Hypothek zu unterwerfen, wie auch Art. 4 der englischen Bill of Sale von 1878 sie durch Eintragung verpfänden läßt und ebenso der französische Entwurf von 1882 es vorgesehen hatte. Da nach § 810 ZPO. auch ihre Pfändung statthaft ist, wäre ihre Verpfändbarkeit auf keinen Fall der erste Bruch mit dem Prinzip, daß wesentliche Bestandteile einer Sache nicht Gegenstand selbständiger Rechte sein können. Und den Landwirten, die gerade vor der Ernte, wo alle Vorräte bereits verkauft sind, wirtschaftliche Schwierigkeiten haben, würde die Möglichkeit einer derartigen Hypothek erheblich nützen [115]), mögen es in der Hauptsache auch nur Pächter sein, die hier in Frage kommen.

Eine Hypothek an Früchten an dem Halm hat übrigens den Vorteil, daß hier der Wechsel desjenigen Orts, an dem das Pfand zur Zeit der Pfandbestellung sich befand, auf alle Fälle ausgeschlossen ist. Wo das nicht zutrifft — und andere Inbegriffe können meist den Ort, an dem sie sich befinden, wechseln — hat das Register ein Bedenken. Da bei Mobilien eine Festigkeit des Standorts grundsätzlich zu fehlen pflegt, so bleibt nichts anderes übrig, als das Register am Amtsgericht desjenigen Orts zu führen, an dem der Schuldner zur Zeit der Pfandbestellung wohnt. Auf diese Weise aber kann es kommen, daß man, falls er den Wohnsitz nachträglich verlegt, am neuen Orte gar nicht weiß, daß sein Besitz bereits verpfändet ist. Das ist besonders hart, wenn man den Inhalt des Registers als bekannt voraussetzt und sei es auch nur in den beschränkten Grenzen, die vorher angegeben sind. Sowohl für den, der am verpfändeten Objekt ein Recht erwirbt, als auch für Gläubiger, die im Vertrauen darauf, daß sie am zeitigen Wohnort kein Pfandrecht eingetragen finden, dem Schuldner

[114]) Vgl. aber Litten: „Recht" 1912 S. 91.

[115]) Vgl. Gierke a. a. O. S. 389.

kreditieren. Deshalb erweist sich unbedingt als nötig, daß bei Veränderungen des Wohnorts die Pfandeintragung aus dem Register des bisherigen Wohnsitzes in das des neuen übertragen wird. Das schreibt auch das französische Gesetz vom 17. März 1909 im Art. 13 § 2 ganz ähnlich vor, indem es bestimmt, daß im Falle einer Verlegung des Handelsunternehmens der Schuldner dem Gläubiger binnen 15 Tagen Anzeige zu machen hat und daß der Pfandgläubiger binnen 15 Tagen von der Anzeige oder einer früheren Kenntnis der Verlegung die Eintragung unter entsprechendem Vermerk im alten Register nach dem Register des neuen Sitzes übertragen lassen muß. Dem Schuldner ist bei Strafe der sofortigen Fälligkeit der Forderung zur Pflicht gemacht, das „déplacement du fonds des commerce" dem Gläubiger bekannt zu machen. Und das wird in der Tat der einzige Weg sein, um die Übertragung der Pfandeintragung auch in den für uns in Betracht kommenden Fällen, soweit es geht, zu sichern. Als weitere Sicherheit hierfür könnte eventuell auch eine beschränkte Dauer des Pfandrechts in Betracht gezogen werden, die in gewissem Umfange den Gläubiger zur Kontrolle zwingt, wenn er nach Ablauf dieser Zeit das Pfandrecht sich erneuern lassen will. Eine solche zeitliche Beschränkung des Registerpfandrechts kennt auch das französische Recht (Art. 28 des Gesetzes vom 17. März 1909: „L'inscription conserve le privilège pendant cinq années à compter du jour de sa date; sa effet cesse s'il n'a pas été renouvelée et avant l'expiration de ce délai. Elle garantit au même range, que le principale deux années d'interêts"). Und auch in England verliert die Eintragung im Register gemäß Art. 11 des Gesetzes von 1878 nach Ablauf von 5 Jahren ihre Kraft. (The registration of a bill of sale, whether executed before or after the commencement of this Act, must be renewed once at least every five years, and if a period of five years elapses from the registration or renewed registration of a bill of sale without a renewal or further renewal (as the case may be), the registration shall become void. ....) Alle diese zeitlichen Begrenzungen haben im wesentlichen aber nur den Zweck, um festzustellen, ob die Sache noch im Besitz des Schuldners ist. Sie eignen sich daher vielleicht für den Fall, wo Gegenstand der Hypothek Objekte sind, die leicht den Eigentümer wechseln. Wo aber eine gewisse Garantie dafür besteht, daß der Pfandgegenstand in der Hand des Schuldners bleibt, sind sie wohl kaum am Platze. Besonders nicht, wenn das Registerpfand auch gegen Dritte wirkt. Sie würden sogar zu Belästigungen führen können, weil zu erwarten steht, daß sich der Gläubiger sein bisheriges Pfandrecht jedesmal erneuern lassen wird. Es haben denn auch die Entwürfe des schweizerischen Gesetzbuchs, die eine Pfandverschreibung an Gesamtheiten noch kannten (Art. 894 des Entwurfs von 1904), von einer zeitlichen Schranke der Verpfändung abgesehen, und hierbei ist es auch geblieben, als schließlich nur für Vieh die Pfandverschreibung zugelassen wurde.

Bei der Eintragung des Pfandrechts wird es der vielen Förmlichkeiten, die das englische Recht für diese vorgesehen hat (Art. 9, 10 des Gesetzes von 1883), und auch der Form des französischen Gesetzes (Art. 24 ff.) nicht bedürfen. Es wird genügen, daß der gerichtlich oder notariell beglaubigte Verpfändungsvertrag dem Registerbeamten eingereicht wird, und höchstens könnte man erwägen, ob nicht gerichtliche oder notarielle Form für den Vertrag noch vorzuschreiben ist. Das ist vielleicht empfehlenswert, weil die Objekte meistens hoch sein werden und ferner auch die Form vor Übereilung schützt. Vor allem aber deshalb, weil als Registerführer nur ein Gerichtsschreiber in Frage kommen wird, für den der notarielle oder gerichtliche Vertrag wohl die sicherste Grundlage für die Eintragung bildet.

Ihm die Registerführung zu überlassen, hat nicht Bedenken. Sie steht nach Art. 25 des Gesetzes vom 17. März 1909 auch in Frankreich dem Gerichtsschreiber (greffier) zu. Eine zu große Verantwortung wird ihm dadurch nicht aufgebürdet. Denn das Register hat nicht die Bedeutung des Grundbuchs, das infolge seines öffentlichen Glaubens auf die dingliche Rechtsgestaltung den stärksten Einfluß übt, sondern besitzt vom Umstand abgesehen, daß durch die Eintragung das Pfandrecht selbst begründet wird, nur Registraturcharakter. Der Gerichtsschreiber trägt die Verpfändung ein, sofern der Schuldner sie erklärt. Ob er befugt ist, diese zu erklären, braucht er und darf er auch nicht prüfen. Nach materiellem Recht entscheidet sich, ob die Voraussetzungen für die Entstehung des Pfandrechts wirklich auch gegeben waren. Die Eintragung allein begründet nicht das Pfandrecht. Darum entsteht das Pfandrecht nicht, wenn der Verpfänder nicht der Eigentümer war, wobei noch zu beachten bleibt, daß mangels des Besitzerwerbs auch guter Glaube des Erwerbers keine Rolle spielt. Einer besonderen Bestimmung, daß das Pfandrecht unwirksam ist, wenn der Besteller nicht das Eigentum besaß, wird es nicht bedürfen. Das englische Recht enthält sich zwar im Art. 5 der Bill of Sale von 1882. Aber wenn man die Bedeutung des Registers festhält, erscheint sie überflüssig. Nur daß ein Pfandrecht auch durch Eintragung begründet werden kann, braucht das Gesetz zu sagen. Damit ist dann zugleich auch festgelegt, daß durch die Eintragung das Pfandrecht zur Entstehung kommt und nicht bloß seine Wirksamkeit dem Dritten gegenüber von ihr abhängt. Das englische Gesetz (Art. 5 des Gesetzes von 1882) bestimmt zwar für die Bills of Sale ausdrücklich nur das letztere. Doch das hat darin seinen Grund, daß diese sich auch außerdem auf Übereignungen beziehen, die ebenso wie unsere Sicherungsübereignung grundsätzlich ohne Form verwirklicht werden können. Wenn aber, wie beim Pfandrecht, der Vertrag allein das Recht noch nicht begründen kann, so ist es selbstverständlich, daß hier die Eintragung nicht bloß für das Verhältnis zu dem Dritten rechtliche Bedeutung hat, sondern für die Rechtsentstehung selber in Betracht kommt, wie auch die Hypothek am Grundstück durch die Eintragung entsteht.

Natürlich werden die Eintragungen im Register auch zu löschen sein, wenn sie bedeutungslos geworden sind, besonders also, wenn die Schuld getilgt ist oder die Eintragung nach dem Register eines anderen Ortes übertragen ist. Aber auch eine solche Löschung kann dem Gerichtsschreiber überlassen werden, wenn man sie von der notariellen oder gerichtlichen Einwilligungserklärung des Gläubigers abhängig macht. Denn dann ist die Prüfung so einfach, daß sie Rechtskenntnisse nicht voraussetzt und deshalb ohne Bedenken dem Gerichtsschreiber anvertraut werden kann. Nur wenn der die Löschung bewilligende Gläubiger nicht identisch ist mit dem in der Eintragung bezeichneten, z. B. durch Erbgang oder Abtretung ein anderer an seine Stelle getreten ist, könnte die Löschungsbefugnis des Gerichtsschreibers Bedenken haben. Sie aber würde dadurch beseitigt werden können, daß man in solchem Falle, ähnlich wie bei der Erteilung der Vollstreckungsklausel, die Anordnung in die Hand des Richters legt. Das ist wohl um so ratsamer, als die endgiltige Löschung der Hypothek das Pfandrecht zur Beendigung bringen würde.

Die Vorschrift, daß bei der Eintragung ein genaues Inventar der verpfändeten Sache einzureichen ist, braucht aus dem englischen Recht (Art. 10 des Gesetzes von 1878) nicht übernommen zu werden. Denn wenn Gesamtheiten den Gegenstand des Pfandes bilden und dem Schuldner das Verfügungsrecht über die einzelnen Sachen zugestanden wird, dafür aber auch die Ersatzstücke in die Pfandhaft treten, hat eine Inventaraufnahme weder Sinn noch Zweck. Dagegen könnte die Einrichtung des Registers selbst, die am besten dem Bundesrat überlassen bleiben könnte, nach englischem Vorbild erfolgen. Es würden also die Verpfändungen nach Blättern einzutragen sein, derart jedoch, daß, wenn ein Schuldner eine Sache bereits verpfändet hat, auch die Verpfändungen, die er weiter noch vornimmt, auf demselben Blatte einzutragen sind. Und zwar sind sie nach Nummern einzuschreiben, wobei der Rang des Pfandrechts an derselben Sache sich nach dem Datum der Eintragung entscheidet. Zur schnelleren Orientierung wird der Registerbeamte ein alphabetisches Verzeichnis zu führen haben, das auf die entsprechenden Registereintragungen verweist (Art. 12 des englischen Gesetzes von 1878: „an index of the names of the grantors of registered bills of the sale with reference to entries in the register of the bills of sale given by each such grantor".).

Die Einsicht des Registers, wie in England (Art. 16 des Gesetzes von 1878), jedermann ohne Angabe von Gründen zu gestatten, dürfte zu weit gehen. Es könnte zu einer Belästigung des Registerführers, aber auch insofern zu einem Mißbrauch führen, als ein unbefugtes Eindringen in die Vermögensverhältnisse des Schuldners zu befürchten wäre. Darum erscheint es zweckmäßiger, wie im § 11 der GBO., nur Personen, die ein rechtliches Interesse an der Einsicht glaubhaft machen, die Einsicht zu gestatten. Dazu müssen aber auch die Auskunfteien zählen, da sie geschäftsmäßig besonders auswärtigen Gläubigern von dem Inhalt des Registers Kenntnis geben werden. Mit ihrer Hilfe könnten zwar auch uninteressierte Dritte den Registerstand erfahren. Aber da sie für die Auskunft Kosten zahlen müssen, so ist ein nennenswerter Mißstand hieraus nicht zu besorgen. Das Recht zur Einsicht von der Zahlung einer Gebühr abhängig zu machen, wie es das englische Recht tut, erscheint wohl kaum empfehlenswert. Die Einsicht würde dadurch nicht geringer werden. Sie zu erschweren, hat auch keinen Sinn, wenn das Register seinen Zweck erfüllen soll. Aus gleichem Grunde dürfen auch die Kosten für die Eintragung nicht zu hoch bemessen werden. Besonders da vielfach gerade die weniger bemittelten Klassen von dem Registerpfand Gebrauch machen werden, empfiehlt es sich, ihnen den Weg für den Kredit nicht zu verteuern. Es scheint das um so eher angebracht, als eine wesentliche Mühe durch die Registereintragung nicht verursacht wird und eine richterliche Tätigkeit der Regel nach nicht in Betracht kommt.

Es wäre zu viel gesagt, wenn man das Register für eine fehlerlose Einrichtung erklären wollte. Es wird auch trotz desselben möglich sein, daß Gläubiger sich über die Verhältnisse ihres Schuldners täuschen. Es wird auch immer nicht dem Schuldner passen, zumal bei kleineren Krediten, Gesamtheiten dem Gläubiger zu verpfänden, wiewohl er eigentlich dabei nicht viel verliert. Es wird auch Schuldner geben, die mit dem Registerpfandrecht Mißbrauch treiben. Aber in jedem Fall erfüllt das Register doch den Zweck, eine Verpfändung ohne Besitzaufgabe zu ermöglichen und andere Gläubiger des Verpfänders vor dem Nachteil zu bewahren, der ihnen aus der Heimlichkeit der Sicherungsübereignung leicht erwächst. Und damit wird die Sicherungsübereignung überflüssig. Dann aber kann sie auch verboten werden, selbst auf die Gefahr hin, daß Sicherungs**zessionen** damit **auch** unmöglich werden. Denn für diese fehlt das Bedürfnis überhaupt. Sie wird sogar verboten werden **müssen**, da sonst wohl zu besorgen ist, daß man von ihr auch weiter noch Gebrauch macht. Denn da dem Schuldner oft die Heimlichkeit der Sicherung sehr erwünscht sein kann, besonders wenn er darauf abzielt, seine Gläubiger zu benachteiligen, so wird er sich, auch wenn ihm die Verpfändung offen steht, oftmals der Sicherungsübereignung doch bedienen. Und ebenso wird es auch Gläubiger geben, die diese lieber wollen, als ein Pfandrecht, weil ihre Rechte bei der Sicherungsübereignung weiter reichen. Dem aber kann erfolgreich nur begegnet werden, wenn man die Sicherungsübereignung unbedingt verbietet. Auf jeden Fall ist diese Regelung einfacher, als wenn man ihr, wie es Art. 717 des neuen schweizerischen Gesetzbuchs tut, nur Dritten gegenüber die Wirksamkeit versagt. In der Schweiz ist diese Vorschrift nur ein Notbehelf, weil ein so umfassendes Registerpfand, wie es hier vorgeschlagen wird, dort nicht besteht. Läßt man ein solches aber zu, so bedarf es der Sicherungsübereignung auch nicht länger. Sie kann vielmehr verboten werden und hoffentlich kommt dann die Zeit, wo man mit **Oertmann** sagen kann:

„Fiducia geht und nimmer kehrt sie wieder."

Hiernach bin ich der Meinung, daß:

a) **neben dem Faustpfand auch ein Registerpfandrecht an Sachgesamtheiten zuzulassen ist;**

b) **die Sicherungsübereignung verboten werden muß.**

X.

Gutachten des Herrn Professor Dr. Karl Lehmann, Göttingen

über

Welche Grundsätze des deutschen Aktienrechts werden bei einer Kodifizierung des österreichischen Aktienrechts zu berücksichtigen sein?

Der Aufforderung des geschäftsführenden Ausschusses, für den 31. deutschen Juristentag ein Gutachten über diese Frage zu erstatten, glaubte ich mich nicht entziehen zu sollen, weil seit langen Jahren die Bearbeitung des Aktienrechts zu den von mir gepflegten Spezialgebieten gehört. Aber ich verhehle mir nicht, — und vielleicht gerade deshalb, weil die fortgesetzte Beschäftigung mit diesem Gegenstande mich zu stets bescheideneren Meinungen geführt hat hinsichtlich der Bewertung von Gesetzesnormen für Materien, die von so realen Machtfaktoren beherrscht werden wie diese — daß die Aufgabe nicht nur eine umfassende, sondern auch eine dornenvolle ist. Der deutsche Juristentag hat sich zwar wiederholt mit Aktienrechtsfragen befaßt, aber es handelte sich dabei stets um konkrete Einzelprobleme [1]). Die Aufrollung eines so generellen Themas, wie des vorliegenden, bietet besondere Schwierigkeiten. Sie kann m. E. nur unter der Beschränkung erfolgt sein, daß die Betrachtungsweise sich lediglich den Hauptgesichtspunkten zuwendet. Einzelfragen des Aktienrechts, die zumal in mehr der Praxis dienenden Monographien und Zeitschriftenartikeln als reformbedürftig behandelt werden, können hier nur gestreift werden, und auch dies nur dann, wenn ihr Zusammenhang mit fundamentalen Auffassungen auf ihre Erwähnung hindrängt. Und endlich darf nicht außer

---

[1]) 1869: 8. Juristentag, 1873: 11. Juristentag, 1880: 15. Juristentag, 1895: 23. Juristentag, 1904: 27. Juristentag, 1906: 28. Juristentag.

acht gelassen werden, daß hier in erster Linie der Jurist und nicht der Nationalökonom zu Worte kommen soll.

Den gemeinsamen Boden für das deutsche und österreichische Aktienrecht bilden die Art. 173—249 des Allgemeinen Deutschen HGB. Es sind nicht viel mehr als 50 Jahre seit ihrer Formulierung in Nürnberg und noch nicht ganz 50 Jahre seit ihrer Einführung in Österreich verstrichen, sonst eine kurze Spanne Zeit in der Entwicklungsgeschichte des Rechts, die nach Jahrhunderten oder längeren Zeiträumen zu differenzieren pflegt. Aber für die Aktiengesellschaft, die selbst nur eine jugendliche Rechtserscheinung ist, scheint besonderes zu gelten. Seit dem Beginn des 19. Jahrhunderts, wo sie als Rechtstypus in den Gesetzbüchern zuerst auftritt, hat sie mancherlei Wandlungen durchgemacht, an ihrem Gebäude ist nicht bloß gezimmert und repariert, es ist geradezu von Grund aus umgebaut worden. Große wirtschaftliche Krisen haben die Gesetzgeber der einzelnen Länder veranlaßt, der Reform des Aktienrechts ihre Aufmerksamkeit zuzuwenden. Kaum eine andere Institution spiegelt so getreu die Verschiebung innerhalb des Kapitalismus im Laufe des vergangenen und dieses Jahrhunderts wieder, wie diese [2]).

Als das Allgemeine Deutsche HGB. geschaffen wurde, war die Zahl der Aktiengesellschaften in den deutschen Bundesstaaten gering. Betrug sie doch nach der Begründung zum Entwurf der zweiten Aktiennovelle in Preußen noch 1870 nicht viel mehr als 200, in Österreich [3]) 1868 erst 177. Der Schwerpunkt lag vornehmlich in Eisenbahn-Montan- und Versicherungsbetrieben, Banken als Aktiengesellschaften spielten eine verhältnismäßig bescheidene Rolle. Die großen Bankhäuser waren Privatbankiers. War doch das Gesamtnominalkapital der Aktienbanken nach der Zusammenstellung im Handwörterbuch der Staatswissenschaften noch 1870 in Preußen nur etwa 120 Millionen Mark gegenüber 2150 Millionen der Eisenbahn-, 360 Millionen der Montan- und 259 Millionen der Versicherungsgesellschaften, in Österreich der eingezahlte Betrag (einschließlich der den größeren Teil vorwegnehmenden Nationalbank) 190 Millionen Gulden gegenüber 402 Millionen Gulden der Bahngesellschaften. Vergleicht man damit die Ziffern in Preußen von 1903/4 bei Passow, die wirtschaftliche Bedeutung und Organisation der Aktiengesellschaft 1907 S. 8, 10, so vereinigt sich 1903/4 bei den preußischen Bankaktiengesellschaften

---

[2]) Vgl. Klein: Die neueren Entwicklungen in Verfassung und Recht der Aktiengesellschaft 1904.

[3]) v. Randa: Österreichisches Handelsrecht § 23.

fast ⅓ des gesamten Nominalkapitals der Aktiengesellschaften, während infolge der Verstaatlichung der Bahnbetriebe, das Nominalkapital der Großbahnaktiengesellschaften auf den 10. Teil gegen 1870 gesunken ist [4]). Dieses Hervortreten der Banken hat sich inzwischen erhalten, denn die gesamten Aktienbanken, deren Kapital nicht unter 1 Million war, besaßen 1910 3½ Milliarden Kapital und Reserven [5]), so daß ein beträchtlicher Teil des ganzen Aktienkapitals auf die Banken entfällt [6]). Die 11 größten Aktienbanken Deutschlands haben zurzeit fast 2 Milliarden Gesamtgrundkapital und Reserven [7]). Der Konzentrationsprozeß innerhalb der Banken einerseits, die enge Fühlung der Banken mit den Industriegesellschaften, die sich rechtlich in den verschiedensten Formen ausprägt, anderseits [8]), haben den Bankaktiengesellschaften zurzeit eine so vorwiegende Stellung eingeräumt, daß unbewußt die Kritik des Aktienrechts fast stets mit den Aktienbanken rechnet, das Gute und Schlechte an ihnen vergleicht und mißt. Große Katastrophen, die sich von Zeit zu Zeit einstellen, erregen weite Kreise hauptsächlich dann, wenn es sich um Banken handelt, schon aus dem Grunde, weil hier nicht bloß Aktionäre, sondern das große Publikum mit seinen Spareinlagen und sonstigen Guthaben beteiligt ist. Die deutschen Reformvorschläge werden denn auch mehr unter dem Gesichtspunkt der Wahrung des Interesses der Kreditgläubiger, als unter dem der Wahrung des Interesses der Aktionäre gemacht, so daß es sich weniger um eine Reform des Aktienrechts, als um eine Reform des Bankrechts handelt.

Dieser Punkt ist im Auge zu behalten, weil die Gefahr besteht, die Frage zu verwirren. Soll gefragt werden, welche Grundsätze des deutschen Aktienrechts dem österreichischen Gesetzgeber zu empfehlen seien, so darf nicht lediglich ein einzelner für Deutschland noch so bedeutsamer Typ als allein maßgeblich zugrunde gelegt werden. Die mit dem Betriebe der Bankgeschäfte oder gewisser Arten der Bankgeschäfte (insbesondere der

---

[4]) Auch in Österreich, wo solche Verstaatlichung nicht stattgefunden hat, haben sich die Dinge zugunsten der Banken verschoben. 1905 hatten die Eisenbahnaktiengesellschaften 1032, die Aktienbanken 883 Millionen eingezahltes Aktienkapital, es entfielen 30 % des Aktienkapitals aller Gesellschaften auf Bahn-, 25 % auf Bank-, 35 % auf Industriegesellschaften (v. Juraschek im Handwörterbuch der Staatsw. 3. Auflage. S. V. Aktienges.).

[5]) Rießer: Die Deutschen Großbanken 4. Aufl. S. 383.

[6]) Rießer: S. 383, 108. Nach Moll in Leipz. Z. 1911 Sp. 42 f. etwa 20 %.

[7]) Rießer: S. 519 ff.

[8]) Darüber das zitierte Werk von Rießer.

Geschäfte der Depositen- und Hypothekenbanken) verbundenen Gefahren sind besser durch eine Spezialregelung zu verhüten, wie sie in manchen Ländern besteht. So selbstverständlich es ist, daß das Aktienrecht auch im Hinblick auf die Interessen der Gläubiger der Gesellschaft geformt werden muß, so irreführend ist es, die Interessen der Gläubiger bestimmter Arten als die allein ausschlaggebenden zu betrachten, weil es solchenfalls Sache der Spezialgesetzgebung ist, einzugreifen.

II.

Während die Aktiengesetzgebung Österreichs im wesentlichen beim Allgemeinen Deutschen HGB. stehen geblieben ist, hat das deutsche Aktienrecht seit 1862 große Veränderungen erlitten. 1870 wurden durch die erste Aktiennovelle die Aktienkommandit- und Aktiengesellschaft von der Konzessionierung — soweit nicht gewerberechtliche Vorschriften eingriffen — befreit. — Eine lex generalis regelte nun die Aktienunternehmungen, ohne Rücksicht auf den Gegenstand des Unternehmens. Mindestbeträge wurden für Aktien auch von Aktiengesellschaften eingeführt. Spärliche, auf dem Prinzip der Publizität beruhende Vorschriften wurden für den Gründungshergang aufgestellt. Das Verbot des Erwerbes eigener Aktien tritt in genereller Fassung auf. Der Aufsichtsrat wird obligatorisch gemacht. Gewisse Bilanzsondervorschriften finden sich ein. Endlich begegnen Strafvorschriften für Mitglieder des Vorstandes und Aufsichtsrates.

Die Unzulänglichkeit dieses Gesetzes führte zur zweiten Aktiennovelle von 1884, einem durch die Krisen der Gründerjahre nach dem deutsch-französischen Kriege hervorgerufenen Notgesetz. Unter Beibehaltung der Grundlagen der ersten Aktiennovelle macht sich der Gesetzgeber daran, den groben Mißständen, die in den Schreckensjahren erwachsen waren, zu Leibe zu gehen. Überall leuchtet er in das trübe Dunkel böser Machenschaften herein, ein ausgedehntes System von Publizitätsbestimmungen sucht in Verbindung mit zahlreichen zivilen und pönalen Haftnormen und mannigfachen Kontrollvorschriften vor allem solide Gründungen zu erzielen. Der Mindestnennbetrag der Aktien wird sehr hoch beziffert, große Sorgfalt der Erzielung ordentlicher Bilanzierung gewidmet, die Mindest-Minderheits- und Anfechtungsrechte des Aktionärs werden behutsam geordnet. Überhaupt wird die ganze Organisation reglementsmäßig durch — vielfach zwingende — Normen mit einer Ängstlichkeit geregelt, die ihresgleichen sucht. Furcht und Mißtrauen bilden die Signatur dieses merkwürdigen Gesetzes[9]), das unschön in seiner äußeren Gestaltung dennoch eindrucksvoll wirkt durch den mit Sachkenntnis vereinten sittlichen Geist seiner Urheber.

Wer bezweifelt heute noch, daß das Gesetz sich im ganzen bewährt hat? Die Aktiengesellschaften haben unter seinem strengen Regiment sich in Deutschland im großen solide und stetig entwickelt und keine der späteren Krisen hat einen so beängstigenden Umfang angenommen wie die der 70 er Jahre. Es legt für die Güte des Gesetzes Zeugnis ab, daß die Kodifikation des Jahres 1897 sich damit begnügte, es in zahlreichen Einzelheiten, z. T. lediglich formal-juristischer Art, auszubauen und abzuändern, so nahe es gelegen hätte, gerade an diesem Wendepunkt der deutschen Rechtsentwicklung ganze Arbeit zu machen, wenn ein Bedürfnis dazu vorgelegen hätte.

Sieht man aber heute näher zu, so hat sich seit 1884 in Wahrheit das Bild der Gesetzgebung auf dem Gebiete des Aktienwesens durch andere gesetzgeberische Maßnahmen nicht unwesentlich verschoben. Von geringer Bedeutung war freilich zunächst die Abspaltung des Rechts der Kolonialkompagnien seit dem Gesetz vom 15. März 1888, welches das Oktroisystem für Kolonialgesellschaften nach altem Muster, und damit freie Willkür des Bundesrats in der Ausgestaltung dieser Gesellschaften einführte. Denn die Zahl der in diese Unternehmungen investierten Kapitalien ist zu gering, um für das Volksvermögen eine Rolle zu spielen und das Bewußtsein à fond perdu beizusteuern ist meist bei den aus begüterten Kreisen stammenden Aktionären vorhanden. — Um so einschneidender war die Schaffung der Gesellschaft mit beschränkter Haftung durch das GmbHG. vom 20. April 1892 (das jetzige Gesetz vom 20. Mai 1898). Die Hoffnungen, aber auch die Befürchtungen, die an dieses Gesetz geknüpft wurden, haben sich in gewissen Grenzen völlig bewahrheitet. Die Prophezeiung, daß diese Unternehmungsform eine große Belebung des Unternehmergeistes zur Folge haben werde, hat sich in ungeahntem Umfange erfüllt. Die Statistik zeigt[10]), daß 1909 nicht weniger als 16 500 Gesellschaften m. b. H. in Deutschland bestanden, d. h. dreimal so viel als Aktiengesellschaften, deren es etwa 5500 gab[11]).

---

[9]) Vgl. Klein a. a. O., eine geistreiche zur Lektüre sehr empfehlenswerte Schrift.

[10]) Vgl. Moll a. a. O.

[11]) In Österreich gab es 1910 nur 820 Aktiengesellschaften, davon 152 Eisenbahngesellschaften (v. Randa II. S. 131).

über 2/3 dieser Gesellschaften m. b. H. hatten ein Stammkapital von 100 000 Mk. nicht überschritten, während 9/10 der Aktiengesellschaften ein solches über 100 000 Mk., etwa die Hälfte ein solches über 1 Million Mark besaßen. Also die großen Unternehmen werden Aktiengesellschaften, die kleinen werden Gesellschaften m. b. H.! Die Konkurrenz der neuen Form erwächst, wie seinerzeit auch vorausgesagt wurde, mehr der offenen Handelsgesellschaft und Kommanditgesellschaft, als der Aktiengesellschaft. Letztere wird entlastet. Das ist nicht zu beklagen vom Standpunkte des Aktienrechts aus. Ein solcher Apparat gesetzlicher Bestimmungen, wie ihn die 2. Aktiennovelle schuf, ist unnötig, ja schädlich bei kleinen Unternehmungen. Aber es ist zu beklagen, daß die solide offene Handelsgesellschaft, ja sogar der Einzelkaufmann[11a]) diesem Typus im Leben mehr und mehr weicht, zum Schaden der Gläubiger, denen er wahrlich nicht erhebliche Sicherheit bietet. Zeigt doch die Statistik des Jahres 1909, daß gegenüber 80 Aktiengesellschaften mit 47 Millionen Grundkapital 509, sage 509 Gesellschaften m. b. H. mit 72 Millionen Stammkapital in Konkurs waren, eine erschreckende Zahl! und wer bürgt dafür, daß die Gesellschaft m. b. H. sich nicht in Zukunft größeren Unternehmungen häufig zuwendet? Schon jetzt gibt es 446 Gesellschaften m. b. H. mit einem Stammkapital von 1—10, 17 mit einem solchen von 10—50, und 1 mit einem solchen zwischen 50 und 100 Millionen. Einstweilen ist freilich durch die strengen Formvorschriften über Übertragung des Geschäftsanteils die Marktfähigkeit dieser Anteile eingedämmt, aber wer garantiert, daß die Gesetzgebung hier nicht nachläßt?

In dritter Linie ist auf die besondere Regelung hinzuweisen, die (schon vor der 2. Aktiennovelle) den Notenbanken durch das Bankgesetz, nach der 2. Aktiennovelle den Hypothekenbanken durch das Hypothekenbankgesetz zu teil wurde. Die Tendenz dieser Gesetze ist noch schärfer als die der 2. Aktiennovelle. Aber es schwebt ihnen nur der Schutz des Publikums, das mit der Bank in Beziehung tritt, nicht der des Aktionärs vor. In die Verfassung der Aktiengesellschaft greifen sie nur aus diesem Gesichtspunkte ein. Etwas ähnliches gilt von dem Versicherungsaufsichtsgesetz vom 12. Mai 1901, zumal hinsichtlich seiner Vorschriften über den Prämienreservefonds und den Konkurs der Versicherungsaktiengesellschaft. Diese Gesetze sind Beispiele reichsrechtlicher Differenzierung einzelner Typen von Aktiengesellschaften aus dem Gesichtspunkt des Gläubigerschutzes.

11a) Hierzu der interessante Vorschlag Piskos in Grünhuts Zeitschr. 37 S. 639 ff., Einzelkaufleute m. b. H. zuzulassen.

Und endlich darf die große Bedeutung der Börsengesetzgebung für die Entwicklung unserer Aktiengesellschaften nicht außer acht gelassen werden. Insbesondere kommen in Betracht § 41 des Börsengesetzes v. 1908, der die Zulassung von Aktien eines zur Aktiengesellschaft umgewandelten Unternehmens zum Börsenhandel vor Ablauf eines Jahres seit Eintragung der Gesellschaft in das Handelsregister und vor der Veröffentlichung der ersten Jahresbilanz nebst Gewinn- und Verlustrechnung verbietet. Ferner § 44, der dem Bundesrat vorbehält, den Mindestbetrag des Grundkapitals, welches für die Zulassung von Aktien an den einzelnen Börsen maßgebend sein soll, sowie den Mindestbetrag der einzelnen Stücke der zum Handel an der Börse zuzulassenden Wertpapiere zu bestimmen, auch weitere Bestimmungen über die Voraussetzungen der Zulassung zu treffen. Die darauf hin erlassenen Bekanntmachungen des Bundesrats (die jetzt maßgebende vom 4. Juli 1910) schließen grundsätzlich von den Hauptbörsen Berlin, Frankfurt a. M. und Hamburg Aktienmassen unter einem Gesamtbetrag von 1 Million aus (§ 1), sowie Aktien, die nicht voll eingezahlt sind, oder deren Volleinzahlung nicht jederzeit zulässig ist (§ 4). Sie verlangen, daß bei Kreditbanken die Verpflichtung übernommen wird, neben der Jahresbilanz regelmäßige Zwischenbilanzen nach bestimmten Mustern zu veröffentlichen (§ 4 Nr. 5). Sie stellen endlich für den durch § 38 des Gesetzes erforderten Prospekt sehr detaillierte Angaben auf (§§ 6—8) und gebieten, daß dem Zulassungsantrag die Geschäftsberichte der letzten 3 Jahre und bei inländischen Gesellschaften, wenn noch nicht 2 volle Jahre seit der Eintragung in das Handelsregister verflossen sind, der bei der Gründung von den Revisoren erstattete Bericht beigelegt werde (§ 9). Die Haftung, die den Prospekterlassern die §§ 45—49 des Börsengesetzes auferlegen, ergänzt die aktienrechtliche Haftung der Emissionshäuser nach HGB. § 203. Endlich sind die Bestimmungen des Börsengesetzes über den Börsenterminhandel von hervorragender Bedeutung. Nach § 50 Abs. 4 des Börsengesetzes sind Wertpapiere zum Börsenterminhandel nur dann zuzulassen, wenn die Gesamtsumme der Stücke, in denen der Börsenterminhandel stattfinden soll, sich nach ihrem Nennwert mindestens auf 20 Millionen Mark beläuft, nach Absatz 5 des gleichen Paragraphen dürfen Anteile einer inländischen Erwerbsgesellschaft nur mit Zustimmung der Gesellschaft zum Börsenterminhandel zugelassen werden und ist auf Verlangen der Gesellschaft die Zulassung binnen Jahresfrist zurückzunehmen. Dem Bundesrat wird weiter das Recht gewahrt, über die Voraussetzungen der Zulassung sonstige Bestimmungen zu treffen. § 63 endlich erklärt Börsentermingeschäfte in

Anteilen von Fabrik- und Bergwerksunternehmungen nur dann für zulässig, wenn der Bundesrat die Zulassung genehmigt hat und eröffnet dem Bundesrat die Möglichkeit, auch für andere Aktien ein Verbot oder eine Beschränkung aufzustellen.

Überschauen wir das gesamte Bild, so können wir folgendes Resultat für Deutschland konstatieren. Ein strenges generelles Aktiengesetz regelt die Verfassung der deutschen Aktiengesellschaft und Kommanditaktiengesellschaft ohne Rücksicht auf den Gegenstand des Unternehmens. Einzelne Arten von Unternehmungen (Notenbanken, Hypothekenbanken, Versicherungsgesellschaften) unterliegen außerdem noch besonderen, teils gewerberechtlichen, teils verfassungsrechtlichen Schutzvorschriften, die zum Schutze der Gläubiger erlassen sind. Eine Abart (die Kolonialgesellschaft) ist umgekehrt freier gestellt. Der offizielle Börsenhandel an den drei großen Börsen ist Aktien aller Aktiengesellschaften mit einem Kapital unter 1 Million verschlossen, der offizielle Börsenterminhandel an allen Börsen den Aktiengesellschaften mit einem Kapital von unter 20 Millionen und grundsätzlich den Montan- und Fabrikunternehmungen, von welch letzterem Verbot der Bundesrat jedoch Ausnahmen treffen kann. Außerdem werden weitere Kautelen im Börsengesetz getroffen und hat der Bundesrat jederzeit die Möglichkeit, Mißständen im offiziellen Handel oder Börsenterminhandel zu begegnen. — Diesem Apparat strenger Normen steht als Gegenstück zur Seite das laxe Gesetz von 1892 über Gesellschaften m. b. H. Es hat bisher aber vorwiegend nur für kleine Unternehmungen Verwendung gefunden und dem Börsenhandel mit Anteilen beugt die Formvorschrift vor, daß es zur Abtretung von Geschäftsanteilen, ja schon zum Vorvertrag über die Abtretung gerichtlicher oder notarieller Form bedarf (§ 15).

Die Richtung der deutschen Gesetzgebung geht demnach dahin: Ein strenges Gesetz, das Aktiengesetz, regelt die Verfassung größerer, ein mildes, das Gesetz für Gesellschaften m. b. H., die kleinerer Anteilsunternehmungen. Unter den größeren Unternehmungen erfolgt mit Bezug auf den Aktienhandel eine Sonderung zwischen börsenfähigen und nicht börsenfähigen, unter den börsenfähigen endlich eine Sonderung zwischen börsenterminsfähigen und nicht terminsfähigen. Nur die Aktien der großen Unternehmungen (von 20 Millionen Mark Grundkapital an) sollen zum fofiziellen Terminhandel gelangen und auch hier soll Industrie und Bergwerk nur mit Auswahl zugelassen werden. Den Eigenheiten gewisser Typen suchen mit Bezug auf Verfassung und auf Schutz der Gläubiger Spezialgesetze gerecht zu werden.

Es ist hier nicht die Aufgabe, zu untersuchen, wie weit die Bestimmungen des Börsengesetzes den erstrebten Erfolg mit Bezug auf die Eindämmung des Aktienhandels, insbesondere Aktienterminhandels, erzielt haben. Was wir feststellen wollten, ist, daß die deutsche Gesetzgebung auf verschiedenen Wegen den Mißständen im Aktienwesen zu steuern suchte, daß sie dabei zu Abstufungen und Differenzierungen nach Größe und Art des Unternehmens gelangte. Die Verfassung der großen Unternehmungen wird strenger, die der kleinen milder behandelt, aber die kleinen werden anderseits von der Börse ferngehalten und die Zulassung der größeren zum Börsenhandel erfolgt nur unter besonderen Kautelen, die den Schutz des Aktienerwerbers betreffen. Die Gläubiger anderseits werden bei einzelnen Typen durch besondere Vorschriften geschützt.

III.

Bevor wir zu der Entwicklung des Aktienrechts in Österreich übergehen, mag noch ein kurzer Blick auf eine Anzahl europäischer Staaten geworfen werden, deren Gesetzgebung aus jüngster Zeit ein gewisses Interesse darbietet, weil sie lehrt, in welchen Bahnen sich die Fortbewegung des Aktienrechts bewegt. Das Allgemeine Deutsche HGB. hatte an Vorbildern vornehmlich das französische und englische Aktienrecht. Aber die beiden Hauptaktiengesetze dieser Länder fallen erst in die Zeit nach der Beratung des Allgemeinen Deutschen HGB., nämlich das französische Gesetz vom 24. Juli 1867, und der engl. Comp. Act von 1862.

1. Der französische Rechtszustand hat sich seit 1867 wenig geändert und die Richtung der Änderung entspricht nur zum Teil der des deutschen Rechts. Das Gesetz von 1867 sucht zwar die Aktiengesellschaft auch genau zu reglementieren, aber es läßt sich, was die Strenge der Bestimmungen betrifft, dem deutschen Gesetz von 1884 nicht im entferntesten vergleichen und dennoch hat es durch spätere Gesetze zum Teil noch Milderungen erfahren. Die Novelle vom 1. August 1893 hat das Minimum des Aktiennennbetrages auf 25 Fr. bei Aktiengesellschaften herabgesetzt und die Gesetze vom 9. Juli 1902 und 16. November 1903 ermöglichen die Schaffung von Vorzugsaktien durch Mehrheitsbeschluß. Anderseits hat allerdings das Gesetz vom 1. August 1893 bei kleinen Aktien Volleinzahlung vor der Konstituierung verlangt, Inhaberaktien erst bei gänzlicher Liberierung zugelassen und Apportsaktien für 2 Jahre seit der Konstituierung dem Verkehr entzogen. Alle Aktiengesellschaften sind seit 1893 in Frankreich Handelsgesellschaften. Eine besondere Gesellschaft

m. b. H. existiert nicht. Einzelne Besonderheiten bestehen für Versicherungsaktiengesellschaften. Börsenrechtliche Schutzvorschriften kommen seit dem den Terminhandel freigebenden Gesetz von 1885 kaum in Frage.

2. Der engl. Comp. Act von 1862 war umgekehrt ein außerordentlich freies Aktiengesetz, das zwar von dem Publizitätssystem beherrscht war, aber so gut wie keinen Schutz gegen unsolide Gründungen bot. Nicht einmal für Aufbringung des Grundkapitals waren Kautelen gegeben. Die Aktiengesellschaft wurde eingetragen, wenn 7 Aktien übernommen waren, erst nach erfolgter Inkorporierung brauchte die Zeichnung eröffnet zu werden. Mindestbeträge für Aktien sind überhaupt nicht vorgeschrieben, Sacheinlagen wird so gut wie keine Fürsorge zugewandt, von Gründerverantwortlichkeit ist im Gesetz keine Rede. Erst die Gesetze von 1867 und 1890 enthalten nähere Vorschriften über die Haftung von Prospektanten gegenüber den Zeichnern. Dagegen ist die Verfassung der Aktiengesellschaft sehr eingehend geordnet und sind zumal über das Auflösungsverfahren sehr detaillierte Vorschriften getroffen, die dann durch spätere Gesetze fortgebildet wurden. Beherrscht von dem Gesichtspunkt der sogen. Privilegientheorie gewährt die Gesetzgebung den Aktiengesellschaften nur eine beschränkte Bewegungsfähigkeit, über deren Umfang die von den Gründern unterzeichneten Grundbedingungen der Vereinigung (memorandum of association) entscheiden. Abweichungen hiervon sind unzulässig („ultra vires"). Doch sah sich schon der Comp. Act 1862 genötigt, gewisse Abänderungen des memorandum of association durch Beschlüsse der Generalversammlung zu gestatten. Und die Gesetzgebung der Folgezeit hat weitere Ausnahmen hinzugefügt, so daß von der ultra vires-Theorie nur wenig übrig blieb [12]).

Dieser Rechtszustand hat erst mit dem Jahre 1900 eine gewisse Änderung erfahren. Die engl. Aktiennovelle vom 8. August 1900 [13]) blieb zwar grundsätzlich bei dem alten System stehen, enthält aber über den Prospekt und die Zuteilung von Aktien strenge Vorschriften, von deren Beobachtung zwar nicht die Rechtsfähigkeit, wohl aber die Eröffnung des Geschäftsbetriebes der Aktiengesellschaft abhängig ist. Diese Bestimmungen zeigen eine gewisse Annäherung an die Gedanken des deutschen Aktienrechts, wenngleich sie eigentümlich ausgeprägt sind. Von einem Zwang, das ganze Grundkapital vor dem Geschäftsbeginn aufzubringen, ist keine

---

[12]) Vgl. Mein Recht der Aktiengesellschaften II S. 21 ff.

[13]) Darüber Schirrmeister: Die engl. Aktiennovelle vom 8. Aug. 1900, 1901.

Rede. Es genügt schon ein noch so kleiner Mindestbetrag, nur muß dieser im Gesellschaftsvertrag angegeben und im Prospekt genannt sein. Die Statuten brauchen über Sacheinlagen, Übernahmen und dergl. zwar keine Angaben zu enthalten und ebensowenig gibt es Zeichnungsscheine von bestimmtem Inhalt. Dafür aber muß der zur Zeichnung von Aktien oder Obligationen auffordernde Prospekt das Publikum über alles Wesentliche aufklären, nicht bloß über Gründeraktien, Sacheinlagen, Übernahmen, Vergütungen an Gründer muß er sich genau auslassen, sondern überhaupt über alle Verträge der Gesellschaft, die einen Dritten bei verständiger Würdigung des Falls in seinem Entschluß, Aktionär oder Obligationär zu werden, beeinflussen können. Gründervergütungen sind nur soweit zulässig, als die Statuten sie ausdrücklich gestatten. Der Betrag der auf jede Aktie zu entrichtenden ersten Rate braucht nur 5% zu betragen. Eine erste gesetzliche Generalversammlung hat frühestens binnen 1, spätestens binnen 3 Monaten nach dem Zeitpunkt, an dem die Gesellschaft ihre Geschäfte beginnen darf, zusammenzutreten, um über den Gründungshergang sich Bericht erstatten zu lassen. Unterbleibt dies, so kann jeder Aktionär die Liquidation beantragen. Weiter trifft die Novelle Vorschriften über Minderheitsrechte gewisser Art, über Pfand- und Schuldbücher der Aktiengesellschaft, über Jahresberichte, über das Auflösungsverfahren, vor allem aber über die in der Literatur mehrfach besprochene Einrichtung [14]) ständiger Revisoren (Audits).

Noch mehr nähert sich das letzte engl. Gesetz, der Comp. Act von 1907 [15]), dem festländischen Recht. An Stelle des Prospektes wird ein der Registerbehörde einzureichender Bericht des Vorstandes gesetzt, eine Bestimmung, die grundsätzlich für alle Aktiengesellschaften gilt, ob sie einen Prospekt erlassen oder nicht [16]). Vor Einreichung des Berichts dürfen Aktien oder Schuldobligationen nicht ausgegeben werden. Die Stellung der ständigen Revisoren wird näher präzisiert. Außerdem enthält das Gesetz zerstreute Bestimmungen über Bauzinsen, jährliche Bilanzen u. a. m.

Im Jahre 1908 ist der ganze Rechtsstoff seit dem Comp. Act 1862 zu einem einheitlichen Gesetz, Comp. consolidation Act 1908, zusammengefügt worden [17]).

---

[14]) Vgl. Gertung: Die Bücherprüfung im engl. Aktienrecht 1906.
[15]) Cruesemann in Zeitschr. für Handelsrecht 64 S. 351 ff.
[16]) Nur die so wenig bedeutsamen sog. Private Comp. sind ausgenommen.
[17]) Abgedruckt in den Handelsgesetzen des Erdballs III. Aufl. XI 1.

Die wunden Punkte des Aktienrechts, unsolide Gründung, mangelnde oder fehlerhafte Kontrolle, nicht genügende Klarlegung in Bilanzen, Geschäftsberichten und dergl., unzureichender Schutz der Minderheit treten in diesem letzten Jahrhundert der engl. Gesetzgebung ebenso deutlich hervor wie auf dem Festlande. Vergleicht man den Comp. consolidation Act von 1908 mit dem Comp. Act von 1862, so ist der Eindruck ein ähnlicher wie bei einem Vergleich des jetzigen deutschen Rechts mit dem Allgemeinen Deutschen HGB. Der Umfang des Gesetzes ist enorm angeschwollen. Zwischen die grundlegenden Sätze des alten Rechts hat sich eine Unmenge von ängstlichen Vorschriften geschoben, die den zahllosen Mißständen zu steuern bemüht sind. Aber auch Neues ist angefügt. Ursprünglich fakultative Einrichtungen sind obligatorisch geworden. Bei aller Verschiedenheit der rechtlichen Ausprägung ist zwischen dem engl. und deutschen Recht ein gewisser Parallelismus nicht zu verkennen.

Eine Scheidung von Zivil- und Handelsaktiengesellschaften ist dem engl. Recht unbekannt. Bei dem weiten Rahmen, den das Gesetz aufstellt, ist die Schaffung eines Nebentypus nach Art unserer Gesellschaft m. b. H. kein Bedürfnis. Ein besonderes Börsenrecht ist unbekannt.

3. In Norwegen, Schweden, Finnland und Rußland sind in neuester Zeit Aktiengesetze ergangen.

a) Das norwegische Gesetz über Aktiengesellschaften und Kommanditaktiengesellschaften vom 19. Juli 1910 [18]) bezieht sich nur auf solche Aktiengesellschaften, die einen wirtschaftlichen Zweck verfolgen und nimmt aus Schiffahrtsaktiengesellschaften, sowie solche Eisenbahnaktiengesellschaften, an denen der Staat wirtschaftlich interessiert ist, endlich die Bank von Norwegen. Das Gesetz folgt in vielen Punkten dem deutschen Recht, doch bestehen zahlreiche Abweichungen. Ein Mindestnennbetrag von Aktien ist nicht vorgeschrieben. Sacheinlagen sind nur soweit zulässig, als die Gesellschaft sie in ihrem Betriebe verwenden kann. Vor der Eintragung ist die Hälfte (bei Versicherungsaktiengesellschaften ¼) des Nennbetrages bar einzuzahlen, bei Aktien unter 100 Kronen Nennbetrag der volle Betrag. Der Rest der Einzahlung hat (außer bei Banken und Versicherungsgesellschaften) binnen 2 Jahren seit der Eintragung zu erfolgen. Inhaberaktien dürfen erst nach voller Bareinzahlung ausgegeben werden. Bei Bank- und Versicherungsgesellschaften ist die Hälfte des gesetzlichen Reservefonds in sicheren und leicht realisierbaren Wertpapieren anzulegen, die nicht als Unterpfand für Schulden der Gesellschaft

[18]) Abgedruckt in Übersetzung in Zeitschr. für Handelsrecht 69 S. 540 ff.

dienen dürfen. Der Erwerb und die Inpfandnahme eigener Aktien ist nur sehr beschränkt zulässig, auch als Kommissionärin darf nur eine Aktienbank eigene Aktien erwerben. Eine Beschränkung der Vertretungsmacht des Vorstandes ist nur gutgläubigen Dritten gegenüber ohne Wirkung. Ein Aufsichtsrat ist nicht obligatorisch. Die Statuten können bestimmen, daß Hauptaktionäre ipso jure Aufsichtsratsmitglieder sind, müssen aber das Verhältnis zwischen gewählten und selbstberechtigten Aufsichtsratmitgliedern angeben. Bücherrevisoren sind vorgeschrieben. Ein Mindeststimmrecht jedes Aktionärs ist nicht anerkannt. In gewissen Fällen besteht für dissentierende Aktionäre ein Recht auf Abfindung. Sinkt die Zahl der Mitglieder unter 3, so ist die Gesellschaft aufzulösen, falls nicht binnen 3 Monaten Abhilfe geschaffen wird, ebenso ist sie aufzulösen, wenn nicht binnen 2 Jahren die Aktien voll eingezahlt werden, soweit solche Volleinzahlung geboten ist.

b) Das schwedische Aktiengesetz vom 12. Aug. 1910 [19]) stellt nur eine Revision des Gesetzes vom 28. Juni 1895 [20]) dar. Es betrifft nur Aktiengesellschaften, aber einschließlich der Gesellschaften mit wechselndem Kapital. Es läßt anderseits unberührt Eisenbahn-, Bank- und Versicherungsaktiengesellschaften, für die besondere Vorschriften gelten [21]). Das Gesetz, das ebenfalls vom deutschen Recht stark beeinflußt ist, ist außerordentlich ängstlich und behutsam, zumal hinsichtlich der Wahrung der Einzelrechte der Aktionäre, ruft dadurch freilich einen sehr schwerfälligen Apparat hervor. Die Aktiengesellschaft ist nicht auf Handels- oder wirtschaftliche Zwecke beschränkt. Der Mindestnennbetrag der Aktie ist auf 50 Kronen beziffert, bei einem Grundkapital bis 50 000 Kronen auf 10 Kronen. Weniger als 5000 Kronen darf das Grundkapital nicht betragen. Zwischen Gründungsurkunde und Statut wird in ähnlicher Weise wie im engl. Recht unterschieden. Für die Aktienzeichnung ist wichtig, daß Ungültigkeitsgründe aus dem Inhalt der Urkunde nur dann geltend gemacht werden können, wenn vor der Eintragung Protest bei der Registerbehörde erhoben wird. Die bare Volleinzahlung hat spätestens binnen 2 Jahre von der Errichtung der Gesellschaft, binnen 1 Jahr von Erhöhung des Grundkapitals ab zu erfolgen, sonst hat die Gesellschaft in Liquidation zu treten. Herabsetzung des Grundkapitals darf bei Aktien-

---

[19]) Eine deutsche Übersetzung erscheint in Band 72 der Zeitschrift für Handelsrecht.

[20]) Abgedruckt in Handelsgesetze des Erdballs Bd. X.

[21]) Abgedruckt in Handelsgesetze des Erdballs a. a. O.

gesellschaften mit festem Grundkapital entsprechend dem engl. Recht nur mit Genehmigung des Gerichts erfolgen. Erwerb der eigenen Aktien ist nur sehr beschränkt zulässig. Die Generalversammlung darf über Mittel der Gesellschaft nicht für Zwecke verfügen, die offenbar dem Unternehmen der Gesellschaft fremd sind, von Anstandsspenden abgesehen. Die Vorschriften über Bilanzbewertung entsprechen im wesentlichen dem deutschen Recht. Eine Einschränkung der Vertretungsmacht des Vorstandes ist zulässig, aber Dritten gegenüber wirkungslos, die von ihr weder wußten noch wissen mußten. Der Vorstand ist nicht berechtigt, über Mittel der Gesellschaft zu Zwecken zu verfügen, die offenbar dem Unternehmen der Gesellschaft fremd sind, doch wird der Dritte Gutgläubige geschützt. Ein Aufsichtsrat besteht nicht. Dafür sind Revisoren obligatorisch. Ein Mindeststimmrecht des Aktionärs ist anerkannt. Die Entlastung gilt als dem Vorstand verweigert, wenn Aktionäre mit einem Gesamtbetrag von Aktien, der mindestens 20 % des Grundkapitals ausmacht, dagegen stimmten. Diese Minderheit hat dann auch ein selbständiges Klagerecht gegen den Vorstand im Namen der Gesellschaft. Sehr weitgehend sind die Sonderrechte berücksichtigt. Sinkt die Zahl der Aktionäre unter 5, so erfolgt, wenn nicht binnen 3 Monaten Remedur eintritt, Auflösung.

c) Von geringer Bedeutung ist das noch am Konzessionssystem festhaltende finnländische Aktiengesetz vom 2. Mai 1895 [22]).

d) Endlich mag das russischen Gesetzes vom 21. Dez. 1901 gedacht werden [23]), welches über den Geschäftsgang der Generalversammlung, sowie über die Einsetzung einer Revisionskommission zur Prüfung der Jahresberichte und Bilanzen nähere, wenig originelle Vorschriften trifft. Bemerkenswert ist das Prinzip der Proportionalwahl für die Mitglieder der Revisionskommission. Im übrigen ist in Rußland die Aktiengesetzgebung über die alten Zustände nicht hinausgekommen. Dagegen sind einzelne börsenrechtliche Bestimmungen zu konstatieren, die den deutschen parallel laufen. Für Aktienbanken bestehen besondere Vorschriften.

IV.

Wie oben bemerkt wurde [24]), ist die Aktiengesetzgebung Österreichs beim Allg. Deutschen HGB. stehen geblieben. Das Einführungsgesetz

[22]) Siehe Handelsgesetze des Erdballs Bd. IX.
[23]) Siehe Handelsgesetze des Erdballs Bd. IX.
[24]) Siehe S. 505.

für das Kaisertum Österreich vom 17. Dez. 1862 hat nur weniges geändert. Die wichtigste Bestimmung bildet § 33, nach dem die Aktien einer Kommanditaktiengesellschaft in österreichischer Währung auf mindestens 300 Gulden lauten müssen (gegenüber Artikel 173 Allg. Deutsches HGB.). Eine weitere Abänderung führte die kaiserliche Verordnung vom 21. Juni 1873 herbei, welche das Sperrjahr des Art. 245 Allg. Deutsches HGB. auf 3 Monate reduzierte. Das Konzessionssystem wurde für beide Arten, Aktiengesellschaft und Kommanditaktiengesellschaft, beibehalten. Die Zulassung der Aktien zum Börsenhandel unterliegt nach dem Börsengesetz von 1875 § 9 der Bewilligung des Ministeriums.

Indessen hat die reiche Entwicklung, die das deutsche Recht nahm, an dem so eng mit ihm verbundenen Österreich nicht spurlos vorübergehen können. Trotz der staatsrechtlichen Scheidung haben die beiden großen Reiche sich ja gegenseitig stärker im Recht beeinflußt, als sonst andere Länder. Es sei nur an das Scheck-, Börsen-, Handlungsgehilfen-, Genossenschaftsrecht erinnert. War hier bald Österreich, bald Deutschland der führende Teil, so ist auf dem Gebiete der Aktiengesetzgebung Deutschland der beeinflussende, Österreich der beeinflußte Staat gewesen. Zwei gesetzgeberische Produkte kommen in Frage: das Gesetz über die Gesellschaften m. b. H. vom 6. März 1906 und das sog. Aktienregulativ vom 20. September 1899.

Das Gesetz über Gesellschaften m. b. H. ist im ganzen eine Nachbildung des deutschen Gesetzes. Gleiche Erwägungen, wie den deutschen Gesetzgeber haben den österreichischen geleitet. Ja, es veranlaßte geradezu die aufsehenerregende Steigerung des Unternehmergeistes, die der österreichische Gesetzgeber als Folge des deutschen Gesetzes bemerkte, ihn, diese Form einzuführen. Die enge Verbindung von Handel und Industrie, die zwischen Deutschland und Österreich besteht, mochte eine gleichmäßige Regelung in beiden Ländern wegen der zahlreichen Niederlassungen doppelt wünschenswert erscheinen lassen. Vielleicht war das Bedürfnis in Österreich noch dringender, weil die Aktiengesellschaft ja nur für Handelszwecke vom Allg. Deutschen HGB. geregelt und dazu in Österreich konzessionsbedürftig war. Indem § 1 des Gesetzes von 1906, Gesellschaften m. b. H. zu jedem gesetzlich zulässigen Zweck zu errichten gestattete und § 61 jeder Gesellschaft m. b. H. die Qualität einer Handelsgesellschaft verlieh, führte das Gesetz das Normativsystem für Kapitalgesellschaften nicht bloß des Handels und der Industrie, sondern auch der Urproduktion und der Landwirtschaft ein. Nur das Versicherungsgewerbe schließt es ganz aus [25]). Für gewisse Gewerbe (§ 3 Abs. 2) verlangt es staatliche Konzessionierung. Das Gesetz füllt also eine weit größere Lücke aus, als in Deutschland und es wäre deshalb nicht verwunderlich, wenn seine Anwendung sich als noch intensiver darstellen würde als bei uns [26]). In Einzelheiten deckt sich das Gesetz häufig beinah ganz mit dem deutschen. Auch hier ein Stammkapital von mindestens 20 000 Kronen, auch hier mindestens 2 Stammeinlagen, von denen jede mindestens 500 Kronen beträgt, ja es kann bei Klein-, Lokal- und Straßenbahngesellschaften wie bei solchen Seeschiffahrtsgesellschaften, deren Stammkapital 200 000 Kronen nicht übersteigt, die Stammeinlage bis auf 200 Kronen reduziert werden (§§ 13, 14). Die Nachschußpflicht ist nur als beschränkte zugelassen (§ 72), wodurch die Annäherung an die eigentliche Aktiengesellschaft noch größer geworden ist. Die Ausstellung von auf Inhaber lautenden oder indossablen Anteilscheinen ist auch hier untersagt (§ 75). Die Übertragung unter Lebenden setzt auch hier eine Notariatsakte voraus (§ 76). Dem Börsenhandel mit Anteilscheinen ist damit ebenfalls ein Riegel vorgeschoben, zumal Dividendenscheine, selbst auf Namen verboten sind (§ 75 Abs. 4). Neu ist das Gebot der Führung eines Anteilbuches (§§ 26, 78) nach Art des Aktienbuches bei Namensaktien. Der Erwerb eigener Geschäftsanteile wie die Lombardierung ist ausgeschlossen, es sei denn im Exekutionswege (§ 81). Die Organisation entspricht im wesentlichen dem deutschen Gesetz. Zugelassen ist (§ 15), daß die Geschäftsführer auch durch den Staat oder eine öffentliche Körperschaft bestellt werden, was für die sog. gemischten Unternehmungen von Bedeutung ist. Ferner lastet auf den Geschäftsführern ein Konkurrenzverbot (§ 24). Der Aufsichtsrat ist obligatorisch, wenn das Stammkapital 1 Million Kronen und die Zahl der Gesellschafter 50 überschreitet (§ 29). Da mir eine österreichische Statistik nicht vorliegt, kann ich nicht beurteilen, ob derartige Fälle häufig sind. In Deutschland betrug die Zahl der G. m. b. H., die über 1 Million Stammkapital hatten, 1909 nur 464, d. h. etwa 4 % [27]) und daß davon viele mehr als 50 Gesellschafter besaßen, ist unwahrscheinlich. Doch wäre es möglich, daß in Österreich wegen des für Aktiengesellschaften herrschenden Konzessionssystems sich häufiger

---

[25]) § 1 Abs. 2. Nicht so weitgehend Deutsches Versicherungsaufsichtsgesetz § 6 Abs. 2.

[26]) Nach 4 jährigem Bestand hat es bereits eine größere Zahl Gesellschaften m. b. H. erzeugt, als Aktiengesellschaften bestehen. 1910 gab es fast 1100 mit einem Kapital von 280 Millionen. Kronen (v. Randa II S. 293).

[27]) Moll a. a. O.

größere Unternehmungen mit zahlreichen Mitgliedern dieser Form bedienen. Für den Aufsichtsrat ist die Verpflichtung ausgesprochen, sich eine Geschäftsordnung zu geben, ja es ist freigelassen, im Verordnungswege Grundsätze für die Ausübung der dem Aufsichtsrate zukommenden Obliegenheiten aufzustellen (§ 32 Abs. 2, 3). Der Aufsichtsrat kann ferner Geschäftsführer, deren Bestellung nicht durch das Statut oder durch eine öffentliche Körperschaft erfolgt ist, ihres Amtes entheben (§ 32 Abs. 4). Wichtig ist weiter, daß, wo kein Aufsichtsrat besteht, jeder Gesellschafter das unentziehbare Recht hat, in der Woche vor Abhaltung der ordentlichen Generalversammlung die Bücher und Papiere der Gesellschaft einzusehen (§ 22 Abs. 4) und daß jeder Gesellschafter ein Mindeststimmrecht besitzt (§ 39 Abs. 2). Die Bilanzgrundsätze sind die scharfen des deutschen Aktienrechts (§§ 23, 7 Abs. 3). Banken haben die Bilanzen zu veröffentlichen (§ 22 Schlußabsatz). Auf Antrag einer Minderheit von 10 % des Stammkapitals sind Revisoren vom Gericht zu bestellen, wenn glaubhaft gemacht wird, daß Unredlichkeiten oder grobe Verletzungen von Gesetz oder Gesellschaftsvertrag stattgefunden haben (§ 45 ff.), wie die gleiche Minderheit selbständig Ersatzansprüche gegen Geschäftsführer und Aufsichtsratmitglieder erheben kann (§ 48). Bei Erhöhung des Stammkapitals haben in Ermangelung anderer Bestimmung die bisherigen Gesellschafter Bezugsrechte (§ 52 Abs. 3). Bei Herabsetzung des Stammkapitals ist, wie bei Aktiengesellschaften in Österreich, statt des Sperrjahres nur ein Sperrquartal vorgeschrieben (§ 55). Bei der Auflösung ist der Fall der Fusion mit einer Aktiengesellschaft oder Ges. m. b. H. vorgesehen (§ 96), die Umwandlung einer Aktiengesellschaft in eine Gesellschaft m. b. H. ist im wesentlichen dem deutschen Recht entsprechend geordnet (§ 97 ff.), außerdem ist die Umwandlung anderer Erwerbsvereine in Gesellschaften m. b. H. geregelt (§ 101), dagegen ist die Auflösungsklage des § 61 des deutschen Gesetzes von dem österreichischen Gesetz nicht aufgenommen.

Insgesamt betrachtet ist das österreichische Gesetz, zumal seine Vorschriften im Zweifel leges cogentes perfectae sind (§ 4 Abs. 2), erheblich strenger als das deutsche, wenngleich auch ihm gewisse Kautelen des Aktienrechts fehlen. Man hat den Eindruck, daß der Gesetzgeber weniger gegen die Einseitigkeit des Aktienrechts reagiert, als ein mangelndes Aktiengesetz ersetzen will, da er sich seine Waffen zum großen Teil aus dem Arsenal des Aktienrechts holt. So ist es möglich, daß dieses Gesetz die Vorteile des deutschen Gesetzes erreichen wird, ohne dessen Nachteilen zu unterliegen. Die Statistik der Konkurse wird bald hierüber Klarheit verschaffen.

Während das Gesetz über Gesellschaften m. b. H. das private Handelsrecht Österreichs um einen neuen Rechtstypus bereicherte und auch sonst einen erheblichen Schritt in der Entwicklung des Rechts bedeutet, liegt die Sache anders bei dem Aktienregulativ vom 20. September 1899, oder wie es genauer heißt, der „Verordnung der Ministerien des Innern, der Finanzen, des Handels, der Justiz und des Ackerbaues vom 20. Sept. 1899, mit welcher ein Regulativ für die Errichtung und Umbildung von Aktiengesellschaften auf dem Gebiete der Industrie und des Handels verlautbart wird“ [28]). Hier handelt es sich nicht um ein Gesetz, sondern um eine Ministerialverordnung, nicht um unmittelbar eingreifende Rechtsnormen, sondern um Grundsätze, die die Verwaltungsbehörde als maßgeblich aufstellt für die durch Art. 208 Abs. 1 des Allg. Deutschen HGB. erforderte Konzessionierung. Das Regulativ stellt also nur den Niederschlag der Verwaltungspraxis dar, ohne an irgend einem Satze des bisherigen Rechts zu rütteln. Aber freilich kann diese Verwaltungspraxis de facto eine ähnliche Wirkung haben, wie die lex generalis, und durch ein für zunächst absehbare Zeit aufgestelltes Regulativ wird tatsächlich solche Wirkung erzielt; es ist schließlich gleichgültig, ob die Statuten sich nach zwingendem Gesetzesrecht formen, oder unter dem Druck der Konzessionsverweigerung. Freilich gilt dies nur in soweit, als die Kompetenz der Verwaltungsbehörde einerseits, die Autonomie der Aktiengesellschaft anderseits reichen. Die Gründerhaftung, die Stellung der Gläubiger zur Aktiengesellschaft, das Anfechtungsrecht gegenüber ungesetzlichen Beschlüssen der Generalversammlung, zahlreiche Sätze über die Auflösung der Aktiengesellschaft u. a. m. sind diesen Faktoren entrückt. Innerhalb jener Grenzen aber konnte das Regulativ einen Rechtszustand erzielen, der den inzwischen erfolgten Verschiebungen der Macht- und Rechtsverhältnisse gerecht werden konnte.

Das Regulativ hat eine sehr bescheidene Tragweite. Es erstreckt sich nur auf Aktiengesellschaften, ferner nur auf solche Aktiengesellschaften,

---

[28]) Dazu Grünhut in Bd. 31 seiner Zeitschr. (auch als Separatabdruck 1905); Rothnagel: Zeitschr. f. Handelsr. Bd. 50; v. Randa: österreich. Handelsrecht, Staub-Pisko Kommentar zum HGB. — Das Regulativ erging, nachdem das K. K. Justizministerium sich gutachtliche Berichte über von ihm verschickte Fragebogen erteilen ließ. Mir gingen während der Korrektur zu die Berichte: a) der Wiener Börsenkammer, b) der Wiener Handels- und Gewerbekammer, c) des Niederösterreichischen Gewerbevereins, d) der Aufsatz von Kleinwächter in den Jurist. Blättern 1899. Die Gutachten b) und c) stellen sich überwiegend auf den Standpunkt des deutschen Rechts.

die Handelsgesellschaften im Sinne des Allg. Deutschen HGB. sind, wobei zu beachten ist, daß der engere Begriff des Handelsgewerbes, wie ihn das Allg. Deutsche HGB. aufstellt, zugrunde liegt, so daß Montanbetriebe und Bauunternehmungen ganz ausscheiden [28a]). Es nimmt weiter aus sehr wichtige Typen: Bank-, Kredit-, Versicherungsgesellschaften, Kanal-, Eisenbahn- und Dampfschiffahrtsgesellschaften. Gerade die kapitalkräftigsten unterstehen also dem Regulativ nicht. Es bleiben demnach hauptsächlich Fabriken, Brauereien, Verlags- und Druckereianstalten, Omnibus-Gesellschaften, sowie die rein kaufmännischen Umsatzanstalten (Warenhäuser und dergl.) übrig und auch hier wird häufig zweifelhaft sein, ob die Artikel 271, 272 zutreffen. Schließlich findet das Regulativ auf bereits bestehende Unternehmungen nur soweit Anwendung, als die Statuten nicht entgegenstehen (§ 57). Im übrigen hat § 12 Abs. 2 des Regulativs die Erteilung der Bewilligung zugesichert, wenn der Plan des Unternehmens den gesetzlichen Anforderungen (einschließlich des Regulativs) entspräche, hat also damit einen Übergang zum Normativsystem angebahnt. Jedoch wird durch das weitere Erfordernis, daß keiner der in § 14 des kaiserlichen Patentes vom 26. Nov. 1852 angeführten Gründe entgegenstehe, der Wert des Zugeständnisses problematisch, denn § 14 ist so dehnbar, daß dem freien Ermessen der Behörde immer noch Raum genug übrig bleibt [29]).

Betrachten wir den Inhalt des Regulativs, so haben wir es innerhalb der Grenzen des Regulativs im großen und ganzen mit einer Rezeption des deutschen Aktienrechts zu tun, wobei jedoch eine Reihe von Besonderheiten zu konstatieren ist, die teils ihren Grund haben in dem herrschenden Konzessionssystem, teils bewußte Abweichungen vom deutschen Recht darstellen, teils endlich eigenartige Verhältnisse Österreichs betreffen. Zu den e r s t e r e n zählt, daß ein Gründerbegriff, wie ihn das deutsche Aktienrecht aufstellt, dem Regulativ unbekannt ist (§ 6 verlangt in dem Gesuch über endgültige Bewilligung die schriftlichen Erklärungen der Konzessionswerber oder dritter Personen über die Zeichnung der Aktien und § 9 Abs. 3 läßt bei Sacheinlagen und Übernahmen den Gründerbericht von sämtlichen Konzessionswerbern, Sacheinlegern und Gegenkontrahenten erstatten) und daß bei Kontrollorganen die Wahl zwischen Aufsichtsrat und Rechnungsrevisoren gelassen ist (§ 37). Zu den z w e i t e n zählen, daß der Mindestnennbetrag der Aktien nur 200, bei kleinen Unter-

---

[28a]) Dazu S t a u b - P i s k o zu Art. 207 § 5.

[29]) Vgl. N o t h n a g e l a. a. O. S. 117.

nehmungen 100 Kronen beträgt (§ 27), daß bei qualifizierter Gründung Revisoren nicht obligatorisch sind (§ 10), daß Abänderung des Statuts regelmäßig 3/4 Majorität und ein Quorum von 1/3 des Aktienkapitals voraussetzt (§ 48), daß der Erwerb eigener Aktien nur sehr beschränkt zulässig ist (§ 32), daß ein zwingendes Mindeststimmrecht für jede Aktie nicht anerkannt ist (§ 43), sondern nur ein solches für bestimmte Bruchteile der Beteiligung, daß bei der Wahl von Aufsichtsräten die Idee der Proportion anerkannt ist (§ 37 Abs. 6), daß von den Bilanzbewertungsgrundsätzen des deutschen Rechts abgesehen wird (§ 49). Was die dritte Gruppe betrifft, so kommen in Frage die ausführliche Regelung der sukzessiven Einlösung von Aktien (§ 33) und die damit zusammenhängende Normierung des Rechtes der Genußscheine, die Vorschriften über Prioritätsaktien (§ 26), den Direktionsrat (§ 36) und die Rechnungsrevisoren (§ 37). Wenn auch der deutschen Praxis alle diese Gestaltungen nicht fremd sind, so spielen sie doch für uns nicht die gleiche Rolle wie in Österreich.

Für Versicherungsaktiengesellschaften enthält das Regulativ vom 5. Mai 1896 besondere Bestimmungen.

V.

Wir haben einen ziemlich langen Weg zurücklegen müssen, bis wir unmittelbar zur Beantwortung der an uns gestellten Frage gelangten. Aber der Weg war nicht umsonst; die Antwort wird jetzt wesentlich leichter fallen. In der dargelegten Entwicklung tritt eine Anzahl von Erscheinungen mit Schärfe hervor, die die Richtung im zukünftigen österreichischen Recht weisen.

Ich behandle zunächst grundlegende Fragen.

1. Wenn Österreich als eine der letzten der Kulturnationen zum Normativsystem für Aktiengesellschaften und Kommanditaktiengesellschaften übergehen wird, nachdem es sich für Gesellschaften m. b. H. zu letzterem bereits bekannt hat (§ 3 des Gesetzes von 1906), so besagt dies nur, daß die Entstehung der Aktiengesellschaft wie deren Funktionieren grundsätzlich der lex generalis unterstehen soll. Ausnahmen gewerberechtlicher Art werden zunächst wie in Deutschland unberührt bleiben. Eisenbahn-, Versicherungs- und gewisse Bankgesellschaften sind ja die Hauptvertreter solcher konzessionspflichtigen Gesellschaften. Wie weit hierzu ein Bedürfnis besteht, richtet sich nach gewerberechtlichen Gesichtspunkten, die für diese Untersuchung füglich außer Betracht bleiben können, die in § 3 Abs. 2, § 1 Abs. 2 des Gesetzes von 1906 für Gesellschaften m. b. H. ge-

gebenen Begrenzungen werden mutmaßlich für Aktiengesellschaften ebenfalls zutreffen.

Der Übergang zum Normativsystem bedeutet ferner nur einen grundsätzlichen Bruch mit der Anschauung des Polizeistaates. Es ist Sache kühler Abwägung, ob das Normativsystem radikal durchgeführt, oder ob für gewisse Fälle, sei es generell, sei es mit Beschränkung auf bestimmte Typen, Ausnahmen zugelassen werden sollen. So freiheitlich denkende Völker, wie die Engländer und Nordamerikaner, haben es durchaus nicht bedenklich gefunden, aus praktischen Gründen von dem Prinzip des Normativsystems in Einzelheiten abzuweichen. Ist ja doch die engl. „ultra vires"-Theorie der Rest einer Anschauung, die in der Gewährung von Korporationsrechten nur ein Privileg erblickt. Und wenn auch diese, übrigens wie oben bemerkt wurde [30]), sich in der engl. Gesetzgebung mehr und mehr verflüchtigende Theorie kaum noch einem festländischen Aktiengesetz zugrunde gelegt werden dürfte, so ließe sich sehr wohl erwägen, ob nicht in gewissen Hinsichten für alle oder einzelne Arten der Aktiengesellschaften ein intensiveres Eingreifen einer gerichtlichen oder Verwaltungsbehörde sich empfehlen würde. In der Tat begegnen uns in den Gesetzen einzelner Länder solche Fälle. Zunächst binden manche Gesetze die Herabsetzung des Grundkapitals an die Genehmigung des Gerichts. Das engl. Recht, das solche Herabsetzung ursprünglich überhaupt nicht gestattete und sich erst 1867 entschloß, sie zu erlauben, verlangt bis zur Gegenwart grundsätzlich Bestätigung durch Gerichtsbeschluß und dem ist nicht bloß das Gesetzbuch Ungarns (§ 209), sondern auch in neuester Zeit das Aktiengesetz Schwedens (§ 50) gefolgt. Indessen dürfte über diese Schranke die Entwicklung bereits hinausgegangen sein. Die Herabsetzung des Grundkapitals kann sich aus zu verschiedenen Gründen vernotwendigen und in zu verschiedenen Formen betätigen, als daß eine generelle schematische Mitwirkung der Behörde angebracht wäre. Häufig tritt sie in Verbindung mit einer Erhöhung des Grundkapitals auf und verfolgt dann ganz andere Zwecke als die einer teilweisen Auflösung. Wenn die Interessen der Gläubiger durch gewisse generelle Vorschriften gewahrt werden, so ist nicht einzusehen, weshalb die formelle Bestätigung einer Behörde gerade in diesem Falle notwendiger sein soll, als in anderen Fällen der autonomen Betätigung. Nachdem die Gesellschaft m. b. H. durch das österreich. Gesetz von 1906 (§ 54 ff.) bei Herabsetzung des Stammkapitals nur an die Beobachtung der Normativvor-

---

30) S. 511.

schriften gebunden ist, ist für Aktiengesellschaften ebenfalls das deutsche Vorbild, das ja gerade hier durch sehr detaillierte Regelung sich auszeichnet, zu empfehlen.

Erwägenswerter sind zwei weitere Fälle. Über die Frage der Bilanzierung der Aktiengesellschaft, wie über den Umfang der Tätigkeit des Aufsichtsrates herrscht in Theorie und Praxis die größte Meinungsverschiedenheit. Gerade hier fanden wirtschaftliche Mißstände im geltenden Aktienrecht den geringsten Widerstand. Unter den zahlreichen Vorschlägen ist auch der hervorgetreten, für beide Fälle eine gewisse leitende Zentralbehörde zu schaffen, die im Verordnungswege eingreifen und so das geltende Recht je nach Lage des Falls ausfüllen könnte. Das österreichische Gesetz von 1906 (§ 32 Abs. 3) bestimmt für den Aufsichtsrat einer G. m. b. H.: „Im Verordnungswege können für Gesellschaften m. b. H. überhaupt oder für bestimmte Gattungen solcher Gesellschaften Grundsätze für die Ausübung der dem Aufsichtsrat zukommenden Obliegenheiten aufgestellt werden." Und für die Bilanzierung gewisser Arten von Aktiengesellschaften hat nicht bloß das engl. Recht Bilanzformulare aufgestellt, sondern es finden sich auch im geltenden deutschen Rechte mehrere Ansätze zu einem behördlichen Eingreifen. Es sei einmal auf § 55 des Versicherungsaufsichtsgesetzes von 1901, sodann auf § 4 Nr. 5 der Bekanntmachung des Bundesrats betreffend die Zulassung von Wertpapieren zum Börsenhandel vom 4. Juli 1910 hingewiesen. Nach letzterer Vorschrift hat die Zulassung von Aktien inländischer Kreditbanken zum Börsenhandel zur Voraussetzung, daß Zwischenbilanzen nach bestimmten Mustern veröffentlicht werden. Wenn immer wieder Klage geführt wird über die Unübersichtlichkeit mancher Bilanzen, über die Verschiedenheit der Ausdrucksweise und der Lozierung von Bilanzposten, so ist zu fragen, ob nicht einer gewissen Zentralbehörde das Recht, sei es für alle oder doch gewisser Arten von Aktiengesellschaften die Anfertigung der Bilanzen nach bestimmten Schemata zu gebieten, übertragen werden soll. Es ist hierauf noch zurückzukommen.

2. Nach heutigem Recht werden in Österreich Zivil- und Handelsaktiengesellschaften unterschieden, für deren jede ein ganz getrenntes Recht gilt. Es ist klar, daß nach dem Vorbild Deutschlands (1870) diese Unterscheidung fallen muß, wie ja schon das österreichische Gesetz betreffend die G. m. b. H. von 1906 sie fallen ließ (§ 1). England hat diesen Unterschied nie anerkannt und Frankreich ist 1893 zu seiner Beseitigung übergegangen. Für Österreich ist die Ausdehnung des Aktien-

rechts auf andere als Unternehmungen, die ein Handelsgewerbe betreiben, um so dringlicher, als, wie bereits hervorgehoben wurde [31]), der Begriff des Handelsgewerbes, durch die veralteten Artikel 271/272 des Allg. Deutschen HGB. bestimmt wird, so daß große Gruppen gewerblicher Unternehmungen ganz ausscheiden müssen, die unter das gleiche Aktienrecht zu stellen, dringendes Bedürfnis ist. Dagegen wäre zu fragen, ob ein Interesse besteht, Aktiengesellschaften, die einen gewerblichen Zweck überhaupt nicht verfolgen, dem gleichen Aktienrecht zu unterstellen. Wir hatten in Deutschland vor dem Gesetz betreffend die G. m. b. H. und vor dem BGB. Fälle von Aktienvereinen mit gemeinnützigen oder geselligen Zwecken zu verzeichnen. Neben großen Aktiengesellschaften, wie dem Aktienverein des zoologischen Gartens zu Berlin, entstanden ganz kleine Gesellschaften z. B. der alten Herren einer studentischen Verbindung oder der Mitglieder eines Sängerklubs, lediglich um die Rechtsfähigkeit des Vereins zu erwerben, mitunter mit einem Grundkapital von 1000 Mk. (eingeteilt in 5 vinkulierte Namensaktien à 200 Mk.). Solche Vereine traten unter die strenge Aktiennovelle mit ihren Vorschriften über Gründung, Bilanzen, Aufsichtsrat, Generalversammlung usw., eine lächerliche Farce! Es ist zwar von namhafter Seite [32]) die Ansicht vertreten worden, daß angesichts des BGB. mit seinen Vorschriften über eingetragene Vereine seit 1900 die Aktiengesellschaft für Vereine mit idealen Tendenzen ausgeschlossen sei, allein die herrschende Ansicht hat mit Recht bei der generellen Formulierung des § 210 Abs. 2 Deutsches HGB. de lege lata an dem bisherigen Standpunkt festgehalten. Für Österreich mag ein Anlaß, die Aktiengesellschaft zu derartigen Zwecken zu wählen, um so weniger geboten sein, als nach dem österreichischen allgemeinen Gesetzbuch (§ 26) erlaubte Vereine im Zweifel Korporationsrechte haben, und als die G. m. b. H. seit 1906 für solche Zwecke ebenfalls benutzt werden kann. Es wäre deshalb zu erwägen, ob nicht Vereinen, die Erwerbszwecke nicht verfolgen, das Aktienrecht entweder ganz zu versagen oder doch wenigstens für Fälle, in denen das Aktienkapital eine bestimmte Höhe nicht erreicht. Will man sich aber hierzu nicht entschließen, so könnte erwogen werden, ob nicht für solche Fälle zahlreiche Schutzvorschriften des Aktienrechts außer Betracht zu bleiben hätten. Auch das engl. Recht unterstellt die sog. Private Comp., d. h. Vereine mit beschränkter Mitgliederzahl, vinkulierten Aktien und Fernhalten des größeren Publikums von der Zeichnung, ebenfalls einem freieren Recht.

---

31) Oben S. 516, 520 ff.

32) Vgl. Simon in Zeitschr. f. Handelsrecht Bd. 49 S. 1 ff.

3. In neuerer Zeit haben die sog. gemischten Unternehmungen[33]) die öffentliche Aufmerksamkeit beschäftigt, d. h. Unternehmungen, an denen neben dem Publikum der Staat, die Kommune oder eine sonstige öffentliche Korporation sich beteiligt, z. B. Tramwaygesellschaften und Unternehmungen zum Bau von Arbeiterhäusern. Derartigen Unternehmungen bietet das deutsche Aktienrecht Schwierigkeiten, weil es von der Autonomie der Aktiengesellschaft ausgeht, während bei den gemischten Unternehmungen der Staat oder die Kommune einen Teil der Stellen des Vorstandes und der Kontrollorgane selbst besetzen will. So bleibt denn nur der Weg übrig, für solche Unternehmung ein Spezialrecht (etwa wie für die deutsche Reichsbank das Bankgesetz) zu schaffen, oder sie dem bürgerlichen Recht der Konzessionierung zu unterwerfen. De lege ferenda würde sich jedoch empfehlen, sie direkt dem Aktienrecht zu unterstellen durch eine weitere Fassung der Bestimmungen über Organe. Auch hier hat bereits das österreichische Gesetz von 1906 (§ 15 Abs. 3 und § 16 Abs. 3) vorgearbeitet, indem es bestimmt, daß im Gesellschaftsvertrage die Bestellung von Geschäftsführern durch den Staat, ein Land, oder durch eine andere öffentliche Körperschaft vorbehalten werden kann, welchen Falls die freie Widerruflichkeit der Bestellung durch die Gesellschafter ausgeschlossen ist. Das gleiche ließe sich für den Aufsichtsrat bestimmen, nur müßte in beiden Fällen dafür gesorgt werden, daß wenigstens ein Teil der Stellen von der Gesellschaft selbst besetzt wird.

4. Die Frage, ob jede Aktiengesellschaft in Zukunft Handelsgesellschaft sein soll, ist m. E. nach deutschem Vorbild zu bejahen, wie sie auch vom österreichischen Gesetz von 1906 (§ 61 Abs. 3) bejaht ist. Schwierigkeiten können hier überhaupt nur für den Fall erwachsen, daß auch Aktiengesellschaften mit idealen Tendenzen zugelassen werden sollen[34]), weil diese damit Kaufleute werden und ihre Geschäfte als Handelsgeschäfte anzusehen sind[35]). Aber der Vorteil eines einheitlichen Rechts überwiegt die geringen Nachteile und Inkongruenzen, die daraus erwachsen.

5. Das deutsche Aktienrecht stellt kein Erfordernis eines Mindestgrundkapitals für Aktiengesellschaften auf. Nur mittelbar ergibt sich ein solches aus den Vorschriften über die Fünfzahl der Gründer (§ 182) und den Mindestnennbetrag der Aktien (§ 180) und diese Beträge sind

---

[33]) Freund in der DJZ. 1911 Nr. 18.

[34]) Siehe oben S. 524 ff.

[35]) Dazu M. Wolff in Berliner Festgabe für Gierke.

dann so gering, daß eine reale Bedeutung ihnen nicht beizumessen ist. Wohl aber werden für die Zulassung zum Börsenhandel und Börsenterminhandel beträchtliche Beträge verlangt [36]). Auch andere Gesetzgebungen sehen meist von einem Mindestgrundkapital ab (Schweden verlangt 5000 Kronen) oder machen nur für bestimmte Arten von Aktiengesellschaften (z. B. Versicherungsgesellschaften) die gewerberechtliche Konzessionierung von einem Mindestkapital abhängig. Auch das österreichische Aktienregulativ (§ 24 Abs. 1) beschränkt sich darauf, anzuordnen, daß das Aktienkapital im Statute in einer den geschäftlichen Bedürfnissen des gesellschaftlichen Unternehmens angemessenen Höhe festzusetzen sei. Demgegenüber stellen das deutsche wie österreichische Gesetz betreffend G. m. b. H. Mindestbeträge des Stammkapitals auf, die sich auf 20 000 Mk., bzw. Kronen belaufen.

M. E. wäre es angezeigt, mindestens für Aktiengesellschaften, die Inhaberaktien ausgeben, ein hohes Grundkapital zu verlangen. Es wäre hier die Kongruenz zwischen Börsen- und Privatrechtsgesetzgebung durchzuführen. Denn Inhaberaktien sind ja doch zum Handel bestimmt, und sie vom Börsenhandel ausschließen, heißt ihnen in Wahrheit die Existenzberechtigung absprechen. Gesellschaften mit einem Aktienkapital bis zu einer halben Million wären meines Erachtens von der Berechtigung, Inhaberaktien auszugeben, auszuschließen. Er würde dadurch ein Druck darauf geübt werden, daß solche kleineren Unternehmungen sich der Form der G. m. b. H. zuwenden, die, wie wir sahen, in Österreich mit größeren Garantien als in Deutschland umgeben ist. Tatsächlich war in Preußen 1903/04 die Zahl solcher Aktiengesellschaften noch nicht ⅓ aller Aktiengesellschaften, und was wichtiger ist, der Prozentsatz ihres Kapitals noch nicht 3 % des Kapitals aller Gesellschaften [37]), Verhältnisse, die sich inzwischen wohl noch mehr zugespitzt haben. Von Verletzung erheblicher Interessen weiter Kreise wird also kaum gesprochen werden können, die einzige Schwierigkeit würde bei Reduktion des Grundkapitals von dem Betrag über ½ Million unter diese Summe entstehen. Sachentsprechende Vorschriften müßten für diesen Fall getroffen werden.

6. Die Frage des Mindestnennbetrages von Aktien ist eine schwer zu beantwortende. Nirgends stehen sich so die Auffassungen der Gesetze gegenüber. Von der englischen freien bis zur deutschen strengen

---

[36]) Siehe oben S. 508 ff.

[37]) Passow a. a. O. S. 9.

Richtung besteht eine Fülle von Varianten. Manche Gesetze gehen nicht absolut, sondern relativ vor. Sie stellen eine Relation zwischen Grundkapitalshöhe und Nennbetragsminimum her, so Frankreich (übersteigt das Grundkapital 200 000 Frcs., Mindestnennbetrag 100, sonst 25 Frcs.); Schweden (bei mehr als 50 000 Kr. 50, sonst 10 Kr.). Das Allg. Deutsche HGB. kannte einen Mindestnennbetrag bei Aktiengesellschaften nicht, bezifferte ihn bei Aktienkommanditgesellschaften auf 200 Taler. Für Österreich wurde er letzteren Falls auf 300 Gulden umgeändert. Dagegen hat das österreichische Aktienregulativ (§ 27) den Betrag von 200 Kr., bei kleinen Unternehmungen mit Namensaktien von 100 Kr. für genügend erklärt, während das österreichische Gesetz betreffend G. m. b. H. 500, ausnahmsweise 200 Kr. für die Stammeinlagen verlangt (§§ 13, 14). M. E. liegt kein Grund vor, hier von bestehenden österreichischen Gewöhnungen abzuweichen.

7. Die Frage, ob Quotenaktien neben den Aktien mit festem Nennbetrag zuzulassen wären, ist m. E. zu verneinen. Die Quotenaktie hat sich, auch wo sie eingeführt ist, nicht bewährt. Sie ist unhandlich und im Publikum, das in der Aktie gewöhnlich nur ein Geldpapier über eine bestimmte Einlage sieht, nicht recht verständlich, zudem für den Börsenhandel ganz unbrauchbar. Lautet ja in der deutschen Praxis selbst bei Gesellschaften m. b. H. die Bescheinigung über den Geschäftsanteil auf einen Nennbetrag, obwohl doch hier die „Quotenaktie" nahe läge. Es liegt somit kein Grund vor, von der Nominalaktie abzugehen.

8. Aktienanteile, die noch das Allg. Deutsche HGB. kennt, hat die deutsche Novelle von 1884 verworfen, und zwar m. E. mit Recht. Sie stehen im Widerspruch mit dem gerechter Weise jeder Aktie zuzubilligendem Stimmrecht und komplizieren unnötigerweise die ohnehin verwickelte Gestaltung der Aktiengesellschaft. Ihre Herübernahme in das zukünftige österreichische Recht wäre also nicht zu empfehlen, auch das österreichische Regulativ § 25 Abs. 4 verhält sich ihnen gegenüber ziemlich ablehnend.

9. Die Scheidung zwischen Inhaber- und Namensaktien ist als in allen Gesetzgebungen wiederkehrend beizubehalten. Entsprechend dem jetzigen deutschen Recht (§ 183) wird eine gesetzliche Vermutung für Namensaktien aufzustellen sein. Schlechtweg wird bei Inhaberaktien völlige Leistung der Einlage einschließlich des Emissionsagios vor deren Ausgabe verlangt werden müssen (entsprechend § 179 Abs. 3 HGB.). Die Nr. 2 und 3 des Art. 222 Allg. Deutsches HGB., welche Interimsscheine auf Inhaber nach Zahlung von 40 %, ja sogar in Österreich schon

25 % (Art. 249 in Verbindung mit österreich. Einführungsverordnung § 35) gestatten, sind veraltet, ihre Beseitigung hat schon vor langem der Juristentag verlangt. Auch das Regulativ (§ 28 Schlußabsatz) bestimmt, daß Interimsscheine in der Regel auf Namen lauten sollen. Richtiger ist, Interimsscheine auf Inhaber ganz zu verbieten.

Bei Namensaktien werden die Fortbildungen des deutschen Rechts gegenüber Art. 223, 182, 183 Allg. Deutsches HGB. zu berücksichtigen sein (Deutsches HGB. §§ 222—224), so daß das Indossament auch materiellrechtliche Wirkungen entfalten kann. Bei vinkulierten Namensaktien werden dem § 222 Abs. 4 Deutsches HGB. entsprechende Vorschriften sich empfehlen.

Emission von Aktien unter Pari ist „schlechtweg zu verbieten" (vgl. Regulativ § 28 Abs. 4).

Einige Lücken und Mängel des deutschen Rechts wären bei dieser Gelegenheit zu bessern.

Zunächst dürfte es sich empfehlen, gegen Fälschungen von Aktienurkunden Vorbeugungsmaßregeln zu treffen. § 181 Deutsches HGB., der zur Unterzeichnung von Aktien und Interimsscheinen im Wege der mechanischen Vervielfältigung hergestellte Namensunterschrift für genügend erklärt (vgl. österreich. Regulativ § 29 Abs. 2), wenn nicht das Statut ein anderes bestimmt, provoziert geradezu solche Fälschung. M. E. genügt nicht einmal, daß ein einzelnes Vorstandsmitglied die Aktie unterschreibt, sondern ich würde Unterschrift sämtlicher Vorstands- und Aufsichtsmitglieder verlangen, die Mühewaltung ist in Anbetracht der Wichtigkeit des Gegenstandes wirklich nicht zu groß [38]).

Weiter wäre die Frage zu beantworten, ob und in welcher Form eine Übertragung des Aktienrechts bei Ermangelung von Aktienurkunden möglich ist. Fest steht, daß das Aktienrecht entsteht auch ohne Aktienurkunde und daß der Aktionär auf solche Urkunde verzichten kann, aber bestritten ist, ob es solchenfalls übertragbar ist. Die Entscheidung dieser Frage wäre nicht zu umgehen.

Ferner wäre die Streitfrage, ob in Ermangelung statutarischer Feststellung die Generalversammlung Inhaber- in Namensaktien oder Namens- in Inhaberaktien mit Mehrheitsbeschluß umwandeln kann, zu entscheiden.

Endlich empfiehlt es sich für Apportsaktien in Nachbildung des französischen Rechts eine Sperre für zwei Jahre seit Eintragung

---

[38]) Siehe norweg. Aktiengesetz § 31.

der Gesellschaft eintreten zu lassen. Das deutsche Recht hat solche Bestimmung nicht. Es begnügt sich, bei Umgründungen die Aktien ein Jahr von der Börse fernzuhalten. Aber die dem französischen Recht zugrunde liegende Idee ist wohl überlegt, sie verhindert die Sacheinleger, sich auf Kosten des Erwerbers für ihre übertriebene Bewertung bezahlt zu machen, wie schon Grünhut, das österreichische Aktienregulativ S. 13 hervorgehoben hat.

10. Die Frage, ob eine Aktiengesellschaft eigene Aktien erwerben dürfe, ist in den einzelnen Stadien der deutschen Gesetzgebung sehr verschieden beantwortet worden. Während das Allg. Deutsche HGB. sich jeglicher Sonderbestimmung enthält, hat die erste Aktiennovelle von 1870 jeden Erwerb eigener Aktien, soweit es sich nicht um Amortisation, Herabsetzung oder Kaduzierung handelt, verboten, dagegen die Beleihung gestattet. Die zweite Aktiennovelle und das neue Handelsgesetzbuch dehnten das Verbot auf die Beleihung aus, beschränkten es anderseits nur auf den regelmäßigen Geschäftsbetrieb. Bei vollbezahlten Aktien gestatten sie den Erwerb als Einkaufskommissionär. Im übrigen hat die Vorschrift für vollbezahlte Aktien nur die Bedeutung einer Sollvorschrift. Einen noch freieren Standpunkt nimmt das deutsche Gesetz betreffend Gesellschaften m. b. H. ein. — Was Österreich betrifft, so ist der Gesellschaft m. b. H. Erwerb wie Lombardierung eigener Geschäftsanteile außer im Exekutionswege schlechtweg verboten, während das Aktienregulativ nur entgeltlichen Erwerb (von den Fällen der Reduktion, Amortisation, Exekution und Kaduzierung abgesehen) verbietet und von der Beleihung schweigt. Das norwegische Aktiengesetz (§ 28) steht auf ähnlichem Standpunkt wie das deutsche HGB., beschränkt aber die Erlaubnis zum Erwerb als Einkaufskommissionär auf Banken, und in dieser Begrenzung wäre m. E. auch dem deutschen Recht zu folgen. Dabei wäre aber für alle Fälle des Erwerbs mit dem österreichischen Regulativ (§ 32) tunlichst baldige Weiterveräußerung vorzuschreiben, auch in jedem Jahresbericht der Besitz an eigenen Aktien ersichtlich zu machen. Es wäre ferner zu bestimmen, daß für ihre eigenen Aktien der Aktiengesellschaft ein Stimmrecht in der Generalversammlung nicht zusteht.

Eine große Rolle spielt in Österreich die sukzessive Einlösung der Aktien und die damit zusammenhängende Materie der Genußscheine[39]). Das deutsche HGB. schweigt von Genußscheinen ganz, über die Amortisation aus dem Reingewinn hat es die bekannte Be-

---

[39]) Vgl. Rothnagel: Zeitschr. f. Handelsrecht Bd. 50 S. 140 ff.

stimmung des § 227, die bis auf die erste Aktiennovelle von 1870 zurückgeht. Was das österreichische Regulativ § 33 betrifft, so wird jedenfalls Absatz 2 Nr. 1, der vorschreibt, daß die Einlösung nur aus dem nach der jährlichen Bilanz verfügbaren Reingewinn erfolgen kann, in das zukünftige Gesetz aufzunehmen sein, während es im übrigen vielleicht genügen dürfte, auf Klarstellung im Statut zu drängen und höchstens eine Vermutung für die Eigenschaft der Genußscheine als Aktien auszusprechen. Es dürfte aber auch zur Abschneidung der bekannten Streitfrage festzustellen sein, daß trotz der Einziehung entweder der alte Betrag des Grundkapitals auf der Passivseite der Bilanz fortzuführen, oder der eingezogene Betrag als neue Passivpost zu buchen ist, weil sonst die Gläubiger zu Unrecht beeinträchtigt würden. Die diesbezüglichen Vorschriften im österreichischen Gesetz von 1906 § 58 und im österreichischen Regulativ § 49 Schluß, sind durchaus zweckentsprechend.

11. Die in Deutschland von Praxis und Theorie lange Zeit erörterte Frage, ob Aktiengesellschaften mit Nebenleistungen zulässig seien, hat durch die ominösen §§ 212, 216 HGB. eine gesetzgeberische Lösung gefunden, die nicht befriedigend ist, weil sie auf einen bestimmten Typus, die Rübenzuckerfabriken, zugeschnitten ist, der in der Form der Gesellschaften m. b. H. jetzt eine durchaus zureichende Regelung finden kann. Es ist nicht angemessen, diesem Beispiel zu folgen, seitdem das österreichische Gesetz von 1906 § 8 für die Einfügung derartiger Gestaltung den Rahmen bietet. Ob die § 3 Nr. 12 und § 30 des Aktien-Regulativs, welche sich dem deutschen Rechtszustande anschließen, nach dem Inkrafttreten des Gesetzes von 1906 noch ergangen wären, möchte ich bezweifeln. Natürlich würden bestehende Unternehmungen dieser Art unberührt bleiben.

VI.

Eines der Hauptverdienste der Aktiennovelle von 1884 ist die Regelung des Gründungsherganges. Mag man eine noch so bescheidene Meinung über den Einfluß gesetzgeberischer Leistungen auf die Kapitalmächte haben, so wird man dennoch anerkennen müssen, daß hier eine außerordentlich schwierige Aufgabe mit klarem Blick für die Verhältnisse des Lebens unternommen, und nach Maßgabe der menschlichen Kräfte gelöst wurde. Das neue deutsche HGB. hat nur in Einzelheiten, teils rechtstechnischer, teils wirtschaftspolizeilicher Art den Rechtszustand geändert. Unterstützend hat schließlich die Börsengesetzgebung eingegriffen.

Das deutsche Recht hat denn auch einen tiefgreifenden Einfluß auf andere Aktiengesetze ausgeübt. Das neueste engl. Recht hat in gewissen Grundgedanken sich ihm angeschlossen. Das norwegische und schwedische Aktiengesetz sind ihm ziemlich getreu bis in das Detail gefolgt und das österreichische Aktienregulativ steht stark unter seinem Bann. Es ist anzunehmen, daß weitere ausländische Gesetze dieselben Wege beschreiten werden. Wir können unser Urteil deshalb generell [39a]) dahin formulieren, daß die für die Gründung und entsprechend die Erhöhung des Grundkapitals im deutschen Recht herrschenden Grundgedanken bei einer Kodifizierung des österreichischen Aktienrechts wohl zu berücksichtigen sein werden. Im einzelnen dürften indessen folgende Punkte zu nochmaliger Prüfung zu stellen sein:

1. Der Gründerbegriff des deutschen Rechts (Statutsfeststeller und Sacheinleger § 187) ist vielleicht auszudehnen auf die Gegenkontrahenten der Übernahmeverträge [40]), denn wirtschaftlich ist es das gleiche, ob eine Sacheinlage gemacht oder ein Übernahmevertrag geschlossen wird. Wer sich den Gründerpflichten entziehen will, braucht heute nur einen Übernahmevertrag einzugehen und die Aktien dann, sei es durch Zeichnung, sei es durch Kauf zu erwerben [41]). Freilich statuiert § 202 Abs. 4 Nr. 2 deutsches HGB. auch eine Verantwortlichkeit derartiger Gegenkontrahenten gegenüber der Aktiengesellschaft, aber diese ist sehr eingeengt. Dehnt man den Gründerbegriff auf die Verkäufer von Vermögensgegenständen an die zu errichtende Gesellschaft aus, so würden solche Personen ebenfalls der weitgehenden Haftung des § 202 unterworfen werden.

2. Es wäre zu erwägen, ob Sacheinlagen und Übernahmeverträge, die sich auf Gegenstände beziehen, für welche die Aktiengesellschaft nach ihrem Zweck offenbar keine Verwendung hat, nicht zu verbieten wären, sei es auch nur in Gestalt einer Sollvorschrift mit der Androhung der Schadensersatzpflicht für den schuldhaft zuwiderhandelnden Gegner [42]).

[39a]) Daß sich über Einzelheiten, z. B. Zahl der Gründer, streiten läßt, ist selbstverständlich.

[40]) Vgl. schon § 9 des österr. Regulativs und v. Randa II S. 104.

[41]) § 200 Abs. 2 HGB. regelt nur das Verhältnis zur Gesellschaft, hindert aber keinen obligatorischen Kauf.

[42]) Vgl. norwegisches Gesetz § 21 und Mein Recht der Aktiengesellschaft I S. 218.

3. Über die für Apportsaktien auszusprechende Sperre von 2 Jahren siehe oben S. 528.

4. Ein ausdrückliches Verbot von Freiaktien ist nötig, um dem im Leben damit getriebenen Unfug zu steuern.

5. Es wäre zu erwägen, ob nicht die Geltendmachung der Ungültigkeit eines wegen seines Inhaltes nichtigen Zeichnungsscheins von der Voraussetzung abhängig zu machen ist, daß der Zeichner vor der Eintragung der Gesellschaft, bzw. der Grundkapitalserhöhung zum Registerbericht Protest erhoben hat [43]).

6. Die deutsche Praxis hat bekanntlich ständig dem Aktienzeichner gegenüber der Aktiengesellschaft die Berufung auf Beredungen zwischen ihm und dem Gründer, insbesondere den Einwand, er sei getäuscht worden, versagt. Es ist zu prüfen, ob eine positive Regelung dieser Frage angebracht erscheint.

7. Der vom deutschen Recht geforderte Betrag der ersten Barrate beträgt 25% des Nennbetrages (§ 195 Abs. 2). Dies erklärt sich aus dem hohen Mindestnennbetrag des deutschen Rechts. Sollten in Österreich dagegen die bisherigen Sätze von 200 und 100 Kronen beibehalten werden [44]) so wären höhere Mindestbeträge der ersten Rate zu fordern [45]). Auch wäre Sorge zu tragen, daß der Begriff der Barzahlung wie der Innehabung der Beträge durch den Vorstand entsprechend den modernen Zahlungsformen festgestellt wird, § 195 Abs. 3 deutsches HGB. entspricht nicht mehr ganz den heutigen Verhältnissen. Dagegen empfiehlt es sich nicht, eine Maximalfrist für die späteren Raten aufzustellen, wie dies manche Gesetze tun [46]), da die Verhältnisse zu verschiedenartig liegen. Das Verbot nicht voll liberierter Inhaberaktien und Zulassungsbeschränkungen des Börsenrechts üben genügenden Druck aus.

8. Für die Bestellung und Tätigkeit der Gründungsrevisoren sind die strengeren Bestimmungen des deutschen Rechts (§ 192 ff.) und nicht die laxen des österr. Regulativs (§ 10) anzuwenden.

9. Die Vorschriften des deutschen HGB. §§ 309—311 über die Nichtigkeit von Aktiengesellschaften, die im wesentlichen auf meine Vorschläge zurückführen, sind grundsätzlich zu befürworten,

---

[43]) Vgl. Schwedisches Aktiengesetz § 13.

[44]) Oben S. 520, 521.

[45]) Vgl. österreich. Regulativ § 28 Abs. 8—10 und Gesetz betreffend G. m. b. H. §§ 10 und 13.

[46]) Norwegisches Gesetz § 22 Abs. 2; Schwedisches § 29.

da sie gegenüber dem unglücklichen Nullitätssystem der romanischen Rechte einen großen Fortschritt darstellen.

10. Es wäre endlich wohl zu erwägen, ob nicht für Aktiengesellschaften das Registerwesen zu zentralisieren sei[46a]).

VII.

Die Organisation der Aktiengesellschaften bietet eine Fülle von Problemen. Neben altüberkommenen Gestaltungen tauchen neue Bildungen auf, dem Interesse des Aktionärs auf Erfolge bietende Verwaltung steht das Interesse der Gläubiger auf Kapital erhaltende Verwaltung gegenüber. Groß- und Kleinaktionäre haben zum Teil divergierende Anschauungen, jener ist Unternehmer, dieser Rentner. Eine nivellierende Richtung in Gesetzgebung, Wissenschaft und Praxis ringt mit einer die Großaktionäre bevorzugenden. Wie weit der Mehrheitswille in der Generalversammlung zu reichen hat, ist strittig und von der Gesetzgebung häufig offen gelassen. Der Zug der Zeit geht hier dahin, Einzelfragen durch eine Kompromißgesetzgebung zu entscheiden und einer generellen Lösung auszuweichen.

Das Allg. Deutsche HGB. stellte als notwendige Organe Generalversammlung und Vorstand hin, als fakultatives Organ den Aufsichtsrat. Dies ist jetzt noch der Rechtszustand Österreichs. Aber freilich hat das Regulativ die Aktiengesellschaft verpflichtet, im Statut ein Kontrollorgan vorzusehen, sei es den Aufsichtsrat, sei es Rechnungsrevisoren (§ 37). Und wie das Allg. Deutsche HGB. nicht ausschließt, daß weitere Organe bestellt werden, so beschäftigt sich das Regulativ mit dem Direktions- oder Verwaltungsrat (§ 36).

Inzwischen war in Deutschland der Aufsichtsrat durch die erste Aktiennovelle obligatorisch geworden. Die zweite Novelle und das neue Gesetzbuch haben die Dreiteilung: Generalversammlung, Vorstand, Aufsichtsrat beibehalten und erwähnen noch Revisoren. Beide Gesetze haben die Ausgestaltung von zweien dieser notwendigen Organe sehr genau geregelt, während das dritte, der Aufsichtsrat, am übelsten gefahren ist und in Praxis und Wissenschaft stark befehdet wird.

1. Am stabilsten ist die Gesetzgebung über den Vorstand geblieben. Was das Allg. Deutsche HGB. über ihn bestimmt (Art. 227 ff.),

---

[46a]) Vgl. Mein R. der AG. I S. 299 ff. Die Lokalgerichte könnten Vermittlungsstellen werden.

ist noch heute der Kern des deutschen Aktienrechts (§ 231 ff.). Neu sind zwar gewisse Bestimmungen über das Konkurrenzverbot (§ 236), über Tantieme (§ 237), über Bestellung von Prokuristen (§ 238) und vor allem über die Haftpflicht der Vorstandsmitglieder gegenüber der Gesellschaft und deren Gläubigern (§ 241), von den Bilanzierungsbestimmungen einstweilen zu schweigen. Aber man kann getrost sagen, daß der größere Teil dieser Bestimmungen kaum eine grundsätzliche oder auch nur erhebliche reelle Bedeutung hat. Das österreichische Regulativ hat in § 35 ein etwas anders lautendes Konkurrenzverbot von dem man jedoch zweifeln kann, ob die Umgrenzung zutreffender ist [47]). Die Bestimmungen des deutschen Rechts über Tantieme und Prokuristenbestellung sind etwas willkürlich, die über die Haftpflicht in der Fassung wenig glücklich. In letzterer Hinsicht wäre einerseits klarzustellen, daß die Haftung der Vorstandsmitglieder für culpa levis kraft zwingenden Rechts besteht, anderseits wäre ein Verzicht der Gesellschaft auf Ansprüche gegen sie in gewissen Fällen für unwirksam gegenüber den Gläubigern zu erklären.

Dagegen möchte ich, um mein Gewissen zu salvieren, folgendes zu bemerken nicht unterlassen. Das typische Bild, das der Krach von Aktienbanken in neuerer Zeit liefert, zeigt als Ursache das eigenherrliche Loswirtschaften des Vorstandes, wobei entweder der Aufsichtsrat aus Dummheit oder Leichtfertigkeit von dem Stand der Dinge nicht unterrichtet war, oder wenn unterrichtet, dem Vorstand nicht steuern konnte, oder endlich mit ihm gemeinsames Spiel machte. Lassen wir die letzte nicht häufige Eventualität beiseite, so ist soviel unbestreitbar, daß die weitgehende Vertretungsmacht des Vorstandes, wie sie schon Art. 231 Allg. Deutsch. HGB. vorschreibt, diese Mißwirtschaft zum guten Teil ermöglicht hat. Ich habe schon vor Jahren im Bankarchiv darauf hingewiesen, daß solange diese Vertretungsmacht kraft zwingenden Rechts besteht, Katastrophen nicht zu vermeiden sein werden und daß es angebracht wäre, der Aktiengesellschaft wenigstens demjenigen Dritten gegenüber, der von einer Beschränkung der Vertretungsmacht Kenntnis hat, die Berufung auf diese Beschränkung zu gewähren; dadurch wäre es, führte ich aus, möglich, dem Vorstand für gewisse wichtige Geschäfte ein nach außen mitwirkendes Organ zur Seite zu stellen. Allein ich habe bisher tauben Ohren gepredigt. Die herrschende Strömung in Deutschland und wohl auch in Österreich hält die Vorteile, die die dem deutschen Recht eigentümliche, absolute Vertretungsmacht des Vorstandes unleugbar bietet, für zu groß um auf sie

---

[47]) Vgl. Grünhut a. a. O. S. 15.

zu verzichten. Und so werden noch manche Konkurse von Banken die Kehrseite der Medaille zeigen.

2. Dem Ausbau der Generalversammlung hat das neuere deutsche Recht große Sorgfalt zugewandt, den spärlichen Bestimmungen des Allg. Deutschen HGB. steht eine höchst detaillierte Regelung des deutschen HGB. gegenüber, die im Ausland mehrfache Nachahmung gefunden hat. Mindeststimmrecht jedes Aktionärs, eingehende Vorschriften über Einberufung und Form der Abhaltung der Generalversammlung, Berücksichtigung der Minderheits- wie der Gruppenrechte, Verlangen verstärkter Mehrheit für gewisse Fälle, Ordnung der Anfechtung widerrechtlicher Beschlüsse sind die Hauptstücke dieser Reform. Das österreichische Regulativ, soweit es zuständig war, hat manches übernommen (§ 39 ff.), freilich im einzelnen nicht wenige Änderungen getroffen, über deren Wert sich streiten läßt. Zu den für Österreich unbedingt zu empfehlenden Fortbildungen des deutschen Rechts zählen m. E. das Mindeststimmrecht des Aktionärs, das Anfechtungsrecht widerrechtlicher Beschlüsse in der durch die §§ 271—273 HGB. gewährten Gestalt, endlich das Erfordernis mehrfacher Mehrheitsbeschlüsse bei Gruppenrechten (HGB. § 275 Abs. 3). Die beiden ersteren sind schon durch das Gesetz von 1906 §§ 39, 41 ff. in Österreich rezipiert worden, aber auch das letzte empfiehlt sich bei den größeren Verhältnissen der Aktiengesellschaft (vgl. Regulativ § 48 Abs. 2). Des ferneren ist aber auch der den Minderheitsrechten zugrunde liegende Gedanke als ein durchaus gesunder zu bezeichnen, nur daß über die Ausgestaltung im einzelnen die Meinungen auseinander gehen. Die §§ 254 (Antrag auf Einberufung einer Generalversammlung, vgl. schon Allg. Deutsch. HGB. Art. 237), 264 (Antrag auf Vertagung bei Bilanzbemängelung, vgl. Regulativ § 50), 266 (Antrag auf Bestellung von Revisoren), 268 (Antrag auf Verfolgung regreßpflichtiger Personen) des deutschen HGB. empfehlen sich zur Übernahme, § 268 freilich nur unter Gewährung von Kautelen, welche der Minderheit es ermöglichen, von Vorstand und Aufsichtsrat die nötigen Aufklärungen zu erhalten [48]). Über ein weiteres Minderheitsrecht wird beim Aufsichtsrat zu sprechen sein.

Auch die Richtung des neuen deutschen Rechts auf Herrschaft des Mehrheitsgedankens liegt im Zuge der Zeit. Wie weit hier im einzelnen zu gehen ist, hängt von besonderen Verhältnissen in jedem Lande ab. So dürfte sich auch eine umfassende Regelung der Frage der sogen. Sonderrechte, jener Crux für die Wissenschaft, kaum empfehlen.

---

[48]) Darüber Wulff in der Leipziger Zeitschr. 1911 Nr. 3.

Das RG. geht jetzt dieser Frage scheu aus dem Wege und operiert nur noch mit den Gesichtspunkten des Grundsatzes gleichmäßiger Behandlung der Aktionäre oder deliktischen Verhaltens der Mehrheit. Zur Wahrung statutarischer Einzelrechte wäre vielleicht festzusetzen, daß eine Bestimmung des Statuts, welche für Abänderung gewisser Bestimmungen über das Gesetz hinausgehende Vorbedingungen aufstellt, selbst nur unter Wahrung dieser Vorbedingungen abgeändert werden kann.

Für Wahlen wäre nach deutschem Vorbilde die Möglichkeit relativer Mehrheit zuzulassen.

Der dem geltenden Recht zugrunde liegende Gedanke, daß die Generalversammlung das höchste Organ ist, ist beizubehalten. Insbesondere ist ausdrücklich festzusetzen, daß die Abänderung der Statuten nur der Generalversammlung zusteht, jedoch könnte nach deutschem Vorbild die Vornahme redaktioneller Änderungen dem Aufsichts- oder Verwaltungsrat übertragen werden. Des ferneren wäre aber bei gemischten Betrieben[49]) das Erfordernis etwaiger Mitwirkung von Staat oder Kommune gesetzlich anzuerkennen.

Die Bestimmungen des deutschen Rechts über Erhöhung des Grundkapitals eignen sich zur Übernahme, insbesondere die Vorschriften über das Bezugsrecht (vgl. Regulativ §§ 16, 17, 31). Vielleicht wäre der Fall der Erhöhung durch Umwandlung von Reservefonds in Grundkapital speziell zu regeln[50]). Auch wäre die Frage, ob ohne Erhöhung Aktionären, die freiwillig Zuzahlungen machen, Vorrechte eingeräumt werden können, zu beantworten. Es wären aber auch über die Aufnahme öffentlicher Anleihen Bestimmungen notwendig, insbesondere wäre die ausschließliche Kompetenz der Generalversammlung für diesen Akt zu erfordern, sowie zu bestimmen, daß der Beschluß über Einzelheiten der Anleihe, die von Bedeutung sind, Auskunft geben muß. Auch wäre zu verhindern, daß sich hier in Gestalt von anderen Leistungen (als datio in solutum) der bei Sacheinlagen und Vermögensübernahmen beobachtete Gründungsschwindel einschleicht.

3. Die Frage der Kontrollorgane ist ja die meist ventilierte des Aktienrechts. Sie bildete auch den Gegenstand der Beratung des 28. Juristentags, wobei das erzielte Ergebnis nur ein recht bescheidenes war. Man hat allmählich einzusehen begonnen, daß von den zahllosen

---

[49]) Siehe oben S. 525.

[50]) Vgl. Schwedisches Aktiengesetz § 47.

Reformvorschlägen nur ganz wenige für die Gesetzgebung brauchbar sind, daß es sich weniger darum handelt, radikal umzustürzen, als innerhalb des an sich ganz passenden, aber zu allgemeinen Rahmens des Gesetzes genauer auszubauen, daß, was das Gesetz Aufsichtsrat nennt, im Leben nicht selten in zwei oder drei verschiedene Gestaltungen zerfällt, indem der Schwerpunkt des Organs bald in einer Art Oberleitung und Mitwirkung an der Verwaltung („Verwaltungsrat"), bald in die Kontrolle gelegt und letzterenfalls entweder sachlich die Zweckmäßigkeit der Geschäftsführung ("Aufsichtsrat") oder kalkulatorisch die Ordnungsmäßigkeit der Buchführung, Kasse und Bilanz („Rechnungsrevisoren") betrifft.

Sehen wir uns das österreichische Regulativ an, so hält es auch diese Gesichtspunkte auseinander. Es normiert in § 36 die Stellung des „Direktionsrates" und in § 37 die der „Kontrollorgane", als welche es wahlweise den „Aufsichtsrat" oder „Rechnungsrevisoren" hinstellt. Dabei scheint es so, als ob in Österreich Direktionsrat und Rechnungsrevisoren einerseits, Aufsichtsrat anderseits im Leben die Alternative bilden. Denn beim Aufsichtsrat, der die Rechnungsrevisoren erübrigt, läßt § 37 Abs. 2 des Regulativs zu, daß er einen gewissen Anteil an der Verwaltung erhält und damit den Verwaltungsrat ersetzt. Also entweder lediglich mitverwaltende Behörde (Direktionsrat) zusammen mit Rechnungsrevisoren (engl. Zustand) oder beaufsichtigende (Aufsichtsrat), die zugleich einen gewissen Anteil an der Verwaltung erhalten kann, dann ohne Rechnungsrevisoren (deutscher Zustand). Schematisch wird sich aber dies kaum festhalten lassen und es ist deshalb sehr zweifelhaft, ob die Aufnahme der §§ 36, 37 des Regulativs in ein generelles Aktiengesetz zu befürworten ist. Wenn auch der § 246 des deutschen HGB. die kontrollierende Tätigkeit des Aufsichtsrats in den Vordergrund stellt, so bestimmt er in Abs. 3 zugleich, daß „weitere Obliegenheiten des Aufsichtsrats durch den Gesellschaftsvertrag bestimmt werden" und es ist bekannt, daß in Deutschland der Verwaltungsrat bei sehr vielen Gesellschaften ruhig fortbesteht und, wie Rießer bemerkt hat, eine höchst wichtige, häufig auch sehr gedeihliche Rolle spielt. Hat ja doch das Gesetzbuch selbst dem Aufsichtsrat eine mitwirkende Stellung in einzelnen Fällen eingeräumt (§§ 238, 222 Abs. 4, § 247 u. a.). M. E. kommt es weniger darauf an, Verwaltungs- und Aufsichtsrat auseinander zu halten (denn sie fließen eben doch häufig zusammen) als durch einzelne Vorschriften eine größere Wirksamkeit des Kontrollorgans zu erzielen. Denn daß in diesem Punkt der deutsche Aufsichtsrat häufig versagt, ist zuzugeben, obwohl die Konzentrationsbewegung und der Einfluß der Großbanken auch auf diesem Gebiet in neuerer Zeit eine strengere Kontrolle vielfach zur Folge gehabt hat [51]). Zu erwägen wäre dabei folgendes:

a) Gesund erscheint der Gedanke des Regulativs, wie des russischen Gesetzes, bei der Zusammensetzung des Aufsichtsrats der Minderheit, sofern sie einen gewissen Prozentsatz ausmacht, einen Anteil an der Besetzung einzuräumen (§ 37 Abs. 6). Damit wird der schrankenlosen Cliquenwirtschaft der Mehrheit vorgebeugt.

b) M. E. ist es nötig — aber ich spreche diesen Vorschlag auch mit wenig Hoffnung auf Realisierung aus — daß dem einzelnen Aufsichtsratsmitglied, nicht bloß dem Aufsichtsrat in toto, das Recht der jederzeitigen Einsicht der Bücher und Schriften, der Revision von Kasse und Beständen zu gewähren, auch das Recht auf Auskunft über gestellte Fragen, gegenüber dem Vorstand zuzubilligen, endlich, die Möglichkeit zu verschaffen sei, die Einberufung einer Generalversammlung herbeizuführen. Angebliche Rücksichten auf Diskretion, auf unbelästigten Geschäftsgang sind in Wahrheit Schlagworte ohne realen Inhalt. Soll der Aufsichtsrat ernst genommen werden, so muß der Vorstand auf seine jederzeitige Kontrolle gefaßt sein und man soll in ihn Personen hineinwählen, die die Diskretion wahren. Wo ein Verwaltungsrat besteht, hat noch kein Vorstandsmitglied über Belästigung Klage geführt, weil es eben weiß, daß der Verwaltungsrat eine reale Größe ist. Umgekehrt würde das Recht zur Einzelkontrolle das Pflichtbewußtsein des einzelnen Aufsichtsratsmitgliedes schärfen. Während es sich heute dabei beruhigt, wenn es in der Abstimmung unterliegt, würde es in Zukunft, wo es Befürchtungen hegt, selbst einschreiten.

c) Trägt man, wie ich befürchte, Bedenken gegen diesen Vorschlag, so wäre zu erwägen, ob nicht nach dem Vorbild des österreichischen Gesetzes von 1906 § 32 Abs. 3 der Regierung das Recht übertragen werden könnte, im Verordnungswege für Aktiengesellschaften überhaupt oder für bestimmte Gattungen (vornehmlich Banken) Grundsätze für die Ausübung der dem Aufsichtsrat zukommenden Obliegenheiten aufzustellen. Ein Mißbrauch ist hier kaum zu befürchten. Der Apparat der Gesetzgebung ist schwerfällig, die Verordnung dagegen kann sich den wechselnden Verhältnissen leicht anpassen, der Beistand sachverständiger Kollegien kann der obersten Behörde die praktischen Gesichtspunkte vermitteln.

---

[51]) Statistik der Vertretung von Großbanken im Aufsichtsrat bei Rießer S. 651 ff.

d) Bekannt ist der auf englische Vorbilder zurückführende, vom 28. deutschen Juristentag nicht ohne Wohlwollen aufgenommene Vorschlag, ob nicht auch, wo ein Aufsichtsrat besteht, dennoch eine periodische Rechnungsrevision durch besondere Revisoren anzuordnen sei. Das eine schließt das andere nicht aus. Solche Rechnungsrevisoren würden zumal, wenn sie für ihre bescheidenere Aufgabe die Garantie möglichster Zuverlässigkeit bieten, den Aufsichtsrat von einem Teil seiner Pflichten entlasten. Die großen Banken, soweit sie Aktiengesellschaften Kredite gewähren oder sonst sie in ihren Konzern aufnehmen, machen von dieser Revision schon jetzt reichen Gebrauch und Treuhandgesellschaften in Deutschland haben sich gebildet, die gewerbsmäßig mit gutem finanziellen Erfolg die Revision von Unternehmungen ausüben. Was bei Staatsbetrieben durchgeführt ist, müßte bei den großen Privatunternehmungen möglich sein. Freilich dürfen hier Unterschiede nicht gemacht werden. Gerade die Großbanken, von deren Solidität ein erheblicher Teil des Volksvermögens abhängt, müßten dieser Revision sich ebenso unterwerfen, als sie sie ihren Unterbanken gegenüber üben.

e) Man hat vorgeschlagen, als Mitglieder des Aufsichtsrats auch juristische Personen (zumal Großbanken) zuzulassen und dafür vorgebracht, daß die Haftung für Regreßansprüche dann finanziell erheblich gesicherter wäre, als jetzt, wo nur die einzelne physische Person in Frage käme. Indessen hat der Vorschlag das Bedenken, daß er an die Stelle des konkreten Individuums, zu dem man das Vertrauen hat, eine farblose Geldmacht setzt, deren Vertreter von Tag zu Tag wechseln können. Wohl aber wäre zu erwägen, ob es nicht möglich wäre, ein Aufsichtsratsmitglied unter Bezugnahme auf seine Eigenschaft als Vertreter einer Handelsgesellschaft zu wählen, für dessen Verbindlichkeiten gegenüber der Aktiengesellschaft als Aufsichtsratsmitglied dann die betreffende Handelsgesellschaft unbedingt einzustehen hätte. Das Bedenken, das hiergegen spräche, daß das betreffende Mitglied nur solange funktionieren könnte, als ihm die Vertretung der Handelsgesellschaft zustände, daß also ein häufiger Wechsel zu befürchten wäre, dürfte in der Praxis wohl wenig zutage treten. Ohnehin besteht de lege lata kein rechtliches Hindernis, die Wahlperiode der einzelnen Aufsichtsratsmitglieder verschieden zu bemessen.

f) Daß die Mitglieder des Aufsichtsrats der Gesellschaft kraft zwingenden Rechts für culpa levis einzustehen haben, wäre festzustellen, wie überhaupt das für den Vorstand oben S. 534 Gesagte hier entsprechend anzuwenden wäre. Ob für den die Tantieme des Aufsichtsrats beschneidenden § 245 HGB. ein Bedürfnis in Österreich besteht, weiß ich nicht.

VIII.

1. Die Bilanzierung der Aktiengesellschaft beschäftigt seit den vortrefflichen Werken Simons und Rehms die juristische und volkswirtschaftliche Literatur des In- und Auslandes auf das lebhafteste. Während das Allg. Deutsche HGB. sich noch damit begnügt, dem Statut vorzuschreiben, die Bilanzierungsgrundsätze näher zu entwickeln (Art. 209 Nr. 6), ging die erste Aktiennovelle dazu über, einzelne zwingende Vorschriften aufzustellen (Art. 239 a). Die zweite Aktiennovelle hat die Zahl dieser Vorschriften vermehrt und das neue HGB. §§ 261, 262 den Rechtszustand im wesentlichen beibehalten. Spezielle gesetzliche Vorschriften finden sich in Bank- und Versicherungsgesetzen. Das laxere deutsche Gesetz, betreffend die G. m. b. H. § 42 hat nur einen Teil dieser Sondervorschriften übernommen.

In Österreich begnügte sich das Aktienregulativ § 49 mit einer Einschärfung der allgemein kaufmännischen Grundsätze über Bilanzierung und hob nur die Notwendigkeit von Abschreibungen bei abnutzbaren Vermögensgegenständen hervor. Dagegen hat das Gesetz betreffend die G. m. b. H. §§ 23, 7 Abs. 3 sämtliche Bilanzvorschriften des deutschen Aktienrechts übernommen, und damit dem deutschen Gesetzgeber ein großes Kompliment gemacht, denn was sich schon für die weniger gefährliche G. m. b. H. eignet, wird für die gefährlichere Aktiengesellschaft gewiß akzeptabel sein. Nur die Nr. 4 des § 261 HGB., wonach die Kosten der Errichtung und Verwaltung nicht als Aktiva in die Bilanz eingesetzt werden dürfen, ist nicht ohne Bedenken. Bis zu einem gewissen Grade ist sie selbstverständlich, Kosten sind keine Aktiva. Aber sie verleitet mittelbar zur Überbewertung der Aktiva, um die Kosten der Errichtung und Verwaltung zu decken. Das Regulativ § 51 hat es deshalb dem Statut überlassen, zu bestimmen, die Gründungskosten auf eine Anzahl Jahre zu verteilen, ein Gedanke, den auch andere Rechte kennen, und den auch das deutsche Versicherungsaufsichtsgesetz § 36 Abs. 1 Nr. 3 akzeptiert hat. Es erscheint wünschenswert, diese Vorschrift in das generelle Recht zu übernehmen. Bei dieser Gelegenheit wäre das entsprechende für Bauzinsen zu bemerken, die schon das Allg. Deutsche HGB. (Art. 217 Abs. 2) kennt. Da durch sie der Betrag des Vermögens unter das Grundkapital sinkt, müßte nach Ablauf der Vorbereitungszeit mit der Auszahlung von Dividenden solange gewartet werden, bis die Differenz gedeckt ist. Diese u. U. sehr lästige Folgerung zu ziehen, weigert sich aber die Praxis, und so bleiben als Leidtragende die

Gläubiger, denen bei langer Bauzeit ein großer Teil der Kreditbasis entzogen wird. Das beste wäre, eine planmäßige Amortisation des Fehlbetrages durch teilweise Zurückhaltung der Dividende herbeizuführen, wie es manche Gesetze schon heute tun.

Im übrigen ist über den Wert und Unwert spezieller Bilanzvorschriften soviel gestritten worden, daß es Eulen nach Athen tragen hieße, auf diese Dinge zurückzukommen. Sicher haben die deutschen Sätze ihre Vorzüge und Schattenseiten. Der Begünstigung stiller Reserven durch niedrige Bewertung steht der Nachteil gegenüber, daß u. U. übereilte Abstoßungen von Werten vorgenommen werden, um den Dividendenhunger der Aktionäre zu stillen. Einige der deutschen Bilanzvorschriften sind jedenfalls absolut notwendig oder doch sehr nützlich, insbesondere das Gebot des Grundkapitals und der Reserven als Passivposten.

Eine andere früher berührte Frage ist, ob nicht einer obersten Behörde die Befugnis übertragen werden soll, Bilanzschemata vorzuschreiben, die von Zeit zu Zeit Revisionen unterworfen werden können. Denn die schönsten Vorschriften des Gesetzes nützen nichts, wenn über die Art der Bilanzierung keine Einheit besteht. Wenn heute schon jeder Bürger verpflichtet ist, Steuerdeklarationen nach bestimmten Schematen auszufüllen, so ist nicht einzusehen, weshalb Kapitalgesellschaften, deren Wirtschaftsführung für tausende von Existenzen Bedeutung hat, nicht sich obrigkeitlichen Schemata unterwerfen sollten. Die Bedenken, die Rießer (S. 479 ff.) gegen ein gesetzliches Schema erhebt, daß sich der Geschäftskreis der Banken fortwährend ändere, würden gegen diesen Vorschlag weniger zutreffen. Doch fürchte ich, daß die Geschäftswelt hiergegen sich sträuben wird.

2. Der Zwangsreservefonds des deutschen Aktienrechts (§ 262) ist vom österreichischen Regulativ (§ 53) wörtlich übernommen worden, seine Beibehaltung kann nicht zweifelhaft sein. Ob der Zwangsreservefonds in mündelsicheren Werten anzulegen ist, ist bestritten. Im allgemeinen wird es mit Recht verneint. Doch kann sich bei gewissen Unternehmungen (Versicherungs- und Bankgesellschaften) für einen Teil des Reservefonds ein anderes empfehlen [52]).

3. Die übrigen Vorschriften des deutschen Rechts (§§ 260—267) scheinen mir sachentsprechend zu sein. Nicht entschließen kann ich mich, Vorstand und Aufsichtsrat hinsichtlich der Aufschlußpflicht von der Generalversammlung unabhängig zu machen, wie dies von einzelnen

[52]) Vgl. Norwegisches Aktiengesetz § 23 Abs. 4.

deutschen Autoren (Simon, Arnold u. a.) vorgeschlagen wurde. Etwaigen Mißständen muß hier statutarische Regelung vorbeugen.

IX.

1. Die Erzwingung der Einlage wird vom deutschen Aktienrecht sorgfältig geregelt. Die ziemlich dürftigen Bestimmungen des Allg. Deutschen HGB. sind feiner ausgebaut. Durch das Verbot der Ausgabe von Inhaberaktien vor voller Liberierung (§ 179 Abs. 3), durch die Haftung der eingetragenen Rechtsvorgänger für 2 Jahre (§ 220), durch das Kaduzierungsverfahren (§ 218 ff.), durch den Ausschluß der Befreiung von der Einlageleistung und die Versagung der Aufrechnungsbefugnis (§ 221) ist genügende Sicherheit erzielt. Einzelne Gesetze verlangen von den Aktionären die Ausstellung eines abstrakten Rektaverpflichtungsscheins oder eines Rektasolawechsels über den restierenden Teil der Einlage [53]) und in der Tat hat sich auch in Deutschland für Versicherungs-Aktiengesellschaften die Übung eingebürgert. Eine Generalisierung solcher Pflicht empfiehlt sich indessen schwerlich. — Wenn deshalb die deutschen Grundsätze zur Berücksichtigung empfohlen werden, so wäre doch noch zweierlei zu beachten.

a) Es müßte der Gesellschaft ausdrücklich untersagt werden, andere als die geschuldeten Leistungsobjekte an Zahlungsstatt anzunehmen, weil dadurch die Bestimmungen über Sacheinlagen umgangen werden.

b) Bei Sacheinlagen müßte das Zurückbehaltungsrecht wie bei den Gesellschaften m. b. H. [54]) nur wegen Forderungen, die sich auf den Gegenstand beziehen, gestattet werden.

Im übrigen ist auf das oben S. 531 ff. bemerkte zu verweisen.

2. Daß der Aktionär (von Bauzinsen abgesehen, keinen Anspruch auf Zinsen von bestimmter Höhe hat, ist alter Satz des deutschen Rechts (Allg. Deutsches HGB. Art. 217). Streitig ist geworden, ob sich das Verbot auch auf den Fall bezieht, daß die Aktiengesellschaft als Verkäuferin eigener Aktien deren Verzinsung garantiert [55]). Die m. E. zu bejahende Frage könnte entschieden werden.

3. Ob dem Aktionär kraft Gesetzes ein Dividendenrecht zusteht, ist für das Allg. Deutsche HGB. angesichts der zweideutigen Fassung des Art. 217 Abs. 1 zweifelhaft. Die klarere Fassung des § 213 deutsches

---

[53]) Norwegisches Aktiengesetz § 32, Schwedisches § 29.

[54]) Deutsch. Gesetz § 19; österreich. § 63.

[55]) Rehm in Zeitschr. f. Handelsrecht Bd. 55 S. 460 ff.

HGB. ist vorzuziehen. Über den Maßstab für Verteilung der Dividende schweigt sich das Allg. Deutsche HGB. aus. § 214 deutsches HGB. läßt in Ermangelung anderer Statutsbestimmung die Anteile sich nach dem Verhältnis der Aktienbeträge bestimmen und gewährt denjenigen Aktionären, die einen größeren Prozentsatz eingezahlt haben, als die anderen, hinsichtlich des Plus nur eine Prioritätsdividende von 4 %. Man hat diesen Standpunkt getadelt und behauptet, nur nach Maßgabe der eingezahlten Beträge seien die Dividenden zu verteilen [56]), m. E. zu Unrecht. Die Vorschrift harmoniert mit den Vorschriften über die offene Handelsgesellschaft (deutsches HGB. § 121) und die Gesellschaft m. b. H. (deutsches Gesetz § 29 hier sogar ohne Prioritätsdividende). Sie entspricht der Billigkeit und verhütet eine ungleichmäßige Heranziehung der einzelnen Aktionäre, sowie eine Begünstigung der Sacheinleger.

4. Über die Stellung von Prioritätsaktionären mit Bezug auf die Dividende enthält das deutsche HGB. keine besonderen Bestimmungen. Das Regulativ § 26 beschränkt den Betrag der Prioritätsaktien auf das Maximum von $^2/_3$ des Aktienkapitals, den Betrag der Vorzugsdividende auf 5 % und (bei Nachbezugsrecht) die Zahl der Nachbezugsjahre auf 5. Für alle diese Bestimmungen haben wir zurzeit in Deutschland wenig Verständnis, doch wäre es möglich, daß Besonderheiten österreichischer Verhältnisse ein Eingreifen des Gesetzgebers rechtfertigen.

Vielleicht aber wäre eine Regelung des Nachbezugsrechts wünschenswert, da über dessen Inhalt die Ansichten sehr auseinander gehen.

5. Die schwierige Frage, wieweit das Dividendenrecht ein Sonderrecht ist, zu beantworten, wird kaum Sache der Gesetzgebung sein können. Auch hier neigt die Richtung der Zeit auf Anerkennung des Mehrheitswillens unter Wahrung des Prinzips der gleichen Behandlung. Nur so viel dürfte festzustellen sein, daß der Generalversammlung die Freiheit bleiben muß, angesichts der Geschäftslage durch niedrige Wertschätzung stille Reserven zu schaffen und daß nur bei dolosem Verhalten der Mehrheit der Beschluß anfechtbar ist. Diesen Standpunkt hat die deutsche Praxis stets eingenommen.

6. Nach herrschender deutscher Auffassung wird mit Feststellung der Dividende durch die Generalversammlung das Recht des Aktionärs zum Gläubigerrecht. Ferner sollen Verluste, die in die Zeit des neuen Geschäftsjahres fallen, keinen Einfluß auf die Dividende

---

[56]) So auch österreich. Gesetz betreffend G. m. b. H. § 82 Abs. 2.

des vorigen Jahres haben, selbst wenn sie zur Zeit der Feststellung der Dividende bereits bekannt sind, es sei denn, daß ihre Ursachen schon in das vergangene Jahr zurückgreifen.

Die Zweckmäßigkeit beider Sätze ist zweifelhafter, als ihre logische Richtigkeit. Es erscheint nicht billig, daß der aus der Mitgliedschaft entspringende Anspruch auf die festgestellte Dividende mit den Ansprüchen wahrer Gläubiger konkurriert. Im Konkurse der Aktiengesellschaft müßte er m. E. zwar den Ansprüchen auf die Liquidationsquote vorgehen, aber hinter die Ansprüche wahrer Gläubiger zurücktreten. Das gleiche wäre von den Ansprüchen auf Bauzinsen zu sagen. Es ist ferner bedenklich, trotz eingetretener Verluste Dividenden deshalb zu beschließen, weil nach der Geschäftslage am Schluß des vergangenen Jahres zu Dividenden Anlaß war. Das österreichische Gesetz von 1906 (§ 82 Abs. 5) hat deshalb mit Recht geboten, solchenfalls den Verlust des jetzigen Jahres in das vergangene zurückzudatieren und auf die Dividende anzurechnen.

X.

Auch die Auflösung der Aktiengesellschaft und die Herabsetzung des Grundkapitals (Sanierung) ist im neueren deutschen Recht sorgfältig geregelt, unter Beibehaltung zwar der Grundlagen des Allg. Deutschen HGB., aber unter Anfügung zahlreicher Neuerungen, die die Praxis des Lebens im bunten Wechsel der Sanierungs- und Umwandlungsformen von Unternehmungen brachte. Grundsätzlich mag vorweg bemerkt werden:

1. Es entspricht dem Allg. Deutschen HGB., wenn zwischen Liquidation und Konkurs auch im neueren deutschen Recht ein scharfer Unterschied gemacht wird. Jene ein Abwicklungsverfahren unter Wahrung der Selbständigkeit der Aktiengesellschaft, dieser ein Zwangsverfahren unter obrigkeitlicher Leitung.

Aber bei Licht besehen erheben sich Zweifel, ob eine so scharfe Scheidung bei der Aktiengesellschaft ebenso angebracht ist, wie bei der offenen Handelsgesellschaft. Unleugbar ist hier den Gläubigern (wegen der fehlenden direkten Haftung der Aktionäre) eine ganz andere Stellung einzuräumen als bei der offenen Handelsgesellschaft. Schon zur Zeit der werbenden Tätigkeit tritt diese veränderte Stellung der Gläubiger hervor (vgl. §§ 241, 249 HGB.). Im Liquidationsverfahren äußert sie sich zumal in dem Institut des Sperrjahres (HGB. § 301), das freilich in Österreich auf ein Sperrquartal reduziert ist (österreichische Verordnung vom 21. Juni 1873). Nach der in der Wissenschaft herrschenden Anschauung ist das

Liquidationsverfahren der Aktiengesellschaft auch grundsätzlich unwiderruflich, ein Fortsetzungsbeschluß nur in soweit zulässig, als das Gesetz dies gestattet, während bei der Liquidation der offenen Handelsgesellschaft volle Bewegungsfreiheit herrscht. Immerhin fehlt dem Gesetz der Satz, daß die Gläubiger im Liquidationsverfahren gleichmäßig zu befriedigen sind. Die Judikatur neigt zwar zur Annahme dieses konkursrechtlichen Prinzips, kann sich aber auf den Gesetzesbuchstaben nicht stützen. Es ist deshalb nicht ausgeschlossen, daß, wer zuerst von den Gläubigern kommt, auch zuerst befriedigt wird und daß die anderen das Nachsehen haben, da die Voraussetzungen des Anfechtungsgesetzes nicht immer vorliegen werden. Tatsächlich liegt die Sache aber nicht selten so, daß lange Zeit vergehen kann, bis die Entscheidung darüber, ob ein Konkursgrund gegeben ist, vorliegt. Konkursgrund ist bekanntlich neben Zahlungsunfähigkeit auch Überschuldung der Aktiengesellschaft (Allg. Deutsches HGB. Art. 240 Abs. 3). Ob solche Überschuldung vorliegt, hat die letzte Bilanz zu ergeben. Aber es ist klar, daß die eigentümlichen Bilanzierungsvorschriften, die während des Bestehens der Gesellschaft stille Reserven anhäufen sollen, für das Liquidationsverfahren nicht Platz greifen können (deutsches HGB. § 299 Abs. 2). Es muß deshalb eine neue Abschätzung erfolgen, mit der häufig eine Treuhandgesellschaft betraut wird. Es verstreichen Monate, ehe der Status von dieser aufgemacht wird. Erst nun steht fest, ob Konkurs zu eröffnen ist oder nicht. Erst nun ist, vorausgesetzt, daß die Gesellschaft zahlungsfähig bleibt, was durch das Verhalten von Interessenten ermöglicht werden kann, für den Vorstand die Pflicht zur Anmeldung des Konkurses vorhanden (Allg. Deutsches HGB. Art. 240 Abs. 3; deutsches HGB. § 240 Abs. 2). Erst jetzt läßt sich das Konkursgericht darauf ein. Damit aber büßen die Gläubiger bis dahin alle die Vorteile ein, die das Konkursverfahren ihnen bietet. Sie haben nicht einmal Anspruch auf gleichmäßige Befriedigung und sie haben keinen Einfluß auf die Bestellung der Liquidatoren (vgl. § 295 des deutschen HGB.). Kommt es dann zum Konkurse, so haben inzwischen einzelne Nutzen gezogen, andere den Schaden.

M. E. muß dieser starke Gegensatz zwischen Liquidation und Konkurs der Aktiengesellschaft fallen. Entweder schaffe man ein einheitliches Verfahren konkursmäßiger Art, wobei höchstens einzelne Sondervorschriften bei konstatierter Überschuldung Platz greifen können, oder man nähere wenigstens das Liquidationsverfahren mehr dem Konkurs durch Übertragung des Prinzipes anteilmäßiger Befriedigung aller Gläubiger, durch Einräumung eines Einflusses der Gläubiger auf die Besetzung oder Abberufung von Liquidatoren und durch die Ermöglichung einer gerichtlichen Überwachung der Liquidation. Das engl. Recht hat eine Mittelstufe zwischen freiwilliger Liquidation (volontary winding up) und Konkurs (winding up by court) in der obrigkeitlichen kontrollierten Liquidation (winding up subjet of the Supervision of the court) geschaffen. Dieser Gedanke empfiehlt sich zur Nachahmung.

2. Im übrigen werden die Einzelvorschriften des deutschen Rechts über die Auflösungsgründe und die Auflösung zu billigen sein. Vereinigung der Aktien in einer Hand, oder gar Sinken der Mitgliederzahl unter eine bestimmte Mindestzahl wird als Auflösungsgrund nicht zu statuieren sein. Die Streitfrage, ob die Verteilung des Reinvermögens nach dem Verhältnis der Aktienbeträge oder der eingezahlten Beträge zu erfolgen habe, taucht auch hier auf. Das deutsche Aktienrecht läßt die geleisteten Einzahlungen vorweg und den Rest nach dem Verhältnis der Aktienbeträge verteilen (§ 300 Abs. 3), während das Allg. Deutsche HGB. (Art. 245) lediglich die Aktienbeträge, das österreichische Gesetz von 1906 lediglich die erfolgten Einzahlungen entscheiden läßt (§ 91 Abs. 3). Mir scheint aus den oben S. 543 angegebenen Gründen der Gedanke des neuen deutschen Rechts der angemessene zu sein.

Die sehr zweckmäßigen Vorschriften des deutschen Rechts über Veräußerung des Vermögens im ganzen, Verstaatlichung, Fusion, Umwandlung in eine G. m. b. H., die zum Teil das österreichische Gesetz von 1906 (§ 95 ff.) übernommen hat, wären beizubehalten, ja auf verwandte Fälle zu erstrecken, insbesondere wäre der Fusionsbegriff zu erweitern. Für den Konkurs der Aktiengesellschaft enthält das Versicherungsaufsichtsgesetz eigentümliche Vorschriften [57]), deren Generalisierung indessen sich nicht empfiehlt.

3. Die Herabsetzung des Grundkapitals, die in Art. 248 des Allg. Deutschen HGB. nur kurz behandelt wird, ist in den §§ 288 ff. deutsches HGB. höchst eingehend geordnet, während das Regulativ § 18 nur die Sätze des Allg. Deutschen HGB. und der österreichischen Verordnung vom 21. Juni 1873 näher durchführt. Die Herübernahme dieser Sätze empfiehlt sich, wobei jedoch die Stellung der Gläubiger entsprechend dem oben über die Liquidation Vorgetragenen, mit besseren Garantien zu versehen wäre. Umgekehrt könnte das Gläubigeraufgebot in dem Falle erspart werden, wenn mit der Herabsetzung zugleich eine Erhöhung des Grundkapitals in mindestgleichem Betrage verbunden wird,

---

[57]) Vgl. Manes in Zeitschr. f. Handelsrecht Bd. 52 S. 105 ff.

und für die Einzahlung des Erhöhungsbetrages bis zum Betrage der Herabsetzungssumme Sorge getragen wird. Derartige Fälle kommen z. B. vor, um den Stammaktionären den Rest der Einlage zu erlassen und dafür neue Aktien auszugeben, die möglicherweise gute Abnehmer finden. In Wahrheit bleibt hier das alte Kapital erhalten, so daß, wenn der Herabsetzungsbetrag bar eingezahlt wird von denen, die die neuen Aktien übernehmen, die Gläubiger keinen Schaden haben, das Sperrjahr also eine überflüssige Formalität ist.

XI.

Das Gesamtresultat obiger Skizze läßt sich nicht leicht zusammenfassen. Wir sahen, daß manche Teile der deutschen Gesetzgebung ziemlich unverkürzt, andere nur mit mannigfachen Modifikationen zur Nachahmung empfohlen werden konnten. Vielfach wird das österreichische Gesetz, betreffend die G. m. b. H. die Brücke bilden, da seine sorgfältigen Vorschriften, die zudem den österreichischen Verhältnissen angepaßt sind, die deutsche Vorlage nicht selten verbessert haben. Soll ich die wichtigsten Gesichtspunkte hervorheben, so wird vor allem der österreichische Gesetzgeber angesichts des Gesetzes von 1906 die Aktiengesellschaft unter stetem Hinblick auf große Unternehmungen auszuformen und dabei die börsenrechtliche Seite[58]) nicht außer Acht zu lassen haben. Die gemischten Unternehmungen werden zu berücksichtigen sein. Der Unterschied zwischen Zivil- und Handelsaktiengesellschaft ist zu beseitigen. Bei der Regelung der Kontrollorgane und der Bilanzierung ist das deutsche Recht fortzubilden, das Auflösungsverfahren ist umzugestalten. Endlich wird einzelnen Arten von Aktiengesellschaften (Bank-Versicherungsaktiengesellschaften) eine Sonderregelung zuteil werden müssen.

Aber bei aller Verbesserungsbedürftigkeit im großen und kleinen werden die Vorschriften des deutschen Rechts überwiegend doch die Grundlage der österreichischen Kodifikation bilden. Erwachsen aus gemeinsamer Wurzel, zeigen sie die großen Linien der Entwicklung, in der sich auch das österreichische Recht fortbilden wird. Wenn irgendwo findet auf dem Gebiete des Aktienrechts eine Zusammenarbeit der Kulturnationen statt. Möge die österreichische Gesetzgebung mit dem gleichen Geschick, welches sie bei der G. m. b. H. bewiesen hat, das ältere Vorbild umformen und bessern!

[58]) Eine Börsenreform wird in Österreich sich ebenfalls vernotwendigen.

MIX

Papier | Fördert gute Waldnutzung

FSC® C083411

Kolibri 360 GmbH
Ferdinand-Jühlke-Straße 7
99095 Erfurt, Deutschland
produktsicherheit@kolibri360.de